命 定

DETERMINED

沒有自由意志的科學 ————————

A SCIENCE OF
LIFE WITHOUT
FREE WILL

ROBERT M. SAPOLSKY

羅伯・薩波斯基 ———— 著 唐澄暐 ———— 譯

各界讚響

薩波斯基數十年研究基因和環境的交互作用對於行為的影響，表現出色。他以令人信服的例子說明壞運氣會加劇，有力反駁了混沌理論、突現現象或量子力學所代表的非決定論，杜絕這些理論留給自由意志存在的縫隙。

——《科學》

行為科學家引人入勝地闡述了為什麼我們的每一個行為都是預先被決定的，以及為何我們不該對此感到絕望……《命定》是一部勇敢的展演，非常值得一讀，以此享受薩波斯基知識淵博的陪伴樂趣……引人入勝且深具同情心。

——《衛報》

很少有人像著名神經科學家薩波斯基那樣瞭解人腦。

——《舊金山紀事報》最受期待的秋季圖書

《命定》詼諧而引人入勝，是神經科學方面令人著迷的訊息金礦（其中大部分內容是我們這些沒有科學素養的人也可以理解的）；哲學；混沌理論；突現的複雜性；量子不確定性；對癲癇、思覺失調症和自閉症病因不斷增加的認識；當然，還有先天和後天對決策的影響。

——今日心理學

《命定》是一種持續的嘗試,旨在證明我們每天做出的決定是我們無法掌控的複雜因素之產物。這是一本親切、平易近人卻非常有說服力的書。是對同理心和寬容的讚歌,渴望社會最終認識到所謂報應是徒勞而錯誤的世界觀。薩波斯基很高興知道他所寫的內容讀起來很刺激,即使對那些懷疑他結論的人來說也是如此。

——《舊金山紀事報》

薩波斯基以獨特風格提出令人信服的論點,解釋自由意志是種幻覺。薩波斯基沉著解決了這個門檻很高的主題之多重複雜面向,讓困難的材料容易理解。他吸引人的風格和有點白癡的幽默,讓學習變得有趣。

——書單

從神經科學角度推翻自由意志。薩波斯基在處理這個充滿爭論分歧的問題時無所畏懼,以令人欽佩的清晰度涵蓋從哲學到倫理和法律等各種學科。本書肯定會引起爭議,而作者論述的功力顯示他完全願意解決這問題。

——柯克斯

推薦序
從刑事辯護律師角度看自由意志不存在，未必沒有道理

林俊宏（義謙法律事務所主持律師、臺灣刑事辯護律師協會理事長）

　　如果提出「人到底有沒有自由意志？」這個疑問，相信絕大多數人的反應大概是滿頭問號。不過這個問題，從一個刑事辯護律師的角度，就未必那麼沒有道理。

　　在從事刑事辯護的過程中，常常需要思考當事人為什麼會在某個時點做出令人難以理解的行為決定？久而久之，也慢慢地觀察到，每個人的行為選擇能力或應對模式不盡一致。用晉惠帝的「何不食肉糜」來理解，晉惠帝是個衣食無缺的君王，對於食物的理解是種類而不是有無，如果某一樣食物沒有了，當然選擇其他食物就好，所以聽到人民飢荒，建議大家改選擇吃肉糜，似乎只是剛好而已，晉惠帝的行為選擇模式裡本來就不存在沒東西吃的應對模式。所以，當我們要評價晉惠帝時，以一般具備「沒東西吃」應對模式的人民來理解他，似乎也沒有那麼公平，畢竟晉惠帝本來就不具備一般人的回應可能性，苛責他或取笑他，也就沒有那麼理所當然。

　　刑事案件的被告也常見類似的狀況，每個人的回應觸發機制本來就不一樣，有些人會覺得家人關冰箱太用力是表達對自己的不滿，有些人會覺得就只是不小心或是習慣不好而已。但前者的狀況會觸發被告的情緒反應，有人會吞忍不發，有人會直接反擊，也有人在吞忍一段時間後反擊。

而被告的反應模式，來自於各式各樣的原因，來自於生理因素、從小家庭的養成過程、與他人的互動經驗、求學的歷程、生活及經濟條件……等，而在被告特有的身心條件及生命歷程下，也同時建立了被告對於事物的行為反應模式，當然也造就了每一件令人不忍卒睹的犯罪狀況。

在實務上，法院也逐步開始探究被告犯罪行為的遠因，其依據是透過審酌刑法第 57 條的「行為人個人情狀」事由，即生活狀況、品行、智識程度、犯後態度等事項，來瞭解行為人之生活狀況及犯案背景的關係，也藉此判斷行為人之的犯罪行為決策有沒有「可責性」降低，而有必要將刑度往下調整的情形。也就是說，法院也開始思考在行為人的個人狀況下，是不是有可能存在難以苛責或應予同情的行為反應模式或選擇能力受限的狀況。

回到「人到底有沒有自由意志？」的主題，司法實務的操作也是某個程度的理解到，每個人的自由意志會因為某些因素而受限，才會做出從事犯罪行為的決定。不過這樣的理解，大概只會得出人的自由意志是受限的，並不會當然得出人是沒有自由意志的結論。畢竟，如果認為人沒有自由意志，那麼就不應該要求人對自己的行為負責，刑罰制度的存在必要，也就難以自圓其說。而這樣的認知，雖然與本書的主要內容不盡相同，但在許多面向上的理解，倒也沒有太多不同，令人有異曲同工之感。

不論是有限的自由意志，或是根本沒有自由意志，在這本書裡都可以找到相關的論述及討論，可以讓讀者從新思考自由意志這件事情。當自由意志存否或其影響性被重新考量後，我們對於人的責任及對於法律制度設計的想法，也勢必需要被重新檢討及調整。

本書作者從神經科學、內分泌、遺傳、成長經歷、文化及環境因子等層面剖析和辯證人類行為，且亦深入探討道德責任、刑罰、法律制度等之間的關係，帶著讀者重新思量自由意志及相關影響。本書內容不僅扎實，且引證廣泛而生動，在文字使用上也幽默有趣，相當值得一讀。

推薦序
就算你不接受本書論調，
它仍然值得、甚至必須一讀

陳瑞麟（中正大學哲學系講座教授）

如果「命定」是真的，這本書能說服自由意志論者改變信念嗎？

如果你不相信自由意志的存在，你應該看這本書，因為它提供了拒絕自由意志存在的大量科學證據和強大又周全的論證；如果你是自由意志論的支持者，你也應該看這本書，因為它可能是最強大的對手，提出了最嚴酷的挑戰。特別是為自由意志論辯護的哲學家、法學家、科學家等等，恐怕都得把駁倒此書的論證當成起手式。

在這本書中，神經科學家和動物行為學家薩波斯基繼他的前作《行為》一書揭示人類的行為都是源自科學已揭露的生物事實——演化、基因、遺傳、生理化學作用、社會環境等等的決定（determination）之後，又繼續寫本書挑戰一個數百年來爭議不休的哲學爭議：自由意志與決定論。

決定論（determinism）是 17 世紀之後的現代科學成果（牛頓力學）帶來的觀點，主張這世界的一切運作都是被前因決定了，[1] 這樣一來，就沒有

---

1 我自己偏好把「決定論」（determinism）譯成「限定論」，指結果被前因所限定。「決定」這個中文詞預設自由意志的概念，例如「我決定寫這篇文章」——寫文章這個行為的「決定」正是我自己。既然是我決定的，我怎麼寫就不會受限定。如果不是我決定的，我的寫作就會受限定。限定論其實又可分成科學的定律限定論和哲學的

西方哲學傳統所相信的自由意志存在的餘地。「自由意志」的觀念源自基督教，上帝創造人類，並賦予人類能夠選擇要為善或為惡的能力，稱之為「自由意志」。當代民主制度的哲學思想源頭是自由主義，也預設了自由意志的存在，並在這個預設之下搭建了民主自由的政治與社會制度。自由意志存在的信念是西方文化的核心根源。以科學證據爭論自由意志不存在，等於在刨西方文化的根——雖然這種挑戰在歷史上已經發生過很多次（我們耳熟能詳的哥白尼、牛頓、達爾文等等），西方文化也逐漸在科學挑戰之下轉變，難怪薩波斯基雄心勃勃地想當新一代的科學革命家，直攻哲學大本營，底氣十足地否定自由意志，直言不諱、甚至語帶挑釁地批評那些為自由意志論辯護的哲學家。

其實當代哲學已經退讓了，很多哲學家都接受了自然世界的決定論，但仍然堅持自由意志存在（依薩波斯基的說法是這類人佔了 90%），這種立場被稱為「相容論」（compatibilism），但是薩波斯基仍然不留情，以大量、重磅的科學證據爭論如果我們接受了決定論，就不可能容許自由意志存在，這種立場稱作「不相容論」。薩波斯基不只以哲學家為對手，他的批判矛頭也指向同情自由意志論的科學家，特別是那些援引科學理論——好比混沌理論、複雜性理論、量子不確定理論，它們都是非決定論的科學理論——來挽救自由意志的科學主張，薩波斯基詳細考慮他們的論點，認為在微觀層次的量子不確定性或機率性根本不可能影響到腦神經細胞的巨觀效應；此外，混沌和複雜性理論只是告訴我們確實某些自然現象是不可預測，但「不可預測」不等於「未被決定」。可以說，薩波斯基幾乎

因果限定論，兩者其實可以區分。哲學的因果限（決）定論是就是指所有結果都被某些前因限定了，一定的前因限定了一定的結果，不會有其他的結果出現，因此是「限定的」。科學的定律限定論是指發現限定性的定律（deterministic law）——通常用數學函數來表達——來描述現象的科學理論，典型的例子是牛頓力學和相對論。有興趣的讀者可以參看陳瑞麟（2017），《科學哲學：假設的推理》（五南出版）第六章。大多數哲學家和科學家都沒有區分兩者，直接用哲學的因果限定論概念來理解科學的定律限定論。這裡無法詳細說明為什麼兩者不同。

把每一條可能用來辯護自由意志存在的路線都封死了。難道，我們真的只能被他說服嗎？

我自己並沒有被說服。在薩波斯基看來，我大概是那種頑固的自由意志支持者，而且是不值得正視的那一派：既主張自由意志存在，又主張這世界不是決定論的。本書的第一句話，就是我對薩波斯基發出的第一個反挑戰：薩波斯基其實沒有那麼相信他自己的論點，因此他才會寫這本書，希望它能為這個充滿相信自由意志的社會和文化帶來一點改變。

有人可能會說我這個挑戰是紮稻草人，因為薩波斯基主張，即使沒有自由意志，世界仍然會改變，他正是把這本書當成一個改變的原因。但注意，薩波斯基反覆強調改變源自上百萬年的演化、基因、內分泌、神經電位等等方式總合在一起，用薩波斯基自己的話來說：「一秒鐘之前至一百萬年之前的諸多事件，會決定你的人生和你的愛是在冒著水泡的小河邊開展，還是在用烏黑煤煙悶死你的機器旁邊開展。」既然我們今天的生活和現有的信念（相信自由意志存在）是決定於上百萬年前（理論上應該回溯到世界誕生之初），那薩波斯基寫這本書又能改變此刻的什麼？當然，薩波斯基可以回應說：他寫這本書也是被決定了。他就是注定要寫這本書，不管它有沒有意義、功用、或能不能改變什麼，因為「你和其他機器都沒有意義」。但是，顯然薩波斯基的書中語調和口吻不是這樣的，他堅持「儘管我們要是缺了自由意志會有上述各式各樣的不利之處，但我認為，我們還是有必要面對這件事」。為什麼有必要？不管我們接不接受自由意志不存在，顯然都不是我們能決定的，結果也不會有什麼差別。然而，薩波斯基的語調充滿期待，他其實認為寫這本書是有意義的，超越被決定的結果，而且有些讀者可能會被說服的（這預設了讀者有自由的思想）。看來他很難讓自己的科學思想和寫書行為保持一致。

關鍵就是信念和思想。薩波斯基沒有處理自由思想和信念如何形成的問題。我們的信念可能在自由的思想之下被形成或改變，歷史上有太多太多事證。如果人不能有自由思想，科學革命就不可能發生。但是，如果行為都是基因、環境和神經系統的決定，人們腦中的思想和信念理當也是。那麼根據薩波斯基的科學，人類應該也沒有自由思想才對？薩波斯基是否同意這一點？反之，如果我們接受人有自由思想，為什麼不能接受人也有自由意志？畢竟我們有可能在接受一個新思想之下，改變我們的行為，決定去實踐那個新思想——正如薩波斯基寫本書想要達成的目的——而這就是自由意志。

我不是說單單上述反問就足以反駁薩波斯基整本書的科學論證。其實我還有很多質疑和論證，也有很多概念需要釐清和分析，但它們無法在這篇短文中交代。[2] 然而，我必須坦白地說：如果我上述的質疑和論證有些力量，而且我所萌生的更多質疑和想法，都是來自薩波斯基這本書的刺激。這本書的意義重大，不是「沒有意義」。

2　讓我利用腳注簡單交代一點：「不可預測」概念上確實不同於「未決定的」，但是「被決定」這個事實，卻必須要「可預測」來提供經驗證據。如果一現象的演變終究是「不可預測」，那麼我們就沒有經驗證據來證實它是「被決定的」。如果某事件不可預測，我們如何證它是被決定的？然而，說某事件不是被決定的，不代表它沒有前因。恰恰相反，事件的前因太多、太複雜，以致我們無法事先確定一個特定的結果是不是一定會發生，也不能預測它。正是在這個意義上，世界是非決定的。

推薦序
從與命定說的搏鬥中找到更好的人性之道

鄭凱元（陽明交大心智哲學所教授）

　　幾年前我從南部遷移到北部的大學任教，初期在外租房，餐具不全，因此利用一個閒暇的週末到大賣場選購了一個碗。記得那時慎重考慮了生活上的各種條件與需求，妥當而仔細地掃瀏過架子上琳瑯滿目、製作精美的數百個大小不一的碗，歷經半小時幽微而艱辛的審美歷程後，終於在半猶疑、半確信的狀態中，挑到這個生活之所需。把它帶回家後，由於工作繁忙，鮮少下廚，這個碗用了幾次後便被遺棄到某個櫥櫃的角落，乃至於幾個月後我要再使用時已經找不到。因而在一個閒暇的週末，我又到了大賣場，歷經了近半小時澎湃而綿密的纏鬥，從成千上百的碗列中，過濾到最後幾個合適而誘人的選項，再從其中選定了一個帶回家。不幸的是回家整理櫥櫃時，居然找到了原來以為遺失的那個碗，這種蠢事我不是第一次犯，但這次卻讓我打從心裡發毛：我買了一個一模一樣的碗！在眾多選擇中，在最後幾個完全不相上下、令人無法決定的選項裡，我的縱身一跳還是跳到同一個坑裡。在那個令人發顫的發現裡，我體感到：**自由意志可能是個幻覺**！原來我以為我在做決定，但給定我所有的內外在條件、從小到大所有的養成背景，我的決定似乎已被這些條件與背景給做了；「我」與「我的意志」在這個決策過程中所扮演的角色，看來是微乎其微。

　　這本好看的書要說的、以及證明的，便是這件事！作者薩波斯基試圖說服我們：我們所習以為常、根深蒂固地以為我們許多的選擇與行為，例如經過一番努力和毅力考上了陽明交大與成大，最後經過天人交戰和深思熟慮選了成大就讀等等，均是我們自由行使自己的意志與意圖下，所產出的成果與後果，但這一切均是幻覺。單看一些簡單的數據，就可以佐證作者的觀點：根據這幾年的統計，台大學生有八成來自六都，其中光來自台北市大安區的就佔了近一成，而來自雲嘉花東等偏鄉的地區則不到 1%，這意味著如果你自小出生及成長在偏鄉，那你幾乎「命定」上不了台大，無論你有多聰明或多努力。進一步想，光是出生成長地就對一個人能上哪間大學有如此重大的影響，若疊加起更多的內外在因果鏈結，那留給個人努力和決定的空間還剩下多少？同理，對於窮凶惡極或狡詐陰狠的犯罪人，其令人髮指的罪行有多少是當事人可以決定和控掌、有多少可被咎責的空間？對此，作者給出一致的回答：幾乎沒有！當我們把目前所有的科學彙整起來，從基因遺傳學、神經科學、免疫學、生物化學、分子醫學到社會心理學、行為經濟學、演化生物學與生態學等等，會發現關於人類的行為，早已在一條綿密互長的因果網絡中被決定，包括看似有自主性質的**意向**或**心念**，均服膺在此嚴格決定論的無情治理下，它們均有使其形成的複雜前因，乃至於其看似為自由意志所決定之後果均屬泡影。如同太陽看似明明從東邊不動的地平線升起，但真正發生的，是地球繞著太陽轉、以及此運轉所帶給常人的錯覺。如果說哥白尼的日心說革命曾經嚇壞了以地球為宇宙中心的中世紀歐洲人，使其頓失安身立命之基石，那當焦點從外在的宇宙運行轉向內在的人心運作時，薩波斯基也準備好要敲醒現代人，其建立在認為人有自由意志和其相應之咎責系統的文明，在新一波的科學洗禮下，需要做一番徹底的翻轉與調整。

　　這本書的精彩之處，在於作者深入幾個具有原創的科學領域，去梳理並證成其自由意志是幻覺的主張，其中包括利貝特在 1983 年所做的開創性研究，以腦科學的實驗方式去證明自由意志不存在，作者指陳其爭議與不足之處，乃在於將研究焦點大幅度地簡化限縮在某個做決定的意念形成前的一刻（三百毫秒），試圖證明那一刻的大腦狀態（準備電位）已然啟動，並已決定性地影響其行為決策，因而人能藉由形成意念並因此自由地決定如何行為是個大錯覺。作者有用地討論了此研究路線後續四十年頗為複雜的發展與爭端，具有洞見地將「某意念決定特定行為」之預設架構放置在更大的時空範圍下，重新追問更具穿透力的基本問題：「該意念如何形成？」因而更完整深刻地整合許多相關科學來論述看似具有能動性的意念其實並不具有自主性。此外，艱澀難懂、但又常被方便取巧拿來援引反對自由意志不存在的混沌理論與量子力學，也獲得薩波斯基具哲思性的處理。混沌理論主張極端微小的變數，例如一隻蝴蝶拍動的翅膀，將會帶來如千里之外颶風形成般的巨大影響，這種非線性現象給了相信自由意志存在的人一線生機，認為意念的作用在混沌的世界下，存在於決定論之外。薩波斯基認為，混沌理論所隱含的非決定性是認識論上的非決定論，而非本體論上的非決定論，換言之，給定混沌理論所描述的世界，這樣的世界在實在上仍是由嚴格意義下的決定論所支配。量子力學則是由波與粒子的二象性，來主張非決定論是構成性和實在性的，而非僅是認識論式的。薩波斯基慧點地提醒，量子力學除了背後牽涉到許多連此領域裡的物理與數和專家都難以定於一尊、莫衷一是的詮釋和理解，因此常人不宜人云亦云、妄加擷取過多延伸的闡釋外，也認為在微觀層次的量子現象所具有的非決定性，不見得能帶到巨觀層次的行為現象，而後者仍具有高度的決定性。上述這些兼具科學和哲學的深度探討，對於在思考自由意志的問題如何能獲益於最前沿科學的讀者而言，提供了非常有用的幫助。

　　對於看完此書後，被作者說服但又不覺得能完全接受命定論的讀者，我有二個探索的方向提出來分享。第一，作者在論述過程中雖然沒有強到預設某種物質論或物理論的立場，但他在舉證各種科學來解釋人類的意向如何引發行為時，顯然認為訴諸意向的解釋是多餘、無因果效力的，換言之，意向性行為屬於物質性和物理性的解釋範疇，意向在本體上似乎可被化約或消除在物質或物理的一元論裡。然而，意向與意識是否真能完全由目前的科學領域所涵蓋的物質性和物理性概念所解釋，仍有一大片未知，某種承認心物乃不同屬性的二元論是否能排除仍是未定之數。此外，某種跳脫互相對立的物質一元論和心物二元論的存有論立場或許也仍有其可探索之空間，這使得自由意志的問題仍是相當開放的問題。第二，在東方的文化脈絡裡，對於決定論和命定論一直有著相當深刻的探討，從佛陀對於「無我」和「緣起性空」的了悟，到莊子在「莊周夢蝶」和「罔兩問景」裡對主觀性自我是否存在、以及其是否具有決定行動的主導性所提出的質疑，均可呈現自由意志的問題在東方文明裡，不但不是假問題，更是極為核心的切身問題。在探討此問題時，佛陀和莊子對於心物二元論與物質一元論的爭議是否同情，仍有待商榷，對於他們是否提出能跳脫此爭議的某種存有論立場或對本體論的態度，也是此問題是否能解決或解消的關鍵；更重要的是，佛陀和莊子均強調靜坐和心齋坐忘的重要性，在此實作的過程裡，意念是要在經驗現象裡被去除的東西，在高度鍛鍊而能成功地去除後，人的行為似乎將有機會擺脫意念在綿密繁複的因果鏈結裡之作用，而得以跳脫決定論的宰制與宿命。上述此二路徑的探索，均牽涉到時間和空間在本質上和實作上的性質，在他們所描述的高段靜坐過程裡，時間感和空間感似乎得到某種奇特的發展，以至於自我或消弭、或與世界合為一體，而擁有如此經驗和超凡能力的非常人，其行為是否仍落於和常人相似的意念因果決定論的鏈結裡，應該值得做進一步的處理與考量。而這其中所牽涉到關於時空性質的課題，也一樣具有高度的開放性。

　　博學的作者或許會發現自由意志的問題還沒解完，在他寫下一本書繼續解此問題之前，我們就盡情地在作者廣博而清晰的思路引導下，閱讀此書深入領略自由意志如何是一個切身的問題，並從與命定說的搏鬥中找到更好的人性之道！

導讀
薩波斯基：《命定》的《行為》

謝伯讓（臺灣大學心理系教授）

美國史丹福大學的神經科學家薩波斯基（Robert Sapolsky）在其兩部著作《行為》和《命定》中，深入探討了人類行為背後的科學原理，尤其圍繞在以下幾個關鍵問題：人類行為的生物學基礎、基因和環境對行為的影響，以及自由意志是否存在。

《行為》的核心論點：行為的生物學基礎

2017 年，薩波斯基在《行為》這本書中，探討了人類行為的生物學基礎，試圖解釋我們為何會做出「好」或「壞」的行為。他強調，任何一個行為的背後，都是由一系列複雜的生物學、神經科學和環境因素共同驅動的。若將行為分成時間軸來解釋，從幾秒鐘前的神經信號、數分鐘前的血糖高低、數天和數週前的荷爾蒙濃度、多年前青春期的額葉成長狀態、到生命早期的基因表達，甚至到我們的祖先及其環境和文化的傳承，都會影響到一個人當下的行為表現。他認為，當我們深入瞭解這些因素之後，就能夠更好地理解為什麼我們有時表現得仁慈，而有時又會展現出暴力和侵略性。

在《行為》這本書中，薩波斯基也從哲學角度探討了決定論（determinism）與行為之間的關係。他認為，行為是決定論的結果，受基因、神經化學和環境等多重因素控制，並非是由「自由意志」這一概念所決定的。例如，當一個人做出反社會行為時，這可能源自數分鐘前的腦內化學物質失衡、數年前的心理創傷，或者甚至是傳承自數十萬年前的演化壓力。從這個角度來看，行為不僅是個體當下的選擇，還受到遺傳、環境和大腦生理結構的深遠影響。

《命定》的主旨：自由意志的否定與決定論

　　《行為》一書出版之後，引起了很大的迴響。然而，其中有很多反饋卻大出薩波斯基的意料。有不少讀者對薩波斯基說，看完了《行為》，才知道自由意志的影響遠比自己想像的要小。薩波斯基聽完後感慨萬千，事實上，他要傳達的並不是「自由意志的影響很小」，而是「自由意志根本不存在」。此時他也才發現，原來《行為》一書可能並沒有成功傳達出「自由意志不存在」的觀念。有鑑於此，他決定再次動筆，寫下《命定》一書，旨在明確否定自由意志。

　　在《命定》這本書中，薩波斯基進一步闡述了自由意志的問題，並得出了決定性的結論：自由意志不存在。他認為，人的每一個行為和決策都是由先前的生物、神經和環境條件所決定的，自由意志毫無運作與存在的空間。薩波斯基認為，人們之所以相信自己擁有自由意志，是因為他們無法察覺到自己行為背後的這些深層原因。換言之，自由意志只是一種幻覺。

來自科學研究的實證支持

　　為了支持他的論點，薩波斯基在這兩本書中引用了大量的實證研究，例如他介紹了神經傳遞物質和荷爾蒙的機制、遺傳學，以及同卵異卵雙胞胎的研究等，以顯示基因在行為中的作用。他也介紹了各種關於不同社會環境下人類行為變化的研究、表觀遺傳學，以及基因和環境對行為的聯合影響，以突顯三者之間的密切關係。

　　此外，薩波斯基也引用許多腦科學的實驗，例如杏仁核、海馬迴、與前額葉的研究，以及神經科學家利貝特（Benjamin Libet）的著名實驗發現：大腦中的「準備電位」會在個體意識到自己做出決策之前出現，這顯示所謂的自由決策可能早已被生理機制決定。

　　至於反對方的立場，諸如隨機性、突現複雜性、混沌系統和量子不確定性等，薩波斯基也多有著墨，企圖全面扼殺自由意志存在的任何希望。

決定論的影響：道德責任與社會

　　薩波斯基的立場並不僅僅停留在學術討論上，他還深刻探討了這種決定論立場對道德責任、法律、懲罰以及社會的影響。如果我們的行為確實是由決定論所驅動，那麼我們如何理解個人的道德責任？例如，如果一個人的犯罪行為是由基因和環境決定的，那麼我們是否應該為這些行為懲罰他們？薩波斯基認為，傳統的懲罰觀念應該被重新思考，因為個人的行為不是出於自由選擇，而是由各種不可控的因素決定的。

　　在這方面，薩波斯基呼籲採取更多的同理心，強調我們應該理解那些行為不端者背後的生理和心理原因，而不是簡單地將他們的行為視為道德上的失敗。他也主張，法律制度應該更注重矯正行為和預防犯罪，而不是僅僅懲罰那些做出錯誤選擇的人，因為這些選擇實際上是被決定的，並非是個體的「自由意志」。

科學與哲學的結合

　　薩波斯基在《行為》和《命定》中的論述，不僅結合了神經科學、行為科學和基因學，還涉及到一些重要的哲學問題。特別是在自由意志與決定論的爭論上，他的觀點與哲學家如休姆（David Hume）和丹尼特（Daniel Dennett）的相容論完全對立。相容論認為，自由意志和決定論可以共存，個體仍然可以在決定論的框架下擁有某種程度的選擇自由。薩波斯基在著作中對這種相容論提出了諸多批判，他的立場是最強烈的決定論，徹底否定了自由意志存在的，認為所有的行為都受到物理法則和生物過程的支配，並非個體的主觀選擇。

決定論的前景與反思

　　總結來說，薩波斯基在《行為》和《命定》中所表達的立場非常清晰，即人類的行為是由生物學和環境決定，而非由自由意志所驅動。他的理論不僅在學術界引發了廣泛的討論，也挑戰了我們對於道德、責任以及法律體系的基本觀念。如果人類行為是由基因、神經機制和社會條件決定的，這意味著我們可能需要重新思考懲罰和道德責任的基礎。他主張應該以同理心和科學理解來面對人類行為，進而尋找更人道的社會制度和法律框架。

　　薩波斯基能言善道，論述時旁徵博引，可謂倚馬萬言，文不加點，身為讀者，讀起來非常過癮。然而，出於同樣的理由，薩波斯基可能也是辯論時大家最不想面對的對手。他大量的引用和堅定的立場，可能會讓人喘不過氣而懾服於他的思想。也因為如此，讀者們或許更應該去深刻思索反方立場。對我來說，薩波斯基似乎仍有一處未能讓人完全信服：雖然過去的諸多生物學因子、生理學因子、神經科學因子、和文化環境因子確實會「影響」當下的行為，但是這些因子的影響力究竟有多大？這些因子在量化後，究竟能不能百分之百地「決定」當下的行為？如果僅是能夠「強烈影響」但卻沒有到達百分之百地「完全決定」行為，那是否表示自由意志仍有存在與介入的空間？這個問題，就留給讀者們在閱讀時仔細推敲吧！

給麗莎，給班傑明與瑞秋，
是他們讓一切都值得。
是他們讓那變得值得。

目次

01　一路往下都是烏龜　　　　　　　　　　　　　　025

本書第一個目標，是讓你相信自由意志並不存在，或者至少相信在真正要緊的關頭時，自由意志的份量比一般設想的要少很多。第二個目標，則是說明我為什麼認為這種想法錯了，而人們不再那樣思考的話，人生就會有所改善。

02　電影的最後三分鐘　　　　　　　　　　　　　041

關鍵問題是：意圖一開始是從哪來的？這實在太重要，我們將會看到，儘管我們的確三不五時看似能自由地做我們有意要做的事，但我們始終不能自由地蓄意產生意圖。

03　意圖從何而來？　　　　　　　　　　　　　　067

瞭解這個疊烏龜主義就能證明，你所形成的意圖，你身為的這個人，何以是那之前所有生理和環境互動的結果。全都是超出你控制的東西。每個先前的影響，都直接起因於前面的影響效應，可說無縫接軌。

我的腦：敲下去

我：為什麼？

我的腦：你得要啊

01

一路往下都是烏龜

　　念大學的時候，我跟我朋友之間有個講了又講的趣事，內容如下（我們實在是太常講了又講，講到都懷疑以下這段話差不多就是四十五年前的原句）：

　　情況好像是當年威廉・詹姆斯（William James）在演說，談生命和宇宙的本質。講完後，一名老婦人走過來說：「詹姆斯教授，你全都搞錯了。」

　　詹姆斯回問：「怎麼說呢，女士？」

　　「事情根本就不像你說的那樣，」她回答道。「世界是頂在巨龜背上的。」

　　「是哦。」一頭霧水的詹姆斯說。「或許如此，但那隻烏龜站在什麼上面？」

　　「另一隻烏龜的背上，」她回答道。

　　「可是啊女士，」詹姆斯順著她的話問下去，「那隻烏龜又站在什麼上面呢？」

　　老婦人得意洋洋地回答：「這招沒用啦，詹姆斯教授。一路往下都是烏龜啦！」[1]

1　「一路往下都是烏龜」的其他各種版本，有詹姆斯以外的其他知名思想家當代罪羔羊。我們會講這版本，是因為我們喜歡詹姆斯的大鬍子，校園裡還有一棟建築是用他命名的。許多文化脈絡都有引用「一路往下都是烏龜」這種妙語，包括了格林（John Green）的一本好書就是以此為書名。所有各種版本的故事，都有一個是誰並不重要的男性哲學家皇帝被一名想法荒謬的老婦所質疑，這如今顯得有些性別年齡歧視。不過，我們當時沒特別理解到這一點，畢竟我們是處在那種時空下的青春期男性。

噢，我們實在太愛那個故事，所以始終用一樣的語調講著它。講這個故事讓我們覺得自己看起來很逗趣、很有料，而且很有魅力。

我們用這則趣聞嘲弄人，拿來損某個對不合邏輯事物頑冥不靈的人。當時的情況可能是：我們人在食堂裡，有某個人講了什麼離譜的話，而他們回應質疑的方式讓話變得更離譜。每當此時，我們當中就會有人會得意地說：「這招沒用啦，詹姆斯教授！」聽過我們講那則愚蠢趣聞不知多少回的那人，也不免回嘴說：「去你的，給我聽好。那其實有道理。」

而本書的要點便在於此：以無限往下堆疊的烏龜來解釋某件事，儘管看似荒謬無稽，*但相信在那底下有一隻烏龜浮在空中，其實更荒謬無稽*。人類行為的科學證明了烏龜浮不起來；當然，實情也確實是烏龜一路往下。

某人展現出某樣行為。那行為可能美好而激勵人心，可能駭人聽聞，可能好壞見仁見智，也可能無足輕重。而我們會頻繁問同樣一個基本問題：為何該行為會出現？

如果你相信烏龜可以浮在空中，那答案是它就發生了，除了那人就是決定要創造那個行為之外，沒有別的成因。近期的科學研究提供了一個準確許多的答案，而我說的「近期」是指過去幾個世紀。答案是，行為發生是因為在那之前的某個東西使其發生。而那前面的那個情況為什麼會出現？因為在它之前的某個東西使它發生。它的前因一個接一個下去，到頭來不會找到浮在空中的烏龜或無來由的起因。或者就跟《真善美》（*The Sound of Music*）裡面瑪莉亞（Maria）唱的一樣：「凡事必有緣由，始終未有例外。」（Nothing comes from nothing, nothing ever could）[2]

在此重述一次；你會展現出某樣行為，亦即你的腦會產生某一行為，

2　我太太是音樂劇的劇場導演，而我是她不太靈光的排演鋼琴師兼泛用跑腿；因此，本書滿滿都是音樂劇的典故。如果有人跟大學那個講著詹姆斯在裝酷的我說，我的未來會包括家庭，而且我還跟人爭辯說誰是史上最棒的艾爾法巴（Elphaba，音樂劇《魔法壞女巫》裡面的人物），我應該會震驚不已——「音樂劇？百老匯音樂劇？！怎麼不說無調性音樂？」我當初要的可不是這樣；有時人生這樣走後門溜進來就發生了。

是因為在那一刻之前已決定的事;而造成那件事的,又是在那一刻之前已經決定的事,就這樣一個接一個向前追溯。本書的目標是說明那樣的決定論如何運作,探討你無從控制的生理和你無從控制的環境,如何在交互作用後讓你成為現在這樣的你。而當人們聲稱你的行為有他們稱作「自由意志」的無來由成因時,他們(a)沒能認出或者不知道潛藏在表面下的已決定事物,以及/或者(b)錯誤地作出結論,認為宇宙中那些確實以非決定論方式運作的高深精妙面向,可以解釋你的的性格、道德和行為。

你一旦使用「行為的每個面向都有決定性的先行成因」這概念,你觀察一個行為就能回答它為何發生:就如剛剛所說,是因為你腦中這部分或那部分的神經元前一秒的動作。[3] 而在那之前的幾秒至幾分鐘裡,那些神經元是被一個念頭、一段記憶、一股情感或是一個感官刺激給活化了。而在該行為發生的幾小時至幾天前,你的血液循環中的激素已經塑造了那些念頭、記憶和情感,並改變了你的腦對特定環境刺激的敏感度。而在那之前的幾個月到幾年前,經驗和環境改變了那些神經元的運作方式,導致其中一些神經元長出新連結並變得更容易興奮,同時又讓其他神經元出現相反的情況。

然後我們又從那往回直衝個幾十年,來辨識先前的諸多成因。要解釋那個行為為何出現,得要認清你有一個關鍵腦區到了青春期都還在形成中,並且是由社會化和文化適應塑造出來的。再往前回溯,還有童年經驗在塑造你的腦部構造,接著同樣的道理也能套用到你的胎兒環境上。再更往回溯,我們得要把你繼承的基因以及它們對行為的影響都當作因素。

但我們不是到此為止。那是因為打從你出生幾分鐘後如何被養育開始,文化就影響了你童年的一切,而那代表說,幾個世紀以來曾影響你祖

3　附錄是給缺乏神經科學背景讀者的入門。此外,只要讀過我寫的那本長到令人痛苦的書《行為:暴力、競爭、利他,人類行為背後的生物學》(*BEHAVE: The Biology of Humans at Our Best and Worst*),就會發覺本書歸結起來就是以下這幾段話:那個行為是怎麼發生的?因為一秒鐘、一分鐘……一個世紀……一億年前的事件而來。

先發明出何種文化的生態因素也造成了影響，形塑了你所屬物種的環境壓力也同樣有所影響。為什麼那個行為會出現？是因為生理和環境的交互作用，一路從前累積而來。[4]

　　本書的一個核心重點是，上述那些都是你不太能或者完全不能控制的變項。你不能決定你環境中的所有感官刺激、你今天早上的激素值，過去某件創傷事件是否發生、你父母親的社經地位、你的胎兒期生長環境、你的基因、你的祖先是農人還是牧人。讓我用最廣義的方式來陳述這個想法，雖然對大部分讀者來說，這個時間點就講這句話可能太廣泛了：但我們不過就是生理面和環境面的運氣積累，這種運氣使我們來到某種情況，但我們完全無從掌控這運氣。等到整本書都講完，你就能在你輾轉反側的睡眠中背誦這句話。

　　行為的各式各樣面相即便是真實的，卻與本書要探討的方向無關。舉例來說，某些犯罪行為可以歸咎於精神病或神經問題的這種情況；或是某些小孩因腦部運作方式而產生「學習差異」；或是有些人很難掌握分寸，因為他們成長期間沒有任何得體的榜樣，或者因為他們還只是青少年，有著青少年頭腦，或是有些人只因為疲憊焦慮，或者甚至因為正在服用的藥物而說出一些傷人的話。

　　這些全都是我們會承認「有時候生理會*妨礙*我們行為」的情況。這基本上是個不錯的人道議程，贊同了社會對於能動性和個人責任的一般觀點，但又提醒我們要把極端情況當成例外：法官在作出判決的期間，應考量罪犯所受的教養中可能有需從輕處置的因素；少年殺人犯不該被處決；老師除了把金色星星發給學習能力一飛沖天的孩子之外，也應特別關照有閱讀障礙的孩子；面對每個克服獨一無二挑戰的申請者，大學的招生負責

4　「交互作用」意指那些生理面的影響，在社會環境脈絡之外沒有意義（反之亦然）。它們是不可分離的。我的價值取向碰巧是生物學方面，而從該角度分析不可分離性在我心中是最清晰的。但從生物學觀點而不是社會科學觀點來表達這個不可分離性，有時會讓事情變得笨拙；我試著盡我身為生物學家的能力來避免那種情況。

人也不該只考慮學術水準測驗考試（SAT）的分數門檻而已。

　　如果你認定某些人的自我控制力和自由選擇行動的能力嚴重低於平均，那麼上述這些都是該提出的明智想法；而且，有時候，我們所有人在這方面的能力都比自己想像中還要弱很多。

　　若我們一致同意上述這點；那我們現在就要往一片非常不同的地帶邁進，我猜大多數讀者對這片「認定我們沒一丁點自由意志」的地帶應該都無法苟同。因為情況若真是如此，那麼，合乎邏輯的可能結果就包括以下這些：這樣就沒有「歸咎」這種東西了，「應得的懲罰」也站不住腳──好的，既要避免危險人物去傷害他人，做起來又要直截了當、不帶批判，就像不允許剎車故障的車子上路那樣。又或者，為了鼓勵人重覆某種行為，或是為了對他人有所啟發，把讚揚或表達感謝當作一種工具來使用，但內心並不真的認為某人應當被稱讚感激。若你表現得聰明、自制或親切，你得到稱讚或感激也是基於同樣的道理。哦，順便說一下，你可能會承認愛的體驗和牛羚或小行星都有一樣的組成成分。沒人有權或應當比別人獲得更好或更差的對待。沒什麼道理去恨一個人，因為這跟你因為猜想一陣龍捲風是決意吹垮你的屋子而仇恨它，或者一朵紫丁香是決意製造一股美好花香而愛它一樣，都沒有道理可言。

　　做出「沒有自由意志」的結論，代表的就是這些。這便是我長久以來的結論。而且連我自己也覺得，認真看待此事聽起來實在瘋到徹底。

　　此外，大部分人也一致同意那聽起來瘋到徹底。人們的信念和價值觀、人們的行為、人們對於問卷問題的回答，人們在「實驗哲學」這個初生領域當中身為研究對象時的行動，在在都證明人們在至關重要時仍相信自由意志──包括哲學家（相信者約90％）、律師、法官、陪審團成員、教育者、家長和燭臺工人。另外還有科學家，甚至生物學家，更有甚者還包括許多神經生物學家，到了緊要關頭時也都如此相信。柏克萊大學的高普尼克（Alison Gopnik）以及康乃爾大學的庫西尼（Tamar Kushnir）這兩位心理學家的研究已經顯示，學齡前兒童就已經穩當地相信自由意志的一種可識別版本。而這樣一種信念，普遍存在於各式各樣文化中（但非普世皆然）。

在大部分人的看法裡，我們不是機器；有個明白的例證是，若一名駕駛或一台自動駕駛的車犯下同樣的錯，人們會更加責怪前者。[1] 信仰自由意志的也不只我們人類——後面章節會讀到的研究主張，其他數種靈長類也相信自由意志的存在。[2]

本書有兩個目標。第一個目標是讓你相信自由意志並不存在，[5] 或者至少相信在真正要緊的關頭時，自由意志的份量比一般設想的要少很多。為了達成這點，我們會看看聰明而觀察入微的思想家，是怎麼從哲學、法學思想、心理學和神經科學等各種觀點來論證自由意志的*存在*。我會試著盡我所能來呈現他們的看法，然後試著解釋我為何認為他們都錯了。這些錯誤有些起因於短視（這個詞在此是為了描述而非評判），因為他們僅關注行為的一小片生理層面。這有時候是因為邏輯有缺陷，好比說做出「如果始終無法說明是什麼導致了 X，或許其實就沒有任何東西造成 X」的結論。有時候，這些錯誤反映出人們對暗藏在行為之下的科學一無所覺，或者有所曲解。最有趣的是，我意識到有些錯誤是基於情感理由，反映的是自由意志要是不存在真的會讓人感到不安；我們會在本書最後思考這一點。所以我的第二個目標，是說明我為什麼認為這些人錯了，而人們不再那樣思考的話，人生就會有所改善。[3]

走筆到此，可能有人會問，你會從哪裡上路？接下來我們會看到，自由意志的辯論往往圍繞著專精權威者常爭辯的幾個狹隘問題打轉，像是「某種激素真的引發了一個行為，或只是讓那個行為更有可能發生」，或者「『想去做某件事』和『想要某個事物』有沒有差別？」而我的智識組成恰巧是通才素質。我是個「神經生物學家」，有間實驗室，用來做操縱

5　有些最極端的「自由意志不存在」同夥，包括了卡盧索、佩雷布姆、李維以及斯特勞森（Galen Strawson）等哲學家；在後面內容裡，我會常常討論到他們的思想；重要的一點是，雖然他們都駁斥那種當我們要給予懲罰和獎勵找正當理由時所瞭解的日常意義下的自由意志，但他們的駁斥並不特別以生物學為由。就「幾乎完全以生物面的理由來駁斥自由意志」這一點來說，我的看法最接近哈里斯的看法；更適當地來講，他不只是哲學家，也是神經科學家。

老鼠腦中基因以改變行為的實驗。同時，我每年都會花部分時間研究肯亞某個國家公園內野生狒狒的社會行為和生理學，時間超過三十年。另外，我的一些研究到頭來跟「瞭解成人腦部如何受童年匱乏的壓力所影響」有所關聯，因此我也花了些時間做跟社會學家類似的事；我工作的另一個面相和情感疾病有關，這促使我跟精神病學家混在一起。最近這十年，我還養成一種嗜好，是與公設辯護人士合作進行謀殺案件審理的工作，向陪審團傳授有關大腦的知識。可以說，我一直遊走在好幾個跟行為相關的不同領域之間。而這讓我特別傾向於認為自由意志並不存在。

　　為什麼呢？關鍵在於如果你只關注神經科學、內分泌學、行為經濟學、遺傳學、犯罪學、生態學、兒童發展，或是演化生物學等任一個領域，你都會得到許多足以認定生理和自由意志可以並存的轉圜空間。用加州大學聖地牙哥分校的哲學家瓦爾加斯（Manuel Vargas）的話來說，就是「聲稱某些科學結果顯示了『自由意志的虛假』……他們要不是學術做得很差，不然就是學術騙子」。[4] 縱使咄咄逼人，但他說的沒錯。就如我們在下一章會看到的，大部分針對自由意志的神經生物學實驗研究，都狹隘地維繫在「檢驗某一行為出現的幾秒前大腦中發生的事」的某個結果上。而瓦爾加斯從中做出了正確的結論，說這個「科學結果」（加上它在接下來四十年間產生的副產品）並沒有證明自由意志不存在。同樣地，你也不能用一個來自遺傳學的「科學結果」來證明自由意志是虛假的——一般來說，基因關係到的不是必然性，而是關於脆弱性和可能性，從來沒有哪一個單獨的基因、基因變異或基因突變，被指認出能證明自由意志為假；[6] 如果一次考量到我們全部的基因，你甚至連動手做這個證明都無法。而且你無法透過強調「充滿虐待、剝奪、忽視和創傷的兒童期，會大幅提高嚴重受損且持續損傷的成年期出現機率」的科學結果，從發展學或社會學觀點證明自由

6　說是這麼說，但有少數罕見的疾病是只要單一基因突變就必定能改變行為的（好比說戴薩克斯症、亨丁頓舞蹈症以及高雪氏症）。儘管如此，這些疾病與我們的日常自由意志感也並非毫無關聯，因為它們會在腦部造成大幅損害。

意志為假——因為例外總是存在。沒錯，單一結果或單一學科都辦不到。然而，重要到不能再更重要的重點就在於此，*若把從所有相關科學學門中得到的所有科學結果都放在一起，就會發現沒有自由意志存在的餘地。*[7]

為什麼會這樣？原因比「如果你一門學科接著一門學科地檢驗下去，等到你檢驗了夠多學科，最終你注定會發現一門能輕鬆取勝的學科，單憑著它就能證明自由意志為假」的想法還要更深。原因也比「就算每門學科都有漏洞，使其無法單獨證明自由意志為假，但其他學門總有一個能補那個漏洞」的想法還要深。

重要的是，這些學門全都合起來否定了自由意志，因為它們全都彼此相連，構成同一個終極知識體。如果你談神經傳導物質對行為的影響，其實你也暗中談及了專門用來構成那些化學傳訊者的基因，以及那些基因的演化——而「神經化學」、「遺傳學」和「演化生物學」等領域是不能分割的。如果你審視胎兒期生命的事件如何影響成年期的行為，你也是自動在思考像是「激素分泌模式或基因調節的終身變化」之類的事情。如果你討論養育模式對孩童成年後行為的影響，根據這個定義，你也自動討論起母親透過行動傳遞的文化本質。沒有一丁點透光的縫隙可以把自由意志塞進去。

因此，本書前半部的要點是透過這個生理框架來反駁自由意志。而那會引領我們進入書的後半部。如前所述，打從青春期起我就沒相信過自由意志；對我來說，不帶評判地看待人類，或在看待人類時不信有哪個人

7　我接下來會用本書前半部反覆談許多學者對這主題的看法「都錯了」；在此，我想先替這講點話。我對一些想法可以十分情緒化；其中有些想法喚起我所經歷過最接近宗教敬畏的感覺，剩下的則是看起來錯到太過離譜，以至於我在批評時可能會態度尖酸、妄加批評、心懷敵意且態度不公。雖然如此，我很不喜歡與人衝突。換句話說，我的批評都不是對人，只會有幾個明白的例外。這邊還要講個那種「我也有朋友是⋯⋯」的老套說法；我喜歡跟那些以特定方式相信自由意志存在的人們來往，因為他們整體來說比那些「我這邊」的人要更友善親切，也因為我希望他們的平靜心境能感染到我。我想說的是，我希望我不會不時就聽起來像個渾蛋，因為我實在不想這樣。

更值得獲得任何特殊待遇，以及人活著就不該有被憎惡或賦予特權的餘地，一直都是道德的首要之務。但我就是做不到。當然，有時候我算是成功做到，但我對事情的立即回應，很少一致於我所認定的瞭解人類行為的唯一可接受方法；我反而常常慘遭失敗。

正如我所說過的，就連我也覺得，如果把「自由意志不存在」的所有可能結果都拿來認真思考的話，其實還滿瘋狂的。儘管如此，本書後半部的目標就是要這麼做，而且同時會從個人層面和社會層面來認真思考其後果。有幾章會從科學見解來談論我們如何可能開始捨棄對自由意志的信念。其他幾章則會討論，駁斥了自由意志之後，有些可能的後果為什麼乍看之下悲慘，但其實沒那麼悲慘。還有幾章會回顧歷史狀況，而那些歷史狀況顯示，在我們思考及感受方面需做出的急遽改變中，其實有件事很關鍵：那就是，*我們之前早就這麼做了。*

本書刻意模稜兩可的的書名，反映了這兩個部分——它既是談「為什麼沒有自由意志」的科學，也是談「一旦我們接受了這點，要怎麼活才最好」的科學。

各式各樣的看法：我不同意的那些人

現在先來討論那些寫文章探討自由意志的人所抱持的普遍態度。這些態度可分為四種基本觀點：[8]

8　注意：出了這個總概述，我不會考量任何以神學為基礎、針對這些主題的猶太—基督宗教式看法。就我看來，大部分神學的討論都圍繞著全知在轉——如果上帝的無所不知包含了知道未來，那我們怎麼可能有辦法自由地、出於本人意志地在兩個選項之間做選擇（更別說要怎麼以我們的選擇來評判我們）？在這方面的眾多看法中，有個答案是，上帝自外於時間，因此過去、現在、未來是無意義的概念（先不提別的，這就意指著上帝永遠無法靠著看電影感受劇情急轉直下的驚喜而放鬆一下——祂始終都知道管家不是真凶）。另一個答案是阿奎那（Aquinas）所探討過的某種有限的上帝——上帝沒辦法犯過失，沒辦法創造一個重到祂沒辦法舉起的重擔，沒辦法做出一個方形的圓（或者，我見過有為數驚人的男性〔而不是女性〕神學家提供了另一個例子，那就是，就連上帝也沒辦法創

*世界是決定論的，自由意志不存在。*在這個看法中，如果前句正確，那麼後句也得是正確的；決定論和自由意志是不相容的。我便是以這種「硬性不相容論」（hard incompatibilism）的觀點為本。[9]

*世界是決定論的，而自由意志存在。*這些人堅決主張世界是原子之類的東西構成的；而生命，用心理學家鮑梅斯特（Roy Baumeister，目前在澳洲昆士蘭大學）優雅的詞句來說，是「以自然法則的永恆不變和持續不間斷為基礎」。[5]在這之中並不涉及魔法或仙塵，沒有腦和心各自是不同實體的那種本質二元論。[10]他們反而覺得這個決定論的世界能與自由意志相容。大約90%的哲學家和法學家都屬這一類，而本書最常對付的就是這些「相容論者」（compatibilist）。

*世界不是決定論的，自由意志並不存在。*這種看法很古怪，認為世界上每一個重要的東西都是隨機運作的，而隨機性正是自由意志假設中的一種基底。我們會在第九章和第十章談這部分。

*世界不是決定論的，而自由意志存在。*會這樣想的人就跟我一樣，相信決定論的世界和自由意志並不相容──然而，沒關係，在他們看來世界不是決定論的，那就替自由意志的信念開了一扇門。這種「自由派不相容論者」（libertarian incompatibilist）很罕見，我只會偶爾提一下他們的看法。

還有另一套與之相關的四重看法，著眼在自由意志和道德責任間的

造一個已婚的單身漢）。換句話說，上帝沒辦法做到一切，祂只能做舉凡可能的事，而預見某個人是會選擇善還是惡，對祂來說甚至是不可知的事。跟這一切有關的是，山姆‧哈里斯尖銳地指出，就算我們每個人都有一個靈魂，我們想必也沒得挑。

9　我把這看成跟「硬決定論」同義；然而，各式各樣的哲學家，替兩者作出了清楚的區隔。

10　相容論者把這點弄得很清楚。舉例來說，這領域有一篇論文的標題是〈自由意志與實體二元論：對自由意志的真正威脅？〉（Free Will and Substance Dualism: The Real Scientific Threat to Free Will?）對作者來說，其實沒有東西威脅到自由意志，然而確實有一種威脅是，有些令人厭煩的科學家把相容論者貼上實體二元論者的標籤，就自以為贏了相容論者幾分。因為（把一些相容論哲學家的話改寫一下就是），說實體二元論是個迷思所以自由意志不存在，就好像在說，因為丘比特是神話所以愛不存在。

關係。「道德責任」這個字眼顯然背負著許多包袱，而它被許多人拿來辯論自由意志的那層含意，往往會召喚出「*基本應得*」（basic desert）的概念；在此概念下，某人「*應當*」以某種特定方式對待；而世界因認可「某個人『*應得*』某種特定獎賞，而另一人『*應得*』某種特定懲罰」而成為在道德方面合宜的地方。就像這樣，這些看法分別是：

　　*沒有自由意志，因此要人們對自己的行動負起道德責任是錯誤的。*我就是持這種看法（而就如第十四章將會處理到的，這和「為嚇阻而進行懲罰」的未來延伸問題完全無關）。

　　*沒有自由意志，但要人們對自己的行為負起道德責任是 OK 的。*這是另一種相容論——「自由意志的缺席」和「道德責任」在不需要借助超自然力量的情況下可以共存。

　　*有自由意志，而人們應該負起道德責任。*這是現存最普遍的立場。

　　*自由意志存在，但道德責任並不正當。*這是少數看法；一般來說，當你仔細查看，就會發現假定中的自由意志只在一種非常狹隘的意義中存在，且肯定不值得為此處決人們。

　　把這些分類強加在決定論、自由意志和道德責任上，顯然是過度粗暴地做了簡化。其中一個關鍵是：假裝大部分人對於這些狀態存在與否有著清楚明白的「是」或「否」答案。然而，截然二分的不存在導致了各種空洞的哲學概念，像是部分自由意志、情境決定的自由意志、只存在於我們當中一個子集的自由意志、只在緊要或不緊要時才存在的自由意志等等。這就引發了「整個龐大的自由意志信念架構，會不會因為一個明目張膽且影響力巨大的例外就崩塌了」的問題，以及反過來說，當相反情況發生時，自由意志的懷疑論會不會也一樣崩塌。注意是與否之間的漸層是很重要的事，因為行為生理面的有趣之處，常常都處於漸變狀態。因此，我在這些問題上偏向絕對論的立場，這讓我鎮守在遙遠的左外野。再次強調，我的目標不是要說服你，讓你相信自由意志並不存在；只要你的結論是自由意志的份量比你原本想的要少很多，以致你得改變你對真正重要事物的想法，這樣就足夠了。

　　儘管一開始就分離了「決定論／自由意志」以及「自由意志／道德責任」，但我會遵循常見慣例，把它們合而為一。因此，我的立場是，因為世界是決定論的，所以沒有自由意志，因此要人們對自己的行動負起道德責任是不 OK 的（一位頂尖哲學家用「非常糟糕」來形容這結論，而我們會大規模剖析他的思想）。這種不相容論最常被拿來跟相容論看法做對比，後者認為儘管世界是決定論的，但還是有自由意志，因此可以正當要求人們為自己的行動負起道德責任。

　　哲學家和法學家根據這種版本的相容論產出大量文獻，論及神經科學與自由意志的相關性。讀過其中的眾多文獻後，我的結論是，它們往往能用三句話總結：

a. 哇，神經科學有這一切這麼酷的進展，全都鞏固了「我們的世界是個決定論世界」的結論。

b. 那些神經科學的研究結果中，有些深刻挑戰了我們對能動性、道德責任和應得性的概念，因此我們必須做出結論說，自由意志不存在。

c. 最好是啦，不過它還是存在。

　　想當然爾，我會花很多時間檢驗「最好是啦」的部分。這麼做的時候，我只會顧及這類相容論者當中的一小群。以下是一個用來辨識他們的思想實驗：1848 年在美國佛蒙特州的一個工地裡，在一場意外中，炸藥把一根鐵桿高速插進蓋吉（Phineas Gage）這名工人的腦中，並從另一頭穿出去。這根鐵桿摧毀了蓋吉大半的額葉皮質，而該區域在執行功能、長期策畫以及衝動控制方面都極為重要。後來，一名朋友表示「蓋吉不再是蓋吉了」。原本冷靜、可靠且擔任同仁領班的蓋吉，如今被醫生描述為「反覆無常、無禮，不時講著最粗俗的下流話（那過去不是他的習慣）……固執，任性又搖擺不定」。蓋吉的經典案例說明了「我們是自己物質大腦的最終產物」。如今，在過了一百七十年後，我們瞭解到：我們額葉皮質的獨一無二功能，是你的基因、產前環境、兒童期等因素的結果（待第四章說明）。

　　接著就是思想實驗：在一個密封的房間裡，有一個人打從出生起就被養育栽培成相容論哲學家，而他在那裡面從沒學習過腦部。接著，跟他講蓋吉的事情，然後概述我們目前有關額葉皮質的知識。如果他立即的回應是：「隨便啦，還是有自由意志，」那我對他的看法就沒興趣。我會放在心上的相容論者，是那種接下來會思考說：「天啊，我對自由意志的想法難道完全錯了？」辛苦深思好幾個小時或好幾十年，然後做出結論說「還是有自由意志，原因如下……社會要求人們對其行動負起道德責任也OK」的那種相容論者。如果一個相容論者不曾努力迎戰過「生理層面的我們是什麼」的知識所帶來的質疑，就不值得花時間嘗試反駁他們的自由意志信念。

基本規範和定義

　　什麼是自由意志？呃，我們得從這裡開始談起，所以接下來要講的就完全在預料中，大致來說是「自由意志對不同類型的思想家而言是不同的東西，所以很亂」。完全沒吸引力。儘管如此，我們還是得從這裡開始，接著是「什麼是決定論？」，我會盡力不拖拖拉拉。

我說的自由意志是*什麼意思*？

　　人們對*自由*意志有不同的定義。許多人關注能動性，即一個人能不能控制自己的行動，有意圖地行動。其他定義在乎的是，當一個行為發生時，那人知不知道有其他的可能選擇。其他的定義則比較不在意你做了什麼，而更在乎「否決你不想做的事」。以下是我的回應。

　　假設有個人扣下一把槍的扳機。從機械論來說，他食指的肌肉因為受到有一個動作電位（也就是處在一個特別受激發的狀態）的神經元刺激而收縮。那個神經元又因為被在它上面一個神經元所刺激，所以才會有這個動作電位。而上面那個神經元又因為它上面那個神經元而有動作電位。就這樣一路向上回溯。

　　以下是對自由意志者的挑戰：替我找出此人腦中開始這個過程的神經元，在它之前沒有神經元跟它講話，也就是無來由就有了一個動作電位的那個神經元。然後跟我證明說，這個神經元的動作不是被那人當下累不累、餓不餓、有沒有壓力、痛不痛苦所影響。跟我證明說，這個神經元的功能沒有一丁點是被前幾分鐘裡那人所體驗到的景象、聲音、氣味等等所改變，也沒有一丁點是被前幾小時到前幾天裡淋在他大腦上的任一種激素的量所改變，也沒有一丁點是被他最近幾個月或幾年內有或沒有體驗到某項改變一生的事件所改變。然後跟我證明說，這個神經元假定具有的「意志自由運作」，並沒有受到那人的基因所影響，而童年期經驗對那些基因的調控機制造成的終身變化，也都沒有造成影響。在他還是個胎兒，腦部正在形成時所接觸到的激素值也沒有產生影響。養育他的那個文化之所以會誕生的千百年歷史和生態，也都沒造成影響。找出這個在這全盤意義下還能算是「無來由起因」的神經元吧。佛羅里達州立大學著名的相容論哲學家梅勒（Alfred Mele）強烈地覺得，對自由意志要求到這種程度，是將標準設得「離譜地高」。[6] 但這標準既不離譜也不高。給我個能夠自外於本身生理過往之總和而產出行為的神經元（或腦），如此一來，就本書的主旨來說，你便以實例證明了自由意志。本書前半部的要點，就是證實我們拿不出這種東西。

我說的決定論是什麼意思？

　　看來我們得從拉普拉斯（Pierre Simon Laplace）這個已死的白人男性開始這個主題，他是 18、19 世紀的法國博學家（你也必須稱他為博學家，因為他對數學、物理學、工程學、天文學和哲學都有貢獻）。拉普拉斯替所有的決定論提供了經典主張，那就是：如果你有個知道此刻宇宙中每一顆粒子位置的超人，他們就能夠準確預測未來的每一分鐘。此外，如果這個超人（最終稱作「拉普拉斯的惡魔」〔Laplace's demon〕）能把現在的每顆粒子都絲毫不差地放回過往任一刻的所在位置上，那麼，那狀態接下來會導致的「現在」，也會和我們當下這個「現在」一模一樣。宇宙的過去和未來已經被決定了。

拉普拉斯時代以降的科學證明他並非完全正確（也證明拉普拉斯本人不是拉普拉斯惡魔），但他那名惡魔的精神依然長存。決定論的當代看法，得要納入「某幾種可預測性到頭來發現是不可能達成的」（第五和第六章的題目），以及「宇宙的某幾個面向其實是非決定論的」（第九和第十章的題目）等事實。

此外，決定論的各種當代模型也必須容納後設層次意識（meta-level consciousness）所起的作用。我這樣說代表的是什麼意思？想想一個經典的心理學示範，展示了人們在選擇中擁有的自由比他們設想的要少。[7] 要求某人說出最喜歡的清潔劑，如果你在那之前下意識地提示他們「海洋」這個詞，他們就比較有可能會回答「汰漬」（譯注：清潔劑品牌，英文名為 Tide，直譯為「潮水」）。有個「後設層次意識在何處進場」的重要衡量標準是，假若受試者察覺到研究者想要幹麼，為了證明自己無法被操控，即便「汰漬」就是他最喜歡的品牌，他仍決定不說出它。這些人的自由也一樣受限；而這便是接下來好幾章的其中一個要點。一個類似的情況是，不論你最終變成跟父母一樣的大人，或是跟父母恰好相反的大人，你都同樣不自由。就後者來說，讓你趨向採取父母行為的拉力，有意識地認識到自己擁有這麼做的能力，因恐懼而退縮並因此有了完全相反的心態，全都體現了「你在無從控制自己的情況下成了這樣的你」的種種方法。

最後，當前對決定論的任何看法，都必須納入一個極為重要的重點，而這重點主宰了本書的後半部，也就是：即便世界是決定論的，事物仍然可以改變。腦會改變，行為會改變。我們會改變，但那與「這是個沒有自由意志的決定論世界」並不牴觸。事實上，變化的科學*強化*了結論；這會在第十二章談到。

記住這些主題後，來看看本書當作基礎的那個決定論版本。

想像有一場大學畢業典禮。除了老生常談、陳腔濫調、俗套內容之外，幾乎從頭到尾都很感人。那種幸福感，那種自豪感。家人當初的犧牲如今看來都值得了。有家族中第一個念到高中畢業的畢業生。也有些人的移民雙親一臉熱情洋溢地坐在那裡，身上的紗麗（譯注：南亞婦女用來包裹全身的長條薄布）、達西基襯衫（譯注：西非男子穿的花俏寬鬆的襯衫或套衫，廣泛流行於歐美國家的黑人群體）、巴隆（譯注：菲律賓男士國服，為無口袋之襯衫，其上繡有花紋裝飾，穿著時不打領帶）等服裝都宣告著，他們並不是犧牲掉過往引以自豪的事物才換來如今的自豪。

接著，你注意到某個人。在典禮後團團相聚的家人、在跟輪椅上奶奶擺姿勢合照的畢業生、在一陣陣擁抱與歡笑之中，你看到後頭遠處的那個人，後勤組員中的一員，正從活動會場周邊的每個垃圾桶中收垃圾。

隨機挑個畢業生出來。弄點什麼魔法，讓這個收垃圾的人用該畢業生的基因開始人生。也同樣讓他進入該畢業生在裡頭待了九個月的子宮，以及因為這樣而會一輩子帶著走的表觀遺傳結果。也讓他有那名畢業生的兒童期——像是充滿了鋼琴課和晚上全家一起玩遊戲的童年，而不是（好比說）帶著飢餓肚子上床睡覺、變得無家可歸，或因為少了文件而被遣送出境等威脅的童年。就這麼一路給下去，不只讓收垃圾的人得到畢業生的一切過往，還讓畢業生得到收垃圾人的一切過往。把他們無從控制的每個因素都互相交換，然後你就會把會穿上學士袍的人和會拖著垃圾桶的人對調過來。我說的決定論是這樣的意思。

而這為什麼重要呢？

因為我們都知道，這樣一來畢業生和收垃圾的人就會對調過來。而且因為，儘管如此，我們卻還是很少去思考那樣的事實；我們恭賀畢業生成就的一切，並離收垃圾的人遠遠的，瞥都不瞥一眼。

02

電影的最後三分鐘

晚上，有兩個人站在一個小機場的機棚旁。其中一人穿著警察制服，另一人穿得像是平民。他們激烈地對話著，背景中一架小飛機正滑行到跑道。突然間，一台車停了下來，一個穿軍服的人走了出來。他和警官激烈地對話；軍人開始打電話；平民則朝他開槍，殺了他。頃刻間，一台滿載著警察的車停了過來，在他們收走遺體的時候，警官立刻現身並跟他們說話。他們瞬間又開走了，帶走的不是開槍者而是遺體。警官和平民看著飛機起飛，然後一起走了。

發生了什麼事？顯然發生了犯罪行為——從平民瞄準那人的動作看來，他顯然是故意對那人開槍。恐怖的行徑，又因他殘酷無情的神態更加恐怖——這是冷血的謀殺，惡毒的無情。然而令人費解的是，警官沒打算逮捕他。許多可能性浮現你的心頭，沒一個是好的。或許警官遭平民脅迫，要他們睜一隻眼閉一隻眼。或許在場的這名警官十分貪腐，被某個販毒集團給控制了。又或者，這名警官其實是冒牌警官。我們無法確定，但很明顯的是，這個場景中有意圖強烈的腐敗和非法暴力，有示範極劣人品的警官和平民。這點毫無疑義。

在道德責任的相關問題中，意圖非常重要：那人當時是否有意那麼做？意圖到底是在何時形成的？他知不知道自己原本可以做別的行為？他是否感受到一種自己擁有意圖的感覺？對哲學家、法學家、心理學家和神經生物學家來說，這些都是關鍵問題。事實上，跟自由意志爭論有關的研究，有很高比例都繞著意圖打轉，通常都在微觀地檢驗意圖在某一行為發生的幾秒前所起的作用。許多場研討會、許多彙編成數卷的叢書、許多人的整個研究生涯，全都花在那幾秒上；而從許多方面來說，如此聚焦在前面幾秒上，是支持相容論論點的核心要素；這是因為所有針對這主題進行的小心、仔細又聰明的實驗，總體來說都無法證明自由意志為假。在審視過這些研究結果後，這一章的目的是要證明，儘管如此，這一切到頭來和「認定自由意志不存在」無關。這是因為，這類做法並不去問關鍵問題，因此錯過了 99% 的全貌；那個關鍵問題就是：*其意圖一開始是從哪來的？*這實在太重要，因為我們將會看到，儘管我們的確三不五時看似能自由地做我們有意要做的事，但我們始終不能自由地蓄意產生意圖。藉著沒問那個問題來維持對自由意志的信念，可說是無情而不道德的，而且就像認為「若要評估一部電影，只要看它最後三分鐘就可以了」一樣目光短淺。如果沒有更大的視角，瞭解意圖的特徵和結果也無濟於事。

三百毫秒

我們從美國第九任總統哈里森（William Henry Harrison）開始談起，人們只記得他愚蠢地堅持要在 1841 年 1 月的嚴冬中發表破紀錄的兩小時就職演說，還不穿戴大衣帽子；一個月後他因肺炎而死，是美國第一位死於任內的總統，也是任期最短的總統。[1]

聽完這件事之後，現在我們在腦中想想哈里森。但在那之前，我們

1　歷史修正主義主張，他不是在就職典禮上得到肺炎，而是在幾週前沒穿外套出門買牛乳時生病的。但接著還有更激進的歷史修正主義主張，他根本不是死於肺炎，而是從白宮嚴重汙染的用水中感染傷寒熱而死。做出這結論的是作家麥修（Jane McHugh）以及醫師馬科維亞克（Philip Mackowiak），根據的是哈里森的醫生詳細描述的症狀，以及白宮供水就在傾倒「水肥」的下游一事。那時的美國華盛頓特區是瘧疾肆虐的沼澤，而會選擇把特區定在那裡，是因為那些想讓首都離家近的維吉尼亞州有力人士的鼓吹；最終是由漢彌爾頓（Alexander Hamilton）和出身維吉尼亞的傑弗遜（Thomas Jefferson）以及麥迪遜（James Madison）在密室協商中定案。知名歷史學家米蘭達（Lin-Manuel Miranda）談起那些協商洩漏了什麼時，是這樣描寫這個謎團的：「沒人真正知道這個局當時是怎麼玩的，交易有過什麼技巧，私下做了什麼髒活才把這搞出來。」

要把電極貼滿你的頭皮來取得腦電圖（electroencephalogram，EEG），來觀察你想著比爾（譯注：哈里森的別稱）時皮層所產生的神經元興奮狀態。

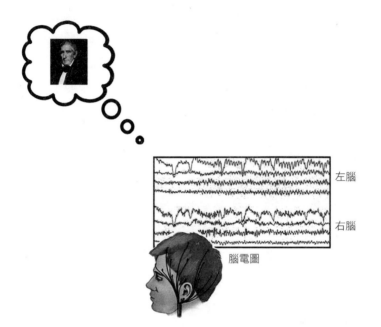

現在，當我們還在為你記錄腦電圖的同時，*不要*想哈里森——想想別的什麼都好。不錯，做得好。現在不要想哈里森，但在心裡盤算著，再過一下下就要隨心所欲地去想他，並在你這麼做的瞬間按下按鈕。哦，還有，留意一下時鐘上的秒針，並留意你在什麼時候選擇去想哈里森。我們也會把記錄電極接到你手上，好精準偵測你開始按按鈕的時候；同時，當命令那些肌肉去按按鈕的神經元開始活化時，腦電圖就會偵測出來。而我們的發現如下：早在你以為是你先自由選擇開始按按鈕之*前*，那些神經元就已經活化了。

但因為這個研究的設計的非特異性，所以並不完美——我們可能只知道你的腦在做一般性的事情時裡面怎麼了，而不是在做特定事情時大腦裡面發生了什麼事。現在換成讓你在 A 和 B 之間做選擇。哈里森坐下來吃一些滿是傷寒桿菌的漢堡和薯條，並要人給他番茄醬。如果你認定他會把它發音成「ketch-up」，立刻用左手按這按鈕；如果是「cats-up」的話，就用右手按另一個按鈕（譯注：ketchup 和 catsup 是「番茄醬」的不同拼法）。現在不要想他唸*番茄醬*的發音；只要去看時鐘，告訴我們你選擇要按哪個按鈕的那時刻。然後你會得到同樣的答案──不管哪隻手按按鈕，該為此負責的那些神經元在你有意識地形成選擇之前，就已經活化了。

我們來做一些比看腦波更花俏的事，因為腦電圖一次反映了幾千萬個神經元的活動，我們很難知道特定腦區域發生了什麼事。多虧 WHH 基金會（WHH Foundation，譯注：此為美國加州洛杉磯的赫特〔William H. Hurt〕基金會）的一筆補助金，我們得以購買一台神經成像系統，而且會在你進行同一項作業時，替你的腦部做功能性磁振造影（functional magnetic resonance imaging，fMRI），這會讓我們知道同一時間個別腦區域的活動。其結果又一次清楚證明，在你認為你有意且自由地做出選擇之前，特定區域已經「決定了」要按哪個按鈕。事實上，是在長達十秒以前。

呃，把功能性磁振造影跟它造的影都忘了吧，畢竟那圖上每一畫素的訊號反應的是大約五十萬個神經元的活動。我們改成在你的頭上鑽洞，然後把電極貼到你的大腦上，用以監視個別神經元的活動；透過這個方法，我們同樣可以從你自認做了決定*之前*的神經元活動，來看出你會選ketch-up 還是 cats-up。

這些是一系列具里程碑意義的研究的基本方法和發現，這些研究引發了一場巨大風暴，質疑它們是否證明了自由意志是個神話。在每個關於「神經科學在自由意志這個主題上能告訴我們什麼」的爭辯中，這些幾乎就是核心的研究結果。而我認為，說到底，這些研究跟這主題並不相關。

事情是從加州大學舊金山分校的神經科學家利貝特（Benjamin Libet）於1983 年進行的一次研究開始的；該研究極具爭議性，以致至少一名哲學家稱其為「臭名昭著」，其後有不少針對該研究舉行的研討會，也有科學家進行的研究因此被形容為「利貝特風的研究」。[2]

2　有一件事幾乎能運用於我將在本書討論的所有科學研究結果，那就是，當我說「由

我們對它的實驗設計都了然於心。這是一個按鈕，你想按就按。事先不要考慮；看看這個時尚的時鐘，它讓我們輕鬆偵測到好幾分之一秒的事情，並告訴我們你是何時決定按按鈕，也就是你自由地做出你的決定的那個意識察覺的瞬間。[3] 同時，我們會從你那收集腦電圖資料，並監測你手指開始動的準確時刻。

從這之中就產生了基本的研究結果：參與實驗的人們表示，他們大約在手指開始移動的兩百毫秒——一秒的十分之二——之前，決定要去按按鈕。當人們準備移動時，也會有一個獨特的腦電圖模式，叫作「準備電位」（readiness potential）；這產生自腦中被稱作運動輔助區（supplementary motor area，SMA）的部位，這部位會把投射送到脊髓，刺激肌肉運動。但接下來要講的就有點神奇了：準備電位，也就是大腦願意按按鈕的證據，發生在人們相信自己已決定按按鈕的三百毫秒之前。那種自由選擇的感覺只是一個在此之後（post hoc）的錯覺，一個虛假的能動性。

這便是替一切起了頭的觀察結果。讀一讀談生理機能與自由意志的技術論文，其中有 99.9% 會出現*利貝特*，通常在第二段。上述情況在非專業媒體也一樣——「科學家證明自由意志不存在；你的腦在你自認決定前就先決定了」。[4] 它激發了大量後續研究和理論化；在利貝特的研究於 1983 年發表的四十年後，人們仍然做著直接受到他啟發的研究。舉例

某某完成的研究」時，其實指的是那位科學家帶頭跟一整隊合作者一起完成的。同樣重要（而我會在許多地方重申，因為提再多次也不為過）的事情是，當我說「科學家證明了，當他們這樣那樣做的時候，人們會做 X」時，我指的是平均來說人們會這麼反應。始終會有例外，而那些人往往最有意思。

3　在利貝特的文獻中，人們覺得自己做了決定的時間點後來被稱作 W，因為那是他們最先有意識地想要（wish）做什麼事的時間點。我會避免用這個詞，好讓專門術語盡量減少。

4　有一篇分論文分析了非專業媒體報導利貝特的情況。11% 的頭條說自由意志證明為誤；11% 講的是相反情況；許多文章描述的實驗進行方式嚴重不正確（例如，說會去按按鈕的是研究者）。另外，甚至還有一首曲子叫做《利貝特延遲》。那首曲子有點陰鬱而反覆，讓我有意識地感覺想尖叫；我能做的結論只有那是一個十分憂鬱的 AI 譜曲的。

來說，2020 年有一篇論文標題為〈利貝特的意圖報告是無效的〉（Libet's Intention Reports Are Invalid）。[3] 對一名科學家來說，研究成果重要到幾十年後人們還會繼續噴它口水，就已堪稱不朽。

　　已經有其他人在實驗中重現了利貝特的基礎研究結果──如果你認為感覺得到自己做決定的那時刻，也就是你下決定的瞬間，那你根本是在自欺欺人。倫敦大學學院的神經科學家海格（Patrick Haggard）讓受試者在兩個按鈕之間選擇──選擇做 A 或者做 B，而不是選擇做某事或不做某事。這個實驗顯示出同一結論，也就是，大腦顯然在你自認做決定的那刻之前，就已經做了決定。[4]

　　這些發現開啟了利貝特 2.0──海恩斯（John-Dylan Haynes），和他的同事在德國洪堡大學的研究。那是已經有了功能性磁振造影的二十五年後，除此之外都一樣。這次也是一樣，人們有意識的選擇感，發生在肌肉開始移動的兩百毫秒之前。最重要的是，這個研究不僅重現了利貝特的結論，還進一步充實了細節。5 有了功能性磁振造影，海恩斯還能在腦內的指令鏈中更早一步看到「要按哪個按鈕」的抉擇，而那是發生在前額葉皮質（prefrontal cortex，PFC）裡。這是有道理的，因為前額葉皮質是做出執行抉擇的地方（當前額葉皮質以及額葉皮質的其他部分像蓋吉那樣遭到摧毀時，人們就會做出不受抑制的糟糕抉擇）。稍微把這簡化一下，一旦做了決定，前額葉皮質就會把決定傳遞到額葉皮質的其他部位，而它們會把決定傳遞到前運動皮質（premotor cortex），然後傳到運動輔助區。然後，在過了幾個步驟之後，傳遞給你的肌肉。6 早在受試者感覺自己有意識地做出決定的*十秒鐘之前*，前額葉皮質就在做它的決定，而這又支持了「海恩斯在更上游處發現了抉擇行為」的看法。7[5]

5　我說「來自利貝特的結論」而不是「利貝特的結論」，是因為後者是指利貝特本人對自己研究結果的想法。後面會談他自己是怎麼想的。

6　有名神經科學家適切地把運動輔助區形容為前額葉皮質跟你肌肉講話的「門路」。

7　海恩斯和同事自那之後又明確辨識出前額葉皮質中是哪一塊次區域涉入其中。他們也證明另一塊腦區域，也就是頂葉皮層，也參與了抉擇過程。

接著，利貝特 3.0 針對「自由意志是錯覺」的探索，一路探到了監測個別神經元活動的地步。加州大學洛杉磯分校的神經科學家弗里德（Itzhak Fried）研究了罹患難治性癲癇、對抗癲癇藥物治療沒反應的患者。神經外科醫生最後的孤注一擲，總是移除患者腦中起始癲癇發作的部位；在弗里德的患者身上，指的就是額葉皮質。人當然會希望盡量移除最少量的組織，為了替這目標做好準備，手術前會先把電極植入目標區域，讓人能監測那裡的活動。這提供了一張紋理細密的功能地圖，告訴你應該要避免移除哪個小部位，當然前提是你還有餘裕的話。

弗里德會讓受試者做一個帶有利貝特風格的工作，同時，他們額葉皮質中的電極會偵測那裡特定的神經元何時活化。重點還是同一句：某些神經元會為一個特定的動作決定做準備而先活化，而在幾秒鐘後，受試者才會聲稱自己有意識地做出了決定。他在幾個很有趣的相關研究中，證明了海馬迴中**生成**某一特定片段記憶的那群神經元，會在那人意識到自己正自由地回憶著那段記憶的一到兩秒之前活化。[6]

因此，從監測幾億個到一個神經元活動的三種不同技術，都證明了當我們相信我們正有意地且自由地為了某件事做決定的那一刻，神經生物學層面早就覆水難收了。那種有意識的意圖感，是一種與此無關的事後想法。

顯示意圖感和能動性有多麼可塑的研究，強化了該結論。回到基本的利貝特範本；這次，按按鈕會導致鈴聲響起，而研究者改變了按按鈕和鈴聲響起之間零點零幾秒的延遲時間長度。當鈴響延遲時，受試者會表示，他們按按鈕的意圖比通常再晚一點來到──但準備電位或實際運動都沒有改變。另一項研究則顯示，如果你感覺快樂，你會比不快樂時更快察覺到那個有意識的選擇感，證明了我們有意識的選擇感有多易變而主觀。[7]

與此同時，還有其他針對難治性癲癇而進行神經外科手術的人進行的研究，顯示了「感覺自己打算（有意）做出動作」和實際動作是可以分開的。刺激腦中另一個和做決定相關的區域，[8] 人們就會宣稱他們剛剛自

8　隔幾個注釋前提到的頂葉皮層。

願地動了起來——實際上卻連一條肌肉都沒繃緊。轉而刺激前運動輔助區的話，人們會移動指頭但宣稱自己可沒這麼做。[8]

　　一種神經障礙強化了這些研究發現。中風對一部分運動輔助區造成的損害，會產生「亂手症」（anarchic hand syndrome）。罹患這種症狀的人，被運動輔助區受損那側所控制的那隻手[9]會違背自己的意志而動（例如從別人的盤子取走食物）；患者甚至會用另一隻手來抑制他們不受控制的那隻手。[10]這顯示了，運動輔助區讓在任務中保持意志，把「從意圖到動作」整套連結起來，而這全都發生在那人認為自己形成意圖之前。[9]

　　心理學研究也證明了能動感可以有多虛幻。在一項研究中，按下按鈕立刻就會有一道光亮起……有時候啦。光有多大的機率會亮起，並沒有固定的百分比；接著，會有人問受試者說，他們感覺自己對光有多大的控制力。人們總是會高估光亮起來的可能性，認為自己可以控制它。[11]在另一項研究中，受試者相信自己是自願地選擇用哪隻手按下按鈕；然而他們不知道的是，研究者透過經顱磁刺激（transcranial magnetic stimulation）[12]作用

9　提供一個跟這些全都徹底無關的一個技術細節；腦的右半球控制身體的左半部；左半球控制身體右半部。

10　亂手症以及與其密切相關的「異手症」（alien hand syndrome），有時被稱為「奇愛博士症」（Dr. Strangelove syndrome）——名稱來自庫柏力克（Stanley Kubrick）1964年電影中那個掛著博士頭銜的角色。奇愛博士多半是以火箭科學家馮布朗（Wernher von Braun）為原型，二戰時他原本效忠納粹，後來又改效忠美國；到頭來發現他一直都是愛國的美國人，納粹那邊的事情只是誤會。中風後困在輪椅上的奇愛博士罹患了亂手症，手會一直試圖對他的美國君主們行納粹舉手禮。執導本片的名導庫柏力克，還在奇愛博士身上加了馮諾伊曼（John von Neumann）、卡恩（Herman Kahn）以及泰勒（Edward Teller）的要素（然而，儘管都市傳說都這麼講，但這角色其實並沒有融入季辛吉〔Henry Kissinger〕的要素）。

11　有趣的是，患有憂鬱症的人對於這種騙人產生「虛幻意志感」的伎倆具有抵抗力。最後一章會再來談這個情況。

12　進行經顱磁刺激時，會把電磁管裝在顱蓋上，並用它來活化或鈍化正下方的一小片皮質（我自己這樣做過一次，在同事控制下我彎了食指；那已經超乎不寒而慄了）。這樣一個含意迴盪於整本書的研究結果夠屬害吧？經顱磁刺激可以改變人對某行為道德妥適度的判斷。

於他們的運動皮質上，如此控制了他們手的選擇；儘管如此，受試者仍然感覺是自己做的決定。與此同時，其他研究直接使用了魔術師和通靈者的教戰手冊，結果當受試者面對一些其實已成定局、且由不得他們控制的事件時，居然宣稱自己有能力做點什麼。[10]

如果你做了 X 接著發生了 Y，什麼會讓你更加覺得是自己造成了 Y？該領域的關鍵貢獻者，哈佛大學的心理學家韋格納（Daniel Wegner）辨識出三種符合邏輯的變項。一個是*優先性*──當 X 和 Y 之間的延遲越短，我們越容易有一種意志感的錯覺。另外還有*一致性*和*排他性*──Y 有多固定發生在你做了 X 之後，以及 Y 有多常發生在你沒做 X 的時候。前者越多、後者越少，錯覺就越強烈。[11]

整體來說，這個利貝特式的文獻（起於利貝特）證明了什麼？它證明了我們可以具有一個能動感的錯覺，在那種錯覺中，我們「自由地、有意識地選擇行動」的感覺可以跟現實脫節；[13]我們在哪一刻首度感覺到一種有意識的控制感，也是可以被操縱的。最重要的是，這種有能動性的感覺，是在我們的腦已經願意做某個行動之後才出現的。自由意志是種迷思。[12]

「驚訝吧！」人們從那時起就開始對彼此驚呼著這些結論，不相容論者不斷引用利貝特和他的徒子徒孫的研究結果，相容論者則是輕蔑地批評這整套文獻。這種事要開始不需要多久。利貝特在這篇堪稱里程碑的論文發表兩年之後，就在一本同行審議期刊（人們會在該期刊上針對一個受爭議主題提出一篇理論論文，接著會有科學家敵友雙方的短評）發表了一篇評論；痛擊利貝特的評論者指控他犯了「極嚴重的錯誤」，忽視了「基本的測量概念」，概念上也不夠精細（「不好意思，您的二元論露出來了。」一名批評者指控道），而且對於自己的時間測量準確度有著不科學的信心（他們諷刺地說利貝特在實踐「時間神學」）。[13]

13　不過，達特茅斯學院的哲學家彼得謝對此回應說：「就如視覺錯覺的存在並沒有證明所有視覺都是幻覺一樣，自認具有意識能動性的這種意識錯覺的存在，並不證明說，在某些情況下意識運作不能跟動作有因果關係。」

利貝特、海恩斯、弗里德、韋格納等一幫人的研究所受到批評，如今仍然沒有絲毫減弱。有些批評關注細節，像是使用腦電圖、功能性磁振造影和單一神經元做紀錄，本身就有所局限；或者，受試者針對於任何事情進行的自我報告，先天都具備錯誤的可能。但大多數的批評比較偏概念，整體上來說，「利貝特主義扼殺了自由意志」的謠言，有點言過其實。這些值得細細說來。

你們這些人根據自發性的指頭移動，來宣告自由意志之死？

利貝特式的文獻是圍繞著人們自發性地決定做某件事所打造的。在瓦爾加斯的看法中，自由意志的中心是「以未來為導向、為了長期目標而忍受一個立即的代價」，因此，「利貝特的實驗堅持觀察一個全然立即而衝動的行為，而那恰好就不是自由意志的用途。」[14]

此外，實驗中自發性決定做的事情只是按個按鈕，那和「我們在信念和價值觀或者最重要的行動上有沒有自由意志」沒什麼相似之處。按照查普曼大學的心理學家毛茲（Uri Maoz）的說法，兩者是「挑東西」和「選擇」的對比——利貝特的實驗探討的只是從超市貨架上挑哪一盒Cheerios，而不是談重要事物的選擇。舉例來說，達特茅斯學院的哲學家羅斯基斯（Adina Roskies），就把利貝特研究中的挑選當成人生真實選擇的搞笑扭曲版，就連在茶和咖啡之間做決定實際上的複雜程度，都能讓它相形見絀。[14][15]

利貝特的研究結果是否能應用於某些比按按鈕更有趣的事物上呢？弗里德讓駕駛模擬器裡的受試者選擇左轉或右轉，藉此重現利貝特效應。另一個研究結合了神經科學以及在大好天氣走出實驗室，在受試者高空彈跳的前一刻，檢測他們的利貝特現象。神經科學家們是不是也緊抓著設

14　羅斯基斯雖然通常被分類為哲學家，但她在哲學博士之外還有神經科學博士學位，讓我們這些小人物望塵莫及。

備跟著跳呢？不，彈跳者的頭上綁著一個無線的腦電圖裝置，讓他們看起來就像是跟一群男大生玩了投杯球後、被說動去玩高空彈跳的火星人。結果呢？利貝特的結果重現了！在受試者認為自己決定要跳下去之前，準備電位出現了。[16]

　　對此，相容論者回應說，這還是完全人工打造的——選擇何時跳進深淵，或者何時在駕駛模擬器上向左轉或向右轉，都不能告訴我們關於那種選擇（好比說）成為藻類學家或是過敏學家的自由意志。有一個特別優雅的研究支持著這種批評。在第一種情況下給受試者兩個按鈕，然後告訴他說，每個按鈕各代表一個慈善機構；按下其中一個按鈕，該機構就會獲得一千美元。版本二：兩個按鈕代表的是兩個慈善機構，你想按哪個按鈕都可以，反正兩個慈善機構都會拿到五百美元。在兩種情境下，大腦都指示做出同一個動作，但第一種情境的選擇會造成結果的明確差異，第二種的選擇則跟利貝特研究的選擇一樣，從結果來看毫無差異；這個既無聊又都沒差的情境，在受試者出現一種有意識的決定感之前，誘發了一般會有的準備電位。但結果有差的那個情況，反而沒有誘發準備電位。換句話說，利貝特完全沒讓我們對於那種值得人們想望的自由意志有一丁點的瞭解。用一位頂尖相容論者一段挖苦到極致的話來說，這整堆文獻的實質主旨，就是「如果你的頭在功能性磁振造影機器裡面的話，就不要為了贏錢而去（跟隨便哪個懷疑自由意志的研究者）玩剪刀石頭布。」[17]

　　但緊接著的，是自由意志懷疑者的反擊。海恩斯的研究團隊替參與非肌肉運動工作的受試者繪製腦圖像，而受試者要做的，是在一個數字上選擇加或減另一個數字；他們發現，在意識察覺之前會出現一種「做決定」的神經特徵，但是來自一個有別於運動輔助區的腦區域（稱作後扣帶／楔前葉皮層〔posterior cingulate / precuneus cortex〕）。所以，安排受試者選擇慈善機構的科學家，或許關注的是腦中錯誤的部位——簡單的腦區域在你覺得自己有意識做出簡單決定之前，就已經決定了事情；而更複雜的區域，則是在你覺得自己有意識地做出複雜決定之前，就先決定了複雜的事情。[18]

　　答案尚不明確，因為利貝特式文獻幾乎都還是在探討「面對一些相當簡單事物的自發性選擇」。去看下一個更廣泛的批評吧。

60%？真的嗎？

「意識到一個有意識的抉擇」是什麼意思？「決定」（deciding）和「打算（有意）」（intending）的真正意思是什麼？又一次，語意不僅僅是語意。哲學家們在此以微妙的方式胡搞瞎搞，讓後來許多神經科學家（例如我）（以弱化了的敬畏）倒抽一口氣。專注在「專注於時鐘的秒針上」要花多少時間？羅斯基斯在文章中強調「有意識的意圖」和「意識到意圖」的差異。梅勒推測說，事實上，準備電位是當你已經合理地、自由地做了選擇的那個時間，然後你要花一點時間，才會有意識地察覺到你那自由地用意志力做出的決定。有一個研究論證這說法為誤，它證明了在準備電位發動的時刻，許多受試者正思考著像是晚餐之類的東西，而不是想著他們什麼時候要開始動作。[19]

你能否決定要去決定一件事？「有意去做」和「有個意圖」是不是同件事？利貝特指示受試者去留意他們第一次意識到「『要』或者打算（有意）去行動的主觀體驗」發生在什麼時間——但「要」（wanting）和「打算」（intending）是同一件事嗎？當有人叫你去自發的時候，你有辦法自發嗎？

順便問一下，準備電位到底是什麼？不可思議的是，在利貝特發表論文的四十年後，論文還是可以取名為〈什麼是準備電位？〉，有沒有可能它是決定去做的那個實際上的「意圖」，而決定的意識感是決定現在做的一個「意圖的實施」？或許準備電位沒什麼意義——有些模型顯示，它就只是運動輔助區裡的隨機活動，通過一個可偵測門檻的時間點。梅勒強力主張，準備電位不是一個抉擇而是一股衝動，而奧克蘭大學的物理學家波克特（Susan Pockett）和心理學家波迪（Suzanne Purdy）則證明了，和受試者感覺到一股衝動相比，當受試者蓄意辨識他們何時做了決定的時候，準備電位會比較不一致且較短。對其他人來說，準備電位是導致抉擇的過程，而不是抉擇本身。一個聰明的實驗支持這個詮釋；在該實驗中，會有人給受試者看四個隨機的字母，然後吩咐他在心裡選一個；有時候，接下來會有人示意受試者去按一個對應該字母的按鈕，有時候則不會——因此，兩種情境中都發生了同樣的抉擇過程，但只有一個真的會產生動作。關鍵在於，兩個情況下都出現了一種類似的準備電位，用相容論神經科學家葛詹尼加（Michael Gazzaniga）的話來說，就是這顯示了運動輔助區不是決定是否實施一個動作，而是「為了參與動態事件而熱身」。[20]

所以，準備電位和它們的前兆，究竟是抉擇還是衝動？抉擇就是抉擇，而衝動就只代表某個抉擇的可能性增加。像準備電位這樣的前意識信號，有沒有過「儘管出現卻*沒有*發生動作」的情況？是否曾有過前意識信號沒先出現就發生的動作？把這兩個問題結合起來，就會是這些前意識信號在預測實際行為上有多準確？某種接近百分之百的準確，會重重打擊對自由意志的信念；相反地，準確度越接近偶然（也就是50%），腦就越不可能在我們感覺到一種選擇感之前先「決定」任何事情。

結果發現，可預測性也沒那麼棒。從方法上來說，最初的利貝特研究不可能產出這種準確度數字。然而，在海恩斯的研究中，功能性磁振造影預測哪個行為會出現時只有大約60%的準確度，幾乎等同於憑空猜測的水準。對梅勒來說，「在預測參與者接著會按哪一個按鈕方面」，一個「60%的準確率，對於自由意志似乎不像是多大的威脅」。用羅斯基斯的話來說，就是「它顯示的就只是有些身體因素會影響作決定」。弗里德的研究會記錄個別神經元，而把準確率提高到80%的範圍；雖然確實比猜的要高，但這肯定不能對自由意志構成一丁點兒威脅。[21]

現在來看下一個批評。

什麼是意識（consciousness）？

給這一節下這個荒謬的標題，反映的是，接下來得寫的這段文字實在讓我興致全失。我不瞭解意識是什麼，無法定義它。我看不懂哲學家寫

的文字。或者,就那方面來說,神經科學家寫的我也不能瞭解,除非它是
神經學那種無聊意義上的「意識」,好比說你在昏迷中而沒有體驗到意識
那樣的意識。[15][22]

　　儘管如此,在與利貝特相關的辯論中,意識還是最主要的,有時候,
甚至以一種相當強硬的方式成為核心。就以梅勒那本標題吹噓他有多直
言不諱的書──《自由:為何科學還沒證明自由意志是錯的》(*Free: Why
Science Hasn't Disproved Free Will*)為例。他在該書第一段就寫道「今日有兩種
主要的科學論點反駁自由意志的存在」。一種出自社會心理學家,證明
行為可以被我們沒意識到的因素操作──我們已經看過了這種例子。另
一種則出自那些「基本上主張,我們*所有的抉擇*都是無意識做出的,因此
並非自由做出」的神經科學家(斜體是我自己加的)。換句話說,意識只是
一個副現象,一種幻覺,是重建出來的控制感,和我們實際的行為無關。
我覺得這樣的說法過度武斷,在神經科學針對該主題的各種想法中只挑了
一個來呈現。

　　那種「唉喲,你們神經科學家不只啃死人骨頭,還相信我們所有決
定都沒有意識」的哇哇叫,是有其重要性的──因為我們不該為我們無意
識的行為負起道德責任(雖然哥倫比亞大學那位以傑出研究讓自由意志的爭辯有
了更多知識的神經科學家夏德倫〔Michael Shadlen〕,和羅斯基斯一起提出了一個積極
堅定的論點,論證我們甚至對自己的無意識行為都該負起道德責任)。[23]

　　試著抵擋利貝特一派的相容論者,往往會退守到意識的最後根據地:
好啦,好啦,就假設利貝特、海恩斯、弗里德等人真的證明了我們的腦會
在我們有了「有意識且自由決定了某事」的感覺之前就決定好那件事吧。
這邊我們就同意那些不相容論者吧。可是,把那個前意識的決定變成實際
行為,是不是需要那股有意識的能動性?因為如果需要(而不是把意識當成

15　最後理所當然地發現,意識和無意識在神經學上的差異並不無聊、簡單或二元對立,
　　但那又是另一個大哉問。

一種不相干事物而忽略不計）的話，就不能排除有自由意志的存在。[16]

就如我們所看到的，知道腦的前意識抉擇為何，也只能普通準確地預測行為會不會真的發生而已。但「前意識的腦的選擇」和「有意識的能動感」之間的關係要怎麼辦？有沒有哪個準備電位，是接著就直接有一個行為，中間不會有那種有意識的能動感？達特茅斯學院的神經科學家慧特利（Thalia Wheatley）與協作者進行的一個很酷的研究，[17] 就正好證明了這一點。研究中受試者被催眠，並被植入一個催眠後的暗示感受能力，讓他們能做出利貝特式的自發動作。在這個例子裡，被那個暗示啟動的人，會出現準備電位以及隨之而來的動作，但那中間沒有意識察覺。意識不過是個不相關的小問題而已。[24]

當然，要反駁相容論者的話，這並不代表說有意的行為*始終*都跳過意識——要用「催眠後的腦中發生了什麼事」為根據來反駁自由意志，是有點薄弱。而且這個問題有一個更高階的層次，紐約州立大學的不相容論哲學家卡盧索（Gregg Caruso）強調了這一點——你在踢足球，你腳下有球，而你有意識地決定你將要嘗試越過這個防守者，而不是把球傳出去。在接下來嘗試做這件事的過程中，你做了各種並非有意識選擇要做的程序行動；你做了外顯的選擇，選擇讓某一套內隱的流程接管，而這代表的是什麼意義呢？爭論持續著，不只爭論「前意識是否需要意識作為中介因素」，也爭論「是否兩者可以同時造成一個行為」。[25]

如果前意識抉擇需要意識作為中介的話，這件事在這堆晦澀難懂的東西間就會變得極其重要。為什麼？因為在意識中介的那一刻，我們就該能接著*否決*一個決定，避免它發生。而你可以叫那一刻負起道德責任。[26]

---

16 要留意到，雖然有相關聯，但這和「有意識的抉擇感比準備電位晚出現的那段延遲時間是否始終都一樣長」這個議題有著細微不同；如我們所見，那個能動感出現的時間點可以由其他因素所操縱。

17 這項研究不僅有哲學家和神經科學家的合作，還有堅定採不相容論立場的人們（慧特利）跟藍斯基斯、彼得謝、還有杜克大學的哲學家阿姆斯壯（Walter Sinnott-Armstrong）等知名相容論者的合作。這是盡可能客觀探求知識的過程。

自由否意：否決的力量

　　就算我們沒有自由意志好了，那我們有沒有自由否意，也就是在「有了自由選擇做某件事的意識感的瞬間」和「行為本身出現」之間猛踩剎車的能力？利貝特從他的研究中得出的結論是這樣。我們顯然有那種否決的能力。以小地方來說，你正要伸手去拿更多的 M&M 巧克力，但在那一刻之前停手了。以大處來說，你正要說出某些十分不妥且口無遮攔的話，但謝天謝地，在你的喉嚨熱身完畢準備讓你完蛋的同時，你制止了自己。

　　利貝特式研究的基本結果產生了各式各樣的研究，觀察否定行動能安插的地方。做或不做：一旦那個有意識的意圖感出現，受試者就有停止的選擇。現在做或等一下做：一旦有意識的意圖感出現，是立刻按按鈕，還是先數到十。強迫進行一個外部的否決：在一個人腦／電腦界面的研究中，研究者使用一套機器學習演算法來監測某受試者的準備電位，即時預測那人什麼時候要動作；有時候，電腦會示意受試者及時停止動作。當然，一般來說，只要還沒到一個無法回頭的時間點，都還可以阻止自己的行動，而那個時間點大略對應到「會直接送指令給肌肉的那些神經元準備開火的那一刻」。因此，一個準備電位不會構成一個不可阻擋的抉擇，而不論受試者是確切地將要按下按鈕，或者有著否決的可能性，準備電位整體來說會看起來都一樣。[18][27]

　　在神經生物學上，否定是怎麼運作的？腳踩剎車和「把就在運動輔助區上端的神經元活化」有關。[19] 利貝特可能在後來一次檢驗自由否意的研究中看出了這一點。研究中，一旦受試者有了那種有意識的意圖感，就要去否決那個行動；在那個時間點上，準備電位的尾端會失去力量而平息

18　這些研究有一個很吸引人的結果是，要是來不及停止，就會活化腦中與主觀痛感有
　　關聯的前扣帶迴皮質區域；換句話說，幾十毫秒的時間就足以讓你感覺像個魯蛇，
　　因為一台電腦比你更快拔槍。

19　依照研究，是「前準備電位」，前端額葉內側皮質以及／或是右額下回。要留意到，
　　邏輯上來說，後面那兩個地方讓額葉皮質涉入了執行否決。

下來。[20][28]

同時，其他研究探索了自由否意的有趣衍生物。設法中止賭博的連敗賭徒和沒打算這麼做的賭徒，兩者的神經生理狀態分別為何呢？[21]當有酒精參與的時候，自由否意會發生什麼事呢？小孩和大人又有怎樣的對比？結果發現，在抑制一個行動的時候，孩子比起大人需要活化更多的額葉皮質，才能得到一樣的效果。[29]

所以，這所有版本的「在幾分之一秒內否決一個行為」，對自由意志有什麼闡釋？當然，要看你是對誰說的。像這種的研究結果支持了一個關於「我們如何理當身為我們命運的舵手」的兩階段模型，從詹姆斯到許多當代相容論者都擁護這個模型。第一階段是關於「自由」的部分：你的腦會自發性地在可供選擇的可能性中選擇，來產生偏向某個行動的傾向。第二階段是關於「意志」的部分：你在此有意識地考量這種傾向，然後給它開綠燈，不然就以自由否意否決它。就如一名支持者所寫的：「自由意志的起源，是以有創造力且非決定論的方式產生可供選擇的多種可能性，讓意志獲取它們來做評估和挑選。」或者，用梅勒的話就是：「就算按下去的衝動是由無意識的腦活動所決定，要或不要遵行那些衝動，可能還是由參與者來決定。」[30]因此，「我們的腦」產生了一個提議，而「我們」接著判斷那提議。這種二元論讓我們的思考倒退了幾個世紀。

另一種結論是，自由否意就跟自由意志一樣可疑，而且是出於同樣的理由。抑制一個行為和啟動一個行為相比，並不具有比較繁複的性質，而且腦的迴路甚至會交替使用自己的零件。舉例來說，腦做某件事情的方

---

20 原本發表的利貝特論文中完全沒提到平息下來的事；是要到後來的評論中，他才認定那發生了。講個讓人掃興的事，在讀了最初只有四個受試者的論文後，我就是沒在它展示的準備電位的形狀中看到它，而且，從論文的資料來看，也沒有真正能嚴謹分析每個曲線形狀的方式；這個研究發生在一段資料分析還不夠量化的草創時期。

21 持續賭博活化了與誘因和獎勵有關的腦區域；相較之下，戒賭會活化跟主觀痛感、焦慮以及跟衝突有關的腦區域。這很神奇——在有可能輸的情況下持續賭博，這件事在神經生理上令人厭惡的程度，居然低於停止賭博並深思「如果當初沒停下來本來都要贏了」的說法實際上有多大可能。我們這個物種真的是很有問題呢。

法，有時是活化神經元 X，但有些時候卻是抑制那些會抑制神經元 X 的
神經元。把前者稱為「自由意志」卻把後者稱為「自由否意」，都同等地
站不住腳。這會讓人想起第一章的挑戰，也就是要人找到一個不被任何其
他神經元影響，或者不被任何更先前的生理事件所影響，就自己發起某個
行動的神經元。而現在的的挑戰則是要找到一個神經元，在避免一個行動發
生上也有著同樣的自發能力。不論是自由意志神經元還是自由否意神經元
都不存在。

——　•　——

　　審視了這些爭辯之後，我們可以做出什麼結論？對利貝特派的人來
說，這些研究證明了，我們的腦在我們認為自由且有意識地執行了一個行
為之前，就決定執行一個行為。但我認為，有鑑於從中而起的批評，我們
能做出的結論就只剩下「在某些相當人為打造的情況中，某些腦功能的測
量值能夠普通而準確地預示後續行為」。我認為，自由意志經歷利貝特主
義的考驗後，是倖存了下來。然而，我認為那並不相關。

為了避免你覺得全都在講學術

　　利貝特和其徒子徒孫的爭辯，可被歸結於一個意圖的問題：當我們
有意識地決定我們打算做某件事的時候，神經系統是否已開始按照那個意
圖行事，而如果是的話，那代表什麼意思？

　　在自由意志的紛亂嘈雜會產生重大影響的領域裡 —— 其中一個是在
法庭上，有個相關問題極其重要。當某人以犯罪的方式行事時，他們是不
是蓄意這麼做？

　　但我這樣說，不是想到戴著假髮的法官們爭論某個低階人口的準備
電位。定義「意圖」的問題反而是：在沒有實質疑慮的情況下，一名被告
能否預見他的行動或不行動將會有什麼結果，以及他對於那樣的結果是否

同意。從那個觀點來說，一個人除非具有在那種意義下的意圖，否則不該被宣判犯行有罪。

　　想當然，這會產生複雜的問題。舉例來說，有意射殺某人但沒射中，跟成功射中相比，算不算比較輕的犯行？當你的血液酒精值處在會損害開車控制力的範圍時，如果你十分走運，開車時碰巧沒撞死行人，那你的酒駕行徑比有撞死行人的酒駕是不是過犯更輕微呢（牛津大學哲學家李維〔Neil Levy〕曾用「道德運氣」的概念探討過這個問題）？[31]

　　還有一個麻煩的地方是，法界會區分*一般*意圖和*特定*意圖。前者是關於蓄意犯下罪行，後者則是有意犯下罪行也有意造成特定結果；對後者指控的肯定比前者更重。

　　另一個可能產生的問題是，決定某人是出於恐懼或憤怒而蓄意行動，而人們認為恐懼（尤其當恐懼合理時）比較輕微；跟你保證，如果陪審團是由神經科學家所組成，他們會永恆地審慎思考下去，試著認定正在發生的是哪個情緒。那如果某人蓄意去做某件犯罪的事，卻無意間做出了別種罪行呢？

　　我們都認可的一個問題是：意圖是在某個行為發生多久之前形成的？這屬於預謀的範疇，也是「一個只有幾毫秒意圖的激情犯罪」和「一個策劃已久的行動」之間的差別。在法律上，尚不清楚一個人需要對一項蓄意行為進行多長時間的思考，才能算作有預謀。舉一個缺乏這種清晰度的例子；我曾在一場審判中擔任學說證人，該審判的一個關鍵問題是：（被閉路電視攝影機錄下的）八秒鐘是否足以讓某個處在生命受威脅狀態下的人*預謀*一次謀殺（我的看法是，在這種情況下，八秒鐘不只不足以讓一顆頭腦去做預謀思考，這段時間甚至不夠它做任何思考，而自由否意是一個與此無關的概念；但陪審團堅決不同意）。

　　還有一些問題可能是戰爭犯罪審判的核心。一個人的犯罪需要怎樣的威脅，才能被算是被迫？得知如果你拒絕去做某件有犯罪意圖的事，就會立刻換人去做，而且還會做得更殘暴，所以你同意下手的情況該怎麼看？再把情況往極端推進，若某人蓄意選擇犯下罪行，卻不知道自己若試圖不做，最終還是會被逼著去做，那又要怎麼處置他？[22][32]

　　到了這個關頭，在思考能動性和責任方面，我們似乎有兩個天差地別的領域——人們在神經哲學研討會上為了運動輔助區域爭論，而檢察官和公設辯護人在法庭上唇槍舌戰。然而，他們的共同點可能會嚴重打擊自由意志懷疑論：

　　假設說，到頭來發現我們有意識的決定感，實際上不是在準備電位之類的東西之後出現的，而運動輔助區、前額葉皮質、頂葉皮質區，還是不管哪裡出現的活動，永遠不比能適度預測行為的準確度更高，而且也只適用於按按鈕那種程度的行為。你想必沒辦法據此聲稱自由意志已死。

　　同樣地，假設有個被告說，「是我做的。我知道我當初有其他選擇，但我就是刻意做了這個，我事先就計畫好了。我不只知道結果可能是X，我還要它發生。」想要說服別人說該被告沒有自由意志，祝你順利。

　　但本章的重點是，就算上述兩個情況至少有一個（或兩個都）是真的，

22　如果某人自認出於有意選擇而做了某件非法的事（而不知道他們其實並沒有選擇），那他就應該接受懲罰，這似乎是直觀易懂的事。已故的普林斯頓大學哲學家法蘭克福（Harry Frankfurt）把這種直觀的含意往一個特定的相容論方向推導。第一步：不相容論者說，如果世界是決定論的，那就不應該有道德責任。第二步：想想某個選擇去做某事、但不知道自己如果選擇不去做就會被逼著做的人。第三步：因此，這就會是一個決定論的世界，在那之中，那人其實別無選擇……然而，我們的直覺卻是要這人負起道德責任，並認為他有過自由意志。好啊，我們就因此證明了自由意志和道德責任能與決定論相容。講這些讓我不太好過，因為法蘭克福的照片看起來天真無邪，但他說的這些滿像是在詭辯，而且當然無法代表不相容論的垮台。此外，我從知情朋友那邊曉得說，雖然法蘭克福在法律哲學的某些方面影響力極大，但實際上的法庭就算沒跟這些「法蘭克福反例」有任何關聯，還不是過了幾千年；不太可能有「被告選擇掌摑奧斯卡頒獎典禮主持人，沒意識到如果他當初就算沒選擇這麼做，他也是會被強迫這麼做」的情境。

我仍然認為自由意志並不存在。要理解為何，現在就來做個利貝特風格的思想實驗。

意圖陰影下的自由意志之死

你有個朋友為了他的神經哲學博士學位做研究，而他要你當受試對象。當然好。她的心情挺好，因為她想出了方法，既能替自己的研究多取得一份資料，*同時*又能完成自己著迷的別件事情；這可謂是雙贏。那涉及在實驗室外使用移動式腦電圖，就像高空彈跳研究用的那種。而你現在就在外面，手上接上導線，進行肌電圖檢查。你的眼前還有一個時鐘。

就如同典型的利貝特實驗，實驗中的肌肉運動涉及移動你的食指。嘿，這種超級人為打造的情境不是幾十年前才會有的嗎？幸運的是，這次的研究比那精細得多，這可是拜你朋友小心謹慎的實驗設計所賜。你做出一個簡單動作，卻會出現不簡單的結果。會有人跟你說，做這動作之前不要先謀劃什麼，自發性地去做就好，並在最開始有意識地蓄意去做的那個時刻，留意時鐘上的時間。都準備好了嗎？現在，當你想做的時候，扣下扳機，殺了這個人。

或許這人是你祖國的敵人，是祖國光榮佔領的某塊殖民地上炸毀橋梁的恐怖分子。或許他是你正搶劫的酒鋪裡站在收銀機後方的那個人。或許他們是我們深愛的某人，病入膏肓、苦不堪言，只求你扣下扳機。或許那是正要傷害一個孩子的人；或許那是還是個嬰兒的希特勒，在幼兒床上咿咿呀呀。

你選擇不開槍也隨你便。你對政權的殘暴和拒絕感到絕望；你認為如果被逮到的話，殺死店員的風險實在太高；儘管你深愛的人哀求你，你就是下不了手。或者你是鮑嘉（Humphrey Bogart），而你朋友是雷恩斯（Claude Rains），你們把現實跟故事情節混淆了，而認為如果讓史特拉瑟少校（Major Strasser）逃走，故事就不會結束，而你們會去演《北非諜影》（*Casablanca*）

的續集。[23]

　　但假設說，你必須扣下扳機，不然就沒有準備電位可以偵測，而你朋友的研究就會慢下來。儘管如此，你還是有選擇的自由。你可以射殺那個人；你可以開槍但刻意不打中；你可以對自己開槍而不是屈從；[24]你也可以讓劇情急轉直下，射殺你的朋友。

　　如果你想瞭解你最終會對扣在扳機上的食指做出什麼事，直覺上來說是有道理的；直覺上來說，你也應該針對利貝特式的顧慮進行探討。研究特定的神經元以及特定的那幾毫秒，瞭解你感覺到你選擇去做某件事的瞬間，以及瞭解你的腦願意做出那個動作的瞬間，以及上述那兩個東西是不是一樣的東西，這樣的做法才有道理。然而，為什麼這些利貝特式的爭辯，以及一個只在乎某人的行動是否蓄意的刑事司法制度，其實都和「思考自由意志」無關？理由如下。本章開頭就說過，那是因為這兩者都沒問一個對本書每一頁來說都最重要的問題：*那個意圖最初是從哪來的？*

　　如果你不問上面這個問題，你就把自己困在幾秒鐘的領域內。而那對許多人來說根本就沒差。法蘭克福（Harry Frankfurt）寫道：「『動作』以及『他如何辨識出那些動作的湧現』，這些問題和『他是否是自由地進行這些動作』或『他進行這些動作是否有道德責任』並不相關。」或者用夏德倫和羅斯基斯的話來說，利貝特式風格的神經科學「可為專注於行為*者而非前因*的問責和負責提供基礎」。（斜線是我自己加的）

　　意圖是從哪來的？對，來自你運動輔助區暖身完畢的一秒前與環境互動的生理狀態。但也來自一分鐘前、一小時前、一千年前──這就是本書主旋律。關於自由意志的辯論，沒辦法從準備電位或者某人犯罪時所想的事情來做起始點。[25]為什麼我要先花上一頁又一頁，詳盡談及人們

23　啊哈！

24　曾經有人問達賴喇嘛說，碰到「電車難題」（剎車壞掉的電車正沿著鐵軌奔馳，即將害死五個人；如果把一個人推到電車前，刻意害死他但能讓五個人避免死亡，這是可以的行為嗎？）他會怎麼做；他說他自己會跳到電車前面。

25　瑞典優密歐大學神經外科醫師蕭伯格（Rickard Sjöberg）完美抓住了行為近端成因和遠

爭論「利貝特研究所代表的意義為何」的旁枝末節，然後才快活地用「然而我認為那不相關」來把這一切都摒棄掉呢？因為人們認為利貝特的研究，是史上從神經生理狀態來探索「我們有沒有自由意志」的研究中最重要的*一個*。因為幾乎每一份談論自由意志的科學論文，起頭都會把利貝特拿來重談。因為，或許你正好就是出生在利貝特發表他第一份研究的那個時刻，而現在，過了這麼多年後，你已老到喜歡的音樂被稱為「經典」搖滾，而你從椅子上起身時已會發出一點中年的「喲咻」喊聲……*然而，研究者們卻還是在爭辯利貝特*。而且如前所述，這就像是看電影最後三分鐘就試圖瞭解整部片子一樣。[33]

　　指控他們目光短淺，並沒有貶低的意思。在我們科學家著手找出新事物的方法中，目光短淺至關重要——方法就是對越來越少的事物有越來越多的認識。我曾花九年時間在單一實驗上；這成為一個非常小的宇宙中心。我也並非控訴刑事司法制度目光短淺而僅關注意圖存在與否——畢竟，到了要判刑時，意圖從何而來、某人的過往經歷以及可能從輕發落的因素，都會列入考量。

　　但有個地方我絕對會想辦法讓人聽了就知道是在貶抑人，而且可能會比貶抑還難聽；那就是評判別人行為時，使用這種去除歷史感的看法時帶著說教意味。為什麼在分析某人的行為時，你會忽視在當下之前發生的事情？因為你不在乎別人到頭來為何與你不同。

　　以下是本書中我少數刻意針對個人的地方；前面那一段會讓我想到塔夫茨大學的丹尼特（Daniel Dennett）的思想。丹尼特是世界上最知名也最

___

端成因的這種對比（也就是，時間接近行為的成因對上時間相隔較遠的成因）。他想像自己走過醫院大廳，而某人問他為什麼剛剛把左腳擺到右腳前面。沒錯，有一種回答讓我們陷入了準備電位和毫秒的世界。但同樣合理有效的回答會是：「因為當我今天早上起來時，我決定不要打電話請病假」，或者「因為儘管知道隨時待命的時間很長，我還是決定要去當神經外科住院醫生」。蕭伯格在「將運動輔助區從意志力的主題中拿掉所造成的影響」方面完成了重要的研究工作，並在一個極為審慎的評論中做出結論說，不論自由意志的爭辯會得到什麼樣的解答，那都不會出現在運動輔助區活動的幾毫秒間。

有影響力的哲學家，也是頂尖的相容論者。他會使用自身領域的技術著作以及詼諧且吸引人的大眾書籍提出他的論點。

他明白地採取這種去除歷史感的立場，並用一個在他寫作和爭辯中頻繁現身的比喻來給予它正當性。舉例來說，在《行動的自由：值得追求的各種自由意志》（*Elbow Room: The Varieties of Free Will Worth Wanting*）中，他要我們想像一場賽跑，有個人起跑的地方遠遠落後於起跑線上的其他人。這會不會不公平？「是的，如果比的是百米衝刺的話。」但如果是一場馬拉松比賽就算公平，因為「在一場馬拉松裡，這樣一段比較小的起頭優勢到最後根本不算什麼，我們大可預期將有其他偶然的機會，產生比這更大的影響。」他簡要歸納這個看法而寫道：「畢竟，長期下來運氣會被打平。」[34]

不，並不會。[26]假設你是吸古柯鹼的孕婦生下的嬰兒。社會會為了扳平這個厄運，而衝進來確保你在比較富有的家庭中養大，還有著各式各樣的療法來克服你的神經發育問題嗎？不，你極有可能會生於赤貧家庭並終身赤貧。社會說，好吧，至少確保你的母親有愛、個性平穩，有很多空閒時間能用書本和逛博物館來養育你。都你在講啦；就我們所知，你的母親有可能深陷於她生命中悲慘運氣所造成的病理結果，有很高的機會放你一個人在那邊被忽視、受虐，讓你穿梭在寄養家庭之間。這樣嘛，那社會至少會在這時候動起來，扳平那個額外的厄運，確保你住在一個有優良學校的安全社區當中吧？不會，你的社區有可能流氓充斥，學校則資金不足。

在我們這個世界裡，你是從落後其他整群人幾步的地方開始跑馬拉松。但情況與丹尼特所言相反，跑到四分之一英里時，因為你還明顯落後在整群人後面，所以某些凶惡離群的鬣狗會咬住你的腳踝。在五英里標記處，補水站的帳篷裡已經幾乎沒水，你只能喝到幾小口渣滓。到了十英里處，你因為水不乾淨而胃痙攣。到了三十二公里處，認為賽跑想必已結束而在清掃街道的人擋住了你的跑道。而且你從頭到尾都看著其他跑者的背

---

26 這是哲學家卡盧索在和丹尼特所進行的澎湃爭辯中，很精煉提出的一個論點。

影逐漸遠去，他們每個人都認為他們自己有權且努力爭取到一拚優勝的好機會。運氣沒有隨時間扳平，而且，以李維的話來說，就是「我們無法用更多運氣來抵消運氣的效應」；我們的世界反而幾乎保證說，厄運和好運都會進一步放大。

在同一段話裡，丹尼斯寫到「一個在群體尾端起跑的好跑者，如果他真的好到該贏的話，應該會有許多機會能克服一開始的劣勢」（強調的部分是我加的）。這比相信上帝發明貧窮來懲罰罪人還高一階呢。

丹尼特還有一個彙總他道德立場的看法。他把運動的比喻改成了棒球以及你認為「全壘打的計算方式有不公平之處」的可能性。他寫道：「如果你不喜歡全壘打這條規則，那就不要打棒球，比別種比賽吧。」對啦，我要比別種比賽，我們前幾段談到的那位如今已是大人的古柯鹼嬰兒如此說道。這次，我要生在矽谷一個富有且教育程度良好的科技新貴家庭，是那種（好比說）我一旦認定滑冰看起來很好玩，父母就會讓我去學滑冰，並從我第一次在冰上搖搖晃晃嘗試起，就有人開始替我加油的那種科技新貴。叫我淪落的那個人生滾開啦；我要把比賽換成那一套。

認為光是知道當下的意圖就足夠，遠比單純的知識盲目更糟糕，也遠比相信最底下的第一隻烏龜是浮在空中糟糕太多。在我們現有的這一種世界裡，那也是倫理上的嚴重錯誤。

現在該來看看意圖是從哪來的，以及運氣的生理層面在長跑競賽中如何連稍微扳平一點點都沒有。[35]

03

意圖從何而來？

出於我們對所有利貝特風格事物的喜愛，我們讓你坐在兩個按鈕前；而你必須按其中之一。關於按每個按鈕的結果，你只獲得模糊的資訊，除了被告知若你選錯按鈕，就會有成千上萬人死去。現在就給我選吧。

沒有哪個自由意志的懷疑論者會堅持，有時你形成了你的意圖，傾身去按下適當的按鈕，然後突然間，構成你身體的分子以決定論的方式把你拋向另一邊，讓你按另一個按鈕。

上一章顯示，利貝特的相關爭辯，反而關注的是你到底是在哪個時間點形成了意圖，你什麼時候意識到它已經形成了，命令你肌肉的神經元在那時是否已經活化，以及你到何時都還能否決那個意圖。還有，關於你的運動輔助區、額葉皮質、杏仁核、基底核的問題——它們知道什麼，以及是何時知道的。同時在隔壁法庭裡，律師們也正同步爭論著你意圖的本質。

上一章以「這一切毫秒間的小細節都與『為何沒有自由意志』的問題無關」作為結論。也因此，我們根本懶得在你坐下前把電極貼在你的腦上，因為它們根本不會揭露什麼有用的東西。

這是因為，利貝特的戰爭並沒有問到最基本的問題：為什麼你會形成你所形成的意圖？

我們會在本章證明，你最終無從控制自己形成的意圖。你想做某件事，帶著意圖去做某件事，然後成功地那麼做。但不論你有多熱切地想、多麼渴望如此，*你都沒辦法促使自己產生不同的意圖*。你不能跳出框架進行——你沒辦法憑著想要，而得到能讓你「更想達成你所想做的事」的工具（好比說更自律）。我們誰都沒辦法這樣。

　　也因此，在頭上貼電極監測神經元在你形成意圖的那幾毫秒在幹麼，其實什麼也不會透露。要瞭解你的意圖來自何處，需要知道的就只是，在你形成「選擇要按這個或那個按鈕」之意圖的幾秒鐘到幾分鐘前，你發生了什麼事。還有在那之前的幾小時到幾天裡你發生了什麼事。以及在那之前的幾年到幾十年裡發生了什麼事。以及你青春期、兒童期和胎兒期發生了什麼事。以及當注定要成為你的那個精子和卵子結合並形成你的基因組時，發生了什麼事。以及千百年前，當你的祖先正在形成培育你的那套文化時發生了什麼事，以及幾百萬年前你這個物種發生了什麼事。沒錯，就這些全部。

　　瞭解了這個疊烏龜主義就能夠證明，你所形成的意圖，你身為的這個人，何以是那之前所有生理和環境互動的結果。全都是超出你控制的東西。每個先前的影響，都直接起因於前面的影響效應，可說無縫接軌。因此，在這整個序列中，沒有哪一個點可以讓你插入一個「將會存在於那個生理世界內、但不屬於該生理世界一環」的意志自由狀態。

　　因此，我們現在要來看看，「我們是誰」怎麼會是我們無從控制的前幾秒、前幾分鐘、前幾十年、前幾個地質時期的結果。以及厄運和好運到頭來百分百保證不會打平。

從幾秒前到幾分鐘前

　　我們來問那個意圖從哪裡來的第一版本：在那個意圖形成的幾秒至幾分鐘前流入你腦中（其中一些你甚至沒意識到）的哪些感官訊息，有助於形成那個意圖？[1]答案可以很明白——「我之所以形成按下那個按鈕的意圖，是因為我聽到了要我這麼做的嚴厲要求，並看到槍口對著我的臉。」

1　如果你讀過我那本《行為》，你就會察覺到，本章接下來的內容就是該書約莫頭四百頁的摘要。祝你好運……

但還可以更細膩一些。幾分之一秒內，你看到某人拿著一個物體的畫面；你必須決定那是一隻手機還是一把手槍。而你在那一秒內的決定，可能受到畫面中那人的性別、種族、年齡和表情所影響。我們都知道這個實驗的真實人生版，那會導致警察誤殺沒有武裝的人，也知道隱含其下造成那個錯誤的偏誤。[1]

一些「意圖受到看來無關的刺激所影響」的例子已被特別研究過。[2] 有個領域關注感覺厭惡如何塑造行為和態度。在一項引用次數相當高的研究中，受試者評估自己對各種社會政治主題的意見並給予評分（例如「用1~10的尺度來評分的話，你對於這段陳述的同意程度有多少？」）。實驗顯示，如果受試者坐在氣味噁心的房間裡（和氣味中性的房間相比），無論保守派或自由派人士對於男同性戀的平均友善度都會減低。你心想，當然啦——當人想吐的時候，對誰都不會那麼友善。然而，這個效應卻僅限於男同性戀，對女同性戀、長者或非裔美國人的友好程度則沒有改變。另一個研究證明，噁心的氣味讓受試者更無法接受同婚（以及性行為的其他政治化面向）。此外，光是想著某件噁心的事情（吃蛆），就足以讓保守派人士更不願與男同性戀肢體接觸。[2]

接著，在一個歡樂的研究中，受試者要不被弄到不舒服（把他們的手放進冰水），要不就被弄到噁心（把他們套著薄手套的手放在嘔吐仿製物中）。[3] 接著，受試者得要針對懲罰違反清潔相關規範的行為給出建議（像是「約翰把某人的牙刷拿去刷公廁地板」，或是相當不落俗套的「約翰把某人推進爬滿蟑螂的大

2 　我很委婉了。許多讀者應該知道心理學界的「複製危機」，也就是人們到頭來會發現，在已經發表（甚至有些已經寫進了教科書）的研究結果中，讓其他科學家難以獨立複製甚至無法獨立複製的研究結果，居然佔了高到令人憂心的比例（我必須在懺悔中承認，我 2017 年那本書引用了其中一些研究結果，我當初應該要留意才對）。因此，本節只考量那些已有其他單位獨立複製出其總體結論的研究結果。

3 　跟想要自己做做看的人說一聲，此論文包含了擬嘔吐物的製作法：奶油蘑菇湯、奶油雞湯、黑豆和麵筋；份量沒有特別指明，代表說你得自己把這種東西摸熟——這個一撮、那個一點。該研究也提到，這份食譜有部分是以先前某個研究為基礎——也就是說，勇敢的創新正推動擬嘔吐物的科學進展。

型垃圾箱」），或是針對懲罰與清潔無關的違反規範行為給出建議（像是「約翰用鑰匙刮了某人的車」）。結果顯示：被假嘔吐物弄到噁心後，受試者會更傾向於懲罰違反清潔的行為；被冰冰到不舒服的人則不會有這種傾向。[3]

　　一個噁心的氣味或觸感，怎麼能夠改變不相關的道德評價呢？這個現象和一個叫做腦島（又稱島葉皮質）的腦區有關。它在哺乳類身上是由食物酸敗的氣味或味道所活化，會自動促發吐出食物和該物種可能特有的反胃方式。因此，腦島居中促成嗅覺和味覺的噁心感，以此保護本體、避免食物中毒，在演化上是相當有用的東西。

　　但多才多藝的人類腦島，也會對我們認為*道德上*噁心的刺激做出回應。哺乳動物腦島的「這食物壞了」功能，可能有一億年那麼古老。接著在幾萬年前，人類發明了道德以及「對違反道德規範的厭惡（譯注：此處的英文和「噁心」一樣，也是 disgust）」這類架構。由於那樣的時間實在太短，不夠發展出一個新的腦區來「進行」道德厭惡，道德厭惡轉而加在腦島的職責上；如前所述，演化不是發明而是修補，用手頭上現成的東西來（優雅或不優雅地）即興創作。我們的腦島不會去分辨噁心的氣味和噁心的行為，這就解釋了種種「道德厭惡會在口中留下臭味，讓你反胃，讓你想要吐」的比喻。你感覺到了某個噁心的東西，矮鵝……然後當*那些*人做了某件X時，你在無意識間會有種「那很噁心且錯誤」的想法。一旦這樣啟動，腦島接著就會活化杏仁核，這個對畏懼和攻擊性來說很重要的腦區。[4]

　　想當然地，感官厭惡現象有其反面——甜食（和鹹食相比）會讓受試者把自己評為更令人愉悅且更樂於助人的個體，並把臉孔和圖片都評定為更有吸引力。[5]

　　若問受試者說，嘿，上週的問卷裡你不是覺得行為 A 沒問題，現在怎麼你（在這間有臭味的房間裡）就覺得有問題？為什麼？他們不會解釋一個臭味是怎麼混淆了他們的腦島，並讓他們沒那麼道德相對主義，而是會宣稱說，有些不久前的見解促使他們（洋溢著虛假的自由意志以及虛假的有意識意圖）認定行為 A 終究還是不 OK。

　　可以在幾秒鐘到幾分鐘內形塑意圖的，不是只有感官上的噁心厭惡而已；美也同樣可以做到。幾千年來，智者們都宣告了外在的美如何反映了內在的善。雖然我們恐怕不能再公然宣稱如此，但「美就是善」的概念仍無意識地盛行；人們判定有吸引力的人比較誠實、睿智也比較能幹；比較有可能當選或受聘，薪水也比較高；比較不可能會被判有罪，判了也會得到比較短的刑期。媽呀，我們的腦就不能把美跟善區分開來嗎？特別不能。在三個不同的研究中，腦掃描器裡的受試者交替給某個東西的美（好比說臉）或某個行為的善做出評分。這兩類評價都活化了同一個區域（眼窩額葉皮質〔orbitofrontal cortex，OFC〕）；越是美或善，眼窩額葉皮質就越活化（而腦島就越不活化）。那就好像本來不相關的美感相關情感，跟法律天秤的大腦思考黏在一起似的。另一個研究也證明了這點——當將情感相關訊息輸送到額葉皮質的那部分前額葉皮質被暫時抑制時，道德判斷就不再被美學所染。[4]「很有趣呢，」有人跟受試者這麼說。「上星期，你把那人送去關無期徒刑。但剛剛，你看著做了同樣事情的那人，你卻投票送他進國會。怎麼會這樣？」而答案並非「殺人絕對是壞事，但我的天啊，那對眼睛就像一汪深邃又清澈的水潭」。抉擇背後的意圖是從哪來的？來自腦過去都沒足夠的時間來發展獨立的迴路，以分別評估道德和美。[6]

　　接下來，想讓某人更有可能選擇去把手洗乾淨嗎？讓他們描述自己做過的某件不道德糟糕事吧。在那之後，和先描述某件做過的道德中立事情相比，他們去洗手或去拿洗手乳的可能性會更高。在指示下要去說某種謊的受試者，和那些在指示下要老實的受試者相比，會把清潔產品評分為自己更想要的用品（非清潔用品則不會）。其他研究則顯示不可思議的身體專一性，（透過語音郵件進行的）口頭說謊會增加想要漱口水的欲望，而（透過書寫電子郵件）出手欺騙會讓人更想要洗手乳。一項神經成像研究證明，當人透過語音郵件說謊而提高對漱口水的偏好時，所啟動的感覺皮質部位，跟用電子郵件欺騙而提高洗手乳吸引力時啟動的部位不同。神經元真

4　經顱磁刺激證明，該區域是背內側前額葉皮質。一個對照是，當你抑制更「大腦」的背外側前額葉皮質時，就沒看到效應。下一章會還會多談這些腦區域。

的就是相信你的嘴或手髒了。

　　因此，在道德上感覺被汙染，會讓我們想要清潔。我不相信有靈魂可以讓那樣的道德汙點壓在上頭，但那樣的道德汙點確實壓在了你的額葉皮質上；在揭露了一項不道德行為後，受試者做起運用額葉功能的認知工作會比較沒效率……除非他們能在上述兩件事之間洗個手。率先報告這個普遍現象的科學家，頗為詩意地把它命名為「馬克白效應」，名稱來自馬克白夫人（Lady Macbeth），她為了洗去想像中由謀殺造成的可恨血跡而洗手。[5]反映那一點的是，先誘發受試者的噁心感，然後如果他們接下來洗過手的話，他們批判起潔淨相關的違反規範時就不會那麼嚴苛。[7]

　　我們的判斷、抉擇和意圖，也會由來自我們身體的感官資訊（也就是體內感受）所塑造。想想一個和「腦島混淆道德厭惡和內臟噁心感」有關的研究。如果你曾在波濤洶湧的船上飄盪，人還掛在欄杆上翻滾，那麼保證會有人悄悄靠過來，沾沾自喜地告訴你說自己感覺很舒服，因為他吃了點可以整胃的薑。而在研究中，受試者要判斷違反規範（像是太平間的工作人員在無人盯著的時候，觸碰了屍體的眼睛；或是，從全新的馬桶取水來喝）的程度；而事前服用薑，會減低不贊同的程度。這要如何詮釋呢？首先，多虧了你那奇怪的人類腦島，聽聞社會不容的摸眼球行徑，讓你的胃翻攪起來。其次，你的腦在決定你對那行為的感覺時，有部分是根據你的翻攪嚴重程度──而多虧了薑，胃沒那麼翻攪。所以，殯儀館的惡作劇似乎沒那麼糟。[6][8]

　　關於體內感受特別有趣的部分，是與飢餓有關的研究結果。有個常

5　也別忘了，據稱彼拉多（Pontius Pilate）在判處耶穌釘上十字架時也曾「洗手不幹」（譯注：在馬太福音中，擔任羅馬帝國猶太行省羅馬長官的彼拉多判處耶穌釘上十字架，但以洗手表明自己無意負責）。

6　心理學粉絲應該認得出這個研究是怎麼支持了詹姆斯─朗格情緒理論（James-Lange theory of emotion，沒錯，就是那個詹姆斯！）在這個理論的當代化身中，它假定我們的腦（一部分是）會調查身體的內感受資訊，來「決定」我們對某物的感覺要多強烈；舉例來說，如果你的心跳（多虧了在不知情下服下腎上腺素類藥物而）飆速，你會感覺到你的感受更為強烈。

被提及的研究主張，飢餓讓我們不那麼能原諒他人。具體來說，在超過一千次的判斷決定中都發現，離吃東西的時間越久，法官就越不可能會給受刑人假釋。其他研究也證明，飢餓會改變利社會的行為。「改變」——究竟是像法官那樣減少利社會性，還是增加呢？這要看情況。在經濟賽局中，飢餓對於「受試者聲稱自己（和實際作為的仁慈程度）接下來有多仁慈」的影響，[7] 或是對於「受試者只有一次或多次機會遵守或不守規矩」的影響，似乎會有所不同。但關鍵點在於，當讓人們解釋（好比說）自己為何剛剛很和善，但先前並不那麼和善時，他們不會提到血糖值。[9]

換句話說，當我們坐在這裡，以假想中自由地做出選擇的意圖，來決定要按下哪個按鈕的時候，我們其實是受到我們的感官環境——糟糕的氣味、漂亮的臉龐、對一攤嘔吐物的感覺，咕咕作響的胃，快速跳動的心臟——所影響。這是否就證明自由意志是假的？才不呢——這些效應通常都挺輕微的，而且只出現在普通受試者身上，有相當多的人是例外。而這只是瞭解意圖從何而來的第一步而已。[10]

從幾分鐘前到幾天前

在按按鈕定生死的任務中，你看似是自由地做出選擇，但也可能被先前幾分鐘到幾天的事件所強力影響。要說其中一個最重要的影響途徑，就想想我們循環系統中五花八門的激素吧。在每一個不同的個體中，這些激素的每一種都以不同的速率在分泌，並以各種不同的方式影響我們的腦部，而那全都不在我們的控制之下和知覺之中。我們就從談激素改變行為時常提到的激素開始吧，那就是睪固酮。

睪固酮如何在你決定要不要殺那個人的幾分鐘前到幾天前起作用

7　至少有一篇論文不可免地在標題中提到了「飢餓遊戲」。順帶一提，我們到了第十一章會觀察一種真的很關鍵的情況，在那種情況下，人們說自己有多慈善，跟他們實際上有多慈善，會出現極大的不相符。

呢?這個嘛,睪固酮會引發攻擊性,所以睪固酮濃度越高,你就越有可能會做出有攻擊性的決定。[8]就這麼簡單。但睪固酮並不真正造成攻擊性,這就帶出第一個複雜之處。

首先,睪固酮很少產生模式全新的攻擊性,而是讓既有的模式更可能發生。把一隻猴子的睪固酮濃度提高,牠就會對支配等級中比牠低階的猴子更有攻擊性,但對比牠高階的猴子拍馬屁的情況,還是跟往常一樣。睪固酮讓杏仁核更有反應,但前提得要是該區域的神經元已因為看著(好比說)陌生者的臉而受到刺激了。此外,在較容易做出攻擊行為的個體身上,睪固酮將攻擊行動門檻降低的情況也最為劇烈。[11]

激素也可能會扭曲判斷,讓你更可能把一個中性的面部表情解讀為威脅。提高你的睪固酮量,會讓你更有可能在經濟賽局中過度自信,導致你更不與人合作——當你確信自己一個人沒問題的時候,哪會需要別人呢?[9]此外,睪固酮會強化杏仁核直接啟動行為的能力(並弱化額葉皮質的約束力。敬請期待下一章),讓你更會去冒風險做衝動的事。[10]最後,睪固酮讓你在(好比說)經濟賽局中更不慷慨且更自我中心,對陌生人也會更沒同理心且更不信任。[12]

情況看起來挺糟的。回到你決定要按哪個按鈕的時刻。假設當時睪固酮在你腦中有著特別強的效應,你就會變得更有可能去感知到不論真假

8　這是不分性別的,因為兩性都會分泌睪固酮(雖說量不同)且在腦中有睪固酮受體。這種激素在兩性身上的效應大致相同,只是通常來說在男性身上效應更強。

9　這些幾乎都是「雙盲」研究,研究中有半數受試者獲得激素,另一半獲得生理食鹽水,不論是受試者或是動手測試他們的研究者,都不知道誰拿到哪一種。

10　當我說睪固酮將杏仁核投往腦中另一部分(這邊的例子是基底核)的投射「強化」時,我指的是什麼意思?杏仁核對睪固酮格外敏感,有很多針對它的受體;睪固酮降低杏仁核神經元產生動作電位的門檻,讓一個訊號更有可能從一個神經元傳到沿線的下一個神經元——這就是「強化」。同時,要「弱化」投射時,睪固酮有著相反的效應。最後把細節講清楚——睪固酮受體其實應該稱為雄性激素受體,反映的是其實有一批「雄性」的激素,其中睪固酮最為強大。為了避免徹底被弄糊塗,我們將忽略這個細節。

的威脅，更不在乎其他人的痛苦，也更有可能落入你本來就有的攻擊傾向。

　　什麼因素決定了睪固酮在你腦中是否有強烈的效應？處在一天中哪個時刻很重要，因為在每天的晝夜循環節律中，睪固酮最高點的值幾乎是最低點的兩倍。而生病、受傷、剛打完架或是剛做過愛，全都會影響睪固酮的分泌。此外，也要看你的睪固酮平均值有多高；因為在同樣性別的健康個體上，睪固酮可以有五倍的差異；青少年的話差異還可以更大。此外，腦部對於睪固酮的敏感度也因人而異，人腦某些區域中的睪固酮受體數量，在不同個體間的差異可以達到十倍。若追問為什麼「性腺製造多少睪固酮」或「特定腦區中有多少個受體」會因人而異呢？答案是：基因和胎兒期和產後環境都很重要。那為什麼既有的攻擊性傾向，也會因個體不同而有程度上的差異呢（也就是杏仁核、額葉皮質等等是怎麼出現差異的）？答案是：那要看他們青春年少時，人生際遇在多大程度上讓他們感受世界是個險惡的地方，而這便是最重要的因素。[11][13]

　　睪固酮並不是唯一能影響你按按鈕意圖的激素。還有催產素，它在哺乳類身上因為有著利社會效果而廣受好評。催產素會增強哺乳動物母嬰之間的羈絆（也強化人狗之間的羈絆）。在雄性會幫忙養育後代的稀有物種身上，一種相關的激素「血管加壓素」讓男性更有父愛，而這些物種也傾向形成一夫一妻制的配對關係。催產素和血管加壓素分別強化了雄雌間的羈絆。為什麼某些齧齒類動物的雄性實行一夫一妻制而另一些則不然，牠們實質的生理狀態為何？遺傳上來說，在一夫一妻制物種的腦內，多巴胺「獎勵」部分（亦即依核）的血管加壓素受體往往高度集中。由於受體數量較多，在性交過程中釋放的激素，會讓雌性有*非常歡愉*的體驗，讓雄性想黏在雌性身邊。神奇的是，若提高多配偶雄性齧齒類物種腦中的血管

11　提一件會讓情況更複雜的重要事情，如果情況是做出利社會行動會讓人地位提升（好比說，若在經濟賽局中提出比較慷慨的提案就會提升地位），那麼睪固酮就可以讓人更利社會。換句話說，只有當類別正確的攻擊性能讓你獲得地位時，睪固酮才關乎攻擊性。

加壓素受體數量,牠們就會變成一夫一妻制的配偶(碰、磅,感謝……好奇怪,我不知道剛剛突然怎麼了,但我接下來打算一輩子幫這個雌性養育我們的孩子)。[14]

催產素和血管加壓素有著和睪固酮完全相反的效應。它們會減低杏仁核的興奮度,讓齧齒動物不那麼有攻擊性,也讓人變得更冷靜。在實驗中提高你的催產素濃度,你在比賽中就會比較仁慈且更容易信任他人。這也反映了社會性的內分泌學,如果你認為自己在與電腦對戰,你就不會對催產素產生反應。[15]

催產素有個很酷的小麻煩,就是它不會讓我們對每個人都和善、溫馨並採取利他態度。我們只會這樣對內團體成員,也就是那些算是「自己人」的人們。在荷蘭的一項研究中,受試者得要決定,殺一個人來拯救五個人是不是 OK;結果發現,當潛在的受害者有個荷蘭名字時催產素不會產生作用,但受試者更有可能去犧牲某個有德國或中東名字的人(兩個群體在荷蘭人中會引起負面含意),並增加對那兩個群體的隱含偏見。在另一項研究中,儘管催產素讓隊伍成員在競賽中更合作,但一如預期,卻讓他們對對手有先發制人的攻擊性。激素甚至會讓他們在對手倒楣的時候更加幸災樂禍。[16]

因此,這種激素讓我們更和善、更慷慨、更有同理心、更信任人、更有愛……但只對「自己人」如此。至於外觀、說話、飲食、祈禱、喜好與我們不同的「他們」,就不要唱什麼《歡聚一堂》了。[12] 接著,來談與催產素有關的個體差異。這種激素的量在不同個體間有數倍的差異,腦中的催產素受體數量也是。那些差異來自於從基因及胎兒期環境,到「你今早起床身邊是否有人使你感到安全且被愛」都算在內的一切效應。此外,催產素受體和血管加壓素受體在不同人的身上各自還有不同版本。受孕的那時刻你得到了哪種特質,都會影響你的教養模式、情愛關係的穩定度、攻擊性、對威脅的敏感度,以及仁慈的程度。[17]

---

12 留意一下前面提到睪固酮在腦中兩個不同部位能對神經元產生相反的效應。這邊則是催產素在兩種不同的社會脈絡中對行為有著相反的效應。

因此，在測試你性格——慷慨、同理心、誠實——的那幾分鐘裡，你據稱是自由做出的決定，但其實你受到血流中這些激素的量以及你腦中對應受體的量和變異所影響。

來上最後一堂激素課。不論哺乳類、魚類、鳥類、爬蟲類還是兩棲類，當生物承受壓力時，都會從腎上腺分泌「糖皮質素」這種激素，而它在上述這些生物的體內做的事大致上一樣。[13] 糖皮質素從肝或脂肪細胞等體內儲存地點動員出能量，來為運動中的肌肉挹注能量——這在你因為（好比說）有一隻獅子正想吃你而備受壓力時非常有幫助；或者你就是那隻獅子，如果你不獵點什麼就會挨餓的話也一樣有幫助。糖皮質素在這兩種情況中遵循同一套邏輯，透過增加血壓和心跳頻率，更快速地把氧氣和能量運送給救命的肌肉。它們會抑制生殖的生理機能——如果你在逃命，就不要浪費能量在（好比說）排卵上面。[18]

如你所料，在壓力期間，糖皮質素會改變大腦。杏仁核變得更加興奮，且有效活化了基底核並擾亂額葉皮質——所有這些都會導致快速、習慣性的反應，但評估正在發生的事情的準確度較低。與此同時，正如我們會在下一章看到的，額葉皮質神經元變得沒那麼興奮，限制了它們使杏仁核做出明智反應的能力。[19]

基於這些對大腦的特定作用，糖皮質素對壓力期間行為具有可預料的影響。你的判斷會變得更衝動。如果你有被動攻擊性，你就會變得更有被動攻擊性；如果你容易焦慮，你就會更焦慮。如果你抑鬱的話，就會更抑鬱。在道德抉擇中，你變得不那麼有同理心，而是更自我中心，更自私。[20]

這個內分泌系統的每一分工作結果，都反映了你近期有沒有因為（好比說）刻薄的老闆、一段難受的晨間通勤，或是村莊遭劫掠後倖存下來而

---

13 比較不重要的細節：壓力期間腎上腺製造的糖皮質素，跟同樣於壓力期間從腎上腺製造的腎上腺素並不是同個東西。它們屬於不同的激素分類，但有著大致類似的效果。人類和其他靈長類體內最主要的糖皮質素是皮質醇，又叫氫化可體松。

備受壓力。你的基因變異將會影響糖皮質素的生產和降解，以及腦中各個不同部位的糖皮質素受體的數量和功能。而且，根據你胎兒時體驗到的發炎量、你父母親的社經地位，以及你母親的教養模式之類的條件，你這個系統當初也可能會發展成不同的樣貌。[14]

因此，三個不同類的激素在幾分鐘到幾小時的期間內運作，改變了你所做的決定。這還只是談及表面而已；google 一下「人類激素列表」，你就會發現七十五種以上的激素，大部分都在影響行為。所有這些全都在表面底下翻騰著，在你無所覺的情況下影響你的大腦。這些在幾分鐘到幾小時內的內分泌效應，是否證明自由意志是假的？光靠它們本身當然沒有，因為它們通常改變的是某些行為的可能性，而不是直接造成那些行為。朝一路往下的下一隻烏龜前進吧。[21]

從幾週前到幾年前

所以，激素可以在幾分鐘到幾小時內改變你的腦。在那些情況下，「改變大腦」不是什麼抽象說法。因為激素的作用，神經元可能會釋放好幾套神經傳導物質出去，否則它們不會釋放；特定的離子通道可能會被打開或關閉；某一特定腦區域接受某些傳訊者的受體數量可能會出現改變。大腦在結構和功能上都具有可塑性，當你思考這兩個按鈕時，你早上接收激素的模式現已改變了你的腦。

本節的重點是，與「大腦更長期地回應自身體驗後改變到什麼程度」相比，這樣的「神經可塑性」其實無足輕重。突觸有可能永久地變得更加興奮，永久地更有可能從一個神經元向下個神經元送出訊息。一對對的神經元可以形成全新的突觸，或斷開既有的突觸。樹突和軸突的的分支有可

---

14 因為有其價值，所以我花了超過三十年的人生，執著於前面四段的相關主題；這樣講也是想表達說，科學的關注焦點若是聚焦起來也能這麼集中。

能會延伸或收縮。神經元可以死去；也會有其他神經元誕生。[15] 特定的腦區可能會急劇地延伸或萎縮，劇烈到你可以在腦掃描上看出變化。[22]

　　這種神經可塑性有些相當酷，但跟自由意志的爭論並不相關。如果某人失明並學會了點字法，他的腦會進行功能重劃（remap）──也就是說，特定腦區的突觸分布和興奮程度會發生變化。結果呢？用指尖閱讀點字這種觸覺體驗，會刺激視覺皮質的神經元，就好像他在閱讀印刷文字一樣。把一個志願者蒙住眼睛一週，他的聽覺投射就會開始強佔正在打瞌睡的視覺皮質區，以此強化他的聽覺。學習一種樂器，聽覺皮質就會重劃來把更多空間用於器樂的聲音上。說服某個瘋狂投入的志願者在鋼琴上練習五指功，每天練兩小時，這樣一連好幾週，他們的運動皮質就會重劃來把更多空間用於控制那隻手的手指運動；說了你也不信──如果志願者把那段時間花在*想像中的*五指練習上，也會出現一樣的情況。[23]

　　但有跟「缺乏自由意志」有關的神經可塑性。創傷後出現的創傷後

15　來踩地雷囉。打從人類第一次學會生火以來，神經科學入門課都教學生說，成人的腦不會製造新的神經元。接著，從 1960 年代開始，勇敢的先鋒們發現有些跡象顯示，其實終究還是有「成年神經生成」的存在。幾十年來他們一直遭到忽視，直到證據總算無庸置疑，從此成年神經生成成為神經科學中最性感、最創新的主題。有大量的研究結果談到神經生成如何／何時／為何發生在動物身上，哪類東西促成這種事發生（比如說，自發運動、動情素、資源豐沛的環境），什麼抑制它發生（比如說，壓力、發炎）。新神經元有什麼好處？以齧齒動物進行的眾多研究指出，這些新神經元有助於從壓力中恢復、預期新獎勵，還有助於一種稱作模組分離的行為──你一旦知道了某個東西的整體特色，新的神經元就會幫助你認識它不同範例之間的區別──好比說，一旦你學會認出《近乎正常》（*Next to Normal*）的演出，你便會仰賴海馬迴的模組分離，來教導你這齣劇在百老匯演出和在某高中演出的差別（如果後者有高明的導演來執導，兩者的差異就可以達到最小且僅在細微之處不同）。隨著這一類神經生成的文獻發展成熟，有證據證明成年人類的腦也可以製造新的神經元。接著，《自然》於 2018 年刊出一篇全面而詳盡至極的論文，以到目前為止最多的人腦數量進行研究而主張，也許成年人類腦中的神經生成，到頭來並沒有很多／甚至根本沒有（儘管其他物種或滿多的）。大量爭議因此產生，並持續激烈辯論著。我覺得那項研究可信（不過，在此充分揭露我的情況，我沒多客觀，因為該論文的第一作者是目前在匹茲堡大學的索雷爾斯〔Shawn Sorrells〕，是我最出色的研究生）。

精神壓力障礙，會讓杏仁核產生變化。隨著杏仁核用來影響大腦其他部位的迴路範圍增加，突觸數量也增加了。杏仁核的整體尺寸增加，會變得更容易興奮，觸發恐懼、焦慮和攻擊性的門檻都變得更低。[24]

接著是海馬迴，這是一個對學習和記憶來說至關重要的腦區域。罹患重度憂鬱症幾十年會讓海馬迴萎縮，因而干擾學習和記憶。相較之下，體驗兩週的動情素水平的上升（也就是處在排卵週期的濾泡期），海馬迴就會增強。同樣地，如果你喜歡規律地運動，或被一個豐富環境所刺激的話，也會有同樣結果。[25]

此外，由經驗所引起的變化並不局限於腦部。慢性壓力會使腎上腺擴張，送出更多的糖皮質素，就算你沒壓力的時候也一樣。成為父親會降低睪固酮量；你越出力養育，睪固酮滑落的量就越大。[26]

如果說表面之下的生理變化，對你行為的影響力實在不太可能長達數週或數月，那你怎麼看這情況——你的腸子裝滿了細菌，其中大部分會幫助你消化你的食物。「裝滿」是個輕描淡寫的說法——你腸道內的細菌比你身體的細胞還多，[16] 它們有幾百種不同的類型，總重量比你的腦還重。過去幾週裡你腸內不同品種細菌的組成，是一片快速發展的新天地，它會影響你的胃口和對某類食物的渴望……還有你神經元裡的基因表現模式……還有焦慮傾向，以及某些神經疾病擴散至你整個腦部的暴烈程度等眾多事物。（用抗生素）把一頭哺乳動物的腸道細菌全部清空，然後植入另一個個體的腸道細菌，你就等於把那些行為效應也轉移了過去。這些多半都是細微的效應，但誰會想到你腸子裡的細菌過去持續影響著你誤認為是自由能動性的東西？

這些研究的含意都很明顯。當你在兩個按鈕間盤算時，你的大腦會怎麼運作？那有部分得看過去幾週到幾年的事件。你是否曾經每個月都勉勉強強才付得出房租？是否體驗過遇上愛情時或養育兒女時噴發出的

---

16 這就代表說，（別的問題先不管）如果某人把你離心掉、然後取出你的 DNA，而過程不是很小心的話，他滿有可能會出於疏忽而研究起你的腸道細菌 DNA。

情感？是否曾苦於使人麻痺的憂鬱？是否曾經成功進行過令人興奮的工作？是否曾在戰鬥創傷或性攻擊後試圖重新恢復正常生活？你的飲食有過急遽的變化嗎？這些全都會改變你的大腦和行為，超乎你的控制，常常還沒讓你察覺。此外，會有一個在你控制之外的元級（metalevel）差異，在於你的基因和兒童期控制了「你的大腦有多容易回應特定的成年期經驗而產生變化」——每個人的大腦可以做到多少神經可塑性，以及哪一種神經可塑性，都是有可塑性的。[27]

　　神經可塑性證明了自由意志是個迷思嗎？單憑它沒辦法。**繼續看下一隻烏龜吧。**[28]

回到青春期

　　任何目前是、曾經是或將要是青少年的讀者，都很清楚這是人生的一段複雜時期。在人生的這段時期中，充滿了情感波動、衝動冒險和刺激尋求，同時在利社會與反社會行為、個別創造力，以及同儕驅動的從眾行為，都達到高峰期；從行為上來說，它本身就是一頭野獸。

　　神經生物學也是如此。大部分的研究旨在探查青少年為何會以青少年的方式行事；相較之下，我們的目的是想去瞭解，青春期腦部的特色會如何影響成年時按按鈕的意圖。方便的是，神經生物學中同樣非常有趣的部分與兩者都有關。青春期初期的大腦已相當近似於成人版，有著成人的神經元和突觸密度，而腦中形成髓鞘的過程也已完成。但有一個腦區除外，該區不可思議地再過十年都還沒成熟。是哪個區域呢？當然就是額葉皮質。這個區域的成熟度遠遠落後於其他皮質——在所有哺乳動物身上都有某種程度的落後，而在靈長類中尤其大幅落後。[29]

　　其中一些延遲成熟很直截了當。從胎兒期的腦部發展開始，腦中髓鞘的形成會一路穩定增加至成人等級；而額葉皮質也有同樣的態勢，只不過會大幅延遲。至於神經元和突觸就完全不同了。青春期初期，額葉皮質內有比成人*更多*的突觸。然而，到了青春期至成年初期，隨著額葉皮質越來越精煉強健，會開始將那些到頭來多餘、緩慢或徹底錯誤的突觸刪除。有個部分可以清楚展現這個過程——雖然十三歲和二十歲的人在某些額葉功能上或有同等的表現，但前者需要動員該區域更多的部分來達成這個表現。

所以說，在執行功能、長期策劃、延後滿足、衝動控制以及情感調節上扮演重要角色的額葉皮質，在青少年身上並沒有發揮完整的功用。嗯，你猜那解釋了什麼事情？解釋了青春期的一切事情，尤其如果加上那時腦中氾濫的雌激素、黃體素和睪固酮大海嘯，就更能解釋了。簡單來說，就是欲望和刺激的巨大力量，受到最薄弱的額葉皮質剎車器的制約。[30]

出於我們的目的，「額葉延遲成熟」的要點並不是它製造出一堆有難看刺青的小孩，而是青春期和早期成年期與我們腦中最有趣部位的一個大型構成計畫有關。其影響很明顯；如果你是成年人，你在青春期的創傷、刺激、戀愛、失敗、遭拒、幸福、絕望、粉刺等體驗——也就是大大小小所有事情——在那個「在你盤算按哪個按鈕時所使用的額葉皮質」的形成過程中，都會起特大號的作用。當然，形形色色的青春期經驗也都有助於你在成年期產生各式各樣的額葉皮質。

等到我們談基因的那段，要記得延遲成熟之所以重要，有個很吸引人的含意。根據定義，如果額葉皮質是大腦中最後發育完成的部分，那麼它就是受到基因影響最小、最容易被環境塑造的腦區。這就產生了「額葉皮質為什麼慢熟」的問題。難道從本質上來說，它是一個比其他皮質都更艱難的打造計畫？還是這地方有特化的神經元、獨有且難以合成的神經傳導物質，或是繁複到需要一大本建造手冊的獨特突觸嗎？不，幾乎沒有那麼獨一無二的東西。[17][31]

---

17 有一類神經元稱作「馮艾克諾默神經元」（von Economo neuron），幾乎只能在兩個與額葉皮質緊密聯結的腦區域中可以找到——也就是島葉皮質和前扣帶迴皮質。有陣子它令人們興奮不已，因為它看似是一種人類獨有的神經元類別，而且是第一種。但情況其實比那還要更有意思——馮艾克諾默神經元也出現在地球上一些社會面最複雜的物種腦中，好比說其他猿類、鯨類以及大象。沒人確切知道那是要做什麼用

　　若考量額葉皮質形成的複雜度，延遲成熟並非必不可免；在那種複雜度下，如果可以的話，額葉皮質反而應該發展得更快。相反地，這種延遲反而是經過選擇後主動發展出來的結果。如果這個腦區域的關鍵能力在於「即便困難仍選擇做正確的事」，那麼沒有基因可以指出什麼是正確的事情，你必須用更艱辛耗時的方式，透過經驗學習，才有可能學會什麼是對的。這對所有靈長類動物來說都是如此。在複雜的社會環境中，你得透過經驗才能學會該「找某人麻煩還是跟他磕頭」、「要與他們結盟還是背後捅刀」。

　　如果某幾種狒狒的情況如此，那就想像一下人類吧。我們必須學習自身文化的理性解釋和虛偽面——汝不可殺人，除非殺的是別人之中的一員，那樣的話頒給你一個勳章。不要說謊，除非有大筆酬勞，或者那是一個良善的行為（「沒有，我的閣樓裡沒有躲藏難民，沒有呀先生。」）有的法律必須嚴格遵守，有的法律必須被忽視，還有些法律必須要抵制。把「將每一天都當成你最後一天來幹」和「今天其實是你餘生的第一天」這兩種想法調和一致。如此等等。反映那一點的是，儘管其他靈長類的額葉皮質成熟總是在青春期左右達到高峰，但我們還需要十來年。這顯示了某件相當不尋常的事——人類大腦的遺傳方針演化成盡可能地讓額葉皮質從基因中解放出來。下一章會談到更多關於額葉皮質的事。

　　先來看下一隻烏龜。[32]

還有，兒童期

　　所以說，青春期是額葉皮質形成的最後階段，而環境和體驗大力塑造了這個過程。繼續回溯到兒童期吧，此時大腦裡的一切都在大興土木。[18]

的，但這方面一直都有著進展。然而，儘管馮艾克諾默神經元存在，額葉皮質和皮質其他部分的基礎材料相似性，還是遠高過差異性。

18　注意：「腦中的一切」包括了額葉皮質；在延遲成熟的急劇過程中，有很大比例的在此過程中，腦的複雜度和神經元的神經迴路都在緩緩增加，也在腦中進行了髓鞘形成。想當然地，行為複雜度會一併增加，同時推理思考技術會變成熟，道德抉擇有關的認知以及情感也會有所成熟（好比說，從「避免懲罰而守法」到「因為心想沒人守法還會有社會嗎而守法」的轉變）。與此同時，同理心也會有所成熟（不是同理實體狀態，而是同理別人情感的能力、同理抽象痛苦的能力、同理你沒體驗過的痛苦、同理與你截然不同者之痛苦的能力，都會有所成長）。衝動控制也有所成熟（從成功克制自己幾分鐘別去吃一顆棉花軟糖來換取等下獲得兩顆棉花軟糖的獎勵，到持續性地專心致志於住進自選養老院的八十歲計畫都算在內）。

換句話說，比較簡單的東西先於比較複雜的東西出現。兒童發展研究者通常把這些成熟軌跡化為一個個「階段」（舉例來說，哈佛大學的心理學家柯爾伯格〔Lawrence Kohlberg〕經典的道德發展階段）。可以預測的是，不同的孩子「所處在特定成熟階段」、「階段轉換的速度」以及「穩定進入成年的階段」都有著巨大的差異。[19][33]

說到我們的興趣，你得要去問，個體在成熟上的差異從哪來，我們對那個過程有多大控制力，以及它如何協助產生你之所以為你的那個你，盤算按哪個按鈕的你。那種影響力會影響成熟呢？以下清單列出了最常被提到且彼此交疊的影響力，附上短到不可思議的摘要：

1. 當然養育包括在內。柏克萊大學心理學家鮑姆林德（Diana Baumrind）曾開創一項極具影響力的研究，關注在不同的教養模式上。權威式養育會對孩子施加高度要求和期望，搭配回應孩子需求時的大量彈性；通常是神經質的中產階級家長嚮往的風格。專制式養育（要

建造過程都發生在兒童期。

19 把階段這種說法照字面接受，理所當然會有問題——從一個階段到下一個階段的轉變，可以是平順的連續動作，而不是一次又一次跨過有區隔的邊界；一個孩子的（好比說）道德推理階段可能跟不同的情緒狀態不一致；見解大半都來自以西方文化男孩為對象的研究。儘管如此，它的基本想法真的很有用。

求高、低度回應──「我說了所以就得這樣做」）。放任式養育（要求低、高度回應）以及疏忽養育（低要求、低度回應）。每一種都產出不同類的成年人。就如我們會在下一章看到的，家長的社經地位也十分重要；舉例來說，家庭社經地位低可預見幼稚園兒童的額葉皮質在成熟度方面的發育不良。[34]

2. 同儕造成的社會化，不同的同儕各以不同的吸引力塑造了不同的行為模式。發展心理學家常低估同儕的重要性，但對靈長類學家來說，這種重要性早已見怪不怪。人類發明了一種新奇方法來在世代間傳遞情報，這方法會讓一個成年專家──也就是老師，刻意把情報指引給少年郎。相比之下，靈長類常見的情況是，孩子看著比牠們老一些的同儕來學習。[35]

3. 環境影響。社區的公園安全嗎？是書店多還是酒鋪比較多？健康食物好不好買？犯罪率是多少？就那些老問題。

4. 影響上述類別的文化信念和價值觀。我們將會看到，文化劇烈影響了教養模式，影響同儕塑造的行為模式，影響建構出的實體和社群；文化造成了各種不同的公開或隱密的成長儀式，各個宗教場域的標誌，或者，孩子是否渴望贏取大量功績獎章還是擅長騷擾外群體成員。

　　這是一張相當直截了當的清單。而且，兒童期的激素接觸、營養、環境病原體量等各個因素的種種模式，在不同個體上也有大量差異。這全部匯聚起來，產生了一個不得不獨一無二的腦（我們會在第五章談到）。

　　那麼，大哉問就變成了：不同的幼童如何變成不同的成年人？有時候，最有可能的途徑似乎相當清晰，不需要搞得那麼神經科學。舉例來說，一項研究檢視了中美兩地超過一百萬人，證明了在和煦天氣（也就是

平均攝氏 22 度上下的溫和起伏）成長的影響。平均起來，這種情況下的個人
比較有個性、外向，對新奇經驗開放。可能的解釋是：當你一整年都不需
要花上大半時間去擔心自己外出死於失溫和／或中暑，當你處在平均收入
較高且食物供應較穩定的地方，在你成長期間，世界便是一個探索起來
較安全也較輕鬆的地方。其影響規模非同小可，等同或大於年齡、性別、
該國國內生產毛額、人口密度以及生產手段的影響。[36]

　　兒童期天氣的溫和程度與成年人格之間的關係，可以用最好懂的生
物學方式來表達——前者會影響到*你正在建構中的大腦類型*，並帶入成年
期。幾乎總是如此。例如，童年時期的壓力透過糖皮質素損害額葉皮質形
成，使成年人比較不擅長做出控制衝動等有益的舉動。生命早期大量接觸
睪固酮，會促成杏仁核的過度反應，使成年人更有可能對於挑釁做出攻擊
性的回應。

　　這種情況如何發生的具體細節，圍繞著「表觀遺傳學」這個十分流
行的領域，該領域揭露了早期生命體驗如何在特定腦區域的基因表現上造
成持久的改變。在這兒說明一下，經驗並沒有改變基因本身（改變 DNA 序
列），而是改變了它們的調控——某些基因是一直很活躍，還是始終不讓
它活躍，又或者說在某個環境下活躍，但在另一個環境下不活躍；如今人
們對於這當中的運作已有不少瞭解。一個有名的例子是，一隻跟著特別漫
不經心的母鼠長大的幼鼠，[20] 牠的海馬迴的一個基因在調控上出現的表觀
遺傳變化，會讓牠在成年後更難從壓力中復原。[37]

　　齧齒類動物養育模式的差異來自於何處？顯然，來自母鼠生理過往
的一秒鐘、一分鐘、一小時之前。與此相關的表觀遺傳基礎知識，已經以
衝破頭的速度成長，證明了（舉例來說）腦的表觀遺傳改變能夠產生綿延
數世代的後果（例如有助於解釋為什麼老鼠、猴子或人類在幼體時期遭到虐待的話，

20　慢點，不同的老鼠媽媽養育的方式不同？當然，差別在於牠們多常幫幼鼠清潔或舔
　　幼鼠，多常對牠們的出聲有所回應，如此這般。這是由麥基爾大學的神經科學家明
　　尼（Michael Meaney）所開拓、堪稱里程碑的研究。

會增加成為父母後虐待子女的機會）。來看一下表觀遺傳的複雜程度；養育模式的不同，會在猴子後代額葉皮質中表現的一千多個基因上造成表觀遺傳的改變。[38]

如果把兒童時期所有方面影響因素的變異性全部壓縮成單一軸線，那會滿簡單的，也就是「你到手的童年有多幸運？」。這一極其重要的事實已被正式納入童年逆境經驗（ACE）評分中。在這個衡量標準中，什麼算是逆境經驗？以下是其計算邏輯：

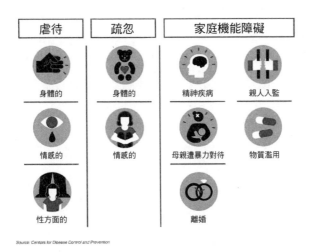

Source: Centers for Disease Control and Prevention

這些事情每經歷一件，你就會在檢核表上得到一分，其中最不幸運的人的分數接近難以想像的十分，而最幸運的人則能享有接近零分。

這個領域產出了一個研究結果，應該會讓任何堅持自由意志的人感到震驚。在一個人的童年逆境分數中，每高一階，包含暴力在內的成年反社會行為、額葉皮質的認知力低下、衝動控制障礙、成癮物質濫用、青少年懷孕以及不安全性行為和其他風險行為，都會增加大約35%的可能性；另外，憂鬱和焦慮症的受害容易度也會增加。哦，對了，健康也會更差，會死得更早。[39]

反轉一百八十度你會得到同樣的故事。你從小在家中是否感到被愛且安全？在性事方面是否有好的模範？你的社區是否遠離犯罪，你的家庭在精神上是否健全，你的社經地位是否良好有保障？都是的話，你在好到離譜兒童期經驗（Ridiculously Lucky Childhood Experiences，RLCE，譯注：這是作者的玩笑）的分數上就會得到高分，可以預期有各種重大的好結果。

因此，基本上你兒童時期的每一個面向——好的、壞的，或者介於好壞之間——你無法控制的因素，塑造出你在盤算那些按鈕時所擁有的成人大腦。像這樣一個「不在控制範圍內」的例子你覺得如何？——因為出生月份的隨機性，有些孩子最多比所處同儕團體的平均年齡大或小上六個月。例如，年紀較大的幼稚園學童，一般來說在認知上比較領先。結果是他們從老師那邊得到更多一對一的注意力和讚美，所以到了一年級，他們比原來還更具優勢，所以到了二年級時⋯⋯在幼稚園每一學級以 8 月 31 日為出生上限的英國，這個「相對年齡效應」在教育目標的達成上產生了巨大的偏斜。下圖為例：

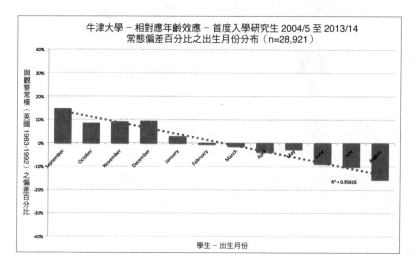

運氣隨時間過去會打平個頭啦！[21][40]

兒童期的作用是否能證明自由意志為假？不——童年逆境這類分數，

21　這效果在運動方面也說得通。職業運動隊伍中有多到不成比例的選手，小時候在自己的運動同輩團體中年紀都高過平均。

是關於成年期的可能性和脆弱性，而不是必然的命運。而且，有許多人明明有著那樣的童年，成年期的人生卻超乎預期、有著天差地別的結果。所以，這不過是一系列影響力中的又一個片段而已。[41]

回到子宮

　　如果你不能控制自己出生在怎樣的家庭，你當然也無法控制你在哪個子宮待上九個影響深刻的月份。環境影響在還沒出生前老早就開始了。這些影響力的最大源頭就是母體內循環的東西，那會決定胎兒體內有什麼──各式各樣不同的激素、免疫因子、發炎分子、病原體、養分、環境有害物質、非法藥物。這所有東西的量全都會去調節你成年時期的腦功能。毫不意外，整體主題與兒童期的主題相呼應。由於母親的壓力，你的胎兒腦會被媽媽的大量糖皮質素給淹沒，成年後的你就更容易受憂鬱和焦慮所害。你胎兒循環中的大量雄激素（來自媽媽；女性會分泌雄激素，雖然分泌程度不如男性），無論男女，會讓你更有可能在成年後更容易出現自發而反射式的攻擊性、差勁的情感控制力、低同理心、酗酒、犯罪甚至書寫潦草。母親飢餓的話會造成胎兒缺乏營養，就會增加他成年時期罹患思覺失調症外加各種代謝和心血管疾病的風險。[22][42]

　　胎兒環境效應的影響？那又是一條路，決定在這個等待你到來的世界裡，你可能會多幸運或是多倒楣。[43]

回到你最初的起點：基因

　　再往下一隻烏龜前進。如果你當初沒辦法選擇在哪個子宮裡發育，

22　人們是在兩次不自然到可怕的「飢饉自然實驗」中，首度於人類身上辨識出對胎兒的這些影響──分別是佔領荷蘭的納粹讓全境陷入饑荒而造成的 1944 年荷蘭飢餓之冬，以及 1950 年代中國的大躍進饑荒。

你繼承自雙親、獨一無二的混合基因當然也沒得選。基因和決策關頭有很大的關係，而且其方式比一般所認為的還要有趣。

我們從一個淺到不可思議的基因入門開始，藉以讓我們處在一個談起「基因和自由意志」就能理解事物的位置上。

首先，什麼是基因，它們是做什麼的？我們的身體充滿了幾千幾萬種不同類型的蛋白質，做著五花八門的眾多工作。有些是「細胞支架」蛋白質，把獨特的形狀賦予不同的細胞類別。有些是傳訊者──許多神經傳導物質、激素以及免疫傳訊者都是蛋白質。蛋白質構成了酶，可以打造傳訊者，並在它們報廢時拆解它們；全身所有的傳訊者受體幾乎都是用蛋白質做的。

蛋白質的多才多藝來自何處？每一種蛋白質，都是從一段不同種類的胺基酸積木所構成的不同序列打造出來的；序列決定了蛋白質的形狀；形狀決定了功能。一個「基因」，就是標明了某一蛋白質序列／形狀／功能的那段 DNA。我們有將近兩萬個基因，每一個都指定生成一個獨一無二的蛋白質。[23]

一個基因如何「決定」何時開始構築它所指定生成的蛋白質，並決定要製造一個還是一萬個複本？這個問題當中，隱含著一個對基因的流行觀點，即基因是一切的全部，是「調節體內發生事情」的編碼。結果發現，基因其實什麼也沒決定，而是在那邊不知道自己要幹麼。說基因決定何時產生其相關蛋白質，就好像在說食譜決定什麼時候要烤它指定的蛋糕一樣。

基因反而是由環境打開和關閉的。這裡所謂的「*環境*」是什麼意思？可以是單一細胞裡的環境──一個細胞快用完能量，就會產生一個傳訊者分子，活化那些編碼「提高能量產量蛋白質」的基因。環境可以涵蓋整個

23　對於那些對此有背景知識的人來說，我在這一段裡忽視的幾個東西值得注意：基因的內含子／外顯子結構、基因剪接、普利昂蛋白的多重構形、轉位子、指定生成短小干擾 RNA 的基因，以及 RNA 酶……

身體──分泌了一種激素，然後激素被循環系統帶到身體另一頭的目標細胞，在那裡與其專屬的受體結合；結果，特定基因就會被啟動或關閉。環境也可以是我們的每日慣例，也就是我們周遭世界正在發生的種種事件。這些不同版本的環境彼此相互關聯。例如，活在一個充滿壓力的危險都市，會讓你腎上腺分泌的糖皮質素量長期提高，而那會活化杏仁核內神經元裡的幾種特定基因，讓那些細胞更容易興奮。[24]

被環境啟動的不同傳訊者，是如何打開不同的基因？不是每一段DNA都組成了基因內的編碼；事實上，有好幾段長長的DNA並沒有編碼任何東西，但它們反而是活化鄰近基因的開關。現在來講個不尋常的事實──只有大約5%的DNA構成了基因。剩下的95%呢？是複雜到令人頭昏的開關，也是各種環境影響力調控各種獨特基因網路的手段。有些單一基因上有多種開關，也有多個基因被同一類開關所調控。換句話說，大部分的DNA都用於基因調控而不是基因本身。此外，DNA因演化而產生的變化，往往是在改變開關時會產生較為重大的影響，而不是在改變基因時。這種調控的重要性還可以從另一個地方衡量，那就是：器官越複雜，它的DNA投入基因調控的百分比就越高。[25]

在這段入門中，我們曉得了什麼？基因會編碼生成辛勤工作的蛋白質，但基因不決定它們何時活化，那反而是受環境訊號所調控；DNA的演化是很不均等地偏向基因調控，而不那麼關乎基因本身。

所以環境訊號啟動了某些基因，導致它生產了它編碼生成的那種蛋白質；新製造的蛋白質接著會做它們一如往常的事情。下一個關鍵點是，同樣的蛋白質在不同環境中有不同的運作方式。這樣的「基因／環境互動」在居住在單一環境中的物種身上比較不重要。但在那些居住於多種環

---

24 本段遺漏的東西：轉錄作用的因素、訊號傳導途徑、它只是類固醇激素而不是直接控制轉錄作用的肽激素……

25 這邊遺漏的一些東西：DNA中的啟動子以及其他有控制功能的要素、傳達基因轉錄之組織特定性的轉錄作用輔因子、源自自我複製反轉錄病毒的自私DNA……

境的物種——好比說我們這物種身上，它們就相當重要了。我們可以住在苔原、沙漠或雨林；在一個幾百萬人的巨大都會或在一個小型狩獵採集團體中；在資本主義社會或社會主義社會中，在多配偶文化或單配偶文化中。講到人類的話，問特定的一個基因是做什麼的，會顯得很愚蠢——該問「它在某一特定環境中做什麼」。

基因／環境的互動看起來可能會像什麼樣子？假設某人擁有和攻擊性有關的基因變體；根據環境差異，那有可能使他參與街頭鬥毆的可能性增加，或者使他用非常剽悍的方式下棋。或者說，一個跟冒風險有關的基因，會根據環境的不同，影響你會不會搶劫一間店，或者要不要賭一把成立新創公司。或者，一個跟成癮有關的基因，會根據環境的不同，產生一個在俱樂部喝太多蘇格蘭威士忌的波士頓上流人，或是一個走投無路偷錢買海洛因的人。[26]

入門的最後一塊。大部分的基因有一種以上的特色，而人們經遺傳會從雙親取得自己獨有的變異。這樣的基因變異會編碼生成稍微不同版本的蛋白質，其中有些做起工作會比其他版本來得強。[27]

我們現在到哪了？人們持有的基因特色不同，那些基因在不同環境裡受到不同方式的調控，產生了在不同環境中效果有所差異的蛋白質。我們現在來想想，基因該如何與我們對自由意志的執著有所關聯。

到了按按鈕的時候了；在那一刻，你的腦會怎麼被你繼承的特定基因的特色所影響？想想血清素這種神經傳導物質——血清素在人們之間發出訊號的不同概況，有助於解釋跟情緒、性欲激起的程度、衝動行為傾向、深思以及被動式攻擊有關的個體差異。那麼，個體的基因變異之差異要如何促成血清素發出訊號的差異呢？很簡單——靠著編碼生成合成血

---

26 遺漏的東西包含了，專注在單一基因以及其單一效果上，是多麼地過度簡化，就算把環境算進去也一樣。這是因為基因多效性和多基因的遺傳效應：證明多基因有多重要的驚人證據，來自於全基因組的調查研究；該研究指出，就連直白到無聊的人類特質，好比說身高，都是由幾百個不同的基因所編碼生成的。

27 遺漏的一些東西：同型接合性對上異型接合性，顯性對上隱性性狀……

清素、將其從突觸上移除、將血清素降解為蛋白質的基因上存在的不同特色，[28] 外加編碼十多種不同類型的血清素受體的基因變異。[44]

神經傳導物質「多巴胺」的情形也是一樣。蜻蜓點水來粗談一下，每個個體的多巴胺發出訊號的差異，都和獎勵、期望、動機、成癮、滿足延後、長期籌劃、冒風險、尋求新奇、提示相關性以及專注力有關──你知道的，就是那些直接關係到我們判斷，（好比說）「某人如果當初多一些自律的話，是否就能超越他們的悲慘處境。」那麼，造成人們之間多巴胺差異的基因源頭呢？來自那些和「多巴胺的合成、降解以及從突觸（以及從多種多巴胺受體）上移除」有關的基因變異。[29][45]

我們現在可以繼續前往正腎上腺素這種神經傳導物質。或者，合成並降解各種激素和激素受體的酶。或者，差不多就是任何和大腦功能有關的東西。每個相關的基因通常都有巨大的個體變異，而在「你要選擇繼承哪一種變異」方面，你根本沒得商量。

那反過來的情況──有著一樣的基因變體、但活在不同環境裡的一大票人──又要怎麼說呢？你會得到的正是上面討論過的東西，也就是根據環境而天差地別的基因變體效應。例如，有個基因變體產生的蛋白質會分解血清素，它會增加你的反社會行為……但前提必須是你在兒童時期遭到嚴重的虐待。多巴胺受體基因的一個變體若運作起來，要不讓你更可能慷慨，不然就是讓你更不可能慷慨，那要看你成長期間有沒有穩固深厚的親情而定。同樣的那一個變體也與差勁的滿足延遲能力有關……如果你是在貧困中長大的話。導引多巴胺合成的基因有一個變體與憤怒有關……但前提必須是你小時候遭受過性虐待。製作催產素受體的基因的一個版本，與比較不謹慎的養育有關聯……但只在結合了童年虐待時才有關。如此等等（在其他靈長類動物中也發現了許多相同的關係）。[46]

---

28 給愛好者：分別是編碼生成了色胺酸羥化酶以及芳香族胺基酸「去羧酶」、5- 羥色胺轉運體（譯注：血清素轉運體）、單胺氧化酶 α 的基因。

29 更多細節：生成酪胺酸羥化酶、多巴胺轉運體、兒茶酚 -O- 甲基轉移酶的基因。

　　最好是啦，環境怎麼可能讓基因運作產生這麼巨大的差異，甚至是以天差地別的相反方式運作？在這邊先講個把所有線索拼起來的起點就好——因為不同的環境會在同一基因或基因開關上造成不同類型的表觀遺傳變化。

　　因此，人們擁有這一切東西的所有不同版本，而這些不同版本又根據兒童時期的環境，各以不同的方式運作。給這說法加個數字就好，我們人類的基因組有大約兩萬個基因；在那些基因當中，將近 80% 是在腦中活躍運作——也就是一萬六千個。那些基因幾乎全都有超過一種的特色（也就是「多型的」）。那是否代表在每一個基因裡面，多型性都在其 DNA序列中構成了一個可以讓個體有所不同的點？不——每個基因的 DNA 序列裡平均有兩百五十個點……加起來的結果是，在編碼生成於腦中活躍的基因 DNA 序列中，有將近四百萬個點會構成個體變異。[30][47]

　　行為遺傳學是否證明自由意志是假的？它本身沒辦法——基因談的主題我們很熟悉，就是可能性和脆弱性，而不是必然性，而這些基因對行為的影響大部分都比較溫和。儘管如此，所有這些對於行為的影響，都起自你無從挑選的基因，跟你沒得挑的兒童時期經歷的互動。[48]

回到幾個世紀前：你所從出的那種人

　　利貝特式的按鈕持續在呼喚。這時你的文化與你要依循的意圖有什麼關聯？太多了。從你出生的那一刻起，你就受制於一個普世概念，那就是，每個文化的價值都包含了讓其傳承者重述那些價值、成為「你所從出的那種人」的方法。因此，你的腦反映了你的祖先是誰，以及怎樣的歷史和經濟情況促使他們發明了你身邊那些價值觀。如果一個視野相當狹隘的

30　如果這些多型的點，每個都只會成為兩種可能版本中的一種的話，不同基因組成的
　　總數量就會是二的四百萬次方，相當近於無限——光是二的四十次方就已經跟一兆
　　差不多了。

神經生物學家變成了全世界的獨裁者，人類學就會被定義為「研究不同群體的人們嘗試形塑其孩子腦部構造的方法」。

不同的文化會產生天差地別、但模式一致的行為。其中獲得最多研究的文化反差，與「個人主義文化」對上「集體主義文化」有關。前者強調自主性、個人成就、獨特性，以及個體的需求和權利；它留意尋找第一名，在這樣的文化中，你的行動是「屬於你的」。相較之下，集體主義文化支持協調一致、相互依賴和整合，由群體需求在文化中指引行為；你的行動首先要讓群體感到自豪，因為你是「屬於他們的」。這些反差研究，大都拿美國這個個人主義文化典範的個體，來和東亞集體主義文化下的個體做比較。兩者的差異明白好懂。來自美國的人們更有可能使用第一人稱代名詞，以個人來定義自己，而不是用關係詞（「我是一名律師」相較於「我是一名家長」），以事件而不是社會關係為中心來組織記憶（「我學會游泳的夏天」相較於「我們成為朋友的夏天」）。要求受試者畫出社會關係圖——一種有圓圈的圖，代表他們自己和生命中重要的人，並用線連結起來——的話，美國人通常會把自己放在最大的圓圈裡，並放置在中央。與此同時，東亞人代表自己的圈圈通常不會比其他人大，而且不會處於最突出的位置。美國人的目標是藉由超前所有人將自己區別出來；東亞人則是避免自己被辨認出來。[31] 這些差異導致了關於什麼算違反規範以及如何處理這些問題的重大差異。[49]

想當然地，這反映了腦和身體的不同運作方式。平均來說，東亞的個體在看著一個冷靜的面部表情時，多巴胺獎勵系統會比看著興奮的表情更為活化；美國人則是相反。給受試者看一張複雜場景的圖片。在幾毫秒內，東亞人往往把整個場景視為整體來掃過，並記住它們；美國人則專注於圖片中央的人。強迫一個美國人告訴你其他人影響他的時刻，他會開始

31　重申與本章每件事實都有關的一個要點：這些都是在顯著性差異上有別於偶然的廣泛群體差異，不是每個個人行為的可靠預測工具。每個陳述都暗中含著一句「平均來說」。

分泌糖皮質素；反之，某個東亞人被迫要跟你說明他影響其他人的時刻，壓力荷爾蒙就會開始分泌。[50]

這些差異是從何而來的？美國個人主義的標準解釋包括了：(a) 情況不只是「我們美國人是移民民族」（截至 2017 年，約由 37% 的移民或移民子女所構成）而已，移居者也不是隨機出現的；移居反而是一種過濾的過程，篩選出願意離開原本的生活圈和文化，堅持忍耐一段艱苦的旅程，去到一個設下屏障妨礙他們進入的地方，並在獲准入境後從事著最屎的缺；而且，(b) 美國歷史的大部分時間都耗費在擴張西側邊界，由同樣堅強而個人主義的先鋒者所殖民。而東亞集體主義的標準解釋則是生態決定了生產手段——一萬年的種稻，要求大量集體勞力來把群山變成梯田，需要依序集體種植並收成每一個人的作物，需要集體建造並維護大量且古老的灌溉系統。[32][51]

有一個引人注目的例外和中國北部地帶有關，證明了上述的解釋規則；當地的生態系統不利於稻米的生長，因而產生了為時數千年、更為個人主義的小麥耕作流程。來自這個區域的農人，甚至他們的大學生孫輩，都跟西方人一樣個人主義。有一個比酷還酷的研究結果顯示，來自稻米區的中國人會包容並避開障礙（此處的例子是繞過星巴克內出於實驗而擺著擋路的兩張椅子）；來自小麥區的人則會移開障礙（也就是把椅子挪開）。[52]

因此，幾個世紀前、幾千年前出現的文化差異，會影響我們從最細緻、最微小甚至戲劇性的行為。[33]另一份文獻比較了雨林和沙漠居民的文

---

32 有一個把我弄糊塗的例子是，中國都江堰市附近的一個灌溉系統灌溉了五千平方公里的稻田，而且人們集體使用並維修這系統的時間已有*兩千年*。

33 給各位帶來一顆燙手山芋；個人主義和集體文化在基因上有差異嗎？不論有什麼差異，都不可能有多重要；經過一兩代之後，亞裔的美國移民後代就變得跟歐裔美國人一樣個人主義了。儘管如此，還是發現了實在有趣的基因差異。就想想編碼生成多巴胺受體的 DRD4 基因。多巴胺你也知道嘛——關於動機、期望，以及獎勵。一個 DRD4 的變異可以製造出對多巴胺不那麼有反應的受體，並增加一個人尋求新奇、性格外向以及情緒衝動的可能性。歐洲人和歐裔美國人：該變異的發生率為 23%。東亞人：1%，這是個遠高過偶然的差異，顯示了東亞幾千年來是在挑選中*汰除*這個變異。

化，其中前者往往發明出多神宗教，而後者則是一神宗教。這可能也反映了生態影響——沙漠生活是飽受酷熱打擊、枯燥的獨自求生掙扎；雨林則充斥著大量物種，偏向發明多種神明。此外，一神論的沙漠居民也比雨林的多神教居民更有尚武精神，也是更有效率的征服者，這解釋了為什麼大約 55% 的人類都宣揚中東一神信仰牧羊人所發明的宗教。[53]

　　畜牧業又產生了另一種文化差異。傳統上來說，人類過活的方式有從事農作、狩獵採集者或是成為牧人。最後這群人住在沙漠、草原或苔原上，放牧著他們的山羊、駱駝、綿羊、乳牛、駱馬、氂牛或馴鹿。這樣的放牧者往往特別脆弱。你很難趁半夜偷溜過來偷走某人的稻田或雨林，但你有辦法當一個鬼鬼祟祟的害蟲，拐走某人的畜群，偷走他賴以維生的奶和肉。[34] 放牧者的這種脆弱性，產生了「榮譽文化」，並有著以下特色：(a) 對路過的陌生人展現出極端但短暫的殷勤款待——畢竟，大部分的放牧者在某些時刻也曾帶著動物流浪過；(b) 信奉嚴格的生活準則，在這種準則中，違反規範通常會被解讀為侮辱到某人；(c) 這樣的侮辱需要以暴力報復——在這個圈子裡，世仇和家仇會延續好幾代；(d) 戰士階級和其價值觀的存在，其中戰鬥中的英勇行為會產生崇高的地位以及榮耀的來世。美國南方傳統名譽文化中的殷勤好客、保守主義（從徹底保存文化規範可以看出）以及暴力眾所皆知。暴力模式就說明了很多事：在美國南方（通常是全美比率最高）的謀殺，並不是城市裡的持槍搶劫行為出了差錯，而是殺掉某個（因為公然對你口出惡言、不還債、勾引你的重要他人……等理由而）嚴重損害你名譽的人，如果住在農業地區更會如此。[35] 美國南方名譽文化

34　我在非洲居住時，附近馬賽（Maasai）牧民的群體暴力越來越常以跟鄰近農人的衝突為中心而展開，雙方都會造訪的市場區域，會出現有如鯊魚幫對上噴射幫（譯注：這是音樂劇《西城故事》的情節）的時刻。但我挺的馬賽人在歷史上的敵人，是坦尚尼亞的庫利亞人（Kuria），往往在夜間從馬賽人那邊偷牲口的牧民；這會導致長矛齊飛的報復突襲，有可能造成幾十人喪命。提供一個庫利亞好戰程度的指標；坦尚尼亞獨立後，儘管庫利亞人只佔了人口的 1%，但國軍裡有 50% 是他們。

35　一個很棒的實驗範例是，安排情境而讓你的男性受試者被某人羞辱；如果他們來自美國南方，循環中的皮質醇和睪固酮值就會大幅增加，而且也更有可能以暴力回應

從何而來？歷史學家們廣泛接受的理論完美詮釋了其中的道理——新英格蘭殖民地擠滿了朝聖先輩、中大西洋州擠滿重商主義的貴格會教徒的同時，美國南方不成比例地住滿來自英格蘭北部、蘇格蘭和愛爾蘭的放牧粗人。[54]

最後一個文化比較，是「嚴格」文化（有著眾多且嚴格執行的行為規範）和「寬鬆」文化之間的比較。一個嚴格社會出現哪些徵兆？歷史中曾出現大量文化危機、乾旱、饑荒和地震，以及高傳染病率。[36]我講「歷史」是講正經的——一項針對三十三個國家的研究顯示，西元 1500 年時出現過高人口密度的文化，更有可能出現嚴格文化。[37][55]

五百年前！？怎麼可能？因為一代一代傳承下來，祖先的文化影響了「母親和孩子有多少身體接觸」、「孩子是否接受身體紋飾、生殖器切割以及威脅到生命的成長儀式」、「神話和歌謠是關於復仇還是以德報怨」之類的事情。

文化的影響力是否能證明自由意志為假？顯然沒有。一如往常，這些是傾向，大量個體變異中的趨勢。就想想甘地、沙達特（Anwar Sadat）、拉賓（Yitzhak Rabin）還有柯林斯（Michael Collins），他們都是遭到傾向於極端主義和暴力的同宗教、非典型信仰者刺殺。[38][56]

假想中違反榮譽之事（這些都是與未受侮辱的美國南方受試者相比）。那美國北方人呢？沒有這種變化。

36 傳染病的連結或許有助於解釋另一個研究結果；發源自熱帶的文化，在內團體／外團體的分化上，往往比遠離赤道的文化來得更極端。溫和的生態系統產生對外人更溫和的文化。

37 關於這情況的一個可能的神經生物學基礎，可以去想想來自城市、城郊和農業地帶的人們。某人生長的環境中人口越多，他承受壓力的那段期間，杏仁核就可能反應更劇烈。這就產生了眾多繞著「壓力與城市」來取名的文章（譯注：Stress and the City，是知名電視劇《欲望城市》〔Sex and the City〕的諧仿）。

38 在此把最後一票投給其中許多文化模式背後的生態影響力；住在同一生態系的人類和其他動物往往具有眾多共同特質。舉例來說，某生態系的生物多樣性高，就可以預見當地住民的語言多樣性高（而那些有許多種瀕臨滅絕的地方，也是語言和文化最有滅絕風險的地方）。針對世界各地三百三十九個狩獵採集文化進行的研究，證明了人類

是啊，何不講講呢？談演化

出於眾多理由，人類被演化刻劃了一百萬年而（在平均上）比倭黑猩猩更有攻擊性，但不如黑猩猩；比紅毛猩猩更社會性，但不如狒狒。比狐猴更傾向單一配偶，但比獼猴有更多配偶。講完了。[57]

無縫接軌

意圖是從何而來的？在任何一個時刻，使我們成為我們的是什麼？是在那之前的東西。[39] 這就產生了在第一章首度提出的一個十分重要的觀點，那就是（好比說）一分鐘之前和十年之前的生理／環境互動，並不是分離的實體。假設我們思考的是某人打一個受精卵開始繼承到的基因，以及那些基因和那人的行為之間有什麼關係。那好，我們就是思考遺傳學的遺傳學家。我們甚至可以讓我們的俱樂部更排他而縮限為「行為遺傳學家」，只在稱作，呃，《行為遺傳學》（*Behavior Genetics*）的期刊上發表研究。但如果我們談的是和一個人的行為有關的遺傳基因，那我們自然也在談這人的腦是如何形成的——因為腦的形成，主要是由「涉及神經發展的

與其他動物的趨同性甚至比前面講的還強烈——多配偶制程度較高的人類文化，周圍往往（也就是有著高過偶然的值）有著高比率多配偶制的其他動物。在男性幫忙照顧孩子或者儲存食物，以及以魚為主食維生的可能性方面，也出現了人類／動物的共變異數。而且，統計上來說，人類／動物的相似可用緯度、高度、降雨，以及極端或溫和氣候等生態特色來解釋。又一次證明了我們不過就是另一種動物，即使是比較奇怪的一種，也仍是動物。

39 值得一提的是，就算不是一樣的烏龜，類似的烏龜一路向下也可以解釋，為什麼（好比說）某些黑猩猩是牠那一代最有製作工具天賦的一員：好的社交和觀察技能，讓牠能跟其牠黑猩猩混熟，並從年長的導師那兒學會這門手藝；能控制衝動而有辦法耐心面對嘗試錯誤；能夠專注於細節；既有創新能力又有忽略其他酷小孩都怎麼做的一股自信——全都來自一分鐘前、一小時前，如此這般下去的事件。完全沒有一丁點的「情勢越艱難，強的黑猩猩選擇更堅持」（譯注：原本的成語是「情勢越艱難，強者更堅持」〔when the going gets tough, the tough get going〕）。

基因」編碼的蛋白質所執行。同樣地，如果我們是在研究（往往是在心理學或社會學層面最能瞭解的）兒童期逆境對成年行為的效應，我們其實也在暗中思考著，兒童期表觀遺傳學的分子生物學如何能解釋成年後的人格和氣質。如果我們是思考人類行為的演化生物學家，定義上來說，我們也是行為遺傳學者、發展神經生物學者和神經可塑性學者（名詞檢查肯定會令人抓狂）。這是因為演化意味著生物體內基因變異的變化，以及它們塑造大腦結構方式的變化。研究激素和行為，我們也在研究胎兒期生命和分泌這些荷爾蒙的腺體發育有什麼關係。依此類推。每一刻都是從那之前發生的一切流變至此。而且，不論是房間裡的氣味、你胎兒時期發生了什麼事，或者西元 1500 年時你的祖先怎麼了，那些都是你不能控制的事物。[40] 就如一開始說的那樣，一條無縫接軌的影響流，阻止人把這個假定存在在腦中但其實不在腦中、叫做自由意志的東西塞進去。用法學者艾爾西絲（Pete Alces）的話來說，是「在先天和後天之間，沒有多餘空隙放入道德責任」。哲學家彼得謝（Peter Tse）將生物學上這種一路往下疊的烏龜稱為「毀滅責任的逆行」，堪稱一針見血。[41][58]

這條無縫的串流，證明了厄運為什麼不會消除，反而會放大。有了某些特別不幸的基因變異，你就會不幸地對童年逆境的影響特別敏感。早年遭受逆境，預示了你將在比多數人更少機會的環境中度過餘生，而不幸地，那種增強的發育敏感性，又會讓你更難從那些難得的機會中獲益——你可能不瞭解它們，可能認不出它們是機會，手頭上可能沒有利用這些機會的工具，或是讓你免於浪費機會的衝動。這種益處越少，成年生活

40　康乃爾大學哲學家佩雷布姆（Derk Pereboom）的思想說隱含著這種想法；他假定了四種情境——你會做某件糟糕事情的理由有：(1) 科學家在一秒鐘前操縱了你的腦；(2) 他們操縱了你的幼年期經驗；(3) 他們操縱了你成長時身處的文化；(4) 他們操縱了宇宙的物理性質。這些情境到頭來都一樣地決定論，雖然大部分人的直覺會一致認為第一項遠比其他三項更決定論，因為它如此貼近於行為本身。

41　提醒一下，相容論者彼得謝對此持負面態度，是在談這種逆行不可能存在且如何地不應該存在——是一個讓第十五章的一些部分得以更加穩固的對比。

的壓力就會越大，而那會不幸地讓你的大腦變成一個在彈性、情緒控制、反思和認知……等方面都表現不佳的腦。厄運不會被好運給抵消。它通常會放大，直到你連那個需要被整平的競爭場地都站不上去。

這是哲學家李維在他 2011 年出版的著作《不幸：運氣如何破壞自由意志和道德責任》（*Hard Luck: How Luck Undermines Free Will and Moral Responsibility*）中有力論證的看法。他專注於運氣的兩個類別。第一，當下的運氣，檢視了開車爛醉的時刻（加上在事發之前幾秒到幾分鐘的諸多事件）；這種運氣會在「如果某人碰巧橫過馬路你就會撞死他」和「處在那種情況下，運氣差到真的撞死了人」的差異中起作用。如前所見，這種區別是否具有意義，往往隸屬於法學家的範疇。對李維來說，更有意義的是他所謂的構成運氣，亦即把你塑造到這一刻的好壞際遇。換句話說，在一秒前、一分鐘前……的我們的世界（雖然他只是順手用生物學來表達這種想法）。當你認清關於「我們是誰」的解釋也不過如此的時候，他結論道：「排除掉自由意志的不是存有論，而是*運氣*（斜線是他畫的）。」[42] 在他看來，要我們為我們的行動負責不只沒道理，我們也無從控制自己去形成對「行動正當性和重要性」的*信念*，以及對「有沒有其他選擇」的*信念*。你沒辦法去相信某個與你相信之物不同的東西。[43]

我在第一章寫到了「證明自由意志」需要什麼，本章則替這個需求增加細節：向我證明一個神經元剛剛在某人腦中做的事，完全不受以下任一個先前因素所影響——包括周圍八百億個神經元發生的事、那天早上滲透進來無限種激素的可能組合中的任一種，人們體驗過的無數種童年時期

---

42 稍微澄清一下，李維並不一定認為我們無從控制我們的行為，我們只是沒有切合的控制力而已。

43 李維有個有趣的分析，關注一個你這邊記下來以後可以使用的詞「意志力薄弱」（akrasia），指的是行為者的行為違反了他表現出來的判斷。當某些意志力薄弱變得夠普遍時，我們就有了看來是無法解決的不一致性……後來我們便會生出一套恆定適應此種薄弱的自身看法。「我通常是個非常自律的人……但碰到巧克力的話除外。」

和胎兒時期環境中的任一種，神經元所包含的二的四百萬次方種不同基因組中的任一種，再乘上將近一樣大範圍的可能表觀遺傳編組。如此等等。全都不在你的控制之下。

「一路往下都是烏龜」之所以是個笑話，是因為老太太對詹姆斯充滿自信地提出的主張不只荒謬，而且還免受任何質疑。那是我小時候在學校會講個沒完的那種口水戰的高雅版：「你打棒球很雞掰。」「我知道**你**很雞掰，又不是在說我。」「你現在開始不爽囉。」「我知道**你**不爽啊，又不是在說我。」「你現在沉溺在不用心的狡辯中。」「我知道**你**在……。」如果那個找上詹姆斯的老太太在某個時間點表示說，接下來的這隻烏龜浮在空中，那麼這個趣聞就不好笑了；雖然答案還是很荒謬，但無限後退的規律就被打破了。

那一刻為什麼就這麼發生了？「因為在那之前的前一刻。」那麼，*那個*前一刻為什麼就這麼發生？永遠都是「因為在那之前的前一刻」[44]，這樣回答並不奇怪，反而就是宇宙運作的方式。這種無縫接軌中的荒謬，在於認為我們擁有自由意志，而且還認為它存在是因為在某一刻，「那之前」的世界狀態（或者額葉皮質或神經元或血清素分子……的狀態）就那樣憑空出現了。

為了證明自由意志的存在，你得要證明，從「考量過所有生理層面的先兆」的意義上來說，某個行為就那樣憑空發生了。或許有辦法用一些

44　實際上的情況或許不是「永遠」，因為在這種逆行的某個時間點上，你會來到大霹靂，以及大霹靂以前管它是什麼的東西，我對那完全不瞭解。不論事物到底能不能無限回溯下去，一個關鍵點在於，你越是往前回溯，影響力可能就越小──你回應眼前這名可能剛羞辱了你的陌生人的方式，更多是受到你當時體內循環的壓力荷爾蒙值所影響，而較不受你遙遠祖先體驗過的傳染病重擔所影響。當我試著解釋我們的行為，如果「在那之前發生過什麼」的回溯已遠到得去解釋（好比說）我們為什麼是碳基生物、而不是矽基生物的話，我完全樂意喊暫停。但我們有充足的證據證明，人們過往覺得忽視掉也理所當然的那些之前發生的事，其實都有所相關──比如說，某人做出某種舉止的幾個月前所發生的創傷、他幼年期接到的理想刺激程度、他胎兒期腦部所沉浸的酒精濃度……

微妙的哲學論點來迴避掉那個點，但你用任何科學已知的東西都辦不到。

　　就如第一章提到的，著名的相容論哲學家梅勒把這種對自由意志的要求，判定為把標竿設到「離譜地高」。一些微妙的語意學開始起作用；李維口中的「構成」運氣，對梅勒來說是「遠程」運氣，是指時間上分離得太久、分離到不能不排除掉自由意志和責任的那種「遠程」──在你做決定的整整一百萬年前，在你做決定的整整一分鐘前。在此假定中，這個遠程實在太過遙遠，遠到不會產生極小的關聯；或者，那個遠程的生理和環境運氣的結果，透過某種非物質的「你」在這一端的各種影響中進行挑選而被濾掉了；又或者，以丹尼特的方式來說，遠程的厄運長期來看會被好運所抵銷，因此可以被忽視。這就是某些相容論者得出「某人的過往經歷並不相關」這種結論的方式。李維使用「構成」這個詞主張了非常不一樣的看法，也就是過往經歷不僅相關，而且用他的話來說，「過往經歷的難題*就是*一個運氣問題」。也因此，聲稱「除非神經元的行動完全不受先前所有不可控因素影響，否則自由意志就不能存在」，絕對不是一個高標竿，或者專程給人打的稻草人。它是唯一能提出的要求，因為所有先前發生的、有著各式各樣五花八門不可控運氣的事情，就是著手*構成*你的東西。你就是這樣成為了你。[59]

04

有志的意志力：毅力的迷思

前兩章談的是，藉由忽視過往的歷程，我們怎麼相信了自由意志存在。結論是：你沒辦法——重覆一下我們新學到的口號，我們當下的模樣，不過就是我們無從控制的過往生理狀態，以及上述生理狀態和環境之間無從控制的互動歷程所創造出來的。

其實，並不是自由意志的所有粉絲都否定過往歷程的重要性，而本章就要剖析他們借助過往歷程的兩種方式。我們會快速談完的第一種，是某些認真學者做出的愚蠢努力，他們把過往歷程牽連進來，當作大戰略的一部分。「對，自由意志當然存在。只是不在你正看著的那個地方」。它曾發生在過往。它會在你的將來發生。現在它發生在腦中，在舉凡你沒有關注的地方。它發生在你之外，在人與人的互動之上飄浮著。

我們會更深入探討對於過往歷程的第二種誤用。前面那兩章談到的是，如果你認定了過往歷程無助於解釋某人為何做出某個行為，那麼懲罰和獎勵在道德上就有正當性，這樣想會造成怎樣的損害。本章則是談，如果得出結論認為過往歷程只和行為的*某些*面向相關，這樣想所造成的損害其實也一樣嚴重。

過往性

假設你這個有某種嚴峻處境的人——被某個拿著刀朝你過來的陌生人威脅。我們這位仁兄掏出一把槍並立刻擊發，讓攻擊者倒地。我們這位仁兄接著會怎麼做？他是否會做出結論，說「結束了，他喪失能力了，我安全了。」還是他會繼續開槍？如果他等了十一秒，然後進一步攻擊那個襲擊者呢？在最後這種情況下，他會因蓄意殺人遭到起訴——如果他第一次開槍後就停止，會被算作自衛；但他當時有十一秒的時間思考各種選項，這代表他的第二槍是在自由意志下做出的選擇，而且是預先策劃的。

考量一下這位仁兄的過往歷程。因為母親酗酒的關係，他甫出生就有胎兒酒精症候群。他母親在他五歲時遺棄他，導致他接二連三流落在多個會施加肢體暴力和性暴力的寄養家庭中。他十三歲時出現了酗酒問題，十五歲時無家可歸，還因打鬥有多處頭部損傷，靠著乞討和從事性工作維生。他被搶劫過好幾次，幾個月前還被一名陌生人捅過刀。一名外展精神醫療社工有次看到他，留意到他很可能有創傷後壓力症候群。你覺得呢？

有人試著殺你，而你有十一秒鐘做出生死抉擇：從神經生物學來看，你為何在這段壓力非常的期間輕易做出一個糟糕的決定，其實是可以被充分理解的。但現在講的是我們這位仁兄，他有著胎兒時期的神經錯亂所產生的神經發育失調、反覆發生的幼年期創傷、肉體上的虐待、反覆發生的腦部損傷，並且近期還以一種類似的方式被人捅刀。他的過往經歷導致腦的這部分擴大了、另一部分萎縮了、這條路徑斷線了。因此，在那十一秒內，他會做出一個謹慎自律決定的機率有可能是零。如果你的人生給了你那樣一顆腦，你也會做出一樣的事。在這個脈絡下，「有十一秒得以蓄意行事」就是個笑話。[1]

儘管如此，相容論哲學家們（以及大部分的檢察官……以及法官……以及陪審團）並不認為這是個笑話。的確，人生是丟了一堆糟糕東西給他，但他過去明明有很多時間，能夠*選擇*不當那種回頭再給攻擊者腦袋補上一顆子彈的人。

1　我身為教學證人，已在一個又一個「有那種人生經歷的某人，只有幾秒鐘來做出一個類似的決定，然後就回頭去找那個趴倒在地的攻擊者，並再多刺他六十二下」的案子中，對大約十幾個陪審團說過類似這樣的證詞。目前為止，除了一個我如今看作是僥倖的例外之外，陪審團都認定這種情況是蓄意謀殺，而判所有指控皆有罪。

　　哲學家李維替這種觀點做了一個很棒的歸納（但他自己*並*不同意這個歸納）：

行為者取得一套主動的意向和價值時並沒有責任；他們反而是因為替自己的意向和價值負責任，才變得有責任。被操縱的行為者並不立即為行動負起責任，因為只有在他們有了充足的時間，來思考並體驗他們的新意向所帶來的效應後，他們才有資格擔當完全負起責任的行為者。時間的流逝（在正常條件下）提供人深思熟慮的機會，因此讓行為者變得能對自己這個人有責任。行為者在正常生活的運行中，變得對自己的意向和價值有了責任，就算這些意向和價值是由差勁的構成運氣所產生，也還是要負責。到了某個時間點以後，「構成運氣很差」就不能再拿來開脫，因為行為者有過時間來為它負責。[1]

　　的確，或許當下還沒有自由意志，但過去*有*了相關的自由意志。
　　就如李維這段引言所暗示的，不論你擁有怎樣差勁的構成運氣，自由選擇自己成為哪種人的過程，通常還是會被表達為一個漸進且通常是逐漸成熟的過程。在一場與丹尼特的辯論中，不相容論者卡盧索把本書第三章的要點概括出來——硬塞到我們手上的生理狀態或環境，我們都無從控制。丹尼特的回應是：「那又怎樣？我認為你未能理解的是，自主性是種經由*成長而達成*的情況，的確人一*開始*徹底無從控制，但隨著人成熟、學習，他就開始越來越能夠控制自己的活動、選擇、思想和態度等等。」這是丹尼特所主張的「壞運和好運會隨時間過去而抵銷」所產出的一個合乎邏輯的結果：拜託，做事有條理一點好嗎。你已經有足夠的時間來負責任，來選擇要在馬拉松長跑中趕上每個人。[2]
　　著名的哲學家、德州大學的肯恩（Robert Kane）有個類似的看法：「在我看來，自由意志涉及的不僅僅是*行動不受限*，還關係到*自我的形構*。切合自由意志題旨的問題是以下這個：*你是怎麼變成如今這樣的人？*」羅斯基斯和夏德倫寫道，「如果行為者的非意識抉擇，要歸因於作為行為者所表態的原則設定（換句話說，過往的自由意志行為），那麼便能合理認為，行為者就連對那些抉擇也可能有道德責任。」[3]

並非這想法的所有版本都需要逐漸獲得過去式的自由意志。肯恩認為「選擇你要成為哪種人」發生在危機的瞬間，也就是主要岔路口，即他所謂的「自我形構行動」的時刻（而他提出一種可以讓這種情況發生的機制，我們會在第十章稍微談及）。相較之下，謝菲爾德大學的精神病學家史潘斯（Sean Spence）認為，那些「當時我曾有自由意志」的片刻，發生在生命處於最佳狀態的時候而不是危機時刻。[4]

不論自由意志的過往性是個緩慢的成熟過程，還是發生在大吉大凶的瞬間，問題都很明顯。「過往」一度也是「當下」。如果一個神經元當下的功能深深嵌合在它神經連結的鄰近區域，深深嵌合在激素、腦部發育、基因等等的影響中，那麼，你就不能跳出來一週然後說，過去這週裡的功能並沒有深深嵌於其中。

這種想法的一個變體是，你現在或許沒有關於當下的自由意志，但你現在卻有關於「你未來會成為誰」的自由意志。哲學家彼得謝把這稱為第二級自由意志，寫到腦部是如何「替未來的自己培育並創造各種新類型的選項」。然而，他也提到，不是隨便哪個腦都可以有這樣的自由意志，比如老虎就沒辦法選擇成為一個素食者。「相較之下，人類因為已選擇成為他們如今身為的那個選擇者，而具有一定程度的責任。」把這與丹尼特的追溯式看法結合，我們就有了某種近似於「在未來的某個時間點，你過去將擁有自由意志」的想法——我曾經自由地選擇過。[5]

並不是說自由意志存在但「你在看的那時候它不存在」，自由意志存在，但「只不過不在你看的那個地方」——你可能證明了自由意志並非來自你正研究著的那個腦區域；而是來自你沒在研究的區域。羅斯基斯寫道：「有可能是，在更龐大系統內一個位於別處的非決定論事件影響了腦中 X 區域內神經元的發動，整體來說造成系統處於非決定論狀態，即便腦中 X 區域的神經元活動和行為之間的關係是依決定論運行也一樣。」至於神經科學家葛詹尼加，則把自由意志徹底移出腦外，他說：「責任存在於組織的另一個不同層面，即社會層面，而不存在於我們依決定論運行的腦中。」這邊有兩個大問題：首先，不能光因為從整體社會這個層級來看，每個人都說那東西是自由意志和責任，所以它就是——這是本書的一個核心重點。第二點，社會性、社會互動以及彼此有社交的生物，就跟你鼻子的形狀一樣，不過就是生理和環境交互作用的終端產物。[6]

來自第三章的戰帖——*當場立刻*給我一個不受任何其他當下或過往的生理狀態所影響，卻能促成那行為的神經元。答案不可以是「這個嘛，我們沒辦法，但那之前發生過」或「那之後會發生，但現在還沒」，或者「那現在正在發生，但不在這邊——是在那邊；不對，不是在*那個*那邊，是*另外那個*的那邊……」這等於是隨時隨處都有烏龜；在那個「*過往是*」產生「*如今是*」的過程中，沒有縫隙能把自由意志塞進去。

我們接下來要看的，可能是本書前半部最重要的主題，一種在自由意志不存在的地方錯誤地看見自由意志的方法。

你獲得了什麼
以及你要拿它怎麼辦

加藤和芬恩（更名以掩護其真實身分）相處起來挺很不錯的，他們在打鬥中彼此相挺，在性事方面也能彼此提供支援。兩個都有相當強的主導型人格，而當他們聯手時簡直無人可擋。

我正看著他們在原野上飛奔。加藤一馬當先，芬恩迎頭趕上。他們正在追擊一頭逃離他們的蹬羚。加藤和芬恩是狒狒，打算飽餐一頓。如果他們真的抓到那頭得手機會正大幅增加的蹬羚，加藤會先吃，因為他在群體階級中排名第二，芬恩則排名第三。

芬恩還在追趕中。我留意到他的奔跑中有個微妙的變化，一個我無法形容的東西，但我已經觀察芬恩好一陣子，知道接下來要發生什麼事。「白癡，你要搞砸了，」我心想。芬恩看起來似乎決定了，「誰他媽要等剩飯啦。最好的這一塊我要先拿。」他加速了。「這些狒狒真的有夠笨，」

我心想。芬恩跳到加藤背上，咬他，把他撞倒，好讓自己抓到蹬羚。想當然地，過程中他絆倒了加藤並摔個四腳朝天。他們爬起來，彼此怒視，蹬羚早就跑不見了；他們的合作同盟到此為止。在那之後，隨著加藤從此不願在打鬥中相挺，芬恩很快就被階級中的四號菩提給推翻，接著又被五號查德打爆。

有些狒狒就是這樣搞。他們充滿了潛力——巨大、肌肉發達，有著尖犬牙——但在階級制度中就是無法往上爬，因為他們從不放過任何機會。就像芬恩那樣，他們會在衝動的行動中與盟友分道揚鑣。他們就是克制不住，所以會為了某隻雌狒狒去挑戰大哥大，然後遭到痛打。他們情緒惡劣，忍不住去咬附近不該咬的雌狒狒，以此發洩自己的攻擊行為，於是就被憤怒的高階親戚逐出群體。他們是什麼都能抗拒，但就是抗拒不了誘惑的多數低成就者。

我們手上滿滿都是展現「*糟蹋*」這個詞彙的人類範本。跑趴而糟蹋天賦的運動員。以藥物[2]或怠惰來糟蹋學術潛力的聰明孩子。把家產浪擲在愚蠢虛浮計畫上成天花天酒地的大富豪——根據一項研究，70% 的家產都是喪失在第二代繼承人手上。從芬恩算起，到處都有揮霍糟蹋的人們。[7]

但也有用驚人的韌性和毅力克服厄運的人。穿馬鈴薯袋做成的衣服長大的歐普拉（Oprah）。跟一千零九間餐廳推銷炸雞作法都失敗，之後才賺到大錢的桑德斯（Harland Sanders，譯注：肯德基炸雞的創始人），而且最終頭銜貴為上校（譯注：肯塔基州的榮譽上校）。在終點線之前幾公尺處倒下但仍爬過去的馬拉松選手基貝特（Eliud Kibet）；還有他的肯亞同胞尼蓋提奇（Hyvon Ngetich），用爬的爬完一場馬拉松比賽的最後五十公尺；還有因摔倒腿部骨折的日本跑者飯田怜，最後爬了*兩百公尺*抵達終點線。二戰時還是義大利一個無家可歸的兒童，後來成為諾貝爾獎得主的遺傳學家卡佩奇（Mario Capecchi）。當然還有海倫凱勒（Helen Keller）以及從「水」這個詞

2　令我訝異的是，有些研究證明了，高智商的孩童比起平均智商的孩童，更容易在成年時出現非法藥物使用以及酒精濫用的情況。

開始教她學習字詞的沙利文（Anne Sullivan）。出於良心而拒絕兵役，不帶武裝上陣，卻在沖繩登陸戰的敵軍火力下，把七十五名傷兵帶回安全地帶的軍醫杜斯（Desmond Doss）。一百六十公分也能打 NBA 的波古斯（Muggsy Bogues）。青年時期是捷克斯洛伐克難民，在美國丹佛的百貨賣胸罩，後來成為美國國務卿的歐布萊特（Madeleine Albright）。當工友和保鑣，後來持續努力直到成為教宗的那個阿根廷人（譯注：是指天主教會第二百六十六任教宗方濟各〔Franciscus〕）。

　　對芬恩以及那些揮霍機會的人而言，或者對談賣胸罩的歐布萊特而言，我們都是受到最根深蒂固自由意志迷思火焰所吸引的撲火飛蛾。我們已經探討了各種版本的部分自由意志──不在現在而是在過去；不在這裡，而是在你沒在看的地方。現在這是另一種版本的部分自由意志──沒錯，是有我們無從控制的特質、天賦、短處和缺失，但選擇要拿那些特質怎麼辦的還是我們，那個有行為能力、自由、能夠主宰自身命運的自己。沒錯，你沒辦法控制腿部肌肉中的慢縮快縮肌纖維的理想比率而讓你成為天生馬拉松好手，但你能夠在終點線之前戰勝痛苦而爬向終點。沒錯，當初遺傳到讓你記憶力極好的那種麩胺酸受體基因也不是你的選擇，但懶惰傲慢就是你的責任。的確，你可能遺傳到讓你有酗酒傾向的基因，但勇敢抗拒酗酒誘惑的是你。

　　這種相容二元論，有一段清楚明白到驚人的陳述與桑達斯基（Jerry Sandusky）有關；這名賓州大學的美式足球教練因為駭人的連環兒童性侵犯罪，於 2012 年被判處六十年徒刑。這之後不久，美國有線電視新聞網 CNN 貼出了一篇發人深省的文章，標題為「戀童癖該被同情嗎？」（Do Pedophiles Deserve Sympathy?）。多倫多大學的心理學家坎托（James Cantor）審視了戀童癖的神經生物學。基因的錯誤混合、胎兒時期的內分泌不正常，以及幼兒期的頭部受傷，都會增加成為戀童癖可能性。這是否提高了「神經生物學上大局已定，某些人注定就要這樣子」的可能性呢？正是。坎托的結論非常正確，他說：「人沒辦法選擇不當一個戀童癖。」

　　但話鋒一轉，他就做了一個奧運等級的跳躍，直接跳過大峽谷那麼寬且錯誤的相容論二分法。那些生理狀態有任一個減輕了桑達斯基應當受到的譴責和懲罰嗎？沒有。「人不能選擇不當一個戀童癖，*但可以選擇不要當一個兒童性侵犯*（斜線是我加的）。」[8]

　　以下的表格讓這種二分法有個形式。左邊是大部分人都能接受算是超乎我們控制的東西──生理層面的東西。的確，有些時候我們會忘記這點。我們稱讚並特別挑出能當台柱的合唱團成員，因為他有絕對音準（那是一個生理上可以遺傳的特質）。[3] 我們對一名籃球球員的灌籃動作大加讚美，卻忽視了那跟身高二百一十八公分很難脫離關係。我們更常對某個有吸引力的人微笑，更可能在選舉中投票給他們，比較不會判他們有罪。對啦、對啦，當有人指出這一點時，我們都會窘迫地同意，他們的面頰骨長成什麼形狀並不是他們自己選擇的。我們通常都很能記得，下圖左邊生理層面的東西並不在我們的控制之中。[9]

「生理層面的東西」	你有毅力嗎？
有破壞性的性衝動	你有拒絕聽命性衝動行事嗎？
身為一個天生的馬拉松選手	你有戰勝痛苦嗎？
不那麼聰明	你有沒有靠著加倍的用功來取勝？
有酗酒傾向	你有沒有改點薑汁汽水？
有美麗的臉龐	你會拒絕認為「因為有這張臉，所以別人理當對你好」嗎？

　　而在表格的右邊，則是當你選擇要拿自己的生理性質怎麼辦時，你

3　絕對音高其實是一個「基因關乎可能而非必然」的典型範例。研究主張，你或許得要繼承到絕對音高的潛能才會有絕對音高；然而，一個人得要在早年接觸到適量的音樂，絕對音高才會在身上表現出來。

理當要去行使的自由意志，也就是坐在你腦*中*一座地堡裡（要注意不是「坐在腦*這座*地堡裡」）的那個你。這個「你之所以為你的性質」是由奈米晶片、舊真空管、上有手寫主日早上佈道紀錄的古老羊皮紙、你母親告誡聲的結晶、硫磺條紋、進取心打造的鉚釘所組成的。那個真實的*你*不論是由什麼構成，都保證不會是生物層面那一坨軟軟黏黏噁心的腦。

當表格右邊的東西被視為自由意志的證據時，就是相容論者玩弄褒貶的遊戲場。要認為意志力是由神經元、神經傳導物質、受體等東西所構成，似乎非常困難，也很違反直覺。看起來有一個簡單很多的答案——當你的非生物本質被仙塵點綴時，就會產生意志力。

而這邊有一個本書最重要的要點，就是我們對於表格右邊那些事物的控制程度，其實就跟左邊那些事物一樣小。兩邊都一樣是不可控制的生理狀況和不可控制的環境所交互作用所造成的結果。

要瞭解表格右邊事物的生物面，就應該專注於腦最別緻的一部分，也就是前兩章曾稍微談到的額葉皮質。

當做正確的事比較困難時仍去做

這邊幫額葉皮質吹噓一下，它是腦中最新的部分；我們靈長類的這一部分在比例上比其他哺乳類都大；當你檢視靈長類獨有的基因變異時，他們之中有不成比例的高百分比都會在額葉皮質中表現出來。比例上來說，我們人類的額葉皮質比任何其他靈長類都要來得大而且神經線路更複雜（或者說，上述兩種長處至少會出現一個）。就如上一章所提及的，它是腦中最後一個徹底成熟的部分，直到你二十五歲左右才會徹底構築完畢；有鑑於腦的大部分區域在出生幾年內就已經開始正常運作，這可說是非常不尋常的延遲。這種延遲的一個主要影響，就是讓四分之一世紀的環境影響力，塑造了額葉皮質的組成方式。就能源消耗來說，它是腦最賣力工作的一部分。它有一種神經元是在腦的其他部位都找不到的。而額葉皮質最有趣的部分——前額葉皮質——在比例上甚至比額葉皮質的其他部分都還要大，而且也是更晚近才演化出來的。[4][10]

　　先提醒一下，前額葉皮質對於決策和執行功能來說至關重要。我們在第二章曾看到，當時寫到順著利貝特式的連鎖指令一路上溯的話，前額葉皮質早在受試者第一次意識到該意圖的十秒前就已經做出抉擇。前額葉皮質的最主要功能，是關於面對誘惑時做出*艱難*的決定——延遲滿足、長期策劃、衝動控制、情感控制。前額葉皮質對於「當做正確的事情比較困難時仍去做」來說不可或缺。而這一點跟「命運交給你怎樣的特質」和「你要拿這些特質怎麼辦」之間的那個錯誤二分法實在是太相關了。

認知的前額葉皮質

　　我們先暖個場，在認知領域中檢視什麼是「做對的事情」。在你理當要用嶄新的方法來做某件事情時，是前額葉皮質在抑制你用習以為常的方式去做。讓某人坐在電腦前，並對他說「規則如下，當螢幕閃藍光時，盡快按左邊的按鈕；若是紅光，就按右邊的按鈕」。先讓他們這麼做一段時間，慢慢上手之後再跟他們說「*現在反過來，閃藍光時，按右邊的按鈕；閃紅光時，則按左邊按紐*」。也讓他們做上一陣子。「現在再換回來。」每一次規則的改變，前額葉皮質就要負責「記住，藍色現在代表的是……意思」。

　　現在馬上把一年十二個月份倒著說出來（譯注：英文的各個月份有著非數字的專屬名稱，難度高過中文單純的一到十二）。此時，前額葉皮質會活化，抑制了過度學習的回應——「記住，這次是 9 月然後 8 月，不是 9 月然後 10 月。」這種情況下，前額葉皮質越是活化，就可以預期表現會更好。

　　最能理解這些額葉功能的其中一種方法，就是去檢測前額葉皮質受損的人們（就如某幾類中風或失智後會發生的狀況）。這樣的人們在上述這種

4　雖然神經解剖學家會氣到跳腳，但為了簡化，我從現在開始要把整個額葉皮質都稱為前額葉皮質。

「逆向」工作上會出現很大的問題。當事情與平常不同而發生變化時，要做正確的事情實在太難。

因此，前額葉皮質是用於學習新規則或規則的新變體。這意味著前額葉皮質的運作方式是可以改變的。一旦新規則存續下來而不再新奇的時候，它就成了其他更自動的腦迴路的工作。我們之中沒幾個人需要活化前額葉皮質，來限制自己除了在廁所以外不在別處尿尿；但我們三歲時肯定是需要的。

「做對的事情」需要前額葉皮質的兩種不同技巧。一是沿著「從前額葉皮質到額葉皮質到運動輔助區再到運動皮質」的路徑，送出關鍵的「做這件事」訊號。但比那還重要的是，發出「不要做那個，就算那是習以為常之事也不要做」的訊號。前額葉皮質的用途，更大程度上是在於抑制習慣的大腦迴路，甚至超過向運動皮質送出啟動的訊號。回想一下第二章，在證明我們既缺乏自由意志也缺乏「自由否意」這種有意識的否決力量時，前額葉皮質扮演至關重要的角色。[11]

社交的前額葉皮質

幾百萬年額葉皮質的演化所達到的最偉大成就，顯然不是倒著背出月份，而是社交能力——壓抑情感是做起來比較簡單的事。前額葉皮質是我們社交腦的核心。一種靈長類物種的社會團體平均規模越大，大腦投入前額葉皮質的百分比就越高；某個人類發送訊息的社交網路越大，前額葉皮質與其相關的特定子區域就越大，該區域與大腦邊緣系統的連接度也會越高。所以，是社會性讓前額葉皮質擴大，還是一個大的前額葉皮質驅動了社會性？至少有部分是前面那樣——把孤立安置的猴子放到一個大而複雜的社會團體中，一年後，每隻猴子的前額葉皮質都擴大了；其中爬到階層頂端的個體出現了最大的增幅。5[12]

5　這就講了一件跟靈長類佔盡優勢有關的大事。舉例來說，對一隻雄狒狒而言，達到

神經成像研究證明，前額葉皮質以「做（或思考）對的事情」為名義，抑制了比較偏情感的腦區域。把一名志願者塞進大腦掃描器裡，並在他眼前閃過好幾張臉孔的照片。一個令人沮喪且有被其他研究重現過的研究結果是，如果閃過的是另一族裔某個人的臉孔，那麼大約 75% 的受試者的杏仁核，也就是與恐懼、焦慮和攻擊行為相關的腦區域會活化，[6]而且是在不到十分之一秒內發生的。[7]接著，前額葉皮質就會去做比較困難的事情。大部分的受試者在杏仁核活化的幾秒後，前額葉皮質就會起作用，把杏仁核給關掉。那是一個延遲出現的額葉皮質聲音——「不要那樣想。我不是那樣的人。」那麼，前額葉皮質不會給杏仁核戴上惡犬口套的傢伙都是哪樣的人？就是那些公然且毫無愧疚地表明種族歧視的人——「我就是那樣的人」。[13]

在另一個實驗範例中，在大腦掃描器裡的一名受試者跟另外兩人玩一款線上遊戲——每個人在螢幕上都以一個符號代表，構成了一個三角形。他們要把一個虛擬球扔來扔去——受試者可以按兩個按鈕中的一個，決定把球丟給哪個符號；另外兩個符號彼此丟球給對方，然後丟回給受試者。這樣進行了一陣子，每個人都玩得挺愉快的，接著，哦不，另外兩人不再把球丟給受試者。這就如同國中時期的夢魘：「他們發現我是個遜咖。」

高階的要點就是肌肉、尖銳的犬牙以及打贏該打的架。但維持高階的要點是避免打鬥，要有自制力而能忽視挑釁、藉由心理威嚇來避免打鬥，並且身為夠自律夠穩定的盟友（不要像芬恩那樣），好讓自己始終都有個夥伴顧著背後。一個打個不停的大哥沒辦法在高位坐太久；當老大的成功技巧，就是以最少化戰爭為目標的不戰兵法。

6　這邊相當複雜。這要看照片上是誰——如果是魁梧的年輕男子，那杏仁核就會卯起來活動；如果是虛弱的老奶奶，就不會那麼活躍。陌生人造成的活動多於眾人熱愛的其他族裔名人——那種人算是一位「榮譽自己人」。那麼，杏仁核沒回應的那 25% 的人又要怎麼說呢？他們往往是在多種族社群長大的，曾跟那個族裔的人們有過親密關係，或者是在實驗之前，就在心理層面上預先獲得提示，而把每張臉都處理成個別的人物。換句話說，杏仁核內暗中編定的種族主義絕非不可避免。

7　這些研究產生了另一個令人不安的結果。當我們看臉孔時，皮質會有一個非常原始叫做梭狀回面孔區的部分活化起來。在大部分受試者身上，其他族裔的「他者」面孔令梭狀回面孔區活化的程度，都比尋常還低。他們的臉不怎麼被算作是臉。

杏仁核迅速活化，活化的還有與厭惡和憂慮有關的區域「腦島皮質」。接著，在一段延遲後，前額葉皮質抑制了這些區域——「理智點想想吧；這不過是個笨遊戲而已。」然而，受試者中有一小群人的前額葉皮質並沒有那麼活化，因此，當受試者主觀上感覺更不快樂時，杏仁核和腦島皮質就繼續運作而停不下來。這些能力受損的都是什麼人？青少年——前額葉皮質還不能勝任「認為社會排擠沒意義而無視」的工作。所以就這樣了。[8][14]

前額葉皮質更多是在約束杏仁核。不時給一名志願者程度普通的電擊；杏仁核每次都會驚醒過來。現在來制約該名志願者：在每次電擊前，都給他看一張某個會帶給人徹底中性聯想的物件圖片，好比說一個水壺、一個平底鍋、一把掃帚，或者一頂帽子。不久後，受試者只要一看到那個先前無害的物件，他的杏仁核就會活化。[9] 第二天，再次把會活化這套制約恐懼反應的物件圖片拿給受試者看。杏仁核活化了。差別在於今天沒有電擊。再給他看一次，然後又一次。每一次都不電擊。你慢慢就會「消除掉」恐懼回應；杏仁核不再起反應，除非前額葉皮質沒在運作。昨天杏仁核學會了「掃帚很可怕」，今天前額葉皮質學到了「但今天不可怕哦」，而讓杏仁核冷靜下來。[10][15]

哈佛大學神經科學家格林（Josh Greene）的傑出研究，對前額葉皮質有更深入的洞見。在一台大腦掃描器裡的受試者，重複玩一輪又一輪的成功率 50% 的亂猜遊戲。接著就是極為狡詐的操弄。跟受試者說電腦有點故

8　像這樣的研究包含了一個關鍵的對照組，證明了產生出來的是社會焦慮：另兩個玩家不對受試者丟球時，有人跟這一組的受試者說，那是因為電腦有問題。如果知道是這樣而非自己遭到社會排斥的話，就不會出現同等的腦部回應。

9　令人沮喪的研究結果是：不去制約受試者對中立無害的對象形成投射，而是讓他們對一張外團體他者的照片形成投射。人們學會把這種照片和電擊聯想在一起的速度，會比照片上的人是內團體成員的情況更快。

10　前額葉皮質是否使杏仁核忘記鈴聲很可怕呢？沒有——洞察力還在，只是被額葉皮質壓制住了。你要怎麼分辨是這樣？在該研究的第三天，讓受試者回到「研究者決定的那個對象出現然後進行電擊」的場面。那人再度學習這麼聯想的速度，會比一開始第一次學習時更快——杏仁核記得這件事。

障，所以他們沒辦法輸入猜測；接著又告訴受試者說，沒關係，我們會給你看答案，你跟我們說你有沒有猜對就好。換句話說，是個*作弊*的機會。如果那種「電腦又來個小故障」的機會塞得夠多，你就可以分辨某人是不是開始作弊──這些人的成功率平均高過 50%。當誘惑出現時，作弊者的腦中發生了什麼事？前額葉皮質大幅活化，等同於這人的神經層面努力掙扎著要不要作弊。[16]

　　然後就是那個意義深遠的額外研究結果。那些從不作弊的人呢，他們是怎麼不作弊的？或許，他們強到驚人的前額葉皮質每次都把撒旦固定在擂台地板上。意志的巨大力量。但實際情況不是那樣。那些人身上的前額葉皮質並不採取行動。當「不要尿在褲子裡」不再需要前額葉皮質來發威後的某個時間點，一個效果相等的東西發生在那種個體身上，產生了一個自動的「我不作弊」。就如格林所表達的，此處的情況不是多虧「意志」的幫助而抵擋住罪惡的誘人呼喚，而是展現出一種「優雅」的狀態──做正確的事情並非比較難走的路。

　　額葉皮質還有更多約束不適當行為的方式。一個例子涉及到稱作紋狀體的腦區域；該區域和自動化的習慣行為有關，而那些也正是杏仁核可以藉由活化而利用的一類行為。前額葉皮質送出抑制投射給紋狀體，以此當作後備計畫──「我警告過杏仁核不要做這件事，但如果那個急性子還是做了，就別聽它的。」[17]

　　如果前額葉皮質受損的話，社交行為會變得如何？會出現「額葉去抑制」症候群。我們都有讓人知道就覺得很難為情的念頭，無論是可惡的、好色的、自誇的或是任性的念頭。要是額葉沒有去抑制，你就真的會把那些東西說出來、做出來。當那些疾病中的一種[11]出現在一個八十歲長

---

11 以下是一些小趣聞，強調了社會需求在多大程度上塑造著前額葉皮質的演變。前額葉皮質包含了一種神經元是腦中別處都找不到的。讓它再酷一點的是，有一陣子人們認為，這些在第三章註腳 17 中介紹過的「馮艾克諾默神經元」只出現在人類身上。但講個比這還酷的，這種神經元也出現在社會面最複雜的物種身上──其他猿類、大象、鯨類。一種稱作行為型額顳葉型失智症的神經疾病，顯示了前額葉皮質損害

者身上，就要去找神經學家。如果那是一個五十歲中年人，通常是去找精神病醫師，或者警察。結果發現，因暴力犯罪而服刑的人，有很高比例都有衝擊性頭部創傷損害到前額葉皮質的經歷。[18]

情感對上認知、情感和認知，還是透過情感來認知？

　　因此，額葉皮質並非只是大腦內有如學究般權衡每次決定的好壞、送出優良理性的利貝特式指令給運動皮質的一個區域，它不是只有興奮的作用。它也是個有抑制性、受規矩約束的乖小孩，跟腦中更情緒化的部分說不要做某件事，因為做了會後悔。基本上，腦中別的區域都認為，前額葉皮質就是這樣一種舉著棍子在他們屁股後面的道德痛苦，尤其當證明他說的沒錯時更是如此。這產生了一個二分法（提前暴雷：這是錯的），也就是有一條深遠的斷層線，存在於思想和情感之間，存在於由前額葉皮質所指揮的皮質以及腦處理情感的部分（泛稱「邊緣系統」，包含杏仁核，還有與性興奮、養育行為、悲傷、愉悅、攻擊性……有關的其他構造[12]）之間。

　　話說到了這一步，肯定會認為整體的合理情況是前額葉皮質和邊緣系統在進行一場意志的戰爭。畢竟，是前者在叫後者別去想那些顯然是種族歧視的念頭、去認清那個拋球遊戲其實很蠢、去抗拒作弊。而在前額葉皮質沉默的時候，好比說在睡眠的快速動眼期而作夢的時候，失控放出各種瘋狂東西的是後者。但情況並非總是這兩個區域在角力。[13] 有時它們就

　　造成不適當的社會行為。在那種疾病中，率先死去的是哪種神經元？馮艾克諾默神經元。所以不管它們做什麼（實際上一點也不清楚），其特色就是「做比較難的那件事情」。（只有少數讀者會有興趣的短篇冗文──儘管有些近乎新時代的神經科學，主張馮艾克諾默神經元是擔當同理心的鏡像神經元，但其實並不是。這些不是鏡像神經元。而鏡像神經元沒有同理心這種功能。別逼我講下去。）

12　好比說海馬迴、中隔、韁核、下視丘、乳狀體，以及依核。

13　另外有件事相當重要，我們會進入一種狀況是，大腦邊緣系統會說服前額葉皮質連看都不看，就批准十分情緒化的決定。

只是責任範圍不同。前額葉皮質掌管 4 月 15 日；邊緣系統則掌管 2 月 14 日。前者讓你心不甘情不願地尊重《拜訪森林》（*Into the Woods*，譯注：以多則《格林童話》改編的音樂劇，以認清童話背後的現實人生為主旨）的觀點；後者則讓你在欣賞《悲慘世界》（*Les Misérables*）時，儘管知道自己正被操縱卻仍然熱淚盈眶。前者在陪審團決定有罪或無罪時出手；而後者，則是出現在他們決定要給一項罪名多大懲罰的時候。[19]

但是——而且這真的是個關鍵重點！情況並不是前額葉皮質和邊緣系統要不彼此對立、要不就忽視彼此；它們通常是相互交織的。為了做正確而且更困難的事情，前額葉皮質需要大量邊緣的情感輸入。

若要理解這一點，我們就得更深入微小的細節，來思考前額葉皮質底下的兩個子區域。

第一個是背外側前額葉皮質（dorsolateral PFC，dlPFC），它是額葉皮質中的最終理性決定者。就跟一個俄羅斯娃娃一樣，皮質是大腦最新發展的部分，而額葉皮質是皮質中最新的部分，其中前額葉皮質是額葉皮質中最新的部分，而背外側前額葉皮質又是前額葉皮質中最新的部分。換句話說，背外側前額葉皮質是前額葉皮質裡最後徹底成熟的部分。

前額葉皮質之所以會成為一個老古板的超我，背外側前額葉皮質扮演了關鍵要素。在「倒著數月份」的過程中，或者在考量該怎麼面對誘惑的時候，它是前額葉皮質中最活躍的部分。它功利到了極點——在道德判斷工作中，背外側前額葉皮質的活動越多，就能預見受試者會選擇殺掉一個無辜者來拯救另外五個人。[20]

背外側前額葉皮質沉默時出現的情況，提供了我們不少資訊。要讓背外側前額葉皮質沉默，可以在實驗中用一種叫作經顱磁刺激（在第一章注腳12中有介紹）的技術；這種技術很酷，會對頭殼發出一道強大的磁脈衝，可暫時活化或鈍化脈衝正下方的那一小片皮質。這樣活化背外側前額葉皮質後，受試者在決定要不要犧牲一個人來救更多人時，就會變得更加功利。讓背外側前額葉皮質鈍化，受試者就會變得更容易衝動——他們若判定某個經濟賽局中的一個差勁提案是不公平的，就不會有「為了更好的報酬而先頂住」所需的自制力。重點在於社會性——如果受試者認為對手是一台電腦，操縱背外側前額葉皮質就沒有效果。[14][21]

還有一種人的情況，是背外側前額葉皮質單獨遭到持續的損害。結果就如你所預料——那人策劃或延遲滿足的能力遭到損害、會死抓著能給予立即報酬的策略不放，外加管控不當社交行為的能力十分薄弱。這顆腦少了一個說「如果我是你，我就不會那樣做」的聲音。

前額葉皮質還有一個關鍵的子區域，叫做腹內側前額葉皮質（ventromedial PFC，vmPFC），用粗暴的簡化法來說，它就是背外側前額葉皮質的相反。大腦的背外側前額葉皮質多半是從其他皮質區域得到輸入，然後向外部區塊徵詢，以此找出它們深思熟慮的念頭。但腹內側前額葉皮質是從邊緣系統帶入資訊，也就是那塊情感澎湃或情緒過度激動的腦區域——前額葉皮質是靠著腹內側前額葉皮質來得知你正在感覺到什麼。[15]

如果腹內側前額葉皮質受損會發生什麼事？如果你不太喜歡情感的話，倒可以說會發生很棒的事。對那一類人來說，我們最好的狀態，就是身為追求最佳化的理性機器，思考著怎樣能夠做出我們最好的道德選擇。照這樣看，邊緣系統就是藉由感情用事、唱歌唱太大聲、打扮得浮誇艷麗、長著多到令人不安的腋毛而擾亂了做抉擇的行動。照這樣看的話，要是我們能夠擺脫掉腹內側前額葉皮質，我們就會更冷靜、更理性，而且運作得更好。

一個深刻又重大的發現是，腹內側前額葉皮質損傷的某人會做出糟糕的決定，但糟糕的方式和那些背外側前額葉皮質損傷的人非常不同。首

14　當心了，走狗資本主義者：有一項研究用經顱磁刺激，來操控從背外側前額葉通往紋狀體內多巴胺獎勵途徑的投射，藉此瞬間改變了人的音樂品味——強化了對某一音樂的主觀評價以及對它的生理反應……也增加了受試者給該音樂的貨幣價值。

15　從 1960 年代開始，備受尊崇的神經解剖學家，麻省理工學院的瑙塔（Walle Nauta）因為表示腹內側前額葉皮質應該要當成是邊緣系統的一部分，而幾乎斷送學術生涯。恐怖的部分——該皮質的用處是要解決費馬定理，而不是用來在咪咪死在羅傑的懷抱時哭得亂七八糟（譯注：此為音樂劇《吉屋出租》〔Rent〕情節）。後來花了許多年，其他所有人才看出，腹內側前額葉皮質是邊緣系統通往前額葉皮質的入口。

先，腹內側前額葉皮質損傷的人會難以抉擇，因為他們沒有一個該如何決定的直覺。當我們做決定時，背外側前額葉皮質會進行哲學式的沉思，進行要做出什麼決定的思想實驗。腹內側前額葉皮質向背外側前額葉皮質報告的，是一場感覺實驗的結果。「如果我做了 X 然後 Z 發生的話，我會怎麼有什麼感覺？」沒有了那個直覺輸入，要做決定就會相當困難。[22]

此外，從任何人的標準來看，這樣做出的抉擇都可能是錯的。腹內側前額葉皮質損傷的人，並不會根據負面回饋轉變行為。假設受試者反覆在兩個工作之間選擇，其中一個報酬較好。如果把兩個工作的報酬好壞互換，人們通常會據此來改變選擇策略（就算他們沒有意識到報酬率的變化也一樣）。但腹內側前額葉皮質損傷的人，甚至會嘴上說如今報酬較好的是另外那個工作，同時卻繼續做著眼前這個工作。沒有了腹內側前額葉皮質，你還是知道負面回饋代表什麼，但你不會知道那感覺起來如何。[23]

就如同我們所看到的，背外側前額葉皮質的損害，會製造不適當的情緒失控行為。但如果沒有腹內側前額葉皮質，你就會枯竭至無情冷漠。這種人會在見到某人時說，「你好，很高興見到你。我看得出你體重過重。」等到被尷尬無比的夥伴嚴厲斥責時，他仍會帶著冷靜的困惑問，「怎麼了？實際就是這樣啊。」那些腹內側前額葉皮質損傷的人有別於大部分人，他們不會鼓吹「暴力犯罪的懲罰要比非暴力犯罪更嚴苛」，不會因為覺得跟自己玩的對手是電腦而不是人就改變遊戲玩法；在決定要不要犧牲一個人來救五個人的時候，那一個人是他所愛的人或陌生人，對他而言是沒有差別的。腹內側前額葉皮質並不像前額葉皮質裡退化的闌尾，讓情緒像闌尾炎般使敏感的腦發炎。它其實是不可或缺的。

所以，當正確的事情比較困難時，前額葉皮質會選擇去做。但關鍵重點是，這裡的「正確」是神經生物學和工具意義上的正確，不是道德上的正確。

就想想說謊，以及在抗拒說謊的誘惑時，前額葉皮質起的明顯作用。但你也可以用前額葉皮質來把謊說得很高明；舉例來說，幻謊者（譯注：習慣或強迫的說謊者）的前額葉皮質就有非典型的複雜迴路。此外，「謊說得很高明」本身價值中立，與道德無關。一個在情境倫理學中養育長大的孩子，會撒謊說他喜愛奶奶做的晚餐。某個和尚把吹牛骰子玩得出神入化。某獨裁者謊稱一場大屠殺發生，作為入侵一個國家的藉口。大群的龐氏騙局投資者。就跟額葉皮質一樣，大部分都是看脈絡、脈絡、脈絡。

隨著這一趟探訪前額葉皮質的行程結束，我們要回過頭來談，在「你的特質不過就是你碰巧具備的那些天賦和弱點」以及「在你決定要拿那些特質怎麼辦時，你（假定中是）自由選出的選擇」之間，那種十分有害的錯誤二分法。

「生理層面的東西」	你有毅力嗎？
有破壞性的性衝動	你有拒絕聽命性衝動行事嗎？
身為一個天生的馬拉松選手	你有戰勝痛苦嗎？
不那麼聰明	你有沒有靠著加倍的用功來取勝？
有酗酒傾向	你有沒有改點薑汁汽水？
有美麗的臉龐	你會拒絕認為「因為有這張臉，所以別人理當對你好」嗎？

就正好同一批東西

再看一次右邊那欄的行動，那些考驗我們精神力的岔路口。你是否拒絕順從破壞性的性衝動來行事？你有沒有戰勝痛苦，以加倍的努力來克服你的弱點？你可以看到事情的發展方向。如果你要結束這一段、然後跳過本章的其餘部分，以下是三個要點總結：(a) 毅力、個性、骨氣、韌性、堅定的道德標準、勝過軟弱肉體的積極精神，全都是前額葉皮質製造的；(b) 組成前額葉皮質的，是由與腦中其他部分都一樣的生物成分的東西；(c) 你當下的前額葉皮質，是那不可控制的所有生理狀態和那不可控制的所有環境交互作用下的結果。

第三章探索了「為何那個行為就是發生了？」這問題的生理層面答案。那時的答案是，因為一秒鐘之前發生的事，還有一分鐘之前的事，還有……現在我們來問更集中的問題，也就是為什麼那個前額葉皮質就是以當下那樣的方式運作了。答案也是一樣的。

先前幾秒到先前一小時所帶來的遺產

你警覺地坐在那裡，做著工作。每次藍光亮起，你就快速按下左邊按鈕；紅光，按右邊按鈕。接著，規則反轉——藍按右邊，紅按左邊。接著又反轉，然後又反轉……

這段工作期間，你的腦中發生了什麼事？每次有光亮起時，你的視覺皮質便短暫活化。瞬息之後，把該訊息從視覺皮質帶到前額葉皮質的路徑短暫活化。再瞬息之後，從該處傳到你的運動皮質、再從你的運動皮質傳到通往你肌肉的那條途徑，將從運動皮質到肌肉的這一整段都活化起來。那麼，在前額葉皮質裡面發生了什麼事？它就坐在那裡，然後得要保持專注，還重複說著「藍色左邊、紅色右邊」或「藍色右邊、紅色左邊」。它*從頭到尾*都在努力工作，喊著哪條規則現在有效。當你試著做正確而比較困難的那件事，前額葉皮質就成為大腦最耗費成本的部分。

耗費成本。這個比喻不錯哦。但這不是比喻。前額葉皮質裡的任一神經元都不斷地擊發，每個動作電位都觸發一波波離子流過細胞膜，之後又得把離子集中起來抽回起始點。而在你專注於此刻現有的規則時，那些動作電位一秒鐘可以發生一*百*次，而那些前額葉皮質的神經元消耗著龐大的能量。

你可以用腦成像技術來證實這點，證明一個工作中的前額葉皮質是如何從血流中消耗大量的葡萄糖和氧；或者，也可以測量任一段時間內每個神經元手頭有多少生化物質現貨可以用。[16] 而那就會抵達本節的要點——

---

16 現貨 =ATP，又稱腺苷三磷酸，只是想利用一下你記憶的深處，從國三的生物課裡面

當前額葉皮質沒帶上足夠的能量時，它就會運作不良。

這是第三章提過的「認知負荷」或者「認知存量」等概念在細胞層面的基礎。[17] 當你的前額葉皮質在某件工作上苦幹的時候，那些儲備能源就會耗盡。[24]

舉例來說，把一碗 M&M's 巧克力放在某個節食的人面前。「喏，想吃多少隨你便。」他試圖抗拒。如果那人剛做了某件需要額葉的事，即便是白癡程度的紅光／藍光任務，那人吃下的糖果也會比平常多。一份談這主題的論文下了可愛的標題，有部分正好能說明這個情況：「不要消耗到讓我們陷入誘惑」。相反的情況也一樣——花十五分鐘坐在那抗拒 M&M's 會消耗額葉的儲備能量，之後你在紅光／藍光任務中的表現就會很差。[25]

如果你嚇壞了或正感到痛苦，前額葉皮質的運作和自我調節就會下降——前額葉皮質用盡能量來應對壓力。回想一下馬克白效應，也就是思考某件你曾經做的不道德事情會損害額葉認知（除非你藉由洗手來減輕自己的深重罪汙）。甚至，如果額葉一直試著讓你免於被某件正面事物分心，其能力也會下降——在外科醫生生日的當天，患者比較有可能因外科手術而死。[26]

疲倦也會耗盡額葉的資源。隨著工作日的進行，醫生會採取最簡單的做法，安排較少的檢查，並且更有可能開出鴉片類藥物（而不是抗炎藥那類不會出問題的藥物或物理治療）。隨著一天緩緩過去，或是在完成考驗認知力的任務後，受試者比較有可能做出不道德行為，在道德上變得更缺乏深思熟慮。一項針對急診室醫師的研究令人不安地顯示，平日上班需要的認知力越多（用病患負荷量來測量），到了那天尾聲，未言明的種族偏見程度就會越高。[27]

挖一個小小趣味知識出來而已。

17 援引的類似概念包括了「自我損耗」和「決策疲勞」。可以看看談認知存量和自我損害的核心概念，近年如何遭到強烈批評的那些註腳。

　　飢餓也是一樣。這裡有個研究應該會讓你大吃一驚（上一章第一次提到）。研究人員研究了一群法官，這些法官監督的假釋委員會判決案件超過一千件。哪一點最能用來預測法官是會給某人假釋，還是讓他在監獄待更久呢？要看做決定的時間距他們吃飯時間隔了多久。當法官剛吃完飯，有約65%的機會給出假釋的判決；若在飯後幾小時後，機會就接近於零。[18][28]

　　那是怎麼回事？情況並不像是法官們下午會因為吃飽而昏沉，講話變得含含糊糊，腦中一片混亂，誤把法庭速記員關起來。諾貝爾獎得主、心理學家康納曼（Daniel Kahneman）在討論這個研究時主張，隨著吃完飯一小時又一小時地過去，前額葉皮質會越來越無力於聚焦在每個案子的細節上，法官因此變得更有可能按照最簡單和最反射性的預設方式做出判決，也就是把人送回監牢去。對這一觀點的重要支持來自另一項研究，在研究中，受試者要做的判斷會逐漸變得複雜；隨著實驗的進展，背外側前額葉皮質在深思期間會越來越遲緩，受試者就越有可能訴諸慣例性的決定。[29]

　　法官訴諸的簡單慣例決定為什麼是駁回假釋機會呢？因為那比較不需要前額葉皮質。在你面前的某人曾經做過壞事，但在獄中守規矩。需要一個活力充沛的前額葉皮質，才能夠試著去瞭解、去感覺該囚犯一路走來充滿厄運的人生是什麼樣子，去從他的觀點看世界，去搜索他的臉部，從他強硬的外表下看出暗示著改變與潛能的徵兆。法官要花很大力氣使用額葉，才能在決定假釋某個囚犯之前設身處地地替他著想。反映這一點的是，在所有判決中，法官決定假釋一個人所花的時間，平均下來比送人回監獄要長一點。[19][20][30]

18　這個研究結果遭到一些批評者質疑，他們主張，假釋聽證會執行的方式是一種統計上的人造產物；研究作者們再度分析了他們的資料來控制這些可能性，而有說服力地證明該效應仍然存在。有一項追加研究證明了一樣的模式：受試者讀外團體少數族裔成員的工作應徵履歷；離吃過飯越久，花在每份應徵履歷上的時間就越短。

19　「我的天啊，這傢伙實在是一個自由派爛好人。」才不是呢。遠遠不只如此——你之後就曉得了。

20　基於同樣的情況，隨著一天裡的時間漸晚，負責信貸的官員變得更有可能拒絕貸款申請。同樣地，老經驗的演員都知道，試鏡不要挑剛吃飽午餐或一天快結束的時段。

　　因此，你周遭世界的諸多事件，會調整你的前額葉皮質抗拒 M&M's 或抵抗做出快速簡單判決的能力。另一個相關因素是「誘惑到底有多誘人」的腦部化學，這和起源自邊緣系統內「依核」的神經元把神經傳導物質「多巴胺」釋放進前額葉皮質一事很有關聯。多巴胺在前額葉皮質裡扮演什麼角色？你的神經元有多用力想像 M&M's 嚐起來有多棒，亦即提示誘惑的顯著性。前額葉皮質裡的多巴胺庫存越大，提示誘惑顯著性的訊號就越強，前額葉皮質就越難抗拒誘惑。要是你前額葉皮質裡的多巴胺量被提高，你就會突然沒辦法克制你的衝動。[21] 正如你所預期的，有太多太多你無從控制的因素影響著將會滲入你前額葉皮質的多巴胺量（也就是說，若要瞭解多巴胺系統，也需要分析一秒鐘之前、一個世紀之前……）。[31]

　　在那幾秒之前到幾小時之前，感官情報在你察覺不到的情況下，調整著前額葉皮質的運作。讓受試者嗅聞一小瓶來自某個嚇壞的人的汗，他的杏仁核便會活化，讓前額葉皮質更難抑制。[22] 以下這種急速改變額葉功能非常厲害——找一個普通的異性戀男性，讓他接受某種特定刺激，他的前額葉皮質就變得更有可能認定亂過馬路是個好主意。某種刺激是指什麼？一名有魅力的女人接近。我知道啦，有夠沒出息的。[23][32]

21　是怎麼得知這件事的？用困難的方法。帕金森氏症這種讓人難以開始隨意運動的運動障礙症，是起因於腦中一個不相關的部位缺乏多巴胺。這個嘛，我們用提高那人的多巴胺值來治療（使用一種稱為 L-DOPA 的藥；那就說來話長了。）你可不會在那人頭上鑽一個洞，然後直接把 L-DOPA 注入腦的那個部位。那人是會吞下一顆 L-DOPA 藥丸，讓腦中患病部位……以及包括前額葉皮質在內的腦中其他部位也有更多的多巴胺。結果呢？高劑量 L-DOPA 療法的副作用，有可能是像嗜賭成性之類的行為。

22　呃，這個實驗是怎樣？嚇壞的人的汗液，是擦拭第一次跳傘後的人的腋下取得的。那對照組呢？從剛在公園愉快慢跑完的人身上取得的汗液。科學最棒了；我愛這東西。

23　順帶一提，異性戀女性不會因為某個健美男性接近，就開始做出同樣蠢的行為。另一項研究證明，當有吸引力的女性接近時，男性滑板玩家會做出風險較高的技巧，並造成較多次的摔倒（以下只是想證明什麼科學都很嚴謹；吸引力高低是由一組組獨立評分員來評估的。用論文作者的話來說，「許多來自滑板玩家的非正式評論和要電話行為，支持了我們的吸引力評分」）。

　　因此，你往往無從控制的各樣東西——壓力、痛苦、飢餓、疲倦、嗅聞到誰的汗、誰在你的周邊視覺中——都能調整你前額葉皮質做起工作來多有效能。不過，發生的時候你通常不曉得。若問法官為何做出剛剛那樣的判決，沒有哪個法官會援引自己的血糖值。我們反而會聽到他講起某個穿托加袍的大鬍子死人的哲學論述（譯注：托加是羅馬男性公民的代表服飾，此處指法官多半不知道血糖的影響，而是會引用羅馬時代法學家的大道理來當作自己判決的理由）。

　　問一個源自上一章的問題，像這樣的研究結果是否證明了沒有「自由選擇下的毅力」之類的東西？就算這些效應很巨大（效應巨大的情況很罕見，可是，法官／飢餓研究中那種剛吃飽 65% 和過一陣子幾乎假釋率零的對比，實在不能說效應微小），答案仍是，光靠這些研究結果本身還不足以證明。我們現在來把鏡頭拉遠一點。

先前幾小時到幾天所帶來的遺產

　　這讓我們來到了以下這個領域：當你需要展現出某種會被解讀為「有能動性的毅力」時，荷爾蒙對前額葉皮質做了些什麼。

　　前幾章的內容提醒我們，在這段時間內睪固酮的升高會讓人更衝動、更自信，更敢於冒險，更自我中心，更不慷慨或同理他人，而且更有可能對挑釁做出攻擊性的反應。糖皮質素和壓力會讓人們在執行功能和衝動控制上表現得更差，並且在面對挑戰時更有可能死守沒用的慣例回應，而不是去調整策略。然後，還有會提高信任、社會性以及社會認同的催產素。雌激素會提高執行能力、工作記憶和衝動控制，讓人在有需要時更能快速切換工作。[33]

　　很多激素效應都是對前額葉皮質產生作用。若早上壓力很大，到了中午，糖皮質素就會改變背外側前額葉皮質的基因表現，讓它不那麼興奮，也不那麼能與杏仁核連接，促使它冷靜下來。同時，壓力和葡萄糖皮質素會讓總是感情用事的腹內側前額葉皮質更激動、更不受來自社交行為的負面回饋影響。壓力也造成前額葉皮質內釋放出一種叫做正腎上腺素（有點像是腦部等同於腎上腺素的東西）的神經傳導物質，而那也會打斷背外側前額葉皮質的運作。[34]

在這段期間，睪固酮會改變前額葉皮質其他部分（稱作眼窩額葉皮質）內神經元的基因表現，讓它們對一種抑制性神經傳導物質更敏感，因此讓神經元平靜下來，同時也降低了神經元跟邊緣系統講道理的能力。睪固酮也會降低某部分的前額葉皮質與涉及同理心的某個區域結合；這有助於解釋為什麼這種激素會讓人在觀看對方雙眼評估其情緒時降低準確度。同時，催產素能強化眼窩額葉皮質，還能改變腹內側前額葉皮質利用血清素和多巴胺這兩種神經傳導物質的速度，而有利社會的效應。然後還有雌激素，它不只會增加神經傳導物質「乙醯膽鹼」的受體數目，甚至還改變了腹內側前額葉皮質內神經元的結構。[24][35]

拜託你可別真的把這些有趣的小知識都抄下來，還妄想將它們背起來。重點在於，這一切的運作有其機械本質。根據你處在卵巢週期的哪一階段，此時是半夜或正午，是否有人給了你一個美好的擁抱讓你砰然心動，或者有人給你最後通牒、讓你備受威脅並感到餘悸猶存——前額葉皮質裡的小齒輪小零件都會據此以不同的方式運作。此外，就跟前面一樣，這些運作的效應很少會大到能單靠自身就終結掉「毅力」迷思。就只是又一小片因素而已。

幾天前到幾年前所帶來的遺產

在第三章中，我們談了這段期間內腦的結構和功能如何發生巨大的改變。回想一下多年的憂鬱症是怎麼造成海馬迴萎縮，導致壓力症候群的創傷又是怎麼擴大了杏仁核。想當然地，前額葉皮質內也會產生回應經驗的神經可塑性。嚴重憂鬱症或者多年的嚴重焦慮症，都會使前額葉皮

24　一件小事：不只在腹內側前額葉皮質裡，也在整個「內側前額葉皮質」裡。

質萎縮（其中後者效應較輕微）；情緒疾病持續得越久，萎縮的程度就越大。長期飽受壓力，或者接觸到等同飽受壓力程度的糖皮質素，都會達成同樣的結果；這種激素會抑制前額葉皮質裡一種關鍵神經元成長因素（BDNF）[25]的量或效能，導致樹突棘和樹突分枝大幅回縮，縮到一層層前額葉皮質都變薄的程度。這會減損前額葉皮質的運作，包括一個真正無益的扭曲：如前所述，當杏仁核活化時，會協助啟動身體的壓力反應（包括分泌糖皮質素）。前額葉皮質則會藉由讓杏仁核冷靜下來，來終結這個壓力回應。而糖皮質素的量上升，會損害前額葉皮質運作；前額葉皮質安撫杏仁核的能力如果沒那麼好，就會導致那人分泌更高量的糖皮質素，而那又會損害……形成一個惡性循環。[36]

　　其他調節因素的清單也能一路這樣列下去。雌激素會讓前額葉皮質把連到其他神經元的分支生得更厚、更複雜；若徹底移除雌激素，有些前額葉皮質的神經元就會死去。酒精濫用會摧毀眼窩額葉皮質裡的神經元，導致該皮質縮小；縮得越小，試圖戒酒的酗酒者就越有可能故態復萌。長期使用大麻，會同時減少背外側前額葉皮質和腹內側前額葉皮質的血流以及活性。規律的有氧運動會開啟前額葉皮質內和神經傳導物質相關的基因，製作出更多腦源性神經營養因子，而前額葉皮質內眾多子區域的活動結合也會變得更緊密、更有效率；大略來說就是飲食障礙的相反情況。這個清單可以一直列下去。[37]

　　這些效應中有些很細微。如果你想要看個不那麼細微的效應，就看看前額葉皮質因創傷性腦傷（traumatic brain injury，TBI——比照蓋吉的情況）或復發性額顳葉失智症而受損的幾天到幾年後發生的事。前額葉皮質的大範圍受損，會增加在很久以後出現不受控行為、反社會傾向和暴力行為的可能性，也就是一種被稱作「後天反社會人格」的現象[26]。不可思議

25　腦源性神經營養因子（brain-derived neurotrophic factor）。

26　順帶一提，*病態人格*（psychopathy）跟*社會病態人格*（sociopathy）並不一樣，而對我來說，要把這兩個弄清楚分明白的挑戰性，其實不亞於句子裡到底要使用 that 還是 which。

的是，那樣的人可能會對你說（好比說）殺人是錯誤的，他們知道，但他們就是不能抑制衝動。因為暴力反社會犯罪行為而被判有期徒刑的人，約有一半都有創傷性腦損傷的經歷，相較之下，整體人口只有大約 8% 有這種經歷；而在服刑者中，有過創傷性腦傷會增加再犯的可能性。此外，神經成像研究顯示，具有暴力反社會犯罪經歷的囚犯，其前額葉皮質結構和功能的異常率高於平均。[27][38]

還有數十年經歷種族歧視的影響，會預示身體各個角落的健康狀況不佳。非裔美國人遭受歧視的經歷更為嚴酷（嚴酷程度是在控制了創傷後壓力症候群和創傷經歷等變項後，根據問卷的分數而判定），其杏仁核的*靜息態*（譯注：指相對於人在執行特定工作時的狀態，是一種不間斷的自發性腦活動）活動量比較高，而杏仁核和它活化的下游腦區域有著更強的連結。如果那個悲慘的社會排斥典範（亦即另外兩個玩家不再把球丟給你）裡的受試者是非裔美國人，就會有越會把排擠歸因為種族歧視，腹內側前額葉皮質也會更加活化。在另一項神經成像研究中，先看了蜘蛛圖片的受試者（跟看鳥類圖片相比）在考驗額葉的任務中表現下滑；非裔美國人受試者受歧視的經歷越長，蜘蛛圖就更能活化其腹內側前額葉皮質，表現下滑的程度也越嚴重。長期持續受到歧視的影響是什麼？這個腦的靜息態會處在「你不要放鬆戒備」的警戒之中，對於感知到的威脅更有反應，而且因為腹內側前額葉皮質源源不絕地送上這種恆定的不輕鬆狀態，使得前額葉皮質負擔變得更為沉重。[39]

歸納一下本節重點：當你試圖做比較好但較為困難的那件事時，你所運用的前額葉皮質，會把過往歲月丟給你的所有大小事所造成的結果通通展現出來。

兩者之間有一些關鍵差別。儘管如此，（畢竟我們是如此地沒水準，所以）我們還是會專注於相似之處，並交替互換地使用這兩個詞。

27 跟誰比的比率高於平均？諾貝爾和平獎得主們嗎？該文獻中的比對團體，是在人口結構上相符的非囚禁受試者與／或是監獄中犯下非暴力罪行的相符對照組。

青春痘時代的遺產

　　把前個段落的*過往歲月*換成*青春期*，在整段底下畫線，你就準備就緒了。第三章提供了幾個基本事實：(a) 對青少年的你來說，前額葉皮質尚未蓋完的地方還有很多；(b) 相較之下，對獎勵、預測和動機來說至關重要的多巴胺系統卻已火力全開，所以前額葉皮質還沒機會能有效約束衝動、對刺激的追求以及對新奇的渴望。這也就代表說，青春期會以青春期的方式行事；(c) 如果青春期的前額葉皮質還是一塊建設工地，那麼，人生的這段時間，就成了環境和經驗最後一次能強烈影響你成年前額葉皮質的時期；[28](d) 這種延後發生的前額葉皮質成熟，得要恰恰好就演化成如今這種狀態，才能使青春期擁有這樣的影響力——否則我們如何能掌握社會法則在字面和精神之間的差異呢？

　　因此，青春期的社會經驗（舉例來說）會改變前額葉皮質到了成年時期調整社會行為的方式。怎麼改變？把固定班底都叫出來。青春期如果有大量的糖皮質素，大量的（身體、心理、社會）壓力，你的前額葉皮質到了成年時其就不會處於最佳狀態。內側前額葉皮質將擁有較少的突觸和較不複雜的樹突分枝，同時前額葉皮質神經元回應激動性神經傳導物質「麩胺酸鹽」的方式，也會出現永久性的改變（起因於其中一種主要的麩胺酸鹽受體在結構上出現了長存的變化）。成年的前額葉皮質在抑制杏仁核方面會比較沒效率，讓它更難忘記已經制約的恐懼，在抑制自主神經系統別對驚嚇過度反應上也變得更沒效率。衝動控制會受損，靠前額葉皮質來進行的認知工作也會變差。就固定班底嘛。[40]

　　另一方面，青春期豐富而充滿刺激的環境，對隨之而來的成年期前

28　只是想回憶一下第三章的一件事，青春期的額葉皮質成熟並不包含建造新突觸、神經元投射以及迴路的這個最後階段。跟成年額葉皮質相比，這些東西在青春期初期的額葉皮質內反而更多，佔的比例也較高。換句話說，這段期間的額葉皮質成熟，包含了砍掉效率較差的多餘迴路與突觸，削出你那塊成年額葉皮質。

額葉皮質有著重大影響，甚至可以把幼兒時期一些不利狀況的影響逆轉回來。例如，青春期的豐富環境，會對前額葉皮質內的基因調節造成永久性的改變，到成年時期會產生更大量的神經元成長因子，好比說腦源性神經營養因子。此外，雖然產前壓力會導致成年時期前額葉皮質內腦源性神經營養因子量的降低（敬請留意這塊），但豐富的青春期可以逆轉這個效應。前額葉皮質的衝動控制和延遲滿足能力因損害而造成的所有變化，都可以被逆轉。所以，若你長大後想要擅長做困難的事情，確保你要選對青春期。[41]

進一步往前回溯

現在回到你畫線的那段文字——討論「青春期丟給你的所有大小事」的那個地方——把*青春期*換成*幼兒期*，然後把這一段再畫線畫個十八次。想不到吧，你所擁有的幼兒期，既塑造了你當年前額葉皮質的構造，也塑造了你成年時期所擁有的前額葉皮質。[29]

舉例來說，幼兒期受虐的孩子，不意外地前額葉皮質較小、灰質較少，其中的迴路也產生了變化：前額葉皮質不同子區域間的聯繫較少，腹內側前額葉皮質和杏仁核的連接也較少（這種效應越強，孩童就越容易焦慮）。大腦的突觸不太容易興奮；各種神經傳導物質的受體都出現數量變化，基因表現和基因的表觀遺傳標記模式也都有變化。此外，孩童的執行功能和衝動控制也都受到損害。這些效應有許多都發生在人生的頭五年左右。有人可能會提出像是馬車拉馬的問題——縱然本節的假設是虐待導致腦中出現這些變化，但有沒有可能是已經有這些差異的孩子，行事方式讓自己更可能被虐待？這種可能性相當低，因為虐待通常早於行為出現變化之前。[42]

同樣不意外的是，幼兒期發生在前額葉皮質的這些變化，可能會一

---

29 即便前額葉皮質發育要到二十多歲才完成，但它的建造卻是從胎兒時期就開始。

直留存到成年時期。幼兒時期受虐會產生較小、較薄、灰質也較少的成年時期前額葉皮質，這改變了前額葉皮質回應情感刺激的活性，改變了各種神經傳導物質的受體量，既弱化了前額葉皮質和多巴胺「獎勵」區域之間的連接（可預見憂鬱症的風險增加），也弱化了與杏仁核的連接，可預見更傾向於用憤怒回應挫折（「特質怒意」）。同樣地，這一切的變化都和一個沒達到最佳功能的成年前額葉皮質有關。[43]

因此，幼兒時期受虐產生了不一樣的成年期前額葉皮質。而令人絕望的是，小時候的受虐經驗，會產生一個更可能虐待自己小孩的成年人；幼兒時期受虐過的母親，她孩子的前額葉皮質迴路在一*個月*大時就已經不一樣了。[44]

這些研究的結果和兩群人有關，分別是幼兒時期受虐過或沒受虐過的人。來觀察運氣的完整光譜吧。幼兒時期的社經地位，對我們「假定存在的毅力」又有什麼影響？毫不意外，家庭的社經地位，能預測幼稚園學童的前額葉皮質大小、容積和灰質含量。剛學會走路的小孩也行。六個月大的小孩也行。*生下來才四週*的小孩也行。會讓你大喊人居然生而如此不平等。[45]

所有這些個別的研究結果都源自於此。社經地位能讓人預見一個幼兒的背外側前額葉皮質會多活化，以及它在一項任務的執行期間有多叫得動其他腦區。能預見杏仁核將會對身體威脅或社會威脅有更大的回應，會有更強的活化訊號把這種情感回應透過腹內側前額葉皮質帶往前額葉皮質。而這樣的地位，也能夠預測可想到的每一種孩童額葉皮質執行功能指標：想當然地，比較低的社經地位，可以預見前額葉皮質日後會發育得較差。[46]

有哪些東西居中促成這結果也是有提示的。到了六歲時，低下地位已能預見糖皮質素高過平均；量越高，前額葉皮質的活性平均來說就越低。[30] 此外，孩童的糖皮質素量不只受家庭的社經地位影響，也受到鄰居

---

30 這代表說，前面提到的那個成年人惡性循環，也能用在孩童身上——糖皮質素的量

的社經地位影響。[31] 增加的壓力量居中調節了低地位與孩童前額葉皮質較不活化間的關係。作為一個相關主題，社經地位若是較低，便能預見環境給孩童的刺激也會較少——負擔不起所有充實學童內涵的課外活動，只有一個單親媽媽的世界，她做好幾份工作，總是累到無法唸書給孩子聽。有種令人震撼的情況體現了這一點；到了三歲時，你那個社經地位高於平均值的孩子，已經比一個貧困孩子在家裡多聽了約三千萬個詞；某項研究則指出，社經地位和孩童前額葉皮質活性之間的關係，有部分是由家中使用語言的複雜程度居中調節的。[47]

太糟了。有鑑於此時是開始構築額葉皮質的時期，預測說「幼兒時期的社經地位能預見成年時期的種種事物」其實並非癡人說夢。（跟後來成年時期所達到地位無關的）幼兒時期地位，極能預測成年時期的糖皮質素值、眼窩額葉皮質大小，以及靠前額葉皮質進行的工作表現好壞。更別提入獄率了。[48]

幼兒時期貧困以及幼兒時期受虐等苦難，會被納入某人童年逆境經驗的分數裡。就如上一章所見，這種衡量會查問說，某人幼年是否經歷或目睹了身體的、情感的或性方面的虐待，經歷或目睹了身體或情感上的疏忽，或者家庭機能障礙（包括離婚、配偶虐待或家庭成員精神疾病、入監，或在物質濫用中掙扎）。每當某人的童年逆境經驗分數增加，就更有可能出現尺寸膨脹而反應過度的杏仁核，以及從沒發育完全、遲緩的前額葉皮質。[49]

我們現在雪上加霜，來到第三章「產前環境效應」的範圍。懷孕女性若是處於低社經地位或住在高犯罪社區，都可預期嬰兒出生時的皮質發

上升，造成前額葉皮質發育較差；就「前額葉皮質的功能有一部分是關掉糖皮質素的壓力反應」這一點來說，前額葉皮質弱化讓糖皮質素的量又進一步上升。

31 一份相關的文獻證明了來自孩童家庭外世界的影響：當其他條件都相等時，生長在都市環境，可以預見成年時前額葉皮質中幾個不同部位的灰質體積都會（比在城郊或農業地帶）更小、杏仁核反應也會更強，回應社會壓力時分泌的糖皮質素也會更多（兒童時期待的城市越大，杏仁核反應就越強）。此外，能預見新生兒皮質未來發育情況的，不只有家庭社會劣勢，也包括了社區的犯罪率。

育較差。甚至在那之前，當孩子還在在子宮裡，情況就已經這樣了。[32] 而且，懷孕期間母親的壓力較高（好比說失去配偶、自然災害，或是必須使用大量綜合糖皮質素進行治療的母親醫療問題），想當然地都能預見，在胎兒長大為成人後，會出現各種認知損害，執行功能會更差，背外側前額葉皮質的灰質體積減少，杏仁核反應過度，以及對糖皮質素壓力做出過度的反應。[33][50]

童年逆境經驗分數、胎兒逆境分數，或是上一章提到的那個好到離譜兒童期經驗分數，講的都是同一件事。看著這樣子的研究結果還能堅持說，某人能輕易而甘願地做生命中困難的事，證明了指責、懲罰、讚美或獎勵有其正當性，實在是需要某種勇氣和冷漠不在乎呢。去問問那些身在低社經地位女性的子宮裡已在付出神經生理代價的胎兒是怎麼看的吧。

交到你手上的基因以及其演化所帶來的遺產

基因跟你會有哪種前額葉皮質有關。震撼消息來了！就如上一章所述，生長因子，以及把神經傳導物質、神經傳導物質受體和激素生產出來或加以打斷的酶，還有其他等等等等……全都是蛋白質做的，這代表它們的生成方式都是由基因編碼所指定的。

「基因與這一切有關」的概念，可以索然無味地完全從表面來談。個別物種擁有基因種類的差異，有助於解釋為什麼人類身上出現了額葉皮質，而海中藤壺或山坡上的石楠花沒有。人類擁有的基因類型，有助於解釋為什麼額葉皮質（跟其他皮質一樣）包含了六層神經元，而且不比顱骨大。然而，一旦把「基因」牽扯進來，我們感興趣的遺傳學就涉及「特

---

32 這個研究結果用到了胎兒腦部的結構磁振造影。要留意到，這些關於胎兒和新生兒的研究結果，只考量到皮質發育，而不是特地談額葉皮質的發育。這是因為要在這年紀的腦中用腦部成像來分辨出次級區域實在太難了。

33 在此提醒一件事讓你冷卻一下，這些是重大的養育壓力源，而不是日常養育壓力源。此外，這些效應的規模一般來說都不大（但胎兒體驗的不利情況如果包括母親的酒精或藥物濫用，那就是個例外）。

定的基因可以有不同特色，這些變異因人而異」。因此在這一節裡，我
們對於有助於在人體內形成額葉皮質但不存在於真菌裡的基因沒有興趣。
我們感興趣的是那些有助於解釋額葉皮質體積、（用腦電圖所偵測到的）額
葉皮質活化程度，以及靠前額葉皮質進行的工作表現為何會有差異的基因
版本變體。[34] 換句話說，我們感興趣的是，可以解釋「為何兩人去偷餅乾
的可能性不一樣高」的基因變體。[51]

　　令人高興的是，這領域已進展到能瞭解特定基因的變體如何關係到
額葉功能的地步。它們之中有一大票和神經傳導物質「血清素」有關；舉
例來說，有個基因編碼生成一種把血清素從突觸移除的蛋白質，而你擁有
該基因的哪種版本，會影響到前額葉皮質和杏仁核的連接緊密度。有種基
因與打斷突觸內的血清素有關，它的變異有助於預測人們在靠前額葉皮質
進行的逆向工作上會有怎樣的表現。（在眾多血清素受體中的）有種血清素
受體的基因變異，有助於預測人們的衝動控制力有多強。[35] 那些都還只是
關於「血清素送出訊號」的遺傳學而已。在一項針對一萬三千人的基因組
所進行的研究中，有一團複雜的基因變體能預測誰更可能出現衝動的冒險
行為──擁有越多那些變體的人，他們的背外側前額葉皮質就越小。[52]

　　與腦功能相關的基因有個關鍵要點，就在於在不同的環境下，同樣
的基因變體會以不同的方式運作，有時甚至天差地別（其實呢，差不多所有
基因都是這樣）。這種基因變體和環境差異的交互影響，代表了到頭來你沒
辦法說某個基因「都在做什麼」，你只能說，這個基因會在被研究時所處
的那個特定環境下做些什麼。一個極佳的例子是，生成某類血清素受體基
因的一個變異，有助於解釋女性的衝動……但前提是，她們得要有飲食

34　留意一下，群體中某一特質的變異性，是由基因中的變異程度（也就是一個「遺傳力分
　　數」）所決定的。這是一個爭議十足的主題，往往在「一個結果是否指出了基因有多
　　重要或多不重要」的問題上，產生了半杯水到底是少一半還是半滿的差異。我的著
　　作《行為》的第八章，以非專業寫法綜述了行為遺傳學的爭議細節。
35　以下留給熱衷於細節的人；移除血清素的蛋白質叫作血清素轉運體；降解血清素的
　　蛋白質叫作單胺氧化酶 A（MAO-alpha）；受體是 5HT2A 受體。

失調。[53]

　　在談及青春期時，我們談到了人類為什麼會演化出前額葉皮質大幅延遲成熟的情況，以及那如何使得該區的構造受制於環境影響。基因的指令如何使人類擺脫基因的束縛？至少有兩種方式。第一種是直接了當的方式，涉及影響前額葉皮質的成熟要多急遽發生的基因。[36] 第二種比較微妙——涉及跟「前額葉皮質將對不同的環境有多*敏感*」有關的基因。來想想某個想像中的基因會出現兩種變體，影響某人有多容易去偷竊。一個人不論變體如何，本身去偷竊的可能性都一樣很低。然而，若有個同儕團體慫恿那人去偷竊，其中一個變體會讓他屈從的可能性增加 5%，另一個則會導致增加 50%。換句話說，在這兩個變體「對同儕壓力的敏感度」會產生極大的差異。

　　讓我們以更機械的方式表達這種差異。假設你有一條電源線插在插座上；只要插上，你就不會偷東西。這種插座是用某種想像中的蛋白質製作而成的，而那種蛋白質會出現兩種變體，決定了插座的插孔有多寬。在一間無聲而密不透風的房間裡，不論變體為何，插頭始終會好好插在插座上。但若有一群嘲弄的、同儕壓力的大象呼嘯而過，該插頭在震動中掉出那個鬆插孔的可能性，就會變成緊插孔的十倍。

　　結果那東西就像是「較能擺脫基因束縛」在基因上的基礎。哈佛大學德畢佛（Benjamin de Bivort）的研究與一個編碼蛋白質 teneurin-A 的基因有關，而蛋白質則與神經元之間的突觸形成有關。該基因有兩種變體，影響了某神經元伸出的電線在另一個神經元的 teneurin-A 插座上插得有多緊（這是大幅簡化的說法）。若有鬆插孔的變體，就會使突觸連結性有更大的變異性。或者用我們的說法就是，鬆插孔變體的編碼所生成的神經元，在形成突觸期間對環境影響更敏感。目前還不知道 teneurin 在我們腦中是不是這

---

36 壓力和逆境都不利於前額葉皮質發育，而且挺有意思的地方在於這兩者是因*加速*成熟而造成了不利。更快速成熟，就等同讓「環境能在多大程度上促進前額葉皮質最佳化成長」提早畫下句點。

樣運作（那些研究是以蒼蠅進行的。是的，環境甚至會影響蒼蠅的突觸形成），但概念上與其相似的事情，想必正在我們腦中無數個層面上發生著。[54]

你的祖先遺贈給你前額葉皮質的文化遺產

就如前一章的概述所言，不同類型的生態系統會產生不同類型的文化，而那幾乎會打從孩子出生那一刻起就影響其教養方式，使其腦部構造傾向於更容易融入文化。也因此，能把其價值傳遞給下一個世代……

當然，文化差異也大幅影響了前額葉皮質。基本上，所有做過的研究都與「重視和諧、互相依賴以及重服從的東南亞集體主義文化」和「強調自主性、個人權利以及重個人成就的北美洲個人主義文化」之間的比較有關。而他們的發現是有道理的。[37]

這裡有個你裝不出來的東西──西方人的腹內側前額葉皮質會在看見自己臉部照片時有所反應而活化，但看到自己媽媽的臉就不會；東亞人的腹內側前額葉皮質則是看到兩者都同樣會活化；如果你事先讓受試者思考自己的文化價值，還會讓這些差異變得更極端。針對雙文化個體（也就是雙親中有一人屬於集體主義文化，另一人屬於個人主義文化）進行研究時發現，引導他們思考一種文化或另一種文化時，接著他們就會展現該文化腹內側前額葉皮質活化的典型樣貌。[55]

其他研究則顯示出前額葉皮質和情感控制方面會出現的差異。有一個統合分析，分析了三十五個在受試者做社交處理工作時進行神經成像的研究，結果證明就平均而言，東亞人的背外側前額葉皮質在這過程中比西方人更為活化（另外還活化了一個叫做顳頂交界處的腦部區域，該區域對心智理論來說至關重要）；基本上，這顆腦會更活躍地致力於情感調節和理解他人的觀點。相較之下，西方人展現出來的樣貌是更高的情感強度、更常談及自身，以及更強烈的情感厭惡或同理，換句話說，他們的腹內側前額葉皮

37　有少數研究專注於跟東亞人有著同樣整體差異的西歐人，而不是北美人。

質、腦島以及前扣帶迴的活化程度都更高。而這幾種神經成像上的差異，在最強力擁護自身文化價值的受試者身上最為明顯。[56]

前額葉皮質也會表現出在認知風格方面的差異。整體來說，集體主義下的個人偏好且較擅長於仰賴環境脈絡的認知工作，而個人主義下的人們則偏好並擅長與環境脈絡無關的工作。不論是那一群人，當受試者試圖應付自身文化不那麼偏愛的那一類任務時，前額葉皮質都必須更加努力。

就宏觀層面來看，這些差異來自何處？[38] 就如上一章所討論的，一般認為東亞的集體主義出自水稻農耕的集體工作需求。近年才前往美國的中國移民，已顯示出如同西方人一般在「想著自己時腹內側前額葉皮質會活化」和「想著母親時腹內側前額葉皮質會活化」上的差異。這表示在老家就比較個人主義的人，更有可能選擇移民，這就是這些特徵的自我挑選機制。[57]

那在比較微觀的層面上，這些差異又是從何而來的？就如上一章所言，集體主義和個人主義文化下養育孩子的方式不同，影響了腦部構築的方式。

除此之外，可能還有基因影響。那些成功展現了自身文化價值的人，往往給自己的基因留下了複本。相較之下，那些決定去玩滑板滑雪而在作物收成那天沒出現在村民面前的人，或是嘗試說服美式足球隊彼此合作不要競爭，而妨礙超級盃（Super Bowl，譯注：美國美式足球聯盟每年的最終冠軍戰）進行下去的人——這個嘛，這一類為反而反的憤青、怪咖，都比較不可能把基因傳遞下去。而且，如果這些特質完全被基因影響的話（就如前一節所看到的，也的確是），這就可能會產生基因頻率（譯注：某基因在一個群體中佔的比例）上的文化差異。在集體主義文化和個人主義文化中，處理多巴胺和正腎上腺素的相關基因變體、生成從突觸中移除血清素之幫浦的基因變體，以及編碼生成腦中催產素受體的基因變體，都會有不一樣的發生率。[58]

38　再次提醒，這些都是特質的平均程度差異，是內含許多個別例外的群體差異。

　　換句話說，基因頻率、文化價值、兒童養育實踐的共同演變，在代代相傳中不斷強化，塑造了你的前額葉皮質會長成什麼樣子。

終結「自由選擇下的毅力」之迷思

　　我們很清楚能看出，我們無從控制人生會賦予我們什麼好的特質，或把什麼壞的特質降在我們身上。但我們在是非對錯的十字路口上處理那些特質的方式，卻強力但有害地誘使我們憑直覺做出結論說，我們在行動中看見了自由意志。然而，現實卻是，不論你展現出可敬的勇氣、或在自我放縱中糟蹋了機會、或是威嚴地斥退了誘惑還是傻傻地陷入，都是前額葉皮質及其相連的腦部各個區域運作的結果。而那個前額葉皮質的運作，是幾秒鐘之前、幾分鐘之前、幾千年之前的結果。這跟前一章談及整顆腦時得出的是一樣的結語。而且還援引了同一個關鍵詞——*無縫接軌*。我們已經看到，當你談論前額葉皮質的演化，你就是在談演化的基因、基因在腦中編碼生成的蛋白質，以及幼兒期如何改變了那些基因和蛋白質的調節。一道無縫接軌的影響力軌跡，讓你有了此時此刻的前額葉皮質，當中沒有一丁點能讓自由意志棲身的縫隙。

　　以下是我最喜歡的與本章相關的研究結果。有項任務可以用兩種不同的方式完成：版本一，做一定程度量的工作會得到一定程度的報酬，但如果你做兩倍的工作，就會得到三倍的報酬。版本二：做一定程度的工作會得到一定程度的報酬，但如果你做三倍的工作，你就會得到百倍甚至無限的報酬。你該做哪個版本？如果你覺得你能夠自由地施行自律，就選版本二——你將選擇去多做一點工作，然後報酬因此極大幅地提升。不管報酬多大，人們往往會偏好版本二。近期的一項研究證明，腹內側前額葉皮質[39]的活化程度能追蹤一個人對版本二的偏好程度。那代表了什麼？在此情境中，腹內側前額葉皮質編碼了我們有多偏好獎勵自律的情

39　再加一個區域，也就是側吻突前額葉皮質。

況。因此，這就是腦中編碼出「我們自認將多明智地行使自由意志」的部分。換句話說，生物這台機器就是藉此編碼出這個「不存在任何具體細節」的信念。[59]

山姆‧哈里斯（Sam Harris）提出一個具說服力的主張，認為你沒辦法去想接下來你要想什麼。從第二和第三章我們瞭解到，你沒辦法去「要」你接下來「想要」什麼。這一章結尾的重點則是，你沒辦法「決意」接下來要擁有更大的意志力。因此，基於「人們可以而且也應該擁有更強大的意志力」的信念去運作世界，可不是個好主意。

05

混沌入門

　　假設就在你準備讀這句話之前，你伸手抓了抓肩上的癢，發現要抓到那個點好像變難了，想說你的關節隨年紀而鈣化，發誓得多加運動才行，然後拿了個點心。這個嘛，此刻其實科學早已正式參與其中了——那每一個不論有意識或無意識的行動或念頭，以及在那底下構成行動或念頭的每一丁點神經生物機制，都早就被注定了。沒有哪個東西無緣無故就成為一個無來由的成因。

　　不論你切分得有多細，每一個獨一無二的生理狀態都還是由前一個獨一無二的狀態所造成。如果你想真正瞭解事物，你就必需把這前後兩個狀態打碎成各自的零件成分，並且弄清楚構成「當下前一刻」的每個零件，是如何促成每一個「當下」的。宇宙就是這樣運作的。

　　但如果宇宙不是這樣運作的話怎麼辦？如果某一片刻完全不是由它之前的狀態造成的話怎麼辦？如果某個獨一無二的「當下」，可由多個獨一無二的「當下前一刻」造成的話怎麼辦？如果「把某事物打碎成零件來認識它如何運作」的策略沒什麼用的話怎麼辦？到頭來證明，上述這些都是實際情況。在過去一整個世紀裡，前段那種宇宙圖景遭到推翻，誕生出混沌理論、突現複雜性以及量子不確定性等科學。

　　稱這些為革命一點也不誇張。當我還是個小孩時，我讀過一本小說叫做《二十一個氣球》（*The Twenty-One Balloons*），[1] 講的是一個在喀拉喀托島（Krakatoa）上以氣球技術打造的烏托邦社會，注定被 1883 年那場知名

1　出自 William Pène du Bois, Viking Books for Young Readers, 1947。

的火山爆發所毀滅。故事非常精彩，我一看到結尾就立刻翻回最前頁重讀
起來。我上一次看完某本書就立刻翻回最前頁重讀，已經是幾乎二十五年
前的事了，[2] 當時讀的是談上述科學革命其中一項的入門書。

那是有趣到令人錯愕的內容。本章，以及其後五章，將探討這三項
革命，以及無數思想家是怎麼認為你可以在其縫隙間找到自由意志。我承
認我對前面那三章帶有強烈的情緒。「你可以跳出『是什麼促使他們有了
那一刻的意圖』的脈絡去評估某人的行為，而他們的過往並不重要」的
想法，讓我興起一種超然且專業、書獃子式的憤怒。另外，還包括「就算
一個行為看似注定，但自由意志仍潛伏在舉凡你沒在看的地方」的想法。
由此得出的結論是，我們大可對他人做出公正的評斷，因為儘管人生艱
難、我們生而不平等地獲得各種好壞特質的餽贈和詛咒，但我們自由選擇
處理這些特質的方式才是衡量自身價值的標準；這也同樣令我憤怒不已。
這些觀點加劇了太多人們不應承受的痛苦，以及不勞而獲的特權。

對接下來五章的各種革命，我沒有那種發自肺腑的憤慨。我們接著
就會看到，援引（好比說）次原子的量子不確定性來沾沾自喜宣告自由意
志存在的思想家並沒有多少，而且他們是在 1% 頂端討生活的人。相反
地，這些主題不會讓我想在巴黎設路障，唱著《悲慘世界》中的革命歌曲。
這些主題反而讓我感到興奮，因為它們揭露了完全意想不到的結構和模
式；這一點增加而非消除了一種感覺，那就是生命比想像中還有趣。這
些主題打從根本顛覆了我們對於複雜事物如何運作的想法。但儘管如此，
它們仍不是自由意志的棲身之所。

本章和下一章將專注於討論混沌理論，這個領域可使「研究複雜事
物的組成部分」變得毫無用處。在介紹本章主題的入門知識後，下一章將
會處理人們是以哪兩種方式錯信自己在混沌系統中找到了自由意志。第一
個想法是，如果你從生物學一個很簡單的東西開始，接著出乎意料地出現

---

2 James Gleick 的 *Chaos: Making a New Science* (first ed., Viking Press, 1987)，譯注：中譯
本為《混沌：不測風雲的背後》。

了極度複雜的行為，那麼自由意志就發生了。第二個想法是，如果你有一個複雜的行為，而它要不起自於這個生理狀態，不然就是那個生理狀態，而你沒辦法分辨到底是哪個造成的，那麼，你就可以主張它不是由任何東西造成的，該事件不受決定論的影響。

想當年事情還有道理

假定

$X = Y + 1$

如果成立的話，那麼

$X + 1 = ?$

——你很快就能計算出答案是

$(Y + 1) + 1$。

那 $X + 3$ 呢？你立刻就能得出 $(Y + 1) + 3$。關鍵來了——在解了 $X + 1$ 之後，你就能接著解出 $X + 3$，*不用先去解 $X + 2$*。你不需要檢驗中間的每一步，就能推算到未來。對於 $X +$ **一個超級大數**，或者 $X +$ **幾個超級大數**，或者 $X +$ **一隻星鼻鼴**來說，情況都是一樣的。

像這樣的世界有許多特性：

· 就如剛剛看到的，知道一個系統的起始狀態（舉例來說，$X = Y + 1$），讓你不需要一一計算中間所有的階段，就能準確預測 $X +$ **隨便什麼**會等於多少。這個性質同時會往兩個方向進行。如果你得到 **($Y + 1$) + 隨便什麼**，你接著就知道你的起始點是 $X +$ **隨便什麼**。

· 那之中隱含一條獨一無二的途徑，連結了起始狀態和終結狀態；$X + 1$ 必然也不能只在某些時候才等於 $(Y + 1) + 1$。

· 就如在處理「幾個超級大數」之類的東西時所證明的，起始狀態中不確定性和近似性的大小，與另一頭這兩者的大小有著直接的比例關係。你可以知道你不知道的，可以預測有多大的不可預測性。[1]

　　這個起始狀態和完善狀態之間的關係，有助於數百年來科學核心概念的產生。這就是還原論，認為要瞭解某個複雜的東西，只要把它分解成組成部分並研究它們，然後把你對每個組成部分的見解加總起來，就能瞭解複雜的整體。如果這些組成部分本身複雜到無法瞭解，那就研究組成這個小怪物的小到不行的小部分並瞭解它們。

　　像這樣的還原論至關緊要。如果你那隻使用古老齒輪技術的手錶停止運作，你會運用還原的方法解決問題。你把手錶拆開，發現那一個崩齒的小齒輪，把它換掉，然後把零件組回去，手錶就動起來了。你做偵探工作也是用這個方法──你抵達犯罪現場然後訪問目擊者；第一個目擊者只觀察到事件的第一、第二和第三部分。第二位只看到第二、第三和第四部分。第三位則只看到第三、第四以及第五部分。有夠糟，沒人看到全貌。但多虧了還原論的思維方式，你可以收集零碎的組成部分──也就是三個互有重疊的觀察──*把它們組合起來*，瞭解完整的過程來解決問題。[3] 或者再來一個例子，在新冠疫情的第一季，全世界都在等待「肺細胞表面的什麼受體，會跟新型冠狀病毒的棘蛋白質結合，而讓它能進入該細胞並使它生病」等各種還原論問題的答案。

　　提醒你一下，還原論方法並不能運用於所有情況。如果發生乾旱，天上東一點、西一點都是鼓鼓的雲，但幾年來都不下雨，這時你不會單獨研究一朵雲，先研究左半邊，再研究右半邊，然後是一半的一半，如此切

3　同樣的策略也用來替人類基因組進行首度定序。假設有某一段 DNA 有九單位的長度，長到沒辦法有條理地弄清楚序列──實驗室技術就是不到位。這時反而要把那段 DNA 切成一連串碎片，每片都短到足以排出（好比說）碎片 1/2/3、碎片 4/5/6、以及碎片 7/8/9。接著，拿同一段 DNA 的第二份複製品，但切成另一種樣式：碎片 1，然後碎片 2/3/4、然後 5/6/7，然後 8/9。把第三份複製品切成 1/2、3/4/5，以及 6/7/8/9。把重疊的碎片配對起來，你就知道整個序列了。

分下去，直到你發現中央小齒輪有一個崩齒。即便如此，還原論方法長久以來都是科學探索複雜主題的黃金準則。

接著，從 1960 年代初期開始，一場被後世稱作混沌論（或混沌理論）的科學革命現身。其中心思想是，真正有趣複雜的東西，往往不在還原論的層次上能得到最充分的理解，甚至往往*沒辦法*從還原論的層次來理解。若要瞭解（好比說）一個行為異常的人，就要像探究一朵不下雨的雲那樣來處理問題，而不是像修理不會走的手錶那樣。想當然地，要是把人當成雲，就會產生各種幾乎不可抗拒的衝動，想要做出結論說，你就是在觀察正在運作的自由意志。

混沌不可預測性

混沌理論有個誕生故事。1960 年代晚期，我還是小孩子的時候，收音機裡的天氣預報員（確實像 weatherman 這個詞一樣，總是一個男性）會說「今天是晴天，所以最好帶把傘出門」這種俏皮話，正中要害地嘲諷了不準確的天氣預測。而麻省理工學院的氣象學家羅倫茲（Edward Lorenz），當時開始使用一些古老的電腦來模擬氣候模式，試圖提高預測準確度。把溫度和濕度等變項放入模型裡，然後看看預測的準確性如何。也看看追加的變項、其他變項、變項的不同權重等[4]是否提高了可預測性。

當時，羅倫茲當時使用了十二個變項在他的電腦上研究一個模型。午餐時間到了；在程式計算到一半、草草吐出一段時期的預測時，他停止了程序。午餐後回來，為了節省時間，他讓程式從暫停之前的某個時間點開始重跑，而不是整個從頭開始。輸入該時間點的十二個變項的數值，讓模型恢復預測。羅倫茲當時是這麼做的，而從那一刻開始，我們對宇宙

4　權重變項是從「把變項 A 和 B 加起來，便能得到還不差的某事物預測」，過渡到「把變項 A 跟 B 加起來……，別忘了，變項 A 比變項 B 重要」，再到「把變項 A 跟 B 加起來……然後讓變項 A 的權重在方程式中有變項 B 的（好比說）3.2 倍」的結果。

的瞭解也跟著改變。

那個時間點上有一個變項的值是 0.506127。只不過，在打印出來的資料上，電腦把尾數捨掉，變成了 0.506；或許電腦不想要將這個人類 1.0 考倒吧。不管原因為何，0.506127 就這麼變成了 0.506，而不知道有這個小小不準確的羅倫茲，便以 0.506 為變數跑程式，以為那其實就代表了 0.506127。

因此，他現在在面對的是一個和真正數值稍有差異的數值。而在我們假定中純線性、還原論的世界中，我們都知道這時會發生什麼事情：起始狀態和他以為的起始狀態（也就是跑的是 0.506，而非他以為的 0.506127）之偏差程度，能夠預測他的終結狀態會有多不正確——程式產生出來的點，跟午餐前的同個點只稍稍不同——如果把午餐前跟午餐後的圖重疊，你幾乎看不出差異。

羅倫茲讓這個程式繼續以 0.506 而非 0.506127 跑下去，跑出的結果，比他原本根據午餐前的程式運算所預期的結果還要更不一致。怪了。而隨著每個點過去，情況變得越來越怪——有時情況似乎回到午餐前的模式，但接著又會再度偏離，而且偏離的部分也越來越不一樣，甚至是無法預測且狂亂地不一樣。最終，程式產生的東西甚至連「跟第一次看到的實在很不像」都稱不上，兩張圖的不一致可說達到了不像的極點。

羅倫茲看到的圖長這樣（見右頁圖）——由午餐前和午餐後的描圖重疊起來的這張圖，如今在該領域有著聖物（譯注：宗教聖人的遺骨等遺物）般的地位。

羅倫茲終於發現了那個午餐後才帶入的小小捨入失誤，並瞭解到這的小失誤讓系統變得不可預測、非線性而且非可疊加的。

1963 年，羅倫茲在非常專業的《大氣科學期刊》（*Journal of Atmospheric Sciences*）上，以一篇厚實的技術論文〈決定性的非週期流〉（Deterministic Non-periodic Flow）發表了這項發現（文中，羅倫茲雖然開始理解到這些洞見正在推翻幾世紀以來的還原論思考，但也沒忘記自己的本業。以後到底有沒有可能完美預測未來的天氣？期刊的讀者哀怨地問。沒有，羅倫茲如此做出結論；這種機會「並

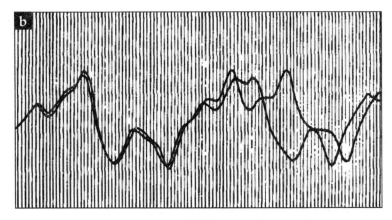

時間

不存在」）。此後該論文非常驚人地在其他論文中被引用了超過兩萬六千次。[2]

　　如果羅倫茲的原始程式只包含兩個天氣變項，而不是實際使用的十二個變項，我們熟悉的還原性就會被維持住——把錯了一點點的數字餵進電腦後，接下來的結果應該是每一步會精準地錯了那麼一些些。可以這樣預見。想像一個宇宙，只包含兩個變項——地球和月球——並且會對彼此施加自己的重力。在這個線性、可疊加的世界中，可以準確推論它們在過去任一時間點上位於何處，以及未來的任一時間點上它們各會在哪裡；[5]如果意外採用了一個近似值，那麼同一幅度近似量就會永遠繼續下去。但現在把太陽加進這個系統中，非線性就會出現。這是因為地球會影響月球，代表了地球會影響月球影響太陽的方式，這就意味著地球影響著月球如何影響太陽去影響地球的方式……然後別忘了還有反方向，地球對太陽再對月球的影響。這三個變項的交互作用不可能只具有線性可預測性。一旦你進入有著三個或三個以上變項交互作用的所謂「三體問題」領域，事物就必然會變得不可預測。

───────────

5　這代表說過去和未來是一樣的，時間沒有方向，一秒後的事件已是兩秒後的過往事件了。這讓我覺得滿噁的，讓我想起自己已死在未來的某一刻了。

當你有了非線性系統，這一次和那一次的起始狀態若有小小的差異，就可以讓它們之後大幅分歧，甚至形成指數規模的差異，[6] 這種情況就被稱作「初始條件敏感性」。羅倫茲留意到，不可確定性不是無止盡地衝向指數規模的天際，有些時候是有限度的、受約束的且「耗散」的。換句話說，在你產生的一連串數字中，不可預測性的程度永遠在預測值左右不規律地震盪，反覆地比被預測的多一些或少一些，而不一致的程度始終不一樣，直到永遠。就像是說，你得到的每個資料點，都多少被預測中資料點該在的那個位置牽引著跑，但都不足以真的達到預測值。很怪。也因此，羅倫茲把這些怪東西命名為「吸引子」（attractor）。[7][3]

---

6   這個領域的人們花了很多時間爭辯指數式增加是偶然的、有可能的，還是必然的？結果會在哪邊依據有限時間的李亞普諾夫指數（Lyapunov exponent）？我完全不知道那是什麼意思，而這個註腳也完全沒必要存在。惠頓學院的的哲學家暨數學家畢夏普（Robert Bishop）審視了關於指數的不同看法，他把「混沌系統的不可預測性始終有著指數式增加」的這種特性概述為可笑的「民間傳說」。

7   在奇異吸引子中，不可預測性在一個預測答案的周邊所進行的那種擺動，展現了一些有趣到炫目的性質：

A. 第一個性質，是羅倫茲那段小數點後六位數經驗的延伸。所以，混沌振動的值永遠不會真的達到吸引子上——就只是一直在周邊舞動。你對這些什麼混沌的感覺半信半疑，並知道說，你得到的這一整套怪異結果，到了某個時候就會定下來符合你的預測。而那似乎會發生——你漂亮的線性預測說，某個時間點觀察到的值應該會是（好比說）27 單位什麼的。而那就正好是你觀察到的結果。啊哈，什麼系統不可預測的也就此為止了。但這時一名混沌論者給了你一面放大鏡，你更仔細看就到觀察到的數值不是 27，而是 27.1，有別於預測值 27.0。「好啦，好啦，」你說。「我還是不相信什麼混沌理論的東西。我們剛剛知道的就是，我們得要精準到小數點後一位。」後來，在未來的某個時刻，當你預測測量值應該是（好比說）47.1 的時候，你觀察到的數值就正好是這個數字；再會啦，混沌理論。但這時混沌論者給你一面倍率更大的放大鏡，結果觀測值到頭來不是預測中的 47.1，而是47.09。好啦，但那不能證明數學世界有混沌要素；我們就只是需要準確到小數點後兩位。接著，你會發現小數點後三位的不符合之處。等夠久以後，你會發現一個小數點後四位不符的觀測數值。這種情況會一直不斷下去，直到你都在處理小數點後無限位，但結果仍不可預測（但如果你能超越無限的話，情況就會變得完全可預測；換句話說，混沌只是在表面上證明了拉普拉斯是錯的——它在證明的多半都只是無限有多長而已）。因此，不論你用多大的放大倍率去觀察，圍繞著奇異吸引子的混沌振動都

　　所以，起始狀態的一丁點差異可以隨時間而不可預測地放大。一開始，羅倫茲用一個關於海鷗的比喻來概述這個想法。但他有個朋友提出了一個更漂亮的說法，而到了 1972 年，那個說法正式放進了羅倫茲某場演說的講題。以下是該領域的另一件聖物（見次頁圖）。

　　於是，就誕生了混沌理論革命的象徵，蝴蝶效應。[8][4]

維持著一樣的相對規模（有點類似無視大小規模的碎形性質）。

B. 圍繞著預測值出現的振動，體現了它們預測中的奇異吸引子。但振動（在放大到足夠大的規模後）從來都沒有真正準確抵達預測值，證明了奇異吸引子在吸引的同時也進行了排斥。

C. 從這些想法做邏輯延伸的話，圍繞預測值振動的模式也從不重複。就算它看起來振動到了跟上週一樣的不可預測點，要是你再近一點看，又會稍微不一樣。這也是同一種不受限規模大小的特色。當一個動態模式一再反覆時稱作「週期」，而眼前這個模式的無限性質，可以壓縮成某個遠比無限短很多的東西，好比說「像這樣無止盡下去」，或是「它永遠在這兩個模式之間交替」（表示說在多個模式之間所進行的可預測切換本身就是個模式）之類的陳述。相較之下，圍繞奇異吸引子進行的不可預測振動模式，就算到時間結束也都不曾重複，人們就把那說是非週期性，而羅倫茲論文標題裡就用了這個詞。因為有了非週期性，所以無限長模式的描述只可能跟模式本身一樣長。（波赫士〔Jorge Luis Borges〕寫過一篇非常短的故事〔也就是，只有一段長〕叫〈嚴謹的科學〉〔On Exactitude in Science〕，故事中地圖繪製者替一個帝國繪製完美的地圖，一點細節都沒遺漏；當然，那張地圖就跟整個帝國一樣大。）

8　布萊伯利（Ray Bradbury）1952 年的短篇故事〈雷聲〉（A Sound of Thunder）就已預料到這一切。有個人回到了六千萬年前的過去，待在那時，小心翼翼地避免改變任何東西。他不可免地還是改變了什麼，然後回到當下，發現世界變成了另一個模樣——布萊伯利的描述是，那人推倒了一塊小骨牌，那小骨牌讓大骨牌倒下，最終，讓碩大無朋的骨牌也倒了。他在過去所造成的那個無限小的小影響是什麼？他踩到一隻蝴蝶。羅倫茲那位朋友提議的比喻就是蝴蝶，這只是巧合嗎？我不覺得。

AMERICAN ASSOCIATION FOR THE ADVANCEMENT OF SCIENCE, 139th MEETING

Subject.......................Predictability; Does the Flap of a But-
                              terfly's wings in Brazil Set Off a Tor-
                              nado in Texas?

Author........................Edward N. Lorenz, Sc.D.
                              Professor of Meteorology

Address.......................Massachusetts Institute of Technology
                              Cambridge, Mass.   02139

Time..........................10:00 a.m., December 29, 1972

Place.........................Sheraton Park Hotel, Wilmington Room

Program.......................AAAS Section on Environmental Sciences
                              New Approaches to Global Weather: GARP
                              (The Global Atmospheric Research Program)

Convention Address............Sheraton Park Hotel

                                            RELEASE TIME
                                            10:00 a.m., December 29

你可以在家弄出來的混沌論

來看看混沌理論和初始條件敏感性在實作上看起來像是什麼樣子。這邊利用的模型系統實在是太酷、太有趣,以至於我甚至有陣子希望我會寫電腦程式,讓我更玩起這個更輕鬆。

一開始我們的方格紙上有方格子,第一行是你的起始條件。那行的每一格很明確是兩種狀態之一,要不就空的、要不就滿的(或在二進制編碼中不是零就是一)。那一行有 16,384 種可能的樣式;[9] 以下是我們隨機選出的一種;

9　方格子有十四格寬;每格可以處於兩種狀態之一;因此,可能出現的模式一共有二百一十四種,或者 16,384 種。

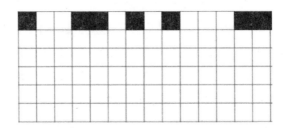

現在來產生第二行的方格子，其樣式是由第一行的樣式所決定。[10] 我們需要一條遊戲規則。以下是最無聊的可行案例：第二行格子的正上方如果是滿格，那它也要是滿格；正上方若是空格，那就繼續空著。把這條規則一用再用，用第二行當作第三行的基準，第三行當作第四行的基準，一路下去，就只會產生一道道無聊的縱列。或是你也可以下相反的規則，讓滿格的下一行是空格，而空格產出滿格，但結果也沒多精彩，頂多是產出某種不均勻的雙色花格模式：

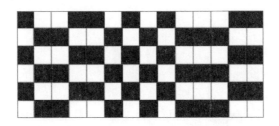

要點是，不管從上述哪一條規則開始，只要你知道起始狀態（也就是，第一行的樣式），你都能準確地預測未來任一行長什麼樣子。都還是我們的線性宇宙。

我們回去第一行：

10　一個充滿重要意義的詞。

　　現在，第二行的某一格是空格還是滿格，是由三個格子的狀態決定的——也就是由正上方的格子，以及它左邊和右邊的格子一起決定。

　　以下是第一行某格及其左右相鄰共三格一起決定其正下方格子狀態的隨機規則：*第一行這三格裡面，非得要不多不少只有一格是滿的，第二行那格才會是滿的。除此之外，這一格都會維持空白。*

　　我們就從第二行左邊數來的第二格開始。這是它正上方的三格組（也就是第一行的頭三格）：

　　三格中有一格是滿的，代表我們談的第二行那格會是滿的：

　　來看第一行接下來的三格組（也就是第二、三、四格）。只有一格是滿的，所以第二行的第三格也是滿的：

　　第一行第三、四、五格裡面，有兩格（四跟五）是滿的，所以第二行的下一格是空的。然後比照下去。我們使用的規則（只有在相鄰三格組中有一格滿的情況下，才把第二行那格填滿）可以概述如下：

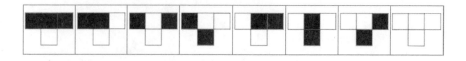

　　三格組可能出現的樣式有上圖這八種（三格組中第一格的兩種可能樣式，乘以第二格的兩種可能樣式，再乘第三格的兩種），其中只有第四組、第六組和第七組，會讓第二行正下方格子填滿。

回到我們的初始狀態，然後利用這條規則，那麼頭兩行就會變成這樣：

但等等，那第二行的第一格和最後一格怎麼辦，它們正上方那格的旁邊都只有一格呀？如果第一行兩旁都是無限的話就不會有這個問題，但我們沒那種好事。那這兩格各自該怎麼辦？只看正上方那格以及它唯一的隔壁鄰居，並使用同樣的規則——如果兩格中有一格是滿的，就把第二行那格填滿；如果兩格都是滿的或都不是滿的，第二行那格就空著。於是，有了這條補充規定後，頭兩行看起來就像這樣：

現在，用同樣的規則來產生第三行：

繼續產生下去，如果你沒別的事好幹的話。

現在，我們把同一條規則用在這個起始狀態上：

那麼頭兩行會像這樣：

畫完頭兩百五十行左右的話你會得到這樣的圖：

　　從另一種更廣闊的隨機起始狀態開始，把同一條規則一用再用，你
會得到這樣的結果：

　　哇塞。

　　現在試試看這個起始狀態：

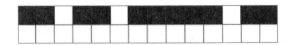

到了第二行，你會得到這個：

一無所有。這種起始狀態的第二行都會是空格，接下來的每一行也都會是空格。第一行的樣式就這麼夭折了。

現在我們用比喻的方式，而不是用*輸入*、*輸出*、*算式*這類詞語，來描述一下目前為止我們知道了什麼。有了一些起始狀態，以及用來產生每個後續世代的複製規則，事物可以演化成相當有趣的完善狀態，但也有可能得到一些滅絕狀態，就像最後那個例子一樣。

為什麼是生物學式的比喻呢？因為產生這種樣式的這個世界，適用於自然。

我們剛剛都在探索一個*細胞自動機*（cellular automaton）的例子，你從一

行要不空著、要不填滿的細胞開始,提供一個複製規則,然後讓流程反覆
進行。[11][5]

我們前面遵循的規則(上方的三格組中非得要只有一格是滿的……)在細胞
自動機的宇宙中被稱作第 22 條規則,而那個宇宙共有 256 條規則。[12] 這
些規則並非全都能產生有趣的東西——這得要看起始狀態,有些產出的樣
式只會用一種了無生趣的方式永久重複下去,或者到了第二行就滅絕了。
只有極少數會產生不斷發展的複雜模式。而在少數這樣的規則中,第 22
條是我最喜歡的一條。不少人把整個生涯都花在研究它的混沌上。

第 22 條規則有什麼混沌的地方?我們現在已經看到,根據初始狀態,
運用第 22 條規則,你可以在三種完善樣式中得到其中一種:(a) 一無所有,
因為它滅絕了;(b) 一個結晶化(crystallized)、無聊、無機的週期模式;(c)
一個會成長、交錯蜿蜒且變化的模式,其中小塊小塊的結構會被一個不斷
發展的有機樣貌所取代。一個關鍵重點是,*不可能隨便抓個不規律的起
始狀態,就去預料第一百行或者第一千行,或隨便哪個天文數字行看起
來會長什麼樣*。你就是得踏遍中間的每一行,模擬過程,才能得知結果。
不可能去預測某個起始狀態的完善模式會是滅絕、結晶化還是不斷變化,
或者說,如果是後面兩種結果的話,其樣式又會是什麼樣;有著驚人數
學能力的人們都嘗試過了,也都失敗了。而這個限制,又矛盾地延伸證

---

11 細胞自動機是由匈牙利裔美國數學家、物理學家暨電腦科學家馮諾伊曼,於 1950 年
代率先研究並命名。應該要立法強制稱他為天才的。他實在是早熟過頭——他六歲
就能用心算除八位數,並能流利使用古希臘語。六歲的某一天,馮諾伊曼發現母親
在作白日夢,就問她說:「妳在計算什麼?」(這和我朋友的女兒形成對比,她發現父親
想事情想到出神時問說,「爹地,你在想哪顆糖果?」)

12 回到第 22 條規則的那一組指令:看第一行就好。就如我們所見,三格一組可能出現
的情況一共有八種。每三格可以在下一代導致兩種可能的結果,也就是一個空格或
一個滿格。舉例來說,我們的頭三格是全都填滿的三格,要不就導致第二行的一個
空格(如果運用第 22 條規則的話會得到的結果),不然就是滿格(用其他規則的話)。因此,
八種三格組每種生出兩個可能的格子狀態,就代表著 2^8,等於 256,這個系統中可
能出現的總規則數。

明了你無法證明到離無限大只剩幾小步的地方，混沌的不可預測性就會突然平靜下來，變成理智的、重複的樣式。我們有三體問題的一種版本，其交互作用既非線性也非可加性的。你不能使用還原論的方法，把事物分解到組成部分（三格組空格的八種不同的可能以及其結果），然後預測你將會得到什麼。這不是用來產生時鐘的系統。它是用來產生雲的。[6]

所以我們剛剛看到了，知道不規則的起始狀態，不會讓你有預測完善狀態的能力──你得要模擬中間的每一步才能知道。

現在來想像第 22 條規則分別運用於這四種起始狀態。

這四個中的兩個，在扣除了頭十代之後，就都會產生一樣的模式。我賭你就算緊盯著那四個，也沒辦法正確預測會是哪兩個。就是辦不到。

弄幾張方格紙把這跑完，你將看出這四種裡面會有兩種會*趨於*一致。換句話說，知道這一類系統的完善狀態，不會讓你有辦法預測「起始狀態是什麼」或者「它是否有可能起於多種不同的起始狀態」，這是該系統混沌性的另一個定義特徵。

最後，來想想以下這個起始狀態：

它到了第三行就會滅絕：

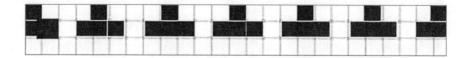

在這個活不下去的起始狀態中放入一丁點差異，也就是在這二十五個格子中，僅僅改變了一格的空／滿狀態——第二十格如今是滿格而不是空格：

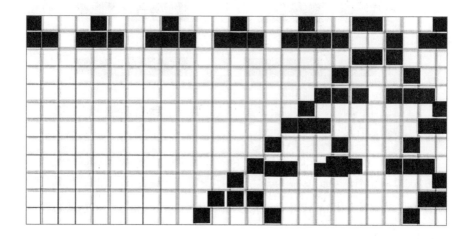

突然間，生命爆發成一個非對稱的樣式。

讓我們用生物學的方式來陳述：在第二十格的一個變異，可以有巨大差異的後果。

我們用混沌理論的形式來陳述的話，就是這個系統展現了第二十格的初始條件敏感性。

我們來用說到底最有意義的方式來陳述：在第二十格的一隻蝴蝶，要不就拍了牠的翅膀，要不就沒拍。

　　這東西我超愛的。超愛的一個理由是它的這套作法能拿來創造生物系統模型，沃夫朗（Stephen Wolfram）詳盡探索了這個點子。[13] 細胞自動機也非常酷，因為你可以增加它們的維度。我們談的是單維度版本，因為你是從一列空格開始並創造出更多列。康威生命遊戲（Conway's Game of Life，是已故的普林斯頓大學數學家康威〔John Conway〕發明的），是個二維版本，你是從空格縱橫排成的一面網格開始，並從中產生後面的每一代網格。它會產生出在變動和混亂程度上都絕對驚人的模式，通常被描述成一個個格子正「活著」或「死去」。它們全都有常見的性質——你不能從初始狀態預測完善狀態——你得模擬中間的每一步驟；因為多種起始狀態有可能趨同為同一個完善狀態（我們之後會鄭重回來談這個趨同特色），所以你不能從完善狀態來預測初始狀態；系統展現了初始條件敏感性。[7]

　　（在介紹混沌論時，傳統上還會討論一個領域。然而在此我避談它，因為我是在課堂上經由切身之痛而學到說，它很難，而且〔或說因此〕我很不會解釋。有興趣的話，研究一下羅倫茲的水車、倍週期，以及週期三之於混沌起始的重要性。）

　　有了這個混沌理論的入門後，現在我們可以理解這領域的下一章了——出乎意料地，混沌理論的概念變得*真的*非常受歡迎，替某一型的自由意志信念播下了種子。

13　就跟馮諾伊曼一樣，不可能提了沃夫朗卻不說到他是大聯盟等級的天才。沃夫朗十四歲寫了三本粒子物理學的書，二十一歲當上加州理工學院的教授，製造出一種電腦語言以及一種廣為使用的計算系統 Mathematica，協助創造電影《異星入境》（*Arrival*）中外星人溝通的語言，產生了沃夫朗細胞自動機圖冊，讓你可以玩那 256 種規則，諸如此類。2002 年，他出版了一本書叫做《一種新科學》（*A New Kind of Science*），探討了細胞自動機這樣的計算系統，如何作為從哲學到演化、從生物發育到後現代主義的一切的基礎。這產生了極大的爭議，而爭議的核心在於，這些計算系統究竟是產生真實世界事物之模型的好方法，還是實際創造出複雜事物本身的好方法（就如一篇批評文章所言，自然中的事物並不像在這些模型裡面一樣，走著離散而同步的「時步」〔time steps〕來進展）。許多人沒有被書中（打從書名就開始）主張的宏偉堂皇氣勢所嚇到，也沒有因為感覺到沃夫朗有意宣稱書中的一切都是自創想法而嚇到。每個人都買了一本，然後無止盡地討論下去（且因為有 1,192 頁，所以他們幾乎從沒整本讀完——對啦，包括我在內）。

06

你的自由意志是否混沌？

混沌的時代

1960 年代初期，由混沌理論、奇異吸引子以及初始條件敏感性所引起的劇變襲捲了全世界，從最冠冕堂皇的哲學思考到日常生活關心的一切事情，全都出現了根本性的變化。

說實在，完全不是這回事。羅倫茲 1963 年那篇創新的論文幾乎毫無迴響。他要過好幾年才開始有追隨著，其中大部分是加州大學聖塔克魯茲分校的一群物理研究生，據說他們花了很多時間呼麻呼到茫掉，並花了很多時間研究水龍頭滴水的混沌現象等問題。了悟其中的含意。像是「水龍頭怎麼滴水下來的混沌理論」之類的東西。[1] 主流理論家大多都忽視了箇中含意。

這種忽視，一部分反映了*混沌理論*這個名稱很糟，糟在它談論的東西跟虛無混亂相反，談的是隱藏在乍看之下混亂中的結構模式（譯注：中文譯名「混沌」是指，傳說中天地未形成時元氣未分的模糊不清狀態，而英文的 chaos 指的則是無秩序的混亂狀態）。混沌理論起步緩慢還有更基本的理由，就是，如果你有一套還原論的思維，那麼大量變項中那種不可解的、非線性的交互作用，研究起來就會是件痛苦不已的事情。因此，大部分的研究者都限制自己顧及的變項數量，以此嘗試研究複雜的事物，結果就是事物依然平

---

[1] 這個研究產生了如今已是傳奇的 1984 年羅伯特蕭（Robert Shaw）論文，*The Dripping Faucet as a Model Chaotic System,* Science Frontier Express Series (Aerial Press, 1984)。

和好控制。而這就必然會產生一種不正確的結論，也就是認為世界大部分都是線性累加的可預測事物，而非線性的混沌理論是個奇怪的異常，大都可忽略不計。直到你忽略不了為止；因為逐漸明朗的事實是，那些最有趣的複雜事物之下都潛藏著混沌。一個細胞、一顆腦、一個人、一個社會，都更像是雲的混沌理論，而不是手錶的還原論。[1]

到了 1980 年代，混沌理論這個主題在學術圈爆發（大約發生在率先倒戈到混沌理論的那批茫掉的物理學家，開始成為牛津大學教授或用混沌理論來炒股的公司創辦人等一類人物之時）。突然間，有了專門的期刊、研討會、學系以及跨領域學院。也開始出現各種學術論文和書籍，談論混沌理論在教育、公司管理、經濟學、股市、藝術和建築（有個有趣的想法是，我們發現自然比〔好比說〕現代主義的辦公大樓更美，是因為前者有著數量恰好的混沌）、文學批評、電視文化研究（這邊觀察到的是，電視劇就像混沌系統一樣「同時既複雜又簡單」）、神經學和心臟學（有趣的是，在這兩個領域中，混沌太少看起來才是壞事[2]）之中的意義。甚至還有學術文章談混沌理論跟神學的相關性（包括一篇標題美妙的文章〈混沌於天堂地獄結合間〉〔Chaos at the Marriage of Heaven and Hell〕，文中作者寫道：「我輩若有人試圖將現代文化加入我們的神學反思，就沒本錢無視混沌理論。」）[2]

同時，先不論他們的認知正確與否，大眾也突然對混沌理論充滿興趣——當初誰能預測到這一點呢？有那種到處都看得到的碎形掛曆。不少小說、詩集，許多電影、電視影集，還有眾多樂團、專輯和歌曲，都把「奇異吸引子」或「蝴蝶效應」硬拉到標題上。[3] 根據《辛普森家庭》的

2　就心臟學來說，比較健康的心血管系統會在心跳的間隔中展現比較混沌（譯注：也可指「混亂」）的變異性；就神經學來說，混亂的不足是神經元最終會異常同步地在異常高速下一波接一波發動——也就是癲癇發作——的指標。同時，其他神經科學家探討了腦如何利用混沌來強化某幾類資訊傳遞。

3　後者的廣受歡迎，也導致我所留意到的蝴蝶效應地點大量增生，在不同的引述中，蝴蝶拍翅的地點放到了剛果、斯里蘭卡、戈壁沙漠、南極以及半人馬座 α。相較之下，蝴蝶拍翅造成的龍捲風好像幾乎都在德州、奧克拉荷馬州，或者讓人想起桃樂絲和托托的堪薩斯州（譯注：指《綠野仙蹤》）。

某個粉絲網站資料，在花枝（Lisa）擔任棒球教練的某一集裡，有人看到她在讀一本書叫做《棒球分析中的混沌理論》（*Chaos Theory in Baseball Analysis*）。還有我最喜歡的例子，在禾林出版社（Harlequin）的言情小說系列《天堂阿宅》（*Nerds of Paradise*）中有一部《混沌理論》（*Chaos Theory*），裡頭的主角看上了帥氣的工程師達令（Will Darling）。儘管威爾的襯衫不扣鈕子，六塊肌發達，又有著酷酷色色的雙眸，但因為戴眼鏡，所以我們瞭解到威爾想必還是一個阿宅。[3]

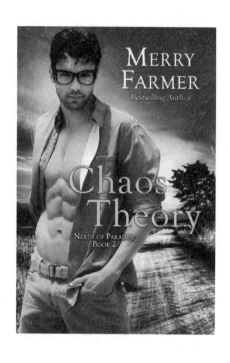

對混沌理論的興趣產生了無數隻蝴蝶拍翅的聲音。有鑑於這一點，各類思想家不免開始宣稱，人類行為不可預測性、混沌如雲一般的性質，就是自由意志任意奔馳之處。但願前面已經談過、那些說明「混沌是什麼、混沌不是什麼」的材料，能夠有助於證明，情況不可能像他們所說的那樣。

「混沌論證明自由意志存在」的這種輕率結論，至少有兩種型態。

錯誤結論一：自由選擇的雲

對相信自由意志存在的人來說，這個議題的核心在於缺乏可預測性──在人生的無數個時刻，包括那些影響重大的片刻，我們都會在 X 和不 X 間做出選擇。就算是學問淵博的觀察者，也沒辦法把每一個這樣的抉擇都預測出來。

本著這樣的精神，物理學家艾倫伯格（Gert Eilenberger）寫道：「現實實在不太可能用數學結構徹底而詳盡地映射。」這是因為「智人的數學能力因其生理構造是有限的……因為（混沌），拉普拉斯的決定論[4]不可能是絕對的，而機會和自由或有可能存在的問題又再度開啟了！」最後那個驚嘆號是艾倫伯格自己加的；如果一個物理學家在文中加上驚嘆號，代表他是來真的。[4]

生物物理學家克蘭西（Kelly Clancy）在談腦中混沌現象時，提出了類似主張：「隨著時間過去，多個混沌軌跡會受到吸引而趨同於奇異吸引子。因為混沌可以控制，它在可靠性和探索之間達成良好的平衡。然而它不可預測，所以它很有可能是自由意志的動力基質。」[5]

法默（Doyne Farmer）以一種令我失望的方式參與了這場討論，有鑑於他是混沌理論最初的水龍頭滴水門徒之一，他應該要有更多瞭解才對。「在哲學的層次上，我認為混沌理論是定義自由意志的一個操作方法，因其調和了自由意志和決定論。系統是決定論的，但你拿不定它接下來要做什麼。」[6]

最後一個例子是哲學家斯亭柏格（David Steenburg），他明白地把假定中的混沌自由意志和道德連結起來：「混沌理論以其新方法，讓事實和價值對彼此開放，造成了兩者之間的再整合。」為了強調這種連結，斯亭柏格的這篇論文不是在什麼科學或哲學期刊上發表的。它是在《哈佛神學評論》（Harvard Theological Review）上發表的。[7]

所以，有一票思想家在混沌理論的結構中尋找自由意志。相容論者和不相容論者爭辯著自由意志在一個決定論的世界中能否存在，但現在你可以跳過這一整片的喧鬧，因為，根據他們的說法，混沌理論證明了世界不是決定論的。就如艾倫伯格所總結的，「但因為我們現在知道，初始

4　提醒一下本書前面的內容，拉普拉斯是 18 世紀的哲學家，喊出了科學決定論的戰鬥口號，也就是如果你瞭解形塑宇宙的物理法則，並知道宇宙當中每個粒子的確切位置，那麼，你就能正確預測打從時間啟始以來每一刻曾經發生過什麼事，也能預測接下來直到時間終結為止的每一刻將會發生什麼事。那代表說，（在數學而不是神學的意義上）宇宙中不管發生什麼，都已注定要發生。

狀態中最細微的、小到無法測量的差異，都可以導致徹底不同的最終狀態（也就是指那些抉擇），物理學因此不能基於觀察來證明自由意志不可能存在。」[8] 按照這個看法，混沌的非決定論就代表著，雖然它沒能幫助你證明自由意志的存在，但它讓你證明你無法證明自由意志不存在。

現在來談一以貫之的關鍵錯誤：決定論和可預測性是非常不同的東西。就算混沌理論不可預測，*它仍然是決定論的*。表達兩者差別的方式很多種，其中一種是，決定論讓你解釋某件事為什麼發生，而可預測性讓你能說出接下來要發生什麼事。另一種方法是本體論和認識論之間朦朧的對比；前者是關於正在發生什麼事，是一個決定論的議題；而後者是可預測性的問題，關於我們能知道什麼。另一種方法是「已決定的」和「可決定的」之間的差別（這產生了一篇重量級論文的重量級標題：〈決定論是本體論的，可決定性是認識論的〉〔Determinism Is Ontic, Determinability Is Epistemic〕，由哲學家阿特曼斯帕謝爾〔Harald Atmanspacher〕所撰寫）。[9]

專家為了「混沌理論＝自由意志」的擁護者無法做出這些區分而感到心急如焚。「決定論和可預測性長久以來被人們混淆，」物理學家加布勒拉（Sergio Caprara）和伍比亞尼（Angelo Vulpiani）寫道。華威大學某位名不詳的哲學家杭特（G. M. K. Hunt）寫道，「在一個不可能完美準確測量的世界裡，古典物理決定論並不一定能帶來知識論的決定論。」哲學家史東（Mark Stone）有著同樣的想法：「混沌系統雖然是決定論的，但並非可預測的（他們在*知識論*上並非決定論的）……說混沌系統是不可預測的，並非說科學不能解釋它們。」哲學家巴提茲基（Vadim Batitsky）和多摩托（Zoltan Domotor）在他們標題絕妙的論文〈當好理論製造壞預測〉（When Good Theories Make Bad Predictions）中，把混沌系統形容為「決定論的不可預測性」。[10]

以下是思考這種極重要觀點的一個方法。我剛才回到上一章第156頁，看了那個很奇妙的模式，估計它的長度約二百五十行，寬四百列。這代表說，該圖形包含了大約十萬格，每格要不填滿、要不空著。拿出一張特大號的方格紙，把該圖第一行的起始狀態複製下來，然後接下來一整年不眠不休地把第22條規則運用到接下來的每一行，用你的HB鉛筆填好十萬個格子。然後你會產出跟該圖一樣的模式。深吸一口氣,然後再做一次,也是一樣的結果。讓一隻訓練有素且有著非凡重複能力的海豚來努力做,結果也是一樣。第一百一十三行不會是「因為到了第一百一十二行時,你或海豚碰巧選擇了聽信驅使你的聖靈,或者根據你心目中童貝里(Greta Thunberg,譯注:瑞典環保人士,十五歲時發動氣候大罷課)會怎麼做,來決定要填滿還是空著」的結果。那個模式,是由構成第22條規則的八道指令所組成的徹底決定論系統產生的結果。在那十萬個關頭上,沒有一個會產生不一樣的結果(除非出現了隨機的錯誤;我們將在第十章看到,在隨機的小問題上構築自由意志的龐大架構會有很大的問題)。就如最終證明尋找一個無來由的神經元只是徒勞,尋找一個無來由的格子也是一樣。

我們用人類行為的脈絡來闡述這一點。時間是1922年,而有一百個注定要過著尋常生活的年輕成年人。有人跟你說,在大約四十年內,這一百人中會有一人將會與整體樣貌分歧,他將變得衝動且不合群,到了犯罪的程度。這裡有每個人各自的血液樣本,來看看吧。不管你怎麼預測,都不會比隨便猜來得更準。

現在是2022年。一群同個年紀的人,同樣有一個人四十年後注定要偏離正軌。這裡同樣有他們的血液樣本。這一次,到了這個世紀,你會用它們來給每個人的基因組定序。你發現,其中一個個體腦中有某種「tau蛋白質」、或稱作「微管相關蛋白tau(Microtubule-associated protein tau,MAPT)」的基因編碼出現了突變。因此,你可以準確預測就是那個人,因為到了六十歲時,他會出現行為變異型額顳葉失智症的症狀。[11]

回到1922年的那群人。那人開始在店內行竊,威脅陌生人,隨地撒尿。他為什麼這樣做?因為他選擇這麼做。

2022年的同年紀人,同樣有一人做出讓人無法接受的行徑。為什麼他會那樣行事呢?因為一個基因裡出現決定性的變異。[5]

5　提醒一件第三章講過的事,單一基因就這樣決定結果的情況很罕見。在此重申,幾乎所有的基因都是關乎可能性和脆弱性,而不是必然性,且與環境和其他基因用非

　　根據剛剛引述的那群思考家們的邏輯，1922 年那人的行為起因於自由意志，而不是「*被錯誤歸因*於自由意志的行為」。在當時，那是自由意志。而在 2022 年，那不是自由意志。從這種看法來看，「自由意志」是我們對自己在預測層面上不瞭解的生理狀態*的稱呼*，而當我們瞭解了以後，那東西就不再是自由意志。不是說它不再被誤認為自由意志，而是它真的就「不再是」。如果我們的無知一減少，某個自由意志的實例就從此不存在，那應該是哪邊出了問題。關鍵要點是，我們對自由意志的直覺肯定會這樣運作，但自由意志本身卻不那樣存在。

　　我們做某些事、執行一個行為，然後*覺得*自己做了選擇，覺得有一個「我」存在於一切神經元之中卻又獨立於它們之外，覺得能動性和決斷力就在那兒。我們的直覺這樣大聲疾呼，因為我們不知道也無從想像那股潛伏於下、導致這結果的生理歷程力量。如果你仍然等待科學精準地預測該行為，那麼，克服那些直覺是個巨大的挑戰。然而，「讓混沌理論等同於自由意志」的誘惑只是證明了，當科學*永遠無法*精準預測一個決定論系統的結果時，要克服那些直覺又會是多麼地難上加難。

錯誤結論二：無來由的火

　　混沌理論的大部分魅力來自於，你可以從系統一些簡單的決定論規則開始，產生某種華麗繁複且十分不可預測的東西。我們如今已看到，把這錯認成非決定論，會讓人慘烈地全速失控，落進一整坨自由意志的信念裡。現在該來看其他問題了。

　　回到第 159 頁中間，那張用第 22 條規則向我們展示「兩個不同的起始狀態可以變成同個模式，因此我們不可能知道*哪一個*才是那模式的真正源頭」的圖。

　　這就是*趨同*現象。這是演化生物學頻繁使用的用語。在這邊的例

線性的方式交互作用。

子中，趨同現象倒不是在說，你會分不出某物種到底是源自眼前兩種可能祖先中的哪一種（好比說，「大象的祖先是三條腿還是五條腿，哪認得出來啊？」）。趨同現象比較是在講，兩個非常不同類的物種面對同一種選擇挑戰時，趨同於同一種解方。[6] 在分析哲學家這邊，這種現象被稱作*過度決定*（overdetermination）——兩條不同途徑，可以分別獨立地決定走向同一結果。這種趨同隱含著訊息的遺失。如果直接跳到細胞自動機中間的某一行，你不只無法預測*接下來會發生什麼事*，你也無法知道*過去*發生什麼事、哪一種可能路徑導致了當下的狀態。

　　這個趨同問題在法制史上有著令人驚訝的類似情形。由於疏忽，建物A失火了。不遠處，完全無關的情況下，另一個疏忽造成了建物B失火。兩場火災向彼此蔓延、合為一片，燒毀了中央的建物C。建物C的所有者控告另兩棟建物的所有者。但到底誰要為火災負責呢？這兩人在庭上都辯稱不是自己——就算我這邊的火災沒發生，建物C還是會燒毀。而從兩名所有者後來都不需負責的結果來看，那樣講很有用。到1927年為止的情況確實都是這樣，要等法院在「金斯頓訴芝加哥以及諾福克與西部鐵路」（Kingston v. Chicago and NW Railroad）的案件中，裁定當事者對發生之事應負部分責任後，才開始有分攤罪責這種事。[12]

　　同樣地，一群士兵排成行刑隊排隊準備殺人。不管那群士兵是多光

6　我觀察了大量的這種例子。肯亞靠近赤道一帶有肯亞山（Mount Kenya），非洲第二高峰，超過海拔五千一百九十九公尺。它很酷的一件事情是，它的山腳是赤道非洲氣候，山頂卻是冰河氣候（至少還有一陣子會是冰河——畢竟融化得很快），每往上幾千公尺就是一個完全不同的生態系。在大約四千五百至四千六百公尺的山地帶，有些看起來古怪的植物物種。有次我跟某位植物演化生物學家在辦公室聊天，辦公室裡有幾張那類植物的照片。「嘿，很厲害哦，看得出來你有爬過肯亞山呢，」我這麼說。「不不，那是在安第斯山脈拍的。」安第斯山脈的植物跟肯亞山的植物完全無關，然而看起來幾乎一模一樣。顯然只有幾種方法能在赤道成為高海拔植物，而這些身處世界兩個對角、非常不同的植物物種，都趨同到了這幾種解決方法上。這之中暗藏著來自道斯（Richard Dawkins）的一句金玉良言：「不論有再多種活下去的方法，死掉的方法絕對比那多上太多」——活下來的方法數量非常有限，而活下來的每個物種都趨於其中一招。

榮地服膺於上帝和國家而扣下扳機，他還是會有些矛盾心態，或許是殺人會有罪惡感，或是擔心風水輪流轉，哪天輪到自己站在行刑隊面前。這種心態在幾個世紀產生出一種認知操作——隨機給其中一名士兵空包彈而非實心彈。沒人知道誰拿到了那顆子彈，因此每個槍手都有可能拿到空包彈，因此就不是真正的劊子手。在死亡注射機發明出來後，某些州規定機器要有兩條分離的給藥路徑，每邊都有一劑裝滿毒藥的注射針。兩人會各按下一個按鈕，而機器上的一個隨機分配器，會將其中一個注射針裡的毒藥注射到受刑者身上，並把另一劑的內容物丟到桶子裡。至於是哪一劑毒死人，不會留下紀錄。兩人因此都知道自己有可能不是行刑者。那些用來緩和責任感的心理伎倆都挺不錯的。[13]

　　混沌理論期望達到一種類似的心理伎倆。混沌理論的特色是，知道起始狀態並不能讓你預測之後會發生什麼事，這對古典還原論來說是毀滅性的重擊。但是，始終無法知道過去發生了什麼事，摧毀了所謂的*徹底取消還原論*，也就是排除了每一個可以想到的成因、你一路追到唯一的*那個*成因的能力。

　　所以你不能採用徹底取消還原論來決定哪一個事物造成了火災，哪一個按鈕送出了毒藥，或者前面哪個狀態產生了特定的混沌模式。但*那並不代表火災不是任何東西造成的，不代表沒人開槍殺了那個布滿彈孔的囚犯，或者說，那個混沌狀態無來由地就出現了*。排除徹底取消還原論的可能性，並不能證明非決定論。

　　這滿明顯的。但有些自由意志擁護者如此狡猾地做出結論——如果我們分不出是什麼造成了 X，那你就不能排除掉一個給自由意志留下餘地的非決定論。就如一位著名的相容論者所寫的，還原論不太可能會排除掉自由意志存在的可能性，「因為因果的環環相扣包含了會削弱還原論以及決定論的破口，至少是以削弱自由所需的模樣存在。」我向上天發誓，我對「*以及*」這個詞的檢視已達到吹毛求疵的地步，但混沌的趨同就是沒削弱徹底還原論「*以及*」決定論。它只有削弱前者而已。而在那名作者的看法中，這種假定中對決定論的削弱，和「我們歸責時所依靠的方針」

相關。你分不出這兩座撐著你的烏龜塔哪一座會一路往下,並不代表你會浮在空中。[14]

結論

到此,我們知道了什麼?膝反射還原論的完敗,展示了「混沌理論證明的正是混亂無序的相反」,那之中的隨機性其實比人們一般假想的要少,以及,它反而有著意料不到的結構以及決定論——這一切都很美好。蝴蝶翅膀、貝殼圖案的生成,還有威爾‧達令也是如此。但若要從那抵達自由意志的話,你得要把還原論無法精準描述過往或預測未來的這種失敗,錯誤地當成非決定論的證據。面對複雜事物,我們的直覺央求我們用錯誤的歸因來填滿我們不瞭解、甚至永遠無法瞭解的地方。

接著前往下一個相關主題。

07

突現複雜性入門

　　基本上，我們可以把前兩章濃縮為以下幾個摘要：

　　——「分解到組成零件部分」的還原論，沒辦法用來瞭解我們一些極其有趣的地方。在那樣的混沌系統中，起始狀態中非常小的差異反而會在後果中大幅放大。

　　——這個非線性導致了打從根本的不可預測性，在許多人看來便是存在著一個反抗還原決定論的本質論，代表「因為世界是決定論的，所以不可能有自由意志」的立場整個付諸東流。

　　——才怪咧。不可預測跟未決定不是同個東西；還原決定論不是唯一的一種決定論；混沌系統純粹是決定論的，會把那個宣稱自由意志存在的特定角度拒於門外。

　　本章關注的這個相關的神奇領域，看似與決定論相悖。讓我們從一些磚頭開始。給自己一些藝術想像的權利，想像它們可以用一堆微小不可見的腿爬來爬去。把一塊磚頭放在一個場裡；它會漫無目的地爬來爬去。若是兩塊磚頭，結果同上。若有一堆磚頭的話，有些就會開始彼此相撞。當這種情況發生時，它們會以簡單到無聊的方式互動——它們可以並排坐著保持這個狀態，或是一塊可以爬到另一塊的上面。就這樣。現在在這個場裡撒下多到不能再多這種一模一樣的磚頭，它們便會慢慢爬行，有相當多磚塊會彼此靠坐著，又有相當多會爬到彼此上面……然後它們慢慢蓋起凡爾賽宮。令人驚奇之處並不在於說，哇，像凡爾賽宮那麼複雜的東西居然可以用簡單的磚頭蓋出來，[1] 反而是一旦你有夠多的磚頭，那麼根據幾道簡單規則來運作但本身沒啥智慧的整堆小小基礎材料，也能在放眼望去沒人的情況下，*自行組建成凡爾賽宮*。

這不是混沌的初始條件敏感性，在那種狀況下，在此處一模一樣的基礎材料在高倍率放大之下其實全都不一樣，然後你就蝴蝶拍翅拍出凡爾賽宮了。這邊的情況是，把夠多的同一種簡單元素放在一起，它們便會自發地自我組成某個不論是複雜度、絢麗程度、適應力、機能性或是酷炫程度都令人目瞪口呆的東西。有了足夠的量，不尋常的品質就……會那麼突現，甚至常常是出乎預期地突現。[2][1]

到頭來發現，這樣的*突現複雜性*發生在切合我們主旨的多個領域中。一堆傻乎乎、一模一樣的基礎材料，和它們變成的凡爾賽宮，兩者之間的差異似乎和傳統的因果關係相悖。我們理智的那一面會（錯誤地……）想到像「非決定論」這樣的詞語，而我們沒那麼理性的一面則想到「魔法」之類的詞。不論是哪種情況，自我組成的「自我」部分看起來都如此有能動性，滿載著「去成為你想成為的那座磚頭宮殿」的意味，以至於自由意志的夢想開始召喚。本章和下一章都會試著驅散這種念頭。

為什麼我們不是在談麥可傑克森的月球漫步

我們先來談什麼不算作突現複雜性。

1　給自己備忘：有空去看看凡爾賽宮是不是磚頭造的。

2　西洋棋大師卡斯帕羅夫（Garry Kasparov）在 1996 年那場知名的棋局中輸給 IBM 西洋棋電腦「深藍」時，援引了這種概念。他在提到電腦每秒評估二億種棋局的運算力所產生的全然強大時，他解釋說：「我昨天發現到，我們如今第一次見識到量化為質的時候會發生什麼事。」（B. Weber, "In Kasparov vs. Computer, the Chess Scorecard Is 1–1," *New York Times*, February 12, 1996）。黑格爾首度陳述了這個原理，而這原理又深深影響了馬克思。

　　把一個穿著仿軍服、拿著一把蘇沙號（低音銅管樂器）的壯漢放入球場中間。他的行為很簡單，他可以向前、向左或是向右走，而且是隨機的。把其他一大票樂手撒進去，同樣的事情也會發生，他們全都隨機移動，集體來說毫無意義。但是，如果把三百人丟進場中，從中場表演中就會突現出一個碩大的麥可傑克森，他以月球漫步的方式跨越了足球場的五十呎線（譯注：在各級美式足球比賽的中場表演上，不時能看到樂儀隊排成各種從觀眾席才看得到的巨大圖案，還可以靠著走位來製造動畫效果）。[3]

　　一整群可互換位置、彼此替代的軍樂隊樂手，都有相同的微小動作。為什麼這不能算是突現？因為這背後有個總體規劃。該規劃不存在於蘇沙號樂手的內心，而是存在於在沙漠禁食的那位空想者心中，幻想鹽柱在月球漫步，然後帶著好消息回到軍樂隊中。這不是突現。

　　以下是真正的突現複雜性：從一隻*螞蟻*開始。牠在場中漫無目的地遊蕩著。十隻螞蟻也是如此。一百隻螞蟻的互動方式也看不出有什麼模式。但把幾千幾萬隻螞蟻放在一起，牠們就會形成一個專業化工作的社會，會用牠們的身體搭成橋梁或筏子，可以在水面上漂流數週。或者，建造出防洪的地底巢穴，裡頭的通道鋪著葉子，各自通往有專門用途和不同微氣候的小室，有些適合種植真菌，有些則適合養育幼體。這個成形的社會甚至能改變其功能，來回應不斷變化的環境需求。沒有藍圖，也沒有畫藍圖的人。[2]

　　是什麼造成了突現複雜性？

　　——有很大量螞蟻的元素，全部都一樣，或只有少少幾種類型。

　　——這種「螞蟻」能做的事情種類很少。

3　你可以到 www.youtube.com/watch?v=RhVAga3GhNM，觀看俄亥俄州行進樂隊走出麥可傑克森舞步的趣味演出。

——有幾條以「和旁邊鄰居隨機互動」為基礎的簡單規則（好比說，「用你的小螞蟻大顎夾著這顆小石礫走，直到你撞上另一隻舉著小石礫的螞蟻。在那樣的情況下，放下你的小石礫」）。所有螞蟻知道的就是這幾條規則而已，而每隻螞蟻行動起來都是一個自主的行為者。

——從極度複雜的現象中，可能會產生多種突現不可分解的性質；這些突現不可分解性質只存在於集體層次（好比說，單一水分子不可能是濕的；「濕性」只會從水分子的總體中突現，研究單一水分子沒辦法預測關於濕性的事情），且在那種層次的複雜度上自身就已完備（也就是說，你可以在不怎麼瞭解組成成分的情況下，就準確預測集體層次上的行為）。就如諾貝爾獎得主、物理學家安德森（Philip Anderson）所言：「多則不同」。[4][3]

——這些突現的性質既堅固又有復原力——舉例來說，儘管瀑布中的每一個水分子最多只在瀑布性中參與到一次，但瀑布本身隨著時間過去卻始終維持著恆定的突現特色。[4]

——對成熟突現系統的詳盡描繪，其細貌可能是（但不一定非得是）無法預測的，這應該與前兩章相呼應。（比照細胞自動機那樣）知道起始狀態和複製規則後，便被賦予發展複雜性的方法，但並沒有被賦予描述它的方法。或者，用上個世紀一位頂尖的發展神經生物學家懷斯（Paul Weiss）的話來說，起始狀態從來都不可能包含一個「預定行程」。[5][5]

4　安德森替這個想法舉了一個極佳的例子，他引用了費茲傑羅（F. Scott Fitzgerald）和海明威（Ernest Hemingway）之間的對話：「費茲傑羅：有錢人跟我們不一樣。海明威：對，他們錢比較多。有錢如果有什麼別的性質，還不就是從有錢而來的。」

5　本章等下會談他研究的那位神經生物學家海辛格替這想法舉了一個很棒的例子。你在鋼琴前學著彈奏一首曲子，你彈錯了一個地方，然後停頓下來。我們大部分人沒辦法從兩小節前重新開始（那就像是在高速公路上回到上一點一樣），而得要讓整個複雜性重新開展——我們會回到一整段的開頭重新彈。

——這種不可預測性有部分是因為，在突現系統中，你所行進的路其實同一時間也正在建造中；而且，你在那條路上的這個事實，也正在對造路過程構成反饋，而影響著建造過程。[6] 此外，你正在前往的目標甚至可能還不存在——你注定要和一個可能尚未存在、但願能及時建造完成的目標點產生交互作用。此外，突現系統與上一章的細胞自動機有個差別，在於它還受制於隨機性（專門術語：「隨機事件」〔stochastic event〕），隨機發生事件的次序會造成差異。[7]

——突現特質常常有驚人適應力，儘管如此，卻沒有藍圖或是繪製藍圖的人。[6]

　　以下是適應性的一個簡單版本：兩隻蜜蜂離開蜂巢，都隨機地前進直到找到食物來源為止。牠們都找到了，其中一個來源比較好。現在兩隻蜜蜂都回到蜂巢，沒有哪隻是*同時*知道兩個食物來源的。儘管如此，所有的蜜蜂還是直接飛向比較好的那個場址。

　　以下的範例更複雜：一隻螞蟻到處覓食，檢查了八個不同的地方。螞蟻的小腿走痠了，而在理想的情況下，每個地點螞蟻只會造訪一次，而且走的是五千零四十（也就是 7 的階乘）種可能路徑中最短的一條。這是知名的「旅行推銷員問題」的一種版本；這問題讓數學家忙了好幾個世紀，毫無建樹地尋找著一個普遍的解答。解決這問題的一招是暴力解題——檢視*每一條*可能路徑，一一比對，然後挑出最好的一條。這要花上大量的苦功和運算力，因為到了要造訪十個點時，就有超過三十六萬種個可能的行進方式，而到了十五個點的時候就會超過八百億個。不可能這樣做。

6　20 世紀初期的散文家魯迅，捕捉到這件事的本質而寫道：「其實地上本沒有路，走的人多了，也便成了路。」（出自與駱利群的通信內容，原出處為小說《故鄉》）

7　舉例來說，假設你有一連串十個物件，其中九個大致類似。有一個很醒目的例外，而隨機性讓這個例外成為你看的第二個還是第十個例子，會改變你對這一整串序列的整體評估。

但如果從典型的螞蟻群落中找來大約一萬隻螞蟻,讓牠們在有八個餵食點的版本中任意走,牠們就會從五千零四十種可能中得出某個接近於最佳解答的東西,花的時間跟你用暴力解題相比簡直是滄海一粟,而且其中每一隻螞蟻所知道的,就只有牠自己走過的路,再加上兩道規矩(我們接著會談)。這實在太有效率,以至於電腦科學家利用現在所謂的群體智慧,以「虛擬螞蟻」來解決這類問題。[8][7]

神經系統也有同樣的適應性。就以一種神經生物學家所喜愛、顯微鏡下才看得到的蟲為例;[9] 牠的神經元線路配置,就整個配置成本而言,展現了類似旅行推銷員的最佳化;蒼蠅的神經系統也有同樣的情形。而在靈長類的腦中也有這種情形。檢視靈長類的皮質,辨識出十一個神經線路彼此配置連通的不同區域。在幾百萬種可能的配線方式中,發育中的腦會找出最佳解。我們等下會看到,這些例子都是用概念上跟旅行推銷員螞蟻類似的規則達成的。[8]

其他類型的適應性還有很多。一個神經元「想要」把它成千上萬條樹狀分枝大軍盡可能有效地散布出去,來接收來自其他神經元的輸入,甚至跟隔壁的細胞競爭。你的循環系統「想要」把它成千上萬的分枝動脈盡可能有效地散布出去,好運送血液到體內的每一個細胞。一棵樹「想要」最有效地朝天發枝,好讓樹葉曝曬到最大量的日光。我們將看到,三者都用了類似的突現規則來解決這個挑戰。[9]

怎麼會這樣?該來看看突現實際上是怎樣出現的例子了,它們利用了哪些簡單規則,來解決跟螞蟻、黏菌、神經元、人類以及社會(且不僅

8　最後把我的細節講清楚:就如我講過的,旅行推銷員問題正式上來說是不可解的,因為數學上無法證明某個解答就是最佳解,也無法證明該解答不是最佳解。這跟數學上有辦法證明的所謂「最小生成樹難題」密切相關。後面這個難題,跟電信公司想知道怎麼把一堆發訊塔用最少量的電纜全部連起來之類的事情有關。

9　稱作秀麗隱桿線蟲(*Caenorhabditis elegans*)的這種線蟲備受喜愛,是因為每條蟲都不多不少有 302 個神經元,在每條蟲身上以同樣的方式佈線。對研究神經元迴路如何形成的人來說,這簡直是夢幻逸品。

止於這些事物）有關的最佳化挑戰問題。這個過程會輕易解決掉第一種誘惑：認定突現展現了不確定性。答案跟上一章一樣：不可預測跟非決定性不是同個東西。解決第二種誘惑將是更大的挑戰。

見多識廣的偵查者，
然後隨機相遇

　　突現的許多例子，都包含一個需要兩個簡單階段的模式。第一階段，群體中的「偵查者」去探索環境；當它們找到某些資源，它們就放送消息。[10] 放送內容必須包含資源的品質情報，好比說，較好的資源產生較大或較長的訊號。第二階段，其他個體根據關於「自己對放送的反應」這條簡單規則，隨機在環境中晃蕩。

　　回頭看蜜蜂的例子。兩隻偵查蜂查探鄰近區域，看有沒有食物來源。牠們各自找到了一個，返巢報告；牠們藉由知名的蜜蜂舞來放送消息，該舞蹈的各種特徵可以傳達食物的方向和距離。關鍵的是，偵查蜂發現的食物資訊越好，牠執行舞蹈其中一個部分的長度就越長──這就是把品質情報放送出去的方式。[11] 第二階段，其他蜜蜂隨機在巢中四處遊蕩，如果牠們碰上一隻跳舞的偵查蜂，牠們就會飛去看看偵查蜂放送的食物資源……然後牠們回來後也把消息跳出來。因為一個較好的可能地點等於較長的舞蹈，所以，與帶來不錯消息的蜜蜂相比，那群隨機亂逛的蜜蜂更有可能碰上帶來超好消息的蜜蜂。因此增加了帶來超好消息的舞者變成兩隻的機

10　這是一個非常抽象、沒有空間尺度的那種「環境」，所以像螞蟻那樣的東西會離開巢穴覓食，一個神經元會朝另一個神經元延伸線路來構成連結，而在線上搜尋的某個人可以歸納成與他類似的人。

11　20 世紀初最先將蜜蜂舞包含之資訊完全解謎的，是馮弗里希（Karl von Frisch）；這個研究對動物行為學領域的建立有深遠影響，也讓他獲得諾貝爾生醫獎，而令大部分科學家百思不解──跳舞的蜜蜂跟生理學或醫學有什麼關聯？關聯很大，本章的一個重點就是這個。

率，然後是四隻、八隻……直到整個蜂群都趨於前往最佳地點。而當初只帶回不錯消息的偵查蜂老早就沒在跳舞了，牠早就碰上某隻跳著超好消息舞者，然後被拉到最佳解那邊去了。要留意，*並不存在同時得知兩個地點的資訊，然後比對這兩個選項、挑出較佳選項，並領導眾蜂前往該處的決策蜜蜂*。只有較長的舞蹈拉攏了跳舞跳更久的蜜蜂，比對和優化選擇就這麼默默出現；這就是群體智慧的本質。[10]

　　以下這也差不多；假設這兩隻偵查蜂發現了兩個同樣好的可能地點，但其中一個離巢距離只有另一個的一半。地方新聞蜂往返食物來源所需的時間，會是外地新聞蜂的一半──這代表說，地方新聞蜂會較早開始倍增為兩隻、四隻、八隻，以指數成長淹沒了外地新聞蜂的信號。所有蜜蜂很快地就會往較近的來源飛去。螞蟻也是用這方法找到最佳的新群聚地。偵查蟻出去，每隻都找到一個可能的地點；地點越好，它們在那邊就待得越久。接著，隨機的晃蕩者根據「如果你碰上一隻螞蟻站在可能的地點上，那就看看這地點如何」的規則向外散布。這邊也一樣，較好的品質會轉譯成較強的拉攏訊號，那會自我強化。我同事高登（Deborah Gordon）的開創性研究，展示了另一層適應性。像這樣的系統有著眾多參數──螞蟻晃蕩了多遠、在好地點待著的時間比在普通地點長多少，諸如此類。她證明了，在不同的生態系統中，作為「食物資源有多充足、分布得有多零散、採集起來代價有多高（舉例來說，就喪失水分來說，沙漠螞蟻進行採集的代價就比森林螞蟻高）」等應變數的這些參數會有所不同；群體越能在演變中把這些參數調整到正好適合它的特定環境，它就越有可能活下來並留下後代。[12][13][11]

12　因此，當各群落要把自我組織的群體智慧弄到恰到好處，以演化讓自己「合適」的本事，有著好壞差異。有一篇探討這情況的論文，有著科學期刊史上最佳的標題：〈蜜蜂群藉由跳舞達到適性〉（Honeybee Colonies Achieve Fitness through Dancing，譯注：Fitness 也有「健康」、「適能」等意，是健身活動常用詞）。可想而知，這份論文三不五時就在搜尋尊巴（Zumba，譯注：哥倫比亞舞蹈家佩雷斯〔Beto Pérez〕創立的體能鍛鍊項目）課程時跳出來（譯注：該論文用詞會令人誤解為「蜜蜂群靠跳舞健身」）。

13　這個方法並不完美，而且可能產生錯誤的一致決定。生活在一塊平原上的螞蟻想要山丘上的絕佳瞭望點。附近有兩座山丘，一座比另一座高一倍。兩個偵查者出發，

　　透過偵查者放送消息、然後拉攏隨機遊蕩者這樣的兩階段步驟，解釋了虛擬螞蟻旅行推銷員的最佳化。在每個覓食地點放置一票螞蟻；然後，每隻螞蟻接下來會隨機選擇路徑，而且每個點僅能造訪一次，並在過程中留下牠的費洛蒙軌跡。[14] 要怎麼把較好的品質轉譯成較強的放送？路徑越短，偵查蟻留下的費洛蒙軌跡就越厚；由於費洛蒙會蒸發，因此更短、更厚的費洛蒙軌跡就會保存得更久。這時第二代螞蟻出現了；它們依據「若遇到了一條費洛蒙軌跡，就走上去，留下自己的費洛蒙」這條規則隨機遊蕩。結果，路徑要是更厚且因此留存得更久，另一隻螞蟻就更有可能上路並放大其招募信息。很快地，較沒效率的地點連接路徑就會蒸發掉，只有最佳解留下來。不需要收集每條可能路徑的長度資料，也不需要有一個集中的掌權者來進行比較並引導全體走上最佳解。反而是某個接近於最佳解的東西自己會突現出來。[15]

各往一座山丘前進，矮山丘的偵查者只花了高山丘偵查者的一半時間，就抵達並開始發布消息。這代表說，牠比另一隻螞蟻早了一倍的時間開始拉攏，整個蟻群很快就選擇了比較矮的山丘。這個例子會出現問題，是因為拉攏訊號的強度跟資源的品質成反比，有時過程可以徹底出問題。機械學習演算法針對問題給出離奇解答的例子，可說無奇不有；其原因包括設計者給的指令缺乏專門指定性、設計者並未把所有不准做的事情全都告訴程式、並未讓程式知道什麼資訊不應去注意等等。舉例來說，有一個人工智慧表面上學會診斷黑色素瘤，但它其實學到的是旁邊有擺一把尺一起拍下來的損傷部位，可能就是惡性腫瘤。另外一個例子是，有個算式經設計要演化出一個速度極快的模擬生物；但人工智慧就只生出了一頭高到不可思議的生物，因此在身體猛跌下去時就達到了高速度。另一個人工智慧本來是要設計一台Roomba 掃地機器人，可以走來走去但不會撞到東西——用防撞墊被撞到來評定碰撞——但它反而會用沒裝防撞墊的背部朝前，跟跟蹌蹌地到處走。更多案例可見：Specification Gaming Examples in AI—Master List: Sheet1，docs.google.com/spreadsheets/d/e/2PACX 1vRPiprOaC3HsCf5Tuum8bRfzYUiKLRqJmbOoC32JorNdfyTiRRsR7Ea5ezWtvsWzuxo8bjOxCG84dAg/pubhtml

14 費洛蒙是攜帶著情報釋放到空氣中的化學訊號，也就是氣味；螞蟻的後側有腺體分泌這種費洛蒙，牠們會把它沾到地上，一滴一滴留下這東西所構成的軌跡。所以這些虛擬螞蟻一直在留下虛擬的費洛蒙。如果一開始腺體裡的費洛蒙就有一個恆定的量，那麼，走的總距離越短，每單位距離留下的費洛蒙量就越濃。

15 這個搜索演素法，是由人工智慧研究者多里戈（Marco Dorigo）於 1992 首度提出，產

（值得指出一點：我們將會看到，這種富者更富的最佳化演算法〔optimal solution〕，也能解釋我們以及其他物種的最佳化行為。但「最佳」〔optimal〕代表的不是有價值意義的那個「好」〔good〕。就想想富者更富的情境，多虧了經濟不平等放送的招募信號，情況就真的會跟字面一樣，富人變得更富。）

我們接下來看看突現怎麼幫助黏菌解決問題。

黏菌是群黏糊糊的、發霉般的、真菌般的、變形蟲般的單細胞原生生物，就只會製造一堆分類錯誤，像一塊毯子蓋在物體表面上那樣成長散布，尋找著微生物來吃。

在一團黏菌裡，無數個單細胞變形蟲，集合為一個慢慢流過表面來尋找食物的巨大合作單細胞，這顯然是種有效的獵食策略[16]（在這邊給一個突現要登場的提示；單一個獨立的黏菌細胞沒辦法慢慢流動，就跟單一水分子不會有濕的感覺是同個道理）。原本的個別細胞，藉由會根據流動方向伸長或收縮的細管彼此連結（見次頁圖）。

生了用虛擬螞蟻在電腦科學中達成的「蟻群最佳化」策略。這實在是一個以量產生質的漂亮範例；當我第一次領略它的時候，它的簡練簡直讓我頭暈目眩。因此，這種方法的品質，就反映在我向外推廣的聲音有多大——我在課堂上喋喋不休講述這方法的頻率，高過了其他沒那麼酷的主題，讓我的學生更有可能領略它，而在感恩節的時候跟他們的家長講，於是增加了家長跟鄰居、神職人員以及民選代表們說這方法的機會，導致每個人都把下一個小孩命名為多里戈的最佳化突現行為。要留意到，先前已經提過，這是一個接近最佳解的理想方式。如果你需要唯一真正最佳解，你就得要用緩慢而昂貴的集中控制式比較工具來進行暴力破解。此外，螞蟻和蜜蜂顯然不會準確遵從這些算式，因為個體差異和偶然情況會悄悄混進來。

16 這裡提一個明確的區別，細胞性黏菌物種的集體型態只是暫時的；原生質體黏菌的集體型態則是永久的。

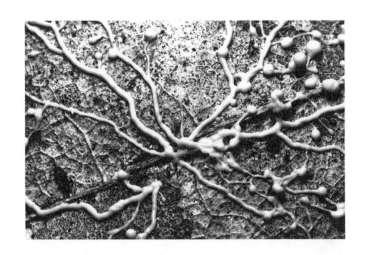

　　從這些集體性中突現了解決問題的能力。把一團黏菌噴到塑膠盤上一個通往兩條通道的小凹槽裡，其中一條通道尾端有一片燕麥片，另一條有兩片（黏菌愛吃這個）。黏菌不是送出偵查者，而是整團擴張開來，一口氣填滿了兩條通道，一次抵達兩個食物來源。而在幾個小時內，黏菌從只有一片燕麥片的通道撤出，並凝聚在有兩片燕麥片的那邊。若有兩條不同長度的路徑通往同一個食物來源；黏菌一開始會一次填滿兩條路徑，但最終只會走最短的那條。若走的是有多條路徑和死巷的迷宮也是一樣。[17][12]

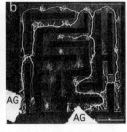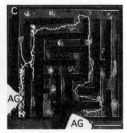

一開始，黏菌填滿了每條路徑（板a）；接著它開始從多餘的途徑收縮回來（板b），直到最終得出最佳解（板c）。（各種標記可忽視）

17　產生的問題是，那些不再是個體的細胞們的最佳化行為，是在什麼時候，像大量神經元進行最佳化運作足以構成一個有智慧的人那樣，構成了「智慧」？

　　北海道大學的手老篤史,把一團黏菌噗通一聲丟進一個用牆壁隔離、只在特定地方才有燕麥片的形狀怪異區域,展示了黏菌智慧的拿手好戲。一開始,黏菌擴張、形成眾多細管,用多條路徑把所有食物來源都互相連接起來。最終,大部分的細管收縮了,而留下來的部分,近似於用最少的細管總長來連接食物來源的結果。它們堪稱旅行黏菌。以下是讓觀眾會喊安可的東西——圖中的牆壁概略勾勒出東京周遭的海岸線;把黏菌丟進東京的所在位置,而燕麥片則對應了東京周圍市郊的火車站。而黏菌突現出的細管連結樣式,在統計上來看,這種模式與連接這些車站的實際鐵路路線十分相似。身上一個神經元都沒有的黏菌,對上多個都市規劃團隊。[13]

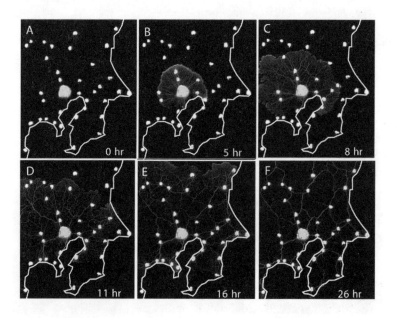

　　黏菌是怎麼辦到這麼困難的事情?跟螞蟻和蜜蜂滿像的。就以通往一片或兩片燕麥的那兩條通道來說好了。黏菌一開始會慢慢流動到兩條通道,一發現食物,細管就朝食物方向收縮,把其他黏菌往食物拉過去。關鍵在於,食物來源越好,細管產生的收縮力道就越強。接著,稍遠的細管朝同個方向收縮而逐漸消解力量,增加了往食物方向收縮的力量,向外擴張直到整個黏菌被拉進最佳路徑上。黏菌沒有哪個部分對兩個選項進行了比對並做出決定。相反地，延伸進兩條通道的黏菌發揮了偵查者的作用，而它放送較佳路徑的方式，是透過機械力量產生富者更富的招募行動。[14]

　　現在來想想成長中的神經元。它伸展出一個凸起物，分支為兩個偵查手臂（所謂的「生長錐」）朝兩個神經元前進。把腦部發育簡化成單一機制的話，就是每個目標神經元都藉由分泌一個梯度的「誘引物質」分子，如此來吸引生長錐。一個目標若「更好」，就會分泌更多的誘引物質，促使一個生長錐先抵達它那裡，讓成長中的該神經元凸起物裡的一條細管彎向該處，而被吸引到那方向去。那會讓鄰近它的平行細管更有可能做一樣的事。而那又會增加招募更多更多這種細管的機械力量。另一條偵查臂縮了回來，而我們成長中的神經元已和最好的目標連接起來了。[18][15]

　　我們來看看發育中的腦部，在形成最繁複且最晚近發展的部位，也就是皮質的過程中，運用我們這套螞蟻／蜜蜂／黏菌模式的情況。

　　皮質是一個六層厚的包覆層，就包在大腦表面上，切成截面來看，每一層都包含了不同種類的神經元（見次頁圖）。

18　為了大幅簡化事物，兩個生長錐的表面有誘引物質分子受體。當那些受體裝滿了誘引物質，生長錐分支裡會釋放另一種誘引物質分子，形成一個往主幹的梯度，把細管拉向那個分支。透過更多的受體填滿，更多的細胞外誘引物質放送訊息，一個細胞內放送訊號所拉攏的細管就越多。講一下真實神經系統內有多複雜；不同的目標神經元有可能分泌不一樣的誘引物質，因而不只能放送量的資訊，也可以放送質的資訊。再講一個複雜之處，一個生長錐的心中有時會有它想要連結的神經元的特定地址。相比之下，有時會有相對位置指定，如果神經元 A 隔壁的神經元已先連結上某個目標神經元，那麼，神經元 A 便會以前述目標神經元旁邊的那個神經元為目標。這一切所隱含的意義是，生長錐有在分泌「拒絕接受彼此」的訊號，所以偵測者會去偵測別的地方。我要感謝我們系上的同事駱利群以及海辛格，謝謝這兩位該領域的先鋒針對本主題慷慨與我討論，並讓我獲益良多。

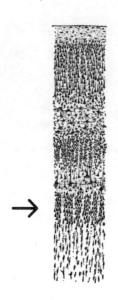

　　多層結構和皮質功能有著很大的關係。在圖片中，你可以把那塊皮質想成是分成了六條縱列（在箭頭的那一層，最明顯能看出有六團密集的神經元）。任一道迷你縱列的神經元，都把大量的垂直凸起物（也就是軸突）送向彼此，以此作為一個集體單位在工作；舉例來說，在視覺皮質中，一條迷你縱列可能解碼了光落在視網膜上一個點的意義，而它隔壁的迷你縱列則解碼了隔壁一個點上的光。[19]

　　皮質的構成，復刻了螞蟻使用的方法。皮質發育的第一步，起於皮質每個截面底端的一層細胞送出長而直的凸起物到表面，當作垂直鷹架。這些就是我們的偵查蟻，稱作放射狀膠質細胞（radial glia，次頁示意圖中的字母可略過）。放射狀膠質細胞一開始過剩，如果它點亮的路徑較不適宜、

---

19 說個題外話，不同的迷你縱列之間也會在同一層進行水平連結。這會產生一個酷到極點的迴路。來想想一條皮質縱列，它會回應視網膜上一小片地方的光刺激。如前所述，圍繞著它的迷你縱列，回應的是第一小片視網膜旁邊其他幾小片視網膜所接受的光刺激。一個很厲害的迴路技倆是，當一條迷你縱列被刺激時，它會利用它的水平投射，來讓周遭的迷你縱列安靜下來。結果呢？會產生一個邊緣更銳利的影像，這種現象稱作側邊抑制。這東西最讚了。

不直接，就會（透過一種受控的細胞凋零機制而）被消滅。我們就這樣有了第一代探索者，其中在建造皮質方面有著較佳解的會存續更久。[16]

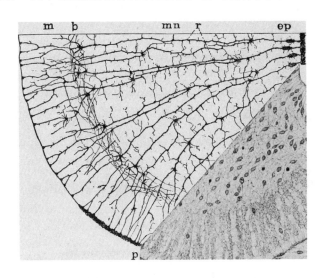

　　接下來會怎樣你應該知道。新生的神經元在皮質底端隨機遊蕩，直到碰上放射狀膠質細胞。它們接著沿著膠質細胞的導引軌道向上移，在身後留下化學吸引因子訊號，招募更多新手加入，很快就會成形的迷你縱列。[20][17]

　　從昆蟲和黏菌到你的腦，整個過程都有偵查者、依品質而定的放送，以及使富者更富的招募。這些全都沒有一個總體規劃，沒有哪個組成部分知道的事情比隔壁鄰居多，也沒有哪個零件在做選項比較並且選擇最好的一項。生物學家赫胥黎（Thomas Huxley）早在 1874 年就出於了不起的先見而有了這些想法，他撰文討論了生物的機械本質，談到牠們因此「不

20　每個新神經元一到場，就一次一個地依序形成突觸，而這是神經元確保自己知道有沒有按照自己需要的數量來製造突觸的方法。在眾多向外擴張、尋找樹突目標來開始形成突觸的生長錐裡，不可免地會有一個生長錐偶然比其他生長錐有更多的「播種」成長因子。很多的播種因子會導致生長錐招募到更多的播種因子，進而壓迫了鄰近生長錐的生長過程。這種富者更富的劇本，導致突觸只會一次形成一個。

過是模仿著智慧，就像蜜蜂模仿著數學家一樣」。[18]

　　該來談談突現系統的另一個模式了。

把有限的大東西安置在無限的小空間裡

　　想想以下這張圖。最上面的那行包含了單一條直線。把中間三分之一拿掉，產生了兩條構成第二行的線；那兩條線加起來，是原本那條線的三分之二。各自拿掉中間三分之一，就產生了四條線，加起來是原本那條線的九分之四。依此規則無止盡地做下去，就會產生某個看似不可能存在的東西——數量無限多的點點，它們的累積長度卻是無限短。

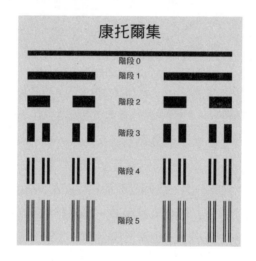

康托爾集

階段 0
階段 1
階段 2
階段 3
階段 4
階段 5

　　同一件事用二維的方式做。（下頁圖）找一個等邊三角形（#1）。在每一邊上產生另一個等邊三角形，也就是利用中間的三分之一當作新三角形的底，產生出一個六芒星（#2）。在那每一個點上做一樣的事，就會產生一個十八個點的星星（#3），然後是五十四個點的星星（#4）。如此再三反覆下去。無止盡做下去後，你會產生同一種不可能性的二維版，也就是，這個形狀從這回到次回的面積增加量是無限小，但它的周長卻是無限長：

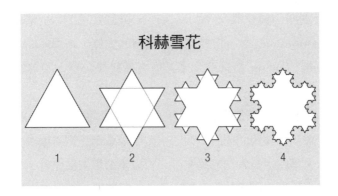

現在來做三次元的。弄一個方塊。每一面可以想成是一個 3×3 的九宮格。拿掉九宮格的最中間，留下八個：

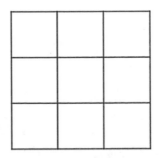

現在把那剩下的八格都想成是 3×3 的九宮格，然後把最中間的那格拿掉。將這個流程在方塊的六面上無限次地重複。而當你達到無限時，你所達成的不可能，就是一個體積無限小、表面積無限大的方塊。

　　它們分別叫作康托爾集（Cantor set）、科赫雪花（Koch snowflake）以及門格海綿（Menger sponge）。這些是碎形幾何的支柱，在那裡你一而再再而三地重複同樣的操作，最終產生了某個在傳統幾何學上不可能存在的東西。[19]

　　而那有助於解釋你循環系統的一些部分。你體內的每個細胞離某條微血管的距離頂多就幾個細胞遠而已，而循環系統達到這項成就的方式，是在一個成人體內生長大約七萬七千二百五十公里的微血管。然而，那個大到離譜的公里數，卻只佔你身體大約 3% 的體積。從現實世界中真實身體的觀點來看，這讓循環系統接近於「無所不在、無限地存在著，但又只佔無限小的空間」的情況。[20]

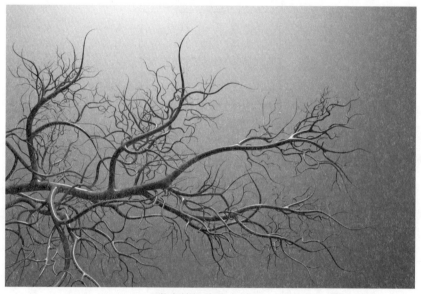

微血管網的分支模式

　　神經元也面臨類似的挑戰，它想要送出一團糾纏的樹狀分支，而那些分支可以容納一萬到五萬個突觸的輸入，這些突觸有著枝狀的「樹」，佔用的空間卻盡可能地小，建造成本也盡可能地低：

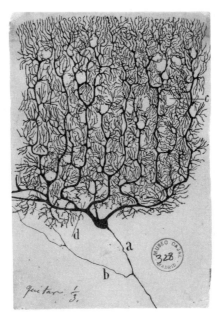

單一個真實神經元的典型教科書式繪圖

　　當然，還有樹木，形成真正的樹枝來產生最大量的表面積，好讓整棵樹的葉子吸收日光，同時還讓整體生長的代價最小化。

　　對於康托爾、科赫或門格來說，[21] 這種相似性和背後的機制是顯而易見的，即所謂的迭代分叉——某個東西生長了一個距離後分成兩道；那兩道分枝生長了一段距離後每個又分成兩道；那四道又⋯⋯一而再再而三，從主動脈一路化為七萬七千二百五十公里的微血管，從一個神經元的第一個樹狀分枝化為二十萬個樹突棘，從一根樹幹變成五萬根綠葉繁茂的樹梢之類的東西。

　　從單一細胞到一棵巨木的尺度，這樣的分叉結構是如何在生物系統中產生的？這個嘛，我會告訴你一種保證不會發生的情況，那就是，對每

21　為了避免我們好像在裝熟，還是要說一下，這些人分別是 19 世紀德國數學家康托爾（Georg Cantor）；19 世紀和 20 世紀交界的瑞典數學馮科赫（Helge von Koch）；20 世紀奧地利裔美國數學家門格（Karl Menger）。

個分叉都有下具體而特定的指令。為了產生有十六根樹梢的分枝樹，你得要個別產生十五個分枝事件。六十四根樹梢，就要六十三項分枝。一個神經元的一萬條樹突棘，要有九千九百九十九項分枝。你沒辦法派一個個基因去專門監督每一個分枝事件，因為那樣你就沒基因了（我們只有大約兩萬個基因）。此外，就如海辛格（Robin Hiesinger）所指出的，用這種方法打造一個結構，需要一張跟結構一樣複雜的藍圖，這就產生了烏龜問題：藍圖是怎麼產生的，而產生藍圖的藍圖又是怎麼產生的……？對於循環系統和真正的樹木來說，這些問題會越鬧越大。

你需要的，反而是不管縮放到什麼規模都能以同樣方式運作的指令。像以下這些不受規模大小影響的指令：

步驟 1：從一個直徑為 Z 的管子開始（用管子，是因為從幾何學上來說，一條血管分枝、一條樹狀分枝，以及一根樹枝，都可以想成是這個樣子）。

步驟 2：把管子延伸下去，直到它為直徑的四倍（也就是 4Z，四是隨便想的）。

步驟 3：到了那個時間點，管子分岔，分成兩條。重複這樣做。

此時會產生兩條管子，每一條的直徑都是 $\frac{1}{2}$Z。而當那兩條管子為該直徑四倍長（也就是 2Z）的時候，它們又一分為二，共產生四條分枝，每條直徑都是 $\frac{1}{4}$Z，而當它們各自達到 1Z 時，又會一分為二（見次頁圖）。

儘管一棵生長成熟的樹看起來確實複雜無比，但它的編碼方式（理想化來說）可被壓縮成只需一點點基因就能成功達成的三道指令，而不是把你的半套基因組都用掉。[22] 你甚至可以讓那些基因的效果和環境交互作用。假設你是高海拔地區居民肚裡的胎兒，空氣中的氧濃度低，因此你的

---

22 樹突、血管和樹在「分支會長到直徑的幾倍時才分岔」有可能會不一樣。

胎兒血循環也一樣氧濃度低。這觸發了一個表觀基因上的改變（回到第三章），以至於你循環系統的管道長到三‧九倍長而非四‧〇倍長的時候就開始分岔。這會讓毛細血管散布得更茂密（我不確定那會不會解決高海拔的難題——這只是我掰的假設）。[23]

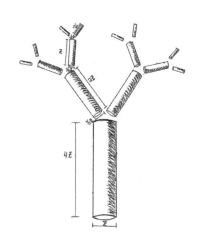

　　所以，你甚至可以只靠著一點點能跟環境交互作用的基因就做到這點。但我們現在把這轉換成現實中真正的生物體內管道，以及基因的實際運作內容。你的基因要怎麼編碼像「不管你規模多大，反正長到直徑四倍長後就要分支」那麼抽象的東西？

　　人們提出了各種模型；以下是一個非常棒的模型。我們來想想一個正要產生要分岔樹突的胎兒神經元（雖然也可以是我們前面談過的任一種其他的分岔系統）。我們從神經元表面薄膜上一小片注定是樹要開始生長的地方開始（見下頁圖左）。要留意，在這個非常人為的版本中，薄膜有兩層，而在兩層之間是某種「生長物質」（我編的），由一個基因編碼而成的。那個生長物質觸發了正下方的神經元區域，使它開始打造一個會從那裡突起

23　潛藏在此處的是對第 4 條規則的需求，也就是，需要知道何時停止分支。若是說神經元或循環系統或肺部系統的話，就是在細胞抵達目標時停止。至於會一直生枝的樹……我不知道。

的主幹（右）：[21]

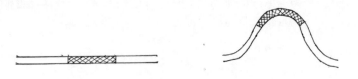

　　一開始那邊有多少生長物質呢？足夠生長 4Z 的量，會讓主幹長到
4Z 那麼長後停下來。為什麼停下來？關鍵在於，神經元生長前端的內層
長得比外層稍微快一點，以至於內層就在 4Z 的長度左右碰到了外層，把
共用的生長物質一分為二。尖端沒有生長物質了；過程停在 4Z。但有個
關鍵是，現在該主幹的兩側都各自積存了 2Z 份量的生長物質（左）。而
那又觸發了正下方的區域開始生長（右）；

　　因為那兩個分枝比較窄，內層這次才到 2Z 就碰到了外層（下頁圖左），
而那又把生長物質切成了四份，每個都只有長 1Z 的份量。然後就這樣下
去（下頁圖右）。[24][22]

24　第十章會談隨機性何時出現在生物學中，在這個例子裡，隨機性出現的方式是「生
　　長東西」不是每次都分成剛好的兩半（也就是各有 50% 的分子往兩邊過去）。這些小小
　　的差異代表了分支系統可能可以容許有一些變異；換句話說，真實世界比這些美麗
　　而清晰的模型要亂上許多。就如匈牙利生物學家林登麥伊爾（Aristid Lindenmayer）所言，
　　這就是每個人的腦（或神經元，或循環系統……）看起來很像但從來都不一模一樣的原
　　因（就連同卵雙胞胎也是）。1Z 層最後一張圖中的不對稱，象徵性地呈現出這一點（這
　　並不在我計畫之中，我畫的時候畫壞了）。

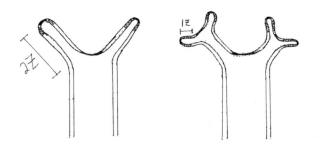

這個「以擴散為基本的幾何學」模型，關鍵在於兩層的生長速度不一樣。概念上來說，外層和生長有關，內層則是和停止生長有關。眾多其他模型同樣以突現方式生出了分岔，用的是類似的主旋律。[25] 很美好的是，人們發現負責編碼「有成長性質的分子」和「有停止生長性質的分子」的兩個基因，對於發育中肺臟裡的分岔來說至關重要。[26][23]

而酷到不行的事情是，這些天差地別的生理系統──神經元、血管、肺部系統，以及淋巴結──都在建造組織的過程中，從*同一批*基因裡各使用了一些，來編碼生成同樣的蛋白質（像是血管內皮生長因子〔vascular endothelial growth factor，VEGF〕、艾芙林〔ephrin〕、尼特林〔netrin〕以及訊號素〔semaphorin〕等一小群蛋白質）。這些不是用來（好比說）產生循環系統的基因，而是用來產生分岔系統的基因，可用於單一個神經元，也可以用於幾十億個細胞的血管及肺部系統。[24]

這些東西的愛好者會發現，這些分岔系統全是碎形，在碎形中，不論你是以什麼樣的縮放率來考量該系統，複雜的相對程度都是恆定的（並發現，身體中的碎形有別於數學的碎形，前者並不會永久分岔下去──物理現實到了

---

25 有個模型稱作圖靈機制，以電腦科學的其中一位奠基者圖靈（Alan Turing）命名，而他也是圖靈測試和圖靈機的名稱由來。當圖靈沒在忙著完成上述那一切工作時，他寫出了一套數學公式，證明模式（好比說神經元分支、花豹的斑點、斑馬的條紋、我們的指紋）可用少數簡單規則來突現生產。他於 1952 年首度將這些數學理論化；接著生物學家只花了六十年就證明了他的模型正確無誤。

26 近期一項研究證明，有兩個基因在很大程度上可以解釋寶塔花菜（Romanesco）的分支模式。如果你不知道那個東西長什麼樣，放下書去 google 它的照片。

某個時間點就會捍衛自己的存在）。我們現在處在非常奇怪的領域，得要考量前一段提到的那種由「碎型基因」編碼生成的分子。那代表說，從單一神經元到整個器官系統，一定都有碎形突變，打斷了正常的分枝；也存在著一些跡象暗示有這種情況。[25]

這些原理也能運用於非生物的複雜性——例如，為什麼奔流入海的河流會分岔形成河口沖積平原。這甚至能運用於文化。我們來想想最後一種突現分岔樹，它所顯示的若不是這種現象極其抽象而無所不在，那就是我比喻用過頭了。

看看下面這張大幅分岔的示意圖；不用擔心樹梢是什麼——留意佈滿了所有地方的分枝就好。

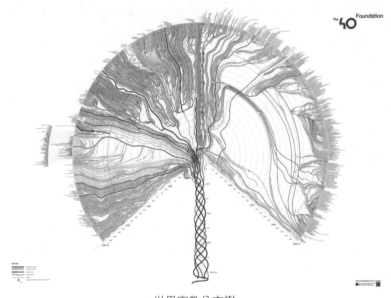

世界宗教分支樹

這是什麼樹？外圍周邊代表的是現在。往裡面的每一環代表了往回溯一百年，如此一路抵達中央的西元 0 年，然後有一根主幹從那回溯數千年。這個分支圖代表了什麼？地球上宗教的突現史——有著大量的分岔、三岔、走向死路的分支等等。以下是部分的放大：[26]

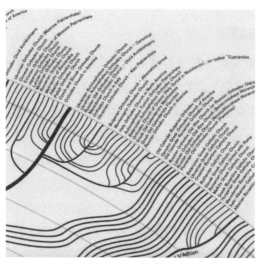

宗教分支史的一個微小切片

　　在這個宗教突現史中，是什麼構成了每根「管」的直徑呢？或許是宗教信仰強度的各種量標──信徒人數，他們文化的均質度，以及他們集體的財力或權力。直徑越寬，管子在開始不穩前存續的長度就越長，但不受規模大小限制。[27]這是否意味著適應性，就跟分析（好比說）分岔的血管一樣？我認為，現在差不多該察覺到這種思索已如履薄冰，應該收手了。

　　這一節給了我們什麼？跟前一節談及尋找路徑的螞蟻、黏菌和神經元都是一樣的主題，關於「一個系統的組成部分如何局部地交互作用，以大量的該組成部分重複極多次，然後從中突現最佳化的複雜性」的簡單規則。完全不需集中掌權者去比對各個選項，然後做出自由選擇下的抉擇。[28]

27　歷史事件提供了些許這樣的不穩定性。想想馬丁路德受夠了羅馬教廷的腐敗，導致天主教與新教的分裂；因為對於穆罕默德的繼承者到底該是巴克爾（Abu Bakr）還是阿里（Ali）一事上看法不一，導致了遜尼派和什葉派各走各的伊斯蘭路線；（和東歐猶太人相比之下算是）獲准融入基督教社會的中歐猶太人，產生了更為世俗的猶太教改革派。

28　再次提醒，真實世界的細胞和身體並不像這些高度理想化的模型一樣純淨。

來設計一個城鎮吧

你在一個新城鎮的計畫委員會上，在無止境的會議後，你們共同決定要把城鎮蓋在哪兒，以及城鎮有多大。你們排定了格狀的街道網，選定了學校、醫院和保齡球館的位置。該來想想店家該放在哪裡了。

商店委員會首先提議，商店應隨機散布在整座城鎮內。呃，那並不完全令人滿意；人們希望商店集聚在一啟才方便。好的，委員會說，接著便提議將所有商店集中在城中地區。

呃，那樣也不太對。集聚在一起，停車就會出現問題，而在這個超級大商場中央的店家會很難接觸到顧客，生意會做不下去——他們會死於某種商業上等同於缺氧的原因。

下一個計畫——規劃六個同樣大小的購物中心，彼此等距。聽起來很不錯，但有人留意到，幾十間咖啡店全都位在同個購物中心裡；那些咖啡店會逼到彼此開不下去，與此同時，另外五間購物中心沒有咖啡店。

回頭重新計畫，現在不要只關注「有店」，也要關注店的類型。在每間購物中心裡，要有一間藥局、一間市場、兩間咖啡廳。考量不同類型商店間可能產生的交互作用。應該把糖果店和牙醫診所分開。把驗光配鏡師放在書店旁邊。把犯戒律的地方——義大利冰淇淋店、酒吧——跟那些悔罪之處——健身中心、教堂——的比例弄正確。而且，不管怎麼做，都不要把賣「天祐美國」長袖運動衫商店放在賣「美國無神」運動衫的商家旁邊。

一旦全都實施下去，還有最後一步，就是建造主幹道把購物中心彼此連接起來。

在這個人人各有專業、各自懷有野心和私人意圖，然後又因為某人怨恨他人拿走了最後一個甜甜圈，而嚴重打擊合作精神的都市*計畫*會議全部結束後，這個城鎮的商業區總算規劃完成了。

找一只裝滿神經元的燒杯。那些神經元才剛出生，所以還沒有軸突或樹突，就只有注定要邁向光明的圓滾滾小細胞。把內容物倒進培養皿，裡面裝著讓神經元感到幸福的營養湯。細胞現在隨機地散落各處。離開幾天後回來，用顯微鏡看看那些神經元，你會看到這樣的景象：

　　會有一堆神經元待在購物中心，呃，我是說聚成一塊；最右邊是另一團細胞體的起點，有著凸起物作為主幹道連通這兩塊，也連通到超出顯微鏡畫面外的遙遠團塊。

　　沒有委員會、沒有城鎮計畫、沒有專家，沒有自由做出的選擇。就只有跟計畫出來的城鎮一樣的圖樣，突現自一些簡單的規則：

　　——被隨機丟進湯裡的每個神經元，都分泌一個化學吸引因子訊號；它們都試著叫其他神經元往它們那移過來。在偶然的巧合之下，某兩個神經元彼此的距離比全體平均距離要來得近，於是它們成為了鄰里間第一對聚集成塊的神經元。這就讓該處放出的吸引因子訊號變成兩倍強，讓它們更有可能吸引到第三個神經元，然後是第四個……因此，這裡上演了富者更富的劇本，形成一個發源地，即區域集團向外成長的起始點。像這樣的成長聚集體在鄰里間星羅棋布。

　　——每個神經元團塊達到某個特定大小後，化學吸引因子在那個時間點停止運作。那是怎麼運作的？以下是一個機制——隨著聚集起來的神經元越來越大團，中央的神經元得到的氧氣開始變少，觸發它開始分泌一種分子，降低化學吸引因子分子的活性。

——神經元始終都在分泌極微量的第二種吸引因子訊號。得要等足夠的神經元經由移動形成一個大小最佳化的團塊，集體來說才有足夠的材料，促使團塊裡的神經元開始跟彼此形成樹突、軸突和突觸。

——一旦這個局部網路的線路架好（這種情況的出現與否，可用〔好比說〕突觸是否達到一定密度來偵測），就會分泌出一種化學排斥因子，如今它會促使神經元停止和鄰居產生連結，並反過來開始向其他團塊送出長形凸起物，順著化學吸引因子的梯度而前去抵達目的地，形成團塊之間的幹道。[29]

　　這個主題說明了，藉由控制吸引訊號和排斥訊號出現的空間和時間，讓神經元購物中心這一類有適應力的複雜系統得以突出的一種模式。這是化學和生物學的基本陰陽兩極——互吸或互斥的磁鐵，帶正電荷或負電荷的離子，親水或疏水的氨基酸。[30]一條條胺基酸長串構成蛋白質，每個都有獨特形狀（並因此有著獨特功能），展現出平衡眾多吸力和斥力的最穩定構造。[31]

　　就如前文所示，在發育中的大腦建造神經元購物中心，需要兩種不同類型的吸引因子和一種排斥因子。然後事情還更複雜：有各式各樣分頭

---

29 另外還有一層像這樣的規則，但有著不一樣的誘引和排斥訊號，造就了每個團塊裡的神經元最終會屬於哪一類，就有點像是「每間購物中心只准開兩間咖啡店」那種規則。

30 所謂的疏水性或親水性胺基酸——端看該胺基酸與水相吸還是相斥。我曾聽一位科學家順口提到她不喜歡游泳，說自己有疏水性。

31 就想想生物化學上等同於「圓頂弧形在符合曲面上兩點最近距離的線條時，可在最小成本下達到最穩定狀態」的東西。

工作或合作的吸引因子和排斥因子訊號。有成長中的神經元與另個神經元的哪部分構成連結的突現規則。有一些生長錐，上面的受體只會回應一小組吸引因子或排斥因子訊號。有一個吸引因子訊號把一個生長錐朝自己拉過來；然而，當它靠近時，吸引因子會開始像排斥因子那樣運作；因此，生長錐會快速從旁穿過——這就是神經元閃過一個又一個路標、製造長距離凸起物的方法。[27]

　　大部分的神經生物學家，都把時間花在弄清楚（好比說）「接收某一特定吸引因子訊號的特定受體結構」之類的小細節上。然後，有那些浩浩蕩蕩走自己路的人，好比說前面引述過的海辛格，他研究腦如何根據我們前面看過的那種簡單的、突現的情報規則來發育。把綜述論文的章節取成〈有辦法的簡單規則〉（The Simple Rules That Can）這種淘氣名稱的海辛格，證明了像是正確鋪設蒼蠅眼中神經元線路所需的三條簡單規則之類的東西。都是些有關吸引力和排斥力的簡單二元規則，而且不需要藍圖。[32] 現在該來看最後一種產生突現樣式的風格了。[28]

局部性地講話，但別忘了有時也要全面性地講話

　　假設你生活在一個非常奇怪的社區裡。該社區總共有一百零一人，每個人都住在自己的房子裡。房屋（好比說沿著河流而）排列成一直線。你住在這條一百零一間房屋陣的第一間；你和你那一百個鄰居每一個互動頻率是多少呢？

　　有各種五花八門的可能方式。或許你只跟你隔壁鄰居講話（圖A）。或許你唱反調，只跟離你最遠的鄰居互動（圖B）。或者，你跟每個人都有等量的互動（圖C），又或是隨機互動（圖D）。或許你跟你隔壁的鄰居

---

32 這些五花八門的神經是怎麼知道（好比說）要分泌哪個吸引或排斥的訊號，以及什麼時候分泌呢？多虧了先前的其他突現規則，以及在那些規則前的規則，以及……的烏龜們。

最多互動，然後跟再過去的鄰居就掉了 X% 的互動量，然後跟又再過去的鄰居又掉了 X% 的互動量，以恆定的比率遞減（圖 E）。

接著，有一種格外有趣的分布，你 80% 的互動發生在離你最近的二十個鄰居身上，而剩下的 20% 則散布給其他所有人，而你每走遠一些，你的互動可能性就會稍微減低一些。（圖 F）。

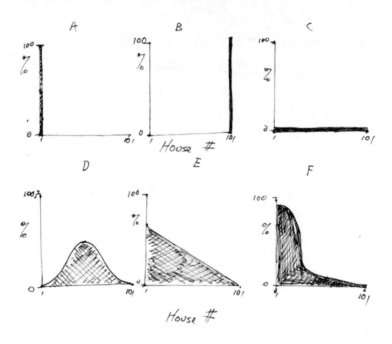

這便是八二法則（80:20 rule）──大約 80% 的互動出現在大約 20% 的群體中。在商業圈，人們諷刺地把八二法則說成 80% 的抱怨來自 20% 的客戶。80% 的犯罪是由 20% 的罪犯犯下。公司 80% 的工作成果要歸功於 20% 員工的努力。在疫情初期，絕大多數的新冠病毒傳染是由一小群被感染的超級散播者造成的。[29]

八二法則的這種描述，抓住了所謂「帕雷托分布」（Pareto distribution）的精神，是數學家所謂「冪定律」的一種。儘管正式來說，它是由曲線的各種特色所定義，但用講的最容易瞭解：當絕大部分的互動都非常局部，過了那之後就大幅滑落，接著你越往前，互動就越稀罕，這樣的情況就是冪次分布。

　　各式各樣的怪東西到頭來都有著冪次分布，而東北大學的網路科學家巴拉巴西（Albert-László Barabási）率先進行的研究就展現了這點。在美國，姓氏屬於前一百個最常見的盎格魯薩克遜姓氏的人當中，有 80% 的人姓的是其中最常見的 20% 個姓。人們的簡訊往來中，有 20% 的往來產生了80% 的簡訊文字。20% 的網站引起 80% 的搜尋行為。大約 80% 的地震在強度上可歸於最弱的 20% 級別。在八場不同的起義戰爭中五萬四千起暴力攻擊裡，有 80% 的死亡發生在 20% 的攻擊事件中。另一項研究分析了過去兩千年裡十五萬位著名知識分子的人生，查明他們每個人死去的地方離出生處有多遠，結果有 80% 的人從生到死的移動距離，落在最長距離級別的前 20% 裡。[33] 一種語言中 20% 的詞彙產生了 80% 的使用量。月球上 80% 的隕石坑在大小上都屬於最小的 20% 級別。演員會有一個貝肯數；如果你和演出無數作品的貝肯（Kevin Bacon）共演過（約有一千六百人），你的貝肯數就是 1；如果你跟某個跟貝肯共演過的人共演，那你的貝肯數就是 2；如果跟你共演的人曾跟一個與貝肯共演的人共演過，那就是 3（這是最普遍的貝肯數，大約包含三十五萬名演員），如此這般。從那個模態數字開始，並從那開始增加貝肯數的話，就會出現擁有下個貝肯數的演員人數越來越少的冪次分布。[34][30]

33　這個研究很吸引人。有些地方是知識份子的淨輸出地，是他們比較有可能搬走而非搬入的地方——利物浦、格拉斯哥、敖德薩、愛爾蘭、俄羅斯帝國，以及我出生的小地方布魯克林。這是「求求你帶我走」的那種劇本。然後還有那種淨輸入地，好比說曼哈頓、巴黎、洛杉磯、倫敦、羅馬那種吸鐵。其中一塊吸聚了知識份子並讓他們在那待上一輩子（但根本沒多久）的吸鐵，就是奧許維茲（Auschwitz）。

34　貝肯數證明了不可能性的長尾效應看起來會呈冪次分布。貝肯數為 4 的演員大約有十萬人（84,615），5 有大約一萬人（6,718），6 有大約一千人（788），7 有大約一百人（107），而貝肯數為 8 的人有十一人——在這個分布中每往前進一步，事件罕見的程度就會變成十倍。

　　數學家則是有「艾狄胥數」，是以傑出的古怪數學家艾狄胥（Paul Erdös）命名；他跟五百零四位合作者發表了超過一千五百篇論文；艾狄胥數如果偏低，在數學家之間是一件值得得意的事。當然只有一人的艾狄胥數為 0（也就是艾狄胥本人）；最普遍的要我在貝肯數或月球隕石坑的冪次分布中看出什麼有適應力的東西是有點困難。然而，生物世界的冪次分布展現可以有高度的適應力。[35][31]

舉例來說，當一個生態系統中有很多食物，眾多物種便會隨機地覓食，但當食物不足時，大約 80% 的覓食試探（也就是朝某一個方向尋找食物，然後再試另一方向）都是在過往最長搜索距離的 20% 以內，這到頭來讓「尋找食物所花費的能量和發現食物的可能比率」最佳化；免疫系統的細胞在尋找稀有的病原體時，也展現了同樣的情況。海豚家族內以及家族間社交互動，就展現出一個八二分配；那 80%，代表了家族團體就算在個體死去後依然穩固，而有那 20%，能讓覓食情報在家族間流動。我們體內大部分的蛋白質是專才，只跟其他幾個類型的蛋白質交互作用，形成小而有功能的單位。同時，有小比例的蛋白質是通才，能與各式各樣的其他蛋白質交互作用（通才是蛋白質網路間的轉換點——舉例來說，如果一個能量來源很稀罕，一個通才蛋白質就會轉而使用不同的能量來源）。[36][32]

然後，腦中存在著具適應力的冪次律關係。在神經元網路連結方式的問題上，什麼算是有適應力或有用的呢？這看你要哪種腦。或許，是

艾狄胥數為 5（87,760 位數學家），其後，頻繁程度就會以冪次分布逐步下滑。

跟你說哦——有人貝肯數很低，同時還有一個很低的艾狄胥數。目前的最低紀錄數字 3，由兩個人共同保持。一位是克萊特曼（Daniel Kleitman，他跟艾狄胥共同發表論文，還在《心靈捕手》中演過麻省理工學院的數學家，也就是他本人；而跟他在同部片演出的卓芙〔Minnie Driver〕的貝肯數則是 1）。還有一位是數學家布瑞茲尼克（Bruce Reznick，他的艾狄胥數也是 1，但很奇妙的，他在一部爛番茄評為 8%、顯然差到不行的電影中擔任臨演；那部片叫《美雛成行》〔Pretty Maids All in A Row〕，其中有一位演員麥克道爾〔Roddy McDowall〕的貝肯數是 1）。要順帶講下去的話，麻省理工學院數學家烏雪爾（John Urschel）的弗拉科數／艾狄胥數合計為 5，其中艾狄胥數為 4，而弗拉科數為 1；烏雪爾在國家美式足球聯盟中跟四分衛弗拉科（Joe Flacco）同隊過，而他顯然是（或者說曾是）十分重要（譯注：弗拉科數並不是公認的人際距離數，作者似乎只是想強調有烏雪爾這樣一位在美式足球和學術都表現優異的人物）。

35 大部分都展現了這個特質，但並非全部如此。例外情況很重要，證明了有這種分布的案例是經演化挑選過的，並非只是網路不可免的特色。

36 舉一個通才的例子，亨汀頓氏舞蹈症的突變，產生了異常版本的某種蛋白質。這要如何解釋疾病的症狀呢？誰知道啊。該蛋白質與其他一百多種蛋白質交互作用。

每個神經元突觸都盡最大可能與最大數量的其他神經元掛上線，同時又讓所需軸突里程數達到最低的腦。或許，是在解決簡單的熟悉問題上速度達到最佳化的腦，或是在解決罕見困難問題的創造力方面最佳化的腦。又或者，是在腦受損時能夠只失去最少量功能的腦。

那些特質你只能將其中一項最佳化。舉例來說，如果由於你腦中神經元配置是由相似的神經元組成高度互連的組件，而讓你的腦只在乎快速解決熟悉的問題，那麼你一碰上某個出乎意料而需要一些創意來處理的事情，就會馬上搞砸。

雖然你不能把一個以上的特性最佳化，但你可以把不同需求間的*平衡*和*要做出什麼權衡*最佳化，來打造一個身處特定環境，在可預測性及創新性的平衡上最為理想的網路。[37] 而這最終有一個冪次分布，（好比說）皮質迷你縱列中的絕大部分神經元都只和隔壁鄰居交互作用，而越來越少的子群會遊走越來越長的距離。[38] 放大來看，這解釋了一種「腦性」，也就是絕大部分的神經元形成了一個緊密而局部的網路，也就是「腦」。只有小比例的神經元，一路延伸到像是你腳趾頭那樣的地方。[33]

因此，不論是小規模的單一神經元，還是大規模的神經元廣泛網路上，腦都演變出各種可在「解決熟悉問題的局部網路」和「有創造力的廣泛網路」間取得平衡的多種樣式，同時又壓低了建造成本和空間需求。而且一如往常地，沒有一個中央籌劃委員會。[39][34]

---

37 表現這種對比的方式有，選擇力量最大化還是穩健度最大化，或者可變性還是彈性最大化，或者穩定性還是可操縱性最大化。

38 腦包含了「小世界網路」，一種特殊類型的冪次分布，強調「將功能相關的節點所組成團塊的連結性質最佳化」與「將任一節點和另一節點連結的平均最低步驟數最佳化」之間的平衡。

39 盡責查證的註腳：腦中塞滿冪次分布的概念，並沒有讓每個人都開心不已。首先，隨著一些科技進步而能偵測比較薄的軸突投射，人們發現，許多本以為稀少的長距離投射，到頭來並沒有像預期中那麼稀少。接著，冪次分布跟「截短的」冪次分布有所不同。而且就數學上來說，許多案例裡的別種「尾大式」分布，會被誤稱為冪次分布。我就是在這邊放棄讀這些東西的。

突現豪華版

我們現在已經看過突現系統中起作用的幾個模式——品質較好的解答送出較強的招募訊號而出現「富者更富」現象;把接近無限的東西放進有限空間的「迭代分岔」;對吸引法則和排斥法則的時間和空間控制;在不同線路的架設需求之間,取得數學上的最佳平衡。除此之外還有很多。[40][35]

以下這兩個突現的例子,將這些模式中的幾個合併了起來。其中一個的影響十分驚人;另一個則是太過迷人而讓我無法忽略。

先講迷人的那個。想想一片腳趾甲,(在忽視了趾甲會有的彎曲部分後)呈現為高為 X 單位的完美柏拉圖式長方形(示意圖 A)。用剪刀破壞這個完美,把腳趾甲剪下一個三角形(示意圖 B)。如果腳趾甲宇宙並不涉及突現複雜性,腳趾甲現在就會重新長成示意圖 C 那樣。然而,你卻會得到示意圖 D。

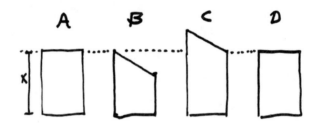

這是怎麼辦到的?腳趾甲的前端因承受著接觸外在世界(例如你襪子的內側;一塊石頭;該死的咖啡桌,為什麼不把它移走,明明都只會在上面堆垃圾)的

---

40 「還有很多」,包括了一個稱作共識主動性的突現現象。先不提別的,它解釋了白蟻是怎麼搬移超過四分之一噸的土讓來打造約 9 公尺高的白蟻丘,還會像你的肺部一樣進行氣體交換;解釋了電腦科學家拿來複製、藉以打造學習機器的反向傳播神經網路;解釋了專業程度只有平均水準的一群個體,加起來勝過單一極度專業者的那種群體智慧突現;也解釋了維基百科使用的那套由下而上的內容篩選系統,如何產生出堪比《大英百科全書》的正確程度(維基百科成了醫師們使用的主要醫療資訊來源)。

主要壓力而變厚，而它一旦變厚，就會停止生長。
在剪下一小片之後，只有保持原本長度的點 a（下
一張示意圖）維持變厚。而隨著點 b 重新生長、帶
它來到跟點 a 一樣的高度，它現在承受著外在世
界的主要壓力而開始變厚（它的進一步生長可能受到
鄰近 a 點的厚度所限制）。當 c 點抵達時，同樣的流
程又發生了⋯⋯並沒有可比對的資訊涉入其中；
點 c 不用在比照點 b 或比照點 c 之間做選擇。最
佳解反而是從腳趾甲重生的本質中突現。

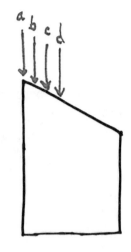

　　什麼激發了我把這個例子包含進來？一個叫
做馬蒂瓦拉（Bhupendra Madhiwalla）的人，住在印度
孟買，在他八十二歲那年，用他自己的一個腳趾甲做了那個實驗，他反覆
拍攝趾甲重新生長的過程，然後突兀地把照片 e-mail 給我。而那讓我開心
不已。

　　接下來，就是棒到不行的最後一個例子。研究腦中神經元的功能，
會讓你知道腦中神經元有何功能，這本身是套套邏輯。但有時候，在培
養皿裡培養神經元，可以找到更詳細的資訊。這些通常是二維的「單層」
培養體，一團漿體中個別的神經元隨機鋪陳，然後開始彼此連結起來，
就像塊毯子那樣。然而，某些高超的技術讓長出三維培養體成為可能，
其中幾千個神經元的漿體懸浮在溶液中。而那些各自獨立懸浮的神經元，
會找到彼此並互相連結，構成一團「類器官」腦。而在幾個月後，這些總
算勉強大到不用顯微鏡就能看到的類器官，會自我組織成腦架構。人類皮
質神經元構成的一團漿狀物開始製造放射狀鷹架，[41] 構成一塊原始皮質，
有著初始的分層，甚至有著初始的腦脊髓液。而這些類器官最終會產生同
步的腦波，以類似在胎兒和初生兒腦中的方式成熟。隨機的一票神經元，

41　這似乎很重要，因為，如果拿人類的類器官腦和其他猿類的類器官腦做比較的話，
　　就會發現基因在這些細胞中表現的模式差異真的很大。

彼此徹底陌生的一個個單位浮在一個燒杯裡，就這麼自發性地把自己打造
成我們腦的起始模樣。[42] 相比之下，自行組成的凡爾賽宮只不過是小巫見
大巫。[36]

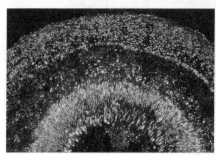 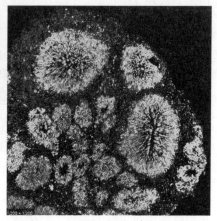

　　這樣一趟旅程讓我們看到了什麼？(A) 從分子到生物群體，生物系統
都產生著複雜性和最佳化結果，跟電腦科學家、數學家以及都市規劃者所
達到的結果一致（而機器人學家更是明著把昆蟲的群體智慧策略借去使用[37]）。(B)
這些有適應力的系統，是從進行簡單而局部交互作用的簡單組成零件中突
現的，全都不需要集中掌權者，也不需要公開比對然後做出決定，不需

------

42 有一些實驗現在正以包含尼安德塔人基因的神經元來製造類器官人腦。其他研究讓
　　皮質類器官聯繫肌肉類器官，讓後者收縮。另一個研究團體一直在製造類器官／機
　　器人介面，兩者都會跟對方聯繫溝通。好的，嚇壞了嗎？這些東西是否漸漸會開始
　　有意識、感覺到痛、會作夢、有願望，對身為它們造物主的我們有愛恨感受？就如
　　一篇相關論文的標題所言，該來作一點「事實查核」了。這些是腦的模型系統，而
　　不是腦本身（這在瞭解〔好比說〕茲卡病毒〔Zika virus〕為什麼會造成人類胎兒腦結構出現大
　　幅異常方面很有用）；這邊讓你瞭解一下它的規模，類器官腦包含了幾千個神經元，
　　而昆蟲腦的範圍則是從十萬個到好幾十萬個。儘管如此，這一切都必須先停一下
　　（另一篇論文的標題則是問〈實驗室長大的腦能否出現意識？〉〔Can Lab-Grown Brains Become
　　Conscious?〕），而法學家與生物倫理學家也正開始參戰，討論哪幾種類器官是不應該
　　製造的。

要藍圖或是畫藍圖的人。[43] (C) 這些系統有著只存在於突現層次的特性——單一神經元無法具備線路的相關特質，而且不必求諸於組成零件的還原論知識，就能預測其行為。(D) 這不只是解釋了我們腦中的突現複雜性而已；我們的神經系統所使用的幾種伎倆，跟個別的蛋白質、蟻群和黏菌之類的東西所使用的全都一樣。全都沒有魔法。

　　嗯，那還不壞啊。只是說，自由意志跟這有什麼關聯？

---

43 關於突現，有一句常常用到的完美引言：「蝗蟲沒有君王，卻能成群列隊出發。」我喜歡這之中的諷刺，因為寫這段話的書是在讚揚一個假定中存在的個體；如果全世界都以由上而下的集中權威來運作的話，這個個體就最為得利——這段話出自《聖經》（〈箴言〉30 章 27 節）。哦，對了，蝗蟲為什麼會成群行進？每隻蝗蟲之所以會往前行進，是因為緊跟後頭的蝗蟲想把牠吃掉。

08

你的自由意志會不會就那麼突現出來？

首先，是我們全體都同意的事情

所以，突現講的是一堆還原論的零件磚頭產生了各種令人驚嘆的突現狀態；而那些狀態徹底無法預測，或是只能根據只存在於突現層次的性質來預測。令人欣慰的是，沒有人認為自由意志潛藏在神經元等同於個別磚頭的東西裡（這個嘛，是幾乎沒有人；我等下一章再說）。慕尼黑大學哲學家李斯特（Christian List）很好地總結了這一點：「若只透過基本物理學或甚至神經科學的鏡片看世界，我們恐怕找不到能動性、選擇以及心理上的因果關係。」而拒絕接受自由意志的人們「犯了錯誤，在錯的方面，也就是在物理或神經生物學的層面上尋找自由意志——在那個層次上是找不到的」。肯恩也有一樣的看法：「我們認為我們必須在微觀層面上成為創始者（才能解釋自由意志）……當然，我們意識到我們不能這麼做。但我們不用這麼做。那是找錯了地方。我們不必對個別神經元一個一個進行微管理。」[1]

所以這些自由意志的信徒，能夠接受單一個神經元無法違抗物理宇宙並擁有自由意志。但一大票的神經元就可以。引用李斯特的話，「自由意志和其先決條件，是更高層次的突現現象。」[2]

因此，有很多人把突現和自由意志連結起來；我不會關注其中的大部分人，因為老實說我不懂他們在主張什麼，再講白一點，我不認為這種缺乏理解完全是我的錯。至於那些使用較能讓人理解的方式探討「自由意志是突現」的人，我認為，他們犯錯的方式大致分成三種。

問題一：混沌失足復刻版

　　這我們都很熟悉怎麼操作。相容論者和對自由意志懷疑的不相容論者，都同意世界是決定論的，但對於自由意志能否與之並存看法分歧。但如果世界是非決定論的，那你就給了自由意志懷疑論者來了一記釜底抽薪。在講混沌的那一章，你已經看到將混沌系統的不可預測性當成非決定論，才實現了這個目標。你可以看到人們是如何因為突現複雜性眾多實例的不可預測性，犯下同樣的錯誤，而把車開下懸崖的。

　　哲學重磅人物李斯特 2019 年的著作《自由意志為何是真的》（*Why Free Will Is Real*）引起了巨大轟動；我們可以在他的著作中找到這種情況的絕佳範例。如前所述，李斯特很快就察覺到，個別神經元是以決定論的方式運作的，但同時堅持一個更高層次、突現的自由意志。根據他的觀點，「世界在某個層次上可能是決定論的，但在其他層次上是非決定論的。」[3]

　　李斯特強調獨一無二的演化，是決定論系統的一個定義特徵，其中任何起始狀態都只能產生一種結果。當同樣的起始狀態一再地重複運作，那麼你不只每次都得到一個完善的結果，而且它最好都是同一個。接著，李斯特用一個模型表面上看似證明了突現非決定論的存在（該模型以各種不同形式出現在他數篇發表的作品中）：

　　右頁圖代表的是一個還原論的細粒度場景，其中五個（從左向右進展）相似的起始狀態各自產生了五個不同的結果。接著看下圖，據李斯特所言，那展示了突現的非決定論狀態。他是怎麼得出結論的？下圖是「以一種更高層次的描述展現了同個系統，透過將狀態空間*粗粒度化*」得到的，使用的是「尋常的捨入慣例」。這麼做之後，五個原本不同的起始狀態就變成都一樣，而那單一個起始狀態便能產出五條完全不同的路徑，證明了它是非決定論且不可預測的。[4]

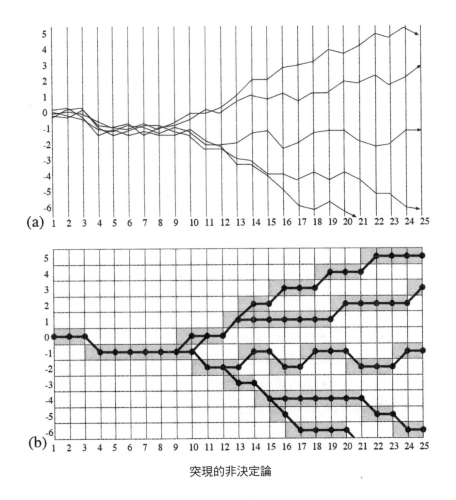

突現的非決定論

　　呃，或許不是這樣。當然，一個在微觀層次上是決定論的系統，在宏觀上可以是非決定論的，但前提是你得要能認定那五個（雖然相似但）不同的起始狀態實際上全都一樣，並把它們合併為單一一個更高階的模擬。這又是在講上一章的東西——當你是羅倫茲，吃完午餐回來後把你的電腦程式粗粒度化，認定早上的參數可以用平常的捨入慣例來捨去，然後你就被一隻蝴蝶從背後咬了一口。兩件類似的東西並非就一模一樣，你不能只因為它代表了思考的慣例，就認定是它們是一模一樣的。

　　為了反映我的生物學根源，以下是同一觀點的示範：

　　這邊有類似結構的六個不同分子。[1] 現在來把它們粗粒度處理，確定它們相似到可以藉由尋常規模的捨入慣例被視為相同。因此，當我們把其中之一注射到某人體內並觀察發生什麼事時，它們可以互換使用。如果不總是有完全相同效果的話，對啦，你可能證明了突現的非決定論。

　　但它們並不完全相同。考慮第一列中間和最下面的分子結構。它們極其相似——在期末考中只要記住它們的結構差異就好了。但如果你把它們粗粒度化為完全相同的東西，而不是非常相似，情況就會變得一團亂——因為上面那個分子是一種雌激素，而下面的是睪固酮。如果你忽視初始條件敏感性，而以隨便認定的尋常捨入慣例來決定兩個分子完全相同的話，那麼你就會有時候弄出有個陰道的人，有時候弄出有陰莖的人，有時兩種都弄出來。這可是證明了突現非決定論呢。[2]

1　專門用語：它們都有一個「類固醇環結構」。
2　完整說明：左列最上方的激素是醛固酮。從右列最上方開始的激素是皮質醇，一個稱作孕烷醇酮的神經類固醇，然後是黃體素。

　　這是上一章的復刻版；不可預測和非決定論不是同樣的東西。把螞蟻大軍分散到十個餵食點，你會無法預測牠們在超過三十六萬種的可能路徑中，最後選擇的路徑離旅行推銷員難題的*唯*一解到底會有多近（以及會走哪條路徑）。你反而得要一步步去模擬牠們的細胞自動機發生了什麼事。再來一次，同樣的螞蟻在同樣的起始點，但這次讓那十個餵食點中的一個放在稍微不一樣的位置，你就會得到另一個也近似於旅行推銷員解的不同結果（且依然接近到不可思議）。反覆這樣做，每次都把其中一個餵食站稍稍移動，你就有可能得到一整批很棒的解答。起始狀態的小小的差異可以產生非常不一樣的結果。但一個一模一樣的起始狀態做不到這點，也應該不能證明非決定性。

問題二：孤兒胡鬧

　　「在突現系統中，起始狀態能產生多種結果」的這種想法已講得夠多了。下一個錯誤的範圍還更廣——有一種想法是，突現代表了你起頭運用的還原論的零件磚頭，能產生出從今以後什麼鬼都做得出來的突現狀態。

　　陳述這種想法的方式有很多，而在那些陳述方法中，大腦、*因果或唯物論*這些用詞，被充作還原論零件那個層次的東西；而*心理狀態、一個個人或者我*，則意指巨大的突現終端產物。根據哲學家葛蘭農（Walter Glannon）所言，「雖然大腦產生並維繫了我們的心理狀態，但它並不決定心理狀態，而這就留下了足夠的行動餘地。」他結論說，「一個個的人，是由腦所構成，但並不完全等同於那個腦。」在神經科學家夏德倫筆下，賦予突現狀態一種特殊地位，因為突現「作為因果鏈中*孤立的實體*而出現，使其在神經機制中得以實現」（斜體是我加的）。羅斯基也寫下相關的說法，「宏觀層次的解釋和決定論的真實並不相干。這些論點也同樣足以解釋，為什麼行為者在一個決定論的世界裡仍在做著決定，以及他為什麼要為此負責。」[5]

　　這就產生了一個重要的二分法。對此有興趣的哲學家討論著「弱突現」，也就是一個突現狀態不管有多酷、多華麗、多出乎意料、多有適應力，它還是受限於那些還原論的零件能做到什麼和做不到什麼。與其相對的是「強突現」，這種從微小中突現的突現狀態，已不再能從微小的起始來演繹推論，就連從混沌理論意義上的那種逐步推論方式，也沒辦法加以演繹推論。

備受尊崇的哲學家、里德學院的貝道（Mark Bedau）認為，理論上，憑藉著無憂無慮的自由意志，可以為所欲為的強突現不太可能存在。[3] 強突現的主張「加劇了傳統的憂慮，即突現不合法地從無中生出有」，而那「像魔法一樣而令人不安」。[4] 紐約大學深具影響力的哲學家查爾莫斯（David Chalmers）則認為，唯一接近具強突現條件的就是意識；該領域另一位主要貢獻者、約翰霍普金斯大學物理學家卡羅爾（Sean Carroll）也有同樣想法，他認為，儘管意識是強突現令人感興趣的唯一真正理由，但那保證不是強突現的例子。

由於強突現（因此成了自由意志的根源）的作用很有限（如果有的話），我們只剩下弱突現。用貝道的話來說，就是「那不是放諸四海皆準的解決方法」。你有可能會失心瘋，但沒辦法「失去腦」；不論蟻群在突現方面有多酷，牠們還是由螞蟻組成，受限於個別螞蟻能做或不能做什麼；而腦仍然是由如同腦細胞那樣運作的腦細胞構成的。[6]

除非你使出最後一招，讓自由意志從突現中變出來。

問題三：違抗重力

最後一種錯誤不經意出現的地方是這樣想的：一個突現狀態可以從

3　20 世紀的哲學幾乎都只思考強突現的假說，而貝道做出了引人注目的懇求，說明哲學家為何應該對弱突現有興趣──因為那是真實世界實際運作的方式。

4　巴西哲學家戈梅茲（Gilberto Gomes）滿心戒備地不承認有魔法，寫說從他的相容論觀點來看，「這個『我』不是一個在自然因果領域之外的抽象或超自然實體。『我』是一個自我組織並自我操控的系統。」

上而下改變其零件磚頭的基本性質。

我們都知道，在磚頭層次的修改可以改變突現的終端產物。如果你注射了一個分子的多種複製版本，這個分子能活化「十四個子類別的血清素受體中的六類」，[5] 你的宏觀層次就有可能接收到其他人接收不到的栩栩如生影像，甚至再加上一些宗教超脫感。把某人血流中的葡萄糖分子量急遽降低，他們因而產生的宏觀層面可能會沒辦法記得克利夫蘭（Grover Cleveland）是哈里森（Benjamin Harrison）前任還是後任總統。[6] 就算意識在條件上最符合「最接近真正的強突現」，然而在注入苯巴比妥之類的分子引發你的無意識後，你就會發現它並沒有那麼地不受它的基礎材料所影響。

很好，我們都同意，改變小處可以大幅改變突現，反之亦然。坐在這裡，然後按下按鈕 A 或 B，如果問的是你偏好哪張畫，是半笑著的文藝復興女子還是康寶湯罐頭，那麼，運動神經元驅使你的手臂肌肉轉向這邊或那邊，將會由稱為「美學」的宏觀突現現象來操控。或者，按按鈕決定你認為這兩人誰比較可能下地獄，或者 1946 年的《稱我先生》（Call Me Mister）跟 1950 年的《稱我夫人》（Call Me Madam）哪部音樂劇最鮮為人知，也是這樣被操控的。

2005 年一項社會從眾的相關研究，展示了一個特別鮮明、令人著迷的突現版本，它操縱了個別神經元在還原層次的工作。讓一名受試者坐下，給他看三條平行線，其中一條明顯比另兩條短。哪條比較短？很明顯就那條啊。但把他放到一組人當中，組裡其他人都（為實驗暗樁）說最短的其實是實際上最長的那條——根據實際情況，會有百分比高到驚人的人最終會說，對啊，最短的是實際上最長的那條。這種從眾分成兩種。第一種是西瓜偎大邊的公共從眾，你明知哪條線最短，但還是附和其他人，好讓大家開心。這個情況下，杏仁核會活化，反映了那種驅使你去附和明顯錯誤答案的焦慮。第二種是私人從眾，你喝了酷愛（drink the Kool-Aid，美

5　也就是 LSD（譯注：全名為麥角酸二乙醯胺，是在流行文化中有過重要作用的迷幻藥）。

6　陷阱題（譯注：前者為美國第二十二屆及二十四屆總統，後者正好居中為第二十三屆總統）。

國飲料品牌；1978 年人民聖殿教教主瓊斯在蓋亞那帶領信徒集體自殺時，大部分人都喝下了摻毒藥的酷愛飲料，因此這句話的意思是指在團體壓力下接受團體想法）並真心相信說，不知道為什麼會這麼奇怪，是你自己弄錯了線的長度，而別人確實是正確的。在這情況下，在學習和記憶中扮演核心作用的海馬迴會活化——從眾試圖重寫你先前所見之事。但比這還更有趣的是，連視覺皮質也活化了——「嘿，那邊那幾個神經元，你們一開始耍笨以為比較長的線其實比較短。啊，你們現在還看不清真相哦？」[7]

想想這個。視覺皮質中的一個神經元會在什麼時候活化？來在一個可忽略的細節上打滾一下。當一個光子被視網膜感光細胞碟狀膜內的視紫質吸收，導致蛋白質的形狀發生變化，改變了跨膜離子流，並因此減少了神經傳導物質麩胺酸的釋放，會讓下一個神經元也涉入進來，開始了一連串動作，並以視覺皮質神經元出現一個動作電位作終。真是微觀層次上的一場還原大戲啊。

那在私人從眾期間發生了什麼事？視覺皮質裡那同一個機械先生（譯注：這可能是戲謔模仿《奇先生妙小姐》的命名方式）小神經元，因為「想要融入的衝動」這種宏觀層次突現狀態而活化；這種狀態是由一種建立在文化價值觀、想要看起來討喜、青春期粉刺留下低自尊疤痕等神經生物學表現所打造出來的。[8]

7　這個實驗方法間接提到了 1950 年代阿希（Solomon Asch）進行的經典研究，該研究證明，有比例高到令人沮喪的受試者，都在特定環境中遵從他們明知是錯誤的東西（而實驗中錯誤的意義無所不包，從「哪條線最短？」到「這些人該不該消滅？」都有）。不令人意外的是，這個實驗以及其他從眾與服從的經典研究，都是二戰促成的：那些德國人是真的都信那一套，或者說他們只不過是團隊合作者？

8　另一個宏觀影響微觀的迷人例子，跟第三章談過的東西有關——平均來說，來自個人主義文化的人們會看圖像中央的人，而來自集體主義文化的人則會掃過整個場景。思考一下：文化能有多突現就有多突現，影響到什麼食物是神聖的、什麼樣的性是禁忌、故事中怎樣算是英雄行為或是邪惡行徑。而這一切決定了那套控制你無意識眼球運動的神經元微運作程序。嗯，為什麼你先看圖像的那個部分？因為你的神經元迴路。因為五個世紀前在「隨便哪個地名之役」裡你的族人所發生的事，因為……

　　所以有一些突現狀態有著*由上往下的因果性*，亦即它們可以改變還原論零件的功能，並說服一個神經元相信長的是短的，戰爭是和平。

　　此處的錯誤在於相信，一旦一隻螞蟻加入了一千隻螞蟻群來弄清楚一個最佳化覓食路徑，由上而下的因果性就會讓牠突然間得到說法語的能力。或者，當一個變形蟲加入一團正在解迷宮的黏菌群體，它就成了一個祆教徒。以及，平常都受制於重力的單一神經元，一旦跟產生某種突現現象的所有其他神經元牽起手來，就不再受制於重力。基礎材料一旦成了某個突現物的一部分，就以*不一樣*的方式運作。那就像是相信說，當你把大量水分子放在一起，作為結果的濕性，會使每一個水分子從「由兩個氫和一個氧原子構成」，轉變為「由兩個氧和一個氫原子構成」一樣。但突現的全部重點、其神奇之處的基礎就在於，那些簡單到白癡、只知道幾條與隔壁鄰居互動規則的基礎材料，就算集合起來表現得比帶名片的都市規劃者還優秀，它們本身仍然完全*一樣地簡單到白癡*。由上而下的因果性並沒有使個別的基礎材料獲得複雜的技能；它所決定的，反而是那些基礎材料做它們簡單到白癡的事情時所處的環境脈絡。個別的神經元不會只因為與其他眾多神經元交互作用，就成為違抗重力並協助產生自由意志的無來由成因。

　　而這種突現自由意志派的核心信念是，突現狀態其實可以改變神經元運作的方式，而自由意志就取決於它。這假設了突現系統「擁有的基本元素，當它們作為高階系統的一部分運作時，就會以嶄新的方式運作」。但不論腦中的突現特質能有多不可預測，神經元可不會一加入複雜體就洗掉自己的過去。[9]

　　這是我們先前那種二分法的另一個版本。存在著從上往下的*弱因果性*，而像從眾這樣的突現物，可讓一個神經元以等同於回應光子的方式啟動，然而這個零件部分的工作方式並沒有改變。還存在著由上往下的*強因果性*，其工作方式可以改變。思考這問題的大部分哲學家和神經生物學家有個共識，乃由上往下的強因果性（要是存在的話）和本書的焦點並不相關。梅里瑪克學院的馬斯科勒（Michael Mascolo）以及于韋斯屈萊大學的卡利奧

（Eeva Kallio）在批評這種發現自由意志的方法時寫道：「儘管（突現系統）不可分解，但就『擁有超乎自身組成成分的因果力』的意義而言，它們並非自主的。」而西班牙哲學家波尼亞（Jesús Zamora Bonilla）在他的論文〈突現層次為何無法挽救自由意志〉（Why Emergent Levels Will Not Save Free Will）中也強調了這一點。或者就像馬斯科勒和卡利奧所陳述的：「雖然製造經驗和意義的能力是生物物理系統的突現性質，但調節行為的能力卻不是。自我調節的能力是一個生命系統早已存在的能力。」重力還是存在的。[10]

總算，來些結論吧

因此，在我看來，突現的複雜性儘管酷到難以衡量，卻不是自由意志所在之處，理由有以下三個：

a. 因為混沌理論讓人學到當兩個東西不一樣，而且不一樣的地方很重要時，不論那個差異看似多微小，都不能只是遵循慣例，然後說那兩個東西一樣；不可預測不代表未決定。

b. 就算一個系統是突現的，也不代表它可以選擇要做什麼就做什麼；它仍然是由其零件部分所構成，並受其所約束，有其凡俗的限制和小瑕疵。

c. 突現系統無法讓建造自己的那些磚頭不再有磚頭性。[9][11]

這全都是決定論世界裡固有的性質，不論狀態是混沌、突現、可預測或者不可預測。但如果這個世界到頭來其實不是決定論的話怎麼辦？繼續往下兩章前進。

9　即便說（引用建築師路易斯・康的話）「就連一塊磚頭都想要不同凡響」。

09

量子不確定性入門

　　我真心不想寫這章，或是下一章。事實上，我一直在害怕。當朋友問我書寫得怎樣時，我會做個鬼臉說，「這個嘛，還行，但我還拖著沒寫講不確定性的那幾章。」幹麼要害怕？首先，(a) 這兩章的主題落在極其古怪而違背直覺的科學上，(b) 我不是很懂那類科學，而且 (c) 即使那些你們覺得瞭解的人也承認他們不太瞭解，但與我的一竅不通相比，他們是深刻的不理解，而且 (d) 這主題對瘋狂愚蠢的想法施加了一種吸引力，就跟雕像會招來鴿子在上頭大便一樣地掛保證，或可說這股吸引力構成了一種「他們到底在講什麼？」的奇異吸引子。即便如此，我還是開講吧。

　　本章探查宇宙的一些基本領域，在那些領域中，極其微小的物質以一種不是決定論的方式運作。在那裡，不可預測性並沒有反映出人類應戰數學的局限性，或是等待更高倍率的放大鏡來把事物看得更仔細，而是反映了宇宙的物理狀態不會決定宇宙的模樣。而下一章是關於在這個不確定性的遊樂場內約束自由意志者。

　　假使我臨陣脫逃、在這邊就結束這兩章的話，結論將會是，沒錯，拉普拉斯式的決定論看起來真的會在次原子層次上分崩離析；然而，這樣小不點的非決定論實在很不可能對行為有任何影響；就算有好了，它也更不可能會產生什麼類似自由意志的東西；企圖在這領域尋找自由意志的學術探索，往往都很難取信於人。

未定的隨機性

當我們說「隨機性」的時候，到底指的是什麼？假設我們有一顆「隨機」移動的粒子。要符合資格，它會展現這些特質：

——如果在時間 0 的時候一個粒子在位置 X，別的時候你預期最有可能找到那個隨機移動粒子的地方，就是回頭在位置 X 上尋找。如果在某個 0 以後的時間點上，粒子碰巧在位置 Z 的話，那在接下來的時候，位置 Z 就是它最有可能存在的地方。最能夠預告一個隨機移動粒子可能在哪裡的情報，就是它此刻所在的隨便哪個位置。

——隨便挑個時間單位——好比說，一秒。該粒子下一秒運動的變異量，會跟從現在算起一百萬年後的一秒內一樣多。

——在時間 0 的時候的運動模式，跟時間 1 或 -1 的時候的關聯為 0。

——如果粒子看起來像是直線移動的話，拿放大鏡來近點看，你就會看到那並非真的是直線。那個粒子反而是以之字形移動，不論你放大到多少倍都一樣。

——因為是之字形移動，所以當放大到無限倍大的時候，一個粒子就會在任兩點之間移動一個無限長的距離。

這些是一顆粒子符合「未決定」的嚴苛條件。[1] 這些要求，尤其是某個無限長的東西放進有限空間、那套莫名其妙的門格空間海綿玩意，顯示了專有名詞「隨機性」跟隨機亂轉電視頻道的「隨機」有所不同。

1　在此，從次原子粒子到原子、分子以及肉眼可見的微小沙塵，都可以是一個「粒子」。

　　所以，粒子的隨機性，跟你是自己命運的主宰有什麼關係？

廉價隨機：布朗運動

　　我們從普通人版本的非決定論開始，這是一個很少人會在靜修冥想時深思的版本。

　　坐在一間除了一道光從窗戶照進來之外就全黑的房間，看看那道光沿途照亮了什麼（也就是說，不是看對面牆上被照亮的那個點，而是看看窗戶和牆壁之間被照亮的空間）。你會看到微小的塵埃粒子恆定地移動、震動，突然往這邊或那邊跑。全都隨機行動。

　　人們老早就（好比說布朗〔Robert Brown〕於 1827 年）留意到這個現象，但一直要到上個世紀，人們才辨識出懸浮於液體或氣體的粒子出現了隨機（random，亦稱 stochastic）運動。小小的粒子因為遭到光子隨機地擊打而擺動振盪，前者把能量傳遞到粒子上，產生了動能的振動現象。那導致粒子彼此隨機相撞，導致它們碰上其他粒子。每個東西都隨機運動，三體問題的不可預測性達到極致。

　　提醒一下，這不是細胞自動機的不可預測性；細胞自動機的每一步都基於決定論，但是無法預先確定。一個粒子任一瞬間的狀態，反而*都不會*依上一刻的狀態而定。拉普拉斯因此只能在墳墓裡鬱悶地振動著。愛因斯坦於 1905 年正式描述了這種隨機性的特色，而那也是他向世界宣布他不打算永遠當一個專利審查員的驚奇之年。愛因斯坦探討了影響懸浮粒子布朗運動程度的因素（要留意這邊是指一個以上的粒子──任一個粒子是隨機的，而可預測性只在大量粒子的總體層次上才有機率性）。熱會增加粒子的動能，是一種會增加布朗運動的東西。而當周遭液體或氣體環境黏稠或粒子較大時，這種運動就會減少。可以這樣想最後那件事：一個粒子越大，靶心就越大，就越有可能被大量其他粒子從各個方向撞上，而那會增加各路碰撞相互抵銷的機會，於是大粒子就會原地不動。換句話說，粒子越小，它所展現的布朗運動就越激動──吉薩的大金字塔雖然有可能在振動，但不會振動太多。[2]

所以布朗運動就是粒子隨機地相碰。這跟生物學有什麼關聯（看穿布朗運動與行為之關聯的第一步）？結果發現，關聯可多了。一份論文探討了某一類型的布朗運動是如何解釋了軸突末端的群體分布。另一份則是關於神經傳導物質「乙醯膽鹼」的受體，這種受體的複製品隨機地聚集成團，而那對於它們的功能來說十分重要。另一個例子跟腦中的異常有關——有些還很神祕的因素，會增加一種折疊方式古怪的碎片「β型澱粉樣蛋白（beta-amyloid peptide）」的生產。如果這種碎片的一個複製品隨機撞上另一個，兩者就會黏在一起，而這個聚合起來的蛋白質渣塊會越長越大。這些可溶的類澱粉聚合物，是導致阿茲海默症嫌疑最大的神經元殺手。而布朗運動有助於解釋碎片彼此相撞的機率。[1]

我喜歡用一個布朗運動的例子來教人，因為它削弱了「基因注定了生命系統中一切有趣的事物」的迷思。拿一個受精卵來說。當它分裂成兩個細胞時，裡面浮來浮去的東西，好比說成千上萬個細胞發電機「粒線體」，會出現隨機的布朗式分裂，從來都不是正好五五對分，每次對分的比例更不可能都一樣。而這代表，這兩個細胞在產生能量的能力上就已經不一樣了。「轉錄因子」這種會把基因打開或關上的蛋白質的無數個複本也會這樣；細胞分化時轉錄因子的不均等分裂，代表說這兩個細胞的基因調節會不一樣。在那之後的每一次細胞分裂中，隨機性都在生產細胞的過程中起了那樣的作用，而那些細胞最終構成了你。[3][2]

2　在斯托克斯—愛因斯坦方程式（Stokes-Einstein equation，名稱來自斯托克斯爵士〔Sir George Stokes〕，他是黏度方面的專家，在愛因斯坦一鳴驚人不久前過世）中，這些影響了布朗運動的因素有了正式的描述。方程式中的分子跟增加運動的主要力量——也就是溫度——有關；分母則是跟反抗粒子的力量，也就是周遭環境的高黏度以及粒子巨大的平均尺寸有關。

3　也因此，有著一模一樣基因的同卵雙胞胎，就算兩個個體各自只有兩個細胞，兩者的細胞還是不會一模一樣，而差異就會從這邊開始放大。同卵雙胞胎之所以不是一模一樣的人，一樣的基因之所以沒有把兩者的腦塑造成一模一樣，部分就是因為這個理由。

　　現在，該來放大倍率，看看布朗式的隨機性會對行為產生影響。來想想某個尋找著食物的生物，好比說魚。牠要怎麼找食物才最有效率？如果食物充足，魚會定在這個容易覓食的地方附近快閃覓食。[4] 但如果食物分散又稀少，最有效碰上食物的方式，就是切換到一種布朗運動式的隨機覓食模式，憶及所謂的「利維步」。所以如果你是大海中央唯一值得吃的食物，抓到你的那個獵食者應該是靠著利維步游到你這邊的。邏輯上來說，許多被捕食者是透過隨機而不可預測地移動方式，來躲避獵食者。同樣的數學描述了獵食者捕食獵物的另一種類型——白血球細胞尋找病原體吞噬。如果細胞位在一團病原體的中間，它就會直接發起攻擊行動，就跟殺人鯨在一票海豹中間獵食一樣。但當病原體稀少時，白血球就會切換成隨機利維步的狩獵策略，也像殺人鯨那樣。生物學最棒了。[3]

　　概括一下，世界充滿非決定論的布朗運動實例，有眾多生物現象都經過演化而能最佳化地利用這種隨機性的各種版本。我們這邊是在談自由意志嗎？[5] 在處理這個問題之前，該來面對不可避免之事並迎戰所有理論之母了。[4]

量子不確定性

　　開始囉。20 世紀初期，（得要歸功於牛頓的）宇宙運作之古典物理面貌，因量子不確定性的革命而身價大跌，此後萬物全都不一樣了。結果發現，次原子的世界怪到不可思議，而且仍然無法全面解釋宇宙的運作。我在此會概述對相信自由意志的人來說最相關的研究結果。

4　運動模式展現了一個冪次分布。回到第七章，大約 80% 的覓食試探都是在過往最長搜索距離的 20% 以內。

5　在小世界這個分類中，有一位對這個主題貢獻良多的研究者，支持的立場是人類和其他動物都有自由意志，他就是神經生物學家馬丁・海森堡（Martin Heisenberg）。沒錯，就是維爾納・海森堡（Werner Heisenberg）的兒子。顯然，蘋果樹是憑自由意志讓蘋果在原地落下的。

波／粒子二象性

最基本的怪異現象的開始，是湯馬斯・楊（Thomas Young）1801 年首度執行（又是那種博學家，如果沒在忙著搞物理學或者概述色彩視覺的生理機制，就是在幫忙翻譯羅賽塔石碑），酷到難以估算而堪稱理程碑的雙縫實驗。把一道光線對著一個有兩條垂直縫隙的屏障射過去，而在那後面是一面牆，可以偵測光打到了哪裡。這顯示了光以波的形式穿過了兩條狹縫。這是怎麼偵測到的？如果兩條縫隙都發出了一道波，那麼兩道波最終會重疊。當一對波重疊時，會出現一種獨特的辨識特徵——兩道波的波峰聚合時，會得到一個十分強大的訊號；而兩道波的波谷聚合時，情況就會相反；當一個波峰和一個波谷相會時，就會彼此抵銷。衝浪的人懂得這道理。

所以光以波的形式行進——這是經典知識。把一道電子流射向雙縫屏障，也是同樣的結果，出現波函數。現在，一次只射一顆電子，然後記錄它擊中偵側牆的哪一點，結果是個別的電子，那個個別的粒子，以波的形式穿了過去。沒錯，單一電子同步穿過了兩道縫隙。它同時出現在兩個地方。

事實證明，它不只是兩個地方。電子的確切位置是非決定論的，會憑機率同時分布在一整團地點中，這稱作「疊加」狀態。

到了這邊，談論此事的文章通常會說「現在事情變得不太對勁」——講得好像單一個粒子同時出現在多個地方一度很對勁似的。此時情況開始更不對勁了。在雙縫牆裡設置一個記錄設備，來記錄每一個電子的通過。你已料到會發生什麼事了——每一個電子會以波的形式同時穿過兩條縫。但沒有；現在每個電子隨機地穿過這條縫或那條縫。光是測量的過程，也就是記錄雙縫牆上發生了什麼事，就使得電子（而且到頭來發現，由光子構成的光束也）不再像波那樣行進。波函數「崩塌」了，而每個電子就像單一顆粒子那樣，穿過了雙縫牆。

因此，電子和光子展現了粒子／波的二象性，測量的過程把波變成了粒子。現在我們在電子*通過縫隙但還沒擊中偵測牆*的時候測量電子的性質，結果每個電子都像單一顆電子那樣通過其中一條縫隙。它「*知道*」它要被當成一個小單元來測量了，於是崩了自己的波函數。為什麼測量的過程會崩掉波函數——所謂的「測量問題」——仍是個神祕未解的問題。[5]

（稍微往前跳一下，你可以猜想到，如果你假設宏觀世界——好比說，像你這樣的大東西——也是這樣運作的話，情況就會變得非常新時代。你可以同時出現在好幾個地方；你就只是可能的存在而已，光是觀察某個東西就可以改變它；[6] 你的心智可以改變周遭的現實。你的心智可以決定你的未來。媽呀，你的心智可以改變你的過去。接著還有更多的胡說八道。）

粒子／波的二象性產生了一個關鍵的意義。當一個電子以波的形式經過一個點的時候，你可以知道它的動量，但你顯然不知道它的確切位置，因為它非決定論地處在每個地方。而一旦波函數崩塌，你就可以測量粒子現在的位置，但你不會知道它的動量，因為測量的過程改變了它的一切。沒錯，這就是海森堡測不準原理。[7]

無法同時知道位置和動量，疊加態的東西同一時間出現在多個地方，波一旦崩塌為粒子就無法知道一個電子會通過哪一條縫——這些事情都把一種基本的非決定論引入了宇宙中。愛因斯坦儘管顛覆了牛頓物理學那種還原論的、決定論的世界，卻討厭這種非決定論，因此宣告了那句名言：「上帝不跟宇宙擲骰子。」從此，物理學家開啟了一門家庭手工業，把某種形式的決定論從後門偷塞進去。其中愛因斯坦的版本是，系統其實是決定論的，而這要多虧某個（某些）尚未發現的因素；一旦能發現這個「隱藏變項」，事物就會回頭變得有道理。另一種走後門的舉動，是非常難理解的「多世界」想法。假設波不是真的崩塌為一個奇異點，

6　這裡要留意新時代的解讀是如何從思考「測量」這種正式過程，跳到思考非常個人的「觀察」流程。

7　這不只引發大眾的想像力，也產生了無數個海森堡不確定性的玩笑（海森堡在高速公路上飆車，被警察攔下來。「你知道你剛剛開多快嗎？」警察問道。「不知道，但我知道我在哪裡，」海森堡回答。「你剛剛開到每小時 129 公里，」警察說。「哦，這下可好了，」海森堡說，「現在我迷路了。」）。

它們的波性反而在無限數量的宇宙中持續著，產生一個（或多個）徹底決定論的世界，而你如果一次只從一個宇宙來觀看，看起來就會是單一的。我覺得啦。我的感覺是，大部分懷疑論者都愛用隱藏變項來閃躲。然而，大部分物理學家都接受量子力學的非決定樣貌——稱作哥本哈根詮釋，反映它由人在哥本哈根的波耳（Niels Bohr）所支持。用他的話來說，「那些第一次遇上量子理論卻不震驚的人，是懂不了它的。」[8][6]

糾纏與非區域性

來看下一個怪異之處。[9]兩個粒子（好比說位於一個原子不同電子層上的兩個電子）彼此會「糾纏」，它們的性質（好比說自旋的方向）會連結起來而且徹底相關聯。那種相關聯總是負向的——如果一個電子往某個方向自旋，與它耦合的那個搭檔就會往反方向自旋。亞斯坦（Fred Astaire）用左腳向前踏出，羅傑斯（Ginger Rogers）就會用她的右腳向後踏出。（譯注：兩人為 1930 至 1940 年代好萊塢當紅的歌舞片搭檔）

但情況比那還怪異。首先，這兩個電子不一定要在同個原子裡面。它們可以相隔好幾個原子。OK，好的。甚至呢，最終發現，它們還可以相隔更遠。目前的紀錄是兩個粒子分別位於兩座地面站，相隔超過一*千兩百公里*，由一顆量子衛星連結。[10]此外，如果你改變其中一個粒子的性質，另一個也會改變，暗示了兩者間有非區域性的因果關係。糾纏的量子最多可以相隔多遠，並沒有理論上的限制。金牛座中蟹狀星雲裡的一個電子，

8　波耳也提供了我最喜歡的科學冒險行為相關引言：「事實的相反是虛假，但一個極度真實的相反，非常有可能是另一個極度真實。」
9　我要感謝物理學家尚卡羅引領我領略這邊的內容。順帶一提，糾纏的研究是 2022 年諾貝爾物理學獎的基礎，而該獎頒給了克勞澤（John F. Clauser）、阿斯佩（Alain Aspect）以及塞林格（Anton Zeilinger）。
10　這之中的含意是，你可以藉實驗而在兩個粒子之間誘發糾纏，而那似乎要用到雷射來對著東西照射。

可以與你門牙縫卡住的花椰菜渣裡的一個電子糾纏。而最奇怪的是，當一個粒子的狀態改變，另一個的互補變化是*即時*出現的[11]——代表花椰菜和蟹狀星雲正以比光速還快的速度在影響彼此。[7]

　　愛因斯坦不太開心（並用德語中等同於「*陰陽怪氣*」之類的酸話稱這種現象）。[12]1935 年，他和兩名協作者發表了一篇論文，質疑這種即時的糾纏能否存在，並再一次假設有幾種隱藏變項不用求助超光速的神力便能解釋事物。1960 年代，愛爾蘭物理學家貝爾（John Stewart Bell）證明了愛因斯坦論文中的數學有些不對勁。在那之後的幾十年裡，數種格外困難的實驗（好比用前述那顆衛星做的實驗），證實貝爾當年所說的「愛因斯坦說糾纏的詮釋有誤，但其實是愛因斯坦自己弄錯」的確無誤。換句話說，這現象是真的，只不過，儘管它產生了十分準確的預測，但基本上還是無從解釋。[8]

　　從那之後，科學家就探索了量子糾纏用於電腦運算（蘋果那邊的人似乎有著大幅進展）、用於通訊系統，或許甚至用於「當你想著自己要是擁有某個小東西就會比較快樂那瞬間，就自動從亞馬遜收到那東西」的可能。而古怪之處就是停不下來——距離夠長的糾纏還能展現出時間上的非區域性。假設你有兩個糾纏的電子彼此相隔一光年；改變其中一個的話，另一個就會在同一刻……其實是在一年前就改變了。科學家也在一個光子和細

---

11 或者至少遠比實驗所能達到的時間解析度極限（尺度為千萬億分之一秒）要快上許多。那樣的話，至少要比光速快九個數量級。順帶一提，如果我沒理解錯誤的話，單一粒子的疊加狀態可以想成是涉及了糾纏——一個電子同時通過兩條縫的時候，與它自己糾纏。

12 1905 年那時候，愛因斯坦是打從格瓦拉以來最有魅力、最時髦的革命者（如果時間是倒著走的話）。然而，隨著年事漸長，愛因斯坦卻對後起的物理學革新做出一些無謂的抵抗反應。許多革新思想家都有這種熟悉的模式。心理學家西蒙頓（Dean Simonton）證明了這種對新想法關上大門的行為，並不那麼是實際年齡所造成，反而更是學術年齡所造成——在某一特定領域中，你獲得了人們的讚揚（畢竟任何革新事物能做的，就是把你和你的同夥擠出教科書）。幾年前，我做了一個準科學研究（發表在備受尊崇的技術期刊《紐約客》上），展現了大部分人（不管是不是受人讚揚的思想家）隨著年紀增長而對音樂、食物、流行革新關上大門的方式。發現愛因斯坦是個反革命老頭，讓我們之中會在宿舍牆上貼那張慣例吐舌頭海報的人頗為失望。

菌的光合結構之間，證明了生物系統中的量子糾纏。[13]想也知道，這之後就是會有人去猜測，自由意志或許就存在於時光旅行的概念中、存在於同一顆腦神經元之間的糾纏間，以及（這樣想下去一定會想到的）不同腦之間神經元的糾纏之間。[9]

量子穿隧

經歷了前面那一切的怪事後，接下來這個在概念上來說很簡單。對一面牆射出一串電子；就我們所知，每一顆電子都以波的形式行進，而疊加會使得每一顆電子在你進行測量的那一刻之前，都還是根據機率同時存在於眾多個地方，包括那種真的真的很不可能但理論上來說卻可能的結果，也就是，眾多個地方裡居然有一個是牆的*另一頭*，因為電子穿了過去。事實證明這可能會發生。

這趟可憐的量子力學之旅到此結束。就我們的需要來說，主要重點在於，在大部分的學者看法中，次原子宇宙在本體論層次和認識論層次上，都打從根本以非決定論的方式運作。粒子可以同時在好幾個地方，可以用比光速更快的速度與距離極遙遠的另一個粒子相聯繫，讓空間和時間都打從根本變得不可靠，而且還可以穿透結實的固體。我們接著就會看到，那足以讓人在宣稱自由意志存在時變得很瘋狂。

---

13 然而，因為一些科學家主張其成因是非糾纏機制，使得這項研究有些爭議。該研究將細菌放在兩面相隔不到一根頭髮寬的鏡子之間。有六個細菌都展現了這種現象。我們已經習慣了「神經成像在六個有突變的成年人身上進行」或者「在六個國家進行流行病學調查」之類的事。用六個細菌做的研究感覺很迷人，而且也確實該讓人覺得很古怪。但有鑑於細菌數量如此地少，我們就得問一些問題，好比說每個細菌那天早上吃了什麼；當它們還是胎兒時，它們的母親有沒有定期接受家庭訪視；這些細菌的祖先是在什麼樣的文化中長大。

10

你的自由意志是隨機的嗎？

量子生命性：
注意和意圖是體現的機制

　　前一章揭露了宇宙一些真正古怪的地方，那些怪事在一系列事件中引入了一種打從根本的非決定論。幾乎從消息傳開的第一時間起，一些相信自由意志存在的人就把各式各樣的神祕鬼扯都歸因於量子力學。[1] 於是現在就有量子形上學、量子哲學、量子心理學的擁護者。有量子神學和量子基督教唯實論；該流派的一個支派拿量子力學來舉證，證明人類無法被還原為可預測的機器，從而使人類具有獨特性，符合著《聖經》所主張的上帝用獨一無二的態度愛著每個世人。對於「我不相信組織化宗教，但我是個非常有靈性的人」的群眾來說，還有量子靈性和量子神祕主義。接著，還有新時代創辦者喬布拉（Deepak Chopra），他在 1989 年的著作《量子療癒》（*Quantum Healing*）中，向讀者承諾會有一條邁向治療癌症、逆轉老化，以及（老天爺啊）甚至能邁向永生不死的途徑。[2] 有量子行動主義，

1　有趣的是，我從沒看過有人拿布朗運動的不確定性來做一樣的事──好比說，沒有人開設布朗超脫研修班來賺大錢。這也不意外──量子不確定性是同一時間在多個位置，但布朗運動卻是灰塵粒子隨機亂跑。因此我懷疑說，新時代信仰者把布朗運動看成一種很死白男的東西，就跟工會那批死也要投共和黨的傢伙一樣，而量子不確定有的是愛、和平以及多次高潮（讓這片美妙景色更複雜的事實是，量子界的教主海森堡曾努力替納粹製造原子彈。海森堡在戰後宣稱，原子彈並未出現，是因為他暗中破壞工作，這樣的說法是贖罪的真相還是在卸責自保，歷史學家看法不一）。

2　順帶一提，本章開頭的引言「注意和意圖是體現的機制」是一個叫威廉森（Tom

其觀點就如新時代物理學家在研討會上所擁護的：「這種想法是要根據
量子物理學的原理，來改變我們自己和我們的社會。」有「量子認知」、
「自旋居中促成的意識」、「量子神經物理學」，以及——準備聽好囉——
振盪和量子力學的「星雲笛卡兒系統」，解釋我們自由做選擇的腦。還有
一種格外讓我生氣的支派，稱為量子心理治療，該領域的一份論文主張，
臨床憂鬱症根源於血小板細胞膜內找到的脂肪酸裡的量子異常；如果你日
復一日感受到令人窒息的悲傷，知道有人在探究這個觀點來幫助你會帶
給你希望。與此同時，同一本期刊還包含一篇論文，目標在於協助改善
思覺失調症患者的治療方式，標題為〈無意識與思覺失調症之量子邏輯〉
（在那之中「量子」這個詞佔了論文摘要用詞的 9.6%）。我就老實說吧，一想到
那些受苦的人，我就不可能喜歡吹噓這種廢言的人。[1]

　　這些荒唐廢言中有些一致的主題。有個概念是，如果粒子可以糾纏
且彼此即時連通的話，那就會有一種統一性，一種可以把所有活物連在一
起的一體性，其中包括了所有人類（除了那些不善待海豚或大象的人）。糾纏
現象所產生的時間旅行詭異情況，會被劫持去證明「理論上，沒有你不
能回去修補的不幸事件」。有種主題是，如果你光是看著一個量子就（好
像）能讓它崩掉，那麼，你就可以達到涅槃或者走進老闆辦公室獲得加薪。
根據同一名新時代物理學家所言，「我們周遭的物質世界，不過就是意識
可能的運動。我每時每刻都在選擇我的體驗。」也有那種常見的比喻說，
不論量子物理學家用高科技玩意發現了什麼，都僅僅證實了古人早就已經
知道的事情；而邪惡反常的「唯物論者」跟他們的「古典物理學」[3]——「都

Williamson）的人所寫的，他會把喬普拉（Deepak Chopra，印度裔美國籍醫生兼作家，靈性和
身心醫學著書眾多）推特動態上的詞隨機串在一起。威廉森網站（wisdomofchopra.com）今
天的隨機虛構喬普拉引言為「無形的虛空在事實的屏障之內」以及「直覺反應了你
自身的分子」。心理學家潘尼庫克（Gordon Pennycook）有一篇有趣到難以抗拒的論文
討論了這個網頁，標題為〈論偽深奧胡扯之接收與偵測〉（On the Reception and Detection
of Pseudo-profound Bullshit）。

3　話雖如此，有些專家把自由意志視為古典物理學的產物，例如哥倫比亞大學的物理
哲學家伊斯麥爾（Jenann T. Ismael）。

是一群指使人們該如何體驗意義的菁英主義者」。這一切無限的可能都是
為了讚頌新時代治療師瑪莉包萍（Mary Poppins，譯注：《歡樂滿人間》〔英文
片名即《瑪莉包萍》，是下凡協助一個家庭度過困難的仙女保姆〕）的一場大秀。[4][2]

　　這裡的一些問題顯而易見。這些通常未經神經科學家審查或讀過的
論文，都是發表在科學索引不會分類為科學期刊的期刊上（好比說《神經量
子學》〔NeuroQuantology〕），由沒受過專業訓練、不知道大腦如何運作的
人所撰寫。[3]

　　但是對這種思想的批評，偶爾還是會把某個知道大腦如何運作的人
士給拉進來批評一番，在此就得要提到澳洲神經物理學家埃克爾斯（John
Eccles）的案例，這個案例很具挑戰性，埃克爾斯不只是個優秀科學家，甚
至用偉大來形容還不夠，他可是約翰爵士，諾貝爾獎得主，1950 年代是
研究突觸如何運作的先驅人物。三十年後，埃克爾斯在《自我如何控制其
頭腦》（How the Self Controls Its Brain）一書中假設，「心智」產生了「心子」
（psychon，也就是意識的基本單位，一個過往多半用於三流科幻小說中的詞），而
心子會透過量子穿隧來調節「樹子」（dendron，也就是神經元的運作單位）。
他不只駁斥唯物論、支持心物二元論而已，他還聲稱自己是一名「試煉
者」，替靈／魂的類別騰出空間，將人腦從物理宇宙的法則中解放出來。
埃克爾斯在他那本並非反諷的、把靈性和古生物學融為一體的著作《腦的
革命：自我的創造》（Evolution of the Brain: Creation of the Self）中，試圖準確描
述這種獨一無二性是何時首度演化出來的，是哪一個人族祖先誕生了第一
個有靈魂的生物。他也相信超感覺力和念力，甚至詢問實驗室新進成員

4　在百老匯音樂劇版本中，瑪莉唱著以下這首歌（但我必須帶著不解的怨恨說，電影中沒
　　有），為珍和麥可帶來力量。「只要你讓它發生，它就能發生。」這種看法是以實行
　　自由意志來避免實行不想要的自由否意。接著這首歌在「奇蹟」（marvel，「一切都可
　　能發生，這是奇蹟」）後面用「幼蟲」（larval，麥可：「你可以當蝴蝶，」珍：「或者維持幼
　　蟲」）押韻，而創下了百老匯音樂劇的歷史。曼佐花了幾十年才超越它，在《放開手》
　　（Let It Go）裡面唱到了「碎形」（動畫《冰雪奇緣》〔Frozen〕最著名的歌曲，用「凍結的碎形」
　　來指雪花）。

他們是否也相信這些事物。到了我當學生的時代，要是跟別人提到埃克爾斯的宗教神祕主義以及他對超常現象的欣然接受，人們都只會翻白眼。就如《紐約時報》對《腦的革命》的一篇銳利評論所做的結論，埃克爾斯淪落至靈性的情況引來了「歐菲莉亞對哈姆雷特的哀嘆，『噢，一世的英才就這麼坍塌了！』」[5][4]

對我而言，光是舉證「神經科學家的匱乏」或是表演「埃克爾斯的輓歌」，顯然不足以反駁「量子不確定性是自由意志的開場」的想法。現在該來檢視這種想法在我看來三個整體性的致命缺陷了。

問題一：泡泡般浮現

這裡的起點，是「在電子彼此糾纏層次上的量子效應會影響『生理狀態』」的想法。考量到光合作用，這種事情有前例在先。在光合作用中，被光激發的電子，能夠以不可思議的高效，尋找從植物細胞的一部分移動到另一部分的最快方法；而那似乎是因為每個電子都藉由處在量子疊加狀態，同時把所有可能路徑都探一探而做到這件事。[5]

好，這是植物的情況。嘗試將自由意志從腦中的電子裡變出來，則是當前最立即的挑戰——量子效應能否像泡泡般向上浮現，在其效應中放大，以至於可以影響龐大的事物，好比說單一個分子，或者單一個神經元，或者單一個人的道德信念呢？幾乎每個思考這問題的人都會做出結論，認為這沒辦法發生，因為我們很快就會談到，量子效應會在雜訊裡（疊加「去相干」的波裡）被洗去、彼此抵消。物理學家林德利（David Lindley）用自己的書名做了精準的概括——《怪誕的東西要去哪？量子力學為何很奇怪但也沒你想的那麼奇怪》（*Where Does the Weirdness Go? Why Quantum*

5　人們通常把埃克爾斯說成一個被時代摧殘的悲傷故事，一個突然宣告腦是根據看不見的星星之類的東西運行的八、九十歲可憐科學家。但其實埃克爾斯早在四十歲快五十歲時，就已經朝這方向而去了。

Mechanics Is Strange, but Not as Strange as You Think）。

　　儘管如此，把量子不確定性跟自由意志聯想起來的人，還是會主張相反的看法。而他們面臨的挑戰是，要如何讓人看到任一塊神經元功能的基礎材料受制於量子效應。彼得謝（Peter Tse）探討過一種可能，談的是神經傳導物質麩胺酸，它的其中一種受體若要運作，就得要把單一原子的鎂從它所堵住的離子通道中噴出來。在彼得謝看來，因為有不確定的量子隨機性，所以鎂的位置可以在前無成因的情況下改變。而這些效應還會進一步浮現：「大腦事實上已經演化成會去放大量子領域的隨機性……到神經放電時機隨機性的層次」（斜體是我加的強調）。也就是說，到了個別的神經元變得不確定的層次。接著，結果的餘波進一步向上盪漾，進入神經元迴路以及其他區域中。[6]

　　其他提倡者也曾專注於發生在類似層次上的量子效應，就如某本書的書名所顯示的——《神經生物學中的偶然：從離子通道到自由意志的問題》（*Chance in Neurobiology: From Ion Channels to the Question of Free Will*）。[6] 加州大學洛杉磯分校的精神病學家史瓦茲（Jeffrey Schwartz）把單一離子通道和離子的這個層次，視為量子效應理當出手的地方：「這些鈣離子通道的開口極端微小，在量子機制上有著重大意義。」洛克斐勒大學的生物物理學家瓦吉利（Alipasha Vaziri）檢視了「非古典」物理學在決定哪*種*離子流過某個特定通道上的作用。[7]

　　在麻醉學者哈默洛夫（Stuart Hameroff）和物理學家潘洛斯（Roger Penrose）看來，意識和自由意志起源自神經元的一個不同的部分，也就是微管。回顧一下，眾多神經元把軸突和樹突的凸起物送到整顆腦的各處。這些凸起物內需要一個運輸系統，來把基礎材料送去製造神經傳導物質或神經傳導物質受體的複製品。而這由凸起物內大批的運輸管——微管——來達成（在第七章中有稍微提到）。儘管某些證據證明微管本身可以含有資訊，但它們大部分像是 1900 年左右的辦公大樓氣送管那樣，讓會計部的

6　我靠 google 翻譯能翻到這樣已經是極限了，畢竟是用德文寫的。

人把一張支票裝在圓筒裡面,用氣送管送去給樓下行銷部的人。以〈量子生物學如何能救援有意識的自由意志〉(How Quantum Biology Can Rescue Conscious Free Will)命名論文的哈默洛夫和潘洛斯就專注於微管。為什麼?在他們看來,包得緊緊、相當穩定、彼此平行的微管,就是產生量子交纏效應的理想之處,並且從那裡開始了自由意志。這種講法,讓我覺得就好像在假設,圖書館裡的知識不是顯現在書上,而是來自把書運過來、運過去擺回架上的小推車上。[8]

　　哈默洛夫和潘洛斯的想法在量子自由意志派中格外風行,一部分無疑是因為潘洛斯以黑洞的相關研究獲得了諾貝爾物理學獎,還寫下了 1989 年的暢銷書《皇帝的新心智:談電腦、心智和物理法則》(The Emperor's New Mind: Concerning Computers, Minds and The Laws of Physics)。儘管他火力超強,神經科學家、物理學家、數學家以及哲學家還是嚴厲抨擊了他的想法。麻省理工學院的物理學家泰格馬克(Max Tegmark)證明了,量子狀態在微管內存在的時間,比任一種在生物學上有意義的事物都還要短命許多,而且是許多數量級的極大差距;用大小差異來形容的話,哈默洛夫和潘洛斯所主張的是,一座冰河百年間的運動,會被附近村民的幾個隨機噴嚏大幅影響。其他人則指出,這個模型的存在,得要靠某種關鍵的微管蛋白質具備某種不會出現的構型,加上好幾種不會在成人腦中發生的細胞間連結,還得仰賴一種神經元內的胞器存在於它不會存在的地方。[9]

　　暫且先把這些猛烈抨擊放一邊吧。試問:量子效應是否真能放大到影響行為呢?讓單一個麩胺酸受體釋放出鎂的不確定性,根本不能大幅增強突觸的興奮。甚至就連單一個突觸的強烈興奮,也不足以在神經元中觸發一個動作電位。而一個神經元裡的動作電位,也不足以讓一個訊號散布到神經元網路中。我們給這些事實一些背景數字吧。單一個麩胺酸突觸裡的樹突,包含大約兩百個麩胺酸受體,但別忘了我們談的是單一受體的單一次量子事件。保守估計,一個神經元有一萬到五萬個那樣的突觸。隨便從腦中挑一個區域好了,比如說海馬迴,就有大約一千萬個那樣的神經元。那就是二十到一百兆個麩胺酸受體（200×10,000×1,000萬＝20兆，而200×5萬×1,000萬＝100兆）。[7] 一個前頭沒有決定論因素的事件，是有可能改變單一個麩胺酸受體的運作。但像這樣的量子事件，有多大可能會就這麼碰巧地都同時發生，而且都往同個方向發生（也就是都去增加或都去減少受體的活化），而足以讓那二十到一百兆個受體，去產生一個前頭沒有決定論因素的實際神經生物學事件呢？[10]

　　把某些關於海馬迴的類似數字應用到假定中產生意識的微管上：它們的基礎材料，一種稱作微管蛋白的蛋白質，長為四百四十五個胺基酸，而每個胺基酸平均接近有二十個原子。因此，每個微管蛋白分子大約有九千個原子，而每段微管是由十三個微管蛋白分子構成的。每段軸突包含了大約一百束微管，而每個軸突又替那一百萬個神經元各自產出了一萬到五萬個突觸。又是一堆零。

　　這是「從次原子層次的量子不確定性到腦產生行為」所浮現的問題——你需要有多到不可思議的這種隨機事件在同一時間地點、朝同個方向發生才行。大部分專家得出的結論是，更有可能的情況，反而是任一個量子事件都會消失在於其他時間點、朝其他方向發生的其他無數量子事件所構成的雜訊中。這個行業的人不僅認為在這個意義上大腦是「吵雜的」，而且也認為大腦是「溫暖」而「潮濕」的，這種亂糟糟的生活環境並不利於量子效應的持續存在。就如某位哲學家的概括說法，「大數法則，加上任何宏觀物體中發生的量子事件的極大量，就可以保證說，量子層次上的隨機起伏所產生的效應，到了宏觀層次是完全可以預測的，理由就跟賭場的總收益是可以預測的差不多，就算那是基於好幾百萬個『純偶然』事件，也一樣可以預測宏觀結果。」20世紀初期的物理學家、留下同名定理的埃倫費斯特（Paul Ehrenfest），針對「隨著考量因素越來越多，量子力學的非古典物理現象就會融入老派的、可預測的古典物理學」

7　這是高估值，因為你不會同一時間使用每一個海馬迴神經元。但這離正確數字還是滿近的。

做出了正式的描述。[8]把剛剛林德利的書名改來這邊用——這就是怪誕東西消失的原因。[11]

　　所以沒辦法從一個麩胺酸受體就產生一種道德哲學。量子自由意志派對此的回應是,非古典物理學的眾多特色都可以在神經系統的眾多成分中居間促成量子事件(而有些人假設說,量子不確定性浮現到一定程度,並在那裡遇上渾沌狀態,就會給它背著一路帶去產生出行為)。對埃克爾斯來說,量子穿隧而通過突觸,讓處在共同量子狀態下的神經元所構成的各個網路耦合(要留意到,這個想法和隨之而來的想法都隱含著一種意義,那就是疊加不只發生在兩個粒子間,也會發生在全體神經元之間)。對史瓦茲來說,量子疊加意味著,流過一條通道的一個離子,其實並不是單一東西。它反而是一個「與(鈣)離子相關的*量子機率雲*,隨著它離開小通道、前往離子會被整體吸收或完全不吸收的目標區域,會逐漸*散布*在一片越來越大的地區。」換句話說,多虧了粒子/波的二象性,每個離子可以有廣泛的協同效應。此外,史瓦茲還繼續說,這個過程向上浮現,直到涵蓋了整個腦:「事實上,因為時機和位置的不確定,腦中物理過程產生的東西,不會是單一套離散的非疊加物理可能性,而是如今受制於量子規則、一大坨以古典方式設想的可能性」。塔爾拉竹(Sultan Tarlaci)以及普雷格諾拉托(Massimo Pregnolato)援引了類似的量子物理學推測說,一個神經傳導物質分子有著一團類似的疊加可能性雲,同一時間結合了一整批受體,並把它們抓去進行集體行動。[9][12]

　　所以,隨機、非決定論的量子效應,可以一路浮現放大而促成行為

8　物理學家尚卡羅強調這個天差地別,談到非古典微觀世界是如何地沒有時間箭頭;過去和未來的唯一差別,在於一個比較容易解釋,而另一個比較容易受到影響,但兩個都不讓宇宙感興趣。我們尋常的時間感,只有在宏觀的古典物理學層次才會變得有意義。

9　對哈默洛夫來說,伴隨這個空間非區域性(也就是〔好比說〕一個神經傳導物質分子要怎麼能一次跟幾個受體交互作用)而來的,是時間上的非區域性。回到利貝特和第二章,那邊提到神經元在人有意識地認為自己做了那個決定之前,就先活化了肌肉。但對哈默洛夫來說,有一個首尾循環。量子現象「可以導致時間非區域性,把量子情報*在古典時間中倒著往前送*,讓人能對行為做有意識的控制。」(斜體是我加的)。

的概念，在我來看有些不可信。此外，幾乎所有具備適當專業的科學家都認為十分不可信。

　　差不多到這邊之後，在更實證的層次上處理事物似乎開始成為有用的做法。突觸真有隨機行動過嗎？那整個神經元有過嗎？整個神經元網路有過嗎？

神經元的自發性

　　簡短提醒一下：當一個動作電位出現在一個神經元裡面時，它會一路衝向軸突，最終抵達該神經元的幾千個軸突終端。因此，每個終端都會釋放出小包小包的神經傳導物質。

　　如果當初你是造物主，或許每個軸突終端的神經傳導物質，會包在單一個儲存體裡面，單一個大囊泡裡面，接著一口氣清空到突觸去。那滿合乎邏輯的。然而現實中，同樣份量的神經傳導物質反而是儲存在一堆小了許多的儲存體裡面，它們會對一個動作電位起反應而全部清空到突觸裡。你腦中的海馬迴神經元會釋放麩胺酸來當作神經傳導物質，在它的每一個軸突終端裡，平均存有大約兩百二十萬份麩胺酸分子。理論上來說，每個終端大可把那些複製品全都裝在我們所說的單一巨大儲存囊泡裡；但就如前面所提，現實中的終端反而是平均含有兩百七十個小囊泡，每個又包含了約八千份的麩胺酸複製品。

　　為什麼會演化出這種組織，而不是走單一個儲存體這條路呢？可能是因為那樣讓你有更好的控制力。舉例來說，有很大比例的囊泡都是封存在終端的後端，以備不時之需。因此，一個動作電位不會真正導致每個軸突終端上所有囊泡的神經傳導物質全都釋放出來。更正確來說，它導致所有位於「隨時可釋放庫」的囊泡進行釋放。而神經元可以調節隨時可釋放囊泡和儲藏囊泡各佔多大百分比，藉以改變穿梭於突觸間的訊號強度。

　　這是卡茨（Bernard Katz）的研究結果，他的專業訓練有部分是來自埃克爾斯，後來他自己也拿到了爵士勳銜和諾貝爾獎。卡茨在研究中把單一個神經元分離出來，然後使用特定的藥物，來讓它產生一個動作電位。接著，他會研究在某一軸突終端會發生什麼事。他看到的是，在動作電位被擋住的期間，軸突終端會三不五時地、也許是一分鐘一次地[10]產生一小陣興奮，亦即某個最終被稱作微小終板電位（miniature end-plate potential，MEPP）的東西。這證明了，小塊小塊的神經傳導物質是自發而隨機地釋放出來的。

　　卡茨留意到一件有趣的事。那一陣一陣的小興奮大致上都是同樣的大小，好比說 1.3 微量的興奮。從來都不是 1.2 或 1.4。在可測量的極限內，始終都是 1.3 這個數字。然後，在記錄了偶爾出現的 1.3 微量跳波後，卡茨又留意到，在比那罕見許多的情況下，會有一個 2.6 微量的小興奮出現。哇。甚至在更罕見的情況下，還出現 3.9 微量。卡茨看到的是什麼？1.3 微量是單一囊泡自發性釋放出的興奮量；2.6 則是罕見許多的兩個囊泡自發釋放，以此類推。[11]從這邊就得出了一種見解——神經傳導物質是儲藏在個別的囊泡小包內，而個別的囊泡三不五時就會以一種純機率的方式，（伴奏老師請下鼓聲）*在沒有前因存在的情況下*，傾倒出它的神經傳導物質。[12][13]

　　雖然該領域的研究人員覺得這個現象沒多有趣，常常微酸地稱其為「有洞突觸」，但「沒有前因」這個概念，把囊泡自發性釋放神經傳導物質變成了神經量子學者可以肆意嬉戲的遊樂園。看吧看吧，以囊泡自發而非決定論的神經傳導物質釋放為基礎材料，讓腦成為一團可能性之雲，讓你身為你命運的掌舵者。然而，我們對此應該非常小心謹慎，理由有四：[14]

10　從神經系統的立場來說，那實在冷淡至極——動作電位花的時間是千分之幾秒而已。

11　「罕見許多」。如果平均算起來每一百秒就會從一個軸突終端自發釋放單一個囊泡的話，那麼，兩個同時釋放的機率就是每一萬秒一次（100 x 100 = 10000）。一次三個呢？每一百萬秒一次。卡茨能察覺到這一切，可是在那邊坐了相當久一段時間呢。

12　我在這邊被迫使用一個我在主文中極力避免使用的詞，因為它會種下混亂的種子。以尺寸小到不可再分解的小包釋放出神經傳導物質的這種現象，稱作「定量」（quantal）釋放。為什麼定量和量子（quantum）有著一樣的字根，我實在沒什麼好答案。

——慢著，別就那樣就接受無前因的部分。一大堆分子都參與了一個動作電位造成囊泡把神經傳導物質倒進突觸的過程——離子通道打開或關閉，對離子敏感的酵素活化，必須要劈開把囊泡固定在不活化狀態的蛋白質陣列，一個分子大刀得要砍更多陣列來讓囊泡接著往神經元的薄膜移動，如今囊泡得要停靠在薄膜中一個特定的釋放口上。這些是從眾多研究者一生豐碩成果中得出的諸多見解。OK，你自以為知道我接下來會講啥——對啦對啦，神經傳導物質才不會無來由地就往外倒，會有這一整套複雜的機制大閱兵，來解釋所謂有意圖的神經傳導物質釋放，所以，我們會重新把我們的自由意志想成是「這一大串決定論的東西就這麼恰巧在沒有一個前因的情況下啟動了」。但我可沒要這麼講——因為結果發現，囊泡自發性釋放傳導物質的那一大串機制，跟動作電位誘發釋放傳導物質的那一大串機制*並不一樣*，所以這不只是「尋常流程被隨機啟動」而已。情況並不是一個隨機的宇宙按了一個通常代表意圖的按鈕。一個按鈕被演化了出來。[15]

——此外，囊泡的自發釋放過程是由軸突終端外的因素所*控制*——其他的神經傳導物質、激素、乙醇、罹患糖尿病等疾病，或者有一個特定的視覺經驗，全都可以改變自發釋放，但它們對誘發的神經傳導物質釋放都沒有類似的效應。在你大腳趾上發生的事件，可以改變你腦中某處某個神經元的軸突終端上這些小興奮出現的可能性。一個激素（在此用激素當作例子）是怎麼辦到這一點的？它想必不是在改變量子力學的基本本質（「打從受到青春期和激素的打擊後，我從她那兒得到的就只有悶悶不樂和量子糾纏」）。但激素可以改變量子事件發生的機率。舉例來說，許多激素改變了離子通道的成分，改變了它們有多受制於量子效應。[16]

　　因此，決定論的神經生物學可以讓非決定論的隨機性更有可能或更不可能發生。就好像你是一場表演的劇導，在表演的某個時間點，新國王要在眾人擁戴中現身。身為執導的你告訴劇團裡二十個人說，「OK，當國王從舞台左邊現身時，大喊『喝啊！』『注意，國王駕到！』『陛下萬歲！』『嗚啦！』——隨便挑一個。」[13] 你便十拿九穩可以聽到你所冀望的五花八門回應。*確定的不確定性*。這肯定不能當作「隨機性是種無來由成因」的例子。[17]

——囊泡自發釋放神經傳導物質的行為是有用處的。如果一個突觸沉寂了好一陣子，自發釋放的可能性就會增加——突觸起床然後伸展一下。這就好像，若長時間待在家，要偶爾發一下車好讓電池不要沒電。[14] 此外，自發釋放神經傳導物質對於發育中的腦有著重要作用——在把一個剛鋪設好的突觸派去掌管（好比說）呼吸之前，稍微激發它一下確保一切都運作正常，是個滿好的主意。[18]

——最後，還是有浮現的問題。

浮現問題帶我們進入下一個要講的層次。所以，個別的囊泡三不五時就隨機傾倒內容物，在某個片刻沒涉及獨一無二的機制、被有意圖地控制，把具目的性的問題當成一回事。是否有可能有夠多的眾多囊泡一次倒光而在單一個突觸中造成一場興奮大爆發？不太可能；由一個動作電位所誘發的興奮，大約是單一囊泡自發性傾倒所造成的興奮的四十倍。[15] 你會

13　前面有提到，我太太是某學校的音樂劇劇場導演，所以我才會想到這段劇情。儘管有這樣的期望，但結果從來都不是隨機的——在一個心理學圈眾人皆知的模式裡，全劇團成員最有可能喊的最大聲的，是清單上的第一個或最後一個，又或者喊出來最好玩的選項（好比說「咿嗶！」）。然後，還會有那種很罕見的小鬼會喊「艾蒙！」（Elmo，《芝麻街》的紅色絨毛角色）或「豆腐！」，且注定會邁向偉大兼／或心理變態之道。

14　沒錯，動筆此時是 2020 年中，在疫情造成的封城進入第三個月時，我們剛發現車子的電瓶沒電了。

15　如果你堅持要問到底的話：前者大約是二十毫伏，後者則是半毫伏。

需要在同一時間發生*很多*那樣的小興奮，才能產生那樣的效果。

　　再放大一階來看，神經元是否有可能隨機地擁有動作電位，而在看來沒有前因的情況下，把一萬到五萬個軸突終端裡的囊泡全數傾倒出來呢？

　　偶爾。那麼，腦功能是否有可能一口氣跳到一種可受制於量子效應而更加整合的層次？這邊又需要同一句警語了。這種動作電位有自己的機械成因，受到外部控制且有一個目的。上面這點有個例子是，那些將軸突終端送進肌肉、刺激肌肉運動的神經元，會有自發性的動作電位。結果發現，當肌肉沉寂一陣子後，其中（稱為「肌梭」的）一部分會讓神經元更有可能具有自發性的動作電位——當你靜止好一陣子後，你的肌肉會抽搐，好讓電池不要衰退。[16] 在另一個例子裡，一種機械論的、決定論的控管迴路，會讓非決定論事件更有可能發生。我們要再次來談，是什麼造成這種確定的不確定性。

　　再提高一個層次——整個網路，也就是神經元迴路，是否可能隨機活化？人們過去認為有。假設你有興趣知道腦的哪個區域會對某個特定刺激有反應，那就把某人塞進腦掃描器裡，讓他接觸那個刺激，然後看看哪個腦區域會活化（舉例來說，看著恐怖臉孔的圖片時，杏仁核往往會起反應而活化，意指那塊腦區域涉及恐懼和焦慮）。在分析資料時，你始終都要把每個腦區域背景層次的雜訊消除掉，好辨認出確切由刺激活化的部位到底是哪些。*背景雜訊*。很有趣的詞。換句話說，當你只是躺在那邊什麼也不做時，腦中到處有五花八門的隨機嘟囔在發生，央求你用非確定論來詮釋。

　　後來有些特立獨行的人決定來研究無聊的背景雜訊，最主要的是華盛頓大學醫學院的賴希勒（Marcus Raichle）。當然，他最終發現，那偏偏不是什麼無聊的背景雜訊——腦沒有「放空」這回事——而是現在被稱作「預設模式網路」的東西。而且，到此為止你應該不再感到訝異的是，

16　而現在拖吊車來了，我們卻找不到我們的美國汽車協會卡（AAA card，美國汽車協會〔American Automobile Association〕是為成員提供道路救援的美國非營利組織）。

這東西自己背後有一套機制，受制於各式各樣的調節，而且有一個目的。這種目的之中有一個真的很有趣，因為它有個關鍵點違反了直覺。問腦掃描器裡的受試者，之前的某一刻他在想什麼，就會發現在他作白日夢時，也就是「心神漫遊」時，預設網路會非常活躍。這個網路最受背外側前額葉皮質所控制。現在可以預測的是，緊張的背外側前額葉皮質會抑制預設網路，在你神遊象外、想著下次放假時，叫你回去工作。如果反過來刺激某人的背外側前額葉皮質，就會*增加*預設網路的活性。放空的腦袋不是惡魔的遊樂場（譯注：英語有個俗諺是「放空的腦袋是惡魔的遊樂場」，意指無所事事容易想東想西、惹上麻煩），那是你腦部最超我的部分不時要求要有的一種狀態。為什麼？猜測是，為了要利用我們心神漫遊時的創意式的問題解決方式。[19]

從這些神經元自發性行動的例子我們得出什麼結論？再次回到「展示給我看」的劇本──如果自由意志存在，那就給我個（或者給我幾個）完全不受其他神經元、神經元能量狀態、激素、任何可一路回溯至胎兒生命的環境事件、基因……等沒完沒了的東西影響，而導致一個行為出現的神經元。單一個囊泡、突觸、神經元，或是神經元網路表面上自發性活化的版本，都無法構成這種例子。沒有一個是能直接根源於量子效應的真正隨機事件；它們反而全都是腦中某個很機械論的東西決定此時該不確定造成的結果。不論神經系統裡有什麼量子效應，都沒有哪種能浮現到能夠稍微跟我們透露一下某人扣下扳機是無情還是英勇的層次。

問題二：你的自由意志是不是一整坨？

那就讓我們來到第二個大問題，即「量子力學意味著我們的宏觀世界實際上不可能是決定論的，而自由意志就是好端端存在著」的想法。相較於有洞突觸、肌肉抽搐、在量子上糾纏的囊泡之類的專業術語，這裡的問題其實很簡單。而且，在我看來，是具毀滅性的。

假設「浮現」沒啥問題——量子層次的不確定性並沒有在雜訊中被抹除，反而塑造了比它大上好幾十個數量級的宏觀事件。那麼來假設你腦中的每個部分，還有你的行為，都是在量子層次上最能夠被有效瞭解的。

很難想像那會是什麼樣子。會不會我們每個人都會成為一朵疊加雲，同時相信著五十個互相矛盾的道德體系？我們搶酒鋪時，會不會同時扣扳機又不扣扳機，然後要等到警察抵達時，宏觀波函數才會崩塌，店員才會死掉，不然就沒死？

這產生了一個急需解決的基本問題，思考這主題的每一類學者通常都要努力解決這個問題。如果我們的行為根植於量子不確定性，那麼它就會是隨機的。哲學家瑟爾（John Searle）2001 年在一篇影響力深厚的論文〈自由意志作為神經生物學的一個難題〉（Free Will as a Problem in Neurobiology）寫到：「量子不確定性無助於我們解決自由意志的難題，因為，非決定論把隨機性加了宇宙的基本結構，而『我們的行動是自由地發生』這種假說，跟『我們的行動是隨機地出現』的假說，兩者完全不一樣⋯⋯我們要怎麼從隨機性達到理性？」[17]或者像山姆·哈里斯常指出的，如果量子力學真的在假定中的自由意志上起作用，那麼「每個想法和行動看來都應當陳述為『我不知道自己中了什麼邪』。」但我會加上一個例外，那就是其實你沒辦法做出上述那段陳述，因為你只會從喉嚨發出咕嚕聲，因為你舌頭的肌肉會做著各式隨機動作。就如羅斯基斯所強調的，不論你認為自由

---

17 思考和寫作都格外清晰的瑟爾，抨擊那種將本性、心智、意識與其背後生理分離開來的二元論為荒謬的不可能；他諷刺地問道，在餐廳裡，如果你跟服務生說「聽著，我可是決定論者——世事難料、順其自然，我就在這等著看我會點什麼」，是否有道理可言。神經生物學中的自由意志有什麼問題？根據瑟爾所言，問題不在於它是否無關乎背後的生理而存在——它不存在。對他來說，哲學上的「解答就是，把問題明升暗降地丟給神經生物學」。對他來說，問題在於我們為什麼會有那麼強烈的自由意志錯覺，以及那是不是件好事。絕對不是，但我們到了本書快結束時會來談。

意志能不能和決定論相容，它都跟非決定論不相容。[18]或者借用某位哲學家非常洗鍊的詞說法：「偶然跟必然一樣無情。」[20]

當我們爭論我們的行為是不是我們能動力的產物時，我們感興趣的不是隨機的行為，不是或許曾有一刻德蕾莎修女在斯德哥爾摩對某人亮刀並搶了他的皮夾。我們感興趣的是構成我們道德品質的行為一致性，並且試圖調和我們自身多方面的不一致。[19]我們想要試圖瞭解，在被一群把送人上火刑架當作嗜好的基督教各派的惡棍逼著放棄自己的看法時，馬丁路德會如何堅持信念，然後說：「這就是我的立場，我別無選擇。」我們試圖瞭解那個沒有希望的人，他是如何嘗試讓人生重回正軌、卻又一再做出自我毀滅的衝動抉擇。這就是為什麼葬禮中常會聽到那人最老的朋友，某個一致性的歷史證人講出那段頌文：「我們讀小學時，她就已經是這樣的人……」

就算量子效應夠大，足以讓我們的宏觀世界和微觀世界一樣不確定，這也不會是某種值得人們期待的自由意志機制。也就是說，除非你想到一個我們可以駕馭量子不確定性的隨機性，來引領我們回答我們是誰的一致性，不然那種機制就不值得期待。

---

18 問題還不只是隨機性不太可能當作自由意志的基礎材料而已；到頭來發現，要真的生產出隨機性也是難上加難。如果要人隨機產生一連串的 1 跟 0，他必然會不自覺流露出程度可觀的模式結構。

19 講一點跟這本談行為與責任的書可能十分切合的離題話，瑟爾展示了一個把各種極端不一致整合為一致整體的例子。他是加州大學柏克萊分校大名鼎鼎的哲學家，有許多榮譽學位跟一間以他命名的哲學研究中心。從社會政治來看，他曾經都站在正義的那一方——1950 年代在威斯康辛大學就讀時，他組織了反對威斯康辛州參議員麥卡錫（Joe McCarthy，因在冷戰時期莫須有指控許多人為共產黨員，而留下「麥卡錫主義」這名詞）的學生抗議；1960 年代，他是第一位加入言論自由運動（Free Speech Movement，1964 至 65 年由該校學生領導的運動，爭取言論、學術和政治自由）的柏克萊大學終身教授。但也必須承認，到了晚年他的進步政治思想轉為新保守主義，但那是許多前左派在年事漸高後的常見軌跡。但最重要的是，2017 年，當時八十四歲、在道德哲學方面有那麼多料可以講的瑟爾，卻被研究助理指控性侵，接著他在整段職涯期間對學生與職員進行的各種性騷擾、性侵害以及性相關利益交換的指控都一一曝光。而後來校方的結論為指控可信。因此可知，高談道德跟道德行為並非同義詞。

問題三：駕馭量子不確定性的隨機性
來引領我們回答我們是誰的一致性

　　某些仰賴量子不確定性的自由意志信徒，他們所主張的就是這一點。用丹尼特描述這個看法的話來說，就是：「不論你是什麼，你都不能影響未決定的事件——量子不確定性的整個論點就是，這種量子事件並不受任何東西影響——所以你就得要有辦法拉它入隊，或跟它聯手，以某種精通熟練的方式來利用它。」（斜體是我加的）或者用彼得謝的話來說，你的腦「得要能夠駕馭這種隨機性，來滿足資訊處理的目標」。[21]

　　就我所見，為了在道德上保持一致性，廣義來說我們會以兩種方式思考自己有什麼辦法駕馭並拉攏隨機性，然後與其聯手。在「過濾」模式中，隨機性是以非決定論的方式產生的，這很常見，但具能動性的「你」在頂部安裝了一個過濾器，只讓一些浮上來的隨機性穿過去驅動行為。相對地，在「攪和」模式中，你的能動性自我一路下探，用一種會產生看似選擇的行為的方式，去跟量子不確定性攪和。

過濾

　　生物學給這種過濾模式提供了兩個極好的例子。第一個是演化——隨機的物理化學造成的 DNA 突變提供了基因型的多樣性，接下來天擇就是濾鏡，選擇哪一個突變通過並在一個基因池內變得更普遍。另一個例子跟免疫系統有關。假設你被身體從沒遇過的某個病毒感染；這樣一來，你身體內的醫藥箱就不會有對抗它的抗體。現在，免疫系統會開始重組一些基因，來隨機產生大批不同的抗體。這時過濾就開始了。每種新類型的抗體都得到了病毒的一塊，來看看前者對後者的反應有多好。這就像是美式足球的「萬福瑪利亞長傳」（Hail Mary pass，譯注：美式足球用語，指超長距離的傳球，只能期待上天保佑讓隊友碰巧跑到恰好位置接到球），希望那些隨機產生的抗體有一些能碰巧把病毒當成目標。辨識出它們，接著把其他抗體全都銷毀掉，這個過程稱為「正選擇」。現在來檢查每一個倖存的抗體類型，並確保它不會做出什麼危險的事，也就是，把你身上跟當初給它看的病毒碎片類似的部分當成目標。檢查各個候選抗體面對「自身」碎片的反應；把會攻擊自身碎片的抗體都找出來，把它跟製造它的細胞全都消滅掉，這個過程稱為「負選擇」。你現在有了不少以新病毒為目標的抗體，而且不會不小心把你當成目標。[22]

因此，這是個三階段的流程。第一步——免疫系統認定是時候要誘發一些非決定論的隨機性。第二步——出現隨機的基因重組。第三步——你的免疫系統認定哪個隨機結果符合需要，然後把其他的過濾掉。以決定論的方式誘發一個隨機化的過程；處於隨機狀態；利用預先決定的標準來濾掉無用的隨機性。用這個領域的行話來說，這是「駕馭超突變的隨機性」。

在過濾版的「量子效應產生自由意志」中，那是理當要發生的事。用丹尼特的話來說就是：

> 我提倡的抉擇模型有著以下特色：當我們面對一個重要抉擇時，一台輸出結果會有些許未確定性的考量產生器，會產生一系列的考量，其中有些考量當然會被行為者認為不相關而（有意識或無意識地）立即駁回。而那些因為對抉擇的影響高於無足輕重、而被行為者選中的考量，接下來會用一個推理過程去思量，如果該行為者大體上理性的話，那些考量最終會成為該行為者做出最終決定的預測工具和詳細的分析工具。[23]

因此，認定你處在一個做決定的關頭，這件事會活化一個非決定論的產生器，而你接著會思考要去選擇哪一個考量。[20] 如前所述，羅斯基斯並不把（根植於量子不確定性或別種基礎的）神經系統隨機雜訊和自由意志的

---

20 在這個情境中，丹尼特並不一定有在指望量子不確定性能證明自己的說法正確；這僅僅是清楚描述了「駕馭隨機不確定」的做法可能看起來是怎樣。

源頭畫上等號；羅斯基斯（在她與夏德倫共同撰寫的文章中）反而認為，自由意志是你去蕪存菁後發生的事：「雜訊給一個行為者的能力和控制力設下限制，但又誘使行為者用 (a) 在有意識下可得的；(b) 在自願中可塑的；以及 (c) 可展現性格的高層次抉擇或策略，[21]去彌補這些界限。」過濾、挑出、選擇的這套行動，有著充足的自由意志和性格，以至於（據他們所言）「可以提供問責和責任的基礎」。[24]

　　這種駕馭不確定性的劇本至少有三種限制，按其重要性依序排列：

——一個孩子掉進冰冷的河流，而你的考量產生器產生了三個可能讓你挑選：跳下去救孩子；大聲呼救；假裝沒看到然後急忙跑走。選吧。但既然我們在處理的是量子不確定性，那麼，如果頭三個可能分別是單人跳探戈、坦承逃稅、像海洋世界裡的那隻海豚那樣向後跳躍並發出咯咯聲，那該怎麼辦？如果你道德選擇的泉源是疊加的電子波，那麼出現這三個選項就完全合理。

——為了避免只有跳探戈、坦承逃稅和海豚跳可以選，所以要斷定說，你必須以決定論的方式產生每個隨機可能性。可是這樣的話，你在選擇何者最佳之前，得要花一輩子的時間去評估比對每個選項。你需要具備一個效率高到不可能存在的搜尋演算法。[22][25]

21　羅斯基斯和夏德倫把「策略」定義為代表「體質、性情、價值、興趣、熱情、能耐等等」。

22　人們往往在無限猴子定理的脈絡下表達這一點；在那種思想實驗中，無限數量的猴子無止盡地打著字，終究能打出莎士比亞全集。這個思想實驗有一個特色獲得許多電腦科學家探討，那就是，如果想在無限量產出的龐大稿件中，檢查哪一份才是連每個標點都完全符合莎翁原著的稿件，最有效的方法是什麼。這是個相當困難的工作，因為在生產出來的稿件中，會有無數份都完美複製了莎劇，直到最後一齣的最後一頁才出錯、才開始轉為獨一無二的亂寫。有一個實驗使用了虛擬猴子來打字；在經過了十億猴年（一個猴子打字年到底是多長啊？）後，有一隻猴子打出了，「VALENTINE. Cease toIdor:eFLP0FRjWK78aXzVOwm)-';8.t… ,.」頭十九個字母出現

——所以，呼（喘了口大氣），要產生足夠的選項，好讓選項不要全都很蠢，想辦法有效評估所有選項，然後用你的標準過濾掉獲選者以外的所有選項。但那個反映你價值、倫理、性格的濾鏡，又是從哪來的？第三章有在講。而意圖又從何而來？怎麼會一個人的濾鏡濾掉了「搶銀行」以外的每個隨機可能性，而另一個人卻留下「祝櫃台有美好的一天」？另外，最初決定某個情況該不該啟動丹尼特隨機考量產生器的那套價值與標準，又是從哪來的？某人可能是在考量要不要付出極大的個人代價，來發動一場公民不服從運動時啟動；而另一個人可能是在決定穿什麼好看時啟動。同樣地，要使用哪個搜尋演算法且使用多久，這方面的差異又是來自於哪裡？那一切都是從哪裡來的？來自於人無從控制的那些事件，就發生在一秒之前、一分鐘之前、一小時之前，依此類推下去的時間之前。濾掉荒謬的

在《維洛那二紳士》（*The Two Gentlemen of Verona*）中；目前這是虛擬猴子打出莎劇內文的最長紀錄。找出能有效過濾掉非莎劇並留下莎劇的演算法，這種行為通常稱作「道金斯黃鼠狼」（名稱來自《盲眼鐘錶匠》〔*The Blind Watchmaker*〕的作者道金斯，他提議在演化產生隨機變異的脈絡下揀選演算法）。這名字所代表的方法，可以說仁慈地減低了猴子的工作，現在牠們只需打出《哈姆雷特》的一行句子就可以了。哈姆雷特指出了一朵形狀像駱駝的雲給波洛紐斯（Polonius）看。「對啊，我看是覺得像駱駝，」波洛紐斯說。「在我看來像黃鼠狼，」哈姆雷特如此發表見解，質疑了共同現實的概念，同時對打字的猴子們提出挑戰。注腳的注腳：煞風景的人們主張，就算一隻猴子打出了整本《哈姆雷特》，那也不會是《哈姆雷特》，因為猴子並非有意打出《哈姆雷特》，不瞭解伊麗莎白時代（譯注：都鐸王朝女王伊莉莎白一世〔Elizabeth I〕統治的時期〔1558-1603〕）的文化，諸如此類。這件事跟圖靈機以及人工智慧都有關聯，思考起來似乎滿酷的。波赫士寫過一個絕佳的故事叫《皮耶‧梅納德，唐吉訶德的作者》（*Pierre Menard, Author of the Quixote*），講的是一個 20 世紀的作家試圖徹底沉浸於 17 世紀西班牙的生活，以至於他重新自行產出《唐吉訶德》的原稿時，不會變成剽竊賽萬提斯原著《唐吉訶德》的複製品。儘管一字一句都相同，但那其實是梅納德自創的《唐吉訶德》。這個故事實在是好笑到極點，並說明了為什麼永遠不會有猩猩寫的《丹麥王子哈姆雷特的悲劇》。好的，還有一個注腳的注腳：如果你在 google 圖片上搜尋「無限猴子定理」（infinite monkey theorem），圖像中的靈長類大約有 90% 是黑猩猩，屬於猿類，而不是猴子。這讓我滿不爽的。不過，有一些漫畫倒是不錯，畫了「猴子」打出香蕉的十四行詩。

東西或許可以避免量子不確定性產生隨機的行為，但它保證不會體現自由意志。

攪和

重申一下，在攪和模型中，你不是只在產生出來的隨機量子效應中挑選而已。你是把手伸下去改變流程。上一章討論過，由上向下的因果過程是完全有根據的；常使用的比喻是，當一個輪子轉動時，它的高層次輪性正在造成組成零件進行向前的轉動。而當你選擇扣扳機時，你食指的所有細胞、細胞器、分子、原子和夸克都移動了大約二公分半。

因此，在假定中，某個高層次的「我」把手伸下來，促成某個由上而下的因果過程，以至於那個次原子事件產生了自由意志。用愛爾蘭神經科學家米歇爾（Kevin Mitchell）的話來說，就是：「不確定性創造了一些可施展的空間……在假設中，隨機性做的事情是加入一些餘地，一些系統中的因果鬆弛處，好讓高層次因素得以發揮*對因果的*影響力。」（強調的斜體是我加的）[26]

第一個問題在於，把手伸下去攪和量子事件，這個舉動所隱含的「受控制的隨機性」，修辭上就跟「確定的不確定性」一樣矛盾。至於「要怎麼去攪和電子」這方面，判定的準則從何而來？在評估這種想法時，我在這些問題中遇到的最大挑戰是，真的很難瞭解這到底是在主張什麼。

自由意志論哲學家肯恩提供了「由上而下的因果過程改變量子事件影響我們行為的能力」的一種樣貌；還記得第四章曾提到，他主張當我們面臨人生重大抉擇關頭時，我們做選擇時會起作用的一貫性格，是過往期間在自由意志中成形的（也就是，他那套「自我形構行動」的想法）。但那個自我形構的自我實際上是怎麼做出抉擇的呢？在重大關頭上，「我主張，我們的心智對於要做什麼有著緊張和不確定性，藉由遠離熱力學平衡的移動，反映在我們腦的適當區域——簡而言之，一種腦中的混沌攪動，讓腦在神經元層次上對微不確定性敏感。」從這觀點來看，你有意識的自我使用了由上而下的因果過程，用一種能讓量子不確定性完全按你選擇的那條路一路浮上來的方式，去誘發神經元混沌。[27]

彼得謝提出類似的攪和，就如前面所述，他主張「腦其實經演化而能放大量子領域隨機性」（然後猜測，腦部能做這種事的動物「比那些不能的更能繁殖」）。對他來說，腦把手伸下去攪和基礎不確定性，「讓資訊能夠由上而下因果關係地確定哪些處在最根源層次的非決定論事件會實現」。23[28]

我實在非常不確定說，彼得謝要怎麼主張這種事會發生。他很聰明地強調了神經系統中的成因和效應可被概念化為「資訊」流。但接著一朵二元論的烏雲籠罩了上來。對他來說，因果關係由上而下的資訊在實體中並非真正存在，而那違反了一個事實，就是「資訊」在腦中是由真實而實體的東西所組成的，像是神經傳導物質、受體和離子通道分子。神經傳導物質會在特定的期間內結合特定的受體；連串的蛋白質會改變構造形態，好讓通道像巴拿馬運河的船閘一樣打開或關閉；離子會像海嘯一樣湧入或湧出細胞。但儘管如此，「資訊不可能像一股施力能量那樣存在」。然而，這樣沒因果性的資訊卻能容許*有*因果性的資訊：「資訊不像力那樣有因果性。它反而藉著讓*同時身*為資訊因果連鎖的實體因果連鎖……成真，而有了因果性。」而且，儘管資訊「樣式」不是實體的，但有著「在實體上實現的樣式偵測者」。換句話說，雖然資訊可能是用非物質的塵埃做的，但腦的非物質塵埃偵測器卻是由強化水泥鋼筋建造的，如果你年紀偏大的話，可以說是由石棉打造的。

我對於肯恩和彼得謝的看法，以及對其他哲學家的類似看法，都有一種不滿，那就是我再怎麼努力，都想不到這種在腦中伸手下探並攪和微觀不確定性的行動要怎麼才行得通。我沒辦法在跨過「資訊既是一股力量也不是一股力量」這一關時，不去意識到蛋糕既存在也被吃掉。當肯恩寫「我們的心智對於要做什麼有著緊張和不確定性，藉由遠離熱力學平衡的移動，反映在我們腦的適當區域」[29]時，我不清楚「反映」的意思是指有因果性還是有關聯性。此外，我不知道有哪種生物學有辦法解釋，「得

---

23 要留意到他使用的是「realized」比較沒那麼普遍的用法，也就是實現。

要做一個艱難決定」是如何造成腦中的熱力學不平衡；或者有辦法解釋，如何能在突觸中「攪和」混沌；或者有辦法解釋，混沌和非混沌的決定論要怎麼對出現時規模小了非常多數量級的量子不確定性有著不同的敏感度；或者有辦法解釋，由上而下的因果過程是否靠著改變*哪個*電子要和*哪個*電子糾纏，而使量子隨機性可以強化某人在人生選擇上的一致性；或者有辦法解釋，有多少時間的非區域性以及多少倒行的時間之旅正在發生；或者有辦法解釋說，疊加可能性雲朵的散布能否延伸得夠遠，以至於在原則上，你的嗅覺皮質（而不是你的運動皮質）有時會讓你簽下某張支票。我要提的已不是我之前一直提的那種質疑——「給我個會毫無來由就發起完整一致性行為的神經元，這樣我們就可以認真討論自由意志。」我的質疑反而是「讓我看看神經元要怎麼為了這些學者所說的這類理由去達成這件事」。我們這邊擁有的，就只是一個很不可能發生的、由上而下的強因果關係的含糊朦朧版。

　　請相信我——我一直都很努力，試著不讓自己聽起來尖酸刻薄，而是盡量讓自己看起來態度恭謹。如果我針對不可知論、分體論或數學反實在論哲學等哲學主題進行假設，我一定會想出更大的錯誤。儘管如此，這些自由意志擁護者在我看來，是在憤憤不平地說：「我們不是主張量子不確定性*無來由地*產生我們自由選出的決定。我們說的是，量子不確定是出於神奇的理由而這麼做。」[24]

一些結論

　　當人們主張宇宙運作方式中的基本不確定性，可以是自由意志、責任以及我們神聖能動性的基礎時，只有怪咖口中才會講塵埃粒子的布朗

24　為什麼由上而下駕馭隨機性來產生自由意志是愚蠢想法，瑟爾對此給出了格外清楚的闡釋。可見 YouTube 的 Closer to Truth 頻道，影片 John Searle - Philosophy of Free Will，共 10 分 58 秒。https://www.youtube.com/watch?v=973akk1q5Ws

運動。

量子不確定性的確非常怪異，套句物理學之神費曼（Richard Feynman）的經典名言來說，就是：「如果你自認瞭解量子力學，那你就不瞭解量子力學。」[25]

在神經系統內，像離子這類東西跟離子通道或受體交互作用時會有量子效應，是十分合理的事，甚至可能是必然的事。

然而，沒有證據證明那種量子效應會浮現擴大到足以改變行為；而大部分的專家認為，那其實不可能發生——量子的怪異並沒有*那麼*怪異，而當我們把規模拉大時，腦中去相干的溫熱潮濕雜訊就會把量子效應給洗掉。

就算量子不確定性真能一路浮現擴大到影響行為，那還是有個致命難題，就是它會產生的只有隨機性。而你真想聲稱說，使你接受懲罰或獎勵的那個自由意志是基於隨機性嗎？

在假設中可以駕馭、過濾、攪動或攪和隨機性，而使其足以產生自由意志的那些方法，似乎都沒什麼說服力。如果「確定的非決定論」是一種能有效打造自由意志的基礎材料，那麼，上即興表演課就是一種能有效讓我們相信（在此比照沙特〔Sartre〕的名言）「我們生而受自由所累」的基礎材料。（譯注：沙特的原句是「Man is condemned to be free」，因為自由而有了選擇後的責任，絕對必然的自由反而成了一種生而無可避免的負擔。）

以及前面六章的一些總結

還原論很棒。對抗流行病時，替製造某病毒外殼蛋白的基因定序，遠優於獻祭山羊腸試圖安撫滿心復仇的神祇。儘管如此，還原論還是有其限制的，而混沌、突現複雜性、量子不確定性帶來的革新，證明我們這世

---

25 儘管每個人都把這句「經典」歸功於費曼，但我無法找到確切的來源，都只有「在他的某場（著名的）演說中」。

上一些最有趣的事物違反了純粹的還原論。

　　這種對還原論的駁斥，帶有各式各樣顛覆性的解放意涵。由鄰近單位交互作用以及隨機相遇所構築的由下而上的集體性，可能會被由上而下的獨斷控制粉碎。在那種情況下，最有價值的是通才而不是專才。看起來是一個準則的東西，在貼近檢視下反而永遠無法企及；實情是，現實正怪異地、非週期地繞著一個柏拉圖式的理想在擺動。這種關於準則的事情，不管那些酷小孩怎麼說，都適用於常態；現實中沒有那種我們無法抵達的完美形式——*常態*是一個不太準確的描述符號，當然不是一個解方。而且，我會直白地用吃奶的力氣向我的學生強調，如果你不必借助一張藍圖就可以解釋某個複雜、有適應力甚至美到令人屏息的東西，那麼你也不需要借助一名畫出藍圖的人。[30]

　　儘管這些非還原論的革新蘊含如此動人的力量，它們依舊不是養育自由意志的母奶。非還原論不代表沒有零件成分。也不代表說，零件一旦多起來就會用不同的方式運作，更不代表複雜的東西能不受零件拘束就那麼飛走。一個系統不可預測，並不代表被施了魔法，而訴諸魔法的事物成因，也不是真正的成因。

10.5

間奏

　　為什麼那個行為——卑鄙的行為、高貴的行為，或者位於兩者之間的模糊行為——就那麼發生了？因為發生在一秒之前、一分鐘之前、一……之前的事情。簡要來說，本書的前半部是在說明，我們行為的生理決定因素廣泛蔓延在空間和時間中——回應著你眼前此刻的事件，但也回應著地球另一側的事件，或者眾多世紀前塑造你祖先的事件。那些影響既深刻又隱密，但我們忽視了表面下的眾多塑造力量，因而用能動性這種虛構的故事來填補真空。這邊重申一下那個如今已熟到嫌煩的概念，我們不過就是我們無從控制之物——我們的生理狀態、我們的環境，兩者之間的交互作用——的總和。

　　最重要的訊息是，這些產出行為的領域並不全是分科領域。它們全都合併為一個領域——演化產生了以早期環境的表觀遺傳為特徵的基因，這些基因會產生蛋白質，在特定脈絡下由激素促進之後在腦中運作，如此產生了你。一條無縫接軌的連續體，在學科之間沒留下任何空隙能讓自由意志偷溜進去。

　　因此，就如第二章所言，利貝特風格的實驗證明了什麼或沒能證明什麼，其實並不真正重要；我們沒辦法想著要「不去想要」我們想要的東西，但那其實也並不真正重要；我們無法宣稱好運、壞運會隨著時間打平，因為它們絕對更有可能漸漸拉大差距。一個人的過往經歷不能忽略，因為我們不過就是我們的歷史。

　　此外，第四章的要點告訴我們，在談論我們是誰的時候，一切都是生理上的烏龜一路往下堆疊，不是只有一部分如此。情況可不是雖然我們的自然屬性和天賦是由科學的東西組成做的，但我們的性格、韌性和骨氣卻是另外封裝在靈魂中。每件事情都是烏龜一路往下堆疊，而當你到了必須在輕鬆的路和更難但更好的路之間做出選擇的關頭，你的額葉皮質會做出的行動，就跟你腦中所有其他部位都一樣，都是同樣的一秒鐘之前、一分鐘之前的事物所造成的結果。就因為這個理由，所以我們再怎麼嘗試，都沒辦法用意志力驅使自己擁有更多意志力。

此外，形成我們的這個生理和環境的無縫接軌連續體，並沒有因為第五至十章提到的那些革新發現，就給通往自由意志的新入口一點存在的空間。是沒錯，世界上所有有趣的東西都可以充滿著混沌，包括一個細胞、一個器官、一個生物，以及一個社會。結果是，世界上有著無法預測的真正大事，而且是永遠無法。但儘管如此，一個混沌系統的每一步進展，都是由決定論構成的，而不是一時興起。而且，是沒錯，如果弄來一堆會以簡單方式交互作用的簡單零件，讓它們交互作用，是會突現適應力驚人的複雜性。但組成零件還是完全一樣就那麼簡單，而且無法超脫自己的生理限制，去容納自由意志之類的神奇事物——一塊磚頭也許會想要是某個優雅且有魅力的東西，但它始終都還是一塊磚。也沒錯，到了次原子層次時，真正非決定論的事物似乎會發生。儘管如此，那種層次的怪異事物不可能一路向上滲透而去影響行為；況且，如果你把你身為一個自由的、有意志的行為者的概念奠基於隨機性上，你會碰上麻煩問題。逗留在你身邊的人也會；要是一個句子的結尾並未按照你馬鈴薯，會相當令人不安（譯注：此處作者做了個示範，如果人產生語句的方式是奠基於隨機性，那不僅無法傳達意義，甚至還會有點詭異）。行為隨機時也會這樣。

日常生活中可以看到，在陪審團席間、教室內，在頒獎典禮上、頌文裡，實驗哲學家的研究中，人們如何頑強地堅守自由意志的概念。在全世界各地的文化中，（不論是對他人還是對我們自己進行）歸因和評判都有著相當強大且可以證實的吸引力（但在不同文化中程度各有不同）。拜託，就連黑猩猩都相信自由意志。[1]

1　猴子和黑猩猩跟無法給牠們食物的人的互動方式，都有別於能給但不願意給的人；

　　有鑑於此，我的目標始終並不是說服每位讀者，隨便哪種自由意志全都不存在。我承認我正處在邊緣，只能跟少數學者同行（好比說，卡盧索、哈里斯、佩雷布姆和斯特勞森）。只要能大力挑戰某個人的自由意志信仰，讓他們重新構築對日常生活的思考以及對最重大關鍵時刻的思考，我就感到心滿意足了。但願，你們已經達到了那個境界。

　　儘管如此，我們仍面臨一個難題，那就是在所有科學和決定論和機制的包圍下，我們並不擅長預測行為。找某個額葉皮質大範圍受損的人過來，你大可準確預測他的社會行為會不恰當，但如果要預測他們是會成為衝動殺人者還是某個對晚宴東道主不禮貌的人，這就得碰運氣了。找某個在逆境與充滿剝奪的鬼地方長大的人到你面前，你大可預測此人的下場不會太好，但能預測的差不多也僅止於此。

　　除了可預測的結果會有各種不可預測的版本之外，還有一大票的例外，即一大票完全不可預測的結果。每隔一段時間，就會有兩名有錢又出色的法律系學生殺了某個十四歲青少年，只為了測試他們犯傻的哲學。[2]或者，隔一陣子就會有某個正要迎接第二段刑期的瘸幫（Crips）成員，忽然因為被逮捕時的立案照片而紅起來，最終成為國際時尚模特兒和瑞士一家香水搭配線的品牌大使，還跟某個有爵位的英國企業大亨的女兒形影不

　　牠們不想待在後者身邊：「這個沒毛的靈長類真可惡──牠大可給我吃的，卻選擇不給。」耶魯大學的心理學家桑托斯（Laurie Santos）進行了一項格外有趣的研究，證明其他靈長類有牠們自己的能動性。一名人類受試者要替自己對一堆居家用品的偏好評分。找出兩個評價相等的東西，然後強迫那人從中選一個比較偏好的；此後，這人就會展現出對該用品的偏好：「嗯嗯，我是自由意志下的理性行為者，如果我選了這個而不選那個的話，想必有個好理由。」對捲尾猴做一樣的事──強迫牠們從兩種顏色的 M&M's 巧克力中選一顆，讓牠們相信自己做了選擇（就算牠們其實在不知不覺間被強迫做出選擇也一樣）──牠們從此就會展現對該顏色的偏好。如果人類替牠們做選擇的話，就不會產生偏好。

2　利奧波德（Leopold）與洛布（Loeb）。不要跟勒納（Lerner）與羅威（Loewe）搞混了（譯註：作詞家勒納〔Alan Jay Lerner〕與作曲家羅威〔Frederick Loewe〕在三十年的合作期間完成了九齣歌舞劇，其中包括《窈窕淑女》）。

離。³又或者，從奧克拉荷馬州波浪般的麥田中現身的羅莉（Laurey），發覺到柯利（Curley）是個無聊的漂亮男孩，就跑去跟弗萊（Jud Fry）同居了（譯注：這是 1943 年首演的音樂劇《奧克拉荷馬！》〔Oklahoma!〕的劇情，於 1955 年改編為電影上映）。[2]

　　有鑑於決定論的齒輪在下面磨合轉動著，我們的行為徹底可預測的那一刻是否終究會到來呢？永遠不會——那是混沌理論的其中一個要點。但我們把新見解增加到那套齒輪的速度，可說快到難以置信——本書提到的每個事實幾乎都是過去五十年內的發現，且有一半是在過去五年內。世界首要的腦科學家專業組織「神經科學學會」（Society for Neuroscience），在頭二十五年裡就從五百個創始會員增加到兩萬五千人。在你讀這段文字的期間，兩名不同的科學家已發現了某個基因在腦中的功能，並且已經在吵著說是誰先發現的。除非科學的發現過程逐漸在今晚午夜停止，不然我們試圖用能動性填補的無知真空就只會繼續縮小而已。而那就產生了帶動本書後半部的問題。[3]

———　•　——

　　下午工作時間我坐在書桌前；班上兩個學生正問著講課主題的問題；我們的討論不經意間來到生物學上的決定論、自由意志，那一整坨東西，整門課到頭來就是要談這些。其中一個學生對於我們缺乏自由意志的程度半信半疑：「的確，如果腦的這部分有著重大損傷，如果你在這個或那個基因有突變，自由意志就減少了，但實在很難接受這能應用到日常的普通行為上。」在這種討論中，我已多次處在這種關頭，並且會漸漸開始察覺到，這個學生有很高的可能性會從現在開始做出一個行為——他會向前傾，拿起我桌上的一支筆，舉在空中然後加重語氣對我說：「喏，我剛剛決定拿起這枝筆——你是要跟我說這完全不在我的控制中嗎？」

3　米克斯（Jeremy Meeks），知名的「火紅重罪犯」（hot felon）。

　　我沒有數據來證明這一點，但我覺得我有辦法預測任兩個學生哪一個會舉起筆，準確度可以高過憑空猜測。比較有可能是那個午餐沒吃而很餓的學生。如果那兩人性別不同的話，比較有可能是那個男學生。如果是異性戀男性，而且他想吸引另一個女生注意的話，是他的可能性就格外高了。比較有可能是外向的那個學生。比較有可能是昨天睡太少（而且此時是接近傍晚時分）的那個學生。或者是體內流動的雄激素值（無關性別）高過尋常的那個學生。比較有可能是經過幾個月的課程後，認定我跟他爸一樣是個嘴炮討厭鬼的那個學生。

　　再往回看下去，比較有可能是兩人裡面來自富裕家庭（而不是領全額獎學金）的那一個、比較有可能是家族中不知已第幾代就讀名門大學（而不是移民家族中第一個唸完高中）的那一個。比較有可能不是長子。他們的移民父母比較有可能是想賺更多錢而選擇來到美國，而不是身為受迫害難民而逃離母國的那個，而其祖先則比較有可能是來自某個個人主義文化而非集體主義文化。

　　這是本書前半部的內容，替他們的問題「喏，我剛剛決定拿起這枝筆──你是要跟我說這完全不在我的控制中嗎？」提供了一個答案。是啊，我就是要這麼跟你說。

　　到目前為止都還是簡單小事。但如果該學生問了另個問題的話，我就真的會感到擔心：「如果每個人都開始相信沒有自由意志的話怎麼辦？這樣的話我們該怎麼運作？如果我們只不過是機器的話，早上何必還要起床？」嘿，這不要問我，這太難回答了。本書後半部就嘗試要提供一些答案。

11

我們會不會暴走？

　　暴走（譯注：本章以「暴走」翻譯 run amok 一詞）的概念具有某種吸引力。像一隻發狂的無頭雞（譯注：美國曾有一隻雞被砍頭後，因為碰巧未傷及腦幹和頸動脈，還多活了兩年，甚至可以四處走動）那樣橫衝直撞地發洩怒氣，可以認識新鮮有趣的人們，而且又相當有氧。縱使有上述那些明顯的優點，我也從沒多想要常常暴走。那感覺滿累的，而且會滿身大汗。而且我擔心說，我只會看起來不夠投入這種冒險舉動，到頭來出盡洋相。

　　儘管如此，樂意暴走的人也從來沒少過──氣到口水亂噴、講話急促不清，一心一意就是要搞破壞。雖然人隨時都可能暴走，但還是有某些情況會讓人更容易暴走，尤其是保證可以免受懲罰的情況。匿名也有幫助。1968 年美國民主黨全國代表大會中，在那件已正式被稱為「警察暴動」事件的期間當中，警察在暴走前拿掉識別證章，毆打和平抗議者以及看熱鬧的人，並毀壞拍攝人員的攝影機。眾多傳統文化也有類似的作風，當戰士匿名（好比說戴面具）時，他們破壞敵人屍體的機率會提高。有一種說法跟匿名保護罩有關，就是「可是當時別人也都在暴走啊」，這很明顯是「因為不會被抓才暴走」的變體。[1]

　　上個世紀給了我們一條微妙的途徑，讓人覺得可以肆意妄為卻免受懲罰，就算在光天化日之下施暴也一樣。在紐倫堡審判期間，還有當二戰世代的德國人面對震驚憤怒的後代而試圖替自己辯解時，這種藉口都十分醒目突出。當種族滅絕暴行肆虐時，「我只是遵從命令」的概念，預先假定行動中沒有責任、沒人可歸咎，或者沒人有決斷力。

　　讀到這裡，讀者應該很清楚照這樣下去要走的方向，也就是往那些透過謀殺異鄉人來宣告存在主義選擇自由的那一整群法國哲學家的反方向走。如果自由意志是個迷思，而我們的行動只不過是我們無法負責的生理運氣之無道德結果，那我們幹麼不暴走就好了？

認清了不管你做什麼可怕的事*都不是你的錯*，這一點是原版「暴走」的關鍵核心。英語的發狂（amok）一詞出自馬來／印尼詞語 meng-âmuk，指的是「某個平和的膽小鬼突然爆發出無法解釋的、不經思索的猛烈暴力」這種偶發情況。傳統的詮釋方法巧妙避開了自由意志——錯不在那人本身，人們相信那人是被惡靈附身，不能替自己行動負責。[2]

「不要責怪我；我被森林中的惡虎靈（Hantu Belian）附身了」，跟「不要責怪我；我們只不過是生理的機器而已」根本差不了多少。

所以，如果人們接受自由意志不存在，會不會每個人接著就那麼暴走起來？有些研究似乎就是這麼主張的。

硬決定論者的橫行霸道

檢驗這一點的實驗方法很簡單。事先降低人們對自由意志的信念，看他們現在會不會變成王八蛋。要怎麼讓受試者懷疑自由意志呢？一個有效的技巧是，讓他們花二十年時間研究神經科學，再免費附上一些行為遺傳學、演化理論和動物行為學。這太不實際了。這些研究最普遍的替代方法，是給受試者讀一段令人信服的、關於我們缺乏自由意志的討論。研究往往使用克里克（Francis Crick）1994 年的著書《驚人的假說：靈魂的科學式搜尋》（*The Astonishing Hypothesis: The Scientific Search for the Soul*）中的一段話。辨識出 DNA 結構的華生—克里克雙雄裡的克里克，後來著迷於大腦和意識。克里克是一位硬派決定論者兼洗鍊直白的作者，概述了「我們僅是我們生物成分之總和」的科學論點。「之所以成為你的，不過就是一堆神經元，」他如此做出結論。[3]

讓受試者讀克里克的這段話。控制組受試者則閱讀一段篡改後提出相反主張的版本（好比說，「之所以成為你的，可遠遠不只是一堆神經元」），或者一段談某件無聊事情的摘錄。[1]接著，受試者要填一份關於自由意志信念的問卷（好比說，「你有多同意『人應該徹底為他做出的任何不當選擇負責』這段陳述？」）；這是要確保操作行為真能有效地操控受試者。[4]

當在實驗中減少人們對自由意志的信念後，會發生什麼事？首先，有一種或被描述為人們在行動中投入的意向性或心力的東西減少了。這是用腦電圖監視腦波證明出來的。回來看利貝特式的實驗。當一個受試者決定動動他的指頭時，大約在半秒之前，會出現一個特有的波模式，最有可能是從運動皮質發出。在幾秒前就已經偵測到一道波，是後來行為的第一個徵兆，稱作「早期準備電位」。這似乎是產生在前運動輔助區，在導致運動的迴路裡提早一步起跑，而被視為「要進入後續運動的意圖性」訊號（回想一下第二章的最重要一環，利貝特指出，早期準備電位發生在人們有意識察覺到自己有意要做什麼之前；無止盡的爭辯繼續下去）。當人們被一個無法解開的難題阻礙，感到無助並有著較低的能動性時，他們的早期準備電位就會縮小。而當人們在他人促使下不那麼相信自由意志時，同樣的情況也會發生，在較弱的信念下可以預見波也會減弱較多（但不會改變隨後運動皮質出現的波的大小）——人們似乎沒那麼努力嘗試，也沒那麼努力專注在工作上。[5]

另一個稱作「錯誤相關負波（error-related negativity，ERN）」訊號的特有腦電圖，會在人察覺到自己犯錯時出現。這在「行進／不行進」任務中得到了證明；任務中，電腦螢幕上展現了兩種刺激之一（好比說，一個紅點或一個綠點），而你必須快速按下對應顏色的按鈕，並克制自己不按另一個。這個任務進行得非常快速，而當人們犯錯時，前額葉皮質會發出一個錯誤相關負波信號——「哎呀，我搞砸了」——然後，隨著人們花更多心力和專注來得到對的回應，後面的回應會有一點點延遲——「加油點，我可以做得更好。」先在受試者身上誘發一種無助感和徒勞感，他們接著

1　操作的變項：讀一段講「科學家認為自由意志是……」之類事情的句子，與其相對的是「科學家認為自由意志不是……」，得要替克里克讀物（或對照組讀物）寫摘要，要人們講述自己之前行使大量自由意志的時候，或者是之前並沒有的時候。

就會展現出較弱的 ERN 以及較少的錯誤後放慢（實際錯誤率倒沒有變化）。促使人們不那麼相信自由意志後，你也會看到一樣的結果。合起來說，這些腦電圖的研究證明，當人們不那麼相信自由意志時，他們就會在行動中投入較少意向性和心力，不那麼密切監控自己的錯誤，也比較不在乎工作的結果。[6]

不論是用問卷還是用腦電圖來評估，一旦你確定在受試者身上誘發出一些自由意志懷疑論，就可以試著放他們在這個毫無戒心的世界上任意行事了。他們會暴走嗎？看起來是會。

由明尼蘇達大學行為經濟學家沃斯（Katherine Vohs）起頭的一連串研究，證明了自由意志懷疑論者的行為會變得更反社會。在多次實驗中，他們進行測試時都更有可能作弊，並會從公基金中拿走超過公平分配的金額。他們變得比較不會去幫助需要幫忙的陌生人，而且變得更有攻擊性（受試者在被某人粗暴拒絕後，會透過決定讓某人吃多少辣醬來進行報復。若讓某人成為自由意志懷疑論者，他們使用辣醬來懲罰的量幾乎會是其他人的兩倍）。越是不相信自由意志，受試者就會對幫自己忙的人沒那麼感恩——為什麼要去感激一件只是某人在生理上不得不做的行動？為了避免結果看起來像是「這些懷疑論者在使用辣過頭的菜餚來報復的虛無快樂中玩得太開心」，這種操作也會讓人們覺得自己的生活比較沒那麼有意義，也比較沒有歸屬他人的感覺。此外，自由意志信念的減弱會讓人們覺得自己不那麼認識自己，並讓人在做道德抉擇時與「真正的自我」有所疏離。會有這種結果實在不怎麼令人驚訝，不論是因為自由意志懷疑者主要在做的，就是讓你接受你絕大部分的行動都產生自潛伏其下、完全無所覺的生理力量，還是因為存在著「得要試著想像『我』到底在機器裡的哪裡」這種更全面性的挑戰。2[7]

然而不僅如此。「意圖耦合」這個巧妙現象證明了，減少人們對自由意志的信念，也會降低他們的能動性。受試者看著一根指針繞著鐘面掃

2　沃斯的研究影響十分重大，而且大量為人引用。

過（速率為每三秒一轉），只要他們想要，就可以按下按鈕，然後估計指針當時在鐘面上的位置。或者，隨機播放的一段音訊，要受試者估計音訊出現時指針位在何處。然後把兩個結合——受試者按按鈕，然後幾分之一秒後讓音訊出現。人們會在那邊看到能動性，無意識間覺得音訊是由他們按按鈕*所致*，覺得這兩個事件被意向性結合在一起，因此些微低估了兩者之間的時間延遲。[3] 降低人們對自由意志的信念，你就降低了這個耦合的效應。[8]

降低人們對自由意志的信念，甚至可能對抵抗成癮產生不良影響。不是哦，這邊進行的實驗可不是把志願者變成古柯鹼毒蟲，然後看看他們是不是讀了克里克的文章後更難戒除惡習。這倒是可以用推論的就好。人們普遍覺得成癮和喪失自由意志有關；此外，許多研究成癮的專家認為，成癮者面對成癮時往往會採取決定論的看法，把成癮當成一種毀滅性特質，讓他們能為自己找藉口。這就是我們正在討價還價的一條細線。如果要在「把成癮貼上生理疾病標籤」和「把成癮貼上一個泡在自製烈酒裡的脆弱靈魂標籤」之間做選擇，那麼前者是巨大而人道的思想進步。但更進一步，如果要在「把成癮貼上和自由意志不相容的生理疾病標籤」和「貼上與自由意志相容的生理疾病標籤」之間做選擇，那麼大部分的臨床醫師都會認為，後面這個標籤對於終結成癮可能比較有幫助。不過要留意，這邊的假設是「認為成癮和自由意志不相容」跟「認為成癮和改變不相容」是同一件事。情況根本不是如此——這部分等到了第十三章再談。[9]

因此，削弱某人對自由意志的信念，他們便會覺得沒那麼有能動性、沒那麼有意義、沒那麼認識自己，對他人的善意也比較不感激。就我們討論的目標來說，最重要的是，他們在行為上變得沒那麼合乎倫理，不那麼樂於助人，而且還更有攻擊性。把這書燒掉吧，以免有別人不小心找到這

3　這種暗中相合的現象有一些精巧之處。在某項研究中，按鈕是由另一人所按；受試者通常來說都低估了按鈕和後續音訊的時間差，證明了他們把能動性投射到了另一人身上……除非他們認為按按鈕的時機是由電腦、而不是人類決定的。

本書，害他的道德羅盤失去方向。

情況想當然比這複雜許多。首先，這些研究對行為的影響相當小；閱讀克里克的文字並不會讓受試者在某些任務上作弊更多，還在離去時偷研究者的筆電。其結果比自殺式的殺人狂更瘋狂。反映這點的是個重要的事實，那就是，你通常沒辦法用一劑克里克，就毀掉某人對自由意志的信念。你只會讓他們的信念稍微不那麼強烈而已（且沒有改變他們重視自身自由意志的程度）。[4] 這一點也不讓人意外。讀某本書的某一段，知道了「科學家現在質疑……」，或者在他人的促使下、回想一段你的自由意志沒你以為的那麼多的時光，怎麼可能會對你人生中擁有能動性的基本感覺有多大影響？一般來說，當我們到了從《好餓的毛毛蟲》（*The Very Hungry Caterpillar*）學到貪食罪的年紀，自由意志的信念就已經在我們的心中根深蒂固了。[10]

最重要的是，大部分研究無法重現「當人們的自由意志信念弱化後，行為會變得沒那麼道德」這個基本發現。重要的是，在這些研究中，有些樣本的大小遠大於產出「我們都會暴走」這結論的最初研究。2022 年一個針對整群文獻（包括一百四十五項實驗，其中九十五項未發表）進行的統合分析顯示，克里克式的操控實驗確實輕微減低了自由意志信念，並提升了對決定論的信念……但對道德行為沒有任何一貫的影響。[5][11]

因此，文獻證明的是，幾乎不可能用短暫的實驗操控就把某人變成一個真正的自由意志懷疑者；此外，就算你減少了某人對自由意志的整體接受度，其實也沒有降低他們在實驗室環境內的倫理行為標準的一致性。

這些結論必須要有那麼一點不篤定，因為，總的說來，這個領域從過去以來都還沒做過大量的研究。然而，「不要為了我偷那小孩的糖果而

4　要指出，那主張的是，就算你把自由意志信念降低一點，整體來說依舊相信自由意志的人們還是會更容易暴走。不是什麼好消息。

5　有件跟前面相關的事情是，給法官看一些克里克的東西會減少他們的自由意志信念……但不會改變其判決。我幹麼花時間寫這本書？

責怪我；因為自由意志不存在」有個被十分深入研究過的相近表親，其研究結果相當有趣，給了我們非常大的啟示。

一個理想的模型系統

　　因此，我們考慮了一個類似「無自由意志導致的暴走」的東西：當人們做出結論，認為因為沒有無所不能的某個神祇來施予後果，所以他們終究不用為自己的行動負責。那麼這時候，他們會不會因此舉止變得不道德？按照杜思妥也夫斯基（Dostoyevsky）的說法，如果沒有上帝的話，那要做什麼都可以。

　　甚至還不必談到無神論者，就有件關於審判懲罰之神的事值得我們先來瞭解──這類神一點也不普遍也不古老。英屬哥倫比亞大學心理學家諾倫薩揚（Ara Norenzayan）這個非常有意思的研究結果，證明了這種「道德神祇」是比較新的文化發明──生活方式主宰人類史 99% 時間的狩獵採集者並沒有發明道德神祇。的確，他們的神祇可能不時要求最好的獻祭，但祂們對於人類是否彼此善待並無興趣。合作與利社會性的演化，完全是由構築在親近性和互惠可能性之上的穩定透明關係所促成；這些正是在狩獵採集小隊中產生的道德約束條件，所以不需有個神祇在偷聽。要等到人們開始在更大的團體中生活，有著道德諸神的宗教才開始冒出來。隨著人類過渡到村落、城市，然後再到原始國家，人類的社交範圍首度納入頻繁流動的人口以及陌生者匿名相遇的情況。因此，就需要發明各種全視之眼，亦即主宰世界各個宗教的道德諸神。[12]

　　因此，如果讓我們循規蹈矩的是對道德諸神（或單一神）的信仰，那麼缺乏信仰會讓你怎樣就很明顯了。這就產生了每個無神論者在某些時刻總要忍耐的必然爭吵：

　　有神論者：如果你們無神論者不認為上帝要你們為你們的行動負責，
　　　我們要怎麼相信你們是有道德的人呢？

無神論者：這個嘛，如果你們信教的人，只是因為沒道德就要下地獄

　　焚身，才依道德行事，我們又要怎麼相信你們是有道德的人呢？

有神論者：至少我們有個道德規範啊。

如此這般。

如果不相信自由意志，人們會怎麼運作？觀察人們在不相信道德神祇時怎麼運作，就能蒐集到許多答案。

（注意：在普遍情況中，一個人對宗教的態度以及對自由意志存在與否的信念，並非必然相連。我們深入觀察無神論，只是當成一個暖身，來準備回到駁斥自由意志概念的諸多質疑中。）

無神論者發狂了

無神論者會不會暴走呢？大部分人確實這樣相信，而反無神論的偏見也非常廣泛深遠。全世界有五十二個國家會判處無神論者處死刑或徒刑。大部分的美國人對無神論者都持有負面看法，反對無神論的偏見比對穆斯林（這個排下一位）、非裔美國人、LGBQT 人士、猶太人，或摩門教徒的排斥都還要更盛行。這種負面評價的後果殃及各處。模擬陪審團會給無神論者更長的刑期；辯護律師強調當事人的有神論，以增加辯護成功的可能性；人們把據稱為無神論者的名字在假想的器官移植清單中更往後排；雙親會因為無神論而無法獲得孩子的監護權。有些國家的法律仍明文禁止無神論者就任公職；在比較開明一點的行政區裡，如果候選人是個無神論者，選民比較不會把票投給他。在美國，無神論者比篤信宗教者的臨床憂鬱症率更高，而這之中有些案例可能反映了無神論者的邊緣少數地位（根據調查大約佔全美國人的 5%）。[6][13]

6　這是因為缺少了上帝而留下的那塊憂鬱病理性的空虛所造成的嗎？或許有部分是如此，但身為少數人士的地位可能也有其作用──在顯然很世俗的斯堪地那維亞諸國

　　以下來講一個不可能出現反無神論者的地方。肯塔基大學的心理學家格威斯（Will Gervais）和納傑爾（Maxine Najle）講述了一個德國製鞋公司頻頻被美國人抱怨的故事——網購的鞋子嚴重延遲到貨，甚至從沒送達過。這家公司的名稱是什麼？「無神論者鞋」（Atheist Shoes）。公司老闆做了一個實驗，讓運到美國的貨物有一半的標籤上不放公司名稱，一半有放。前者迅速就送達了；後者則經常延遲送抵甚至丟失。美國郵政人員對假想中無神論製鞋者的不道德採取了立場，以確保虔信上帝的美國人不會在無意中穿上*那些*鞋走上一里路。在歐洲境內送交的鞋子就沒觀察到這種現象。[14]

　　為什麼人們會對無神論者抱持這樣的偏見？並非因為帶有偏見的人都覺得無神論者的友善程度或能力不及篤信宗教者。這反而始終都與道德有關——是因為認為「人得要信個神才會遵守道德」的信念遍及各處。會這麼相信的包括美國多數人，以及孟加拉、塞內加爾、約旦、印尼和埃及等地超過 90% 的人。在大部分的國家裡，接受調查的人們都把無神論和連續殺人、亂倫或姦獸屍之類的違反道德規範聯想在一起。[7]在一項研究中，虔信的基督徒提報說，在讀一篇無神論的宣傳短文時，會有一種發自肺腑的噁心感。甚至連無神論者都會把無神論和違反規範聯想在一起，而那實在滿可憐的；看哪，有個自我厭惡的無神論者哪。[8][15]

　　因此，「無神論者隨時都可能暴走」的這種預期，是十分根深蒂固的（在此稍微緩頰，篤信宗教的人對於那些「注重靈性但不信教」的同路人有比較弱

<hr>

　　中，有高憂鬱症率的是十分虔信的少數人。

7　戀屍癖以及獸姦——拜託，你是認真的嗎？這位無神論者到這邊終於有點不太爽了。

8　這個反無神論者的偏誤，跟「當了科學家就難以道德正直」（即便人們一般來說都尊重科學家，並認為科學家在關心他人、可信賴度、重視公平以及不特別傾向無神論等方面的程度為「普通」）的這種普遍信念並肩而行。但在忠誠度、貞潔和服從權威這些地方，人們認為科學家不道德。對我來說，有一個理由幾乎一直都是錯的，但至少可以用來說明——在追求科學研究結果時，科學家做些讓部分人認為不道德的事可說毫不猶豫（例如活體解剖、人體實驗、胎兒組織實驗）。第二個理由讓我有點不知所措——科學家樂於宣揚某些事來破壞道德規範，理由就單純只是因為那些事碰巧是⋯⋯真的。

但類似的偏見）。但緊接著就是關鍵問題：無神論者和篤信宗教者相比，真的展現出較少的利社會行為，同時展現出更多的反社會行為嗎？[16]

要清楚回答這樣的問題會遇上重重障礙。假設你想知道，某種新藥有沒有辦法避免人罹患某一疾病的話，你會怎麼做？你找來兩組志願者，他們在年齡、性別、醫病史等等都相似，然後隨機選出的一半會用藥，另一半則用安慰劑（受試者不知道自己用的是哪種）。但你在宗教虔誠度之類的研究上不能這樣做。你不能找兩組白紙般的志願者，下令一半的人信某宗教，另一半駁斥宗教，然後看看誰在外面的世界裡是好人。[9] 誰最終會成為教徒或無神論者並不是隨機產生的——我們後面會談的一個例子就指出，男性成為無神論者的可能性超過女性的兩倍。相信自由意志的人和懷疑論者，同樣也不是靠著丟硬幣來決定各自的立場。

這些有神論者／無神論者研究的另一個複雜問題，是隨便哪個跟一位論派（Unitarian）信徒和一位美南浸信會信徒（Southern Baptist）同時擱淺荒島的人都能明顯看出來的——他們的宗教和虔信度簡直異質到瘋狂的地步。隸屬於哪個宗教？某人是終生信徒還是近期才改宗的人？那個人的虔信，主要是關於他與神明還是他與教友，還是他與整體人類的個人關係？他們的神明看重的是愛還是痛擊？他們通常會獨自祈禱還是進行團體祈禱？他們的宗教比較偏重思想、情感還是儀式？[10][17]

9　一個類似的質疑限制了那些證明宗教信仰似乎有益健康的文獻：「你，對就你，你給我開始信教。你，那邊那個你，你不要信。我們二十年後見，到時候來檢查你們的膽固醇值。」

10　當然，無神論風格也有著類似的不均質，只是較少研究——這類不均質包括了，產生此種立場的人們主要靠的是分析還是出於情感；在有宗教的環境中長大但後來脫離的人，還是從來沒信過什麼教的人；無神立場積極還是消極的人（請別錯過本章結尾）；漸漸有了這種立場，還是突然被雷打到產生立場（但不是宙斯打的）。然而，在這樣的不均質中，大部分的無神論者似乎都還是藉由分析一途得出了如今自己的這種立場（但我不是），而當人們在實驗安排下更加使用分析方式來思考時，他們接下來也會顯示宗教虔信度下降。接著，還有一些無神論者儘管不相信神，但還是會採納一些宗教文化與儀式，或接受非信徒人文群體給予的穩定支持，而不是一個人孤立地秉持無神論。這一切都令人想起《第 22 條軍規》裡約塞連（Yossarian）跟舍伊斯

　　儘管如此，在這批龐大文獻中，大部分研究支持的概念是，認定沒有神明在監控你會產生比較腐敗的人。和篤信宗教的人相比，無神論者更不老實且比較不值得信賴，在實驗環境中和外面的真實世界裡都不那麼仁慈，願意無償付出的時間也比較短。結案。唯一剩下的問題就是，會比較快暴走的是不相信神明的人，還是不相信自由意志的人。

　　我們現在需要做的是解構這個普遍的研究發現。因為，實際上的情況相當不一樣，並且與自由意志懷疑論非常相關。

說 vs. 做

　　第一個要處理的問題應該不用花太多腦筋。如果你對這些問題有興趣的話，只要去觀察研究對象有多仁慈，或是問他們有多常捐錢做慈善就好了嗎？問人，只會讓你知道他們希望自己看起來有多仁慈而已。有很高百分比的相關研究是基於「自我陳述」，而不是實證資料，結果到頭來發現，篤信宗教的人比無神論者更在乎維持道德上的名聲，而那產生自「希望成為符合社會期待的人」這種更普遍的人格特質。[18] 這無疑反映了，有神論者比無神論者更有可能在緊密結合的社會脈絡中過著道德生活。此外，在宗教信仰較強的國家中，篤信宗教的人對於要符合社會期待更加顧慮。[19]

　　一旦真的去觀察人們做了什麼，而不只是聽他們說了什麼，就會發現有神論者和無神論者的捐血比率、給小費金額，或是對「榮譽制」付費（譯注：例如無人看管的良心攤位）的遵守程度並沒有差別；在利他、寬容或表露感激的程度上，也一樣沒太大差異。不僅如此，在實驗環境中受試者可以對一個違反規範的行為做出還擊（舉例說，用自認為存在的電流電擊他

科夫太太（Mrs. Scheisskopf）這兩名無神論者對於自己不信的上帝本質進行的爭論。無法釋懷的約塞連希望有上帝，這樣他就能表現自己因上帝的殘酷神性而對上帝抱有的暴力和恨；舍伊斯科夫太太被這樣的褻瀆嚇壞了，堅稱她不相信的那位上帝既溫暖、又有愛心、又仁慈。

人），也發現兩群人的攻擊性或報復心都沒有差別。[20]

因此，要是觀測人們做什麼，而不是他們說什麼，有神論者和無神論者在利社會性方面的大部分差異就會消失。對於相信自由意志者和懷疑自由意志者的對比差異研究來說，這個教訓非常明白。總體來說，檢視人們在實驗環境中實際做了什麼的眾多研究，都證明了兩群人之間的道德倫理行為沒有差別。

年老、富裕、社會化的女人
vs. 年輕、貧窮、獨處的男人

回到自我選擇的挑戰：和無神論者相比，篤信宗教的人更有可能是女性、較年長、已婚，而且社經地位較高，並且有著較大、較穩定的社會網路。但這是一塊充滿混淆的雷區，因為上述這些都是跟較高程度的利社會行為有關的特質，與宗教虔誠度無關。[21]

身在一個穩定的社會網路中看來似乎真的很重要。舉例來說，篤信宗教者的慈善行為和志願服務的增加，與他們多常禱告的頻率無關，而是跟他們有多常出席宗教場所有關；而那些參與社群的緊密程度和篤信宗教者一樣的無神論者，也展現出和篤信宗教者同樣的睦鄰程度（有件類似的事情是，如果對有神論者和無神論者參與社群的程度加以控制，就會大幅減少兩者憂鬱症比率的差異）。一旦你控制了性別、年齡、社經地位、婚姻狀態和社會性等變項，有神論者和無神論者的大部分差異都會消失。[22]

這一點跟自由意志主題的關聯性很明白；某人相信或不相信自由意志的程度，以及那個看法有多容易在實驗中改變，可能是跟年齡、性別、教育等變項密切相關，而這些其實是更重要的暴走性預測指標。

當有人事先提醒你看在上帝的份上乖一點

篤信宗教者變得比無神論者更利社會的場合，往往是當你拿前者的宗教虔誠來提醒他們時。做法可以很明白：「你覺得你篤信宗教嗎？」更有趣的是，如果有人事先含蓄提醒篤信宗教者他們的虔誠——例如，要求某人從一份詞語清單裡解讀包含宗教術語的單字，或者要求某人列出十誡，他們就變得（比解讀不包含宗教詞語的詞語清單的人，比要求列出十本高中讀過的書的人）更利社會。其他方法還包括，讓受試者走過有教堂或沒教堂的街區，或是在進行測試的房間內放宗教或世俗的背景音樂。[23]

總的來說，這些研究證明，事先提點宗教信仰會讓篤信宗教的人展現他們最優秀的品質，讓他們更仁慈、慷慨、誠實，更能抵抗誘惑，也更有自制力。在這類研究中，有些最有效的事先提示，會讓人想起上天賜予的獎勵和懲罰（這就產生了一個有趣的問題，解開 lehl 這串字跟 neehav 這串字，哪個才會產生出比較良善的行為〔譯注：前者的字母重新組合後會成為 hell，地獄；後者則是 heaven，天堂〕）。[24]

我們現在有些眉目了。當篤信宗教的人沒在思考其宗教原則時，他們就陷入跟無神論者一樣的不道德泥沼中。但提醒他們真正重要的事是什麼之後，他們頭上的光環又會出現。這裡有兩個大麻煩：首先，在這些研究中有許多都出現了一種情況，就是事先給予的宗教暗示，同時也讓無神論者更利社會。畢竟，你不一定得身為基督徒才能認定《山上寶訓》有好的部分。另一個麻煩就比較能讓我們瞭解實情，那就是，雖然篤信宗教者的利社會性會被事前的宗教提示所強化，但只要事先給予適當的世俗版本提示，無神論者的利社會性也能有跟篤信宗教者一樣大的增加幅度。「我最好乖一點不然會有麻煩」，當然可以用 alij 或 eocpli 事先提示（譯注：兩組字母分別可以組合為「監獄」和「警察」）。無神論者的利社會性也可以用較崇高的世俗概念來事先提點，好比說「公民」、「職責」、「自由」和「平等」。11[25]

11　在無神論者遇到麻煩時出現了一個類似的有趣情形，因為無神論者缺乏有神論者可取得的那種更龐大的撫慰架構；現實中到了那樣的時候，許多無神論者會求助對科學的信念，並從中獲得慰藉。

換句話說，倫理立場、道德原則和價值方面的提示（包括含蓄暗示），會在有神論者和無神論者身上產生同樣程度的正直態度。兩個群體的利社會性只不過差在維繫於不同的價值和原則，因此會在不同的環境脈絡下被點醒。

那麼，很明顯地，關鍵就在於什麼算作道德行為了。在紐約大學心理學家海德（Jonathan Haidt）的研究中，道德考量被分為五個領域，即跟服從、忠誠、貞潔、公平和避免傷害相關的領域。他的研究影響力非常深厚，證明了政治上的保守主義者和篤信宗教者，更傾向於重視服從、忠誠和貞潔。相較之下，左派人士和無宗教信仰者更關注於公平和避免傷害。這可以用高調的哲學來概括。人處理道德困境時可以成為一個義務論者，認為一個行動的道德應與其結果分開來評估（「不管救了多少人命，不該這樣就是不該」），與其相對的結果論者（「這個嘛，我通常都反對 X，但這次它能做成的好事遠超過……」）形成對比。所以有神論者和無神論者，誰才是義務論者呢？要看情況。篤信宗教的人在服從、忠誠和貞潔方面往往傾向於義務論——違抗命令、背叛你所屬的團體、褻瀆神聖事物，都是始終不可以的。然而，如果論及公平和避免傷害的問題，無神論者就會像篤信宗教者那樣偏向義務論。[26]

價值觀的不同還會以另一種方式展現。篤信宗教的人往往會用一種更為個人的、私人的脈絡來看待善舉，這有助於解釋篤信宗教的美國人，為什麼會比世俗美國人捐更多收入給慈善事業。相較之下，無神論者比較有可能把善舉視為集體責任，這有助於解釋他們為何更有可能支持那些提倡財富重新分配、藉以降低財富不均的候選人。因此，在你試圖認定誰更可能暴走、做出反社會行為時，如果你問的問題是「你自己願意拿出多少錢捐給救助窮人的慈善機構」，無神論者看起來就會頗糟糕。但如果你問的是「你願意多繳多少稅，來讓你的錢投入更多救濟窮人的社會服務」，你就會得到不一樣的結論。[27]

這跟相信自由意志者和懷疑自由意志者之間的對比有什麼關聯？很明顯地要看事先提示是什麼，以及誘發的是怎樣的價值。這會產生一個簡單的預測：要求某人發現 Captaim of yeur gate 拼錯的地方（譯注：拼寫正確的話會是「守你城門的將領」）而事先給予暗示，在這情況下，相信自由意志的人會受到更多影響，而趨向於更加自制。相較之下，試試 Victin of vircumsrance（譯注：拼寫正確的話會是「環境下的犧牲者」），懷疑自由意志的人就會變得沒那麼想要懲罰而更加寬容。

一次一個無神論者 vs. 無神論者大批出沒

前一段文字主張說，就算無神論者認定懲罰各種違規的全能者並不存在，也不至於立即就道德淪喪。然而，必須要留意到，目前討論過的研究中，有很高的百分比都是以美國受試者進行的，而他們來自一個大約只有 5% 的人自稱無神論者的國家。我們剛才有看到，就連拿宗教的事先提示給無神論者，都可以強化他們的利社會性。或許，無神論者有這樣的相對道德規範，是因為他們被一整群有神論者的道德規範團團包圍。如果大部分人都變成無神論者或無宗教信仰者，會發生什麼事？當每個人都不再需要出於恐懼上帝而當個好人的時候，他們會打造出怎樣的社會？

那會是一個道德而人性化的社會，且這個結論並不是基於思想實驗而已。我這邊指的是那些始終都很烏托邦的斯堪地那維亞人。整個地區的宗教虔誠度在 20 世紀期間大幅滑落，斯堪地那維亞諸國如今是世界上最世俗的國家。將它們與美國那種篤信宗教的國家做比較時會如何呢？針對生活和健康品質的研究證明，斯堪地那維亞（在快樂安康、平均餘命、嬰兒死亡率和分娩死亡率等測量指標上）都表現較佳；此外，貧困率較低，同時收入不平等也很低。至於反社會行為的盛行情況、犯罪率、暴力和損害攻擊率（從戰事到犯罪暴力到校園霸凌到體罰）等等的測量值，也都比較低。在一些利社會的指標上，斯堪地那維亞國家在「給予自身國民的社會服務」[12] 以

---

12 該留意的是，雖然斯堪地那維亞各國政府比美國政府花了更多錢在貧窮者身上，但斯堪地那維亞人個別捐助慈善團體的比率比美國人低；然而，斯堪地那維亞政府社

及「給予貧困國家外援」上的人均花費則較高。[28]

此外，這些差異不僅僅是享用醃漬魚的斯堪地那維亞人對上滿身大汗的資本主義美國人而已。在各色各樣的國家中，平均信教率較低的國家，都可以預期在上述所有有益健康的結果上呈現較高的比率。此外，一個國家內的平均信教率較低，可以預見腐敗程度較低、對少數種族和族群更寬容、識字率更高、整體犯罪及殺人率更低，且戰爭頻率更低；而這些也是跨越國家的現象。[29]

這類相關性研究總會有個大問題，就是完全沒解釋因或果。舉例來說，到底是較低的信教率導致政府花更多錢在救濟窮人的社會服務上，還是說政府花更多錢在這類服務上導致了較低的信教率呢（或者，是兩者都起於第三個因素）？這很難回答，就算是紀錄詳盡的斯堪地那維亞樣貌也很難回答，因為宗教虔誠度下滑跟斯堪地那維亞社會福利模式是同時浮現的。有可能是兩邊都佔部分因素。無神論者在善行方面對集體責任的偏好，確實有助於促成斯堪地那維亞模式；而隨著社會在經濟上變得更加穩定安全，宗教信仰率就下滑了。[30]

跳脫出這些先有雞或蛋的複雜議題，我們對「較不篤信宗教的國家是否擠滿暴走公民」這問題，倒是有清楚明白的答案。完全不會。事實上，那些地方反而一整個伊甸園。[13]

因此，情況並不是說，就只因為無神論者被大量有神論者拘束（這一點多虧了神明〔或上帝〕），所以前者在道德上才跟後者不相上下。我的猜測是，自由意志懷疑者所做出的符合倫理的行為也跟前述情況有所類似，那並不是他們身為少數、被能動性洋溢的幹勁人士包圍的結果。

我們因此就來到了在評估篤信宗教者是否比無神論者更利社會時，

會服務高過慈善的比率，大於美國慈善團體高過社會服務的比率。我們會在第十四章探討某斯堪地那維亞國家面對慘劇時與眾不同的文化回應。

13　OK，儘管我明顯地滿心熱切，但還是得指出一個關鍵。斯堪地那維亞諸國因為身為族裔／語言同質性較高的小國，本來就在平等主義方面佔盡優勢，而當這些條件都沒那麼好的時候，便會出現更美國式的難題。而且那邊還出了阿巴合唱團（ABBA）。

以及在思考相信自由意志者是否有望比懷疑自由意志者更利社會時，可能最重要的一個重點。

誰需要幫助？

就算控制了「自我陳述」或「宗教虔信度的人口結構相關因子」這類因素，並且把更廣義的利社會性也考量進去，在某些實驗環境和真實世界環境中，篤信宗教者還是比無神論者更利社會。因此，就讓我們進入真正的關鍵重點：*所謂宗教利社會性，多半說的是信教者善待跟他們相像的人。*那主要還是內團體的行為。舉例來說，在經濟賽局中，篤信宗教的受試者被強化的誠實，只會拓展到同為教友的其他參賽者中，而這種情況還會因為事先的宗教提示而變得更極端。此外，篤信宗教者在研究中顯示為更慈善，是因為他們為同樣宗教的人貢獻得更多。在真實世界中，篤信宗教者的善行，大部分也是由捐給自己人團體的樂捐所構成。[31]

但要當心混淆之處，也許這種關係也有其謬誤——或許篤信宗教者之所以對教友比較親切，是因為前者居住在後者之中。因此，驅策這種慈善的或許不是宗教虔誠，而是彼此的熟悉度。只不過，實情不是這樣。舉例來說，一項針對十五個不同社群做的跨文化研究證明，篤信宗教者的內團體恩惠主義可延伸到它們未曾謀面的遙遠教友身上。[32]

因此，儘管主張普世善意，但有神論者的善意往往還是在內團體之中。此外，在以基本教義派信仰和威權主義為特色的宗教團體中，這個狀況又格外顯著。[33]

若要論及外團體成員，情況又會是如何呢？在那種情況下，無神論者會更利社會，包括更能接納他者，以及把保護圈擴大至他者身上。此外，事先的宗教提示會讓篤信宗教者對外團體成員更有偏見，其中還包括，在懲罰外團體成員違規方面有著更強的報復心態和意願。在一個堪稱典範的研究中，篤信宗教的學童認為，一群無辜的人就那麼被滅絕是無法接受的事……但用《舊約聖經》中約書亞消滅耶利哥城的無辜人群來呈現這個概念時就例外。在另一項研究中，事先的宗教提示使得約旦河西岸的基本教義派猶太定居者，對一名殺害巴勒斯坦人的猶太恐怖分子表達了更多的仰慕。在一項研究中，光是走過一間教堂，就會導致篤信宗教的基督徒表現出對無神論者、少數族裔和 LGBTQ 人士更負面的態度。在另一項研究中，事先向基督徒受試者提示基督徒版本的「黃金法則」（Golden Rule，譯注：指「推己及人」、「己所不欲，勿施於人」的普遍概念），並不會緩和恐同的情況；然而，若事先提示同樣的道理，但跟他們說那是佛教觀念裡的黃金法則，反而會*增加*恐同的情況。最後，有些常被引用的研究，則觀察了受試者在遊戲中對一個對手有多大的攻擊性（好比說，他們會選擇使用多大音量的巨響來轟炸其他玩家）。受試者要是先讀了一段提到上帝或《聖經》的文字，跟沒讀這些文字的人相比，他們的攻擊性會增加；當受試者讀了一段關於《聖經》內上帝施予復仇制裁的文字，跟讀過只有復仇但沒有神明制裁的文字相比，攻擊性甚至會增加更多。[34]

因此，有眾多研究都證明了，若要談有神論者和無神論者在善待他人方面的對比差異，那真得要看那個「他人」是誰。但探討這些問題的實驗研究，大部分是在研究心裡想著內團體成員的受試者。就想像一下——一個研究這主題的教授招募了一批心理入門班的學生，來參與一個研究他們有多慷慨、多值得信賴的研究。研究的一部分是，他們要玩一個線上經濟賽局，並假定是對抗隔壁房間裡的某人。在你的想像中，在隔壁房間裡暗自揣測著的那名學生會是誰——是同班同學，還是來自不丹的犛牛牧者？這樣的實驗設計，暗中促使受試者出於假想或其他方式，把其他參與者想成是內團體成員，因此在有神論者身上事先引發的利社會性，會不成比例地高過無神論者。

如果拿相信自由意志的人和懷疑自由意志的人相比，那「被幫助的是誰」這問題會怎麼開展？我會想像說，相信自由意志的人比較會覺得有一種道德強制性，不得不去幫助某個為某件事做出格外努力的人（與其相對的，是一種幫下去有什麼用的策略思考）；而懷疑自由意志的人比較會覺得，自己不得不去瞭解某個與自己截然不同的人的行動。

　　我們現在回到這一節的主要問題：不相信人的行動會被一股全能的力量所評判裁量，這種看法會不會損害道德？看起來會。也就是說，如果你只要求別人說他們有多道德，而不是要求他們去證實，或者說，如果你事先用的是宗教提示，而不是同等象徵力量的世俗提示去提點他們的話，那就看起來是會。此外，只要「善行」是個人主義行為而不是集體措施，且施予對象是看起來跟他們相像的人的話，那看起來就是會。懷疑道德諸神（或單一神）或許不存在，並不會特別產生不道德行為；懷疑自由意志不存在，之所以不會特別產生不道德行為，背後的原因也是如此。

　　現在來到「懷疑論者暴走的威脅」最重要的部分了。去問相信自由意志者和懷疑自由意志者之間有什麼差異，根本上是問錯了問題。

進入冷漠的幽谷

　　來想想這個 U 形曲線：

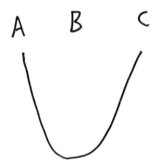

　　位在左邊 A 的人，堅信自由意志不存在（就這樣，沒有然後但是了）；而在低谷 B 的人，則是對自由意志的信念有一點彈性的人；而在右邊 C 的人，則是擁有不動如山的自由意志信念的人。

　　回頭看看克里克的誘惑。有鑑於完全駁斥自由意志的情況有多罕見，在我們回顧過的研究裡，志願受試者整體來說幾乎肯定都是由 B、C 這兩類人所構成。那麼整體來說，這些研究證明了什麼？

——首先，當相信自由意志的人讀了「自由意志是怎麼地不存在」的文章後，平均來說，對自由意志的信念會小幅減少，而且情況還有眾多變異，而這反映的事實是，有些人並沒有被反對自由意志存在的論點打動。因此，信念轉變的那些人可以視為類別 B，而那些不動搖的則是類別 C。

——一個受試者對自由意志的信心跑掉越多，他就越有可能在實驗中做出不道德的行為。

換句話說，如果談的是「對於人類能動性和責任本質的信念」，那麼會暴走的是 B 類人，而不是 C 類人。這整堆文獻全都跳過我們真正感興趣的東西，那就是 A 和 C 在道德正直方面有沒有差異。

就我所知，只有一項研究探討過這個明顯的問題，是由發表研究時在澳洲墨爾本大學的心理學家克隆（Damien Crone）所執行，另外還有已在前面討論過其想法的哲學家李維。這些研究中的受試者，要不堅決相信自由意志存在，要不就確定自己對自由意志的懷疑歷久彌堅。有項真正傑出的研究，甚至探討了特定受試者駁斥自由意志的原因，將科學決定論者（會贊同「你的基因決定了你的未來」之類的陳述[14]）跟宿命決定論者（「未來已被命運所決定」）做出了對比。換句話說，這些受試者是透過不同的情感和認知途徑來得出自身立場的自由意志懷疑者。其共通之處在於，他們老早就否定了對於自由意志的信念。[35]

結果呢？懷疑自由意志的人（不分種類）以及相信自由意志的人，在倫理行為上是一模一樣的。有個最終將全貌呈現出來的研究結果顯示，不論一個人對自由意志的立場為何，最以道德身分來定義自己的人，往往是

---

14 只是想回顧一下第三章的一件要事，基因不會決定你的未來；它們反而會在不同的環境中以不同的方式運作。儘管如此，在這邊的情況中可接受用「一切都是基因造成」的立場來頂替「一切都是生理造成」。

最正直而慷慨的人。[36]

　　就算談宗教信仰和道德，這種認同模式還是站得住腳。A類人在走向這種觀點的無神論的道路上沿途滿目瘡痍、佈滿坑洞──「離棄宗教信仰是我人生中最寂寞的時刻」，或是「都花了那麼多年，如果持續下去想必會很輕鬆，但我卻在那時刻離開了我就讀的神學院」。C類人呢？信仰對他們來說是每日的麵包（譯注：指日常所需）而非週日的蛋糕，[15] 能告訴他們每個行動該怎麼做；他們知道自己是誰，也知道上帝期望他們做什麼。[16] 然後還有B類人，包括說自己不信上帝就像說自己沒在滑雪一樣的遠神論者，[17] 還有那些出於習慣、習俗、懷舊、一個給孩子的典範而信教的人──在美國佔90%的有神論者中，可能有一半都落在這個分類裡，因為有將近一半的人都不會定期去禮拜。最重要的一點是，要談倫理行為的話，日常的有神論者和日常的無神論者彼此相像的程度，高過他們和B類人中自己人的相像程度。[37]

　　舉例來說，篤信宗教的人跟十分世俗的人在嚴謹自律性的分數上是一樣的，分數都比第三組人高。在各種探討服從程度的實驗研究中（通常是米爾格蘭〔Stanley Milgram〕那個檢驗受試者有多高意願服從指令去電擊別人的經典研究之變體），最高的服從率來自宗教「溫和者」，而「極端信仰者」和「極端非信仰者」則有著同等的反抗性。在另一項研究中，選擇以犧牲個人收入為代價去照顧未獲足夠照顧者的醫生，多半是篤信宗教者或是極度不相信宗教的人，而且是多到不成比例。此外，針對猶太人大屠殺期間冒生命危險搭救猶太人的人進行的多項經典研究都記錄到一個現象，那就是這些無法別過頭裝作沒看到的人，有非常高的比例要不是篤信宗教者、不然就是打從骨子裡不相信宗教的人。[38]

15　改寫自沃德・比徹（Henry Ward Beecher，美國公理會牧師，以支持廢除奴隸制聞名）。

16　改寫自泰維（Tevye，音樂劇與改編電影《屋頂上的提琴手》〔Fiddler on the Roof〕主角，原句為「我們都知道他是誰，也知道上帝期望他做什麼」）。

17　改寫自喜劇演員賈維斯（Ricky Gervais，原句為「說『無神論是信念系統』，就好像說『不去滑雪是一種嗜好』」。）（引用了這句話的人呢，嘖嘖，則是心理學家賈維斯〔Will Gervais〕）

　　這是我們保持樂觀的重要原因，如果人們*從此*不再相信自由意志，天也不一定會塌下來。有些人長期認真思考（好比說）人生最初的優勢或劣勢對於額葉皮質的發育有什麼作用，並得出結論說：「自由意志並不存在，原因如下。」而另一群與他們相對應的人長期認真思考了同件事情，並得出結論說，「自由意志存在，原因如下。」但這兩群人的相似之處終究來說會大於相異之處。真正的對比，其實存在於他們與那些面對道德正直根源為何的問題時會回答「隨便啦」的人之間。

12

我們體內的古老齒輪：
改變是怎麼發生的？

　　本書的目標是讓人們以不同的方式思考道德責任、歸咎與讚揚，以及我們身為自由行為者的概念，並對這些問題有不一樣的感受。最重要的是，*改變*我們行為方式的基本面。

　　這是我們去接觸許多事情的目標：改變我們的行為。大部分的演講、授課、書籍，就是在做這件事——好比說，改變你投票給誰、改變你心目中宇宙的最初七天是什麼樣子，或者改變你對世界工人團結起來並擺脫頸上鎖鏈的承諾。（譯注：出自《共產黨宣言》的結語——無產者在這革命中只會失去自己頸上的鎖鏈。他們能獲得的卻是整個世界。全世界無產者，團結起來！）我們的許多人際互動也是如此，都是為了說服、勸導、拉攏、逼迫、斥回、誘使、勾引人。當然，也有人下工夫讓你改變行為，使你的餘生都會變得更快樂，只要你購買了廣告中的物品。

　　這些方法全都能讓你和其他人改變行為。

　　但這產生了一個巨大的問題。上一章的問題是「如果人不再*相信*自由意志，會不會出現無道德的混亂？」本章的問題則是「如果*真的沒有*自由意志存在，一切的一切要怎麼發生一丁點變化？」你要如何在看完這句話後沒多久，就改變你的行為然後拿起一個布朗尼來吃？如果世界在有重要意義的層面上都是決定論的，那麼，不就什麼事都*早已*注定了嗎？

　　答案是，我們不會改變我們的心智。我們的心智身為先前分分秒秒生理狀態的終端產物，會被我們周遭的環境改變。這回應聽起來徹底令人不滿意，跟你對自己如何運作的直覺毫不相容。

因此，本章的目標是要把「自由意志的不存在」跟「改變其實會發生」調和為一致。我們的做法是，來到分子和基因的層次，去觀察遠比人類簡單的生物是如何改變行為的。這很自然就會轉而論及我們的行為變化。但願這會釐清一個十分關鍵的重點：我們的行為改變，並不涉及在主題和模式上與這些較簡單生物類似的生理狀態；相對地，它涉及的是跟這些較簡單生物一樣的分子、基因和神經元運作機制。當你因為某個異類群體的服裝跟你自己不一樣而開始有些厭惡時，你行為變化背後的生理狀態，就跟一條海蛞蝓學習如何避開研究者施加的電擊是一樣的。而當那個改變發生時，那條海蛞蝓想必不是在展現自由意志。不可思議且可能最重要的是，這解釋了行為改變的生理齒輪，其古老的程度和普遍的程度，最終成為我們得以樂觀的根據。

保護你的鰓

我們從一種海蛞蝓（sea slug，譯注：是好幾類海洋腹足綱動物的通用俗稱）開始談起，這邊專指一種超過六十公分長的巨大海洋無脊椎動物「加州海兔」（*Aplysia californica*）。神經科學家很愛這個物種，為牠寫下眾多可歌可泣的故事，而那全都是因為 20 世紀一份最重要、最美麗、最啟發靈感的神經科學研究對牠做的事情。

加州海兔的表面有鰓，這對加州海兔的生存來說極其重要。如果你輕觸鰓附近稱作水管（siphon）的區域，加州海兔就會出於保護而把鰓向內收縮一陣子：

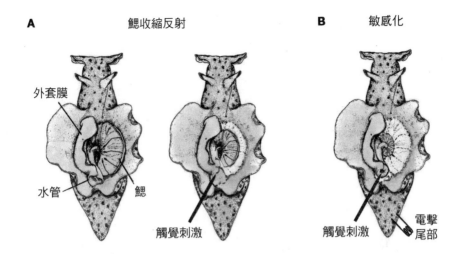

A　　鰓收縮反射　　　　　　　　　**B**　　敏感化

外套膜

水管　　　鰓

觸覺刺激　　　　　　　　　　觸覺刺激　　電擊尾部

　　這背後的神經迴路很直接：整個水管都是感覺神經元，若有任何東西碰到它就會產生動作電位。一旦啟動，感覺神經元就會活化運動神經元，進而收縮鰓：

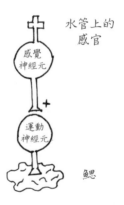

水管上的感官

感覺神經元

運動神經元

鰓

　　鰓對於生存來說至關重要，而加州海兔演化出一個備用途徑，以免感覺神經元—運動神經元的連結失效。結果發現，感覺神經元也會把投射送去一個小而局部的興奮節點。如此一來，當有東西碰到水管時，感覺神經元同時活化了運動神經元和興奮節點；後者繼續把一個投射送到運動神經元，使其活化。因此，如果感覺神經元—運動神經元的連結失效，還是有感覺神經元—興奮節點—運動神經元這條路徑可以用。[1]

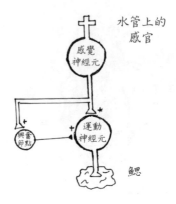

鰓不能永遠維持在縮回狀態，因為它要在體表上才能運作。因此，過了一小段時間後，收縮必須中止；而加州海兔演化出一種關機按鈕來進行這件事。當感覺神經元活化後，它不只會活化運動神經元和興奮節點，在延遲一陣子後，它也會活化一個小小的抑制節點。接著，這個節點會抑制興奮節點的分支（別忘了，那是條從感覺神經元到運動神經元的延遲路徑，所以，使用這個延遲抑制要鎖定的目標就是運動神經元）。結果：運動神經元不再被活化，鰓就照原樣回到體表上：

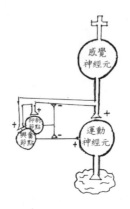

1　神經元—興奮節點—運動神經元路徑運作起來，比神經元—運動神經元路徑稍慢一些，因為神經元—運動神經元訊號只需穿過一個突觸，而神經元—興奮節點—運動神經元有兩個。

這個感覺神經元／運動神經元／興奮節點／抑制節點的迴路不是自成一個世界；加州海兔全身其他地方發生的事，都可能改變它運作的方式。加州海兔的身體尾端是，呃，尾巴。如果電擊尾巴，牠會送出一個警訊給水管；因此，之後若很快就有東西碰觸水管的話，鰓收縮進去的時間會是一般的兩倍。來自尾部的不安消息，讓水管對自己這邊的不安消息有著更劇烈的回應。

我們要怎麼把這連接起來，描述尾部事件使得鰓變得更敏感呢？相當直截了當。得要有一個對電擊有反應的尾端感覺神經元，而它有能力跟感覺神經元／運動神經元／興奮節點／抑制節點所形成的迴路對話。當尾端感覺神經元活化時，它同時會讓感覺神經元和興奮節點都更加興奮：

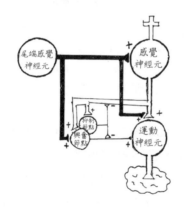

要留意到，尾部的電擊並不會讓鰓收縮——來自尾端感覺神經元的興奮，沒有強到能獨力活化運動神經元。尾端感覺神經元的輸入，反而是強化了感覺神經元—運動神經元這條路徑在水管被觸碰時回應的訊號強度。換句話說，尾部電擊讓鰓的收縮反射更加敏感。

完美。加州海兔在水管被煩到時除了可以以收縮鰓來回應，也還有一套以防萬一的備用系統，一個能把過程逆轉回起頭的手段，而當加州海兔身體其他部位正在發生壞事時，還可以讓迴路更提心吊膽並警戒。

為什麼我們會對一隻加州海兔的內在層面瞭解得這麼多？那要歸功於神經科學諸位大神中的一位，哥倫比亞大學肯德爾（Eric Kandel）的研究

結果。以下是出自他 2000 年諾貝爾獎得獎演說中的一張圖：[1]

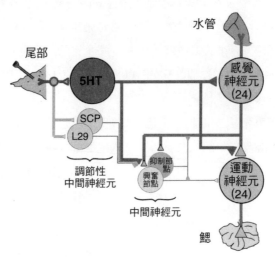

一些小細節：5HT 是尾端感覺神經元所使用的神經傳導物質（血清素）的化學縮寫。SSCP 和 L29 對系統做出微調；為了簡化過程我們已略過不提。一根水管裡有二十四個感覺神經元，匯聚在六個運動神經元上。

　　光看這隻海蛞蝓演化出來的配線系統有多清楚明瞭，就已是難以描述的酷。然而不幸的是，這跟我們的興趣沒有關聯；上述這些跟你家微波爐運作方式的共通處，還多過跟「當我們錯信我們正出於自由意志而行動時體內發生的事情」的共通處。為此，我們必須觀察加州海兔身上發生的某件有趣太多的事——這邊這個迴路會應對經驗而改變。它可以接受訓練。它會學習。

會學習的加州海兔

　　正如我們前面看到的，有以下兩個基本規則。首先，如果加州海兔的水管遭到觸碰，鰓會收縮一陣子；其次，如果水管在尾部被電擊後沒多久就被碰觸，鰓收縮的時間就會是兩倍長。但還不止如此。那如果尾部被電擊四次呢？如果有東西在電擊四次發生的四小時內觸碰水管，鰓收縮的時間會比平常長三倍。一陣子連續電擊尾部，且在接下來的幾週內觸碰水管的話，鰓收縮的時間會比平常長上十倍。隨著這世上的威脅加劇，加州海兔也變得對鰓更加保護。

那是怎麼辦到的？

我們從基本神經學得知感覺神經元—運動神經元的連結會開始運作。因為有東西觸碰水管，感覺神經元便釋放出神經傳導物質（那接著又觸發運動神經元去收縮鰓）：

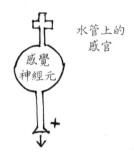

現在我們需要來看看尾部被電擊的時候，感覺神經元裡面發生了什麼事。感覺神經元和運動神經元現在在圖中畫得非常不一樣，小包小包的神經傳導物質排列在感覺神經元的底部（小圈圈），而運動神經元跟其神經傳導物質受體（水平的小短線）在突觸的下側。當尾部的感覺神經元被一次電擊所啟動，它釋放出的神經傳導物質會跟感覺神經元上的受體結合。因為單一次電擊的關係，某種「取決於尾端感覺神經元活動而出現的東西」（我們姑且稱它為「那東西」）會從感覺神經元裡面釋放出來。

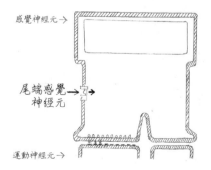

　　感覺神經元裡面的「那東西」滑到了底部，增大了堆儲在該處的神經傳導物質量（步驟一）。因此，隨後若有東西觸碰水管的話，感覺神經元會釋放出足夠的追加神經傳導物質，而使鰓收縮的時間為平常的兩倍長。在單一電擊的約莫一分鐘以內，儲存在感覺神經元裡的額外神經傳導物質就被降解掉，而一切恢復平常：

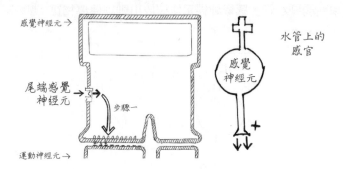

　　那如果尾部被快速接連電擊四次的話會怎樣？感覺神經元會因此將比單次電擊多一大堆的「那東西」釋放出來。這顯然不只觸發了步驟一的各個事件，過剩的「那東西」也足以觸發步驟二——追加的「那東西」活化了 DNA 上的一個基因，該基因會生產一種蛋白質，而該蛋白質會穩定住神經傳導物質，使得它能抵擋降解。結果是，神經傳導物質逗留得更久，而如果有東西觸碰水管的話，感覺神經元會釋放足夠的追加神經傳導物質，而導致鰓收縮平常三倍長的時間。等到四重電擊過了四小時後，抑制降解的蛋白質本身降解了；於是，額外的神經傳導物質降解，一切回歸於平常。

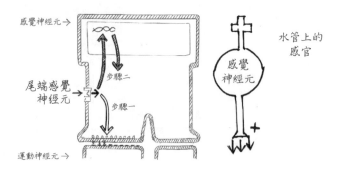

現在，如果尾部連續好幾天遭受強烈而持久的連串電擊又會怎樣？會釋放出極大量的「那東西」，多到不僅足以活化步驟一，還能活化步驟二跟步驟三。「那東西」為了最後一個步驟活化了一整串的基因[2]，它們集體產出的蛋白質，導致一個額外的突觸建造出來。到了此時，如果有東西觸碰了水管，感覺神經元釋放出的額外神經傳導物質，會足以讓鰓收縮比平常長十倍的時間。幾個星期到幾個月後，新的突觸被拆解，一切才又會回歸平常：[3]

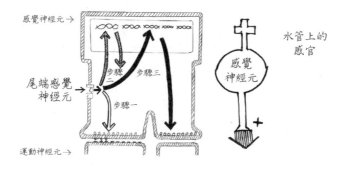

2　只是想提醒一下，所有的 DNA 都是在單一條連綿的長串中，並沒有裂成多個分別的部分；是為了讓大家瞭解才把 DNA 畫成這樣；我也不知道為什麼我的圖裡 DNA 越往右越小，但真實生活中不是這樣。

3　有兩個細微差別。首先，為了建造那第二突觸而花了那麼多工夫後，為什麼不假定說，未來等到要面對另一陣高強度電擊時它會派上用場，所以把它留在身邊呢？因為維護一個突觸代價昂貴——要修補那邊的蛋白質磨損，用新的組件替換，還要付房租和電費等等。而且在這邊，加州海兔有一種計量經濟上的革命性取捨——如果會頻繁出現遭到電擊的情況，導致加州海兔收縮鰓的時間得要達到平常十倍的話，那也有可能會保留那個第二突觸；相比之下，如果那只是罕見事件，比較合乎經濟的做法就是降解第二個突觸，等到遙遠的未來有需要時，再做一個就好。這在生理系統中是一個常見的主題，得要在「隨時保有一個急用系統」和「讓它能夠因緊急事件的發生率而產生出來」之間做選擇。舉例來說，一株植物應該耗費能量在葉片中製造一個昂貴的毒物，好毒害正在咀嚼它的植食動物嗎？這要看情況——是某些綿羊每天都來啃，還是有隻蟬每隔十七年才來一回？講個比這還細微的問題：假設尾部被電擊過一次，有少量的「那東西」在神經元之中釋放開來。那個小量的「那東西」分子怎麼「知道」要去活化步驟一而不是二跟三呢？為什麼是這樣的位階？在生物系統中，其解方是一個很普遍的主題：步驟一途徑中被「那東西」觸發的分子，對「那東西」的敏感度遠遠高過步驟二途徑中的相關分子，而後者又比步驟三的分

　　因此，我們有了一種層級。為了因應單一次的電擊，你把已存在的某種分子增加了更多複製品；遭到四次電擊時，你產生了某個新的東西來跟那個已存在的分子交互作用；至於遭到大量連環電擊時，你展開了一整套建設計畫。這全都非常合邏輯。而這正是肯德爾證明出來的（一樣取自同一份諾貝爾得獎致詞）：

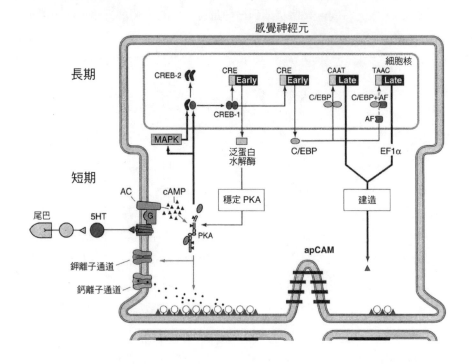

　　當這種情況發生時，他究竟展示了加州海兔感覺神經元裡發生的哪些事情？以下這段看看就好，一個詞都不用記住。事實上，最好讀都不要讀──等下回頭查找知道在哪裡就好。細節如下：(A) 步驟一：實際上發生了什麼事？神經傳導物質 5HT 啟動了 cAMP 的釋放，而那活化了先前不活躍的 PKA，而它在鉀離子通道作用，觸發了鈣離子經由鈣離子通道流入，導致了更大量的神經傳導物質釋放。(B) 步驟二：足夠的環腺苷單磷酸傾注後，不只活化了步驟一，也溢出造成 MAPK 把 CREB-2 從 CREB-1 上面劈下來，讓後者二聚合成為一對對的 CREB-1，而那會和

CRE 啟動子交互作用，然後打開一個初期階段的基因，而該基因會導致泛蛋白水解酶的合成，而那會穩定住 PKA，讓它的效應能更長久。(C) 步驟三：cAMP 的流入量大到足以不僅讓步驟一跟二活化，也讓三活化；這導致足夠的 CREB-1 被解放開來並二聚化，這不只活化了泛蛋白水解酶基因，也活化了 C/EBP 基因；C/EBP 蛋白質接著活化了一整批遲反應基因，它們的蛋白質產物集體建造了第二個突觸分支。[4]

　　肯德爾、他的學生以及協作者將近半個世紀的研究工作，還有最終那一整個奠基於這些研究工作的神經科學家領域，就都在回答一個問題：為什麼受創的加州海兔會把鰓收縮了那麼久？我們已同時在「一個迴路中彼此聯絡之神經元」的層次，以及「單一關鍵神經元內的化學變化」的層次上打造了一台機器。這台機器就生理層面而言是徹底的機械論，具有適應力，能透過變化來回應改變中的環境；它甚至被機器人專家拿來當作模型。我想看看有誰敢在說明這隻加州海兔的行為時借助自由意志？沒有哪隻加州海兔在遇見同類時會說：「哪壺不開提哪壺啊，我這一季有夠坎坷的，一直被電，不知為什麼。我得在我水管裡的每個神經元都建造新的突觸。我猜我的鰓現在安全了，但我實在不覺得安全。對我的水管來說這真是地獄。」我們正在看著的，是一台並非選擇要改變行為的機器；透過合乎邏輯、高度演化的途徑，它的行為被環境改變了。[2]

　　那麼，這為什麼是神經生物學有史以來最美麗動人的見解呢？因為，當我們成為那種會扣下扳機的人，或者那種會衝進起火建築去救小孩的人，或者那種多偷一塊餅乾的人，或者那種在一本注定只有兩個黑粉會讀的書裡鼓吹硬性不相容論的作者時，在我們體內發生的也差不多是同樣的

　　子要敏感許多。因此，那就像是多層噴泉：「那東西」的量要到 X 才能活化步驟一；量超過 X 溢出後也活化了步驟二；量遠多於 X 便會再溢出到步驟三。

4　這邊列出縮寫的原文，好讓你更應付不來：5HT= 血清素；cAMP= 環腺苷單磷酸；PKA= 蛋白激酶 A；CREB= 環腺苷單磷酸反應要素結合蛋白（cAMP response element–binding protein）；MAPK= 分裂促進因子活性化蛋白激酶；C/EBP=CCAAT 強化子結合蛋白。如此等等。

事情。要搞懂我們的行為變化，其實只需要加州海兔的迴路和分子這類基礎材料就夠了。

那看起來無疑十分荒謬、徹底不合理，居然就直接從加州海兔一口氣跳到我們人類身上。因此，我們要經由幾個中間範例來抵達那一頭（但不會像瞭解加州海兔的行為機制那樣鉅細靡遺到令人難熬的程度了）。之後我們便會瞭解到艱難的現實，我們的複雜程度與加州海兔相比雖然高到難以想像，但我們仍然是由同樣的基礎材料以及同一套改變機制所構成的生理機器。

加州海兔應該很明顯能看出，左邊這隻處在沒反應的快樂中。右邊這隻是一隻完美的海兔填充娃娃，可以當你家小孩的慰藉物一直用到他大一為止。

偵測一個耦合

我們的下一個神經元機器會眨眼睛。靠近它，噴一點空氣在它眼皮上，眼皮就會出於保護性反射而自動眨一下。我們已知道做這所需的簡單迴路。有一個感覺神經元一號回應了噴氣而有了動作電位，這接著在一個運動神經元二號裡啟動了動作電位，導致眼皮眨動。

　　現在我們把一個完全無用的迴路追加進來。我們有第二個感覺神經元。這個神經元不會回應噴氣的**觸覺刺激**，反而會回應了**聽覺刺激**，一個音訊。神經元三號將投射送到眨眼運動神經元上，但其興奮強度不足以在神經元二號上引起動作電位。放出那個音訊，神經元二號沒有任何反應：

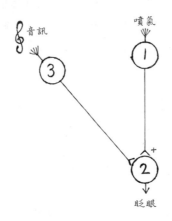

　　我們現在讓那條副線更華而不實一點。現在音訊放出來，活化了神經元三號。就跟之前一樣，神經元三號無法在神經元二號上產生動作電位；然而，它卻能在神經元四號上產生。但結果發現，神經元四號動作電位的興奮力，僅僅是喚起神經元五號動作電位所需的大約一半。所以用一個音訊刺激神經元三號，其淨結果是，神經元二號和神經元五號都沒有反應；
音訊對眨眼仍然不起作用：

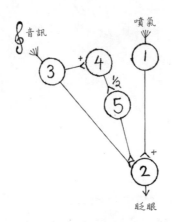

　　我們現在再把一個無用的投射增加到這個迴路中。現在，神經元一
號（在平常給神經元二號送出投射外）也會對神經元五號送出投射。但當一次
噴氣在神經元一號觸發了動作電位時，它給的興奮量僅是喚起神經元五號
動作電位所需的大約一半。所以：噴氣，神經元二號活化，神經元五號什
麼也沒發生：

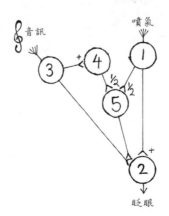

　　現在我們來活化神經元一號以及神經元三號。放出一個音訊以及一
股噴氣。關鍵在於，音訊比噴氣晚一秒鐘出現，而任何動作電位要抵達軸

突終端都要花上一秒鐘。所以：

零秒時：放出音訊，神經元三有了動作電位。

一秒過去：（多虧了神經元三號，）神經元四號有了動作電位，同時噴氣正導致神經元一號出現動作電位。

兩秒過去：（多虧了神經元一號，）神經元二號有動作電位，觸發了眨眼。同時，來自神經元四號和一號的動作電位抵達了神經元五號。這兩個輸入各自都還是不足以觸發動作電位，然而當它們合併時，神經元五號就有了動作電位。換句話說，*如果音訊放了出來，接著在一秒鐘後又有了一股噴氣，神經元五號才會有動作電位。* 神經迴路讓神經元五號得以偵測到兩種刺激的相疊合。或者，用這個領域的術語來說，神經元五號是一個耦合偵測者。

三秒過後：神經元五號有自己的動作電位，促使它刺激神經元三號的軸突終端。結果，那什麼也沒達成——它並沒有強到（好比說）造成那些軸突終端傾倒多少神經傳導物質出來。

但再次彈出音訊接著噴氣。再到十次，再到一百次。 每次神經元五號都刺激了神經元三號的軸突終端，它慢慢地促使神經元三號在終端那裡堆積更多神經傳導物質，每次釋放出更多，直到……最終……當神經元三號被那個音訊刺激到的時候，它在神經元二號裡引發了動作電位。而機器在噴氣開始*前*就眨眼，因為預期它會出現而眨了眼。

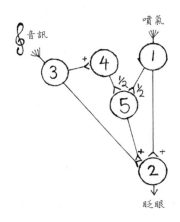

這稱作眨眼制約，而在哺乳動物身上──在實驗室的老鼠、兔子，以及在人類身上──就是這麼運作的。它很有用，很有適應力，經過制約後，在有害的刺激發生之前（而不是之後）出於保護而閉上眼皮，是非常棒的事。我們還知道另一個著名環境中的基本迴路，其實驗環境也因該現象而得名：帕夫洛夫制約。我們那位帕夫洛夫老博士讓狗聞晚餐；狗流涎。這是神經元一號和二號的迴路。神經元一號聞到食物，使得神經元二號刺激唾液分泌，然後狗流涎。現在增加一個能自動喚起流涎非制約反應的非制約刺激（氣味）。我們在食物送達不久前搖鈴；一次又一次地操作後，這兩者會進行配對，多虧神經元一號、三號、四號和五號，我們在搖鈴和狗流涎之間，建立了一個制約刺激和制約反應──搖鈴後，狗就會因預期聞到食物的氣味而流涎。

改變會出現的關鍵點，就是神經元五號終結在神經元三號的那個地方。前者是怎麼反覆刺激後者的軸突終端，導致後者增加神經傳導物質的釋放量，最終得到自行引發眨眼的力量呢？回到 286 頁開始描述加州海兔感覺神經元內部運作的地方。眨眼制約是怎麼達成的？藉由來自神經元五號的神經傳導物質在神經元三號裡釋放 cAMP，而那把 PKA 解放出來，而那活化了 MAPK 以及 CREB，而那活化了特定幾個基因，和其他變化最終一起造成了新突觸形成。[5] 這可不是「神經元五號導致細胞內釋放了某些運作起來有點像加州海兔身上那東西的化學物質」。*就是一樣的化學傳訊者*。（縮寫原文參考本章腳注 4）[3]

想想這件事。經過制約而會眨眼睛的人類，經制約會收縮鰓的海蛞蝓，要是說到共同祖先，那都已經是超過五億年前的事了。但如今就是這樣，牠們的神經元和我們的神經元，就是用同樣的細胞內機制來回應經驗而做出改變。你和一隻加州海兔可以互換 cAMP、PKA、MAPK 等東西，然後你們兩邊都還是會一樣正常運作。[6] 你們也都是在用 SHT 來啟動整個

5　新突觸越多，制約越強。

6　這之中的含意是，我們和加州海兔擁有同樣會編碼生成 cAMP、PKA、NAPK 等等的

過程。這種加州海兔／人類的相似性，應該能粉碎任何人對演化的懷疑論。[4]

對於我們的目的來說，更重要的是，這些研究結果（就如加州海兔的鰓收縮反應一樣）證明了，我們可以用決定論的神經元來給自己打造決定論的迴路，而這個迴路就能解釋人類行為中一個因應經驗而出現的、有適應力的*改變*。[7] 這些全都不需要借助我們聽聞某音訊時「選擇」開始眨眼皮這樣的概念。[5]

讚啦，我們打爆了任一名終生事業都以我們有自由意志概念為前提的哲學家，因為我們可以經由制約而眨眼。對啦，我知道啦，這在人類行為中不是什麼非常繁複的前沿。儘管如此，它還是比你想的要更繁複。

為了理解那一點，因此要來談實驗室裡的老鼠，如果在幼鼠時期斷斷續續跟母親分離的話會怎樣？早年體驗過這種「與母親分離」的老鼠，到了成年會過得一團糟。牠們會更焦慮，對普通的壓力展現出更多糖皮質素反應，學習能力沒那麼好，而且更容易對酒精或古柯鹼成癮。這是人類一種早年逆境產生功能異常成年人的一個模型，而人們對於那每一個改變怎麼在腦中發生，可說知之甚詳。[6]

基因。事實上，我們至少有一半的基因跟加州海兔是共通的。以下讓你領略一下這種重疊有多無所不在；我們跟海綿的基因大約有 70% 是一樣的——而它們連神經元都沒有。

7　要說清楚一件事，迴路比圖中所示的還要複雜太多，而這迫使我必須在十年才翻開一次的神經解剖學教科書中找遍腦中各種鮮為人知的部位。會把一股噴氣的訊號發出去的神經元一號，其實是一連串共三類的神經元——第一類神經元在三叉神經中，刺激在三叉神經核的神經元，而它又去刺激在下橄欖核的神經元。把噴氣訊號轉換成眨眼的神經元二號，其實也是一連串的三類神經元——第一類是在小腦裡面的居間核裡的神經元，會活化在紅核裡的神經元，而那又會活化顏面神經核裡面的顏面神經元而導致眨眼。神經元三號在現實中也是一連串神經元，先是聽覺神經的神經元，而那會刺激前庭耳蝸核裡面的神經元，而那又會刺激腦橋核裡面的神經元。邏輯上來說，來自下橄欖核（攜帶著噴氣資訊）和腦橋核（攜帶著音訊資訊）的投射，會在居間核匯聚。神經元四號和五號是小腦中的迴路，有顆粒細胞、高基氏細胞、籃狀細胞、星狀細胞以及柏京氏細胞。好了，我盡了我在神經解剖學方面的職責，然後三行之前寫了什麼我也忘掉了。

說了你也不信——弄個幼鼠來，然後讓牠跟母親分離，等牠成年後，就會比較難對牠進行眨眼制約。換句話說，你製造出的動物會沒那麼輕易就獲得這種有適應力的反應，但卻有其他所有母親分離造成的有害結果。那是由腦中的表觀遺傳變化所造成的，那會讓老鼠體內等同於神經元二號處的糖皮質素壓力荷爾蒙受體量永久提高。把那隻成年鼠身上的糖皮質素效應阻斷，那牠的眨眼制約就會很正常。[8] 結論：早年逆境藉由讓迴路中一個關鍵神經元對壓力更敏感，而損害了這個迴路。[9][7]

弄個單一隻（出於某些理由而）可藉由發展出制約眨眼回應來拯救世界的英雄老鼠過來。但牠搞砸了，沒出現制約眨眼反應，讓世界完蛋了。那之後，每個人都很氣那隻老鼠，怪牠沒出現制約反應。對此牠可以說：「不是我的錯，我沒獲得制約，是因為一秒鐘之前，我的居間核（interpositus nucleus）沒有對制約刺激起反應；因為在幾個鐘頭前，我的壓力荷爾蒙值提升了，而那必會讓居間核團格外抗拒制約；因為打從幼兒時期，母親就不在我身邊，而這改變了居間核團裡的基因調控，永久增加了那裡的激素受體量；因為早在幾百萬年前，我這個物種就經演化而在出生後非常仰賴母親照顧，倘若母親不在，基因就需要在迴路中做出終生的改變。」一個行為的改變，得要歸因於能在一個迴路中辨認出來的特定改變，而那出自於先前的一秒鐘、先前的一小時、先前的一整段人生、先前的一整世演化，而那全都是該生物無從掌控的。之中沒有涉及鼠類道德，每個人都沒有責怪那隻老鼠的根據。

然而，這依然只不過是眨個眼而已。接下來，該繼續談整本書所涉及的各種場景。

8　我們也已經瞭解糖皮質素如何干擾（像是在居間核內的）神經元的運作，但我們不需要知道得那麼詳細。

9　就我所知，沒人特別去觀察那些幼年期經歷大量逆境的人成年後的眨眼制約反應是否受損，但那看來十分合理。如果有一份「改變人生的麻煩問題」列表，這件事顯然會是最不重要的一件。

當主動的他們變成被動的一群群他們

　　世上的麻煩問題並沒有幾個起因於「一個神經刺激可經制約而引起一個眨眼反射」一事。但有許多麻煩保證是起因於杏仁核中發生的同一種事。

　　找一隻實驗老鼠或人類志願者來，然後給他們一個電擊。結果杏仁核活化；你可以利用電極記錄杏仁核內神經元的活動，來展現老鼠體內的這種情況，人類的話可用腦成像來展現同樣的情況。為了讓我們對於將要出現的微妙之事做好準備，電擊和杏仁核活化之間的連結是以各種有趣的方式進行調節的。舉例來說，如果電擊是在出乎意料下發生、而不是在你預料時來到的，在老鼠和人類身上，杏仁核都會更加活化。

　　杏仁核一旦活化，就會觸發各種反應。交感神經系統活化，心跳加快，血壓上升。分泌糖皮質素。那隻典型老鼠或典型人類便會僵在原地。麻煩的是，如果那隻老鼠旁邊有一隻比較弱小的老鼠，那麼被電的老鼠就會更有可能去咬另一隻，因為那會減低牠自己的壓力反應。

　　所以這是一個感覺神經元—運動神經元迴路，我們讀到這邊應該已經有些熟悉了。現在，在每次電擊之間，放一個當作制約刺激的音訊。連續許多次之後，你知道會發生什麼事——音訊本身最終會擁有活化杏仁核的本事，而我們便有了一個制約恐懼反應。紐約大學勒杜克斯（Joseph LeDoux）的美妙研究，揭露了得以解釋這情況的迴路。仔細地看，然後真是想也想不到的，那跟制約眨眼或鰓收縮使用的都是同樣的基本配線。如果時機算得夠準，由體感視丘和皮質居中調節的非制約刺激（電擊）相關資訊，以及像制約眨眼那樣、由聽覺分支居中調節的制約刺激（音訊）的相關資訊，會同步在杏仁核上匯聚。那裡的局部性神經元擔任耦合偵測者，反覆刺激聽覺分支會導致杏仁核內出現各式各樣的改變，涉及了cAMP、PKA、CREB，一如往常的那些。於是，一個音訊如今能誘發跟電擊一樣的恐懼。[8]

　　我們看到，某個跟制約眨眼一樣簡單的東西，反映了一套被之前一切（好比說，幼年母親體驗）刻劃出來的神經系統。生物如何獲得、鞏固、消除[10]某個對中性如音訊之物的制約恐懼，甚至更能反映該生物的過往經歷。如果在前面的幾秒鐘裡，杏仁核有高濃度的內源性大麻素（其受體也會結合大麻中最活躍的成分四氫大麻酚〔Tetrahydrocannabinol，THC〕），就會更快開始消除制約恐懼，也就是會更輕易停止懼怕某物。如果在前面幾小時裡，個體接受了像是百憂解之類的那種選擇性血清素回收抑制劑（SSRI）抗抑鬱劑（會讓人不那麼反覆思考負面念頭），杏仁核就會變得沒那麼可能把一個制約恐懼反應當作穩定的記憶來收藏妥當。如果，在過去的幾天裡，它接觸了高循環量的催產素，那麼杏仁核就會較不活化而較難制約，而那便解釋了催產素如何能促進信任。相較之下，如果生物在過往一個月間接觸了高量的壓力荷爾蒙，就比較容易產生制約恐懼反應（這都多虧有些激素增加了生產哺乳類版 C/EBP〔出現在 294 頁圖中〕的基因活動力）。在我們那條「前一秒、前一分鐘」的時間線上往前推，如果一個生物在胎兒期接觸了大量來自母親的乙醇，他要記住一個制約恐懼就更難了。當然，那人身上哪些版本的基因會跟那些事情有關，是當下才發生的事；而那個個體所屬的物種一開始有沒有演化出那些基因，將會影響制約有多容易發生。一個生物有多容易學會害怕某個簡單如音訊的東西，是該迴路運作承受的一切影響力之終端產物，全都是該個體無從控制的因素。[9]

　　這一切都只為了一個音訊。

　　來想想別種活化你杏仁核的東西。在這個例子裡是聽見「強姦犯」這個詞。你的基因指令並沒有設定你要活化杏仁核來回應這個詞，而杏仁核也不會像（好比說）你被一條繩子頭下腳上懸空吊掛著、同時身上還爬滿蜘蛛和蛇的時候那樣自動活化。杏仁核是透過學習而開始對這個詞產生反應——你學會這三個字是什麼意思，那是怎樣的行動；你大略瞭

10　我們已經揭開了恐懼制約的特色：獲得回應（一開始先是獲得被制約的回應）、鞏固回應（讓人在長久以後都還記得）、消除回應（在大量接觸那種音訊但每次接著都沒有電擊後，漸漸失去了那種回應）。

解到它的影響，被強暴（在人們口中）如何像是從謀殺案中倖存；你知道某人曾經歷過，或者，很難受地，你自己經歷過。不論哪種情況，你現在都有一個會對那個詞起反應而自動活化的杏仁核，就跟你被電擊一樣保證有反應。

　　現在我們弄來一個中性刺激，然後仰賴我們杏仁核中的耦合偵測者來產生一個制約恐懼反應。這個刺激，比一個讓帕夫洛夫的狗流口水的鈴聲，或者一個讓實驗鼠僵住的音訊，都還要來得複雜：

> 墨西哥把人送過來時，他們並沒有送最好的過來。他們送來的不像你。他們送來的人可不像你。他們送來的人有一大堆問題，而且還把那些問題都丟給我們。他們把毒品帶來。他們把犯罪帶來。他們是強姦犯。
>
> ──川普，出自 2015 年 6 月 16 日那場開啟總統選戰而聞名的演說

　　學習歷史和當前事件的學生們：我們來玩一個叫做「把制約刺激和非制約刺激連起來」的遊戲吧。全部連對的話會有獎品，好好加油玩！

制約刺激，以及為建立這些聯想而付出努力的人們	非制約刺激
1. 在歐洲民族主義者眼中的**穆斯林**	a. 害蟲、齧齒動物
2. 在納粹眼中的**猶太人**	b. 小偷、扒手
3. 印度巴基斯坦人，在我所知一半的肯亞人眼中的**印度巴基斯坦人**	c. 鴉片成癮者
4. 在 19 世紀的 WASP 眼中的**愛爾蘭移民**（譯注：WASP 指兼具白人、盎格魯─撒克遜、新教徒三個性質者）	d. 毒瘤

5. 在眾多世紀裡歐洲人眼中的**羅姆人**	e. 暴力的超級掠奪者 （譯注：superpredators，過往有一種犯罪研究的假說，認為「超級掠奪者」這種動機不明且難以悔改的暴力犯罪青年將大幅增加，並導致治安嚴重敗壞，唯一的解法就是嚴懲青年犯罪。 但目前這樣的假說已遭到廢棄）
6. 在川普眼中的**墨西哥人**（送分題）	f. 強姦犯
7. 在一大群美國白人眼中的 **非裔美國年輕人**	g. 會騙你的店主
8. 在 19 世紀美國人眼中的**中國移民**	h. 蟑螂
9. 在策動盧安達種族屠殺的胡圖族眼中 的**圖西族**	i. 喝醉的教皇走狗

對啦，對啦，我知道因為有些還重疊所以很難作答，但是，就拜託一下，盡力而為啦。[11]

問題現在變成說，在接受川普式制約時，你有多輕易會開始把*墨西哥人*跟*強姦犯*聯想在一起？你在心中形成那個自動的刻板印象之時，你有多大的抵抗力，或說有多脆弱？一如往常地，要看你在聽到他發言的一秒之前、一分鐘之前，諸如此類的之前發生了什麼事。以下有各式各樣的狀況會提高你成功被此人制約的機會（如果你基本上是一般美國人）：如果你累了、餓了或是醉了。如果在幾分鐘之前有什麼嚇人的事發生在你身上。如果身為男性的你，睪固酮值在過去幾天內飆升的話。如果在過去幾個月裡，你因為失業而長期飽受壓力。如果在你二十幾歲時，你的音樂品味促

---

11 根據從維基百科「族群刻板印象」（Ethnic and national stereotypes）頁面開始的歷史紀錄、當前事件以及「另見」的脈絡來看，答案是：1d、2a、3g、4i、5b、6f、7e、8c、9h。

使你成為某名擁護該刻板印象的音樂家的超狂粉的話。如果你青少年期間住在族裔十分同質的社區的話。如果你兒童時心理或身體上曾遭虐待的話。[12] 如果你母親的價值觀是仇外而不是多元文化的話。如果你身為胎兒時營養失調的話。如果你身上跟同理心、反應性攻擊、焦慮，以及「對模稜兩可情況有所反應」有關的基因是某幾種特定變體的話。這些全都是你無法控制的東西。這一切塑造了你在接收某個刻板印象的瞬間，你的杏仁核狀態，一路塑造到你每個神經元釋放出多少 cAMP，你 PKA 的剎車有多緊，諸如此類的細微末節。由於這當中涉及了幾百萬個神經元，那當中又有著無數的突觸，所以這個過程受制於你終生受的影響，而那些影響遠遠比制約眨眼或改變加州海兔收縮鰓時所投入的影響來得複雜細微太多。然而，當某些煽動家惡毒地嘗試在你心中形成制約聯想時，你的看法是否會改變，仍取決於一樣的機械式基礎材料。[13][10]

最後，是時候來到本書最終想談論的那種路線分歧，探討我們的道德行為被改變時（而不是我們自由選擇改變自身行為時）的生理狀態。

加速與放慢

我正沿著高速公路開車。我不時超過一台客車或卡車。有些車超過我。我正聽著音樂。接著有人開著一台顯然是電動車的車超過我，我留意到車上貼有「隨時行善」的保險桿貼紙。在接下來的幾秒鐘裡，我可能會出現些許微笑的徵兆，還出現了一些念頭。「還不錯嘛。」「我猜這人我會喜歡。」「真好奇他是誰。」「我猜他駕照上有器官捐贈貼紙。」

---

12 有趣的是，到頭來發現，這明顯能預測人長大後會不會相信新冠病毒疫苗是企圖傷害你的龐大陰謀之一環。

13 只是想澄清一下，其實沒道理把這邊的情況想成是「許多人真的是受到制約，因此單憑那一句話就可以讓他們產生出如此的聯想」。這種煽動發言會成功，多半是在於向那些原本已這麼想的人們示意說，川普是他們的自己人。所以這只是現實中的一個簡單的模型系統，需要重複演練。

接著我會笑自己居然有這麼可怕的念頭。我覺得他保證會聽全國公共廣播電台（National Public Radio，NPR）。接著我想到，如果他正要去搶銀行的話，那有多諷刺啊。然後廣播上的某個東西引起我的注意，我回過神去聽，開始想別的事情。

接著，在大約三十秒後，我前面的車打了右轉燈，要進到我這一線道。身為一個王八，我心想：「想得美！我在趕時間，」然後正準備要踩油門時，瞥見保險桿上的貼紙。我不踩油門了。半秒鐘後，我把腳移到剎車，讓那台車切進來，短暫沉浸於自己的崇高情懷當中。

在我看到保險桿貼紙後的那幾秒裡發生了什麼事？這是決定論的加州海兔一路往下疊。

可以用那幅經典圖像來描繪我們陷入的道德困境：一邊肩膀上站著天使，另一邊站著惡魔。[14]我們有一個運動輸出，有觸發肌肉踩下油門的神經元。在隱喻的層次上則是，有個神經迴路的淨輸出是要刺激該神經元產生一個「做下去」的訊號；還有另一個迴路會促成「不要做，慢下來」的抑制訊號。

「做下去」的迴路都是些什麼？就那些──從前一秒前到前幾百萬年的影響所造成的結果。你餓了。你屁股左側有那麼一股神祕的抽痛，而你短暫地擔心自己得了「左側屁股癌」，因此覺得自己有資格開車不顧別人。你正要去開一個重要的會議，不能遲到。你已經連續好幾個月晚上沒好好睡一覺了。打從當年中學一堆壞小孩整天霸凌你的時候開始，你就有了一個模糊而沒說出口的信念，認為在高速公路上讓某人切到你前面，就代表你是一個不夠格的軟骨頭。這是一天中你的睪固酮值升高的時段，因此強化了「如果我讓某人從前面切進來，我就是軟腳蝦」迴路裡的神

---

14 此刻我顯然很容易就會分心，因為我想找一張好的天使／惡魔圖片，找到後來卻看了兩百張這類圖片，只是為了想確認一個心血來潮的假設，也就是在這類圖片中把惡魔畫在左肩、把天使畫在右肩的百分比其實高到不成比例。而在我的樣本中，有62%都是如此。身為左撇子，我覺得有一點受到冒犯──我可以妥協接受自己不善社交，但說我崇拜惡魔就是另一回事了。

經元訊號（雖然提到睪固酮，但與性別無關）。你在這個或那個基因上有這個或那個變異。有個物種的雄性競爭與雄性繁殖成功之間具有程度中等但顯著的相關聯性，而你是該物種的雄性成員。那一切都把你往「做下去」的方向推過去。

同時，「不要做，慢下來」的神經元也有它的輸入：你樂於想像自己是個親切的人。你大學有陣子會去貴格會聚會。今早新聞的某個東西，讓你對「小小善舉可以讓世界更好」這個漸進主義的想法，變得稍微沒那麼有偏見而無奈。讓你那無以名狀的無神論十分尷尬的是，有那麼一首你真心喜歡的基督搖滾歌曲。養大你的父母，每週的安息日都會給你一枚十分硬幣，要你放進救助孤兒的樂捐箱，然後這代表孤兒會用一種六十年後都還能感受到的方式擁抱你。諸如此類。

這兩個迴路就坐在那兒，促使你朝相反的兩個神經生理結果前進。這一刻，「不要做，慢下來」推得比平常再有力一點。為什麼？因為，那個被保險桿貼紙活化的神經元，仍在所謂「短期記憶」約莫一分鐘循環一次的迴響迴圈中隆隆作響，增加了一個模糊但關鍵的聲音，打破了平衡而去支持「不要做，慢下來」。[11]

至於個別迴路是如何形成來獲得集體的神經傳導物質力量，而影響我們的運動輸出的呢？靠著一大票神經元與某件事或別件事形成正相關或負相關。換句話說，就是一大票神經元裡面，cAMP、PKA 或 MAPK，正在做這或做那。

我們來想一個假設中的神經元迴路，一個簡直就像是從介紹神經系統基礎知識的附錄中翻出來的東西。假設我們有一個由兩層神經元所構成的網路。第一層由神經元 A、B、C 構成，第二層則由神經元 1 至 5 構成。要留意佈線樣式，其中神經元 A 會投射到神經元 1 至 3，神經元 B 投射到神經元 2 至 4，神經元 C 則投射到神經元 3 至 5。換一種方法來陳述的話，就是神經元 3 從三個神經元處得到輸入；神經元 2 和 4 則從兩個神經元得到輸入；神經元 1 和 5 則各有一個輸入源：

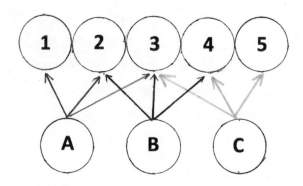

現在我們來給第一層神經元一些其實不太可能出現的特化。神經元 A 會對甘地的照片有反應，神經元 B 對馬丁路德金恩的照片有反應，而神經元 C 則是對米拉巴爾姊妹（Mirabal sisters）有反應。神經元實際上並不會這樣搞，但我們就用那三個神經元來代替三個複雜的特化認知網路：

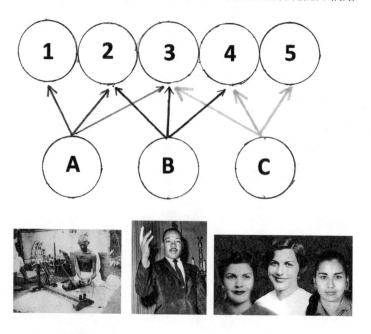

第二層正在發生什麼事？處於一種極端的是神經元一號和五號；每個都跟第一層的神經元一樣特化，分別對甘地和米拉巴爾姊妹有反應。那麼，處於另一種極端的神經元三號會怎樣呢？它是一個通才神經元，坐落在三個第一層神經元所擁有知識的交集上。那它知道些什麼呢？從第一層的投射重疊中，浮現了一個分類，是因信念而死的人們。[15] 這個神經元會儲藏那三個範例的重疊知識以及共通性。從這個意義上來說，神經元二號和四號也是通才，但在知識上沒有那麼純熟，只有兩個範例可供參考。你可以用更多範例，來讓一個有分類知識的通才神經元臻於完善——不難想像第一層包含了更多範例，使得神經元三號因此處在甘地、金恩、米拉巴爾姊妹，再加上（好比說）蘇格拉底、米爾克（Harvey Milk，譯注：美國政壇第一位公開同性戀身分的政治人物，後來遭市議員同事槍殺）、錫耶納的聖加大利納（Saint Catherine of Siena）、[16] 林肯的交集上。神經元三號在這個「因

---

15 米拉巴爾姊妹，分別是帕特里亞（Patria）、米涅瓦（Minerva）以及瑪麗亞·特蕾莎（Maria Teresa），她們因為反對多明尼加共和國獨裁者特魯希略（Rafael Trujillo），而於 1960 年遭到殺害。其實還有第四位姊妹黛德（Dede，二姊），因為較不參與政治而逃過一劫，並在失去姊妹後獨活了四十四年，又為此事增添了一股辛酸。以前我們家有個孩子讀了本關於米拉巴爾姊妹的書，之後有陣子全家都對她們十分著迷。

16 想像一下某個念大一的青少年。大一上學期，她的朋友留意到她吃很少而有些擔心——她總是晚餐吃一半就堅持已吃飽，或總是覺得不太舒服沒有食欲。她甚至會一次禁食兩三天；她的室友不只一次看到她餐後強迫自己嘔吐。當朋友跟她說她變得太瘦應該要多吃點時，她反而堅稱自己食量很大，像大食客那樣吃東西，覺得那是要克服的缺點所以才禁食。她一直講著食物，一直在家書中寫到食物。雖然她交了許多女性朋友，但她似乎避開男人——她說她打算當一輩子的處女，說禁食其實有助於讓她不去想性方面的感覺。她老早就停經，而她的生殖軸（譯註：指下視丘—腦下垂體—性腺軸〔hypothalamic–pituitary–gonadal axis〕，可視為控制生殖的一組器官系統）已經關閉而不會有飢渴的感覺了。我們完全清楚這是什麼情況——神經性食欲缺乏（anorexia nervosa），一種會威脅到生命的疾病，用西方化的生活方式來解讀的話，就是處在兩種情況的交岔口上；一邊是食物過量和對消耗食物充滿興趣的生活（有人在看《料理鐵人》這節目嗎？），另一邊則是媒體惡劣而無止境地將女人性化，讓太多成年或未成年女性陷入身體形象的困擾。這有道理。但來想想 1347 年生於義大利的「錫耶納的聖加大利納」。從青少女時期開始，她就限制食物攝取，始終堅持自己已經吃飽或覺得身體虛弱，而令她父母驚慌失措。她開始頻繁進行一連多日的禁食。在加入道明會後，她便誓言守貞；已嫁給基督的她，表示看到自己戴著基督婚戒的景象⋯⋯戒指還是用祂的包皮做的。當她覺得自己吃太多的時候就強迫嘔吐，並把禁食解釋為自己獻身的展現，以及抑制並懲罰自身「暴食」和「色欲」的手段。祂的文字充滿了吃東西的想像——飲著耶穌的血、吃祂的身體，從祂的乳頭吸奶。她最終達到

信念而死的人們」分類上，就是這樣更加知識淵博。[12]

　　糟糕囉，你有一個稍微不禮貌的念頭，察覺到這個由甘地、金恩、米拉巴爾姊妹、蘇格拉底、米爾克、錫耶納的聖加大利納和林肯構成的網路，就算用曾是傳記電影描繪的對象來形容也一樣準確。換句話說，第一層的一連串範例，可以同時 (a) 在傳記電影分類中置入維瑟斯（Sid Vicious，龐克樂團「性手槍」〔Sex Pistols〕貝斯手），或者 (b) 在死於信念者的分類中，現在加入了死於諾曼第登陸作戰的舅公，他的回憶至今仍使仰慕著他的妹妹，也就是你九十五歲的奶奶落淚。[13]

　　因此，同樣的第一層神經元可以身兼多個網路的一部分。拿掉維瑟斯然後把耶穌加進這一層，然後根據地球上很多人的看法，我們這分類仍是因信念而死的人們（也還是傳記電影描繪對象）。同時，甘地與耶穌再加上維斯穆勒（Johnny Weissmuller，美國游泳選手，五枚奧運金牌得主，曾演出泰山一角），可以三人一組投射到第二層給「腰布男子」的另一群：

了（聽好囉）專心致志只吃痲瘋病患者的痂並喝膿的地步，並寫道，「我這一生沒有嘗過比那（膿）更甜更美的食物或飲料。」她三十三歲時餓死，並在下個世紀封聖，而她木乃伊化的頭部仍在錫耶納的一間大教堂展出。真是一段難以抗拒的歷史。我甚至在我的一堂課上講她；膿跟痂的細節總是獲得大家的喜愛。

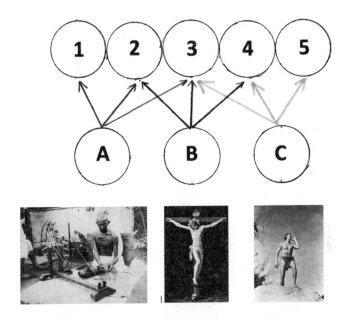

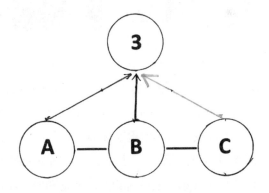

　　我們再進一步。為了讓情況簡單一點，我們就把第二層的神經元一號、二號、四號和五號忽略掉，去蕪存菁到只剩下通才神經元三號：

　　因此，甘地、金恩和米拉巴爾神經元匯聚到了三號號「為信仰而死的人」神經元上。與其相鄰的是*另一個網路*（為了簡化也會忽略神經元 1、2、4、5）。在這第二個網路裡，神經元 A 編碼的目的是什麼？儘管被身處的高度嚇壞，卻還是讓自己跳出跳水板，並在事後覺得自我感覺良好。那神經元 B 在這第二個網路裡編碼的目的又是為了什麼？你的幾何學在期初就快被當掉，但接著你瘋狂用功，最後取得了好成績。神經元 C 呢？小時候媽媽跟你說只要有決心，長大後你做什麼都會成功。在這第二個網路中，神經元三號是什麼？大致可以表達為「我對人生有帶著樂觀和能動性的諸多理由」的分類。

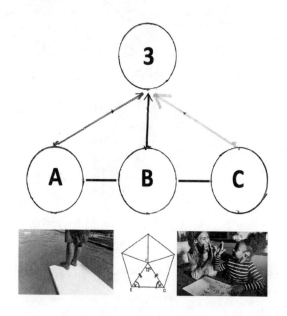

　　在這旁邊有第三套網路。它的神經元三號是關於「和平已發生在一些不可能發生的地方」，而它的第一層 A ／ B ／ C 神經元是北愛爾蘭的「貝爾法斯特協議」（Good Friday Agreement）、埃及和以色列的「大衛營協議」（Camp David Accords），以及一戰的聖誕節休戰。

　　因此，這三套相鄰接的網路，其中的第一套網路的神經元三號是關於「因信念而死的人們」，第二套的神經元三號是關於「我對人生有帶著樂觀和能動性的諸多理由」，第三套裡的神經元三號是關於「和平已發生在一些不可能發生的地方」。

　　最後一步，則是三個不同的神經元接著去形成它們自己的第一層，然後投射到它們自己的超級三號神經元上：

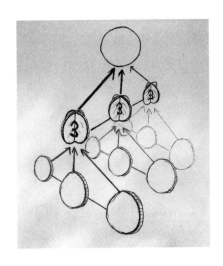

　　位在這個三層網路的頂端的是什麼？一些突現的結論，描述出來就近似於「事情會變好，有人英勇地讓事情變好；甚至我也可以讓事情變好。」於是就有了希望。

　　對對對，這簡單到很誇張。但這仍是腦部運作方式的近似模樣——樣本聚合在節點上，從中浮現分類和聯想的能力。每個節點都兼任多個網路的一部分——在一套網路中擔任低層要素，在另一套網路裡則當成高層要素；在一套網路裡面位處核心，在另一套裡則位處邊緣。全都是用跟加州海兔一模一樣的佈線原則打造出來的。

　　我們周遭的事件便是在這裡改變了諸多突觸的強度——要是又有一個暴君在一個緩緩走向民主的國家裡掌權，剛剛最後提到的那種網路就會被這個反例給弱化。你放慢速度讓某人切進你的車道，它就被強化了。甚至還有具備反饋的迴圈，因此，某一層級網路輸出的正面情感內容，會激勵你去獲得更多範例來當作輸入——「《盧安達飯店》（Hotel Rwanda）實在是太鼓動人心，以至於我開始學習認識真相和解委員會」——而又會進一步強化它。

　　改變正在發生，使用打造會學習的加州海兔的同一批分子而達成，全都不用訴諸有意圖的能動力和自由——兩種我們出於直覺認為是改變起因的東西。你瞭解到經驗用什麼方法改變加州海兔的神經系統，從而導致你的神經系統發生變化。我們不會選擇改變，但我們卻十分有可能被改變，包括變得更好。或許閱讀這一章都會讓你變好。

13

這我們以前真的做過

接下來幾章將給我們留下一條清楚的路徑，是我們每個人都必須要走的，大略來說是以下的連串事件：

第一步。你過著不錯的生活。有你愛的人，也有人們愛你；你的每一天充滿了有意義的活動，以及幸福快樂的泉源。

第二步。某人對你愛的對象做了難以想像的可怕、暴力、具強大破壞性的事情。你大受打擊，失去人生的意義。你如同行屍走肉，再也感覺不到快樂或安全。你再也感受不到愛，因為知道你所愛的對象可能會像這樣從你身邊被奪走。

第三步。某個科學家讓你坐下，然後為你做了一個關於行為的生物學的 PPT 簡報，其中也包括暴力的生理因素；他用一種令人厭煩的態度講個不停，說什麼「我們不過就是我們無從控制的生理狀態，以及它和我們也無從控制的環境狀態交互作用的加總結果。」

第四步。你被說服了。雖然你希望那個犯下噩夢般暴力的人能夠受到約束、再也無法傷害任何人，但你立刻停止恨他，把那視為與我們這時空不相容的返祖嗜血。

對啦，最好是。

前一章處理的是，人們對一個沒有自由意志的決定論世界會有什麼下場的普遍誤解——如果一切都已經注定，那事情怎麼會有變化，我們又何必為此費心呢？畢竟，改變隨時都在發生，連劇變也都在隨時發生，似乎把我們打回了我們的起始點，就是對於「自由意志在這世界上的基礎作用」的信心。上一章的重點是，雖然改變會發生，但我們並非自由地選擇去改變；相對地，我們反而是被周遭世界所改變，而那樣的一個結果便是，在「我們會替接下來的改變尋找怎樣的根源」這方面，我們也被改變了。嘿，你不就在讀接下來的一章嗎？[1] 而當你思考行為改變的背後有何生理狀態，以及該生理狀態和整個動物王國共通共有的機械論本質時，決定論看似又更有說服力了。和你的加州海兔同志攜手同行，邁向更好的未來吧。

接著，一頭怪物對你愛的對象做了天理難容的事，於是前面那麼多頁所寫的所有意義，這時看起來就像是詭辯，被痛苦和仇恨蒸發無蹤。

本章和下一章的目的，就是要探討本書後半部的主題，也就是雖然乍看之下難以想像，但在這些領域中，我們仍然能夠有所改變。這種事我們以前就做過，我們成長後認清某件事的真正起因，並在過程中擺脫仇恨、責怪和報仇的欲望。事實上，一次又一次。社會不但沒有崩壞，反而變得更好了。

本章關注這樣的兩個例子，第一個證明了這種改變的進程可以長達好幾個世紀，另一個例子則證明，我們大半輩子裡都出現過這樣的改變進程。

1　別忘了，被「吃力讀完本書」這個情況「所改變」，可能不只包括了駁斥自由意志，也包括認定整本書都是放屁、而如今你比過去更強烈相信自由意志，又或者，認定說這是你能想像到的最無聊主題。

倒地病

　　你發現自己置身於某一年大家都很熱衷的電視節目中——是哪齣，《權力遊戲》（Game of Thrones）？不，不是那齣。《烏賊的遊戲》？《烏賊遊戲》？《魷魚遊戲》——對啦，是這個名字。你置身其中，玩那個一二三木頭人的遊戲。綠燈時你向前跑，一旦變紅燈就不能動；搞砸的話，立刻會被開槍放倒。幸好處理這件事的是你的神經系統而不是你的胰臟。綠燈一亮，你腦中有一塊就極大地活化，另一塊則被大力粗暴地收聲；紅燈一亮，情況正好相反，理想的情況下，相反的區塊會快速而準確地亮起來。對你的神經系統來說，要緊的就是反差。

　　神經元演化出一個提高反差的厲害伎倆。當一個神經元沉默，沒話要說的時候，其電子構成會處在一個極端，即神經元內部相對於外部是負電荷。當神經元被觸發產生「動作電位」這種興奮爆發時，神經元裡面變成了正電荷。在這種兩極化狀態下，「沒話說」跟「有話要說」是不會混淆的。

　　接著就要使出伎倆了。那個興奮，也就是那個動作電位，已經結束了。神經元不再有話要說了。這時候，那個正電荷會慢慢開始回到原來的負電荷狀態嗎？如果你是一個沒有太多想法的膀胱細胞，那種慢慢消退就沒關係。但神經元會有一個非常活躍的機制，會讓正電荷以跟千分之一秒前出現時一樣的神速，瞬間恢復為負電荷。事實上，為了要讓「全都結束囉」的訊號更加劇烈，電荷在一段時間內會倒回到比本來的休眠狀態更負的狀態，然後才會回復到原本的負電荷。所以，正常休息的神經元並非朝負向極化，而是在短暫期間過極化，進入了一個所謂的無反應期。沒錯，在那段期間，神經元沒辦法把自己弄成一個正電荷動作電位。還真的是「全都結束囉」。

　　假設這個系統出了個問題。有些蛋白質失常了，所以無反應期並沒有發生，那麼會有什麼後果呢？異常的高強度動作電位群起爆發，一次比一次強。或者，假設某個抑制神經元不再運作了，結果就是，另一條通往多個神經元的路徑有了異常的連串興奮。我們剛剛描述的是癲癇發作的兩個普遍背後成因——太多興奮，或是太少抑制。大量的教科書和成千上萬的研究論文，都已經探討了這種同步過度興奮的成因——基因失效、腦震盪損傷、分娩併發症、高燒，某些環境毒素等。先不論這一切的複雜成因，這種每年在全世界折磨四千萬人並殺死超過十萬人的疾病，要點就是神經系統中有太多的興奮或太少的抑制（也可能兩者兼具）。

可想而知，這些成因都是晚近才發現的。但癲癇是種古老的疾病。大多數人熟悉的是這種疾病的其中一類發作，稱為大發作（grand mal seizure，又稱「全身強直陣攣發作」），患者會不由自主地抽搐扭動，口吐白沫，眼睛上翻。各式各樣作用相反的肌肉組同時受到了刺激。讓發作的人倒在地上，這便解釋了許多古人賦予癲癇的名稱——*倒地病*（the falling sickness）。

至少在幾乎四千年前的亞述人時代，就已經對發病情況有了準確的描述。古人產生的見解有些不可思議地頗有先見之明。舉例來說，古希臘醫師希波克拉底（Hippocrates），就留意到慢性發作往往伴隨著腦部創傷後的遲緩一起出現，這是我們仍然試圖從分子層次解決的東西。不過要提醒你一下，這些見解還是有許多科學上的錯誤。曾有人相信癲癇是月亮的盈虧圓缺對腦液的影響所致（就這樣假定了一千六百年，才有某人從統計上證明了癲癇和月相沒有關聯）。老普林尼（Pliny the Elder）認為某人是因為吃了癲癇的山羊才得到癲癇的（迴避了「OK，可是*那頭*山羊又是從哪得到癲癇的？」的問題——食肉癲癇山羊一路往下疊）。西元 2 世紀的醫師蓋倫（Galen）則是根據當時普遍流行的知識來進行研究工作，也就是身體由四種體液——黑膽汁、黃膽汁、黏液、血——所構成。蓋倫的理論關注在腦的腔室上。[2]根據他的說法，黏液偶爾會濃稠到變成腦室中的栓塞，而癲癇發作就是腦想要把栓塞搖鬆的嘗試。要留意到，在這種想法的框架中，凝固的黏液是疾病，而癲癇發作則是一種保護作用，但造成的問題很不巧地比解決的更多。[1]

2　腔室位於腦內深處，裝滿了腦脊髓液。

　　這些科學解釋的初步跡象，也產生了初步的嘗試治療──西元前4世紀的希臘，有一種治療是讓癲癇的人喝下海豹和河馬的生殖器、龜血以及鱷魚糞便所製成的調和物。另一種療法據稱包含喝角鬥士的血或被斬首者的血。還有用經血擦拭患者腳部的療法。或是服用燒焦的人骨（以下只是想給我們當前的單一支付者健保爭論一個客觀比較；西元2世紀還有一位智者「瑙克拉提斯的阿特納奧斯」〔Athenaeus of Naucratis〕，記述了一名聲稱能治好癲癇的醫師，細節做法不甚清楚，但得要患者同意成為他的奴隸才能治好）。[3]

　　這些試圖瞭解疾病的初步嘗試，產生了眾多駭人聽聞之事。人們錯信癲癇是傳染病，使得罹患癲癇的人遭到邊緣化和汙名化──不能與他人共食，不歡迎他們待在聖地。比那更糟的是一種幾乎完全錯誤的信念，認為癲癇會遺傳（只有極小百分比的案例是因為遺傳突變）。這產生了禁止癲癇者結婚的禁令。歐洲的許多地方會把患有癲癇的男性去勢，這種做法一直延續到19世紀。16世紀蘇格蘭人的群體中若有罹患癲癇的女性懷孕，則會遭到活埋。到了20世紀，同一種醫學上的無知導致成千上萬癲癇患者被強迫絕育。在美國，一件具有標誌意義的案件是「巴克訴貝爾案」（Buck v. Bell，1927年），最高法院贊同了維吉尼亞州根據一條法規來強迫「心智衰弱且癲癇者」絕育的合法性，而該法條直到1974年才撤銷。20世紀期間，這種做法在美國大部分州都是合法的，而且在美國南方格外普遍，當地還輕蔑地稱其為「密西西比闌尾切除術」。整個歐洲的情況也是如此，

3　這些小知識都是怎麼來的？來自我奮力讀完、顯然是該主題最完整可靠的書，也就是約翰霍普金斯大學的醫生兼歷史學家譚金（Owsei Temkin）的五百頁巨作《倒地病：癲癇從希臘時代到當代神經學黎明的歷史》（*The Falling Sickness: A History of Epilepsy from the Greeks to the Beginnings of Modern Neurology*）。這本書屬於那種引言有各種未翻譯古代語言（「就如敘拉古的梅尼克拉特斯〔Menecrates of Syracuse〕諷刺地評論的……」）的學識淵博大作，而那類書之所以都不翻譯引言是因為，這個嘛，是有人需要把希臘文或拉丁文或亞蘭語翻譯出來嗎？這本書屬於那種如果你因為幾百頁的小事而厭煩不已，你會覺得那是你身為非利士人（Philistine，此處原文為大寫，但小寫時意指缺乏文化修養者）的錯，而且甚至還不是一個有趣到能被譚金引述原文的非利士人（至於非利士人原本說什麼語言就不管了）。

這種做法理所當然地在納粹德國達到鼎盛。1936年，第三帝國授予榮譽博士學位給打造維吉尼亞州法律的美國優生學家勞夫林（Harry Laughlin）；而在紐倫堡審判中，納粹醫師替自己辯護時更明白援引了巴克訴貝爾案。

這些都是錯誤的科學所產生的驚駭之事。但要談癲癇的話，科學不管有錯沒錯，都只是個晦澀難懂的餘興節目而已。因為從好幾千年前開始，對於從農夫到智者的大部分人來說，癲癇發作的成因都很明顯，即惡魔附身。

美索不達米亞人把癲癇稱為「罪惡之手」，想成是一種「神聖」的病，而他們對於癲癇天差地別發作樣貌的熟悉程度，實在令人佩服。人們認為那些可能患有小發作癲癇（petit mal epilepsy，又稱失神性發作，發作時會短暫失去意識，不會有較大動作）並出現先兆（aura，指某幾種癲癇發作前會出現出神、喃喃自語等異常舉動，事後患者往往不記得這些事）的人，是被好的聖靈所附身，往往還聯想認為他們有預言能力。然而，那些最有可能是大發作癲癇的情況，就被當成是惡魔所為。大部分的希臘和羅馬醫師也相信這一套，而他們用惡魔闡釋癲癇的方式，可以說是整合了唯物論和醫學概念的最前衛詮釋——惡魔讓靈魂和身體不平衡，而產生了倒地病。蓋倫的追隨者認為，惡魔讓黏液變得更加濃稠。

多虧了《新約聖經》裡的前例，基督教也搭上了風潮。在〈馬可福音〉9章14至29節，有個人帶兒子去見耶穌，說他有些不對勁。因為他是個孩子，卻有個靈附在他身上，讓他一句話也不說。然後那個靈讓他摔在地上，口吐白沫，緊咬牙門，身體僵硬。你有辦法治好他嗎？當然，耶穌說道。[4] 那人把孩子帶上來，他立刻就被那個靈附身並摔在地上，抽搐吐沫。耶穌感覺到那男孩被不潔淨的靈所附身，[5] 便喝令那靈出來離開。男孩不

4 　其實，耶穌在這邊講話是有點難聽的，因為居然有人對他能不能搞定這件事還有疑問。你能否醫好我兒子？「唉，這個不信的世代！我還要和你們在一起多久呢？我還要容忍你們多久呢？把孩子帶到我這裡來吧！」（《馬可福音》9章19節）

5 　視版本而定，有「惡魔」（demon）或「惡靈」（vile spirit）或「不潔之靈」（impure spirit）或「汙穢之靈」（foul spirit）。

再發作。因此，在接下來的眾多世紀裡，癲癇與惡魔附身的關聯就這麼在基督教裡確立了起來。

接著要說的是，體內住著惡魔可以有好幾種不同的好壞結果。一種情況是，無辜的旁觀者在某個巫師的詛咒下遭到附身。我在我以前工作的東非農業地帶看過人們這樣歸因，那通常會讓人花上一番工夫去揪出下咒者，並加以處罰。但還有一種情況是，人們認為癲癇是那人自己歡迎撒旦的進入；這種看法在整個基督教世界有著絕大的主宰地位。

想當然地，中世紀晚期的基督徒並不具有耶穌那種把惡魔從癲癇患者身上趕出去的能力。反而出現了另一種解方，並由兩名德國學者將其發揚光大。

1487年，道明會的兩名修士克雷默（Heinrich Kramer）和司佈倫格（Jakob Sprenger），出版了《女巫之槌》（*Malleus maleficarum*）一書。在某種程度上，那本書是宗教政治的論戰，旨在強力反駁當時主張「其實哪有女巫這種東西」的軟心腸人士。一旦把那種自由主義的瞎胡鬧說法都丟棄了之後，這本書就成了指引手冊，成為宗教和世俗權威共用的終極權威指南，藉以指認誰是女巫，逼她們招供，然後施行正義。一個可靠的指標能認出某人就是女巫，你說那會是什麼呢？不用說，當然是癲癇發作。

有幾十萬幾乎全是女性的人們，就這麼在獵女巫時期遭到控訴、折磨和殺害。《女巫之槌》問世時，正巧能利用剛發明的印刷機，在接下來的一個世紀裡發行了三十版，讓全歐洲的人都能讀到。[6] 儘管該書的焦點完全不在癲癇，但它的意旨卻很明確：癲癇是由某人自由選擇的邪惡所導致的，而這樣的惡魔附身危及社會，而需要處理。於是，就有大量神經元鉀離子通道故障的人在火刑架上被燒死。

隨著啟蒙運動發揮了啟蒙作用，獵女巫開始比較接近一種比喻。但

6　此書展示了「技術進展在本質上是進步的」這種迷思的謬誤之處。用加州大學聖塔芭芭拉分校歷史學家羅素（Jeffrey Russell）的話來說，就是「印刷機所造成的女巫歇斯底里快速傳播，是古騰堡並沒有將人從原罪解放出來的第一個證據」。

人們仍然覺得患有癲癇的人自己總有些錯，使得癲癇背負的汙名依舊沉重。它是一種道德墮落的疾病。它變得跟失明和長手毛一樣，成為人們假想中罪孽深重或手淫行為的代價——神經元中同時過度發生的動作電位，全都是因為某人太常自爽所致。對女人來說，癲癇可能因為是對性有不得體的興趣而造成的（且在 19 世紀時，偶爾會以女陰殘割的方式治好）；在神聖婚姻之外的性，也是一個風險因素。1800 年時，英國醫師貝多斯（Thomas Beddoes）想到一個我聽過最沒戰鬥力的責怪說法，他假定癲癇發作是因為人們過度多愁善感，讀了太多小說，不經營朝氣蓬勃的戶外園藝生活所致。換句話說，在幾個世紀間，我們從「癲癇起因於把別西卜（Beelzebub，基督教信仰中的強大魔王，又稱蒼蠅王）抱入胸懷，來到「癲癇起因於讀太多禾林出版社的言情小說」。

或者不是這樣。在持續責怪受害者的過程中，也有人持續把癲癇者當作一種威脅，不過是以法醫學而非神學為根據。我們活在一個了不起的時代，有成批的藥物能避免大部分癲癇患者的大部分發作。但在 20 世紀初期之前，罹患癲癇的人一生可能會經歷好幾百次發作；據譚金（Owsei Temkin）的描述，在 19 世紀初的一次調查中，記錄到長期住院的癲癇患者平均每週發作兩次且持續了好幾年。[2]

這造成的結果是，最終出現了大量的腦部損傷。我的實驗室花了幾十年研究癲癇發作怎麼損害或殺死神經元（並試圖發展基因療法策略，試著保護這種神經元，但大部分都不成功）；基本上來說，神經元的反覆爆發耗損了它的能量，讓細胞事後沒有能量來清理自由基氧這類損害物。經歷了幾十年的損害性癲癇發作，通常會產生認知大幅下降，催生 19 世紀眾多專治「癲癇者和精神耗弱者」的醫院和機構。此外，由癲癇發作誘發的損害，往往發生在與衝動控制和情感控制相關的額葉皮質區域，而這又催生了另一種專治「癲癇瘋狂」的機構。[3]

癲癇的盛行率在過去比較高，是因為頭部傷害以及今日已避免的感染性疾病所造成的熱性癲癇在過去都有較高的發生率，但這與「過去癲癇患者經歷的發作次數遠遠高過今日常態」並不相關。較高的盛行率，加上癲癇患者經歷的發作次數一般來說都遠高過我們今日習慣的次數，都讓當時的人們更留意到極少數跟暴力有關的癲癇案例。這包括了精神運動性發作期間的自動症攻擊行為（人們給那冠上癲癇性躁狂〔furor epilepticus〕這種維多利亞時代的標籤）。更普遍的是發作後的立刻攻擊，那時仍處在激動混亂狀態的人會暴力地抗拒拘束。幾個小時後才出現暴力狀況就比較罕見。暴力行為通常都在一連串癲癇發作後出現，發生時會快速而零碎地爆發出持續不到三十秒的呆板動作，但沒證據證明他們有預謀或動機。之後，那人會陷於悔恨中，並且什麼都不記得。2001 年的一份論文描述了這樣一個案例，提到一名女性身上罕見而難治的癲癇，幾乎每天都產生與焦躁攻擊爆發相關的發作。她因為這種暴力事件被逮捕三十二次；暴力的嚴重程度逐步提高，直到殺人為止。發作的焦點靠近杏仁核，在以外科手術移除她顳葉那個部分後，發作和攻擊爆發都停止了。[4]

　　像這樣的例子實在少之又少，以致單一例子就夠發表一篇論文；幾百萬癲癇患者的暴力行為發生率並沒有高過其他人，而那些暴力行為不論是哪一類，多半也都跟癲癇本身造成的失調沒有關聯。儘管如此，到了 19 世紀，大眾普遍都把癲癇跟暴力以及犯罪行為聯想在一塊。[7]《女巫之槌》又回來了——有這種疾病的人是因道德缺陷而咎由自取，對社會構成威脅並要為此負責。[5]

　　但過去也曾有過一絲希望。19 世紀科學進展的方式，讓你可以想像曾經有過怎樣的連串見解，而將當時的知識連結到現今的知識。屍體解剖研究最終排除掉黏液栓塞的概念；統計學家總算把月球排除出去。神經病理學家開始留意到生前癲癇反覆發作的人，身後的大腦有著大幅損傷。這是電療法和動物電理論的年代，人們越來越認識到，讓大腦和肌肉運動的訊號有著電的本質，認識到大腦某種程度上是電的器官。那就顯示了癲癇

7　龍布羅梭（Cesare Lombroso），19 世紀「犯罪人類學」的發明者，他稱犯罪為天生，因為識別出據稱能辨識某人曾經或將會犯罪的面部特徵而獲得了相當的名聲；他也在癲癇患者的臉上看出一樣的面部特徵。

有可能涉及某種電方面的問題。神經學界有一位大人物叫傑克森（Hughlings Jackson），他完全是個天才，引入了區域化的想法——身體的哪個部分在癲癇開始發作時抽搐和運動，能讓你知道問題主要出在大腦的哪個地方。

但某件比那還重要的事情正在發生——現代性的低聲私語。人們首次開始說：「不是他造成的。是他的病造成的。」1808 年，一個在癲癇發作時殺人的人被判無罪，[8] 其後還有更多案例。到了該世紀中，莫列爾（Benedict Morel）以及德拉蕭（Louis Delasiauve）等精神病學要人，整體來說比較偏向主張患有癲癇的人沒有辦法替其行為負責。在 1860 年的一份關鍵出版品中，精神病學家法黑（Jules Falret）寫道：「處於後發作譫妄狀態、意圖或實際犯下自殺、殺人、縱火的癲癇患者，連最輕微的責任都沒有……（他們）機械地發動，沒有動機，沒有興味，也不知道自己在做什麼。」他已經很接近本書的前半部想法了。但他並沒有堅持下去，而做出了矛盾的結論：

> 儘管如此，當我們不把我們的觀察局限於精神療養院裡與世隔絕的那些（患有癲癇的）人，而是把所有活在社會裡、沒人猜疑他們身上存著疾病的人都算進去的話，就不可能不將道德責任這項特殊待遇歸給他們之中的一些人，就算不是要他們用整條命去償還，至少也要付出人生的一大段時期。[9][6]

因此，某個人連一丁點責任都沒有，但還是有道德責任。你確定你還想追隨這種達不到的相容論的各種現代版本嗎？

8　並被安置在一間濟貧工廠中，我猜那在當時算是比監獄進步一點。

9　法黑有著相當深的精神病學淵源。他的父親尚—皮耶・法黑（Jean-Pierre Falret）是第一個把我們如今稱作雙極情緒障礙症的病，正確描述成一種獨特失調的人，而當時他稱其為「循環精神錯亂」——在躁狂跟憂鬱階段之間循環。關於儒勒的一個有趣的事實——他最終不只繼承了父親成立的精神病院，他還是在裡面出生的，我猜想那在精神病學界算是含著銀湯匙出生吧。

　　那就帶我們來到了現在。想像以下這個悲慘情況，某個中年男子在開車上班的途中突然癲癇大發作。在此之前他本來非常健康，完全沒有會預料這種情況的任何病史。這癲癇完全無來由。[10] 在他的抽搐中，雙臂使得方向盤亂轉，他的腳則反覆地重踩油門，他失去對車的控制。他撞到一個孩童，撞死了他。

　　以下是一些不太可能發生的事：

　　——癱坐在方向盤前還在抽搐吐沫的那個人，被目擊者從車裡拖出來打死。

　　——最終被帶上法庭聽證會的這個人，得穿著防彈背心從後門偷偷給送出去，因為法院大樓樓梯上滿心復仇的暴民威脅說，如果他沒得到適當懲罰就要把他吊死。

　　——這人因為謀殺、非預謀殺人或駕車殺人之類的任一種罪名而被判有罪。

　　可能會發生的情況反而是，愛著那孩子的人們，即便痛苦而心如刀割，仍將永遠哀嘆發生這種事實在是運氣太差，就跟駕駛當時發作的是無來由的致命心臟病、跟隕石從天上落下，跟一場地震使地表裂成兩半把寶貝孩子吞下去一樣，就只是運氣實在太差。

　　哦，癲癇當然沒有那麼清白。我們拚了命地要歸責。等等，他什麼病史*都沒有*？他當時有在服用某種成為肇事原因的藥物，而沒人警告他嗎？他當時有在喝酒而觸發了癲癇發作嗎？他上次體檢是什麼時候？醫師怎麼沒發現快要出事了？他那天早上想必有些行為舉止不正常——他家人都沒有阻止他開車嗎？當時有沒有什麼閃動光線觸發了癲癇發作，是不是

10　往往是腦瘤的跡象。

早該有人知道那不安全？就這樣一直下去。我們尋找歸因，我們尋找咎責對象。如果我們運氣好，事實在情感上也變得可接受，我們就能得出一個結論，是16世紀那對因孩子死於熱病而悲痛，並深信是某個女巫造成的家長難以想像的：事情會發生、駕駛對車失去控制，這些都不是駕駛的錯；沒人擁有那種能憑意志不讓這事情發生的自由。這就只是任何家長的內心都得承擔下去的最糟糕運氣。

而這跟當前會發生的事就有些相近之處，也就是駕駛不會被起訴任何罪名。我們已經做到了；我們現在跟過往的人們有了不一樣的想法。當然，癲癇在社會中還是有著巨大的汙名，尤其存在於那些教育程度較低者之間。因為認為癲癇會傳染且（或者）是一種精神疾病的信念依舊很普遍，有這種疾病的人據報有一半都感覺遭到汙名化；當這發生在孩子身上時，就能預見孩子在學校的表現會更差並出現更多行為問題。眾多發展中國家的人民仍普遍認為，癲癇有著超自然的起因，若問到是否願意跟癲癇者共餐，有近一半的人反對。引用印度神經學家凱勒（Rajendra Kale）的話：「癲癇的歷史可被總結為四千年的無知、迷信和汙名，然後是一百年的知識、迷信和汙名。」[7]

儘管如此，跟過去相比還是有著巨大的轉變。在那四千年過後，我們把美索不達米亞人和希臘人、克雷默和司佈倫格、龍布羅梭（Lombroso）和貝多斯都拋到了身後。西方化的各國大部分人都把自由意志、責任和指責從自己對癲癇的看法中剔除了。這是一項驚人的成就，是文明與現代性的凱旋。

所以，癲癇的這種觀感轉變，就替本書最重要且更全面的任務，提供了一個很棒的範例。但那只通過了一半的挑戰，因為不論人們想到的是女巫還是同時過度運作的神經元，癲癇發作的人都還是有可能造成危險。所以那句空話又來了：「哦，所以你的意思是，殺人凶手和小偷和強姦犯不必為他們的行為負責？你就打算讓他們在街上亂跑，傷害我們所有人嗎？」不，那一半也已經被解決了，身上的癲癇會不受控地發作的人，不該去操作車輛這類危險的東西。會如前述那般發作的人駕照應被吊銷，直到他們（以各地平均來說）連續六個月沒發作為止。[8]

　　現今的情況就是如此。當有人第一次癲癇發作，滿身寄生蟲、手持乾草叉的粗野農民，不會聚集起來目睹癲癇患者駕照的焚毀儀式。一場悲劇的痛徹心扉，並不會轉化為盛怒下的報復。我們已能把指責和自由意志迷思從這整個主題中剔除，而且就算這樣，我們也還是找到了最低限度的約束方式，來保護那些（直接或間接）因這種恐怖疾病而受苦的人。幾個世紀以前那種有學問又有同情心、還熟讀《女巫之槌》的人，看到我們如今這麼思考，應該會目瞪口呆。我們已有所改變。[11]

　　稍微啦。

坐而言不如起而行

　　2018 年 3 月 5 日，在美國布魯克林商業區街上開著富豪小客車的布倫斯（Dorothy Bruns）突然癲癇大發作。她似乎猛踩了油門，車子衝過紅燈，撞上人行穿越道上的一群行人。二十個月大的約書亞（Joshua Lew）和四歲的布魯門斯坦（Abigail Blumenstein）遇害，他們的母親[12]以及另一名行人重傷；布倫斯的車把約書亞的娃娃車拖行了一百多公尺，才急轉彎撞上一台停在路邊的車而停下來。在相關人士用花朵和泰迪熊擺出的祭壇中，有人放了一台漆成白色的娃娃車——幽靈娃娃車，就跟那種常常停在某處藉以標出腳踏車騎士遇害地的幽靈腳踏車一樣。[9]

　　一開始有些人懷疑她是否真的癲癇發作。一個當地社區的居民表示，布倫斯「看起來一點也不像是癲癇發作……她說『那個、那個，發生什麼事？發生什麼事了？』……癲癇發作時，你應該沒知覺才對。但她還在動作。」但那確實是癲癇發作；警方抵達現場時，布倫斯還在抽搐吐沫，

11　而這樣的一種假想中的暴民，想必一定會用人罹患的病來定義人，燒掉「發癲癇的人的執照」，而不是「癲癇患者的執照」。

12　其中一個人懷孕，後來流產了。

而在接下來幾小時內她又發作了兩次。[10]

　　儘管前面幾頁那麼描述，但布倫斯最終以意外殺人和犯罪性過失致死遭到起訴；八個月後，在等待審判的期間，她自殺了。[11]

　　為什麼會有這樣不一樣的結果？為什麼不是「錯不在她，而是疾病？」因為布倫斯的情況並非前述的那種假想情況，也就是健康到不行的個體無來由地發作。布倫斯有癲癇發作史並曾拒絕服藥（以及多發性硬化症、中風和心臟病病史）；在那之前的兩個月內，曾有三名醫師跟她說她開車不安全。但她還是繼續開。

　　而這個主題還有其他版本。2009 年，史卡雷特（Auvryn Scarlett）被判謀殺有罪；他沒有服用治療癲癇的藥，後來發作，在曼哈頓撞死了兩名行人。2017 年，紐約市計程車司機賈西亞（Emilio Garcia）承認謀殺罪；他並沒有服用治病的藥，而在開車時發作，撞死了兩名路人。2018 年，昂格（Howard Unger）被判過失殺人有罪；他沒服用治療的藥物，發作，車子失控，在布朗克斯撞死三名行人。13[12]

　　看吧！這本書哪怕你只把其中一頁當回事（我自己是幾乎每一頁都當一回事），造成的結果都很明白。在那樣的每一個關鍵交岔口上，這些個別的人都得做出一個決定——我沒吃藥，那我該開車嗎？是跟任何其他決定一樣的決定——要不要扣扳機，要不要參與群眾暴動，可否扒走不是自己的東西，是否放棄派對去讀書，要不要講真話，要不要衝進火場救人。就一如往常的那些決定。而我們知道，那個決定就跟有人敲到你膝蓋正確

13　精神正常的人幹嘛故意不吃抗癲癇藥物，就算沒在開車或做任何其他危險事情也照樣跳過服藥？很簡單。這些藥有嚴重的副作用，其中包括鎮靜作用、口齒不清、複視（譯注：把一個東西看成兩個）、過動、睡眠障礙、情緒變化、牙齦發育異常、反胃以及皮疹。懷孕時服藥會增加孩子裂顎、心臟異常、脊柱裂等脊柱管缺陷的機率，另外，也有更高的機率會罹患一種十分類似胎兒酒精中毒綜合症的病（根據英國的癲癇醫學會〔Epilepsy Society〕以及芝加哥都會區癲癇基金會〔Epilepsy Foundation of Greater Chicago〕的資料）。哦還有，服用這些藥物，會損害每一個你能歸類到本主題的神經心理學測試中所測出的認知功能。那麼，服藥遵從性的範圍大約是從 75% 到 25%，也就不令人意外了。

位置時你會猛踢腳一樣，是純然生理的結果（只不過那個決定是複雜太多的生理狀況，在與環境交互作用方面更是極其複雜）。因此，你正面臨做出抉擇的時刻：「我應該不服藥就開車，還是做比較困難但正確的事情？」那就回到第四章了。你的額葉皮質裡有多少神經元，它們運作得有多好？皮質之外的疾病和為此服用的藥，對你的判斷和皮質功能有什麼作用？你的額葉皮質是否因為早餐沒吃、現在血糖偏低，而有一點點神智不清且遲緩？你是否有一套夠好運的養成背景和學校教育，來擁有一顆能瞭解血糖對抉擇和額葉功能有其影響的大腦，以及一個運作良好到能讓你決定吃早餐的額葉皮質？你那天早上的性腺類固醇激素值多高？前面幾週到幾個月內的壓力，是否損害了你額葉在神經可塑性方面的功能？你的腦中是否潛藏著弓蟲感染？在青春期的某一刻，你服的藥是否效果好到讓你能做那件即使面臨悲慘疾病仍感覺正常的事，也就是開車？你童年期的逆境經驗和你童年期運氣好到離譜的經驗各是什麼？你的母親在你還是胎兒時是否喝了很多酒？你擁有什麼樣的多巴胺 D4 受體？你的祖先發展出來的文化是頌揚循規蹈矩，還是頌揚想法出眾或甘冒風險？這可以一直追下去。我們就這樣回到了第四章第 112 頁的表──「癲癇發作」和「即便沒吃藥仍決定開車」同樣都由生理狀態組成，同樣是你無從控制的因素所塑造的神經系統產物。

　　即便有上述這番道理，要這麼想還是很困難。賈西亞沒服藥時，遇害者當中有一個是小孩。昂格沒服藥時，遇害者當中有一個小孩和她的祖父，正出門參加不給糖就搗蛋的活動。結果發現，史卡雷特沒服藥的理由，是因為那「妨礙了（他）喝酒時的愉悅」；法官在宣判時，稱他是一個「令人嫌惡的人」。當我試著把論點綁定在上一段以及第四章的科學說法，也就是「不只不應該為了癲癇發作而責怪或處罰某人，如果因為某人沒吃藥還開車就讓他的人生變成活地獄，那也是*同樣地*不合乎正義，在科學上也不合理」時，我覺得我瘋了，而且感到難為情。就算他們是因為不想讓那些藥妨礙他們喝酒時的快樂而這麼做，我對自己論點的反感也沒改變。但如果我們想要實踐科學教給我們的道理，我們就必須照這麼想──

科學告訴我們，那個讓某人不吃藥就開車的腦，是所有一秒前、一分鐘之前、一千年之前超乎他們控制之事物的終端產物。如果你的腦被塑造成一個讓你仁慈或聰明或上進的腦，它同樣也是這種終端的產物。[13]

這個跨越多個世紀、對癲癇看法的改變進程，是我們若想邁步向前時的行為模範。癲癇發作曾深陷於能動性、自主性和自由選擇成為撒旦走狗等看法之中。現在我們不費吹灰之力就接受這些用語全都沒道理，而天也沒塌下來。我相信我們大部分人都同意，這種疾病的患者不再被掛在火刑柱上燒死，所以這世界變得比以前好。而且，雖然我在猶豫還要不要繼續寫下去——哦不，我再寫下去就要讓讀者覺得這一切太離譜了——但我得說，當我們思索這些沒吃藥就開車的人的時候，如果我們在歸因究責方面做出同樣的轉變，這世間會更公正。這樣的世界也同樣不容許把人送上火刑柱。[14]

———— ◄ • ► ————

癲癇的歷史讓我有些挫折。如果能準確描述 19 世紀的醫師和法學家確切是在何時首度開始排除掉癲癇患者的責任，如果能在 1860 年代的某份法國醫學期刊上確切追查出那份論文，並把它翻譯出來的話，那就實在太好了。但就因為年份古老，所以沒辦法知道一件比這更重要的事：一般人是從什麼時候開始對癲癇有了不同的想法？晚宴中的某人在何時開始討論一篇報紙上談癲癇新見解的文章？懂得夠多的青少年是從何時開始輕視那一無所知而依舊認為手淫導致癲癇的父母？大部分人是從什麼時候開始覺得「癲癇是惡魔造成」就跟「雹暴是女巫造成的」一樣愚蠢？那些都是重要的轉型，而我們若要開始暸解那類改變看起來是什麼樣，就得檢視另一種悲劇誤解在更晚近時代裡的歷程。

---

14 接著就是尋常的質疑：「好極了，所以你是在提倡讓人就算不吃藥也照樣開車？」完全不是，我在下一章就會談。

產生者和冰箱

　　雖然地球上每一種精神疾病都會造成嚴重受害，但你真的、真的不會想要罹患思覺失調症。從過往到現在，一直都有那種白癡的新時代風尚，不知怎麼地對這種疾病得出一種看法，把這種疾病視為擁有各式各樣隱藏的福份──思覺失調症是給瘋狂世界中真正心智健全者貼的標籤，思覺失調症是創造力的泉源或深層薩滿式靈性泉源之類的概念。[15] 這些聲明有著穿蔓越莓色喇叭褲為宣揚原始吶喊療法而發放大量救濟麵包的人，那種懷舊 1960 的新世代色調；其中有些聲明的提倡者還是有顯赫資歷的人，使他們的閒扯淡產生了真正的危險。[16、17] 思覺失調症並沒有暗藏祝福；

15　有一種在基因上算是思覺失調症表親的人格類型（注意，這不是疾病）叫作思覺失調型人格（schizotypalism），從過往歷史來看確實跟薩滿教有關聯。

16　想想替代醫學的上師，醫學博士威爾（Andrew Weil）說：「精神失常者是非普通體驗格外強大的人……每個精神失常者都可能是一位賢者或治療者……我幾乎忍不住要把精神失常者稱為我們這物種的演化先鋒了。」

17　提倡「思覺失調症是時髦的隱藏福份」的這種運動，是含在一個更龐大、打從根本來質疑精神疾病是否真正存在的運動。這種運動往往是由精神病學史上一些駭人聽聞的隱諱往事所促成；在那些隱諱的過往中，有許多病人遭到虐待，精神病醫師偶而會自願與極權主義者合作，兒童精神病學打從概念中就有著不平等的支配與強制關係，諸如此類。這場反精神病學運動的領袖，是本身就（很諷刺地）有著精神病醫師身份、在 1961 年《精神疾病的迷思》（The Myth of Mental Illness）中清楚解釋自己論點的薩斯（Thomas Szasz）。這個思想流派有一個表親，展現出的想法是「精神病學甚至連神智正常和失常的人都分不出來」。1973 年史丹福大學心理學家羅森漢（David Rosenhan）在《科學》上發表了〈論正常人在失常之地〉（On Being Sane in Insane Places）後，這一派就迅速聲名大噪。論文描述了一場他監管的研究，研究中有一群精神疾病學上健康的研究協作者去了精神病院，假裝聽到幻聽。他們全被診斷為思覺失調症並送入醫院醫治，到了那時假病患們又要表現得徹底正常，並表示完全沒聽到幻聽。儘管有這樣的正常行為，每個人都還是接受了幾個月的重度治療；有幾個人被切除了腦葉白質並接受電擊治療；兩名假病患遭到殺害，並被幾個以華府披薩店為幌子來經營非法販賣兒童集團的精神病醫師員工給吃了。剛剛那樣講，至少有接近一些因媒體大量報導以及誤報而環繞著該研究生出的都會傳說。實際上真正發生的事情在我看來是完全合理的──假病患假裝著思覺失調症的症狀抵達，他們獲准入院接受觀察，那之後醫療人員完全能夠察覺到他們那時的行為沒有任何異常；大部分假這是一種摧毀患病者和其家庭的疾病。[14]

　　思覺失調症顧名思義，是思覺出現混亂的一種疾病。如果你遇到某個人，他說的一句句話分開來都有點道理，但卻以不著邊際而沒有條理的方式錯置並列，因此在過了三十秒後，你已經能察覺到他有點不對勁，那這種情況有很大機會就是思覺失調症（如果是一個無家可歸的人，喃喃自語著破碎的念頭，那他有可能是去機構化〔譯注：提供能服務障礙者的社區環境，作為讓障礙者住進病院等集體管理機構的替代選擇〕後，因為沒有替代方案而被丟在街上）。這種病影響了總人口中的 1-2%，與文化、性別、族裔或社經地位都無關。

　　這疾病有個奇特的地方，就是混亂的念頭居然有些一貫的特色。其特色包括：離題的想法和鬆散的聯想、本來從 A 到 B 到 C 的邏輯順序往每個方向歪掉；人被字詞的聲響、字詞的同音（譯注：中文的話還包括同形）異義、很難認出的跳躍式關聯所拉扯，想法因此四處彈來彈去。還有鬆散離題（且帶有解離要素）的妄想迫害。再加上幻覺。大部分都是聽覺上的，以「聽見說話聲」的方式出現——持續不斷的話語，往往是在嘲諷、威脅、強求和羞辱。

　　這是思覺失調症一些主要「正性」症狀，也就是會發生在罹患此病者身上而通常不會在其他人身上發現的特質。這個疾病的「負性」症狀，也就是缺乏的東西，包括強烈的情緒或適當的情緒、情感表達以及社會連結。再加上高自殺率、高自殘率以及高暴力行為率，那個「暗藏祝福」的胡說八道就有望被消除。

病患被診斷為「正在緩解的思覺失調症」後就出院，意思就是「這個嘛，他們來的時候據稱有思覺失調症症狀，但在醫院裡我們沒發現他們哪裡不對勁」。補充說明，調查記者卡哈蘭（Susannah Cahalan）在 2019 年寫羅森漢的書中，以令人信服的證據證明了羅森漢出於方便，捨棄了資料及結果不符合假說的受試者，甚至有可能捏造了某些假病患的存在——因此本書才用了那個有雙重意義的書名——《大假扮家》（The Great Pretender）。我從時間上與羅森漢有重疊的史丹福大學心理學同事那邊得到的感覺是，不會有幾個人想花力氣去證明這些指控是假的。

　　思覺失調症一個顯著的恆定特色，是通常開始於青春期晚期或成年期初期。然而，事後來看，其實早在嬰兒期就有著輕微的異變。日後診斷出思覺失調症的人，在幼年時有較高比例的「輕微神經跡象」，好比說較晚站立和走路，如廁訓練延遲，有持續尿床問題。此外，幼兒時期就會有行為異常；在某項研究中，受過訓練的觀察者在看家中自拍影片便能指認出未來會有這個病的孩童。[15]

　　在大部分思覺失調症患者並不比任何其他人更暴力的情況下，暴力行為程度的提高，讓我們的討論方向變得明確。如果某人在思覺失調症的解離期間犯下暴力行為，他們是否該負起責任？一般人是什麼時候開始想說「不是他的錯，是疾病的錯」？1981 年，長期罹患思覺失調症的欣克利（John Hinckley），試圖行刺雷根（造成雷根和一名警官和特勤人員受傷，最終導致白宮新聞秘書布雷迪〔James Brady〕死亡〔譯注：因中槍而終身癱瘓，在事發三十三年後於 2014 過世，後經法醫裁定死因為當年的槍傷〕）。當他因為精神失常而被判無罪[18]的時候，全國大部分的地方都憤慨不已。有三個州禁止以精神失常進行辯護；大部分其他州讓人較難以精神失常為由來辯護；國會藉由通過精神錯亂辯護改革法案（Insanity Defense Reform Act）並由雷根簽署立法，達到了一樣的結果。[19][16]

　　所以我們還有一段路得走。但這一節的重點並不是思覺失調症的妖魔化和犯罪化，也不是思覺失調症和癲癇的相似之處。重點反而跟思覺失調症的成因有關。

　　你是 1950 年代初期的一名女性。過往戰爭的那幾年當然十分辛苦，畢竟妳的丈夫從軍，妳一個人撫養三個小孩長大。但感謝上帝，他平安完好地回來了。你們在新的美國伊甸園裡，也就是美國郊區擁有了一個家。

18　起訴方與辯護方的專業人士都對欣克利進行了各式各樣精神病學診斷，但包括事發後在精神病院為他診療了幾十年的醫生們在內，大部分人的診斷結果都是他槍擊時患有某種精神病。

19　那些暴力行為率比平均高的思覺失調症患者，有著高上非常多的比例會成為暴力行為的受害者。

經濟蓬勃發展，妳丈夫在公司裡一路向上，最近還升了官。妳的青少年孩子們也日漸茁壯。除了妳十七歲的大兒子，他最近讓妳越來越擔心。他一直都跟你們其他人不太一樣，你們都，呢，很正常——外向，擅長運動，受歡迎。至於他，從小時候開始，就一年年變得越來越寡言、孤僻，說著、做著奇怪的事。他比同儕晚了好多歲才沒有想像朋友，但也好幾年沒有真實存在的朋友了——你必須承認，因為他這麼古怪，人們自然會避開他，所以這也很合理。他常常自言自語，往往展現出完全對不上場合的情緒。最近他有一種執念，認為鄰居在暗中監視他，甚至在讀他心裡想什麼。最終就是這一點，讓你決定帶他去找家庭醫師，而他把你們轉給城裡一位專家，一位有著嚴苛態度與歐洲口音的「精神病醫師」。而在各種測試後，醫師給了你們一個診斷——思覺失調症。

你沒聽過這種病，而你的所知甚少只會引發恐懼。「你確定嗎？」你反覆問。「絕對肯定。」「有辦法醫嗎？」你得到幾個選項，但日後會發現全都沒用。然後你問了那關鍵的問題：「這病是什麼造成的？他為什麼會生病？」然後就會有一個信心滿滿的答案：你造成的。你差勁的養育方式造成了這種疾病。

那種被稱作「引發思覺失調症的」（schizophrenogenic）養育，以佛洛伊德思想為根基，當時成為該疾病的最主流的解釋。佛洛伊德的思想於 20 世紀初期在美國的第一波影響，是一種相當無足輕重的風尚，多半只風行於紐約的知識份子之間，且因為專注於性，而顯得煽情並些許令人反感；到了 1920 年代就已經衰落了。接著，1930 年代出現了逃離希特勒統治的歐洲知識階層，這一大批難民把美國變成了知識宇宙的中心。而這一批人當中包括了佛洛伊德思想的大部分要人，心理動力學王族的下一個世代。他們那種歐洲知識份子優越自信的權威模樣，讓美國精神病學那群鄉巴佬驚嘆不已，因而成為思想的主宰模範。到了 1940 年，美國每間主要醫學院的神經病學系主任都是佛洛伊德派心理分析師，而這樣的宰制還會持存續好幾十年。用影響力深遠的精神病學家托利（E. Fuller Torrey）的話來說，就是：「佛洛伊德理論從異國風情的紐約植物長成美國文化野草的這段轉型，是思想史上最怪異的事件。」[20][17]

這些人並不是過往的佛洛伊德派，不會用那種讓人難為情到有點迷人的方式針對陽具羨妒侃侃而談。佛洛伊德本人對思覺失調症、或者說對整個精神病的興趣都不大，他嚴重偏好那些文雅的、神經質的、教育程度良好而「無病呻吟」的主顧。但下一世代的佛洛伊德派人士，也就是幫忙灌輸的概念後來變成「心理問題都要怪你父母」這種心理動力學爛哏的那群人，[21]其骨幹成員當中有很多人對精神病有著強烈興趣。「引發思覺失調症的養育」這種概念，出現自一種令人不寒而慄、針對女性而起的敵意，且往往還是由女性分析者所提出。流落美國的佛洛伊德派人士佛洛姆—賴希曼（Frieda Fromm-Reichmann）於 1935 年寫道：「思覺失調症患者於嬰兒和幼兒時期從重要人物——主要是『引發思覺失調的』母親——身上得到嚴重的早期摧殘和拒絕，促使他對其他人懷疑憎恨到了痛苦的地步。」分析師克萊恩（Melanie Klein，她是流落英國而不是美國）寫起精神病時表示：「在生命的頭六個月，當孩子吐出母乳、害怕母親因自己對她的恨意而親手報復時，它便出現了。」實在是怪異又有害的胡扯。[18]

每個做出譴責的精神病學家，對於「引發思覺失調症的」養育方式到底哪裡病態，有著稍微不一樣的概念，但大略都集中在假定中那個頑固、冷落無愛的、專橫的或焦慮的母親。面對那樣的情況，孩子就只能逃遁到思覺失調的解離和幻想當中。人類學家貝特森（Gregory Bateson）和精神分析學家共同合作，沒多久就添加了一種理論闡述，就是思覺失調症的「雙

---

20 諷刺的是，佛洛伊德瞧不起美國人，並對於自己著書的版稅多半來自這個野蠻人之地感到遺憾。「我們在物質上得仰賴這些並非較高等的野人豈不是很悲哀嗎？」他對美國的輕蔑，有部分是因為美國據稱對「黑色人種」的威脅比較寬容，以及美國的平等主義價值觀，還有性別平等。

21 引用社會學家彼得（Laurence Peter，寫《彼得原理》的那位）的話，「精神病學讓我們能夠藉由坦承我們父母的短處而糾正我們的錯誤。」有個笑話也包含了這想法：「我的天啊，我昨晚跟爸媽吃飯，結果我犯了最糟糕的佛洛伊德式錯誤（Freudian slip，佛洛伊德認為，人們不經意的口誤、筆誤、遺忘並不是偶然而無意義，而是潛意識造成的）。我是想說，『爸，可以把鹽拿給我嗎？』結果我反而說成，『你毀了我一生，你這渾蛋。』」

重束縛」理論。[22] 那種看法認為，所有那些惡意有害養育特質的核心，造成了情感雙重束縛的產生，在這種高度激昂的環境中，孩子做了某事會被譴責，不做某事也會被譴責。母親要是常常斥責孩子，說：「你為什麼從來都不說愛我？你為什麼從來都不說愛我？」等到孩子說「我愛你」時又斥責說：「我要你講你才講，這樣有什麼意義？」就會製造這種情況。面對那種贏不了的情緒攻擊，思覺失調這種保護式的遁逃，讓孩子逃進自己的幻想世界裡。

很快就有人給該理論增添闡述，其中有些還略為算是自由或人道——心理動力圈的理論家擴大了思考範圍，也接納了一個孩子多虧父親的雙重束縛而被充分糟蹋成思覺失調症患者的可能。儘管如此，較普遍的設想情況還是父親被動而懦內，該被譴責的只有他未能宰制家中會引發孩子思覺失調的放肆潑婦。

等到發現罪魁禍首有可能是整個家庭時，態勢又更進一步擴張了。到了 1970 年代，第一波女性主義精神病學家採納了「家庭系統」的思考方法，一名提倡者贊同地寫道：「直到最近，精神病學家才開始探討引發思覺失調症的家庭。」哇，還真有進展。[19]

所以實際上到底是哪邊出錯了？

想當然地，完全沒有實證證據支持「引發思覺失調症的」養育或這種說法的任何一種變體。我們今日對思覺失調症的理解，跟這些早先的格林童話沒有相似之處。我們現在知道，思覺失調症是基因佔重大比重的神經發育失調。這明白展現在一個地方，那就是如果某人罹患這種疾病，那麼跟他有同樣基因的同卵雙胞胎，有 50% 的機率也會得這種病（相較之下，一般人口通常只有 1-2% 的風險）。然而，思覺失調症的遺傳並不是指單一個

---

22 此人與米德（Margaret Mead，譯注：美國最具代表性的人類學家）短暫有過婚姻，後者是讓人類學成為佛洛伊德思想分支的主力。

基因出錯了（與其相對的就是典型的單一基因遺傳病，比如囊腫纖化症、亨丁頓氏症或鐮狀紅血球貧血）。它反而起因於各式各樣一大串基因運氣不好地組合在一起，而那些基因中有許多都和神經傳導和腦部發育有關。[23] 然而，有這一整群基因，並不一定就會造成思覺失調症，而只是增加了罹患風險。把剛剛提到的研究結果翻個面，就能看到其中的這層道理——如果某人得了這種病，他們的同卵雙胞胎兄弟姊妹有 50% 的機會未得病。在一個典型的基因／環境交互作用中，罹患這種病基本上需要基因脆弱性和充滿壓力的環境之結合。哪種壓力？胎兒時期的產前營養不良（舉例來說，發生在 1944 年的荷蘭飢餓之冬〔Hunger Winter〕，大幅提高了當時胎兒日後的思覺失調症發生率）、透過母親感染而在幾種病毒中接觸到任一種、胎盤失血，或感染弓蟲這種寄生原生動物，都會提高多年後的患病風險。[24] 妊娠風險因素，包括了早產、出生體重過低以及頭圍過小、生產缺氧、緊急剖腹，還有冬季出生等等。在其後的發育期間，會提高風險的則是家長中有人死去、雙親分離、青春期初期創傷、遷徙以及居住於都會等社會心理壓力源。[20]

　　所以，先有讓某人的大腦處在懸崖邊緣搖搖欲墜的基因風險，再加上後來把它推過懸崖邊的壓力環境，才造成了這種疾病。大腦在被推過去之後，裡面會有什麼異常呢？最劇烈而確切的變異，是和神經傳導物質多巴胺的過量有關。這種化學傳訊者有著彰顯某事件突顯性的作用，在額葉皮質中作用尤其強烈。有了出乎意料的獎勵，我們會覺得「哇噢，有夠讚！我能從剛發生的事情中學到什麼，好讓這件事更有可能再度發生呢？」有了出乎意料的懲罰，會覺得「哇噢，有夠慘！我能從中學到什麼來讓它更不可能發生呢？」多巴胺是「注意！這很重要」訊息的中介者。[21]

　　最好的證據是，思覺失調症不只會有多巴胺值上升的情況，這種症

23　除此之外，出乎意料的是，該疾病中另一個基因問題和完全正常的基因異常複製成多個複製品有關。

24　順帶一提，弓蟲對腦有各式各樣的奇妙影響，足以讓我實驗室的一部分投入了十年的研究。

狀的出現也是因為多巴胺釋放的隨機爆增。那會讓突顯性出現隨機爆發。
舉例來說，如果你有思覺失調症，而在你留意到某人瞥了你一眼的同時
碰巧有一堆沒意義的多巴胺出現，那麼，對這一瞥充滿錯誤顯著感的你，
做出的結論就可能是對方正在監控你，讀取你內心的想法。思覺失調症正
如其名，是一種「突顯性異常」的思考錯亂。[22]

人們認為，突顯性異常也造成了該疾病的另一種限定特色，也就是
幻覺。大多數的人腦中都有內在聲音，會敘述事件、提醒我們事情，引入
沒有關聯的想法上述其中一種情況若與多巴胺隨機爆發一併發生，就會被
標記上極高的突顯性、極高的存在感，讓你把那當成實際存在的聲音來感
知並回應。大多數的思覺失調幻覺都是聽覺，這反映了我們的思考有多大
成分屬於口語。有種奇特的例外證明了這項規則，那就是，有些報告提到
有一群先天耳聾又患有思覺失調症的人，他們的幻覺是美國手語（其中有
些人的幻覺是一雙沒有身體的手在跟他們打手語，或者說上帝在向他們打手語）。25[23]

這個疾病也關係到腦中構造的改變。要證實這一點有些棘手。第一
個證據來自在死後比對罹患思覺失調症者的腦和對照組的腦。比對中有
構造異常這個性質，會讓該研究結果有著「死後人工產物」的可能（也就
是出於某種原因，思覺失調症患者的腦比對照組的腦更有可能在屍體解剖移除時受到
擠壓）。雖然原本這個疑慮有點牽強，但在神經成像證明了人們活著時腦
中就有同樣的構造問題後，也就隨之消除了。另一個仍需消除的可能混淆
之處，跟藥物使用有關：如果你觀察到（好比說）四十歲的思覺失調症患
者腦中有某些結構上的不同處，那麼，這種差異是因為疾病造成，還是他
們幾十年來服用多種神經活化藥物造成的？因此，針對剛診斷出思覺失
調症而尚未給藥的青春期或青年腦部進行的神經成像，就這麼脫穎而出，

---

25 只是想講件更吸引人的事，先天失聰且後來患有思覺失調症的人，據稱大部分都有
幻聽——也就是聽到不存在的聲音。從來都聽不見的人怎麼可能聽到聲音？該領域
大部分人的結論是，那種情況並沒有真的發生，反而是那人試著在自己奇怪而混亂
的感知上強加意義，然後就突然想到那些聽得見的人老是在講的那個神祕的「聽覺」
概念。

成為這個領域的金科玉律。[26] 最終，一旦有可能指認出基因上有風險的那些人，並從幼兒期就開始追蹤他們，看看哪些人會發展出該疾病、而哪些人不會，就能明顯看出，有些腦部變化遠在大部分嚴重症狀浮現之前就已經發生了。[24]

所以腦部的這些變化出現在疾病之前，預示了疾病的發生。其中最劇烈的變化，在於皮質不正常地薄並被壓縮到不尋常的地步（也難怪有人質疑他們死後腦部是否遭到人為壓縮）。腦中裝滿液體的洞狀結構「腦室」也出現合理的差異；特別是如果皮質又薄又被壓縮，腦室就會擴大、向外壓迫。這就產生了一個疑問：這邊的狀況到底是擴大的腦室從裡面擠壓了皮質，還是變薄的皮質讓腦室填滿空出來的空間？結果發現，是皮質先變薄的。[25]

有個情況很能說明實情，那就是，額葉皮質的皮質變化最為急遽。結果發現，變薄並不是因為失去神經元而發生的。失去的反而是讓神經元彼此聯絡的複雜線路——也就是軸突和樹突。[27] 換句話說，額葉皮質中神經元彼此聯絡、協調彼此行動的能力減弱了；以符合邏輯、有順序的方式運作的能力減弱了。[28] 而支持這一點的，是功能性腦造影證明了思覺失調症患者變薄而劣化的額葉皮質，得要比對照組受試者的額葉皮質更努力，才能艱困地達到與後者同等程度的效能。[26]

26　另一個非得要靠「思覺失調症是基因脆弱性疾病」才會有效的方法，是要去證明說，在患病者未出現疾病的親人身上，可以找到一些較細微版的結構異常。

27　給神經科學粉絲的細節：軸突是「有髓鞘的」，包在絕緣的外皮裡，成分是膠質細胞。出於我每年在課堂上都教不清楚的理由，它可以加速神經元傳導。這個包覆物飽含脂肪且發白，因此，腦中大部分由有髓鞘的線路構成的部分就稱作「白質」，而塞滿無髓鞘神經元細胞體的部分稱作「灰質」。白質的高速公路連結著灰質的城市中心，就像第七章提到的神經元都市計畫那樣。所以邏輯上來說，該疾病導致皮質失去軸突時，白質也會隨之減少。

28　也有其他的腦部變化，特別是對學習和記憶來說至關重要的腦區域「海馬迴」萎縮。海馬迴神經元的分層似乎也出現異常。這領域有一個多數共識是，額葉皮質的結構變化是最重要的。

　　所以，如果某人被迫要根據現有知識，替這個疾病想出一個整體綜述，那他可能會寫出以下這樣的話：思覺失調症的情況是，一連串基因變體構成了罹患該疾病的風險，而在早年某些時候的重大壓力，會控制這些基因而使情況轉而邁向思覺失調症。這種疾病接下來的顯現方式，就會包含過剩的多巴胺，以及額葉皮質中神經元和神經元之間過於稀疏的連結。為什麼這種病好發於青春期晚期／成年期初期呢？因為額葉皮質就是在那時候爆發出最後一波熟成生長（而在思覺失調症中，這種成長遭到了削弱）。[27]

　　基因、神經傳導物質，還有連接神經元的軸突佈線量都出了錯。講這一段「概述我們目前對該疾病的瞭解」之目的，在於想要反覆灌輸一個重點——這是一個生理問題，這是一個生理問題。這個領域屬於穿實驗袍拿試管的人，不屬於那些慣用伎倆是跟媽媽說她很不會養小孩的維也納精神分析學家。這個領域遠離了「如果身為青少年的你，不幸有個容易引起思覺失調症的母親，那麼陷入思覺失調的瘋狂就是你的逃遁」的想法。換句話說，這是我們成功從疾病中*剔除指責概念*的另一個領域（而且在這段過程中，我們治療該疾病的效率已遠遠強過給母親別上紅字的那時代）。（譯注：霍桑〔Nathaniel Hawthorne〕的小說《紅字》〔*The Scarlet Letter*〕，描述1640年代某名女性因通姦罪而要在胸前別上紅字A之後的人生）

　　我說過，若想瞭解癲癇從「你效命於撒旦後的下場」到「是神經方面的失調」的轉型是怎麼發生的，其實會讓人感到挫折，因為我們對一般人怎麼在18和19世紀間開始對這種疾病有不一樣看法，幾乎無從瞭解。但在思覺失調症的例子中，我們知道轉變最有可能是怎麼發生的。

一個畫面值千言萬語——上電視

　　對思覺失調症看法的改變，本應發生在1950年代第一批有助減緩思覺失調症症狀的藥物出現的時候。當一個神經元意圖要送出一個「多巴胺能」的訊息給下一個神經元而釋放多巴胺時，下一個神經元得擁有會結合多巴胺並做出回應的受體，這個過程才能生效。基本的神經傳導物質會發出訊號。而第一批有效的藥物就是阻絕多巴胺受體的藥物。這些藥物被稱作「精神安定劑」（neuroleptics）或「抗精神病藥物」（neuroleptics），最有名的就是托拉靈（Thorazine，又稱氯普麻〔chlorpromazine〕）和好度（Haldol）。當你阻絕多巴胺受體後會發生什麼事呢？排列中第一個神經元就算給多巴胺給到天黑，也不會有多巴胺能發訊號聯繫到對方。而如果患有這種疾病的人從那時開始沒那麼思覺失調的話，你就可以合理結論說，問題在於一開始有太多多巴胺在場。[29] 反過來的實證甚至會讓這個道理更有說服力——服用一個急遽增加多巴胺訊號的藥物，人們便會發展出有如思覺失調症的許多症狀；這是一種安非他命精神病。這類研究結果推動了多巴胺假說，目前仍是「這種病到底是哪裡出問題」最可信的解釋。它也讓終生藏身於禮貌距離外的精神病治療機構的思覺失調症患者大幅減少。

---

29 這邊有一個既微妙又滿酷的問題，以一種抽象的方式潛藏著（但在真實生活中絕不會有）。所以說，在思覺失調症的情況裡，腦中與邏輯思考有關的一些部分似乎有過剩的多巴胺，而關鍵的治療方式就是投藥阻擋多巴胺發出訊號。另外，帕金森氏症是患者難以發起運動的神經疾病，其核心問題在於腦中一個與上述截然不同的地方喪失多巴胺，而關鍵的治療法是給人*提升*多巴胺發訊的藥物（最常見的是 L-DOPA）。你可不會直接把這些藥注入相關的腦區域。你會用全身吸收的方式來服藥（好比說口服或注射），代表說它會進入血流中，然後對整個腦到處都有效果。把多巴胺受體阻斷藥物給予某思覺失調症患者，你就會把腦中「思覺失調」的地方高到異常的多巴胺發訊量降回正常；但同時，你也把腦中其他地方的*正常*值降到了正常以下。讓帕金森氏症患者服用 L-DOPA，你便會把腦中「帕金森氏症」部分的多巴胺發訊提高到正常，但把腦中其他地方的發訊值*提*高到正常以上。如果你用高劑量且／或長期服用的 L-DOPA 來治療帕金森氏症患者，你是否會增加他們罹患精神病的風險？會。如果你用高劑量且／或長期服用的多巴胺受體阻斷藥物來治療思覺失調症患者，你是否會增加他們罹患帕金森氏運動失調的風險？會的，那稱作「遲發性運動不能」（tardive dyskinesia），其症狀有一種俗稱是「托拉靈鬼步」（Thorazine shuffle，美國南方搖滾樂團「公家騾子」〔Gov't Mule〕甚至還有一首唱這件事的歌就叫〈托拉靈鬼步〉，最後的歌詞是「我今天不用擔心，有托拉靈鬼步就放心。」實情不完全是那樣，但那是首不錯的歐曼兄弟樂團〔The Allman Brothers Band，譯注：1969 年成立的美國搖滾樂團〕風格歌曲，而且也很樂見流行音樂沒落伍到還在用〈鑽石天空下的露西〉〔Lucy in the Sky with Diamonds，譯注：披頭四的歌曲，歌名首字合起來便是 LSD〕讓大家認識神經化學）。

瘋人院的時代到此劃下句點。[28]

這本來應該能直接終結各種關於思覺失調症的邪說。若有一種藥物能夠阻絕另一神經傳導物質的受體而減緩高血壓，這時你會做出結論說，核心問題就是神經傳導物質太多。然而，當有種藥物能阻絕多巴胺受體而減緩思覺失調症狀，你卻還是做出結論說，核心問題是有害的養育過程。奇妙的是，精神病學的精神分析統治階層還真的做出這種結論。他們在美國拼了老命反對採用藥物而最終戰敗後，想到了一個調適方式：精神安定劑對思覺失調症的核心問題沒有起任何作用；它們只是讓病人足夠鎮靜，好讓人更容易從心理動力方面，來讓養育留下的疤痕進一步癒合。

這些心理分析的卑鄙小人甚至發展出一種輕蔑貶損的用詞，講述那些相信思覺失調症是大腦疾病好逃避自己責任的患者家人（也就是母親）——*解離官能類型者*（dissociativeorganic type）。來自維也納、在耶魯大學精神病學系當了十七年系主任的精神病學家雷德里希（Frederick Redlich）以及耶魯大學社會學家賀林席德（August Hollingshead），於 1958 年出版的那本影響力深遠的著作《社會階級與精神病：一場共同體研究》（*Social Class and Mental Illness: A Community Study*）中解釋了一切。解離官能類型者通常是下層社會、教育程度偏低的人，對這種人來說「這是一種生物化學上的失調」仍類似於相信邪眼（譯注：指帶著惡意盯視對方便能施加詛咒的迷信），對於那些不夠聰明而無法瞭解佛洛伊德的人來說，這是一個簡單的錯誤解釋。[30]思覺失調症還是由糟糕的養育所造成，而主流圈內幾十年下來仍沒有要改變。[29]

1970 年代晚期的突破，發生在公眾倡議、神經成像、媒體影響力、金錢，以及權勢家族深藏的思覺失調症等因素的交會處。

---

30 許多精神分析學家贊成母親跟「引發思覺失調症的」養育是連在一塊的，不只是因為他們認為那是正確的，而是因為愧疚感讓母親更迅速及時地掏錢給精神科醫師。然而，有些人確實主張要仁慈對待這些滿心愧疚的家長，但大部分人似乎都認為這是感情用事。

　　某方面來說，那是從一場謀殺開始的。1970 年代初期，一名罹患思覺失調症的人在妄想狀態下，在美國華盛頓州的奧林匹亞殺死了兩人。一名叫作歐文（Eleanor Owen）、同為思覺失調症患者的母親、姊妹、姨母的當地女性，做了一件有催化作用的事。她抗拒那種牽連到該疾病的人會有的尋常回應，亦即退縮到始終在那等著她的羞恥和罪惡感裡面；當思覺失調症患者罕見地犯下暴力行為而證實了公眾的刻板印象後，她反而怒火中燒。歐文連絡了另外七名就她所知有近親患病的當地人，而他們連絡了殺人者的家人，來提供支持和安慰。

　　歐文和追隨著們在行動中獲得了力量，而他們感覺到的主要情緒並不是羞恥和罪惡感，而是憤怒。抗精神病的藥物革命，清空了長期照顧思覺失調症患者的精神病院。過去在那些地方，他們的行為並沒有改善多少。值得讚許的計畫是在全國各地打造可以照顧這些人，並協助他們融入自身社區的社區精神健康診所。只不過，資金提供的速度太慢，難以趕上去機構化的人數。到了雷根主政時代，資助基本上已經完全停止。大部分去機構化的人到頭來被丟回家裡，而這還算運氣好；還有些人流落街頭。因此，憤怒是針對這當中的諷刺而發：啊，不是說我們就是一開始造成這種疾病的惡毒家人嗎？現在因為政府各個機構想不到還能拿他們怎麼辦，又把他們托付給我們照顧了？此外，身為團體，他們比較容易說出自己真正的憤怒源頭——他們越來越深信，所謂「容易引起思覺失調症的母親或家庭」根本就是胡說八道。

　　幾年前，我有幸與九十九歲、但記憶猶新的歐文本人對談過兩小時。「打從最開始，我就知道不是我的錯。我是憑著純粹的憤怒情緒來推動的。」[31] 她的團體很快就組成了華盛頓精神病倡議團（Washington Advocates

---

31 歐文實在是非凡人物。她一輩子當過記者、劇作者、教授、服裝設計者、成功的演員，還是十分成功的精神健康辯護律師。我們的對談還因為她獨自橫跨國土去拜訪她九十多歲的小妹而延後了一陣子。她在一百零一歲生日當天出版回憶錄《消失的房間》（The Gone Room），幾週後於 2022 年初過世。在我們的對談中，她整個人精力充沛，對過去和現在的政治都充滿熱情，談起自己在這場矯正精神病學過往扭曲

for the Mentally Ill），基本上來說，是一個躡手躡腳踏進政治倡議領域的支援團體。

　　同時，一個叫做成年思覺失調症患者家長團（Parents of Adult Schizophrenics）的類似團體，也在加州的聖馬刁（San Mateo）成立；它爭取到思覺失調症患者家人出席該州每個郡級精神健康委員會的權利，而取得了初步的勝利。謝特勒（Harriet Shetler）和楊（Beverly Young）在威斯康辛州的麥迪遜成立了另一個團體。最終他們都連上了線，而在 1979 年左右成立了全國精神疾病聯盟（National Alliance on Mental Illness，NAMI）。他們第一批實際雇用的人員有福林（Laurie Flynn），她於 1984 至 2000 年間擔任執行董事。當初她是個有些許社區志工服務經驗的家庭主婦，一個女兒曾在高中音樂劇中演出，原本有望成為畢業致詞代表，卻被一種思覺失調症的變體所摧毀。很快加入她們的還有洪堡（Ron Honberg），即便這位律師兼社工人員並沒有家人罹患思覺失調症，但他最終替全國精神疾病聯盟做了三十年的行政工作。他的動力是一股正義感。「誰家的小孩診斷出癌症是另一回事。但誰家的小孩診斷出思覺失調症，鄰居可不會帶著整盤家常菜來拜訪。」[32]

　　他們做出一些成果，讓少數幾個州的立法機構朝讓思覺失調症獲得更多醫療保險保障的方向推動。過程中歐文堪稱重炮手。「我不知道那時怎麼有辦法威脅到他們（立法者），」她事後回憶道。「我那時凶猛無比。因為太痛苦了。」福林形容這些成員「用他們和善的中西部作風來火冒三丈」。

　　接著，當全國精神疾病聯盟連繫上某個完美融合兩種身份的人，一個催化事件就發生了——那是一名思覺失調症患者的直系家人，恰巧也是生物精神病學這個新興領域的世界頂尖專家。前面提到的托利在妹妹診斷

　　的運動中的作用卻十分低調。如果我的整個信念系統跟現有的這個非常不一樣的話，我可能就會說，我能短暫與她相逢實在是福份不淺。

32 我也有幸且很高興能和福林以及洪堡有過長時間對談。如今他們年事已高，而當他們回憶起當年發動的那場艱苦戰鬥時，你會瞭解到，人生活得精彩是什麼感覺。

出思覺失調症之後，決定成為精神病學家。由於和全國精神疾病聯盟的初期成員遭遇到同樣情況，他也認為把「引發思覺失調症的養育」加以理論化是徹底錯誤的；那些成員中有一些其實會說：「等等，你的意思是說，我媽一共養大我們九個小孩，可是只把我們之中一個用引發思覺失調症的方式養大？」這讓他成為猛烈批判精神病學中精神分析學派的人。他擁有來自普林斯頓、麥基爾和史丹福大學的學位，大可落腳在舒適多金的私人營業。但他反而花了好幾年，接連在衣索匹亞、南布朗克斯和阿拉斯加因紐特人社區當醫師。他最終成為美國國家心理衛生研究院和全美最古老的聯邦精神病院聖伊麗莎白醫院（St. Elizabeths Hospital）的精神病學家。在這段過程中，他成為心理動力束縛的猛烈批判者，寫下《精神病學之死和佛洛伊德式詐欺》（*The Death of Psychiatry and Freudian Fraud*）這本傑出的書（另外也替龐德〔Ezra Pound〕這名聖伊麗莎白醫院的長期病人寫下備受尊崇的傳記，以及……另外十八本書）。他的直言不諱至少讓他丟掉一個職位，而他最終辭去在聯邦精神病學機構的工作，以及被心理動力派主宰的美國精神病學組織的工作，成立了自己的精神健康研究機構，專注於思覺失調症的生理成因上。他不可免地和全國精神疾病聯盟聯繫上了。

對他們來說，托利的出現簡直是天降甘霖。「當醫界沒人幫我們說話時，托利幫了我們」，福林這麼說——因為他就是他們的一員。他成為全國精神疾病聯盟的醫學發言人，向全國各地的聯盟團體演講授課（包括讓許多成員不再採納眾多未獲證實的該疾病替代療法，例如超劑量維他命療法）。他寫過暢銷的入門書《活過思覺失調：給家人、消費者和供應商的手冊》（*Surviving Schizophrenia: A Manual for Families, Consumers, and Providers*），已修訂到第五版。托利捐贈了超過十萬美元的版稅到全國精神疾病聯盟，並說服一名慈善家替聯盟雇用一名華府遊說者，而不是請他資助托利自己的研究。[33]

---

33 對啦，為了避免你分不出來所以說一下，我十分仰慕托利，並認為他啟發了我的靈感；他也是一位非常親切而正派的人。

接著又有一片拼圖到位，而我個人猜測，對於即將到來的那一場場「將指責從我們對這種最糟、最困擾的人類行為的看法中移除」的戰役來說，這片拼圖極其重要。哈佛的生物學家法雷爾（Brian Farrell）稱這種情況為「應用名人學」的案例──知名且／或有力人士，因自己家人的關係接觸到思覺失調症而開始參與。其中兩人包括來自明尼蘇達州的民主黨參議員威爾史東（Paul Wellstone），以及來自新墨西哥州的共和黨參議員（福林記得自己當時心想「好欸，有共和黨員」）多梅尼西（Pete Domenici）。兩人都成為美國國會中的支持者，促使思覺失調症的照護獲得更多的醫療保險保障，並同時以其他方式進行倡議（洪堡還記得有天他租了輛卡車，裝了超過五十萬份呼籲聯邦投入更多資金給精神疾病生理根源探索的請願書，並把它們堆在國會大廈的階梯上，多梅尼西就立在旁邊）。[34]

接著，真的就迅雷不及掩耳。1988 年 12 月 9 日，托利上了《菲爾唐納修秀》（The Phil Donahue Show）節目。當時唐納修是日間談話的節目之王，而且有一位家人罹患該病但從未公開。節目來賓包括了知名的美式足球球員、綠灣包裝工隊（Green Bay Packers）的阿德里奇（Lionel Aldridge），當他奪下超級盃的運動生涯結束後，卻淪落到被誤診為思覺失調症還流落街頭的命運。到了那時候，他已治療有成，節目上其他一些看起來，怎麼說呢，他是相當正常的來賓（以及那些發表評論和證言的類似觀眾也是）。然後還有托利，不斷強調思覺失調症是一種生理疾病，它「跟你母親對你做了啥一點關係都沒有就跟多發性硬化症一樣，就跟糖尿病一樣」。那不是因為缺乏愛的幼年期。他展示了一對雙胞胎的腦部掃描，其中一個得病，一個沒有。在一張至少抵過千言萬語的圖片的強力展示下，擴大的腦室格外引人注目。最後，托利在節目上公開向全國精神疾病聯盟致意。

---

34 當某名從過往紀錄可以看出對失敗者缺乏同情心的政治人物，突然選擇針對某個觸動到自己的特定主題發展出一些同情心時，我們可以對此抱持偏見，同時／或者滿心感激。以下講這些只是想把那種偏見提升到更高層次；其實有很多科學家都會說「哦，拜託拜託，讓某個共和黨參議員愛著的人染上我正在研究的那個糟糕疾病，這樣我們才會有足夠的資助來弄清楚到底要怎麼治療這疾病。」

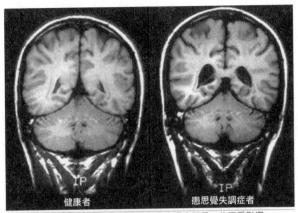

健康者　　　　　　　　患思覺失調症者

一對雙胞胎——其中一位患思覺失調症而另一位不受影響

托利展示的照片

　　在接下來的幾天裡，全國精神疾病聯盟從家中有思覺失調症患者的人們那裡「每天收到十幾袋的信」。成員暴增到十五萬人以上，善款大筆湧入，而全國精神疾病聯盟成為一股龐大的遊說力量，推動說明該疾病本質的公共教育，鼓吹醫學院更改關於思覺失調症的課程，並把精神病學系從精神分析挪出，而挪向生物精神醫學，[35] 好用來資助該領域的下一代年輕研究者。托利和福林反覆出現在唐納修和歐普拉秀上，以及一部影響力深遠的美國公視網紀錄片中。知名人士帶著他們自己或家人經歷的精神疾病奮鬥故事前來。《美麗境界》（*A Beautiful Mind*）描繪了成年後終身與思覺失調症搏鬥的諾貝爾獎經濟學家納許（John Nash），而贏得了奧斯卡最佳電影。

　　隨著時間過去，「容易引起思覺失調症的母親、父親和家人」這種迷思也消逝了。不再有可靠的精神病醫師會勸告某人說，他們的惡毒造成他們所愛之人罹患思覺失調症，也不會帶領一個思覺失調症患者走上一

35　當我於 1980 年代接受史丹福大學招聘時，人們都吹噓著灣區的生物精神病學品質有多好——史丹福大學已把心理分析家從精神病學系的領導職中清除掉，而那時加州大學舊金山分校也在進行中。這絕對算是平手。

段自由聯想心理分析的旅程，去揭露其母親的罪孽。沒有醫學院會教這個了。檯面上幾乎沒有人會這麼相信了。但我們在「瞭解這種疾病的具體細節」和「想出更有效的新療法」方面，還是不成功到令人火大的地步。我們的街頭上還是充斥著無家可歸、去機構化的思覺失調症患者，而家人們還是被這種疾病壓垮，但至少沒有人會去指點那些家人說，這全都是他們該死的錯。我們把指責剔除了。[30]

當然，現況並不完美。少數精神分析的幕後掌權者，在技術刊物中公開放棄他們的看法，有些甚至做了研究證明精神分析方法對該疾病沒有幫助。但與我聊過的全國精神疾病聯盟成員仍對一件事感到怨恨，就是該領域的領袖從沒有一個來跟他們道歉（讓我想起物理學家普朗克〔Max Planck〕的那句俏皮話：「科學是一場葬禮一場葬禮地在進步。」）。托利於 1977 年在《今日心理學》（Psychology Today）發表了一篇傑出的社會政治劇本，其中透露的怨恨，過了四十三年後依然餘音繞梁。在《關於真正問題的幻想審判》（A Fantasy Trial about a Real Issue）中，他想像了一場審判，審的是精神分析機構對思覺失調症患者母親所造成的傷害。「自紐倫堡審判以來，沒有哪次審判激起了這麼多公眾興趣，」他滑稽地報導了假定中那場在華府某體育場進行的大審。他談到了指控：「被起訴者有意且預先計畫地行事，卻在沒有科學證據的情況下責怪思覺失調症患者的家長……責怪他們孩子的狀況，藉此造成極為悲痛的愧疚之苦和折磨。」被告包括了佛洛姆─賴希曼、克萊恩、貝特森，以及利茲（Theodore Lidz），最後這人宣稱思覺失調症患者的雙親「自我陶醉」且「自我中心」。他們全部被判有罪，且處以閱讀自己著作十年的刑責。他用一種尖酸的舞文弄墨作結，「親人們放聲大哭。沒人預料到會是那麼嚴酷的刑罰。」歐文對此有一個不同但感人的看法。儘管有著一股促成倡議活動、終究達成愚公移山壯舉的盛怒，儘管意識形態擁護者宣揚著缺乏事實的武斷假宗教，而讓她這樣的人們背負了那麼多羞恥和愧疚感，她還是說「但這之中沒有惡人」。[36][31]

---

36 打倒「引發思覺失調症的養育」的想法，看起來可能會有一個大問題。在這個名詞

蛻變途中的簡述

　　還有其他的成功故事。自閉症也經歷了一段相似到不可思議的轉變。它一度有著「兒童思覺失調症」這種寬鬆的名稱，在精神病學家肯納（Leo Kanner）的診斷中正式定為「早期幼兒自閉症」（譯注：故有「肯納症」的別名）。考量到該疾病可能有生物學（特別是遺傳學）的根源後，他落入了當時的思潮，當然又是責怪母親。這邊假定的有害養育行為，是冷淡且無力去愛孩童；肯納讓好幾個世代的家長苦惱不已的關鍵詞就是「冰箱母親」。然後又是照慣例發展出幾十年的羞恥和愧疚感。科學見解增加之後，證明了沒有證據證明「冰箱母親」這種概念。之後出現了頭一小批倡議和反擊指控的活動，而大眾也越來越察覺到這種疾病的普遍，讓冰箱母親這種指控更難維持。於此同時，有些人開始訴請知名人士參戰。隨著我們如今知道那是一個普遍到令人擔憂的神經發育失調，指責在自閉症中消失了。此外，許多有著較輕微版本自閉症（過去稱為亞斯柏格症候群〔Asperger's syndrome〕而現在獲得「高功能自閉症類群障礙」〔high-functioning autism spectrum disorder，ASD〕這類名稱）的人，反對別人用「失調」的概念將他們病理化。他們主張，

的構想中，引發思覺失調症的母親（或父親，或家人）透過有害的互動方式，驅使他們所愛之人出現青春期晚期的思覺失調症。但多巴胺值提高、額葉皮質迴路貧乏，以及腦室擴大等發現，都大聲疾呼那是生理疾病。換句話說，如果這種疾病涉及腦中的結構與化學變化，經驗（如養育方法造成的不利之處）就不可能是這種疾病的成因。但經驗就是會對腦做出這樣的事情；就回頭看看第三和第四章的一些例子——幼兒期貧窮讓額葉皮質變薄；長期壓力讓海馬迴縮小、讓杏仁核變大。那情況為什麼不可能是，引發思覺失調症的養育，經由提高多巴胺值以及讓皮質萎縮等等的過程，而造成思覺失調症出現？那看起來就會像當代那種生理與環境交互作用的觀點，而且顯得精細。糟糕，我們剛剛是不是讓引發思覺失調症的養育重振旗鼓了？完全沒有。沒有科學證據證明養育方式可以產生那些腦部變化。專家們甚至連「那樣的養育到底包含哪些方式」都達不到一致共識。沒有一個人能驗證，據稱會引發思覺失調症的母親們在面對沒有思覺失調症的子女時，會以截然不同的方式來養育。這些疾病在神經學以及神經心理學上的標記，在一生中非常早就出現，早到都可以拿來研究了。哦對了，還有那些參與其中的基因。引發思覺失調症的養育，已是一種消亡的意識型態了。

只要把高功能自閉症類群障礙當成人類社會性裡各種尋常差異中的一種極端就好了，而且，它還帶來了許多比那些「神經典型」（也就是其他人）更有利的認知特質。[37]

這是一段類似到不可思議的歷程，卻有三個有趣的差異。

第一個跟肯納有關。他就是你印象中那種死白男的權威人士──約翰霍普金斯大學醫學院教授，該國第一位有合格證書的精神病醫師，該主題第一本教科書的作者。而他這人看起來真的很好。身為又一位得以逃離歐洲的知識份子，他協助並拯救了許多人的性命，贊助他們入境美國，實質上給予他們支援。在精神病學公衛和社區精神病學擴大服務計畫方面，他有著強烈的社會行動主義特質。不可思議的是，隨著更多知識的出現，他居然改變了看法。1969 年，他做了某件不尋常的事──他出現在家長倡議團體美國自閉症協會（Autism Society of America）的年度大會上，道歉說：「在此，我宣告你們身為家長是無罪的。」

接著，雖然歐文覺得這整段「易引起思覺失調症之養育方式」的故事中沒有壞人，但在我看來，冰箱母親這邊確實有一個。貝特罕（Bruno Bettelheim）經歷集中營後倖存下來，後來設法抵達美國；他是精神分析那一類的奧地利知識份子，後來成為人們理當認為的自閉症成因和治療的最終權威專家（他也寫了幾本影響力深刻的書、在《童話的魅力：我們為什麼愛上童話？》〔The Uses of Enchantment〕一書中談童話的精神動力根源。在《夢的孩子》〔The Children of the Dream〕中談以色列集體農場的育兒實作）。他為自閉症孩童成立了（與芝加哥大學有關的）情緒精神失調教育學校（Orthogenic School），並成為成功治療這些孩子的公認先鋒。他備受尊崇和讚揚。而他以一種連佛洛姆─賴希曼、克萊恩臉色都會嚇到發白的憤恨，採納了冰箱母親的說法（托利把貝特罕寫成他那篇幻想審判裡的被告）。在他那本廣為閱讀的自閉症相關書籍《空堡壘》（The Empty Fortress）中，他闡明的信念是「促發

37　氣候變遷的聖女貞德──童貝里，就是這樣的一個人；她認為亞斯伯格症讓自己免於社交分心，讓她能專注拯救地球。

幼兒自閉症的唯一因素，即是雙親但願自己小孩不要存在的這種心願」。他寫下這樣令人倒抽一口氣的話：「不論是在納粹德國的死亡營，還是躺在一張可能很豪華的嬰兒床上，都可能會有明顯來自一位盡責母親的無意識死亡願望——不論在哪種情況中，一個活著的靈魂都被死亡主宰。」[32]

他本身也比人們設想中的「自閉症的堡壘」形象來得更空洞。他偽造了自己的歐洲資歷和培訓經歷。他剽竊他人的著作。他的學校其實沒有幾個自閉症兒童，而他編造了所謂的豐功偉業。面對其他職員，他是個暴君般的恃強淩弱者（我曾聽說在他圈子裡接受訓練的人挖苦他為「貝托·布魯托海姆」〔Betto Brutalheim〕，譯注：故意把他姓和名的前半部互換，因而在姓氏裡拼出了「殘暴」〔Brutal〕一字），而且，根據詳盡記載，他反覆以肢體虐待幼童。想當然地，他從沒道歉過。得要等到他死了之後，眾多在他那種聰明才智下倖存的人所產出的大量文章、書籍和證詞才浮上檯面。[38][33]

跟思覺失調症故事的最後一個差異，則是我認為自閉症相關的「戰勝指責」仍只處在蛻變途中的原因。此處要講的是反疫苗運動，不論面對著哪種科學反駁，運動者都堅持說，自閉症可能是由出錯的疫苗接種所致。在這些往往教育程度良好還享有特權、必須要為疫苗接種率下滑、麻疹捲土重來以及兒童的死亡負起責任的中世紀獵巫者身上，我留意到一個通常是次要主題的東西。當然有那種最首要的陰謀論，說醫藥界的某些人

---

38 貝特罕還在另一個圈子裡進行詐騙和自我誇大的責難，使我格外反感；他是一個典型的反猶猶太人，怪罪自己的猶太同胞造成猶太人大屠殺。他在對一群猶太學生演說時問道，「反猶太主義是誰的錯？」然後大吼，「你們的錯！因為你們不融入他人，那是你們的錯。」他和其他人一同打造了那種令人作嘔的指控，說猶太人因為身為消極被動的「羊隻給人領進了爐子」，所以同樣在自己的種族滅絕行動中參了一腳（布魯托海姆博士啊，你是沒聽過華沙猶太人區起義〔Warsaw Ghetto Uprising，1944 年 8 月波蘭反抗軍於納粹德國佔領的波蘭境內發動反抗，後來遭到鎮壓〕之類的事情嗎？）。他替自己捏造了一段歷史，說他被送進集中營是因為他英勇的地下反抗行動，然而，他就跟他指控的那些人一樣，只是溫順（或者不溫順）地跟著眾人走而已。我得要試著跑一趟本書內容在談的那種思考流程，才能對貝特罕產生「他是個噁心王八虐待狂」以外的任何感受。（引文出自 R. Pollack, *The Creation of Dr. B: A Biography of Bruno Bettelheim,* London, UK: Touchstone [1998], page 228）

就只是為了讓疫苗獲利，而甘願讓無辜人們廣受自閉症之苦。但也常常多了一種熟悉的指責：如果你的孩子有自閉症，那是因為你自己該死的錯，因為你就是沒把我們講疫苗的東西聽進去。

我們也處在另一個轉型當中。1943 年，巴頓將軍（General George Patton）在醫院裡掌摑一名士兵而引發了眾人矚目；我們現在會稱該士兵的情況為創傷後壓力症候群（post-traumatic stress disorder，PTSD），但當時巴頓把那解讀為膽小、拒上戰場而動手；巴頓還下令召開軍事法庭將士兵送審，但很幸運地被艾克（Ike，艾森豪〔Dwight Eisenhower〕，美國總統，此時為北非戰區盟軍總司令、巴頓的上司）否決了。就連在越戰過後許久，大部分的政府掌權單位還是把創傷後壓力症候群正式認定為身心性詐病，而飽受其苦的退伍軍人用來治療此病的健康福利金常常遭到拒絕發放。然後就一如往常——基因的關聯，認出了會提高屈從於該疾病風險的早期發育神經元問題以及幼兒期逆境類型，神經成像顯示腦部異常。情況在慢慢地改變著。

1990 年代初期，投入第一次波灣戰爭的士兵，有三分之一曾抱怨「從此再也不對勁了」，出現一整群類似的症狀——疲憊、長期無法解釋的痛苦、認知損害。人們普遍把「波灣戰爭症候群」視為某種精神失調，也就是說不是真的，是退伍軍人心理脆弱、自我耽溺的標記。但科學滴水穿石地透了進來。士兵們曾得服用一種跟殺蟲劑有關的強力藥物，保護他們不受人們預期中海珊（Saddam Hussein）會用的神經毒氣所害。雖然這些藥物可以輕易解釋波灣戰爭症候群的神經學特色，但卻被忽略了，因為戰事開打前的仔細研究，得出了可以安全給予、不會傷害腦功能的劑量。但結果發現，那些藥在人遭受壓力的期間會傷害腦，而先前並未考量這點。牽涉其中的一個機制是，壓力——在這個例子中，是在攝氏約 49 度的沙漠氣候中攜帶約三十六公斤的裝備所產生的體溫，再結合基本的交戰恐懼，可以打開血腦障壁，增加藥物進入腦的量。一直要到 2008 年，美國退伍軍人事務部才正式宣布波灣戰爭症候群為一種疾病，而不是什麼心理詐病。[34]

有太多前線都在持續推進：學習閱讀時遭遇困難且一直把字母反過

來拼的孩子，不是懶惰或不積極；他們腦中反而是因為皮質畸型造成了失讀症。舉凡涉及某人性取向有關的任何科學知識時，自由意志和選擇等主題就與其無關。有人堅稱，儘管他們的基因、生殖腺、激素、解剖學和第二性徵的證據都表明他們的性別生下來就如此，但他們就不是那樣，更不是打從他們記事起就一直那樣——神經生物學也同意他們的觀點。[35]

　　有些進展甚至更進一步，微妙地溜進了日常生活，以至於我們無法輕易看出暗地裡的思維改變：某人不幫你搬某個重物，而你不會因此生氣，而是會想到他們嚴重的背部毛病。你合唱團裡唱女高音部的老是唱錯，你會訴諸產前內分泌科知識尋求解答——哦，她現在是男中音。奇怪的是，你有一個不幸的研究助理在你的要求下，要在十萬隻的紅襪子裡找一隻綠襪子；他失敗了，而你不會怨恨他，而是想著，啊，沒錯，他有紅綠色盲。而在近期的歷史瞬間，美國大部分人念頭一轉，便認定說，有鑑於世上缺乏愛，兩個同性成年人之間的愛應該被婚姻神聖化。

　　本章的漫長探索全都證明了同一件事：我們可以將責任從我們對行為諸多面向的看法中剔除。而這會讓世界變得更好。

結論

　　同樣的事我們還可以多多益善。

14

懲罰的愉悅

正義得以伸張之一

歷史學家塔克曼（Barbara Tuchman）在 1987 的經典著作《遠方之鏡：動盪不安的 14 世紀》（*A Distant Mirror*）中，把 14 世紀描述為（雷同於現在的）「多災多難」而聞名於世。不論是不是一面鏡子，不管從什麼人的標準來看，那個世紀真的爛透了。其中一個悲慘根源是法國和英國的百年戰爭於 1337 年開始，沿途只留下毀滅。天主教會分裂出好幾個對立教宗，把基督教搞得一團亂。但最大的災難還是從 1347 年開始橫掃全歐洲的黑死病；在接下來幾年裡，將近一半的人口會在淋巴腺腫大的痛苦中死去。以倫敦為例，這場疫情嚴重到要花兩個世紀才能讓人口回復到疫情之前的規模。[1]

甚至在該世紀更早先時，情況就夠糟了。以 1321 年為例，當時普通農民不識字、全身上下都是寄生蟲，為求生而辛苦掙扎。他們的預期壽命大約是二十五年；三分之一的嬰兒在第一個生日之前就死去。被迫把十分之一的收入繳給教會讓人更加貧窮；英格蘭有 10-15% 的人在一場飢荒中餓死。此外，每個人都還努力從前幾年的事件中復原；前幾年，牧羊人十字軍（Shepherds' Crusade）宣稱要去殘殺西班牙穆斯林，最後反而跑去法國肆虐。但至少沒人覺得某個外團體在井裡下毒。[2]

1321 年的夏天，法國各地的人們認定，某個外團體——這次是痲瘋病人 1（醫學上稱「漢生病」）——正在井裡下毒。這種陰謀論很快就擴散到

---

1 在我的寫作與講課中，我試者把（好比說）痲瘋病人（lepers）、精神分裂者（schizophrenics）

德國，然後從農民到王室的每一個人都接受了。在嚴刑拷打下，癩瘋病人很快就坦承說，是的，他們成立了一個發誓要在井裡下毒的公會，用的是蛇、蟾蜍、蜥蜴、蝙蝠以及人類糞便那一類的東西做成的藥水。

假設癩瘋病人真有下手的話，他們幹麼這麼做呢？有一種《活死人之夜》（*Night of the Living Dead*，喪屍電影的始祖）風格的說法是，人們認為那些毒會造成癩瘋病──也就是說，那是一種增員的手段。有些人感同身受地提出了另一種解讀，他們猜測說，癩瘋病人遭受缺乏同理心的對待而心生怨恨，因此做出這種報復行為。但一些有先見之明的人，對於資本主義之腐敗的理解領先了好幾個世紀，在其中察覺到一種獲利動機。很快地，在更多「強化審問」下，答案浮現了──拷打後的癩瘋病人推卸責任，在痛苦尖叫間宣稱，他們的好搭檔猶太人付錢要他們在井裡下毒。完美。人人都認為猶太人不會得癩瘋病，所以他們才能平安地跟癩瘋病人搞陰謀。[2]

但接下來猶太人也推卸責任。儘管猶太人靠著唯利是圖的高利貸以及綁架基督教幼童賣去行血祭而暴富，但雇用那麼多的癩瘋病人還是花了他們一大筆錢。很快地，在死亡輪上被打斷骨頭（譯注：古代酷刑，將人綁在巨輪上打斷骨頭，然後放置至死）的猶太人公開宣布，他們也不過只是中間人──資助他們的是穆斯林！更具體來說，是格拉納達（Granada）的國王以及埃及的蘇丹，他們密謀要打倒基督教世界。但很不方便的是，暴民抓不到那兩個人。暴民們只好退而求其次，在法國和德國一個鎮又一個鎮地把癩瘋病人和猶太人燒死，死了幾千幾萬人。

在把後世稱作「癩瘋陰謀」的這件事處理完之後，人們又回歸日常

或發癲癇的人（epileptics）改稱為癩瘋病、思覺失調症或癲癇「患者」。這一方面提醒說，有真實存在的人們得了這些疾病；一方面也是提醒說，不能只用這些人的疾病來看他們。在這一節裡，我放下了這種習慣，以反映這些歷史事件的本質──對那些散布這種野蠻行徑的人來說，他們的行動並沒有在顧慮「患有癩瘋病的人們」，他們顧慮的是「那些癩瘋病人」。

2 那據說是因為猶太人有別於基督徒，不會在經期行房，而那據說是癩瘋病的成因。

的艱困求生；正義獲得了伸張。[3]

那些爛好人自由派

改革不是人人都喜歡。或許你正在梵諦岡養尊處優，然後來了個粗野的德國僧侶，喋喋不休地講著他那個什麼《九十五條論綱》。或者，如果你的品味是期待「事情變好之前得先變糟」，即無產階級掙脫頸上鎖鏈的那種路線，那麼改革只會削弱革命。如果改革當真接受了一個徹底荒謬到難以忍受、粗暴到難以捍衛的體制，那麼改革似乎不是一條出路。你應該看得出來我們會往哪邊去。

對啦對啦，刑事司法制度的確有很多要改革的。監獄容易造成犯罪，培訓著頻繁進出的累犯。暗藏的偏見對客觀審判和陪審團的概念予以嘲笑。體制提供了各種用金錢就買得到的正義。這些全都需要改革。至於在戰壕中試著做出改革的人——清白專案（Innocence Project，非營利法律組織，試圖為錯判有罪者平反、證明其清白，同時改革刑事司法系統，避免同樣的事情再次發生）、從內部進行改革的地方檢察官候選人、無償幫助弱勢者的律師——實在是很不可思議。我如今有機會和多位公設辯護人共同處理大

3　提醒你一下，其實從來沒有哪口井有下過毒。

約十來件謀殺案,而這些人實在激勵人心——不但報酬過低、工作過量,與企業圈的有錢人錯身而過,還要為了那些通常在娘胎裡待了半年就注定未來會失敗的坎坷人辯護,而大部分的案件都會敗訴。

然而,如果沒有自由意志,就沒有任何改革可以給予哪怕只有一絲道德善意的報應性懲罰了。

刑事司法改革看起來可能會像這樣:[4]16 世紀的歐洲有各種用來指認女巫的測試,全都糟糕至極。在良性一點的辦法裡,有一種是念《聖經》中吾主釘於十字架上的記事給嫌犯聽。如果沒有感動落淚,那麼她們就是女巫。1563 至 1568 年間,荷蘭醫生維耶爾(Johann Weyer)試圖改革女巫審判制度,因此出版了一本《論惡魔幻覺,並論咒語和毒藥》(*De praestigiis daemonum et incantationibus ac venificiis*)。維耶爾在書中計算,撒旦有支由 7,405,926 名魔鬼和惡魔組成的大軍,一千一百一十一個師裡各有六千六百六十六名成員。可見維耶爾完全相信這套制度。這本書提出了三個改革建議。首先,不是女巫的人顯然會因為被打到體無完膚就什麼都招認,甚至承認自己是個女巫。第二點則讓維耶爾被視為精神病學鼻祖,那就是,有些人可能只是看起來像女巫,但其實是精神失常。第三點則提到了那個落淚測試。維耶爾呼籲,這方法想用盡管用,但不要忘記淚腺常常到了老年就會萎縮,所以聽了釘上十字架故事卻沒掉淚的老女人可能是器官受損無法哭泣,而不是女巫。[5][4]

當你試圖改革一個純粹以胡扯為根據的制度時,情況就會像是這樣。如果有改革派顱相學家把可能在打冰上曲棍球時撞到頭的人從研究對象中排除掉;或者,如果有改革派煉金術期刊要求作者列出其資金來源,情況也會是像這樣;當改革派人士試圖讓刑事司法制度更平等的時候,其實也是如此。這些改革試圖讓現實中的「施加正義」更符合柏拉圖式的理想樣貌,但那種理想樣貌其實沒有科學合理性或道德正當性。因為才剛開

4　這是我在《行為》中談過的一個例子。

5　順帶一提,維耶爾的書同時遭到天主教徒和新教徒譴責。

場，所以這邊先輕描淡寫一下……

正義得以伸張之二

　　在法國路易王族漫長的世系中，路易十五確實感覺不怎麼樣。他沒推行多少政策，也起不了什麼作用，又遭到人們鄙視，認為他是敗壞法國經濟軍事、貪圖逸樂的腐敗國王；1774 年死後，法國公民大肆慶祝，預示了十五年後法國大革命的到來。1757 年，一名刺客用基本上是摺疊刀的東西捅了他，刀子在穿透好幾層衣物（事發於隆冬戶外）後，造成了一點皮肉傷；但巴黎的大主教為了幫助嚴重受傷的君王，下令為了祈求龍體迅速痊癒而進行四十小時的禱告。[6]

　　關於行刺未遂者——因連續偷竊雇主財物而多次遭解雇的家僕達米安（Robert François Damiens）——的動機為何，歷史並沒有說明白。有一種解讀是，他神經錯亂，精神有病。其他解讀則和當時的宗教爭議有關，達米安屬於遭到路易壓迫的敗北那一方，因此決心復仇。國王格外擔心達米安屬於更龐大陰謀的一環，只不過達米安在刑求時並未給出任何人的名字。動機先放一旁，唯一的相關重點就是他企圖刺殺國王；因此達米安被判有罪，注定成為法國最後一個被五馬分屍（quartered）的人。

　　這場發生在 1757 年 3 月 28 日巴黎一座公共廣場上的處決，留下了非常詳實的紀錄。達米安的雙腳先是被一種稱作「靴子」的刑求工具壓爛。接著，當初持刀冒犯國王的那隻手，被灼熱的鐵鉗燒焦；接著，將熔鉛以及滾燙的油、樹脂、蠟再加硫磺混在一起的液體倒進他的傷口。接著，他被切除生殖器，然後滾燙的混合物也從那邊倒進去。

　　這些舉動，以及達米安的哀號和求死呼聲，讓廣場以及（以高過頭的價

6　因為與死神擦身而過而顯然有得到教訓的路易國王，誓言會更關心國家事務，並減少跟情婦調情；後面這個解方顯然延續了幾週。

錢租給有錢人當包廂[7]的）上頭公寓裡擠滿的大量觀眾歡呼聲不斷。

　　但這些折磨都只是為重頭戲暖場而已，而所謂的重頭戲就是「五馬分屍」——將受害者的四肢各綁在一匹馬上，然後四匹馬兩兩往相反的方向走，把那人的肢體撕扯開來。達米安顯然擁有比預期中更堅韌的連結組織；儘管馬匹試了又試，他的四肢依然完整。最終，負責監督的行刑者把達米安四肢的肌腱和韌帶全都割斷，馬兒才總算分屍成功。只剩軀幹但仍在呼吸的達米安，被扔到了火堆上，斷掉的四肢也丟了進去。當他於四小時後化為灰燼時，群眾做鳥獸散，正義得以伸張。[5]

LE SUPPLICE DE DAMIENS

作為 OK 繃的和解和修復式正義

　　假如審判遭到廢除，而是用查清楚誰執行了某項行動以及帶著何種心態的單純調查所取代，沒有監獄，沒有囚犯，沒有道德意義上的責任，

7　　這些人之中包括了卡薩諾瓦（Giacomo Casanova）——你知道的那位卡薩諾瓦（譯注：以風流情聖形象而聞名的義大利冒險家）——他跟一位共遊的夥伴一起租了一間公寓（他還描述了自己趁那裡一名女性探出窗外想看清楚發生什麼事時，與她發生了性行為）。

沒有指責或應得的懲罰。

　　這種情境必定會引發的回應是，「所以你是說，暴力罪犯就該四處橫行，不為行動負責嗎？」不是。一台剎車不靈的車雖然本身沒有過錯，但不應該讓它上路。一個身上有著活性新冠病毒的人雖然本身沒有過錯，但應該要阻止他出席人擠人的音樂會。會把你撕成碎片的豹雖然本身沒有過錯，但應該阻止牠進入你家。

　　那麼，該對罪犯做什麼呢？有少數幾種方法，雖然立意甚好，卻還是有自由意志這個前提，但至少證明了真正聰明認真的人們正在思考以基進的替代作法，來取代我們目前對造成傷害者的回應。其中一種可能性是「真相和和解委員會」的模式，這種模式在後種族隔離時代的南非首度獲得委任，此後許多從內戰或暴力獨裁專政中恢復的國家都籌組了類似的委員會。

　　以南非的原型來說，種族隔離制度的設計者和黨羽可以出席委員會應答，而不是入獄。大約有 10% 的申請者獲得陳述機會，委員會則要求他們坦承自己出於政治動機所做的違反人權行為中的每個細節，包括他們殺了誰、刑求了誰、讓誰失蹤，甚至連沒人知道、不曾被咎罪的人都要說出來。他們會發誓不會再犯（好比說，再也不參加那種會威脅南非和平轉型自由國家過程的白人民兵組織）；出席的受害者家屬也會發誓絕不採取報復行動。殺手接著會獲釋而不是入獄或遭到處決。提醒一下，沒人要求他們懺悔自責，沒有那種因悔罪而痛苦不堪的種族隔離凶手被受害者遺孀抱住原諒的擺拍畫面。這個方法反而（令許多親屬挫折地）非常務實，旨在幫助國家重建。[8] 最重要的是，它提供了一種類似於警方追緝真凶的策略，像是抓到組織犯罪中某些笨菜鳥的犯罪證據，給他用供出上面的人來交換免罪的機會，然後往上又可以用同套做法擠出一些名字，這樣一路牽出背後的藏鏡

8　以下是一個衡量曼德拉（Nelson Mandela）身為道德巨人地位的指標；他堅持委員會也得要調查非洲民族議會（African National Congress）戰士（也就是他「自己人」）的違反人權行為。

人。這邊的情形是，豁免種族隔離政策的執行士兵之罪責，好讓他們牽出上面的犯罪首領，也就是種族隔離政府的首腦。有別於猶太人大屠殺或亞美尼亞種族滅絕，這麼做不會看到令人厭惡的種族隔離否認者堅稱暴力行徑是出於政治宣傳目的而遭到誇大，或是陳述說那只是未經高層批准的個人行動而已。[6]

雖然聽起來很動人，且在避免後續的暴行方面成果斐然，但這種委員會跟我們關心的重點其實沒太多關聯。在替一項罪行量刑的階段，有可能出現這樣的情況；加害者願意為犯行負責並對受害者表達懊悔之意，往往會導致刑期減少。但這整套做法充其量只是一種改革，罪犯不過就是被一個沒道理的體制處罰得少一點而已。基本上來說，人們主張他們的犯行是自由行使意志而為，而他們如今行使自由意志做出的負責悔悟行動，則是一個有所改變者行使自由意志做出的行動。那就不是我們這邊在處理的事情。

另一個有些神似但到頭來也跟我們主題不相干的模式，產生自「修復式正義」運動，關注的是罪犯和受害者之間的關係，而不是罪犯和國家的關係。這邊一如真相和解委員會，也預期犯人要為所有行動的細節負責。接著，重點會放在相互理解。對加害者來說，是要認清自己造成的痛苦和折磨，透過去瞭解、去感受，去到會懊悔的地步。而對受害者來說，目標是在於瞭解讓違法者成為如今那個加害者的客觀環境，而那往往是個惡劣且徹底陌生的環境。而從那一刻開始，目標變成了要雙方（通常透過一個中間人）找一找自己可以做些什麼來消除彼此的痛苦，並找出一些方法來減少這種事再度發生的可能性。

修復式正義減低了累犯率，看似行得通。話雖如此，那當中卻有自我選擇偏誤的可能性——一個*選擇*這樣面對受害者的犯人，幾乎保證不是你所認為的一般囚犯，而是他本來就已經在改過向善了。

修復式正義似乎也以有益的方式影響著受害者。據報告顯示，走過這種流程的人對行凶者的恐懼和恨意都會降低，比較沒有安全方面的焦慮，整體運作機能也較佳，更能在日常活動感到愉快。這很好，但這之中同樣也可能有自我選擇偏誤。[7]

不過，修復式正義也和我們關注的焦點無關。這是因為，它當真接受了應得懲罰的需求，使得如今瞭解到自己給人施加了什麼痛苦的囚犯，會更接受「被一個不合理體制懲罰」的正當性。

對我來說，實際上最有道理的方法就是「隔離」（quarantine）。知識上來說那一清二楚，而且完全能跟沒有自由意志一事相容。當然，它也會立刻讓許多人火冒三丈。

就如硬派不相容論哲學家、康乃爾大學的佩雷布姆（Derk Pereboom）所言，這根本是直接挪用了醫療隔離模式的四項原則：(A) 某人身上可能有一種會感染周遭人或造成周遭人損害的醫學疾病。(B) 那不是他們的錯。(C) 為了保護所有其他人不受他們所害，可以進行一種類似於集體自我防衛的舉動，在約束自由這方面損害他們。(D) 約束那人的程度，得要是為了保護每個人所需的絕對最低限度，不能更多。

這個想法的具體呈現，就是瘋瘋病院、某些精神疾病的非自願住院，以及 14 世紀晚期歐洲人要求從亞洲來的船隻在港中滯留四十天（所以英文的檢疫隔離叫作 quarantine，出自威尼斯一帶語言中的「四十天」）不得上岸，避免帶來另一波腺鼠疫。

醫療隔離模式是日常生活的既定之事。如果你的幼稚園小孩咳嗽發燒，你就該把他留在家裡，好了再去上學。如果你是飛行員，服用了會嗜睡的藥物就不可以開飛機。如果你年長的父母漸漸開始有失智徵兆，他們就不能再開車。

施行隔離有時是出於無知——到頭來發現，不是每種瘋瘋病的接觸傳染力都特別強，讓許多古怪過時的瘋瘋病院其實不需要存在。施行隔離有時是出於實在無從得知會有什麼後果。當阿波羅 11 號的太空人率先踏上月球而返回後，他們進行了二十一天隔離檢疫，以防其實也沒人知道是什麼的萬一。有時那滿載著辱罵與偏見；一個引人注目的例子是史稱「傷寒瑪莉」的馬龍（Mary Mallon）。身為第一個被確認的無症狀傷寒擴散者案例，必須為超過一千人的患病負責的馬龍，於 1907 年遭到逮捕，然後被強行隔離在紐約東河上的一座獨立島嶼上。[9][8]

打從第一天起，醫療隔離就產生了爭議，展開個人權利和公眾利益之間的戰役。新冠肺炎疫情初期，我們肯定見識過這有多大的煽動力，有傻子們辦的「別對我指手畫腳」（譯注：指反對各種限制自由的防疫措施）新冠肺炎派對，派對中有超級傳染者進行不安全的呼氣，殺害了成群的人。

在佩雷布姆的想法中，這種情況很明顯會往犯罪學領域延伸過去：(A) 某人因為衝動控制、暴力傾向或無力同理的那類問題而危險。(B) 如果你真心接受自由意志不存在，那就不是他們的錯，而是他們基因、胎兒期生活、激素值，就之前講過的那些東西所導致的結果。(C) 儘管如此，在他們可以改過而恢復正常生活（前提是有可能的話）之前，需要保護公眾不受他們傷害，並提供人們正當理由來約束他們的自由。(D) 但他們的「隔離」必須要以一種約束量最少的方式達成——為了確保他們不傷害人，有必要做什麼就去做；而在其他各方面，他們想做什麼都隨便他們做。應報式的司法制度是建立在回顧式的按比例施行，當初造成的損害越多，懲罰就越嚴峻；犯罪隔離模式展現的是前瞻式的按比例施行，也就是未來將引起的危險越多，就需要更多約束。[9]

另一位頂尖的不相容論者——紐約州立大學的哲學家卡盧索，則將佩雷布姆的隔離模式加以延伸。公衛科學家不會只是發現（好比說）移民農工的小孩腦部受到農藥殘留損害就算了，他們也有一個道德律令要去履

9　為什麼是「偏見」呢？馬龍是愛爾蘭移民，那時她的同胞處在紐約族裔階級的最低階，如果她姓富比士（Forbes）或塞奇威克（Sedgwick）的話，就應該就不會遭到那樣的對待；一個證據是，在她餘生期間，人們又找出超過四百名無症狀散播者，但沒有一人像她那樣遭到強迫隔離。其實，這個偏見有個額外的動機——馬龍的罪過不只是傳染者兼愛爾蘭人而已，也不只是害她那棟爛公寓的住民生病而已，還包括當廚師害有錢人家生病。她於 1910 年獲釋離島，並化名回去當廚師，又再度散布了疾病；於 1915 年再次遭到逮捕，她心不甘不願地在島上生活了大約二十五年。用假名的那件事多少弄髒了她無罪受害者的形象；另一方面，她除此之外唯一能做的工作就是洗衣女工，薪資會是當廚師領的那份會餓肚子薪水的一半。卡盧索把這稱為用「最低侵權」來讓這人「失去能力」。

行，即打從一開始就去避免那件事情發生（好比說，在控告農業生產者的訴訟中作證）。卡盧索把這個想法延伸到犯罪學——是的，這人因為他無法控制的因素而危險，而我們不知道要怎麼做才能讓他改過自新，所以我們就最小限度地約束他，好讓其他人都安全過活。[10]但與此同時，我們也來解決根源的因素，而那通常會把我們放入社會正義的領域。就像公衛工作者思考健康有什麼社會決定因素那般，一個源自公共健康而要取代刑事司法制度的隔離模式，就需要思考犯罪行為的社會決定因素。事實上，那指的是，雖然某個罪犯可能很危險，但養成罪犯的貧困、偏見、體制上的不利等因素其實更危險。[10]

隔離模式想當然地會遭到強力的批評，主要的批評面向有三。

無限期拘留的問題。如果監禁的地方是監獄，監禁的時間長度是有上限（終身監禁除外）的，但隔離模式可能會讓你得到跟馬龍一樣長的拘束時間。因此，它就跟它醜惡的怪物表親類似；後者以精神錯亂為名，把一個無罪的罪犯送進精神病院，而且當初要是把他們送進監獄，刑期通常會比待在精神病院的平均時間更短。不幸的是，如果這人持續造成危險，有必要持續拘束，就得一直拘束下去——但會處在「最小侵權」的脈絡下，因此「拘束」可能是不管去到哪裡都要向警方登記，或是配戴追蹤手鐲等。並且，還要留意到，在這個我所想像的愉快完美世界中，如果情況到了這種地步，人們不再會覺得這個被拘束的人是個令人憎恨、該受指責的罪犯而退避三舍，而只會把他當成是一個因為某些範圍有些問題而不准做這做那的人。對啦，我知道啦，離那還有*很長的*一段路。[11]

10　卡盧索把這稱為用「最低侵權」來讓這人「失去能力」。

11　這產生了一個真的讓我剪不斷理還亂的問題：如果我們來到了承認任何人都不該因為負面行為而被責怪或懲罰的地步，那麼，如果某個渴望社會接觸的人因為環境狀況而變得討人厭、無聊、煩人、嚼東西嘴巴開開的、用很爛的雙關語一直打亂對話、吹五音不全的口哨吹到讓人發瘋等等，那我們可以不要在他身邊嗎？我們是否幾乎等於在說服小孩說，幼稚園班上的每一個人都要邀來參加生日派對，包括他們不喜歡的小孩也要邀來呢？

　　超前拘束的問題。如果你有辦法預測某個被隔離者（「拜託您，我們已不稱他們為罪犯了」）是否有可能再度違法，那你甚至應該要能在他開始傷人之前就預料到會出事。這就產生了對「預知犯罪逮捕行動」這種詭異做法的擔憂，還得留意那些預測未來犯罪的傢伙們的偏誤。那保證是我們不想要的情況，就算湯姆·克魯斯願意演改編電影也是一樣（譯注：是指改編自狄克〔Philip K. Dick〕小說的同名電影《關鍵報告》〔Minority Report〕，電影中湯姆·克魯斯飾演的主角是預知犯罪工作的主管，卻在某次行動中發現未來將犯罪的人是自己，而身陷莫名的危機之中）。可是呢，我們在公衛領域卻時時在進行「預知犯罪逮捕行動」，比如說要學童家長遵守的規則是「如果你的小孩不舒服，就讓他待在家」，而不是「如果你孩子不舒服，傳染給班上其他人，並且仍然覺得不舒服，那麼就讓他留在家裡」。這被稱為咳前約束。理想上來說，你要讓一個越發受到失智症損害的人，在開車撞到人之前就不再開車，而不是在撞到人之後。這種等同於預知犯罪逮捕行動的東西，是公衛的一個標準。那麼，在我們這個後犯罪司法世界中，同樣的東西看起來會是什麼樣子呢？一旦我們回想起卡盧索強調的「最小侵權」，必須與優先關注犯罪的社會決定因素——也就是「而那個意圖又是從哪來的呢？」的另一種版本——相結合，那麼在我們眼前的，無疑會是某種並不反烏托邦的東西。指認出下一個高中校園槍手，然後，你沒看錯，讓他不可能買到自動武器，或者一把鋒利的大刀，或者一根沒有登記的黑市橡木棍。但也要針對他在學校和家裡遭到霸凌、因為沒被解決的心理問題而沉淪的情況做點什麼。沒錯，找出越來越成癮於非法藥物且花下大錢而快去搶人的傢伙，把他送去康復機構這樣的安全環境裡扭動、顫抖和嘔吐，但同時也要做些什麼來改變他的無一技之長和沒有工作選擇機會的情況。我知道，在嘗試扮演心情不好的高德曼（Emma Goldman，20世紀初知名的無政府主義政治活動家）跟唱著《想像》（Imagine）的約翰藍儂（John Lennon）的混合體之後，我講這些話聽起來就像一個溫和進步的市議會候選人，得到羅傑斯先生（Mister Rogers，美國知名兒童教育節目《羅傑斯先生的鄰里》〔Mister Rogers' Neighborhood〕的主角，帶領兒童觀眾探討並以正面態度接納周遭世界）的背書。我能說的就是，不管是怎樣版本的預先約束，它所身處的背景環境都得是人們真心接受「糟糕的人是由（一分鐘前、一小時前……）糟糕的環境所塑造」的世界。我們*真的*有很長的一段路要走。

　　所有潛在樂趣的問題。以色列哲學家斯米蘭斯基（Saul Smilansky）提出一個看起來很強大的反駁，他主張，不論你約束某人行為來讓他不傷害其他人的約束量有多小，他們都還是為了某個不是他們的錯而被約束。有鑑於此，唯一在道德上可接受的立場，應該就是適當地補償那個被約束的人。從這個觀點來看，如果你是一個被宣判有罪的戀童癖，並因此（按慣例）遭到約束且必須跟學校或公園保持某段距離，那至少你在脫衣舞俱樂部應該要拿到飲料折扣；如果你太暴力而得要流放小島，那島上至少該有五星級渡假村，還附私人高爾夫球課程。不論約束的量多小，只要它涉及一個屬於不應得懲罰的負面要素，那麼主張隔離的人就應該提供（用斯米蘭斯基的話來說就是）補償性的「樂罰」（funishment，譯注：是將樂趣〔fun〕與懲罰〔punishment〕結合起來的單字，指的是沒有懲罰性質的隔離）。[12] 而在他看來，這會產生更多的犯罪——如果你僥倖躲掉刑罰，你會得到好處；如果你被逮到，你會獲得補償；兩樣你都贏。這會產生他所謂的「激勵式災難」。[11]

　　卡盧索極具說服力的回應是基於那些有趣的樂罰者——斯堪地那維亞人——所提供的堅實實證證據。舉例來說，與美國相比，挪威的謀殺率僅有前者的八分之一、監禁率的十一分之一、再犯率的四分之一。這個嘛，這一定是因為他們的監獄制度非常嚴厲。但事實恰恰相反；那邊的監獄是斯米蘭斯基設想起來會感到害怕的那種——在挪威的「開放監獄」系統中，罪犯，甚至是那些處在最高安全級別的罪犯，也擁有房間而不是牢房，房間裡有電腦和電視，可以自由行動，有團體烹飪用的廚房，出於

12　算是某種宇宙開的大笑話吧，拼字檢查一直把「樂罰」給我改成「懲罰」。另外，當你 Google「樂罰」的時候，你不只會被連到各種哲學爭辯，也會連到各種皮繩愉虐的網站，外加一些啤酒製造商，據稱他們的產品對那些酷愛樂罰的人來說是理想選擇。

興趣而使用的工坊，滿滿都是樂器的音樂工作室，牆上有畫作，像校園一樣的庭院裡有樹，冬天有機會滑雪，夏天有機會去海灘。但是費用呢，恐怕會多到難以負擔吧？的確，在挪威收留一個囚犯一年的成本，大約是美國的三倍（大約新台幣二百九十一萬元對上九十七萬元）。儘管如此，如果你真的好好分析一下的話，在挪威，遏止犯罪的人均總成本遠低於美國：較少的囚犯在監獄內獲得了足夠的教育，所以大部分回到外面世界後可以當個賺取薪資的人，而不是成為可能的累犯；也因警力規模較小而省下大筆錢；因為家中主要收入來源被監禁而無以為繼、被逼至赤貧的家庭較少；真是的，連有錢人都可以省下錢，因為更不需要那種配備閉路電視和緊急呼救鈕的昂貴住家保全系統。[13] 可是，要拿斯米蘭斯基所說的那種一堆人受到前往監獄渡假村的誘惑而犯罪的「激勵式災難」怎麼辦？低了相當多的累犯率證明了，牆上再多的畫作以及裝備再齊全的廚房，都比不上自由的無價。我們顯然不用擔心樂罰造成道德敗壞和混亂狀態。[14][12]

　　我真的很喜歡隔離模式，因為它能調和「自由意志不存在」和「保護社會不受危險個體所害」。這似乎是一種合乎邏輯且道德上可接受的方法。儘管如此，它有一個特別棘手的難題，常以狹隘的方式表現為「受害者權利」議題。這其實是一個龐大難題的冰山一角，任何一種企圖把自由意志概念從處理危險個體一事中剔除的做法，撞上這個難題都會失敗——這是一種我們「著手懲罰某人」時所產生的強烈、複雜而常常覺得有意

13　挪威和美國的比較，顯然因為有蘋果比橘子（指本質上有不能相比之處）的因素而更加複雜，因為像挪威那種地方的政府已覺得有道德義務要照顧公民，照顧到美國人目前只能在夢中想像的那種地步。

14　一個有啟發性的教訓，來自一對疫情來襲時在馬爾地夫某渡假小島上度蜜月的夫妻；因為不同國家中止航空旅行的時間點不同，他們成了孤獨的賓客，跟同樣困在島上的度假村員工一起滯留島上好幾個月。有一整群侍者爭著在他們喝每一小口水後幫忙添滿，每個鐘頭房間服務員都會把枕頭拍鬆，因為不做這些就沒事做了。基本上來說，那聽起來就像是附設海濱小屋的地獄。「每個人都會說自己想困在熱帶孤島上，等到你真的困在上面就不會了。因為你知道你能離開，所以那聽起來才會不錯。」一名整個都曬黑的俘虜表示。

義、值得去做的感受。

正義得以伸張之三

　　由於公開絞刑後往往會出現的粗暴狂歡氣氛，遭到越來越多的譴責，因此，雖然可以預期南方各州落後了北方各州好幾十年，但到了 1930 年代，全美還是禁止了這種做法。說是全美，但肯塔基州的歐文斯伯勒（Owensboro）鎮於 1936 年，還是進行了一場最終證明是美國史上最後一起公然絞刑。

　　這個例子是「完美」的某種變體。一名年長的白人女性愛德華茲（Lischia Edwards）在家中遭到搶劫、強姦並殺害。很快地，警方逮捕了貝西亞（Rainey Bethea）這個有侵入住居前科的二十多歲[15]非裔美國人。法律顯然逮到了要逮的人。貝西亞招供了，當一個黑人在實施吉姆·克勞法（Jim Crow laws，譯注：1876 至 1965 年間，美國南部和邊境州對有色人種實行的種族隔離制度法律）的美國南方被警方審問時，這顯然意義不大。但犯罪者偷了愛德華茲的一些首飾，而在招供後，貝西亞領著警方去藏首飾的地方。審判延續了三小時；貝西亞的律師既沒有反詢問原告證人，也沒有傳喚證人；[16]陪審團商討了四、五分鐘，然後貝西亞就在犯行的兩個月後被判處死刑。

　　這裡有個不尋常的細節。儘管愛德華茲遭到強姦和謀殺，但貝西亞只有被起訴強姦罪。為什麼？因為根據該州法律，殺人犯會用電椅處刑，而且是在監獄內行刑。相較之下，強姦犯還是可以公開處以絞刑。換句話說，能夠公然吊死一個強姦白人女性的黑人男性，其愉悅實在難以抗拒。

　　籌劃進行處決的過程中有個有趣的細節成了全國新聞——貝西亞會

15　他的出生年不詳。

16　有五名非裔美國律師試圖以法律代表未履行職責為由，對貝西亞的判決提出上訴。但有人跟他們說，不好意思，上訴法院已經放暑假了；等到秋天來臨時，貝西亞早就死了。

由一名女性來吊死。1936 年，任職已久的歐文斯伯勒警長湯普森（Everett Thompson）因肺炎過世，出於「遺孀繼承」的政治做法，該郡指派湯普森的遺孀佛蘿倫斯（Florence Shoemaker Thompson）來填補空缺。她主持追捕貝西亞時才擔任警長兩個月，而現在她得要主持貝西亞的絞刑。

　　媒體和民眾全都群起沸騰。當時全美進行著一場猜謎遊戲——佛蘿倫斯真的會拉操縱桿，還是會由一名專業行刑者在佛蘿倫斯的主持下進行絞刑？謠言四處擴散，一堆天眼通來參戰，人們紛紛下注。行刑前一天，佛蘿倫斯宣布會由專業行刑者執行（而那其實是她幾週前就決定的事）。[17]

　　在瘋狂猜測的那段期間，佛蘿倫斯成了全美評價最兩極化的人物。對某些人來說，她很激勵人心，儘管她屬於那種適合做針線活和顧孩子的纖細性別，但她又願意擔起公民義務去補上空缺職責。對其他人來說，她是個討厭的人，搶了男人的工作，還疏於照顧小孩；她收到了死亡威脅。有些人出於一種奇怪的古早女性主義精神（畢竟從女性獲得投票權至此也不過十六年），稱讚她證明了女人和男人一樣有能力勝任這個職位。自始至終，都有那種「佛蘿倫斯是遇害的愛德華茲的復仇精神化身」的強大敘事——一名掠奪了美國南方白人女性的黑人，會被一名美國南方白人女性所吊死。報紙巴著她身為母親的這點不放（殺人者要被四個小孩的母親吊死，在麻州春田〔Springfield〕的《共和報》〔Republican〕上成了報紙大標）；《華盛頓郵報》稱她「豐滿、中年」；《紐約時報》說她是「美女警長」；在另一份報紙的記述中她是「發福的黃臉婆」，還有另一份則寫說她是個好廚師。在堆積成山的支持信件和仇恨郵件之外，佛蘿倫斯還收到了好幾份求婚信。[18]

　　當那一天到來時，歐文斯伯勒的每一間旅館的房間都被來自全美的人們訂滿。酒吧晚上不打烊，等著明天到來。因為預期會有大批群眾踩踏鎮法院外剛種好的花朵，所以絞刑刑場從大樓前移到更大的廣場上。

17　行刑者抵達時爛醉到沒辦法啟動死刑犯腳下的活門；一位副警長跳出來了事。

18　儘管在全國層面上有所爭議，湯普森在歐文斯伯勒倒是頗受愛戴。當她參與警長重選時，她在九千八百一十四張選票中只掉了三票。

前一晚人們便搭起帳篷，希望搶到一個好視野；參加者為了搶到最好的位子大打出手（甚至有抱嬰兒的婦女打了起來）；有生意頭腦的年輕人向群眾叫賣熱狗和檸檬水。有一個出自歐文斯伯勒的逃犯因為回老家看吊刑而被逮捕。二萬人將廣場塞滿了。

貝西亞被領到絞刑架上。他在階梯底下停了片刻，提出一個誰都沒想到的要求——他的口袋裡有一雙他想穿的新襪子。火速商討後，他的要求獲得批准；被銬住的他坐在階梯第一階換好衣物，然後沒穿鞋、穿著新襪被領上階梯。

群眾中只有零星的聲音喊著吊死他；大部分人沉默地伸長了脖子。

貝西亞被套上頭罩，腳底活門第一次先是無法打開，但後來他就妥妥地被吊死了。群眾中有些人在貝西亞還有呼吸時拚命向前擠，想要撕開頭罩取走一小片布料作為紀念。儘管過程中有一點暴亂，大部分的出席者還是平和地消失，正義得以伸張。[19][13]

---

19 來自美國北方的眾多記者都報導了此一事件，想要賭一把看到湯普森踩活門；因為這個亮點沒了，他們只好發一些南方有多野蠻的文章。顏面大失的肯塔基州立法機關很快就禁止了公開絞刑。歐文斯伯勒背負了幾十年的惡名，而該鎮發展出一種帶刺而自私的修正主義，也就是那兩萬名搶好位子和布片紀念品的參與者全都是外來客，而城鎮本身其實想避開這個大場面。我實在忍不住要提一下，歐文斯伯勒出身的最知名人物是戴普（Johnny Depp）。這就隨便你解讀了。

處罰欺騙者

所以我們有了計畫，要來廢除監獄和犯罪的想法，將之轉換為隔離的方法。準備就緒。但因為「我們著手懲罰某人時會擁有那些強烈、複雜且常覺得有意義、值得做的感受」，所以有可能不會成功。而這就產生了「懲罰是如何演變」的關鍵問題。

我們人類社交的範圍實在很令人佩服；二十九億個 Facebook 使用者，歐洲開放烏克蘭難民通關，[20] 剛果雨林裡的姆巴提（Mbuti）狩獵採集者很熟悉卡戴珊一家（Kardashians）。但不是只有我們會這樣。狒狒以五十到一百頭的群體共同生活。魚會形成數量驚人的魚群。每年，塞倫蓋提（Serengeti）有百萬頭牛羚成群遷徙，留下堆成山的牛羚糞。成群的狐獴，結隊的狼，一整批鬣狗。有社會性的昆蟲、黏菌，群體生活的單細胞細菌。

---

20 那會對地球上另一個危險地帶的有色人種開放門戶嗎？這個嘛，沒那麼開放。我猜，在那樣的情況下，當民族主義者合作起來組成政黨去指控移民摧毀歐洲文化時，就會展現出我們驚人的人類社會性。

　　驅動社會性進行演化的動力，是社會性可以促進合作，人多好辦事。非洲野犬合作追捕獵物，有些會抄近路、跑對角線，為獵物的轉向做好準備。黑猩猩也一樣，有些會去把可能的獵物（通常是一隻猴子）趕往其他黑猩猩準備好等著的方向去。雌蝙蝠會餵彼此的幼兒；狐獴和長尾猴會為了發出有益全體的狩獵者警報而暴露自己的位置，讓自己陷入危險中。有那些竭誠效忠於蟲后和群體而放棄了繁殖功能的社會性昆蟲。單細胞細菌合作形成繁殖所需的多細胞結構。然後還有構成黏菌體的各個成員，共同研究出解迷宮的最後答案。甚至還有社會病毒學這個新興領域，關注讓病毒更能侵入細胞進行複製的彼此合作行為。在 19 與 20 世紀的交接之時，西方世界的科學家們正忙著把達爾文誤解為，證明了演化上的成功僅僅是奠基於競爭、攻擊和宰制。同時，俄羅斯科學家（兼歷史學家、哲學家、前沙皇王族、革命分子，也是能在文雅中唇槍舌戰的無政府主義者）克魯泡特金（Peter Kropotkin）出版了一本領先時代六十年的書——《互助論：演化的一個要素》（*Mutual Aid: A Factor of Evolution*）。[14]

　　社會性物種普遍存在合作，產生了一個普遍存在的問題。的確，每個人都為了公益而合作是很棒，但別人都在做事而你只是揩油那就更棒了。這就是欺騙的問題。一頭母獅貪小便宜地在一次危險的狩獵中落到其他母獅後面；一隻不餵別人小孩但白拿別人合作成果的蝙蝠；一隻背叛盟友的狒狒。兩群基因一樣但彼此分離的社會性變形蟲，合併起來會構成稱為子實體（fruiting body）的多細胞結構，其中包含了提供穩定度的桿莖，以及一個頂冠。只有頂冠的變形蟲會繁殖，而構成這合作的，是群體成員平等地分擔身為非繁殖桿莖細胞的壞處；相反地，不同的株系可能會試圖欺騙，藉由搶先在頂冠上佔別人位子，來利用其他群體。甚至連粒線體和DNA 片段都會在合作中欺騙。21[15]

21　生物學方面的大離題：粒線體，國一生物學中所謂「細胞內的發電廠」，是生命史上最酷的一件事的關鍵核心。粒線體曾是獨立的小細胞，自己有基因，會為了自身利益而攻擊較大的細胞；那些較大的細胞會用能在粒線體上打洞的蛋白質反擊，或

　　可以肯定的是時日一長，欺騙的普遍存在，驅使了偵測欺騙和處罰欺騙的反抗措施也跟著演化。在戰鬥中沒有支援盟軍的黑猩猩，隨後會遭到毆打。不餵食優勢繁殖對的雛鳥的鶺鴒，會遭到攻擊。裸鼴鼠女王對偷懶的工鼠具有攻擊性。在互利共生的關係中，隆頭魚會幫岩礁魚清潔身體、同時吃掉捕獲的寄生蟲，但有些隆頭魚會趁機咬一口岩礁魚，靠著欺騙吃得更好些；然而，牠們會被趕走並受到懲罰，之後就比較不會違背共生契約。社會性細菌不會和作弊的無性繁殖系一起構成子實體。綠藻發展出在細胞分裂時不把過分自私的粒線體傳遞下去的手段。細胞演化出讓自利複製失控的轉位子的所有複本都沉默下來的手段——舉例來說，一種剝削類型的轉位子於 1970 年代入侵了果蠅，而果蠅花了四十年時間演化出各種使其沉默的懲罰手段。[16]

　　關鍵在於，懲罰*有助於*維持合作。在涉及一對參賽者的經濟賽局中（好比說最後通牒賽局），兩人中的一人獲得了剝削另一人的權力。而有主

　　把粒線體吞掉，取走後者的分子。接著，在約莫十五億年前發生的「內共生」革命中，刀打成了犁頭，而當大細胞吞下粒線體而不是摧毀它的時候，它讓粒線體活在裡頭共同得利。粒線體演化出利用氧來產生能量的能力，而這是一個效益非常高的舉動；它與包覆它的細胞共享氧代謝的豐碩成果，而包覆的細胞則保護粒線體不被外在世界所耗損。然後，粒線體與宿主細胞甚至互相交換本身的基因（雖然說絕大比例是粒線體把基因傳給宿主），這種舉動讓人聯想起兩個中世紀統治者簽訂和約但仍不相信彼此，於是就把兒女送到對方王國去當賓客／間諜／囚犯。欺騙是什麼時候出現的呢？等到細胞要分裂時，什麼都得要做出新的複製品，也就包括在細胞核、粒線體等處的 DNA。有些粒線體會欺騙，製造了遠比「應該」製造的還要多上太多的新複製品，替自己掌管了複製用的資源。那細胞的反制方案呢？我們後面會講。那 DNA 欺騙呢？整個基因組是一個合作冒險，複製時，個別的基因和其他 DNA 要素集體運作。結果發現，有幾段稱作轉位子的 DNA，會編碼生成沒有用的東西，而且常常起源自古老的病毒。而且，它們在乎的就只有替無用的自己製造更多複製品，來壟斷整個複製機制；就這一點來說它們很自私。從以下這個數字可以看出它們欺騙的效率；大約有一半的人類基因都是源自無用轉位子的自私複製品。那細胞對這種自私的回應呢？我們後面也會再來談。提醒一下，母獅子、魚、蝙蝠、細菌、粒線體和轉座子，都不是有意識地籌劃如何替自己的利益而欺騙。這種擬人化的語言，只是用簡化的方式來講「隨著時間過去，演化出優先自我複製能力的轉位子變得越來越普遍」之類的情況。

導權的參賽者，通常不會一開始就盡可能地剝削對方，於是破除了「我們只不過是經濟人（Homo economicus）、以理性將自身利益最佳大化」的迷思。如果另一名參賽者有機會懲罰第一個參賽者的過度剝削，剝削行動接著就會進一步減低；如果沒有懲罰機制的話，剝削就會持續惡化。[22][17]

　　時機正確的恰當懲罰，對於強化合作來說十分重要。1981 年由政治科學家艾瑟羅德（Robert Axelrod）以及演化生物學家漢米爾頓（W. D. Hamilton）這兩位各自領域的巨擘所進行的一次賽局理論研究，提出了一個影響力極其深遠的範例。實驗涉及了囚犯兩難（Prisoner's Dilemma，PD），在這個賽局中，兩名無法互相聯絡的參賽者，各自都必須決定是要和對方合作還是欺騙對方——如果雙方都合作，每個人都會得到嘉獎分；如果兩個人都欺騙，兩個人都會輸。所以，人們顯然始終都該選擇合作，對吧？但話別說得太早——如果你不回報而是背後捅另一人一刀，但另一人選擇合作的話，對方會輸掉大量分數，而你會得到最高獎勵；然而，如果你是那個過於信賴他者的山羊，結果就會反過來。艾瑟羅德和漢米爾頓諮詢了一批賽局理論家，向理論家們說明他們的囚犯兩難策略，然後進行了一場電腦循環賽，讓上述每種策略都跟其他策略進行兩百回合的賽局。在一些複雜的或會採取懲罰手段的演算法中，獲勝的策略就是最簡單的策略——以牙還牙。一開始採合作態度，除非對手採欺騙手段，不然就繼續合作；若是被騙，下一回合就還手。若對方持續欺騙，就持續懲罰回去，但如果對方回頭合作，下一回合你就重回合作的態度。一種有明確規則的策略，從合作開始，對欺騙者進行相應的懲罰，然後原諒。這項研究開展了一整門的後續研究，探索以牙還牙的各種變體、演變，以及在真實世界中各種社會性物種的實際範例。[18]

22　在最後通牒賽局中，無限制剝削、有限制剝削和懲罰看起來是什麼樣子？有兩名參賽者。第一名參賽者拿到一百元，接著要怎麼在兩人之間分配就隨他高興。不給對方，自己留下一百元是最大的剝削。五五對分是公平性的最大化。大部分人都是從有所克制的六四分開始。那懲罰什麼時候會出現呢？第二名參賽者唯一具有的權力就是拒絕提議——這樣的話，大家一毛也拿不到。

最後通牒賽局或囚犯兩難的懲罰情節，被稱作「第二方」懲罰，意指受害者對霸凌者進行報復。更有效抑制欺騙並促進合作的機制是「第三方」懲罰，也就是局外人插手懲罰混蛋。就想想警察。這是一個更精巧的懲罰領域；雖然嬰兒已經表現出了這種基本能力，他們還是需要數年時間才能始終如一地做到這點，而且這是人類所獨有的。這是一種利他行為，你付出代價（好比說勞心勞力）來為了每個人的利益而懲罰某個人。反映這種利他性的是，傾向做這種事的人往往在其他領域中也會利社會，[23] 而且腦中涉及觀點取替的區域會顯現不成比例的活化 [24]，也就是說，他們擅長從受害者的立場看世界。此外，把催產素這種刺激內團體利社會性激素給予受試者，人們擔下第三方懲罰工作的意願就會增加。[19]

然後還有第四方懲罰，第三級目擊者因沒有履行職責而受到懲罰。就想想榮譽守則：「你如果不揪出你看到誰在欺騙，你就會有麻煩」，或是因為收賄而被逮捕的警察。還有第五方懲罰，對沒去懲罰貪腐警察的警事審查委員會施行懲罰。然後有第六方、第七方……從某個時候開始，你描述的是一個願意以懲罰來維持合作的人構成的網路。

很酷的跨文化研究也證明了，小而傳統的文化，好比說，狩獵採集者或自給自足農人的文化，並不會執行第三方懲罰（無論是在真實生活中或是玩經濟賽局時都不會）。他們徹底瞭解欺騙何時會發生，但就是不為那煩心。原因在於，每個人都認識彼此並知道彼此在想什麼，所以不需要花俏的第三方執法來抑制反社會行為。支持這道理的是，社會越大，第三方維安就越發正式化。此外，在第三方強制執行者僅為少量時，第四方對第三方欺騙的懲罰最有效——就想想，如果只靠公民（而不是警察）進行的逮捕行為來維持秩序的話，會有怎樣的混亂。[20]

跨文化研究闡明了第三方懲罰終極型態的出現，即監視和審判人類的

23　*真的很*利社會的人，是那些心甘情願做起第三方懲罰，而沒花力氣在謀私利或進行第二方懲罰的人。

24　顳頂交界處。

神祇們。正如英屬哥倫比亞大學的諾倫薩揚的研究，小規模社群打造出的文化所發明的神祇，對人類事物沒有興趣。只有當群體大到有可能出現匿名行動或陌生人互動時，我們才看到那種知道你好壞的「道德化」諸神的發明。與此相當一致的現象是，在一系列宗教中，神祇越是具有懲罰性，人們就會更傾向對匿名但相隔甚遠的同教教友，採取利社會的態度。[25][21]

因此，賽局理論版本中的懲罰不鼓勵欺騙並能促進合作。但有一個大問題，就是*懲罰的代價很高*。假設你在進行最後通牒賽局，而另一個參賽者提出了 99:1 的提議。如果你駁回提議，你就放棄了得到一美元的機會，那雖然不棒，但聊勝於無。駁回是不理性且代價高昂的舉動……除非你跟那人再玩第二場，那你駁回一個虛報低價的提議，就有可能促使該參賽者帶著讓你得到淨獲利的更佳提議回來。在這種情況下，懲罰的代價並不高；相反地，這種自私的懲罰在未來會得到好處（假設你有本錢為了更好的將來再等一等、不至於別人提什麼爛東西都得吃下去的話）。

純粹利他的遊戲玩法是，若你在單輪賽局中放棄一美元，拒絕 99:1 的報價，而受到懲罰的那個人因此給出了更好的提議……只是是向下一個人提出的。

第三方懲罰甚至更花成本。眼前是一場最後通牒賽局，而你觀察到參賽者 A 完全在剝削無力反擊的參賽者 B。你怒氣沖沖地插手進來，並花了（好比說）你自己的十美元，好讓參賽者 A 付出二十美元的懲罰代價。讓對方自慚形穢後，他們之後不管跟誰競賽都會比較善良，而如果接下來的參賽者不包含你的話，你付出代價的行為就是純然的利他懲罰。[26][22]

25　還有一種懲罰就真的是來亂的。這種所謂「不當」或「反社會」的懲罰，指的是某人因為提出了*過於慷慨*的提議而受罰；驅動這種懲罰的動機是，沒被懲罰的慷慨會讓我們其他人都不好看，迫使所有人都得要開始慷慨。跨文化研究證明，你只會在你不想待的文化裡找到這種惡性懲罰——社會資本偏低、信任與合作程度也低的文化。

26　在斐濟的傳統文化中，擔任反社會行為的第三方懲罰者代價其實不高——據瞭解，你可以進行偷壞人財產之類的行為而不受罰。

　　降低懲罰成本的一個方式跟聲響有關，這是一種可靠到不可思議的
影響行為手段。在賽局理論的各種測試中，如果人們知道你的參賽史（會
產生未來陰影〔shadow of the future，譯注：參賽者認為長期合作的益處高過當下背叛
的獲益，因此選擇合作，這種考量稱為未來陰影〕的開誠佈公賽局），就會提升合作；
然而，如果你被視為一個會搭便車的人，其他人一開始就不會相信你或是
會拒絕跟你競局。這也發生在狩獵採集者之間，他們除了談天說地之外，
還花大量時間在談八卦，誰欺騙了別人，或是不把獵到的肉分享給別人；
若有那樣的聲響，你就會被排擠，而那可能會威脅到性命。相較之下，第
三方懲罰的成本就降低了，因為你的聲響已經提升而人們更相信你；如果
你在社交上已被視為優勢者，身為一個第三方懲罰者會讓你看起來更令人
敬畏且喜愛。[23]

　　這些都是懲罰成本問題的遠端解決方案。就如第二章首度介紹的那
樣，有一個相對於「近因」（關注當下瞬間的動機和成因）的「遠因」（大局、
長期遠景層次的成因）。為什麼動物要冒著生命危險去交配，即便這樣做會
耗費精力和卡路里？遠因是：因為那能讓你自己的基因複製品留在下一個
世代裡。近因是：會爽。那麼，若代價如此昂貴的話，為什麼要懲罰欺
騙者？遠因是我們已在討論的，因為可靠地、集體地分擔成本對每個人都
有好處。但我們卻在尋找近因時才會看出，要人們宣告自由意志不存在、
碰到危險者就只是將他隔離將會難如登天。如果懲罰欺騙者的成本那麼
高，我們為什麼還要做？從近因來說，是因為我們喜歡懲罰做壞事的人。
那會讓我們覺得爽。

正義得以伸張之四

　　那實在太吸引人了。我們想要透過「去感受人性墮落的極限為何」
的那種集中營式色情片辨識出一個邊界。那會促進一種感覺良好的體驗：
先是「如果是我愛的人的話怎麼辦？」然後得知這不適用於我們而選擇
退離無底洞的邊緣，有了鬆口氣的寬慰感。有時那不過就是靈長類的窺

視癖。那是我們對連環殺人者的著迷，對受害者人數和怪異殺戮的歸檔記錄。[27] 達墨（Jeffrey Dahmer）跟他殺害後的屍體性交，吃了他們，聲明自己對他們的愛。蓋西（John Wayne Gacy）打扮成小丑，逗住院的孩子們開心（譯注：他至少性侵並謀殺了三十三人）。曼森（Charles Manson）是撒旦之子的 1960 年代文化化身（譯注：他一邊與當代知名音樂人交流、創作音樂，並同時建立邪教團體，殺害了懷有身孕的知名演員莎朗蒂〔Sharon Tate〕等五人，在日後的流行文化中仍具影響力）。有綽號的那些人——山姆之子（Son of Sam，譯注：伯科維茨〔David Berkowitz〕，1976 年 7 月起連續一年在紐約隨機槍擊，造成六死七傷）、波士頓絞殺者（Boston Strangler，譯注：本名迪薩佛〔Albert DeSalvo〕，1962 至 1964 年性侵並絞殺了十三名女性）、黃道十二宮殺手（Zodiac Killer，譯注：身分不明，於 1968 至 1969 年在加州北部連續殺害至少四人以上）、夜行者（Night Stalker，譯注：拉米雷茲〔Richard Ramirez〕，1984 至 1985 年間至少殺害十四人）、華盛頓特區狙擊手（DC Sniper，譯注：穆罕默德〔John Allen Muhammad〕，2002 年間共殺害十七人）。他們全都是開膛手傑克（Jack the Ripper，譯注：1888 年在英國倫敦一帶以殘忍手法連續殺害五名妓女，真實身分依舊不明）的蒸氣龐克媚俗版。

另一名遺臭萬年的連續殺人者是邦迪（Ted Bundy）。用一個可怕的詞彙來形容，他是普通的連續殺人者，在 1970 年代中期殺害了大約三十名女性，離紀錄保持人還很遠。他犯下尋常的噁心罪行——性侵、謀殺、戀屍癖、食人；甚至把受害人的頭部砍下、保存在公寓裡當成紀念品，並替他們洗頭髮、化妝。

我們會特別著迷於那種「他怎麼可能」的連續殺人者——有責任心的丈夫和父親、童軍隊領袖、教會長老——而邦迪名列在這所有名單中。我們幾乎用「英俊有魅力」來形容他，而這就是他在訪談中的表現。他是

---

27 舉例來說，以下就選出在 Amazon 上目前可以取得的眾多書籍：《連環殺手冷知識終極大全》（*The Ultimate Serial Killer Trivia Book*）、《給成人的真實犯罪活動書》（*True Crime Activity Book for Adults*，這就讓人好奇給兒童看的會是什麼樣），當然還有，《連環殺手著色書，附知識與遺言》（*Serial Killers Coloring Book with Facts and Their Last Words*）。

華盛頓大學的模範生,然後是法律系學生,活躍於政治(1986年共和黨全國代表大會上擔任洛克斐洛〔Nelson Rockefeller〕的代表),是某自殺熱線既親切又有同理心的志工。他曾在選戰中成功幫忙某人成功競選華盛頓州州長;候選人為了表達感激,指派邦迪加入西雅圖犯罪防治諮詢委員會,這實在是諷刺到驚人。

那段時間他開始殺人。他鎖定年輕女性。早先,邦迪就只是闖入公寓,然後攻擊在睡覺的人。後來他的手法演變成靠著迷人魅力和一條打著石膏、顯然是斷掉的手臂,請別人幫他提個東西,然後成功引誘對方上車。有時他還靠著傷殘用的枴杖來演得更逼真。接著,他就會連續重擊受害者。

邦迪最終被捕,因多項謀殺罪被判有罪(其中最廣為報導的那一案中,有一部分是靠著牙齒和受害者臀部咬痕相符而得以定罪)並處以死刑。他兩度逃獄,最終在1989年伏法。

邦迪讓犯罪學家和心理健康專業人士非常著迷,他們交出了各式各樣的病態人格診斷,反應他的操縱欲、自戀以及毫無悔意。他也讓公眾著迷;有人寫書談他,也有人拍關於他的電影(他還在世時就有兩本書,一部電影)。有眾多女性寫信給在獄中的他,有些人同時因為他的死以及後來發現自己並不是他的唯一摯愛而極度震驚。沒幾個人記得受害者們的名字。

　　邦迪是用電椅處決的。1881 年，一名喝醉的工人抓住某電廠裡一台
發電機的線路，當場死亡。一位叫作索思威克（Alfred Southwick）的牙醫聽
聞此事之後，就構思出一台電刑的的機器，作為絞刑的人道替代方案。在
用流浪狗做了幾次實驗後，他讓他的發明更加臻於完善。起初的「電椅」
的椅子部分，是索思威克將牙醫用椅改裝後的成果，後來擁有標誌性的地
位。這是 20 世紀大多數時候最常用的處決方法。[24]

　　當一切正常運作時，一波波電流會讓人在幾秒內失去意識，並在一
到兩分鐘內造成致命的心跳停止。若出了些差錯，就會需要好幾輪的電
擊，否則囚犯會一直保持意識並極度痛苦；在其中一起案例中，囚犯的面
罩還著火了。不過，邦迪的處決過程本身倒是很普通。

　　全國都相當期待這場處決，前一晚還辦了不少名人烤肉聚會，不少
活動都叫「邦迪Q」（譯注：巴比Q的諧音）、菜色有「邦迪堡」和「電熱狗」
等等。有兩名邦迪受害者就讀過的佛羅里達州立大學內，某個兄弟會還出
現吵鬧不已的狂歡活動。處決當天，在即將進行處決的佛羅里達州瑞艾芙
德（Raiford）監獄外，對街聚集了幾百人，包括帶著小孩的家庭在內的群
眾，唱著喊著「燒啊，邦迪，燒啊！」然後點起煙火。他的死訊迎來喝彩
聲（據報導，那些嚴肅的處決見證者在離開監獄時，發現外面一片歡騰而驚愕不已）。
慶祝活動結束，群眾如鳥獸散，正義得以伸張。[25]

不管冷熱都好吃

這裡有一個從頭到尾都非常洗鍊的研究，是由德國心理學家辛格（Tania Singer）執行的。受試者要不是六歲孩童，要不就是黑猩猩。其中一名研究者走進房間，然後要不對孩子／黑猩猩很好（提供想要的食物），要不就做凶狠的事情（開始給食物但又拿走，捉弄他們）。研究者離開後進入一個相鄰的房間，受試者可以透過觀測窗看到他。出現一個人偷偷從背後靠近研究者、然後出其不意地，天啊！看起來就像是開始拿棍子往研究者頭上打，研究者痛苦地哭了出來。十秒鐘後，攻擊者把研究者拖到隔壁房間，然後又開始毒打。孩童／黑猩猩可以去自己的隔壁房間，那裡有另一扇窗，可以讓他們看事情的發展。他們會過去看嗎？結果發現，如果被毆打的研究者先前對他們很好，只有 18% 會去看後續；但如果研究者當初很壞，就有 50% 會把握機會趕去看戲。孩童和黑猩猩都特別有興趣看先前對他們不好的人受到懲罰。[26]

重點是，進隔壁觀測房的代價其實很高。孩子先前會因為一些不相干的工作而獲得代幣，可拿來交換想要的貼紙；但若他們想去看接下來的懲罰，就得交出代幣。對黑猩猩來說，通往隔壁房的門異常地重，想看後續懲罰需要相當大的勞力。然而，當先前使壞的人遭到懲罰，孩子們會交出代幣，黑猩猩則會為了去看，發揮愚公移山精神，打開沉重的大門。換句話說，孩童和黑猩猩都願意以貨幣或勞力作為支付的代價，讓自己持續沉浸在觀看反社會者惡有惡報的愉悅之中。

孩子們在觀看後續懲罰之時，通常會露出一種長久以來都讓人聯想到幸災樂禍的面部表情——跟重擊節奏一致的不由自主的皺眉，同時配上微笑。如果受到懲罰的是反社會者，那個表情頻繁出現的程度，會是友善利社會者被懲罰時的四倍。至於黑猩猩，如果是好撒馬利亞人（譯注：基督教文化中善心人士的代表）被懲罰，黑猩猩會發出焦躁不安的聲音；如果是壞人的話，黑猩猩則一點聲音都不會發出。

我們會付代價取得能帶給我們愉悅的東西——恐怖的砍殺電影（如果

你是反常個體的話）、古柯鹼、香蕉、讀激起性欲的文字或看激起性欲的圖片的機會。[28] 而這邊就看到孩童和黑猩猩都付出了代價，來換取看壞人遭應得懲罰的愉悅。[27]

　　這個研究還有另一個令人著迷的問題，證明了人類（甚至兒童）相對於黑猩猩的複雜性。在這個版本的實驗設計中，孩童／黑猩猩扮演了旁觀者，目睹研究者對另一個人類／黑猩猩很好或很壞（那個稱作「走狗」黑猩猩的第二隻黑猩猩，是受訓擔任該角色，在論文上應被列為共同作者）的角色。接著，跟之前一樣，研究者遭到攻擊，被拖到別的房間。結果顯示，孩童也會支付代價去看第三方懲罰；而在實驗中證明沒有第三方懲罰概念的黑猩猩，就對此不感興趣。

　　這是一個很棒的研究，證明了看到伸張正義的懲罰時會產生愉悅感，是多麼深植於我們的發展基礎以及物種類別上。如果你還是想說服別人，指責和懲罰在科學上和道德上都已經沒用了，那就祝你好運。

　　神經成像研究得出同一種令人不安的結論。如果某人在最後通牒賽局中向你提出一個不公平的提議，你的腦島、前扣帶迴皮質以及杏仁核都會活化，呈現一片噁心、痛苦又憤怒的樣貌。報低價的提議讓你陷入困境。如果那是單輪的賽局，那要做出報復性懲罰，還是完全出於邏輯思考，接受有比沒有好？你的腦島和杏仁核越活化，一般來說你就越會被不公平所激怒，你就越有可能會拒絕這個提議。這種非理性的報復心態，完全是情緒性的──如果人們認為自己正在拒絕某人（而不是一台電腦）的不公平提議，那個與情緒有關的腹內側前額葉皮質也會活化；另外，睪固

---

28 這不分人類或普通獼猴；一份名為〈猴子按次付費觀看：普通獼猴進行的社會形象適應性評估〉（Monkeys Pay per View: Adaptive Valuation of Social Images by Rhesus Macaques）的論文，證明了雄性普通獼猴願意「付出」代價，放棄想喝的果汁來看到，呃，雌猴下面的照片。另外，雌性普通獼猴喜歡看高階雄性的照片（有鑑於雄性普通獼猴出名的攻擊性，那就有一點點像迷戀畢格羅〔Billy Bigelow，音樂劇《天上人間》（Carousel）的男主角〕的動物性魅力），以及不分雄性雌性的普通獼猴下體照。OK，以下只是想再往兔子洞裡再多踏一步；當雌性普通獼猴排卵時，牠們會更強烈偏好看雄性普通獼猴的臉（有點奇怪但又令人安心的是，不會偏好看雄性黑猩猩或人類的臉）。

酮值較高的男性比較有可能拒絕這樣的提議，[28]也說明了同一個道理。

利他第三方懲罰的情況也差不多，神經成像上會出現憤怒和噁心活化起來的指標。那個區域所涉及的，除了你也預料到的顳部頂部交界處（temporal-parietal junction，TPJ）的活化之外，也涉及了觀點採擇，而這種觀點採擇不只關於受害者——顳部頂部交界處越是活化，你就越有可能原諒違規者，或在解釋違規者行為時，更能接受可減輕罪行之因素（好比說貧窮）的作用。[29]

所以，在神經生物學的層次上，第二方懲罰者的行動因素是噁心、憤怒和痛苦，而第三方懲罰者除了這些之外，還會加上「把別人的不幸看成與自己類似」所需的觀點採擇。但接著是所有案例都會有的關鍵追加發現：上述不管哪種型態的應報懲罰，都會一併*活化涉及獎勵的多巴胺迴路*（腹側被蓋區和伏隔核）。由懲罰而產生的腦區域活化，是用像性高潮或古柯鹼那樣的方式在激勵人。感覺會爽。[30]

其他研究甚至更進一步證明了這個主張。象徵性懲罰能夠活化獎勵迴路的程度，比不上來真的（好比說，用巨大聲響轟擊某人）。更多的懲罰和更加活化的依核有相關性，而在你有機會不付代價就懲罰一個欺騙者時，會有很多依核活化，而這就可以預料你未來有更高的可能性會付出代價去懲罰欺騙者。不論你是個獨立施加懲罰的人，還是一個參與復仇群眾的從眾者，迴路都會活化。

利他也可以感覺爽——能減少癌症患者的痛苦，減弱傳導痛覺的神經路徑回應電擊時的活性。它甚至真的帶給你一股暖流（因此人們在做了一個利他行為之後，會把周圍溫度估計得比較高）。讚哦。但是，能夠正當懲罰作惡者才真的*超*爽。但我們馬上就會看到，就連這也是可以被馴化的。[31]

正義得以伸張之五

美國的起始，是一場說服一大票想法不同的州來組成國家的實驗。就算無法形成一個完美的聯合體，至少算是個能運作的聯合體。打從一開始，這就是一個很沒把握的提議；美國人花了將近一世紀，才把「聯合的眾州（The United States，譯注：美國國名按英語詞面意思直譯）正一起（are）進行某事」的陳述，轉變成「合眾國（United States，譯注：美國正式中文名）正（is）進行某事」。而打從一開始，就一直有反對聲音認為，聯邦政府這種概念根本是專制統治。那確實描述了南方邦聯（Confederacy）的情況。也描述了疫情期間抵抗聯邦口罩令的那些人，以及 2021 年 1 月 6 日那些相信「華盛頓特區那批堅稱輸掉選舉的人不能當總統是種專制」的戀童癖。

「愛國者」反政府民兵運動持續成長，提供了有害的意識型態，促使一名美國人於 1995 年向美國宣戰。以近因來說，讓他感到憤怒的是 1992 年白人至上主義者威弗（Randy Weaver）及其家人在愛達荷州紅寶石山脊（Ruby Ridge）的圍攻行動，以及 1993 年在德州威科（Waco）圍攻大衛考雷什（David Koresh）領導的大衛教派（Branch Davidian）的行動。[29] 在威科圍攻的兩週年，他用五千磅硝酸銨作的炸彈，炸毀了奧克拉荷馬州的艾爾弗雷德・P・默拉聯邦大樓（Alfred P. Murrah Federal Building）。

麥克維（Timothy McVeigh）的恐怖行動是（九一一攻擊事件以前）美國史上最具毀滅性的恐怖行動。他殺害了一百六十八人，造成八百五十三人受傷。周圍超過三百棟建築物受損，四百人無家可歸；約八十八公里外記錄到芮氏規模 6.0 的震波。麥克維攻擊

29　不管是哪件事，我都完全沒打算要做總結，說到底發生了什麼事，因為這些事情永遠都會深陷於爭議中；這兩件事都是從近乎宗教的特殊意義開始，最終達到了反政府民兵運動。

的受害者，還包含了建築物內托兒所裡的九名孩子，這樣的事件細節給人人留下陰影。

多虧了目擊者的描述，麥克維很快就被逮捕。接下來幾年間他的證詞頗具爭議性：他聲稱自己不知道建築物裡有托兒所，如果知道的話，他就會更換目標：他把死去的孩子視為「附帶損害」而覺得沒必要多談。他描述自己瞭解受害者家屬的痛苦；他說自己對他們沒有同理心。他想過自己是不是該跳過炸彈攻擊，而使用軍中擔任狙擊手時學到的技巧來擊殺選定目標；他對於自己沒能殺更多人感到後悔。他的 1997 年審判移到丹佛進行，因為在奧克拉荷馬州不可能進行公平的審判；據估計，奧克拉荷馬州有三十六萬人認識某個在默拉大樓工作過的人。因此針對他的指控全都被判有罪並處以死刑。他藉由把自己最終的處決描述為「由國家協助的自殺」而堅持自己的主導地位。

他被判以致命的注射來處決，人們認為這種日後將成為最常使用方法的死亡方式，比電椅或毒氣室更人道。用皮帶將囚犯捆好，然後一條靜脈注射管線被插上手臂（還有備用管線插在另一條手臂上），接著注入三合一混合藥物，讓那人在幾秒內失去意識，然後麻痺那人並因此停止他的呼吸，最後停止他的心跳。這種無痛的過程在幾分鐘內就可以殺死囚犯。

當然，事情不會那麼簡單。受過訓練的醫療專業人士通常會拒絕參與，或是被自己州的專業委員會禁止參與。因此，靜脈注射管線是由常把事情搞砸的獄警來插入，要不需要插上好幾回，或者完全沒插到靜脈，導致藥物打到肌肉而吸收緩慢。[30] 最初會快速讓人失去意識的麻醉劑，也很快就消退了，結果下一步很可能是針對一個有意識且能感到痛苦、但又因麻痺而無法表達痛苦的人進行。有時第二道藥並不足以讓呼吸停止，因此囚犯在喘不過氣來的情況下，一分鐘又一分鐘地過去。此外，許多藥

---

30 這個過程從一個看起來很怪的步驟開始，也就是用酒精清潔注射部位 。等等，所以這是要避免人死掉後傷口感染嗎？幹麼不順便賣他一台新的咖啡機，會在三到五個工作天後送達？其實，酒精是要讓靜脈比較好找。

物製造商，特別是歐盟的藥物製造商，拒絕販售可用來殺人的醫療藥物或是遭到禁售，於是許多州得臨時湊出替代的混合藥物，在造成無痛死亡方面成效不一。

　　儘管可能發生上述各種亂七八糟的狀態，麥克維於 2001 年執行的處決還是順利進行了。前一晚，他見了一位神父，看了看電視，然後吃了最後一餐。有件很突兀的事情是，善待動物組織（People for the Ethical Treatment of Animals）寫信給典獄長，表示在麥克維奪走那麼多性命之後，至少不應該再有動物為他耗去性命，因此建議那頓餐應該要給他吃素。不過，捍衛麥克維權利的典獄長叫善待動物組織滾蛋，說只要不含酒精且不超過二十美元，他想吃什麼就可以吃什麼；沒人知道麥克維是不是聽進了善待動物組織的呼籲，他的最後一餐只有薄荷巧克力片冰淇淋。

　　一般來說，旁觀室設有給受害者親屬觀看處決過程的位子；當天有超過三百名親屬申請到場。另外，也有爆炸案生還者，現場騰出十個人的空位給他們。其他人則獲准透過從印第安那州特雷霍特（Terre Haute）的監獄連線到奧克拉荷馬市的影像來觀看處決過程；影像系統的一個小毛病讓處決延遲了十分鐘。除此之外的見證者多半是記者，而他們都留下了同樣的記述：輪床上的麥克維跟每個見證者視線交會，並微微點了點頭；他仰躺著，盯著天花板，然後睜著眼死去。雖然麥克維自始至終保持沉默，但他要求把亨利（William Ernest Henley）於 1875 年發表的詩篇〈不屈〉（Invictus）的複本交給見證者；那是一首讚頌堅忍精神的的詩歌，過分煽情且自鳴得意，詩的作者自稱不可征服、絕不低頭，還帶著無畏的面容，最後浮誇地吹噓能主宰自身命運和指揮自身靈魂來作結。誰鳥你們，大規模屠殺者最後一次這麼說。

　　在後來的記者會中，有些媒體見證者形容他看起來傲慢、挫敗、衰老，或說掌控了現場；有名記者似乎以為是麥克維寫了這首詩；他們都拚了命想要加油添醋，寫他在某個關頭吸了多少口氣、襯衫的顏色、頭髮的長度；關於簾幕是綠色還是藍綠色，也有人紛紛提出了不同的看法。

　　監獄外，一千四百名記者已在現場待了三天。替這個場子提供飲食服務的是當地一間專辦會議等活動的公司,該公司還是頭一次替處決辦場。只要支付約台幣三萬七千元,記者就可以獲得一張有墊子的椅子,一張保證每天會更換桌布的寫字桌,冰涼的瓶裝水,電話服務,以及可以搭上繞行監獄的高爾夫球車。不願付錢的庶民記者就在沒有椅子、電力、電話線的帳篷裡湊合著工作。一名《華盛頓郵報》記者,不知是出於不好意思還是沾沾自喜,在他的報導中承認說,他的報社為他們買了三個豪華組配套。

離記者一·二公里外,是保留給抗議者的監獄區域,兩個分開的區域分別給近百名反死刑的參與者以及少數支持死刑的歡慶者,分別由兩台公車載往各自的定點;至於立場含糊的抗議者,則沒有提供任何運輸工具。監獄官方想避免像之前麥克維死時的野蠻人鬧場,因此只准許抗議者帶一面抗議標語,一根有防風罩的蠟燭,以及一本《聖經》。除了支持死刑者的嘲諷聲之外,群眾安靜而和平地散去。正義得以伸張。[32]

———— · ▬►

我們對此有著嚴重分歧。我認為沒有自由意志這種東西,指責和懲罰在倫理上沒有任何正當性。但我們卻演化成會去尋找發自內心覺得有意義的適當懲罰的人類。這實在太絕望了。

但或許不是,因為本章已證明了還有另一種演化。瘋狂的暴民,沉醉於陰謀論,砍刺燒死成千上百人,為了用來矯正人們推測是錯誤的事。為了伸張正義,眾多暴民花四個小時看一個人被五馬分屍。也是為了伸張正義,兩萬人看著某個人從一扇活門掉落後,一條繩子將他的脖子勒斷。好幾百人聚集慶祝透過一張電椅達成的正義伸張消息。少數幾個人聚在一起,人數大概連反對死刑者的十分之一都不到,等著聽聞某人在沉默用藥下死去而正義得以伸張的消息。

要怎麼說明這樣的轉變?觀看官員行使暴力的暴民取代了行使暴力的暴徒,這個明顯的改變是國家中央集權和法治化的一部分,是邁向以

「隨便那種國家訴瓊斯案」來將刑事審判具體化的頭幾步。怎麼看從五馬分屍轉變為快速的公開絞刑？一個標準解釋是，這反映了改革主義者的壓力。[31] 那麼，又該怎麼看從公開處刑到在監獄牆內電刑？這邊的核心重點在於，殺人是要展示給誰看。辛辛那提大學的社會學家林德斯（Annulla Linders）主張，這是國家追求正當性的另一步——與其說國家是向一大票觀察者取得正當性（而這些觀察成天威脅若國家不替他們處決某個人，他們就要動用私刑），如今是靠著少數安靜觀察事件發生的顯赫紳士出席現場來核可的。換句話說，獲取這種新的正當性來源比起暴民的道德重振更重要，讓暴民能打從心底記住誰才是老大。那麼，該怎麼看從電刑到致命注射呢？美國既然身在日漸縮減的死刑國家俱樂部中，跟沙烏地阿拉伯、衣索比亞和伊朗等國作伴，那麼，把執行死刑的方法從可能導致面罩爆燃的方式，轉換成某個（理想中）類似幫老犬安樂死的作法，似乎還滿謹慎周到的。[33]

　　在我們看來，可以用更能增長見聞的方式來表達這個轉變。某些時候，掌權者會現身，並說「聽著，我們知道對你們大家來說，屠殺麻瘋病人和猶太人超好玩的，但現在時代不一樣了，從現在起，負責殺人的是我們，你們接下來還想取樂，就只能看著那人被折磨好幾個鐘頭而死」。然後轉變成「你們接下來還想取樂，就只能看我們花一兩分鐘把人給吊死」。然後又變成「你們可以在外面等著，我會告訴你們是什麼時候搞定的。我們甚至會讓目擊的記者告訴你們電死某人的血腥殘暴片段，[32] 那應該夠愉悅了吧」。然後又變成「雖然過程比較平和，但我們殺了那人，

---

31 傅柯（Michel Foucault）在（從處決達米安開始寫起的）《規訓與懲罰》（*Discipline and Punish*）裡反駁了這個樂天的想法；他反而把這說是從「國家藉由擁有並損壞一個人的身體（也就是處決）來展現權力」，轉移到「國家多虧了全景監獄長年以來使人腐朽的監禁以及無時不刻的監視，早在處決之前，就先藉由擁有並損壞人的心靈而展現了權力」的一部分。馬里蘭大學的政治理論家阿爾福德（C. Fred Alford）反駁了這種解讀。然而，當他開始討論他所謂的權力微觀物理學時，我就跟不上他了（老實說，我也實在跟不上傅柯就是了）。

32 林德斯猜測說，決定要把媒體納進來當見證者完全就是出於這個理由。

知道了就去開心吧」。

隨著每一次轉變，人們都會漸漸習慣。

當然，不會每次都會習慣，也不會很快就習慣，有時甚至始終都不習慣。每回群眾對於某名罪犯伏法的消息感到額手稱慶時，都不可免地會引述一句發言，意思是，被宣告有罪的人讓受害者遭遇了那種痛苦，死法居然比他應得的還要輕鬆那麼多。那樣的不公平想必令人怒火中燒。當年的群眾裡應該也有人覺得，達米安可是拿折疊小刀戳國王呢，那樣處決他實在太便宜他了。

所以總是有人會覺得懲罰得太少。重要的是，根據自由意志的感覺所建立的應得懲罰，確實幫助一些受害者達到了無法達到的「了結」（closure）狀態。回應這個問題的一個比較難搞的方式是去質問說，被重新定位為「同情家屬」的報復行動，是否應該是受害者或受害者家屬的「權利」。比較簡單的回應則是指出一個記錄詳盡但並不廣為人知的事實，那就是，受害人或其家屬覺得事情有了結，多半只是一種迷思。帝博大學的法學教授班德斯（Susan Bandes）發現，對許多人來說，處決和隨之而來的媒體報導會二度造成傷害，阻礙了家屬的復原，[33]因此積極反對處決的人其實多到會令人嚇一跳。德州大學的社工阿默（Marilyn Armour）和明尼蘇達大學的社工恩布萊特（Mark Umbreit），在各自的州內研究了殺人受害者家屬。德州處決囚犯的情況領先全國，而明尼蘇達州早在一個多世紀前就已禁止死刑。結果發現，從身體健康、精神良好和日常運作的觀點來看，明尼蘇達州被害者家屬的情況都比德州的好很多。[34]此外，近期一個前所未有的全國暴力犯罪受害者調查指出，受害者希望刑事司法關注罪犯改過恢復的程度，遠高於讓他們接受應得的懲罰，並且明顯地希望州政府在防範犯罪

---

33 用法學家艾爾瑟斯（Pete Alces）的話來說，死刑的挑戰在於，它可以同時強烈到令人覺得太過頭卻又太不夠，而且往往是對同一個受刑者而言（出自個人私信往來）。

34 然而，也有必要指出一個明顯的因素，那就是德州和明尼蘇達州在其他許多方面都截然不同，所以這些研究結果僅僅是有相關性而已。

方面、而不是在監禁方面增加支出。[34]

　　那些支持應得懲罰並強化監獄的受害者和家屬，其實可能是在尋找某個非常不一樣但很少被提到的東西。在老布希和川普任期都擔任司法部長的巴爾（William Barr）為了證明死刑的正當性，曾寫道：「我們有義務為受害者和家屬推動司法系統所施行的判刑。」他真正想說的是，政府在道德上有責任把自己在該領域中的文化價值盡可能地強力展現出來——不論那是五馬分屍還是隔離。[35]

　　為了明白這個道理，我們可以從燒死痲瘋病患到用藥殺死麥克維的這條軌跡再往前推一步。2011 年 7 月，挪威人布雷維克（Anders Breivik）發動了挪威史上最大規模的恐怖攻擊。布雷維克是個自戀與平庸的混合體，嘗試過一系列的形象打造卻都以失敗告終，他的意識型態總是變來變去，又老是把自己的失敗歸咎於他人；最後，他終於在極端保守的白人至上主義者之間找到同類。布雷維克遵循著標準的常規程序，主張挪威國內的白人基督教歐洲文化，被移民的多元文化主義以及支持這種主義的政治進步派給摧毀了。他先是在社會主義民主派首相的辦公室附近引爆炸彈，殺死了八人。接著開了約四十公里的車程，前往烏托亞（Utøya）小島所在的那座湖；島上正舉辦工黨的青年組織夏令營，而該組織過去幾十年產出了許多立場偏左的首相，以及一位諾貝爾和平獎得主。喬裝成警員的布雷維克乘船來到島上，接下來花了一個小時的時間，冷靜地槍殺了六十九名青少年。

　　審判過程中，他東拉西扯、長篇大論地抱怨他的基督教歐洲人民是怎麼被摧毀的，並自稱是聖殿騎士團（他瞎掰的）裡的一名騎士，還做出了假的納粹舉手禮。他因大規模屠殺被判有罪，判處了挪威刑期的最高上限徒刑——二十一年。

　　而後，布雷維克被交付到挪威的一間樂罰場所。[35] 他住在一個三房的

---

35 有一件重要的事要講；布雷維克儘管是接受時間有限的樂罰，他大部分時間還是獨自監禁，因為他與其他囚犯互動可能會發生危險；另外，如果當局認為他仍會危害

空間裡，裡面有電腦、電視、遊戲機、跑步機，還有廚房（得以報名參加一場監獄薑餅屋烘培比賽）。在一些激烈的公眾辯論中，他被奧斯陸大學錄取，（諷刺地）成為遠距授課的政治系學生。

挪威對這場大屠殺的回應是什麼？正是巴爾在無意間指出的。一名倖存者如此評斷了這場審判：「布雷維克案的裁定，顯示我們承認極端主義者的人性是存在的。如果認為二十一年後他再也不危險的話，那就該釋放他……事情就該這樣。那樣才忠於我們的原則，也是他並未改變我們社會的最佳證據。」本人認識一些受害者和其家屬的首相史托騰伯格（Jens Stoltenberg）表示，「我們的回答更民主、更開放、更具人性，但絕不天真。」挪威各大學會錄取因犯入學（以遠距授課方式），而該大學校長在解釋他決定比照辦理而錄取布雷維克時表示，他們這麼做「是為了我們自己，而不是為了他」。在巴爾的挪威版本中，國家有義務要給予大屠殺倖存者及其家屬的，是讓他們知道國家已盡其可能地強烈展現我們的價值觀，以此來回應他們的噩夢。

那麼，一般挪威人對於這場審判有什麼回應？大部分的人對於結果感到滿意，覺得那有預防的價值，並重申了民主價值；以下數字或許可以作為其效力的量標。在審判前有 8% 的人希望復仇，但在審判後只有 4% 如此希望。那麼，挪威人對於布雷維克本人的回應是什麼呢？在提訊聽證過程中，布雷維克聲稱自己是本土挪威人騎士（不是象徵而是真的騎士）的說法，迎來旁聽席上的一陣嘲笑。布雷維克貼出一張他穿著聖殿騎士團裝備的照片，[36] 而一家報紙翻印了照片，上頭加了一個嘲諷鄙視的標題：「他就此一夫當關。」他的衣著被描述為「戲服」而非「制服」。一個如今已

社會的話，他的二十一年徒刑可以延長。有一次他控告挪威政府對他進行的隔離本質上是殘酷的（最終上訴失敗）。為了尋求解決辦法，有一名替監獄工作的精神病醫生建議，由退休警官去拜訪布雷維克跟他打交道，喝喝咖啡、打打牌。

36 布雷維克是從剩餘軍用品商買到制服和小零件，並把獎章縫上去的；我們不清楚他知不知道那些獎章代表的是什麼，但他給自己頒發的就有美國海軍、空軍和海巡的英勇獎章。

被人遺忘、可悲的扮裝無名小卒。[36]

　　經由布雷維克一事，挪威加入了那些想要弄清楚如何不去憎恨那些對自己造成嚴重傷害人們的行列。當這真能起作用時，是會令人敬畏的。看見人們以大量實踐各種特定文化的途徑來達到這種狀態，是非常精彩的事。我們在查爾斯頓（Charleston）看到，在以馬內利非裔衛理公會教堂（Emanuel African Methodist Episcopal Church）內發生的屠殺事件，造成九名非裔教區居民死在自己迎進門的白人至上主義者槍下。然而幾天之後，一些倖存者和家屬公開表示願意原諒他，並為他的靈魂禱告。「我再也無法抱她，但我原諒你。」某名受害者的女兒這樣表示。「你傷害了我。你傷害了許多人。但上帝原諒你。我也原諒你。」某名受害者的嫂嫂對槍手這樣說，並提議日後要前往監獄見他，好為他禱告。[37] 當另一個白人至上主義者於匹茲堡的生命樹猶太會堂（Tree of Life Synagogue）開火殺死十一人時，我們看到同一件事的不同文化版本。過程中槍手受傷，被送往一間幾乎都是猶太醫療人員的醫院接受照顧；當有人問他們怎麼做得下去時，醫院院長柯恩醫生（Dr. Jeff Cohen）先是說了希波克拉底誓詞這類意料中的發言，但接著又給了一個更啟迪人心的解釋，他說「這位男士看起來並不像是門薩（Mensa，譯注：全球最大、最悠久的高智商同好組織）協會的成員」，而是一個很容易被線上仇恨團體利用的困惑者。而在布雷維克攻擊事件後，一名後來成為奧斯陸副市長的倖存者寫信給布雷維克，說：「我有義務留意不再讓任何人體驗到你（曾體驗過）的社會

37　當然，就跟所有這些例子一樣，這些回應也都不是全數一致的全體回應。「你是撒旦。你沒有心，只有一個冰冷陰暗的空無，」一名被害者的女兒如此說，並希望他「直接下地獄」。

排擠。安德斯，你對社會排擠的鬥爭，是我們唯一的共有點。」[38] 你怎麼有辦法不去恨這個人？沒有人引用額葉皮質或壓力荷爾蒙。他們反而找到了更詩意、更個人的途徑，達到了同樣的結果。我為什麼不恨他？因為不論靈魂是否遭到汙染，他都有靈魂，而上帝原諒他。因為他沒有聰明到知道自己被利用和操控。因為，從他幼年期開始，他就因為孤獨而怨恨，急切地需要被接受並有所歸屬，而我願意直呼他的名，並告訴他我知道這些事。[37]

我們全都站在邊緣，不論往前回顧過去或展望未來，都會搖頭不敢相信。我的猜測是，大部分的挪威人覺得美國刑事司法很野蠻。但在同時，大部分的挪威人都認為在自由意志不存在的脈絡下去思考布雷維克的事，是不可能也是不可取的。在他的審判初期，調查是以他是否精神失常為主軸，但法官們表現了第四章中所批評的同一心態，認定他的心智正常，並做出結論說他因此擁有自由意志可以選擇不這麼做，因此要對行動負起責任。一名跳出挪威人想法的評論者寫道：「如果布雷維克在那個慘烈的週五行動中完全超乎了任何自由意志，那麼，懲罰他（而不是遏制他進一步傷害群體），或許就跟我們對布雷維克犯罪行為本身的看法一樣不道德。」

同時，美國人則處在另一個懷疑的邊緣上。我冒昧地假設，大多數美國人都會將一場有兩萬人伸長脖子看、其中還有幾群人後來扔下熱狗檸檬水去搶紀念品的公開處決，看作是野蠻的行為。然而，布雷維克的審判卻讓美國人大吃一驚，為審判居然是從檢察官去握布雷維克的手開始而感到驚訝。有一篇文章批評了國家價值導致人們對布雷維克禮貌過頭的文章，下的標題是「挪威的搞笑正義」。另有一名英國犯罪學家的文章開頭這樣寫道：「布雷維克是個怪物，應當被慢慢折磨致死。」而在另一邊，一些 19 世紀的專業絞刑人無疑會因為正義居然被致命注射

---

38 就想像一下如果情況是賓拉登餘生都要待在最高安全級別監獄，同樣的對話會有多不合理。

這種東西唬弄過去而驚恐萬分，但同時也會覺得五馬分屍有一點太過頭了。[38]

　　本書後半部的主題是：我們以前就做過了。在眾多領域中，我們一而再再而三地證明了，我們可以在變得越來越有知識、更能反思也更現代的同時，剔除「人能夠憑自由意志的選擇做出行動」的信念。社會並沒有因此被搞砸；我們不用相信「癲癇患者和撒旦共謀」以及「思覺失調症患者的母親恨自己的孩子而造成疾病」，社會也能夠正常運作。

　　但要持續走在這條軌道上恐怕困難重重，以至於我過去五年花了太多時間在拖延這本書，因為寫這本書似乎像是在浪費時間。也因為我無止境地被提醒，我還有多少路途要走。前面提過，過去我和公設辯護人在眾多謀殺審判中共事，教導陪審團去認識那個導致大腦做出可怕決定的環境條件。有人曾問我是否願意在一個白人至上主義者的案件中擔任這個角色，他在企圖焚毀一座清真寺一個月後，入侵了一座猶太會堂，並用突擊步槍對四人開槍，殺死了其中一人。「哇，」我心想。「我他 X 的還要幫這個哦？」我有家族成員死在希特勒的集中營裡。小時候，我家附近的猶太會堂曾遭縱火；我爸是建築師，他重建了會堂，因此我得花好多時間在焚毀而嗆鼻的遺跡中，舉著一條帶子的一頭替他丈量長度，而他近乎變了個人似地抱怨反猶太主義的歷史。當我太太執導的《酒店》（Cabaret，知名音樂劇，以納粹德國統治前夕的歌舞廳為背景）進行演出時，在場協助的我在分發戲服時得要硬逼著自己，才有辦法去碰卍字符號臂章。經過了這一切，我還應該要去幫忙這人從審判中脫身嗎？我說是的，如果我相信自己講的這些屁話，那我就得去幫忙。然後，我就巧妙地對自己證明了我還有多遠的路要走。在我處理的這些審判中，律師常問我想不想見被告，而我立即會說不要，因為那樣的話，到我提出證詞時，我就得承認自己這樣做了，而那會損害到我以教學證人秉公討論大腦的可信度。但這一次，居然是我立刻問律師說，我能不能見被告。是因為我想要弄清楚他的杏仁核發生了什麼表觀變化，他持有的單胺氧化酶 β 型基因是哪個版本嗎？還是因為我想瞭解他烏龜一路往下疊的個人檔案嗎？不是。

我想近距離看看那張邪惡的臉長什麼樣。[39]

　　或許寫完之後，我該來讀一讀這本書。

　　那會很難。但我們以前就做過了。

---

39 讓我放下心中大石的是，這個案件始終未受審──被告作出了認罪答辯換取終身監
　　禁不得假釋，而沒有被判死刑。

15

如果死的時候窮

　　我在網路上亂逛，一直拖延著不去做討厭的工作，我瀏覽到一個網站，在那裡人們提出問題，讀到的人則可以發表意見。有個人問說：「你大便後，是從前往後擦還是從後往前擦？」對此有一長串的回答。幾乎每個人都說從前往後，許多人還如此強調。在那些說由前往後擦的人當中，大部分都提及自己的媽媽是該建議的源頭。然後就出現了某個來自美國奧勒岡州的人，和某個相隔好幾塊大陸的羅馬尼亞人，寫下幾乎一模一樣難以置信的回應：「小時候我媽媽一直跟我說，如果我從後往前擦，就會交不到朋友。」

　　我整個目瞪口呆。他們的母親是失散的雙胞胎姊妹嗎？是德爾斐神諭開分店了，所以現在有波特蘭神諭和布加勒斯特神諭嗎？為什麼兩邊的人給出了同樣古怪的個人衛生建議準則？

　　有個叫做史蒂芬（Bruce Stephan）的人，先在 1989 年洛馬普里塔地震（Loma Prieta earthquake）中遇上舊金山海灣大橋（San Francisco Bay Bridge）崩塌，後來又經歷九一一世貿大樓攻擊事件，兩次都得以倖存。山口彊接連遇上廣島和長崎的原子彈轟炸，但他之後又活了六十五年。另一方面，貝斯特（Pete Best）在披頭四樂團一炮而紅的幾週前丟了鼓手的位子，而身為蘋果電腦三名創立者之一的韋恩（Ron Wayne），因為跟史蒂夫和沃茲（我這樣直呼名字才像是矽谷的哥兒們）合作不愉快，所以過沒幾週就退出了。同時，還有格利薩摩（Joe Grisamore）把莫霍克髮型留到頭頂上約九十一公分高，而成為世界紀錄保持人。

　　宇宙匯聚在這兩位給孩子建議的母親身上，代表了什麼意義？或者，史蒂芬和山口運氣真好、貝斯特和韋恩可以說運氣不好，而格利薩摩住在明尼蘇達，又各自代表了什麼意義？有一天會跟你說你還剩幾個月可以活的醫生，目前正站在一台打開的冰箱前吃冷的泰式炒麵，又代表了什麼意義？珍妮佛・羅培茲（Jennifer Lopez）跟班・艾佛列克（Ben Affleck）復合了，但亨利八世（Henry VIII）與亞拉岡的凱薩琳（Catherine of Aragon）始終破鏡難圓，這又代表了什麼意義？打從最根本來說，你可以觀察兩個五歲孩子，然後準確地預測，他們兩個誰會在五十歲就因絕望症（diseases of despair）而衰老，而誰又會成為做了髖關節置換手術而趕上滑雪季的八十歲老人，而這又代表了什麼意義？[1]

本書的科學知識最終教導的是，*真的沒有任何意義*。「為什麼？」答案就只有「這會發生是因為在那之前的事，而那會發生是因為在它之前的事」。有的就只是一個空虛而冷漠的宇宙，原子在之中暫時相聚，構成了我們各自稱為自己的東西。

一整個心理學領域都在探索恐懼管理的理論，試圖理解我們面對不可避免且不可預測的死亡時所採取的各種因應機制。正如我們所知，這些反應涵蓋了人類從最好到最壞的面貌——與跟你的親近的人更親近，更加認同你的文化價值（不論本質上是人道主義還是法西斯），讓世界變得更好，決定好好活著作為最佳報復。而到了此刻，在我們這個面臨存在危機的時代，當我們被死亡陰影籠罩時感受到的恐怖，如今還有了一個小兄弟，就存在於我們被無意義感的陰影籠罩時的恐懼之中。就存在於我們被「身為生理機器，在一路往下疊的烏龜頂端搖擺不定」的陰影所籠罩時的恐懼之中。我們不是自己的掌舵者；我們的船從來都沒有舵手。[2]

幹。這真的很傷。

而我認為這有助於解釋一個模式。一位又一位的相容論哲學家重新保證並宣告，他們相信物質的、決定論的現代性……但不知怎麼地，還是有自由意志存在的餘地。到了這邊應該已經很清楚了，我認為這說不通（見第一、二、三、四、五、六……等章）。我猜他們大部分人也知道這回事。如果你讀出他們字裡行間的言外之意（有時根本就寫在字裡行間），這些相容論者很多其實是在說，非得要有自由意志，因為沒有的話實在太令人沮喪，因此把情緒立場扭曲成像是一個智識立場。人類「承自猿猴！但願那不是真的，但如果是真的，就來祈禱那不會廣為人知，」某位英國聖公會主教的妻子在聽聞達爾文嶄新的演化論之後，於 1860 年如此表示。[1]一百五十六年後，凱夫（Stephen Cave）把一篇 2016 年 6 月在《大西洋》（*The Atlantic*）發表而廣受討論的文章，下標為〈沒有自由意志這種東西……但我們寧可信其有〉（There's No Such Thing as Free Will . . . but We're Better Off Believing in It Anyway）。[2]

　　他可能是對的。第二章討論了一種可以在人身上誘發「虛假意志」感的研究。然而，有一小群受試者對此有抵抗力，他們是臨床憂鬱症者。人們常把憂鬱症說成是患者在認知上有扭曲的「習得無助感」，錯把過去有所失落的現實當成不可避免的未來。不過，在這個研究中，實情並非憂鬱症患者的認知扭曲，低估了自己實際的控制力。他們對自身的估量，反而比過度高估自己的其他人來得更準確。像這樣的研究結果支持的看法是，在某些情況下，憂鬱症者並不是曲解現實，而是「更哀傷也更聰慧」。因此，憂鬱症是因疾病而失去了將現實合理化的能力。

　　因此，或許「我們寧可信其有」。真相並不一定都能讓你自由；真實、心理健康以及幸福之間存在著複雜的關係。讓一個受試者接觸一系列不可預測的電擊，他就會活化一個壓力反應。如果你在每次電擊要來的十秒鐘前就警告他的話，隨著現實變得可以可以預測，有時間準備好一個應對反應，壓力反應就會減輕。每次在電擊前一秒發出警告，就會因為時間太短而效果不彰。但若在一分鐘前發出警告，隨著那一分鐘拉長到感覺有如一年份的預期恐懼，壓力反應反而會變差。因此，根據情況不同，真實的預

1　這句知名的引言可能其實是偽造的；見 quoteinvestigator.com/2011/02/09 /darwinism-hope-pray/

2　這是一種稱作幻覺論的哲學立場，和哲學家斯米蘭斯基有關，我們在前一章討論過他的想法。

測資訊可以減輕心理壓力、可以惡化心理壓力，也可以產生不了效果。[3]

　　研究者探索了我們和真實間複雜關係的另一個面向。如果某人的行動產生了一個輕微不利的結果，如實地強調他的控制能力——「想想幸好你有掌控能力，不然本來情況可能更糟」——會降低他的壓力反應。但如果某人的行動產生了慘烈的結果，對於他無從控制之處不做出真實的呈現——「那孩子這樣衝出來，誰都來不及剎車的」——可以是十分仁慈的做法。

　　真實甚至可以威脅到性命。某人在某急診室處於生死關頭，90%的身體三度灼傷，鼓足全力微弱地問說他家人是否安好。大部分的醫療專業人士都會猶豫，不曉得要不要跟那人講出痛心的真相。就如某位演化生物學家指出的，人類在瞭解人生真相後還能夠活下去的唯一方法，就是演化出一種強健的自我欺騙能力。[3] 而這當然包含了相信自由意志的存在。[4]

　　儘管如此，我仍明白地認為，我們必須面對我們有船而無舵手的這

3　此時此刻，我擔心的是我在「真實」方面的鬼扯，反駁了這麼多其他人對自由意志的想法，擔心別人覺得我洋洋自得。我擔心我*就*是在洋洋自得啊。哇塞，我周圍有那麼多哲學比我強的超級聰明人，而我卻是少數那幾個知道你們沒辦法想要自己想要的事物、且沒辦法有意產生意志力的人。哇，我超棒的。先前幾段提出了另一條通往洋洋自得的路——哇塞，這些思想家為了逃離難以接受的真相而到了不理性的地步，但我呢，卻帶著胡說八道來品嘗真實那難聞的惡劣地帶。寫了這麼多頁，我希望讀者能明白看出，我不認為不是隨便誰都有道理對隨便任何事感到洋洋自得。在這段寫作過程的某個時刻，我被一種（儘管會引發很不愉快的感覺，但）看似解釋了我為何能堅決駁斥自由意志的東西所侵擾。本章前頭提到的一個論點跟我個人非常相關。自青少年時期以來，我就在與憂鬱症搏鬥。偶爾醫藥效果很好，我就完全擺脫了它，而生活便有如邁向山頭白雪皚皚的壯觀山嶺，在林木線上徒步旅行。最保證會達到這種境界的時候，就是實際跟我太太和孩子進行這種活動的時候。然而，大部分時候，憂鬱症就只是潛伏在表面下，被一種野心和不安全感的有害混合體、一種充滿控制欲的渾蛋心態，以及一種意圖忽視重要人事物的意願所擋住。有時那會讓我心力全失，會把每個坐著的人都當成坐在輪椅上，把每個眼睛瞥過的小孩都看成得了唐氏症。而我覺得憂鬱症解釋了很多事情。證明自由意志不存在的科學證據讓你悲傷失望嗎？試著看看你的孩子，你那完美美麗的孩子，在那玩著笑著，而不知怎麼地，這看起來是*如此地悲傷*，以至於你的胸口緊到讓你一時間抽泣起來。那之後，要面對我們的大腦微管不會使我們自由的事實，就沒有什麼困難了。

個事實。而這當然會有重大的缺點。

你連同自由意志放棄了什麼

　　我們最直接面臨的災難，始終是該如何克服這件事可能帶來的瘋狂與自我毀滅，而那就帶我們回到第十一章的問題。對戈梅茲來說，「（駁斥自由意志這種想法）留給我們的只是一個無法理解的人世面貌，因為那之中沒有責任或道德義務。人如果無法採取其他行動，就不可能去採取那些行動。」葛詹尼加非常反對駁回自由意志和責任，因為「（人們）得為他們的行動，為他們的參與負責。沒有這條規則，什麼都行不通。」（到了那時候，唯一有可能約束行為的就是，如果你用特別不受歡迎的方式胡鬧，人們會不想跟你在一起）。根據丹尼特所言，如果沒有對自由意志的信念「就不會有權利，不能訴諸權威來保護人不受詐欺、偷竊、性侵、謀殺所害。簡而言之，就不會有道德……你真想讓人性回到霍布斯（17 世紀英國哲學家）所指出的那種汙穢、野蠻又短暫的生命自然狀態嗎？」[5]

　　丹尼特一再重談那個「惡毒神經外科醫生」的寓言，如此惡意詆毀神經科學家們。外科醫生對某患者進行了某個療程。那之後因為他心想，嘿，我幹麼不這麼做呢？他開始欺騙患者，聲稱在手術期間他也在患者腦中植入了一片奪走他自由意志的晶片，而他和他的科學家同夥現在控制了患者。就此，這位患者拋棄了對自身行為有責任的感覺，不再受到構成社會契約的信任規範所拘束，成為了罪犯。丹尼特結論說，當神經科學家「惡毒」且「不負責任」地騙人說他們沒有自由意志時，做的就是這檔子事。因此，除了有道德的恐怖和無意義的恐怖，還有一種恐怖是：汙穢、野蠻又短命的殺人者站在你後面，跟你一起排星巴克。

　　我們已經見過，駁斥自由意志並不注定讓你變壞，如果你已學到我們的行為起源為何的話就不會。麻煩的是，那需要教育。而且就算那麼做了也不保證會有一個良善而道德的結果。畢竟，大部分的美國人受的教育都說要相信自由意志，他們也思考過這會讓我們的行動產生責任。而且大部分人也被指點說要相信一位確保你的行動必有後果的道德化神祇。然而，我們美國的暴力犯罪率在西方世界還是無可匹敵。我們已經在大量暴走了。或許我們應該見好就收，然後根據第十一章回顧過的那種研究結果，做出結論說，反駁自由意志至少不太可能讓情況變得更糟。

駁斥自由意志還有一個不利之處。如果沒有自由意志的話，你的成果就不值得被稱讚，你從來都不值得或不應得任何東西。丹尼特感覺到了這一點，如果我們拋棄自由意志，不只街上強姦犯和殺人犯會肆虐，「也不會有人應當得到他們出於善意的努力而贏得的獎賞」。哦，是*這個*擔憂啊，擔心你會覺得獎賞有點空虛。在我的經驗中，你會很難說服人們說，一個無情的殺人犯不應當被指責。但和「說服人們，他們幫了某個老太太過馬路不值得稱讚」的難度相比，前者只是小巫見大巫。[4] 駁斥自由意志時碰到的這個難題儘管曲高和寡，但似乎滿有道理的；我們之後再回來談。[6]

對我來說，接受自由意志不存在的最大難題，是把惡毒神經外科醫生的寓言帶往另一條路徑。手術已經做了，而外科醫生欺騙患者說他不再有自由意志，但病人並沒有落入平凡的犯罪行為，而是陷入了嚴重的不適，一種無意義感造成的活力喪失。在姜峯楠（Ted Chiang）的短篇故事《天注定》（*What's Expected of Us*）中，他從利貝特那兒得到啟發，製作了一個稱為預知器（Predictor）的小發明，上頭有一個按鈕和一個燈。每當你按按鈕，燈都會在一秒前先亮起。不管你怎麼做，不管你多用力地嘗試不要想著按按鈕，想出偷偷暗下去的各種計謀，燈就是會在你按下按鈕的一秒前亮起來。從燈亮起到你理當是自由選擇按下按鈕的片刻間，你未來的行動已是注定的過往。結果造成了什麼？人們的內心被掏空了。「大家忽然明白，

---

4 2018年哈佛大學的畢業典禮上，獲選致詞的那位泰然自若、口齒伶俐的學生朴真（Jin Park，音譯），證明了他懂得烏龜。為什麼他會在那場才能和成就的慶典當中呢？他解釋說，因為，他那沒有證件的移民父親日復一日地在餐廳裡當廚師（因為沒證件，那應該是把他剝削到底了），因為他那沒有證件的母親無止盡地辛苦工作，在美容院幫人修指甲。「我的才能和他們的勞動不可分離；它們合為一體。」

做任何選擇都是毫無意義的，所以有些人乾脆拒絕做選擇。大家都變得像梅爾維爾（Herman Melville）的小說《錄事巴托比》（*Bartleby the Scriveners*）裡的抄寫員一樣，什麼事都不肯做。到最後，所有玩過預知器的人當中有三分之一被送進醫院，因為他們不肯吃東西，最後的結果就是變成「不動不語症」。人是醒的，可是卻像昏迷一樣陷入了癡呆。」[7]（譯注：《天注定》的翻譯引用自《呼吸：姜峯楠第二本小說集》，鸚鵡螺文化出版）

這是一個不會在「這會發生是因為之前的事情，而那又是因為它之前的事……」之間給予「意義」或「目的」任何存在餘地的巨大深淵。而那讓哲學家以及我們其他人都煩擾不已。克萊姆森大學的雷克（Ryan Lake）寫到，駁斥自由意志的信念，會讓人沒辦法做出誠摯的後悔或道歉，搶奪了「我們和他人關係中一個基本必要的成分」。彼得謝寫到，「我覺得（某頂尖不相容論者）對於道德責任的否認，是一種對人類、對人的選擇、甚至對整體人生來說都極端虛無的看法。」惠頓學院的哲學家畢夏普在解析丹尼特思想時結論道，「他認為他所提供的安慰觀點，是我們任何人要維持健康、積極的人生觀並充滿意義地參與人生的唯一方式。」那是一種活得「有如」什麼存在般、透過自由意志有色眼鏡觀看世界的人生。[8]

這種人生觀令我們焦慮不安。演化、混沌、突現在我們的生命中不可思議地來回運作，產生出一台台的生理機器；這些機器既可以知道我們自身的機械性，而他們對於知曉此機械性的情感回應，感覺起來也很真實。*應該說「就是真的」*。痛苦就是會痛。幸福感讓生命愉快。我試著無情地讓自己接受這一切烏龜相疊的含意，有時我真的成功了。但就有一個能讓不合邏輯立足的微小地方，我連想要否定它千分之一秒都辦不到，那讓我在智識上感到羞愧，但於個人卻是十分感激。認為機器上可以出現「好」事，在邏輯上是站不住腳的，是荒唐無意義的。儘管如此，我很確定，如果人們感受到更少痛苦和更多幸福的話，那就會是好事。

———　•　———

　　儘管我們要是缺了自由意志會有上述各式各樣的不利，但我認為，我們還是有必要面對這件事情。現在看來，我們彷彿要進入本書的反高潮階段，一個差不多就跟吃蝗蟲勉強維生一樣沒吸引力的掃興結尾——「世界就是這樣運作的，認了吧。」的確，如果你面前有個瀕死邊緣的燒傷患者，最好別急著跟他說他家人都不在了。但除此之外，認清真相通常都是好事，在自由意志方面特別是如此——信仰能支持人，但保證沒什麼能慘過發現你堅信的東西從頭到尾都是個錯誤的寄託。我們自稱是理性生物，那就去證明啊。講好囉。

　　但是，重點完全不在於「堅強點，自由意志並不存在」。

　　發覺到你人生成就的一部分來自你的臉具有吸引人的特色，這或許會令你洩氣。讓你洩氣的或許還有，你值得稱許的自律和你胎兒時期如何組織你的皮質有著很大的關係。有人愛你是因為（好比說）他們的催產素受體的運作結果。你和其他機器都沒有意義。

　　如果這在你心中產生了某種不適感，那代表一件勝過一切的事——你是幸運兒之一。你享有的特權已經多到足以在不是你自己造就的人生中成功，還能躲在「自由地決定做出的選擇」這種迷思的掩護下。X的，這大概也代表說你不只有人愛著，還有乾淨的自來水可以用。也代表你居住的地方不是一度因生產各種東西而繁榮、如今卻只有倒閉工廠沒有工作機會的城鎮；也代表你並非生長在那種沒什麼健康的東西、所以幾乎不可能「向毒品說不」的社區；也代表你的母親不是懷著你兼三份差勉強支付房租；也代表搥你家門的不是移民和海關執法局（Immigration and Customs Enforcement，ICE）。也代表當你遇上陌生人時，他的腦島和杏仁核不會因為你屬於外團體就活化。也代表當你真的有困難時，不會遭到忽視。

　　如果你屬於這種非常*非常*少數的幸運兒，這本書的終極含意就跟你無關。[5]

5　就算用這樣的措詞來敘述，這還是一個錯誤的二分法，在「可以忽視這一切，並持續堅信他們值得有那艘超級遊艇的愚昧少數人」和「必須要堅信沒有一艘超級遊艇

一種解放科學（不開玩笑）

一個個案研究

在完成本書的過程中，我和一些聲援肥胖症患者的人們談過。有一個人跟我談到她是在什麼時候第一次知道有瘦體素這種激素的。[6][9]

在此補個背景資訊，瘦體素是「這是種生理疾病，而不是衡量你是否缺乏自律的標準」這種見解的典型代表。它可以控制全身脂肪的儲量，最重要的是，能跟你的下視丘說你何時吃夠了。低到異常的瘦體素訊息[7]

並非錯在自己的貧窮無知多數人」之間做出區別。本書每一頁都真的能應用在我們每個人身上，因為我們都注定要不時地責怪人、不時地被責怪、去恨人、被人恨、覺得自己理當應得並因理當應得而苦。

6　本節的標題提到了稱為索卡爾事件（Sokal affair）的學術界知名惡作劇。紐約大學和倫敦大學學院的物理學家索卡爾（Alan Sokal）受夠了許多後現代主義者思想中的智識空洞、宣傳鼓動，以及對門派路線唯命是從。他因此寫了一篇 (a) 同意物理學和數學犯了許多反進步主義的罪；(b) 坦承假定中的科學「真實」，以及假定中的「物理現實」之存在，只不過是社會建構；(c) 拍馬屁引述了主要後現代主義者；並 (d) 塞滿了科學廢文的論文。這篇論文於 1996 年提交給《社會文本》（Social Text）這本領頭的後現代主義文化研究期刊，並如預期地發表，名為〈跨越界線：通往量子重力的轉換詮釋學〉（Transgressing the Boundaries: Toward a Transformative Hermeneutics of Quantum Gravity）。接著惡作劇揭穿了。這造成一片嘩然，後現代主義者的各個會議都譴責他的「詐欺行為」，而德希達（Jacques Derrida）稱他「無聊可憐」，諸如此類。但我覺得那篇論文很令人愉快，很好笑地惡搞了後現代主義的空話（好比說「任何科學內容都深受構成其論述之語言所約束；而主流西方物理科學打從伽利略開始，就是在數學的語言中構成。但，是誰的數學呢？」）。堅決開著玩笑的索卡爾宣布說，該論文的目標是要促成一種擺脫「絕對真實」和「客觀現實」暴政的「解放科學」。因此，在我的書這邊，我是寫「不開玩笑」，因為我接著要主張，科學拋棄自由意志概念是真的有解放意義（拉什‧林博〔Rush Limbaugh〕等人把索卡爾事件拿來當作一個左翼知識份子騙人的爆料，並把索卡爾擁立為某種右派天罰。這讓我很火大，因為索卡爾是言行一致的左派——舉例來說，1980 年代，他在桑迪諾革命〔Sandinista revolution〕期間離開了輕鬆的教職，跑去尼加拉瓜教數學。此外，不管右派對於真實有什麼說法，都在川普就職第一週講的「另類事實」那就結束了。順帶一提，大學時索卡爾就住在同一層的另一頭，但因為比我大兩年，所以像我這種小屁孩都不敢跟他講話；他的才華、美好的古怪之處，以及樂意揭穿他人唬爛的那股意志，早就已經是傳奇了）。

7　先不論雞蛋裡挑骨頭：為什麼不說「瘦體素太少」就好，還得要說「瘦體素訊號太少」？發訊是一個比較廣義的詞，反映的是問題有可能出在信使（好比說激素或神經傳會產生異常低的飽足感受能力，導致某人從幼年時期就開始嚴重肥胖。結果發現，這人帶有一個瘦體素變異：檢視了家族相簿後顯示，它已經存在了好幾個世代。

突變讓我們進入了醫學異色的世界。並未突變的瘦體素以及其受體的基因們，有著各種性質特色，差別只在於運作的效率。對於另外那幾百個（不是形容詞，是實數）密切關係到身體質量指數（BMI）控制的基因來說，情況也是如此。當然，環境也起了重大的作用。回到我們熟悉的一個前哨站──子宮──來看看好了；你一生的肥胖傾向，受到你胎兒時期是否營養不良所影響，而這受到你的孕母是否抽菸、喝酒或服用非法藥物所影響，甚至還受她送到你胎兒腸道裡的腸道細菌所影響。[8] 甚至說，你的胎兒胰臟和脂肪細胞中，有哪幾個基因後來會在表徵上出現改變，都已確切被指認出來了。一如往常，不同版本的基因會與不同的環境以不同方式交互作用。一個基因變異會增加肥胖症的風險，但前提是要搭配上你母親懷孕時都在抽菸。另一個基因的變異所造成的影響，在都市居民的身上比在農村居民身上明顯。有些變異是否會增加肥胖風險，是要看你的性別、人種或族群，要看你運不運動（換句話說，「為什麼某些人運動會燒掉脂肪但其他人不會」的遺傳學），要看你飲食的特性，你喝不喝酒等等。從更廣的視野來看，如果身為低社經地位者，或者（在國家、州或城市的層次上）住在一個被不平等包圍的地方，同樣的飲食更有可能讓你肥胖。[10]

集體來說，這些基因和基因／遺傳的交互作用，控制了生理狀態的每一個角落，從養育新生兒的強烈願望，到兩個 BMI 增加量相同的成年

導物質）量的層次，也可能出現在細胞對信使的敏感度（好比說信使受體的量／功能有異常）。有時是廣播電台出包，有時是你廚房的收音機壞了。（現在的人還有收音機嗎？）

8　一個不尋常的知名例子就是荷蘭的飢餓之冬，佔領荷蘭的納粹於 1944 至 1945 年冬切斷了食物供應，有兩萬至四萬荷蘭人餓死。如果你當時是胎兒，由於你和你的母親都嚴重缺乏營養和熱量，後天的改變會產生終身的節約代謝，人體會精於儲存熱量到了貪婪的地步。如果是那樣的一個胎兒，六十年後，你肥胖、代謝症候群、糖尿病的風險都會嚴重提高，此外還包括我們已經提過的，思覺失調症。

人，為何有著不一樣的成人糖尿病風險，全都跟它們息息相關。

我們再來看看第四章的表：

「生理層面的東西」	你有毅力嗎？
有破壞性的性衝動	你有拒絕聽命性衝動行事嗎？
身為一個天生的馬拉松選手	你有戰勝痛苦嗎？
不那麼聰明	你有沒有靠著加倍的用功來取勝？
有酗酒傾向	你有沒有改點薑汁汽水？
有美麗的臉龐	你會拒絕認為「因為有這張臉，所以別人理當對你好」嗎？

我們考量的許多效應都來自表的左邊，不過就是憑運氣交到你手上的個人生理特色。其中有些和「你腸道吸收營養物的效率有多高」和「把它排掉的效率有多高」之間的對比有關；有些和脂肪有多容易儲存或調動有關；和你往往會在臀部還是腹部累積脂肪（前者比較健康）有關；和壓力荷爾蒙會不會強化該傾向有關。大好消息：你還是可以批評別人——你說，人生的無常就是會在天生特質上造福某些人並詛咒其他人……但真正重要的在於，把手上的牌打出去時的自律。

這些基因效應中，有一些比較難歸類說該放在表的哪一側。舉例來說，編碼生成你舌頭上有哪幾類味覺受體的那幾個基因。我想想哦，這是否只是一種生理特性，所以即便食物在你嚐來會比別人好吃，你還是應該抗拒暴食？或者要問，食物有可能好吃到不能抗拒嗎？[9] 瘦體素這種示意你何時飽足的激素，會產生一些類似的歸類困難。

9　而在加工食品的世界裡，科學家們試圖讓老闆賣的不管隨便哪種食物都達到那樣的狀態。

還有那種毫不含糊就是處在表格右側的肥胖症相關遺傳效應，屬於那個用「我們天性的毅力和性格」來評斷我們的世界。還有你形成多少多巴胺神經元來居中調節期望和獎勵的遺傳。還有當你節食時，多少誘人食物的畫面會活化那些神經元的遺傳。壓力有多強烈地產生對高碳高脂食物的渴望。飢餓感覺起來有多令人厭惡。當然還有，你的額葉皮質有多容易控制下視丘跟飢餓相關的部分，這些都帶來了始終存在的意志力問題。又一次地，表的兩邊都是同樣的生理狀態造成的。

科學真實對大眾的影響是零。鼓舞人心的研究證明，以他人種族、年齡或性別取向為根據的無意識偏見，其平均程度在過去十年間全數大幅降低。但針對肥胖人士的偏見非但沒有降低，反而還加重了。重要的是，那種偏見就存在於醫學生之間，尤其存在於瘦男白人之間。甚至連肥胖人士都顯示暗藏著反胖偏見，無意識地把肥胖和懶惰聯想在一起；這種自我厭惡在被汙名化的團體之間很罕見。而這種自我厭惡是要付出代價的；舉例來說，對於有著同樣飲食和 BMI 的人來說，若將一個反肥胖偏見內化，會讓新陳代謝疾病的機率增為三倍。[10] 加入明白的偏見之後，我們就會擁有一個在工作、住房、醫療保健方面都會歧視肥胖的世界（而且在那個世界中，汙名往往會讓肥胖惡化，而不是神奇地激發出成功的意志力）。[11]

換句話說，這是一個糟蹋人生的領域，裡頭的人們因為無從控制的生理狀況而被指責。然而，當跟我對談的人參透了瘦體素變異代表的含意時，發生了什麼事呢？「從那時候開始，我不再覺得自己是肥豬，不再衝第一個厭惡自己。」

10　真的假的，同樣的 BMI？當然。更自我厭惡、分泌更多壓力荷爾蒙，都會導致腸道更偏好儲存脂肪（還有其他不利之處），更可以說是在增加罹患代謝以及心血管疾病的風險。

一而再再而三

目光所及之處，都有那種生理狀態體現特徵所造成的痛苦和自我厭惡，在生命中處處留下汙點。「我不時會不自覺地苛求自己，心想為什麼我不能強一點，心想這些病是不是反映了我的個性。」山姆如此記述了自己的雙極性疾患（俗稱躁鬱症）。「這些年來，我開始假定我就只是懶而已。我不再想說我的生理上可能有些問題，我假定那都是我的錯。每次我下定決心要在班上表現得更面面俱到，寫作業要更有條理、更勤快，我就不可免地會失敗。」艾莉兒如此記述自己的注意力不足過動症。「我自認邪惡、冷漠、怪異。」瑪莉安如此談自己的自閉症類群障礙。[11][12]

一次又一次，同樣的聲音，指責著那些就跟「認定你得為你的身高負責」一樣荒謬的領域。哦，可是就連身高都有人怪哦：「我媽一百六十八公分，我爸一百八十五公分，都一直罵我矮，說我不夠活潑，又不好好睡覺。」某不知名人士寫道。而住在印度的馬那斯，正處在身高問題和社會對棕色皮膚著迷的交叉點，這麼寫了：「我比家裡其他人都長得高，因為我的生活非常積極活躍。我或許高，但我比家裡其他人都來得黑。這就證明了人有其長必有其短。」當「因為」出現時，那個嚴重錯誤歸因的痛苦就變得清晰起來了。[13]

接著，人們開始正視自身的不同。「知道我所經歷的東西有個名字，我實在太欣慰了。」凱特如此寫起她的雙極性疾患；而艾琳是這麼寫她的邊緣型人格障礙：「我和精神不健康的搏鬥證明是有道理的。」山姆這麼寫他的情緒障礙：發現到「你的第一次節食或暴食沒有『造成』飲食失調。你劃的第一刀沒有『造成』憂鬱症」。蜜雪兒這麼寫她的注意力不足過動症，「一切都對了位。我覺得納稅申報表很折磨人、我口不擇言又髒兮兮，不代表我就是廢物。我根本不是廢物。是神經上的差異。」瑪莉安這麼寫她的自閉症：「要是當初沒為了恨自己浪費那麼多人生就好了。」[14]

---

11 接著還有恐怖的 quora.com/Is-it-my-fault-myhusband-hits-me

　　而自始至終，混沌都教我們說「持續正常」是不可能的，那最終只代表，你擁有每個人都有的那種大家接受為「超乎我們控制」的異常。嘿，你沒辦法讓物體浮在空中是很正常的。

　　接著還有瞭解到「你誤以為是不同選擇造成的不同結果，可能不過就是蝴蝶在拍著翅膀而已」所帶來的解放。我曾花了一整天時間對一群被監禁的人教導大腦的知識。之後，有個傢伙問我說：「我跟我兄弟在同個家長大。他是銀行副總；我怎麼會淪落到這個地步？」我們聊了聊，替他兄弟的際遇找出了一個可能的解釋——出於不管實際上是什麼的某個小小差錯，他的運動皮質和視覺皮質給了他很好的眼手協調性，而他碰巧被對的人看到在路邊打籃球……那人替他弄到了該城市蛋黃區某家貴族私立中學的獎學金，而那培養他進入了管理階層。

　　然後還有最深刻的痛苦源頭。我曾在一間小學講課，談及其他靈長類。那之後，有個樸素到極點的小孩問說，狒狒會不會在乎你不漂亮。就如《女巫前傳》（Wicked）中，被排斥的綠皮膚女巫艾爾法拔（Elphaba）唱起某個能讓人感覺自己被愛、被渴望的男孩時，她做出了結論：「他可以是真命天子。但我不是真命天女。」而每一次某個不那麼有吸引力的人比較不可能被雇用、得到加薪、獲得選票、被陪審團免除罪名時，就會表達出一種隱約的信念，那就是缺乏外在美和缺乏內在美，往往是手牽手並肩而行的。

　　而性別也理所當然對此產生了影響。1991 年，索爾克研究所（Salk Institute）一名傑出的神經科學家列維（Simon LeVay）以頭版新聞轟動了世界。身為同性戀且因為一生摯愛死於愛滋病而飽受打擊的列維，發現腦中一塊根據你喜歡同性或異性而在結構上有所差別的部分。是生理性質的性取向——這就讓人擺脫了那種所屬教會在葬禮上站糾察、舉著標語說上帝恨屁精的牧師造出來的孽，也擺脫了中世紀作風的性傾向扭轉療法。就如女神卡卡（Lady Gaga）所唱的：「上帝不犯錯，我也沒走錯，寶貝，我可是天生如此。」對那些幸運兒來說，這不是什麼新鮮事，他們自始至終都知道。然而，對於那些沒那麼幸運的人來說，他們終於可以擺脫「自己當初其實可以選擇、也應該選擇愛另一種性別」的信念。獲得啟發的也包括不是當局者的人；許多家長寫信給列維，說自己擺脫了「要是我當初鼓勵他去籃球營、而不是去藝術營的話，他就不會變成同性戀了」的想法。[15]

　　談到生育力的時候指責也會現身；一名女性缺乏生育力，可能會促使醫生嚴重誇大壓力對於生育的影響（「你太緊繃了」、「你太 A 型了」），而心理分析的毒害仍在加劇（「問題在於你對養小孩的矛盾心態」），生活方式的選擇會引來大量指責（如果你當初沒有隨便跟人上床又大意的話，你就不會要墮胎，還在子宮留下疤痕組織了）。就如研究所證明的，不孕在精神病方面使人虛弱的程度堪比癌症。[16]

　　杜克大學流行病學家詹姆斯（Sherman James）認為，「身為自身舵手」這種所託非人的信念，會產生一個格外惡性的結果。他描述了一種人格類型，稱為「約翰‧亨利主義」（John Henryism），名稱來自美國的民間英雄——一名用無人能夠匹敵的力量敲擊鋼鐵道釘的鐵路建築工；當他的老闆下戰帖，要他跟一台做同樣工作的新機器比賽時，他誓言不會有機器贏得過他，於是他對抗機器並打敗了機器……但之後力竭而亡。如果某人覺得自己只要夠盡力就可以承擔任何挑戰，在填寫問卷時贊同「當情況不如我意，只會讓我更努力」或者「我始終覺得我的一生就是有志者事竟成」這種陳述，他就是約翰‧亨利主義的面貌。那個，這有什麼問題嗎？聽起來像是個既良好又健康的心理控制點（locus of control）。除非說，你就像約翰‧亨利一樣，是非裔美國藍領工人或佃農，不過這種風格特色會導致心血管疾病的風險嚴重增加。相信夠努力就能克服保證把你踩在腳下的種族主義制度，是很可悲的信念。[12] 那是一種對「你應該要能控制自己其實不可控制的事物」的致命信念。[17]

　　而我們美國有一種根據智商和文憑數量來評斷你價值的菁英統治邪教。這國家噴了一堆經濟平等的廢話，但同時截至 2021 年為止，財力前 1% 的人們擁有 32% 的財富，而底端算起 50% 的人卻只有不到 3% 的財富。

---

12 詹姆斯完全沒有在社經地位較高的非裔美國人或者白人這邊看到一樣的情況。

而且，你還能在這國家裡找到以「生下來窮不是你的錯，但如果死的時候窮就是你的錯」為標題的專欄名稱，接下來還繼續說，如果你可悲的收入就只有那樣，「那我會說你是一隻被浪費掉的精蟲。」[18]

具有神經精神病學上的失調、生在貧窮家庭、臉或膚色長得不對、卵巢出問題、愛上錯誤的性別。不夠聰明、不夠美、不夠成功、不夠外向，不夠惹人愛。憎恨、厭惡、失望，被說服去相信自己因為臉上或腦中的瑕疵而適得其所的窮人。全都打包進「一個公正世界」的謊言中。

———— • ————

1911 年，詩人羅森費爾德（Morris Rosenfeld）創作了《我所安身之處》（Where I Rest）這首歌。當時是義大利、愛爾蘭、波蘭和猶太移民在最惡劣的工作中遭到剝削、在血汗工廠中工作到死，甚至被燒死的時分。[13] 這首歌始終讓我落淚，為那些不幸者提供了一個比喻：[19]

《我所安身之處》

別在自然的綠意中找我

---

13 這首「Mayn Rue-Plats」的用詞是意第緒語，那時是紐約下東區社會主義煽動者的語言，而不是極端正統派猶太人最高精神領袖的語言。羅森費爾德因 1911 年 3 月的三角罩衫工廠（Triangle Shirtwaist Factory）火災而寫下這首歌，火災中有一百四十六名血汗工廠工人——幾乎都是移民、都是女性，有些年僅十四歲——死於業主鎖上了一扇出口，因為他認為不鎖的話，工人就會偷走衣服從後門溜走。陪審團判定業主要為意外死亡負起責任，迫使他們全額支付每個死者家庭的七十五美元補償，然而業主本身因為工廠本身的損失領到了超過六萬美元。十七個月後，當局逮到其中一人再度鎖上新工廠出口，罰了他最低的二十美元罰金。一百零二年後，孟加拉首都達卡（Dhaka）的熱那大樓（Rana Plaza）倒塌，造成樓內一千三百一十四名血汗工廠工人死亡。前一天就已經有人發現建築物內出現裂痕，因此開始進行撤離；但業主告知工人，明天誰沒有來上工就要扣發一個月薪水。

我怕，你在那兒找不到我。
到生命被機械浪費之處
我便在那安身，親愛的。

別在鳥兒鳴唱處找我
醉人的歌進不了我的耳朵。
去我的奴役裡找，鎖鏈正響
那便是我聽見的音樂。

別去找生命流動之處
我不汲取那清澈泉湧。
去找貪婪播種餓齒與落淚
並由我們收割之處。

但若你由衷愛我
與我交心並抱緊我。
勞苦殘酷的這世界
便將死於伊甸之生。[14]

　　一秒鐘之前至一百萬年之前的諸多事件，會決定你的人生和你的愛是在冒著水泡的小河邊開展，還是在用烏黑煤煙悶死你的機器邊開展。會決定畢業典禮中你是戴學士帽、穿學士袍，還是打包垃圾。會決定人們認為你命中應得的是長壽的充實人生，還是漫長的獄中刑期。

　　並沒有堪稱正當的「應得」。唯一可能做出的道德結論是，跟任何其他人類相比，你並不更有資格去滿足你的需求和欲望。沒有哪一個人類

14　由卡恩（Daniel Kahn）翻譯。

的安好，是比你的安好更不值得考量的。[15]你可能不會這麼想，因為你無法設想表面之下造就了你的那些因果線，因為你有那種奢侈，可以去認定努力和自律不是生理狀態造成的，因為你讓自己周圍都是跟你一樣想法的人。但科學讓我們知道了這件事。

而我們得要接受，為了任何人做的事情去恨他，都有其荒謬之處；終究來說，那樣的恨比恨天空降下風暴、恨大地搖起地震、恨病毒很會鑽進肺細胞還悲哀。科學也讓我們知道了這件事。

不是每個人都這麼同意；他們主張，本書字裡行間的科學是群體的統計性質，不足以充分預測個體。他們主張，我們知道的還不夠多。但我們知道，在幼年期逆境分數中，每提高一級，就增加大約 35% 的成年反社會行為機率；有鑑於此，我們知道的已經夠多了。我們知道你的預期壽命會根據你出生在哪個國家而有三十年的差異，[16]根據你碰巧出生在美國的哪一個家庭而有二十年的差異；我們已經知道得夠多了。我們已經知道得夠多了，因為我們瞭解到，額葉皮質運作的生理狀態解釋了為什麼某些人在生命的關鍵交叉路口一直會做出錯誤的決定。我們已經知道得夠多了，而能瞭解到，那些人生不如我們幸福的無數人們，並非絕對「應該」被人忽視。在 99% 的時間裡，我都離這種心態十分遙遠，但該做的只能嘗試去做，因為那會讓人自由。

未來的人們會很驚訝說，我們居然還不知道某些事情。會有學者發表見解，談論為什麼在第三個千年初始的前後幾十年間，大部分美國人都不再反對同性婚姻。主修歷史的學生會為了期末考而拚命記誦人們開始瞭解表觀遺傳學到底是 19、20 還是 21 世紀。他們會認為我們無知，就跟我們看那些腫著甲狀腺認為撒旦造成癲癇發作的農民一樣。那近乎不可免。但我們未必也要讓他們認為我們沒有良心。

15　有人提醒我，這跟佛教的「無我」概念有些類似。關於佛教，這句話之外我多說也無益。

16　到 2022 年為止，在日本是八十五歲，在中非共和國的話是五十五歲。

致謝

　　我一生十分幸運，而這當然不是我理當應得的（詳細原因請見前半部所述）。在我寫書的這個領域中，那樣的好運包括了擁有美好而慷慨的同事和朋友，他們加上我的家人都對本書提供了回饋（有時來自幾十年前的對話，以及／或來自那些讀了本書部分章節的人，不過任何有錯誤之處都是我的責任）。這些人包括了：

威廉與瑪麗法學院的艾爾瑟斯

華盛頓大學的巴瑞許（David Barash）

明尼蘇達大學的巴托羅穆奇（Alessandro Bartolomucci）

惠頓學院的哲學家畢夏普

約翰霍普金斯大學的尚卡羅

紐約州立大學的卡盧索

芝加哥大學的科因（Jerry Coyne）

史丹福大學的埃利希（Paul Ehrlich）

史丹福大學的格里利（Hank Greely）

哈佛大學的格林（Josh Greene）

霍夫斯特拉大學法學院的格林伍德（Daniel Greenwood），他是幾乎在半個世紀前就創立「霍姆斯廳三樓自由意志與決定論倫理學」（Third-Floor Holmes Hall Ethics of Free Will and Determinism）講座系列的人

哈里斯（Sam Harris）

柏林自由大學的海辛格

加州大學舊金山分校的卡恩（Jim Kahn）

牛津大學的李維

史丹福大學的駱利群

瑞典優密歐大學的蕭伯格

楊斯鎮州立大學、已故的沃勒（Bruce Waller）

也要感謝馬蒂瓦拉（Bhupendra Madhiwalla）、門多薩（Tom Mendosa）、瑞佛斯（Raul Rivers）以及譚能包姆（Harlen Tanenbaum）。

我現在有許多書都由麥特森（Katinka Matson）擔任書籍經紀人，且多年來由巴克萊（Steven Barclay）擔任我的演講代理人——深深感謝你們兩位的友誼，以及總是鼎力支持我。

在企鵝藍燈書屋這邊，我要感謝文字編輯羅伯茲（Hilary Roberts）的仔細閱讀和建議。我要熱切感謝康賽爾（Mia Council）監督本書付印過程，並提供了一些真正具有洞見的回饋。最重要的，我要謝謝本書以及先前數本書的編輯墨耶斯（Scott Moyers）；你的協助已讓我在每次寫作／思考／自信打結的關頭上都會自動先想到：「如果是史考特，他會怎麼說？」

十年前我關閉了我的實驗室。實驗室科學家會在比較年輕的時候結束研究，一般來說都是為了要當上哪邊的學院院長之類的，或是當上科學期刊的編輯。嚴格來說，我為了在家寫作而告別實驗室的瓶瓶罐罐算是滿不正統的；我很感激史丹福大學給予教師的知識自由，還有這段期間系上的兩位主任——賽爾特（Martha Cyert）以及史騰斯（Tim Stearns）——以及已經過世的、真心為人們所愛的西蒙尼（Bob Simoni）。

啊真是的，順帶說一下，感謝佛奇（Tony Fauci）對抗黑暗的力量。還有，做的不錯喔馬拉拉（Malala）。

謝謝我們十二磅重的哈威那犬庫朋達（Kupenda）以及八十五磅重的黃金獵犬莎非（Safi）。前者整天威嚇著無助而不幸的後者，讓我瞭解到，社會地位比較關乎社會智慧而無關乎肌肉質量。然後謝謝我們家的靈長類成員——帶給我不可估量之喜悅的班傑明（Benjamin）與瑞秋（Rachel），還有麗莎（Lisa），我的一切。

附錄

神經科學入門課程

想想兩種不一樣的情境。

第一種：回想你進入青春期的時候。父母或老師事前就跟你預告會有什麼事。你帶著一種難以解釋的感覺起床，驚覺睡褲沾到東西。你興奮地把父母叫醒，而他們就跟我父母一樣淚流滿面，他們拍下難堪的照片，為了向你表達敬意而殺了頭羊，人們帶你坐轎子遊街，鄰居還用某種古老的語言吟唱著，真是不得了呢。

但說真的——如果那些內分泌的變化是發生在二十四小時後，你的人生會有什麼不同嗎？

第二種情境：你從店裡出來，出乎意料就被一頭獅子追著跑。作為壓力反應的一部分，你的腦會增加你的心跳速度和血壓，擴大你腿部肌肉中的血管，使這些肌肉現在開始狂熱運作。另外，還會讓你的感官訊息處理更銳利，好產生集中專注的狹隘視覺。

如果你的腦花了二十四小時才送出那些指令，結果又會怎樣呢？你死定了。

這就是腦獨特之處。不要今天就青春期，改明天吧，那又怎樣？不要現在就把抗體製造出來，在這一小時內做出來就好，很少會因此出人命。在骨頭裡延遲累積鈣也不會怎麼樣。但神經系統的大部分重點就濃縮在本書頻繁提出的一個問題裡：一秒鐘前發生了什麼事？那可是極快的動作呢。

神經系統的重點就在於反差，黑白分明的極端，把有話說和沒話說的差別，把訊噪比（signal-to-noise ratio）最大化。但這不僅耗費精力，而且代價還很高昂。[1]

一次一個神經元

　　在神經系統中，一般會稱「腦細胞」的基本細胞類型為神經元。我們腦中約莫幾千億個神經元彼此互相聯絡，形成了複雜的迴路。此外，還有「膠質細胞」在做一大堆跑腿打雜的事——替神經元提供支撐和絕緣的結構，也替它們儲存能量，幫忙清理神經元的損傷。

　　想當然地，這種神經元／膠質的對比是完全錯誤的。每個神經元大約都有十個膠質細胞，而且還能分成多種亞型。它們大幅影響了神經元如何和彼此對話，也形成了完全有別於神經元的另一套膠質聯絡網路。所以膠質細胞很重要。儘管如此，為了讓這篇入門更好領略，我只集中談神經元。

　　神經系統之所以如此與眾不同，有部分是因為神經元是如此與眾不同的細胞。細胞通常是小而獨立的實體，就想想紅血球細胞那種圓形的小碟。

　　相較之下，神經元是非常不對稱的拉長型怪物，通常有著突出到各個地方的突起。就想想這張 20 世紀初由本領域宗師卡哈（Santiago Ramón y Cajal）繪製的顯微鏡下單一神經元繪圖：

1　別的先不提，這也就是神經系統如此容易受傷的原因。有人的心跳停止了。在電擊而重新跳動之前，心臟停止了幾分鐘，而在這短短幾分鐘內，整個身體都缺乏血液、氧以及葡萄糖。等到那幾分鐘的「缺氧缺血」（hypoxia-ischemia）到了尾聲時，身體的每個細胞都痛苦得想吐。然而，如今注定要在接下來幾天內率先死去的卻是腦細胞（以及由它們組成的次級組織）。

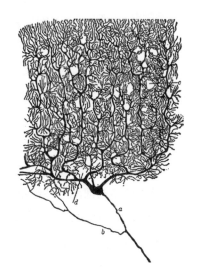

　　那就像發狂的樹枝，解釋了「樹枝狀」（arborized）神經元（在第七章詳盡探討過這些枝狀物一開始是怎麼形成的）這種專門術語的由來。

　　許多神經元還大到不尋常。在本句句尾，俗稱句點的那個點上，可以放進無數個紅血球細胞。相較之下，脊髓裡的神經元，單一個就會送出好幾公尺長的投射線。藍鯨體內有半個籃球場那麼長的脊髓神經元。

　　現在來談一談神經元的其中一小部分，那部分是瞭解神經元運作的關鍵。

　　神經元做的事就是跟彼此對話，刺激彼此。打比方來說，神經元的一端是耳朵，一個用來從其他神經元接收訊息的特化突起。另一端是嘴巴突起，會跟連接到的下個神經元聯絡。

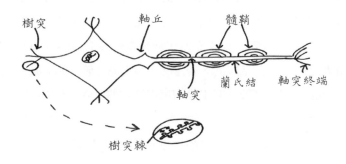

耳朵，也就是輸入端，叫作樹突。輸出端的起頭是稱作軸突的單一條長線，接著它會分叉成多個軸突末端，而這些軸突終端是嘴（先別管髓鞘）。軸突終端會連結到下一個神經元的樹突分支上的棘。因此，神經元的樹突耳朵會得知後面的那個神經元進入了興奮狀態。訊息流接著會一路從樹突衝到細胞體，再到軸突，再到軸突終端，然後再傳給下一個神經元。

我們來把「資訊流」轉換為類似化學的說法。實際上從樹突跑到軸突終端的是什麼東西？一股電興奮的浪潮。神經元裡有眾多帶正電或負電的離子。在神經元細胞膜外還有其他帶正電或負電的離子。當一個神經元經由樹突的一根棘，從前面的神經元得到了一個刺激信號時，那根棘就會將細胞膜的通道打開，讓多種離子流入，讓其他離子流出。結果是，該樹突的末端會變得帶有更多正電荷。該電荷散布至軸突終端，傳遞到下一個神經元。化學就講到這邊。

以下是兩個重要到極點的細節：

靜止電位（Resting Potential）

所以當一個神經元從前一個神經元那邊接收到一個刺激訊息時，它裡面就會帶有比細胞周遭更多的正電荷。當一個神經元有話要說時，它會叫破喉嚨。那麼，當神經元無話可說、沒受到刺激時，情況會是怎樣呢？或許是一個平衡狀態，外面和裡面有著同樣的中性電荷。[2] 不，從不會這樣，不可能這樣。對於你脾臟或大腳趾頭裡的某些細胞來說是夠好了，但回到前面那個關鍵主題上，也就是神經元的唯一重點就在於對比差異。神經元無話可說的狀態，並非那種活動緩慢歸零的被動狀態。那反而是一個活躍的過程。一個活躍的、蓄意的、有力的、強大的、吃力的過程。「我無話可說」這種狀態並非預設的電中性狀態，神經元內此時反而帶有

---

2 給化學家：換句話說，負電荷離子在神經裡面、外面的分布會彼此平衡。

負電荷。

　　這樣的對比無比劇烈：我無話可說＝神經元裡面是負電荷。我有話要說＝裡面是正電荷。沒有神經元會把這兩個搞混。這種內部帶負電位的狀態稱作靜止電位。帶正電位的興奮狀態叫作動作電位。那麼，產生這個戲劇性的靜止電位，為什麼會是種活躍的過程呢？因為神經元得要像瘋了一樣地工作，利用膜上的各種幫浦，來把一些正電荷離子推出去，讓負電荷離子留下來，全都是為了要產生內部帶負電荷的靜止電位。一個興奮訊號來了；通道打開，海量的離子猛進猛出，產生興奮的內部正電荷。而當那一波興奮過去後，通道關閉，然後幫浦得讓一切回歸到一開始的狀態，重新產生那個充滿負電荷的靜止電位。不尋常的是，神經元幾乎把一半的能量都花在產生這個靜止電位的幫浦上。要產生「無話可說」和「有精彩大消息」之間的巨大反差，並不是件容易的事。

　　認識了靜止電位和動作電位後，我們就要來看下一個重大無比的重要細節。

那不是動作電位真正的模樣

　　我剛剛概述的是，單一根樹突棘從上一個神經元接收了一個興奮訊號（也就是上一個神經元有過一個動作電位）；這就在該棘內產生了一個動作電位，散布到棘所在的那根軸分支上，再繼續擴散到細胞體，經過細胞體，繼續前進到軸突和軸突終端，然後把訊號傳到下一個神經元。實際上並非如此。

　　情況反而是這樣：神經元坐在那兒無話可說，也就是說，它展現一個靜止電位；裡面整個都是負電荷。這時某個樹突分支的某個樹突棘那來了一個興奮訊號，從前一個神經元的軸突終端傳來。因此，管道打開，那一根棘上的離子流進流出。但這不足以讓整個神經元裡都帶正電，就只是讓棘裡面的電位稍微沒那麼負而已。這邊加幾個一點都不重要的數字，情況是靜止電荷從大約-70毫伏（mV）變成了約-60毫伏。然後通道就關閉了。那個變得沒那麼負的一丁點小變化，進一步散布到同一根數突分支上與它鄰近的棘。[3]幫浦開始運作，把離子抽回到它們一開始在的地方。所以在那個樹突棘上，電荷從-70毫伏變成-60毫伏。但沿著那分支走了一點路，情況就從-70毫伏變成-65毫伏。要是再傳遠一點，就只剩-70毫伏變成-69毫伏。換句話說，那個興奮訊號消散了。你有一面光滑平靜的漂亮湖面正處在靜止狀態，然後扔了一小顆鵝卵石進去。那在落下處造成了一震波紋，向外擴散，幅度越來越小，到離卵石落下處不遠的地方就消散了。而在這座湖幾公里外的軸突末端，那個興奮的波紋什麼效果也沒造成。

換句話說，單一樹突棘興奮起來，不足以把興奮傳遞到軸突的末端，進而傳遞到下一個神經元。那麼，訊息要怎麼樣才能傳遞下去？那就要回去看看卡哈那張美妙的神經元繪圖。

那些分叉的樹突分支全都遍布著棘。為了得到從神經元的樹突末端衝到軸突末端的充足興奮，你得要累積足夠多的刺激——同一個棘得要反覆、快速地受到刺激，且／或一整堆棘必須同時受到刺激（這是最常見的追加條件）。如果你要的是波浪而不只是波紋的話，你就得扔一大堆鵝卵石到湖裡去。

從細胞體冒出軸突的那個軸突基底處，是一個特化的部位（稱作軸丘）。如果所有那些樹突加總起來的輸入產生的波紋，足以把軸丘附近的靜止電位從-70毫伏變到-40毫伏左右，就通過了一個閥值。一旦發生，瞬間天下大亂。軸丘的膜會打開另一類通道，讓大量的離子移動，而總算產生了一個正電荷（大約+30毫伏），也就是一個動作電位。那接著打開了下一小批軸突膜上的同一類通道，在那裡重新產生了動作電位，然後是下一小批，然後又下一小批，一路來到了軸突終端。

從談資訊科學的立場來看，神經元有兩種不同的發訊系統。從樹突棘到軸丘的是類比訊號，有著隨時間空間而消散的訊號漸變。至於從軸丘

3　專用術語：那個小小的「去極化」。

到軸突終端的，則是訊號非黑即白的數位系統，沿著整條軸突行進時會重新產生。

　　我們放一些想像數字進去，好理解這邊的重要之處。我們先來假設一個神經元平均有大約一百個樹突棘，以及大約一百個軸突終端。這在神經元那種類比／數位特色的脈絡下有什麼含意呢？

　　有時候沒什麼有趣的。想想神經元 A，就如剛剛介紹的，有一百個軸突終端。它們每個都連接到下一個神經元，也就是神經元 B 的一百個樹突棘上。神經元 A 有一個動作電位，遍及到那一百個軸突終端，刺激了神經元 B 裡面全體共一百個樹突棘。可讓神經元 B 的軸丘達到產生動作電位的閾值，是其中五十根棘同時興奮起來；因此，一百根棘全部一起開火時，神經元 B 保證會有動作電位，並把神經元 A 的訊息傳遞下去。

　　現在，神經元 A 改成把一半的軸突終端投射到神經元 B，另一半則到神經元 C。當 A 產生一個動作電位，那有辦法保證神經元 B 和 C 跟著出現動作電位嗎？那些神經元的軸丘都有需要一次扔五十個鵝卵石來發動的訊號閾值，要達到閾值，它們才會有動作電位。神經元 A 在兩個下游神經元上造成的動作電位，會戲劇性地影響兩個神經元的運作。

　　但現在，神經元 A 均勻地把軸突終端分配到十個不同的目標神經元上，也就是神經元 B 到神經元 K。它的動作電位會在目標神經元上面產生動作電位嗎？不可能。延用我們的範例，每個目標神經元上都只有給十根樹突棘用的鵝卵石份量，遠低於五十顆鵝卵石的閾值。

　　所以，從神經元 A 只能得到十根樹突棘的興奮訊號的（好比說）神經元 K，究竟要靠什麼才能產生一個動作電位？這個嘛，神經元 K 的另外九十個樹突棘發生了什麼事？在這個情境中，它們可以從其他神經元得到輸入──共九個神經元，每個都有十個輸入。換句話說，任一個神經元都會合併所有神經元投射給它的輸入。從中出現了一條規則：*如果神經元 A 投射給越多神經元，根據定義，它能夠影響的神經元就越多；然而，神經元 A 投射的神經元越多，它對每個目標神經元的平均影響力就會越小。* 這之中有一個權衡取捨。

這在脊髓中沒差，那裡的一個神經元通常會把自己所有的投射都送到下一個神經元。但在腦中，一個神經元的投射會散布到大量的其他神經元上，並從大量的其他神經元處接收輸入，而每個神經元的軸丘會斷定自己的閾值有沒有通過，進而產生動作電位。腦部便由這些發散和聚合的發訊網路鋪設線路。

現在加入令人瞠目結舌的真實數字：平均來說，你的神經元有大約*一萬到五萬個*樹突棘，以及大約同樣數字的軸突終端。再乘以一千億個神經元，你就能看出為什麼會寫出一首好詩的是腦，而不是腎臟。

為了避免遺漏，這裡再補上最後幾個事實，如果你已經嫌多的話可以略過。神經元有一些額外伎倆，能夠在動作電位結束時更加強化無話可說和有話要說之間的對比。用來很快、很急結束動作電位的手段，有一種叫延遲整流（delayed rectification），另一種叫過極化不反應期（hyperpolarized refractory period）。這來自上面那張圖的另一個次要細節：一種包裹住軸突的膠質細胞，構成了一層稱作髓鞘質的絕緣層；這種「髓鞘化」會導致動作電位更快擊中軸突。

最後，再來一個將來會非常重要的細節：軸丘的閾值可以隨時間改變，由此改變神經元的易興奮性。什麼會改變門檻？激素、營養狀態、體驗，以及充斥於本書的其他各種因素。

現在我們成功地從神經元的一頭抵達了另一頭。接著，一個有動作電位的神經元要怎麼把它的興奮狀態傳給下一個神經元呢？

一次兩個神經元：突觸間聯絡

假設一個在神經元 A 觸發的動作電位一路傳到了那一萬個軸突終端上。這個興奮訊號是怎麼傳到下一個（或多個）神經元的？

合胞體信徒的敗北

如果你是 19 世紀的一般神經科學家，答案就很簡單。他們的解釋是，胎兒的腦是由大量獨立的神經元慢慢長出樹突和軸突的突起而構成。最終，一個神經元的軸突終端抵達並碰觸到下一個（或多個）神經元的樹突棘，然後結合，形成兩個細胞間延續不斷的膜。成熟的腦會從這一切獨立的胎兒神經元開始，形成這個十分複雜的單一超神經元綿延網路，稱作「合胞體」（synctitium）。因此，興奮訊號就可以輕易地從一個神經元流動到下一個神經元，因為那些神經元其實並非各自獨立。

19 世紀晚期出現了另一個看法，也就是每個神經元都還是獨立單位，而神經元的軸突終端並沒有真的**觸碰**到下個神經元的樹突棘。兩者之間其實有一個小縫隙。這個概念稱作神經元學說（neuron doctrine）。

合胞體派的**擁護者**傲慢無比，甚至還知道這個詞怎麼拼，所以他們能夠大言不慚地說他們認為神經元學說愚蠢透頂。他們向這些異端提出要求說，給我看看軸突終端和樹突棘之間的縫隙，然後跟我解釋**刺激**要怎麼從一個神經元跳到下一個神經元。

然後到了 1873 年，義大利神經科學家高基（Camillo Golgi）發明了一種給腦組織染色的嶄新方法，就把這全部解決了。前述的卡哈利用這個「高基染色」，把單一神經元的所有突起物、所有樹突和軸突終端所有的分支和小分支和細分支都染色。關鍵在於，染色並沒有從一個神經元擴散到下一個神經元。沒有那種單一超神經元的延續合併網。個別的神經元是分離的實體。神經元學說信徒戰勝了合胞體信徒。[4]

萬歲，結案；軸突終端和樹突棘之間確實有極其微小的縫隙；這些縫隙稱作突觸（一直到 1950 年代發明電子顯微鏡才得以直接觀察到，也讓合胞體嚥下了最後一口氣）。但還剩下興奮如何跳過突觸，從一個神經元傳到下一個的問題。

4　諷刺的注腳：卡哈是神經元學說的主要鼓吹者。那支持合胞體的領頭人呢？高基；他發明的技術證明他錯了。1906 年，他顯然是一路悶悶不樂地去斯德哥爾摩領那座跟卡哈一起獲得的諾貝爾獎。這兩人痛恨彼此，連話都沒說。卡哈在諾貝爾獎得獎演說中，試圖拿出禮貌來稱讚高基。然而，高基在他的演說中，卻抨擊了卡哈和神經元學說；白癡。

追求這個問題的答案主宰了 20 世紀中間五十年的神經科學，而答案
是，電興奮並沒有跳過突觸，而是轉譯成另一種訊號。

神經傳導物質

有一種叫囊泡的小氣球坐落於每個軸突終端並繫在膜上，裡面裝滿
一種化學傳訊者的眾多複製品。那個從軸突最起頭處，也就是來自該神
經元軸丘的動作電位來了。它傳播到軸突終端，觸發突觸釋放那些化學
傳訊者。它們漂浮過去，抵達另一頭的樹突棘，在那邊刺激神經元興奮。
這些化學傳訊者稱作神經傳導物質。

從突觸的「突觸前側」釋放的神經傳導物質，要怎麼在「突觸後側」
的樹突棘裡造成興奮？坐落在樹突棘膜上的是神經傳導物質的受體。現
在該來介紹生物學中一個偉大的老哏了。神經傳導物質分子有一個獨特
的形狀（該分子的每一個複製品也都有一樣的形狀），而受體有一個形狀獨特
的結合口，可以跟神經傳導物質的形狀完美契合。因此神經傳導物質——
老哏來了——就像鑰匙插進鎖一樣地與受體契合。其他分子都不能與該
受體完全契合；神經傳導物質的分子也不能與其他任一類受體完全契合。
當神經傳導物質結合受體，便觸發離子通道打開，而引起興奮的離子流就
在樹突棘內啟動了。

這描述了以神經傳導物質進行的「跨突觸」聯絡。只有一個細節沒
描述到：神經傳導物質分子在與受體結合之後怎麼了？它們不會永久結
合——別忘了，動作電位發生的時間是以幾千分之一秒計。神經傳導物質
會從受體上漂走，那時候就得把它們清乾淨。這會從兩種方法中擇一發
生。首先，有環保概念的突觸在軸突終端的膜上面帶有「再吸收幫浦」。
它們會拾起神經傳導物質加以回收，把它們放回那些分泌囊泡裡，準備再
次使用。[5]第二個選擇是在突觸內用酶將神經傳導物質降解，把打碎後的

5　多講一點鑰匙開鎖的事——吸收幫浦有一個形狀跟神經傳導物質的形狀互補，所以
　　會被抽回軸突終端的東西就只有後者。

產物沖到海裡（也就是細胞外的環境，然後從那繼續來到腦脊髓液、然後是血流，最終進入膀胱）。

　　這些內務工作的步驟極其重要。假設你想將增加神經傳導物質傳訊到突觸另一頭的量。讓我們把那轉譯成上一節談神經興奮的用詞——你想要增加跨過突觸的興奮程度，好讓突觸前側神經元的動作電位在突觸後側神經元裡更有力，也就是說，讓它更有可能在第二個神經元中產生動作電位。你可以增加釋放的神經傳導物質量——讓突觸前側神經元喊得更大聲，也可以增加樹突棘上的受體量——讓突觸後側神經元聽得更仔細。

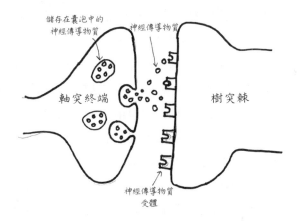

　　但還有一種可能方法；你可以降低再吸收幫浦的活性。結果從突觸移除的神經傳導物質比較少，它因此逗留更久，並反覆跟受體結合，放大了訊號。或者，還有另一種在概念上等同的方法：你可以降低降解酶的活性；打碎的神經傳導物質比較少，就有更多會在突觸上逗留更久，而有著強化效果。我們等下會看到有助於解釋與本書內容相關之個體行為差異的一些最有趣的研究結果，和神經傳導物質的製造量與釋放量，以及受體、再吸收幫浦、降解酶的量和運作情況有關。

神經傳導物質的類別

　　靠著那一千億神經元軸突終端的動作電位而釋放的這種神祕神經傳導物質分子，究竟是什麼？情況就在這邊變得複雜起來，因為神經傳導物質不只一類。

為什麼不只一類？每個突觸都會發生一樣的事情，也就是神經傳導物質鑰匙和配對的受體鎖結合，然後觸發眾多通道打開，讓離子流動，讓棘裡面變得稍微沒那麼帶負電。

一個理由是，不同的神經傳導物質造成的去極化程度不同——換句話說，有些神經傳導物質會比其他得更有興奮效果——而且持續的時間長度也不同。這就讓從一個神經元傳到下一個神經元的資訊有了多上太多的複雜性。

接著，彷彿要讓我們這裡的複雜度再加倍似的，有些神經傳導物質並不會去極化，不會增加下一個神經元有動作電位的可能性。它們會做相反的事——它們「過極化」那些棘，打開別種通道，讓靜止電位增加更多負電荷（好比說，從-70毫伏變成-80毫伏）。換句話說，有*抑制性*神經傳導物質這種東西。你可以看出這就讓情況更複雜了——一個有著一萬到五萬個樹突棘的神經元，從眾多神經元取得不同大小的刺激性輸入，從其他神經元取得抑制性輸入，全都在軸丘整合起來。

因此，有很多不同類別的神經傳導物質，每一種都跟一個形狀互補的獨特受體位置結合。是不是每個軸突終端都有一大票不同類別的神經傳導物質，以至於一個動作電位就觸發了一整組巧妙複雜的發訊釋放出來？我們在這邊要援引「戴爾原則」，名稱出自本領域其中一位大人物戴爾（Henry Dale）；他於1930年代提出了一條規則，其真實性構成了每個神經科學家幸福感的核心：一個動作電位會在一個神經元的所有軸突終端釋放同樣的神經傳導物質。因此，一個特定的神經元會有一種獨特的神經化學樣貌：哦，那個神經元是一個神經傳導物質A類的神經元。而那也代表，該神經元所傾訴的下一個神經元，在樹突棘上會有神經傳導物質A的受體。[6]

6　那也指出了，如果一個神經元正從一個釋放神經傳導物質A的神經元接收到傳給它五千個棘的軸突投射，也從一個釋放神經傳導物質B的神經元接收到傳給它另外

　　已辨識出的神經傳導物質有幾十種。最鼎鼎大名的有：血清素、正腎上腺素、多巴胺、乙醯膽鹼、麩胺酸（腦中最興奮的神經傳導物質），以及 γ- 氨基丁酸（抑制力最強）。醫學系學生就是在這時候被每個神經傳導物質各自如何合成的一切繁瑣細節所折磨——神經傳導物質的前驅物質，前驅物質轉換成的中間形態，最後總算到合成的步驟，也就是各式各樣催化合成的酶和一個個又臭又長的名字。那之中有一些相當簡單的規則，基於三個要點：

a. 你永遠不會想碰到被獅子追著逃命的時候，唉呀不小心，叫你的肌肉跑快一點的神經元因為沒有神經傳導物質所以下線了。為了符合需求，神經傳導物質是用充沛的前驅物質所製成；通常是簡單的食物營養成分。舉例來說，血清素和多巴胺分別是用色胺酸和酪胺酸這兩種食物胺基酸製成的。乙醯膽鹼是用來自食物的膽鹼和卵磷脂製成。[7]

b. 神經元在一秒內可能可以出現幾十個動作電位。一個個都與用更多神經傳導物質來重新補充囊泡、釋放神經傳導物質、事後清理有關。有鑑於此，你可不會希望你的神經傳導物質是又大又複雜的華麗分子，然後每個都需要一代又一代的工匠才能完工。它們全都只要從前驅物質經過少少幾個步驟就能完成。它們便宜又好製造。舉例來說，只要兩個合成步驟就可以把酪胺酸變成多巴胺。

c. 最後，為了要讓神經傳導物質的合成模式最終得以便宜簡單，還

五千個棘的軸突投射的話，它會在那兩群不同的棘上展現不同的受體。

7　等等，那代表說你可以靠著飲食控制神經傳導物質的量嗎？在我當學生的時代，人們對於這種可能性感到非常興奮。然而，這多半都沒成功——舉例來說，如果你太缺少包含酪胺酸的蛋白質，以至於無法製造足夠的多巴胺的話，你早就因其他許多理由而死了。

需要從同一種前驅物質產生出多種神經傳導物質。舉例來說，在使用多巴胺當作神經傳導物質的神經元裡，有兩種酶來完成那兩項打造步驟。同時，在釋放正腎上腺素的神經元中，又多了一種酶來把多巴胺轉變成正腎上腺素。

便宜便宜真便宜。那是有道理的。沒有什麼比在突觸後側完成工作的神經傳導物質更快遭到廢棄的。昨天的報紙到了今天，就只剩下給幼犬訓練大小便的功能了。最後一個重點，這到後面會有很大的關聯：就跟軸丘的閾值可以因應經驗而隨時間改變一樣，神經傳導物質學問之具體細節的每一個面向，幾乎也都可以被經驗所改變。

神經藥理學

隨著這些神經傳導物質學的見解出現，科學家也就能開始瞭解各種「神經活性」和「影響精神」的藥物是如何運作的。

廣義來說，這種藥物分成兩大類：讓穿過某一類突觸的傳訊增加的藥物，以及減少的藥物。我們已看過其中一些增加傳訊的策略：（a）給予一種會刺激合成更多神經傳導物質的藥物（給予前驅物質，或者使用藥物讓合成神經傳導物質的酶活性增加；舉例來說，帕金森氏症與腦的一個區域失去多巴胺有關，而一種治療方式就是給予L-DOPA藥物，也就是能合成多巴胺的前驅物質，來提高多巴胺）；（b）給予一個神經傳導物質的合成版，或者一個在結構上跟真的神經傳導物質夠接近的藥物，來騙過受體（舉例來說，賽洛西賓〔psilocybin〕在結構上就類似血清素，能夠活化其中一小類血清素受體）；（c）刺激突觸後側的神經元製造更多受體（理論上沒問題，但做起來不容易）；（d）抑制降解酶，好讓更多神經傳導物質在突觸周遭逗留；（e）抑制神經傳導物質的再吸收，延長它在突觸的效應（抗憂鬱劑的當代首選百憂解，就是對血清素突觸做這件事，因此常被稱作是SSRI——選擇性血清素回收抑制劑）。[8]

8　所以，如果選擇性血清素回收抑制劑提升了血清素訊號並減低了憂鬱症狀，那麼憂

　　同時，有一整本藥典的藥物可以降低突觸之間的傳訊，而你可以看出它們背後的機制會包含什麼——阻絕神經傳導物質的合成，阻絕釋放神經傳導物質，阻絕神經傳導物質接觸受體，諸如此類。一個有趣的例子：乙醯膽鹼刺激橫膈膜收縮。亞馬遜原住民用於飛鏢上的箭毒會阻絕乙醯膽鹼的受體，可以讓你停止呼吸。

一次多過兩個神經元

　　我們現在得意洋洋地來到了思考三個神經元的時候。再翻幾頁過去，我們就會一路狂飆，去思考超過三個神經元的情況。這一節的目標是來看看神經元迴路怎麼運作，是開始探究整個腦部區域跟我們行為有什麼關聯之前，要經過的一個中間步驟。因此我選出以下的這些例子，就只是要讓讀者稍微感受到事物在這個層次上是怎麼運作的。稍微認識這種迴路的基礎材料，對於理解第十二章所著重探討的「腦中迴路是怎麼因應經驗而改變」來說十分重要。

神經調控

　　想想以下的示意圖：

鬱症的成因就應該是血清素太少。這個嘛，恐怕不是。(A) 血清素缺乏可能只是某幾種亞型憂鬱症的成因——選擇性血清素回收抑制劑絕不是每個人都幫得到，而且程度也不一；(B) 對其他亞型來說，缺少血清素可能只是一個成因，甚至完全無關；(C) 就算血清素訊號較多等於較輕的憂鬱症，也不一定代表一開始的問題是血清素太少——畢竟，就算布膠帶能不讓管線漏東西出來，也不代表管線一開始會漏是因為缺乏布膠帶；(D) 雖然選擇性血清素回收抑制劑有「選擇」這兩個字，但這種藥物的效果其實並非有完全的選擇性，也會影響到其他神經傳導物質，這代表說，與憂鬱症相關的可能不是血清素，而是這些其他的神經傳導物質；(E) 儘管選擇性血清素回收抑制劑對血清素訊號有這樣的效果，但問題也有可能是血清素太多——這有可能透過一種層次實在太多而讓我的學生都喘不過氣的情境而發生；(F) 甚至還有更多原因。因此，人們正為了「血清素假說」（也就是憂鬱症是由血清素太少造成）是否吹噓過度而陷入激烈的爭議，而那看來很可能是真的。

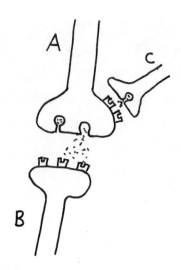

　　神經元 A 的軸突終端，跟突觸後側神經元 B 的樹突棘構成了一個突觸，並釋放一個興奮性神經傳導物質，這些都一如往常地進行。同時，神經元 C 把一個軸突終端的投射送向神經元 A。但不是送到平常的地方，也就是樹突棘；它的軸突終端反而是跟神經元 A 的軸突終端形成突觸。

　　這是怎麼回事？神經元 C 釋放出抑制神經傳導物質 γ-氨基丁酸，漂過那個「軸突接軸突」的突觸，然後跟另一頭神經元 A 軸突終端上的受體結合。而它的抑制效果（也就是讓那個 -70 毫伏的靜止電位變得更負電荷）把衝向那一條軸突的動作電位都澆熄了，讓它無法達到最末端去釋放神經傳導物質；因此，神經元 C 不是直接影響神經元 B，而是改變了神經元 A 影響神經元 B 的能力。用這領域的專門術語來說，神經元 C 在這個迴路中有著「神經調控」的作用。

讓訊號隨時間和空間變化而更銳利

　　現在來談一種新的迴路。方便起見，我會用比較簡化的方式來呈現神經元。就如下頁圖解所示，神經元 A 把一萬到五萬個軸突投射都送到神經元 B，並釋放一個刺激神經興奮的神經傳導物質，用 + 記號代表。神經元 B 的圈圈，代表了細胞體再加上包含一萬到五萬根棘的所有樹突分支：

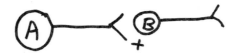

　　現在來想想這個迴路。神經元 A 刺激神經元 B，這邊都跟往常一樣。此外，A 也刺激了神經元 C。這都是尋常工作，神經元 A 把軸突投射分別送到兩個目標細胞，讓兩個都興奮起來。那神經元 C 要做什麼？它把一個抑制投射回送給神經元 A，形成一個負回饋迴圈。回來看腦喜愛對比這件事：有話說時猛力叫破喉嚨，沒話說又會猛力安靜下來。這是同樣情況的更宏觀層次。神經元 A 發出一連串的動作電位。當一切都結束時，有什麼方法能比「多虧了抑制性回饋迴圈，使它大幅靜默下來」更猛力呢？這是一種讓訊號在時間跨度中更銳利的手段。[9]要注意到，神經元 A 可以藉著要讓那一萬個軸突終端有多少個分流到神經元 C 而不是 B 上，來「決定」那個負回饋訊號有多強。

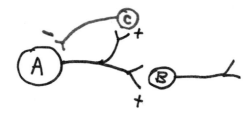

　　訊號的這種「時間銳化」可以用別種方式達成：

9　這只有在多追加一個事實之後才有道理。多虧了離子通道不時就會按機率出現的隨機小變化，神經元偶爾會無來由地出現隨機、自發的動作電位（第十章在談量子不確定性跟腦功能有什麼關聯時，我們有深入觀察過﹝偷偷跟你說──其實沒啥關聯﹞）。所以神經元 A 故意擊發十個動作電位，接著，很快是兩個隨機的動作電位。那可能會讓人很難分辨說，神經元 A 到底是想要喊十次、十一次、還是十二次。藉著把迴路校準，讓抑制回饋信號在第十次動作電位後現身，而避免了後來的兩次隨機訊號，那麼就比較容易分辨神經元 A 的意思是什麼了。藉由抑制雜訊，讓訊號變得更銳利。

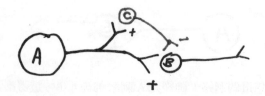

神經元 A 刺激 B 和 C。神經元 C 送出一個抑制信號到神經元 B，而那會在神經元 B 受到刺激之後抵達（畢竟 A/C/B 迴圈有兩段的突觸，A/B 只有一段）。結果呢？以「前饋抑制」（feed-forward inhibition）讓訊號變得更銳利。

現在來看另一種使訊號更銳利化的方法，也就是提高訊噪比。想想這個有六個神經元的迴路，其中神經元 A 刺激 B，神經元 C 刺激 D，神經元 E 刺激 F：

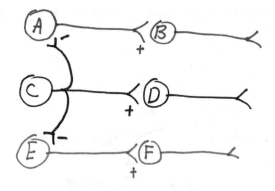

神經元 C 送出一個興奮訊號，投射到神經元 D。但除此之外，神經元 C 的軸突還投射了一個側抑制訊號給神經元 A 和 E。[10] 因此，如果神經元 C 受到刺激，它會刺激神經元 D 並讓神經元 A 和 E 沉默。有了這種「側抑制」（lateral inhibition），C 叫破喉嚨的同時，A 跟 E 會格外沉默。這是一種將空間訊號銳利化的手段（且要留意到這張示意圖有所簡化，我省略了某件

---

10 多虧了戴爾的智慧，我們知道，同一種（或幾種）神經傳導物質會從神經元 C 的每一個軸突終端出來。換句話說，同樣的神經傳導物質可以在某些突觸有刺激性，而在其他突觸有抑制性。這由「受體跟樹突棘中哪一類離子通道結合」來決定。

很明顯的事——神經元 A 和 E 也會向神經元 C 送出側抑制投射，而它們另一側的其他神經元也會對它們這麼做）。

　　像這樣的側抑制在感覺系統內無所不在。對著一隻眼睛亮一個小光點。等等，剛剛被刺激的是感光神經元 A、C 還是 E ？多虧了側抑制，我們能更清楚看出是 C。在觸覺系統中也是一樣，這讓你能分辨剛剛碰觸到的是這一小片皮膚，而不是其他別的地方。或者在耳朵裡面，讓你知道你聽見的音調是 A，不是升 A 或降 A。[11]

　　因此，我們看到的是神經系統的另一個將對比強化的例子。一個神經元的沉默狀態是負電荷，而不是電中性的零毫伏，這個事實有什麼重要意義？這是一種在一個神經元內讓訊號更銳利的方式。這幾種投射回饋、前饋抑制以及側抑制的意義又是什麼？這都是一種隨著空間和時間的改變，而在迴路內讓訊號更銳利的方式。

兩種不同的疼痛

　　接下來這個迴路，涵蓋了剛剛介紹的其中一些要素，並解釋了為什麼（廣義來說）有兩種不同的疼痛。我很愛這個迴路，因為它就是那麼地洗鍊：

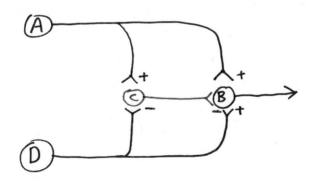

11　同樣的迴路也出現在嗅覺系統中，而那一直讓我感到困惑。就在柳橙氣味側邊的是什麼？橘子的氣味嗎？

　　神經元 A 的樹突就坐落於表皮下面不深處，而這個神經元有著一個因應疼痛刺激的動作電位。神經元 A 接著刺激投射到脊髓的神經元 B，讓你知道某件疼痛的事剛發生了。但神經元 A 也刺激了會抑制神經元 B 的神經元 C。這是我們的一種前饋抑制迴路。結果呢？神經元 B 短暫擊發，然後當它靜下來時，你會把這感覺讀成一股銳利的疼痛——你被針扎到了。

　　同時有神經元 D，它的樹突也在皮膚的大略同一區域上，對一種不一樣的疼痛刺激做出反應。就跟之前一樣，神經元 D 會刺激神經元 B，訊息送達了腦部。但它也將抑制性的投射送往神經元 C。結果呢？當神經元 D 被疼痛訊號活化時，它抑制了神經元 C 抑制神經元 B 的能力。而你會把那感受為一種持續的抽痛，就像燒燙傷或擦傷那樣。重要的是，動作電位在神經元 D 的軸突中行進的速度遠低於神經元 A（這跟我前面提到的髓鞘質有關——細節不重要），這件事又進一步強化了這個情況。所以，神經元 A 世界裡的疼痛不只轉瞬即逝，而且還來得突然。神經元 D 這一頭的疼痛不只長存而且起步緩慢。

　　這兩種神經纖維可以交互作用，而我們常常刻意強迫它們這麼做。假設你有某種持續的抽痛——好比說，昆蟲咬傷。你要怎麼止住抽痛？短暫地刺激快的那種神經纖維。這會片刻增加疼痛，但刺激神經元 C，你就把系統關掉了一下。而我們在不少情況中就是這麼做的。蟲咬抽痛到難以忍受，我們便會繞著該處猛抓來緩和疼痛。這樣的話，慢而長期的疼痛感覺路徑就會關機個幾分鐘。

　　疼痛是如此運作，在臨床上有著重要含意。首先，那讓科學家可以給嚴重慢性疼痛症候群（舉例來說，某幾種背痛）的患者設計一種療法。他們把小小的電極植入快速疼痛路徑，連接到某人臀部的一個刺激器上；太多抽痛會驚動刺激器，然後在一陣短暫銳利的疼痛過後，慢性抽痛會短時間關閉；這在許多案例中有著奇效。

　　因此，我們就有一個迴路，它包含一個時間銳利化機制，還採用了抑制性抑制劑這種負負得正的作用，整件事實在有夠酷。而我喜愛它的一個最重要的理由，就在於它是由梅爾扎克（Ronald Melzack）和沃爾（Patrick Wall）這兩位偉大的神經生物學家於 1965 年首度提出的。當初，他們只是把它當成一種理論模型（「從沒人見過這種配線，但有鑑於疼痛如此運作，於是我們主張它看起來得要是像這樣的東西」）。而後來的研究證明了，這部分的神經系統確確實實就是這樣鋪線的。

以這種要素打造的迴路，在第十二章解釋我們如何形成概念和分類的時候顯得格外重要——像是在你看一幅畫作、然後說「我沒辦法跟你說是誰畫的，但應該是出自印象派畫家」時，或者在你思考著林肯和老羅斯福之間的「其中一名」總統，或者會牧羊的「其中一種」狗的時候。

再放大一輪

一個神經元，兩個神經元，一個神經元迴路。我們現在準備好了，最後一步要來把規模拉大到一次幾千幾萬幾十萬個神經元。如果看一張顯微鏡底下的肝臟橫向剖面圖，那就只是一整片同質的細胞，一張沒有差異的毯子；你看過一部分，就等於看過了全部。無聊。

相較之下，腦完全不是這種東西，腦展現出了大量的內部組織構造。

換句話說，功能相關的神經元細胞體會在腦的一個特定區域群聚，而它們送到腦其他部位的軸突會被整併成這些投射線。關鍵在於，這代表腦的不同部位做著不同的事情。腦的所有區域都有名字（通常是多音節的詞，而且出自希臘文或拉丁文），其下的小區域以及再其下的小小區域也是。此外，每個區域都固定只跟一組其他區域對話（也就是傳遞軸突給它們），也只有固定的那一組會去跟它們說話（從它們接受軸突投射）。腦的哪個部分跟哪個部分說話，有助於讓你瞭解其功能。舉例來說，接收「你的體溫提高了」這項資訊的神經元，會在那種時候把投射送到控制流汗的神經元，並將其活化。以下這個例子可以證明這一切能搞到多複雜；如果你在一個，呃，火辣到足以讓你的身體*感覺*熱起來的人身旁，同一批神經元就會活化它們手上送往你性腺神經元的投射，造成你笑得傻呼呼又結結巴巴。

　　你可以瘋狂鑽研不同腦區間的所有連結細節，我已經看到眾多沉醉於這一切細節的可憐神經解剖學家。出於我們的目的，以下是一些關鍵重點：

——每個特定區域包含了幾百萬個神經元。有一些我們熟悉的腦區名稱——下視丘、小腦、皮質、海馬迴，就屬於這種百萬神經元的分析層次。

——有些腦區有差別明顯且小巧的次級小區域，各自稱作一個「核」。（nucleus，這有點令人混淆，因為每個細胞含有 DNA 的部分也叫「核」。是能怎麼辦？）有些可能有著完全陌生的名稱，以下舉些例子：梅涅特基底核（Nucleus basalis of Meynert），或是名字很迷人的下橄欖核（inferior olive nucleus）。

——如前所述，功能相關之神經元的細胞體，會群聚於特定的腦區或核，並往同個方向送出軸突投射，聚合為一條線路（又稱「纖維束」）。

——回來看那個包覆軸突、幫助動作電位更快傳遞的髓鞘質。髓鞘質往往是白色的，白到足以讓腦中的神經纖維束線路呈白色。因此，它們整體稱作「白質」。（沒有髓鞘質包覆的）神經元細胞體群聚的團塊則稱作「灰質」。

　　入門到這邊也夠了。回到正文吧。

注釋

1 | 一路往下都是烏龜

1　實驗哲學的評論，可見：J. Knobe et al., "Experimental Philosophy," *Annual Review of Psychology* 63 (2012): 81. Also see: David Bourget and David Chalmers, eds., "The 2020 PhilPapers Survey," 2020, survey2020.philpeople.org/survey/results/all

跨越各種文化的兒童對自由意志的信念：Gopnik and Kushnir's work: T. Kushnir et al., "Developing Intuitions about Free Will between Ages Four and Six," *Cognition* 138 (2015): 79; N. Chernyak, C. Kang, and T. Kushnir, "The Cultural Roots of Free Will Beliefs: How Singaporean and U.S. Children Judge and Explain Possibilities for Action in Interpersonal Contexts," *Developmental Psychology* 55 (2019): 866; N. Chernyak et al., "A Comparison of American and Nepalese Children's Concepts of Freedom of Choice and Social Constrain," *Cognitive Science* 37 (2013): 1343; A. Wente et al., "How Universal Are Free Will Beliefs? Cultural Differences in Chinese and U.S. 4and 6-Year-Olds," *Child Development* 87 (2016): 666.

相信自由意志存在有著跨越文化的廣泛程度，但並非普世信念：D. Wisniewski, R. Deutschland, and J.-D. Haynes, "Free Will Beliefs Are Better Predicted by Dualism Than Determinism Beliefs across Different Cultures," *PLoS One* 14 (2019): e0221617; R. Berniunasa et al., "The Weirdness of Belief in Free Will," *Consciousness and Cognition* 87 (2021): 103054; H. Sarkissian et al., "Is Belief in Free Will a Cultural Universal?," *Mind and Language* 25 (2021): 346.

駕駛研究：E. Awad et al., "Drivers Are Blamed More Than Their Automated Cars When Both Make Mistakes," *Nature Human Behaviour*, 4 (2020): 134.

2　L. Egan, P. Bloom, and L. Santos, "Choice-Induced Preferences in the Absence of Choice: Evidence from a Blind Two Choice Paradigm with Young Children and Capuchin Monkeys," *Journal of Experimental and Social Psychology* 46 (2010): 204.

3　注腳5：他們想法的概述，可見：G. Strawson, "The Impossibility of Moral Responsibility," *Philosophical Studies* 75 (1994): 5; D. Pereboom, *Living without Free Will* (Cambridge University Press, 2001); G. Caruso, *Rejecting Retributivism: Free Will, Punishment, and Criminal Justice* (Cambridge University Press, 2021); N. Levy, *Hard Luck: How Luck Undermines Free Will and Moral Responsibility* (Oxford University Press, 2011); and S. Harris, *Free Will* (Simon & Schuster, 2012).

本著同樣精神但稍微不一樣的看法，可見B. Waller, *Against Moral Responsibility* (MIT Press, 2011). 與其類似的、對於自由意志的普遍駁斥，出現在芝加哥大學演化生物學家Jerry Coyne、普林斯頓大學心理學家／神經科學家Jonathan Cohen、哈佛大學Josh Greene、紐約大學Paul Glimcher，以及已故的分子生物學之神Francis Crick等科學家的文字中。有少數法學家，好比說威廉與瑪麗法學院的Pete Alces，也同樣駁斥自由意志的存在，也就不再接受他們領域的基本假設。

4   M. Vargas, "Reconsidering Scientific Threats to Free Will," in *Moral Psychology*, vol. 4, *Free Will and Moral Responsibility*, ed. W. Sinnott-Armstrong (MIT Press, 2014).

5   R. Baumeister, "Constructing a Scientific Theory of Free Will," in *Moral Psychology*, vol. 4, *Free Will and Moral Responsibility*, ed. W. Sinnott-Armstrong (MIT Press, 2014).

6   A. Mele, "Free Will and Substance Dualism: The Real Scientific Threat to Free Will?," in *Moral Psychology*, vol. 4, Free Will and Moral Responsibility, ed. W. Sinnott-Armstrong.

7   R. Nisbett and T. Wilson, "Telling More Than We Can Know: Verbal Reports on Mental Processes," *Psychological Review* 84 (1977): 231.

2 | 電影的最後三分鐘

1   注腳：J. McHugh and P. Mackowiak, "Death in the White House: President William Henry Harrison's Atypical Pneumonia," *Clinical Infectious Diseases* 59 (2014): 990。哈里森的醫生用一堆藥物來治療他，可能讓他更快死去。其中有鴉片，而鴉片成癮者都知道那會造成嚴重便秘，讓傷害桿菌滯留更久，得以分裂增生。醫生也給了碳酸鹼，那可能損害了胃酸殺死細菌的能力。除此之外，出於不明理由，醫生還開了大量的汞，而那會毒害神經。McHugh以及Mackowiak以令人信服的方式主張，汙水造成的腸道疾病讓波爾克（譯注：第十一任美國總統）擔任總統時重病，並讓泰勒（譯注：第十二任美國總統）死於任內。

2   利貝特最初的資料發表於B. Libet et al., "Time of Conscious Intention to Act in Relation to Onset of Cerebral Activity (Readiness-Potential): The Unconscious Initiation of a Freely Voluntary Act," *Brain: A Journal of Neurology* 106 (1983): 623; "Infamous": E. Nahmias, "Intuitions about Free Will, Determinism, and Bypassing," in *The Oxford Handbook of Free Will*, 2nd ed., ed. R. Kane (Oxford University Press, 2011).

3   P. Sanford et al., "Libet's Intention Reports Are Invalid: A Replication of Dominik et al.(2017)," *Consciousness and Cognition* 77 (2020): 102836. 這篇論文是要回應之前的另一篇論文：T. Dominik et al., "Libet's Experiment: Questioning the Validity of Measuring the Urge to Move," *Consciousness and Cognition* 49 (2017): 255. 在社群媒體上的利貝特實驗：E. Racine et al., "Media Portrayal of a Landmark Neuroscience Experiment on Free Will," *Science Engineering Ethics* 23 (2007): 989.

4   P. Haggard, "Decision Time for Free Will," *Neuron* 69 (2011): 404; P. Haggard and M. Eimer, "On the Relation between Brain Potentials and the Awareness of Voluntary Movements," *Experimental*

Brain Research 126 (1999): 128.

5   J.-D. Haynes, "The Neural Code for Intentions in the Human Brain," in *Bioprediction, Biomarkers, and Bad Behavior*, ed. I. Singh and W. Sinnott-Armstrong (Oxford University Press, 2013); S. Bode and J. Haynes, "Decoding Sequential Stages of Task Preparation in the Human Brain," *Neuroimage* 45 (2009): 606; S. Bode et al., "Tracking the Unconscious Generation of Free Decisions Using Ultra-high Field fMRI," PLoS One 6, no. 6 (2011): e21612; C. Soon et al., "Unconscious Determinants of Free Decisions in the Human Brain," *Nature Neuroscience* 11 (2008): 543. The SMA as a gateway (footnote): R. Sjöberg, "Free Will and Neurosurgical Resections of the Supplementary Motor Area: A Critical Review," *Acta Neurochirgica* 163 (2021): 1229.

6   I. Fried, R. Mukamel, and G. Kreiman, "Internally Generated Preactivation of Single Neurons in Human Medial Frontal Cortex Predicts Volition," *Neuron* 69 (2011): 548; I. Fried, "Neurons as Will and Representation," *Nature Reviews Neuroscience* 23 (2022): 104; H. Gelbard-Sagiv et al., "Internally Generated Reactivation of Single Neurons in Human Hippocampus during Free Recall," *Science* 322 (2008): 96.

7   鈴響延遲：W. Banks and E. Isham, "We Infer Rather Than Perceive the Moment We Decided to Act," *Psychological Science* 20 (2009): 17。快樂對準備電位的影響：D. Rigoni, J. Demanet, and G. Sartori, "Happiness in Action: The Impact of Positive Affect on the Time of the Conscious Intention to Act," *Frontiers in Psychology* 6 (2015): 1307。另見H. Lau et al., "Attention to Intention," *Science* 303 (2004): 1208.

8   M. Desmurget et al., "Movement Intention after Parietal Cortex Stimulation in Humans," *Science* 324 (2009): 811.

9   異手症：C. Marchetti and S. Della Sala, "Disentangling the Alien and Anarchic Hand," *Cognitive Neuropsychiatry* 3 (1998): 191; S. Della Sala, C. Marchetti, and H. Spinnler, "Right-Sided Anarchic (Alien) Hand: A Longitudinal Study," *Neuropsychologia* 29 (1991): 1113.

10   經顱磁刺激：J. Brasil-Neto et al., "Focal Transcranial Magnetic Stimulation and Response Bias in a Forced-Choice Task," *Journal of Neurology, Neurosurgery and Psychiatry* 55 (1992): 964。魔術師：A. Pailhes and G. Kuhn, "Mind Control Tricks: Magicians' Forcing and Free Will," *Trends in Cognitive Sciences* 25 (2021): 338; H. Kelley, "Magic Tricks: The Management of Causal Attributions," in *Perspectives on Attribution Research and Theory: The Bielefeld Symposium*, ed. D. Gorlitz (Ballinger, 1980)。
注腳：D. Knoch et al., "Diminishing Reciprocal Fairness by Disrupting the Right Prefrontal Cortex," *Science* 314 (2006): 829.

11   D. Wegner, *The Illusion of Conscious Will* (MIT Press, 2002).

12   注腳13：P. Tse, "Two Types of Libertarian Free Will Are Realized in the Human Brain," in *Neuroexistentialism*, ed. G. Caruso (Oxford University Press, 2017).

13   利貝特的概述：B. Libet, "Unconscious Cerebral Initiative and the Role of Conscious Will in Voluntary Action," *Behavioral and Brain Sciences* 8 (1985): 529。對利貝特研究的批評：R.

Doty, "The Time Course of Conscious Processing: Vetoes by the Uninformed?," *Behavioral and Brain Sciences* 8 (1985): 541; C. Wood, "Pardon, Your Dualism Is Showing," *Behavioral and Brain Sciences* 8 (1985): 557; G. Wasserman, "Neural/Mental Chronometry and Chronotheology," *Behavioral and Brain Sciences* 8 (1985): 556.

14　M. Vargas, "Reconsidering Scientific Threats to Free Will," in *Moral Psychology, vol. 4, Free Will and Moral Responsibility,* ed. W. Sinnott-Armstrong (MIT Press, 2014).

15　兩個觀點都出自：K. Smith, "Taking Aim at Free Will," *Nature* 477 (2011): 23.

16　駕駛模擬器：O. Perez et al., "Preconscious Prediction of a Driver's Decision Using Intracranial Recordings," *Journal of Cognitive Neuroscience* 27 (2015): 1492。高空彈跳：Nann et al., "To Jump or Not to Jump—the Bereitschaftspotential Required to Jump into 192-Meter Abyss," *Science Reports* 9 (2019): 2243.

17　U. Maoz et al., "Neural Precursors of Decisions That Matter—an ERP Study of Deliberate and Arbitrary Choice," *eLife* 8 (2019): e39787。這段引文可見於Daniel Dennett, "Is Free Will an Illusion? What Can Cognitive Science Tell Us?," Santa Fe Institute, May 14, 2014, YouTube video, 1:21:19, youtube.com/watch?v=wGPIzSe5cAU&t=3890s, around 41:00.

18　該研究以及相關研究之討論可見：Haynes, "Neural Code for Intentions."

19　O. Bai et al., "Prediction of Human Voluntary Movement Before It Occurs," *Clinical Neurophysiology* 122 (2011): 364.

20　利貝特研究發表的四十年後：A. Schurger et al., "What Is the Readiness Potential?," *Trends in Cognitive Science* 25 (2010): 558。衝動對上決定：S. Pockett and S. Purdy, "Are Voluntary Movements Initiated Preconsciously? The Relationships between Readiness Potentials, Urges and Decisions," in *Conscious Will and Responsibility: A Tribute to Benjamin Libet*, ed. W. Sinnott-Armstrong and L. Nadel (Oxford University Press, 2020). The葛詹尼加的引文出自M. Gazzaniga, "On Determinism and Human Responsibility," in *Neuroexistentialism,* ed. G. Caruso (Oxford University Press, 2017).

21　梅勒的引文出自：*A. Mele, Free: Why Science Hasn't Disproved Free Will* (Oxford University Press, 2014), 32. Roskies is quoted in K. Smith, "Taking Aim at Free Will," *Nature* 477 (2011): 2, on page 24.

22　對昏迷的新見解（出自注腳）：A. Owen et al., "Detecting Awareness in the Vegetative State," *Science* 313 (2006): 1402; M. Monti et al., "Willful Modulation of Brain Activity in Disorders of Consciousness," *New England Journal of Medicine* 362 (2010): 579.

23　M. Shadlen and A. Roskies, "The Neurobiology of Decision-Making and Responsibility: Reconciling Mechanism and Mindedness," *Frontiers in Neuroscience* 6 (2012), doi.org/10.3389/fnins.2012.00056.

24　A. Schlegel et al., "Hypnotizing Libet: Readiness Potentials with Non-conscious Volition," *Consciousness and Cognition* 33 (2015): 196.

25　卡盧索在多篇文章中探索了這個想法，最近一次是他以下這本傑出的著作中：

G. Caruso, *Rejecting Retributivism: Free Will, Punishment, and Criminal Justice* (Cambridge University Press, 2021)。至少對我來說，前意識和意識能否同時存在的問題，讓我們進入了哲學的密林中。對於真正的愛好者來說，這就可以開始談布朗大學哲學家Jaegwon Kim那輕薄短小但影響力深遠的想法。就我瞭解如下：(a) 假設說，有意識的心理狀態即便是背後實物（也就是分子和神經元那些東西）的突現產物，卻是有別於它們的存在；(b) 像行為那樣的東西，不能同時由一個心理狀態跟那個心理狀態背後的實體基礎一起造成（後來稱作Kim的「因果排他原則」）；(c) 實體事件（好比說按按鈕，或者移動舌頭和喉部來告訴你的將領開戰）是由先前的實體事件造成的。所以心理狀態不會造成行為。我猜這應該有點有趣。這個嘛，或許並不有趣，因為在我看來，心理狀態以及背後的實體／神經生物學基礎不能分開——它們只是思考同個過程的兩種不一樣的概念切入點。後面幾章會多談談。他的一些論文：J. Kim, "Concepts of Supervenience," *Philosophy and Phenomenological Research* 45 (1984): 153; J. Kim, "Making Sense of Emergence," *Philosophical Studies* 95 (1995): 3.

26　E. Nahmias, "Intuitions about Free Will, Determinism, and Bypassing," in *The Oxford Handbook of Free Will*, 2nd ed., ed. R. Kane (New York: Oxford University Press, 2011).

27　做或不做的研究：E. Filevich, S. Kuhn, and P. Haggard, "There Is No Free Won't: Antecedent Brain Activity Predicts Decisions to Inhibit," *PLoS One* 8, no. 2 (2013): e53053. 腦機界面研究：M. Schultze-Kraft et al., "The Point of No Return in Vetoing Self-Initiated Movements," *Proceedings of the National Academy of Sciences of the United States of America* 113 (2016): 1080.

28　註腳：利貝特研究結果的第一份報告：Libet et al., "Time of Conscious Intention to Act." 1985年時他針對此事的討論出自：Libet, "Unconscious Cerebral Initiative."

29　賭博研究：D. Campbell-Meiklejohn et al., "Knowing When to Stop: The Brain Mechanisms of Chasing Losses," *Biological Psychiatry* 63 (2008): 293. 酒精參與：Y. Liu et al., "'Free Won't' after a Beer or Two: Chronic and Acute Effects of Alcohol on Neural and Behavioral Indices of Intentional Inhibition," BMC *Psychology* 8 (2020): 2. 孩子對照成人：M. Schel, K. Ridderinkhof, and E. Crone, "Choosing Not to Act: Neural Bases of the Development of Intentional Inhibition," *Developmental Cognitive Neuroscience* 10 (2014): 93.

30　「自由意志起源自」：B. Brembs, "Towards a Scientific Concept of Free Will as a Biological Trait: Spontaneous Actions and Decision-Making in Invertebrates," *Proceedings of the Royal Society B: Biological Sciences* 278 (2011): 930; 論文從十分非正統（而有趣）的角度——檢視昆蟲的抉擇行為，來處理這個主題。梅勒的引文：Mele, Free, 32.

31　N. Levy, *Hard Luck: How Luck Undermines Free Will and Moral Responsibility* (Oxford University Press, 2011).

32　註腳：H. Frankfurt, "Alternate Possibilities and Moral Responsibility," *Journal of Philosophy* 66 (1969): 829.

33　H. Frankfurt, "Three Concepts of Free Action," *Aristotelian Society Proceedings, Supplementary Volumes* 49 (1975): 113, quote on p. 122; M. Shadlen and A. Roskies, "The Neurobiology of

Decision-making and Responsibility: Reconciling Mechanism and Mindedness," *Frontiers in Neuroscience* 23 April (2012): 1, 引文在 p. 10。

注腳：Sjöberg, "Free Will and Neurosurgical Resections."

34　D. Dennett, *Freedom Evolves* (Penguin, 2004); the quote comes from p. 276. 丹尼特也在自己的各式各樣著書中表達了這些想法，好比說：D. Dennett, *Elbow Room: The Varieties of Free Will Worth Wanting* (MIT Press, 1984); D. Dennett, *Freedom Evolves* (Viking, 2003)；在演講中也有提到，好比說：Dennett, "Is Free Will an Illusion?"；另外在辯論中也有提到，好比說：D. Dennett and G. Caruso, *Just Deserts: Debating Free Will* (Polity, 2021);

35　N. Levy, "Luck and History-Sensitive Compatibilism," *Philosophical Quarterly* 59 (2009): 237, 引文出自：p. 244; D. Dennett, "Review of 'Against Moral Responsibility,'" in *Naturalism*, https://www.naturalism.org/resources/book-reviews/dennett-review-of-against-moral-responsibility. 本章的一個主題是，人們爭辯利貝特的問題已經辯了四十年，而引用的參考文獻，卻都只觸及到這些問題中真正有趣主張的表面而已。其他包括了：G. Gomes, "The Timing of Conscious Experience: A Critical Review and Reinterpretation of Libet's Research," *Consciousness and Cognition* 7 (1998): 559; A. Batthyany, "Mental Causation and Free Will after Libet and Soon: Reclaiming Conscious Agency," in *Irreducibly Conscious: Selected Papers on Consciousness*, ed. A. Batthyany and A. Elitzur (Universitäts-Verlag Winter, 2009); A. Lavazza, "Free Will and Neuroscience: From Explaining Freedom Away to New Ways of Operationalizing and Measuring It," *Frontiers in Human Neuroscience* 10 (2016): 262; C. Frith, S. Blakemore, and D. Wolpert, "Abnormalities in the Awareness and Control of Action," *Philosophical Transactions of the Royal Society B: Biological Sciences* 355 (2000): 1404; A. Guggisberg and A. Mottaz, "Timing and Awareness of Movement Decisions: Does Consciousness Really Come Too Late?," *Frontiers of Human Neuroscience* 7 (2013), doi.org/10.3389/fnhum.2013.00385; T. Bayne, "Neural Decoding and Human Freedom," in *Moral Psychology* vol. 4, *Free Will and Moral Responsibility*, ed. W. Sinnott-Armstrong (MIT Press, 2014).

3 意圖從何而來？

1　隱含的偏誤和誤殺事件：J. Correll et al., "Across the Thin Blue Line: Police Officers and Racial Bias in the Decision to Shoot," *Journal of Personality and Social Psychology* 92 (2007): 1006; J. Correll et al., "The Police Officer's Dilemma: Using Ethnicity to Disambiguate Potentially Threatening Individuals," *Journal of Personality and Social Psychology* 83 (2002): 1314。一份對於這整個領域的傑出概述，可見：J. Eberhardt, *Biased: Uncovering the Hidden Prejudice That Shapes What We See, Think, and Do* (Viking, 2019).

2　厭惡噁心的隱含效應：D. Pizarro, Y. Inbar, and C. Helion, "On Disgust and Moral Judgment," *Emotion Review* 3 (2011): 267; T. Adams, P. Stewart, and J. Blanchard, "Disgust and the Politics of Sex: Exposure to a Disgusting Odorant Increases Politically Conservative Views on Sex and Decreases Support for Gay Marriage," *PLoS One* 9 (2014): e95572; Y. Inbar, D. Pizarro, and P. Bloom, "Disgusting Smells Cause Decreased Liking of Gay Men," *Emotion* 12 (2012): 23; J. Terrizzi, N. Shook, and W. Ventis, "Disgust: A Predictor of Social Conservatism and Prejudicial Attitudes Toward Homosexuals," *Personality and Individual Differences* 49 (2010): 587.

3　更多噁心內容：S. Tsao and D. McKay, "Behavioral Avoidance Tests and Disgust in Contamination Fears: Distinctions from Trait Anxiety," *Behavioral Research Therapeutics* 42 (2004): 207; B. Olatunji, B. Puncochar, and R. Cox, "Effects of Experienced Disgust on Morally Relevant Judgments," *PLoS One* 11 (2016): e0160357.

4　繼續更多噁心內容：H. Chapman and A. Anderson, "Things Rank and Gross in Nature: A Review and Synthesis of Moral Disgust," *Psychological Bulletin* 139 (2013): 300; P. Rozin et al., "The CAD Triad Hypothesis: A Mapping between Three Moral Emotions (Contempt, Anger, Disgust) and Three Moral Codes (Community, Autonomy, Divinity)," *Journal of Personality and Social Psychology* 76 (1999): 574. 腦島被嫌惡情感狀態所活化時，對杏仁核說話：D. Gehrlach et al., "Aversive State Processing in the Posterior Insular Cortex," *Nature Neuroscience* 22 (2019): 1424.

5　甜味的隱含效果：M. Schaefer et al., "Sweet Taste Experience Improves Prosocial Intentions and Attractiveness Ratings," *Psychological Research* 85 (2021): 1724; B. Meier et al., "Sweet Taste Preferences and Experiences Predict Prosocial Inferences, Personalities, and Behaviors," *Psychological Sciences* 102 (2012): 163.

6　將美與道德良善混淆：Q. Cheng et al., "Neural Correlates of Moral Goodness and Moral Beauty Judgments," *Brain Research* 1726 (2020): 146534; T. Tsukiura and R. Cabeza, "Shared Brain Activity for Aesthetic and Moral Judgments: Implications for the Beauty-Is-Good Stereotype," *Social Cognitive and Affective Neuroscience* 6 (2011): 138; X. Cui et al., "Different Influences of Facial Attractiveness on Judgments of Moral Beauty and Moral Goodness," *Science Reports* 9 (2019): 12152; T. Wang et al., "Is Moral Beauty Different from Facial Beauty? Evidence from an fMRI Study," *Social Cognitive and Affective Neuroscience* 10 (2015): 814; Q. Luo et al., "The Neural Correlates of Integrated Aesthetics between Moral and Facial Beauty," *Science Reports* 9 (2019): 1980; C. Ferrari et al., "The Dorsomedial Prefrontal Cortex Mediates the Interaction between Moral and Aesthetic Valuation: A TMS Study on the Beauty-Is-Good Stereotype," *Social Cognitive and Affective Neuroscience* 12 (2017): 707.

　　然後還有一個魅力難擋的研究，證明了植物學家會選擇把整個生涯花在研究比較漂亮的花上面（藍的花、長比較高的花）：M. Adamo et al., "Plant Scientists' Research Attention Is Skewed towards Colourful, Conspicuous and Broadly Distributed Flowers," *Nature Plants* 7 (2021): 574. 就我所知的極限，我並沒有因為覺得野生狒狒美如畫，就選擇把三十三個寒暑都投注於研究野生狒狒上。

7　最先採用「馬克白效應」這個詞的研究：C. Zhong and K. Lijenquist, "Washing Away

Your Sins: Threatened Morality and Physical Cleansing," *Science* 313 (2006): 1454.

其後追加的馬克白效應行為研究：S. W. Lee and N. Schwarz, "Dirty Hands and Dirty Mouths: Embodiment of the Moral-Purity Metaphor Is Specific to the Motor Modality Involved in Moral Transgression," *Psychological Sciences* 21 (2010): 1423; E. Kalanthroff, C. Aslan, and R. Dar, "Washing Away Your Sins Will Set Your Mind Free: Physical Cleansing Modulates the Effect of Threatened Morality on Executive Control," *Cognition and Emotion* 31 (2017): 185; S. Schnall, J. Benton, and S. Harvey, "With a Clean Conscience: Cleanliness Reduces the Severity of Moral Judgments," *Psychological Sciences* 19 (2008): 1219; K. Kaspar, V. Krapp, and P. Konig, "Hand Washing Induces a Clean Slate Effect in Moral Judgments: A Pupillometry and Eye-Tracking Study," *Scientific Reports* 5 (2015): 10471.

馬克白效應的腦成像研究：C. Denke et al., "Lying and the Subsequent Desire for Toothpaste: Activity in the Somatosensory Cortex Predicts Embodiment of the Moral-Purity Metaphor," *Cerebral Cortex* 26 (2016): 477; M. Schaefer et al., "Dirty Deeds and Dirty Bodies: Embodiment of the Macbeth Effect Is Mapped Topographically onto the Somatosensory Cortex," *Scientific Reports* 6 (2015): 18051.

主張這種相關可能不是普世常態的研究：E. Gámez, J. M. Díaz, and H. Marrero, "The Uncertain Universality of the Macbeth Effect with a Spanish Sample," *Spanish Journal of Psychology* 14 (2011): 156.

最後，有一個研究證明，在大學生之中，主修社會科學的人比主修工程的學生更容易受馬克白效應影響：M. Schaefer, "Morality and Soap in Engineers and Social Scientists: The Macbeth Effect Interacts with Professions," *Psychological Research* 83 (2019): 1304.

8　薑與道德厭惡感：J. Tracy, C. Steckler, and G. Heltzel, "The Physiological Basis of Psychological Disgust and Moral Judgments," *Journal of Personality and Social Psychology: Attitudes and Social Cognition* 116 (2019): 15。一份有趣的論文證明，要是論及在遠方發生的事件的話，厭惡感對道德判斷的影響較小，而這有可能是被一種「直接與噁心刺激產生交互作用的是別人而不是你」的心理框架居中調和：M. van Dijke et al., "So Gross and Yet So Far Away: Psychological Distance Moderates the Effect of Disgust on Moral Judgment," *Social Psychological and Personality Science* 9 (2018): 689.

9　原初的法官研究：S. Danziger, J. Levav, and L. Avnaim-Pesso, "Extraneous Factors in Judicial Decisions," *Proceedings of the National Academy of Science of the United States of America* 108 (2011): 6889. 有其他研究者質疑這個研究，主張該研究結果是差勁的研究設計所形成的人工產物；在我看來，當初的作者其實駁回了這些指控。詳細內容可見第四章第28和第29條注釋。

更多談本主題的文章：L. Aaroe and M. Petersen, "Hunger Games: Fluctuations in Blood Glucose Levels Influence Support for Social Welfare," *Psychological Sciences* 24 (2013): 2550.

渴望食物和渴望金錢之間的關聯：B. Briers et al., "Hungry for Money: The Desire for Caloric Resources Increases the Desire for Financial Resources and Vice Versa," *Psychological*

Sciences 17 (2006): 939.

只能在某些領域中才能證實關聯的一些情況：J. Hausser et al., "Acute Hunger Does Not Always Undermine Prosociality," *Nature Communications* 10 (2019): 4733; S. Fraser and D. Nettle, "Hunger Affects Social Decisions in a Multiround Public Goods Game but Not a Single-Shot Ultimatum Game," *Adaptive Human Behavior* 6 (2020): 334; I. Harel and T. Kogut, "Visceral Needs and Donation Decisions: Do People Identify with Suffering or with Relief?," *Journal of Experimental and Social Psychology* 56 (2015): 24.

一如往常會出現的，有人主張這個現象是受到文化影響：E. Rantapuska et al., "Does Short-Term Hunger Increase Trust and Trustworthiness in a High Trust Society?," *Frontiers of Psychology* 8 (2017): 1944.

10　若想認識這個大主題的更多細節，可見薩波斯基的另一本著作《行為》的第三章。

11　經典研究證實了睪固酮並不會從無產生攻擊性，而是放大了關於攻擊性的既有社會學習：A. Dixson and J. Herbert, "Testosterone, Aggressive Behavior and Dominance Rank in Captive Adult Male Talapoin Monkeys (Miopithecus talapoin)," *Physiology and Behavior* 18 (1977): 539.

睪固酮的對行為的一些影響是如何出自它在腦中的影響：K. Kendrick and R. Drewett, "Testosterone Reduces Refractory Period of Stria Terminalis Neurons in the Rat Brain," *Science* 204 (1979): 877; K. Kendrick, "Inputs to TestosteroneSensitive Stria Terminalis Neurones in the Rat Brain and the Effects of Castration," *Journal of Physiology* 323 (1982): 437; K. Kendrick, "The Effect of Castration on Stria Terminalis Neurone Absolute Refractory Periods Using Different Antidromic Stimulation Loci," *Brain Research* 248 (1982): 174; K. Kendrick, "Electrophysiological Effects of Testosterone on the Medial Preoptic-Anterior Hypothalamus of the Rat," *Journal of Endocrinology* 96 (1983): 35; E. Hermans, N. Ramsey, and J. van Honk, "Exogenous Testosterone Enhances Responsiveness to Social Threat in the Neural Circuitry of Social Aggression in Humans," *Biological Psychiatry* 63 (2008): 263.

1990年，加州大學戴維斯分校的生態學者John Wingfield與同事發表了影響力十分深遠的論文，談「睪固酮對攻擊性之影響」的本質。他們的「挑戰假說」假定，睪固酮不只不會造成攻擊性，也不會只是一致地將社會的既有攻擊傾向放大。情況反而是，當一個生物的社會地位被挑戰時，睪固酮把維護地位所需的不論什麼行為都放大了。嗯，那看起來實在不怎麼精巧——如果你是階級排名被挑戰的雄狒狒，維持地位所需的就是攻擊性沒錯。但如果是人類的話，那就會有更加細微之處，因為地位可以用多種不同方式來維護。舉例來說，在一場透過經濟方面的慷慨給予來累積地位的經濟賽局中，睪固酮會增加那種慷慨程度。可見：J. Wingfield et al., "The 'Challenge Hypothesis': Theoretical Implications for Patterns of Testosterone Secretion, Mating Systems, and Breeding Strategies," *American Naturalist* 136 (1990): 829。這有助於解釋因睪固酮而運作之五花八門行為的假說：J. Wingfield "The Challenge

Hypothesis: Where It Began and Relevance to Humans," *Hormones and Behavior* 92 (2017): 9。另見：J. Archer, "Testosterone and Human Aggression: An Evaluation of the Challenge Hypothesis," *Neuroscience and Biobehavioral Reviews* 30 (2006): 319.

12　談「睪固酮使人對感知到的威脅起反應的行為與神經生物學根基」的論文：E. Hermans, N. Ramsey, and J. van Honk, "Exogenous Testosterone Enhances Responsiveness to Social Threat in the Neural Circuitry of Social Aggression in Humans," *Biological Psychiatry* 63 (2008): 263; J. van Honk et al., "A Single Administration of Testosterone Induces Cardiac Accelerative Responses to Angry Faces in Healthy Young Women," *Behavioral Neuroscience* 115 (2001): 238; N. Wright et al., "Testosterone Disrupts Human Collaboration by Increasing Egocentric Choices," *Proceedings of the Royal Society B: Biological Sciences* 279 (2012): 2275; P. Mehta and J. Beer, "Neural Mechanisms of the Testosterone-Aggression Relation: The Role of Orbitofrontal Cortex," *Journal of Cognitive Neuroscience* 22 (2010): 2357; G. van Wingen et al., "Testosterone Reduces Amygdala-Orbitofrontal Cortex Coupling," *Psychoneuroendocrinology* 35 (2010): 105; P. Bos et al., "The Neural Mechanisms by Which Testosterone Acts on Interpersonal Trust," *Neuroimage* 2 (2012): 730.

13　探索個別個體睪丸系統運作差異來源的一些研究：C. Laube, R. Lorenz, and L. van den Bos, "Pubertal Testosterone Correlates with Adolescent Impatience and Dorsal Striatal Activity," *Development and Cognitive Neuroscience* 42 (2020): 100749; B. Mohr et al., "Normal, Bound and Nonbound Testosterone Levels in Normally Ageing Men: Results from the Massachusetts Male Ageing Study," *Clinical Endocrinology* 62 (2005): 64; W. Bremner, M. Vitiello, and P. Prinz, "Loss of Circadian Rhythmicity in Blood Testosterone Levels with Aging in Normal Men," *Journal of Clinical Endocrinology and Metabolism* 56 (1983): 1278; S. Beyenburg et al., "Androgen Receptor mRNA Expression in the Human Hippocampus," *Neuroscience Letters* 294 (2000): 25.

14　一些不錯的一般綜述，可見：R. Feldman, "Oxytocin and Social Affiliation in Humans," *Hormones and Behavior* 61 (2012): 380; Z. Donaldson and L. Young, "Oxytocin, Vasopressin, and the Neurogenetics of Sociality," *Science* 322 (2008): 900; P. S. Churchland and P. Winkielman, "Modulating Social Behavior with Oxytocin: How Does It Work? What Does It Mean?," *Hormones and Behavior* 61 (2012): 392.

比對單配偶與多配偶齧齒動物之催產素系統差異的相關論文：L. Young et al., "Increased Affiliative Response to Vasopressin in Mice Expressing the V1a Receptor from a Monogamous Vole," *Nature* 400 (1999): 766; M. Lim et al.,"Enhanced Partner Preference in a Promiscuous Species by Manipulating the Expression of a Single Gene," *Nature* 429 (2004): 754.

比對非人類的單配偶和多配偶靈長類之催產素系統差異的相關論文：A. Smith et al., "Manipulation of the Oxytocin System Alters Social Behavior and Attraction in Pair-Bonding Primates, Callithrix penicillata," *Hormones and Behavior* 57 (2010): 255; M. Jarcho et al., "Intranasal VP Affects Pair Bonding and Peripheral Gene Expression in Male Callicebus cupreus," *Genes, Brain and Behavior* 10 (2011): 375; C. Snowdon et al., "Variation in Oxytocin Is Related to Variation in

Affiliative Behavior in Monogamous, Pairbonded Tamarins," *Hormones and Behavior* 58 (2010): 614.

這些催產素效應背後的神經生理學：因性別而異的下視丘途徑：N. Scott et al., "A Sexually Dimorphic Hypothalamic Circuit Controls Maternal Care and Oxytocin Secretion," *Nature* 525 (2016): 519。催產素在腦島皮質中運作而改變社會互動的一個例子，可見：M. Carter-Rogers et al., "Insular Cortex Mediates Approach and Avoidance Response to Social Affective Stimuli," *Nature Neuroscience* 21 (2018): 404。催產素在杏仁核的同種功效：Y. Liu et al., "Oxytocin Modulates Social Value Representations in the Amygdala," *Nature Neuroscience* 22 (2019): 633; J. Wahis et al., "Astrocytes Mediate the Effect of Oxytocin in the Central Amygdala on Neuronal Activity and Affective States in Rodents," *Nature Neuroscience* 24 (2021): 529.

催產素和養育，也包括雄性養育行為：O. Bosch and I. Neumann, "Both Oxytocin and Vasopressin Are Mediators of Maternal Care and Aggression in Rodents: From Central Release to Sites of Action," *Hormones and Behavior* 61 (2012): 293; Y. Kozorovitskiy et al., "Fatherhood Affects Dendritic Spines and Vasopressin V1a Receptors in the Primate Prefrontal Cortex," *Nature Neuroscience* 9 (2006): 1094; Z. Wang, C. Ferris, and G. De Vries "Role of Septal Vasopressin Innervation in Paternal Behavior in Prairie Voles," *Proceedings of the National Academy of Sciences of the United States of America* 91 (1994): 400.

由於基因與表徵遺傳的差異居中調和，造成個體的催產素敏感度有著差異：Marsh et al., "The Influence of Oxytocin Administration on Responses to Infants and Potential Moderation by OXTR Genotype," *Psychopharmacology* (Berlin) 224 (2012): 469; M. J. Bakermans-Kranenburg and M. H. van Ijzendoorn, "Oxytocin Receptor (OXTR) and Serotonin Transporter (5-HTT) Genes Associated with Observed Parenting," *Social Cognitive and Affective Neuroscience* 3 (2008): 128; E. Hammock and L. Young, "Microsatellite Instability Generates Diversity in Brain and Sociobehavioral Traits," *Science* 308 (2005): 1630.

徹底吸引人的研究結果的年表：M. Nagasawa et al., "Oxytocin-Gaze Positive Loop and the Coevolution of Human-Dog Bonds," *Science* 348 (2015): 333。當一隻狗和主人四目相望時，雙方都會分泌催產素；給其中一方催產素的話，他們會對望更久——而機動地在另一方身上分泌更多催產素。換句話說，一個至少有一億年歷史的、專注於養育行為和形成配偶的激素系統，在過去的三萬年間，已被拉去給人／狼互動所用。

15　催產素對恐懼和焦慮的影響：M. Yoshida et al., "Evidence That Oxytocin Exerts Anxiolytic Effects via Oxytocin Receptor Expressed in Serotonergic Neurons in Mice," *Journal of Neuroscience* 29 (2009): 2259。催產素在杏仁核中的作用：D. Viviani et al., "Oxytocin Selectively Gates Fear Responses through Distinct Outputs from the Central Nucleus," *Science* 333 (2011): 104; H. Knobloch et al., "Evoked Axonal Oxytocin Release in the Central Amygdala Attenuates Fear Response," *Neuron* 73 (2012): 553; "Oxytocin Attenuates Amygdala Responses to Emotional Faces Regardless of Valence," *Biological Psychiatry* 62 (2007): 1187; P. Kirsch et al., "Oxytocin Modulates

Neural Circuitry for Social Cognition and Fear in Humans," *Journal of Neuroscience* 25 (2005): 11489; I. Labuschagne et al., "Oxytocin Attenuates Amygdala Reactivity to Fear in Generalized Social Anxiety Disorder," *Neuropsychopharmacology* 35 (2010): 2403.

催產素削弱壓力反應：M. Heinrichs et al., "Social Support and Oxytocin Interact to Suppress Cortisol and Subjective Responses to Psychosocial Stress," *Biological Psychiatry* 54 (2003): 1389.

催產素對同理心、信任和合作的影響：S. Rodrigues et al., "Oxytocin Receptor Genetic Variation Relates to Empathy and Stress Reactivity in Humans," *Proceedings of the National Academy of Sciences of the United States of America* 106 (2009): 21437; M. Kosfeld et al., "Oxytocin Increases Trust in Humans," *Nature* 435 (2005): 673; A. Damasio, "Brain Trust," *Nature* 435 (2005): 571; S. Israel et al., "The Oxytocin Receptor (OXTR) Contributes to Prosocial Fund Allocations in the Dictator Game and the Social Value Orientations Task," *Public Library of Science One* 4 (2009): e5535; P. Zak, R. Kurzban, and W. Matzner, "Oxytocin Is Associated with Human Trustworthiness," *Hormones and Behavior* 48 (2005): 522; T. Baumgartner et al., "Oxytocin Shapes the Neural Circuitry of Trust and Trust Adaptation in Humans," *Neuron* 58 (2008): 639; J. Filling et al., "Effects of Intranasal Oxytocin and Vasopressin on Cooperative Behavior and Associated Brain Activity in Men," *Psychoneuroendocrinology* 37 (2012): 447; A. Theodoridou et al., "Oxytocin and Social Perception: Oxytocin Increases Perceived Facial Trustworthiness and Attractiveness," *Hormones and Behavior* 56 (2009): 128. A failure of replication: C. Apicella et al., "No Association between Oxytocin Receptor (OXTR) Gene Polymorphisms and Experimentally Elicited Social Preferences," *Public Library of Science One* 5 (2010): e11153.

催產素對攻擊性的影響：M. Dhakar et al., "Heightened Aggressive Behavior in Mice with Lifelong versus Postweaning Knockout of the Oxytocin Receptor," *Hormones and Behavior* 62 (2012): 86; J. Winslow et al., "Infant Vocalization, Adult Aggression, and Fear Behavior of an Oxytocin Null Mutant Mouse," *Hormones and Behavior* 37 (2005): 145.

16 C. De Dreu, "Oxytocin Modulates Cooperation within and Competition between Groups: An Integrative Review and Research Agenda," *Hormones and Behavior* 61 (2012): 419; C. De Dreu et al., "The Neuropeptide Oxytocin Regulates Parochial Altruism in Intergroup Conflict among Humans," *Science* 328 (2011): 1408; C. De Dreu et al., "Oxytocin Promotes Human Ethnocentrism," *Proceedings of the National Academy of Sciences of the United States of America* 108 (2011): 1262.

17 K. Parker et al., "Preliminary Evidence That Plasma Oxytocin Levels Are Elevated in Major Depression," *Psychiatry Research* 178 (2010): 359; S. Freeman et al., "Effect of Age and Autism Spectrum Disorder on Oxytocin Receptor Density in the Human Basal Forebrain and Midbrain," *Translational Psychiatry* 8 (2018): 257.

18 R. Sapolsky, "Stress and the Brain: Individual Variability and the Inverted-U," *Nature Neuroscience* 25 (2015): 1344.

19 壓力和壓力荷爾蒙對杏仁核的影響：J. Rosenkranz, E. Venheim, and M. Padival, "Chronic

Stress Causes Amygdala Hyperexcitability in Rodents," *Biological Psychiatry* 67 (2010): 1128; S. Duvarci and D. Pare, "Glucocorticoids Enhance the Excitability of Principal Basolateral Amygdala Neurons," *Journal of Neuroscience* 27 (2007) 4482; A. Kavushansky and G. Richter-Levin, "Effects of Stress and Corticosterone on Activity and Plasticity in the Amygdala," *Journal of Neuroscience Research* 84 (2006): 1580; P. Rodríguez Manzanares et al., "Previous Stress Facilitates Fear Memory, Attenuates GABAergic Inhibition, and Increases Synaptic Plasticity in the Rat Basolateral Amygdala," *Journal of Neuroscience* 25 (2005): 8725.

壓力和壓力荷爾蒙對杏仁核與海馬迴之間交互作用的影響：A. Kavushansky et al., "Activity and Plasticity in the CA1, the Dentate Gyrus, and the Amygdala Following Controllable Versus Uncontrollable Water Stress," *Hippocampus* 16 (2006): 35; H. Lakshminarasimhan and S. Chattarji, "Stress Leads to Contrasting Effects on the Levels of Brain Derived Neurotrophic Factor in the Hippocampus and Amygdala," *Public Library of Science One* 7 (2012): e30481; S. Ghosh, T. Laxmi, and S. Chattarji, "Functional Connectivity from the Amygdala to the Hippocampus Grows Stronger after Stress," *Journal of Neuroscience* 33 (2013): 7234.

20 　壓力和壓力荷爾蒙對行為的影響：S. Preston et al., "Effects of Anticipatory Stress on Decision-Making in a Gambling Task," *Behavioral Neuroscience* 121 (2007): 257; P. Putman et al., "Exogenous Cortisol Acutely Influences Motivated Decision Making in Healthy Young Men," *Psychopharmacology* 208 (2010): 257; P. Putman, E. Hermans, and J. van Honk, "Cortisol Administration Acutely Reduces Threat-Selective Spatial Attention in Healthy Young Men," *Physiology and Behavior* 99 (2010): 294; K. Starcke et al., "Anticipatory Stress Influences Decision Making under Explicit Risk Conditions," *Behavioral Neuroscience* 122 (2008): 1352.

性別差異以及壓力／壓力荷爾蒙的影響：R. van den Bos, M. Harteveld, and H. Stoop, "Stress and Decision-Making in Humans: Performance Is Related to Cortisol Reactivity, Albeit Differently in Men and Women," *Psychoneuroendocrinology* 34 (2009): 1449; N. Lighthall, M. Mather, and M. Gorlick, "Acute Stress Increases Sex Differences in Risk Seeking in the Balloon Analogue Risk Task," *Public Library of Science One* 4 (2009): e6002; N. Lighthall et al., "Gender Differences in Reward-Related Decision Processing under Stress," *Social Cognitive and Affective Neuroscience* 7 (2012): 476.

壓力和壓力荷爾蒙對攻擊性的影響：D. Hayden-Hixson and C. Ferris, "Steroid-Specific Regulation of Agonistic Responding in the Anterior Hypothalamus of Male Hamsters," *Physiology and Behavior* 50 (1991): 793; A. Poole and P. Brain, "Effects of Adrenalectomy and Treatments with ACTH and Glucocorticoids on Isolation-Induced Aggressive Behavior in Male Albino Mice," *Progress in Brain Research* 41 (1974): 465; E. Mikics, B. Barsy, and J. Haller, "The Effect of Glucocorticoids on Aggressiveness in Established Colonies of Rats," *Psychoneuroendocrinology* 32 (2007): 160; R. Böhnke et al., "Exogenous Cortisol Enhances Aggressive Behavior in Females, but Not in Males," *Psychoneuroendocrinology* 35 (2010): 1034; K. Bertsch et al., "Exogenous Cortisol Facilitates Responses to Social Threat under High Provocation," *Hormones and Behavior* 59 (2011):

428.

壓力和壓力荷爾蒙對道德抉擇的影響：K. Starcke, C. Polzer, and O. Wolf, "Does Everyday Stress Alter Moral Decision-Making?," *Psychoneuroendocrinology* 36 (2011): 210; F. Youssef, K. Dookeeram, and V. Basdeo, "Stress Alters Personal Moral Decision Making," *Psychoneuroendocrinology* 37 (2012): 491.

21   若想認識這個大主題的更多細節，可見薩波斯基《行為》的第四章。

22   注腳：（重新）發現成年神經生成的偉大歷史，見：M. Specter, "How the Songs of Canaries Upset a Fundamental Principle of Science," *New Yorker*, July 23, 2001.

成年神經生成在行為上的結果：G. Kempermann, "What Is Adult Hippocampal Neurogenesis Good For?," *Frontiers of Neuroscience* 16 (2022), doi.org/10.3389/fnins.2022.852680; Y. Li, Y. Luo, and Z. Chen, "Hypothalamic Modulation of Adult Hippocampal Neurogenesis in Mice Confers Activity-Dependent Regulation of Memory and Anxiety-Like Behavior," *Nature Neuroscience* 25 (2022): 630; D. Seib et al., "Hippocampal Neurogenesis Promotes Preference for Future Rewards," *Molecular Psychiatry* 26 (2021): 6317; C. Anacker et al., "Hippocampal Neurogenesis Confers Stress Resilience by Inhibiting the Ventral Dentate Gyrus," *Nature* 559 (2018): 98.

在這一切令人著迷的事物中，經驗也會影響成年人腦中那些沒那麼炫的膠質細胞的最終誕生：A. Delgado et al., "Release of Stem Cells from Quiescence Reveals Gliogenic Domains in the Adult Mouse Brain," *Science* 372 (2021): 1205.

人類身上究竟出現了多少神經在成年後生成的相關爭辯：S. Sorrells et al., "Human Hippocampal Neurogenesis Drops Sharply in Children to Undetectable Levels in Adults," *Nature* 555 (2018): 377. For a retort: M. Baldrini et al., "Human Hippocampal Neurogenesis Persists throughout Aging," *Cell Stem Cell* 22 (2018): 589。有著類似觀點的一篇看法：G. Kempermann, F. Gage, and L. Aigner, "Human Neurogenesis: Evidence and Remaining Questions," *Cell Stem Cell* 23 (2018): 25。接著是給革新派的一票：S. Ranade, "Single-Nucleus Sequencing Finds No Adult Hippocampal Neurogenesis in Humans," *Nature Neuroscience* 25 (2022): 2.

23   R. Hamilton et al., "Alexia for Braille Following Filateral Occipital Stroke in an Early Blind Woman," *Neuroreport* 11 (2000): 237; E. Striem-Amit et al., "Reading with Sounds: Sensory Substitution Selectively Activates the Visual Word Form Area in the Blind," *Neuron* 76 (2012): 640; A. Pascual-Leone, "Reorganization of Cortical Motor Outputs in the Acquisition of New Motor Skills," in *Recent Advances in Clinical Neurophysiology*, ed. J. Kinura and H. Shibasaki (Elsevier Science, 1996), p. 304–8.

24   S. Rodrigues, J. LeDoux, and R. Sapolsky, "The Influence of Stress Hormones on Fear Circuitry," *Annual Review of Neuroscience* 32 (2009): 289.

25   一般綜述可見：B. Leuner and E. Gould, "Structural Plasticity and Hippocampal Function," *Annual Review of Psychology* 61 (2010): 111.

壓力對海馬迴結構的影響：A. Magarinos and B. McEwen, "StressInduced Atrophy of Apical Dendrites of Hippocampal CA3c Neurons: Involvement of Glucocorticoid Secretion and Excitatory Amino Acid Receptors," *Neuroscience* 69 (1995): 89; A. Magarinos et al., "Chronic Psychosocial Stress Causes Apical Dendritic Atrophy of Hippocampal CA3 Pyramidal Neurons in Subordinate Tree Shrews," *Journal of Neuroscience* 16 (1996): 3534; B. Eadie, V. Redila, and B. Christie, "Voluntary Exercise Alters the Cytoarchitecture of the Adult Dentate Gyrus by Increasing Cellular Proliferation, Dendritic Complexity, and Spine Density," *Journal of Comparative Neurology* 486 (2005): 39; A. Vyas et al.,"Chronic Stress Induces Contrasting Patterns of Dendritic Remodeling in Hippocampal and Amygdaloid Neurons," *Journal of Neuroscience* 22 (2002): 6810.

與憂鬱相關的神經可塑性：P. Videbach and B. Revnkilde, "Hippocampal Volume and Depression: A Meta-analysis of MRI Studies," *American Journal of Psychiatry* 161 (2004): 1957; L. Gerritsen et al., "Childhood Maltreatment Modifies the Relationship of Depression with Hippocampal Volume," *Psychological Medicine* 45 (2015): 3517.

練習與刺激對神經可塑性的影響：J. Firth et al., "Effect of Aerobic Exercise on Hippocampal Volume in Humans: A Systematic Review and Meta-analysis," *Neuroimage* 166 (2018): 230; G. Clemenson, W. Deng, and F. Gage, "Environmental Enrichment and Neurogenesis: From Mice to Humans," *Current Opinion in Behavioral Sciences* 4 (2015): 56.

雌激素與神經可塑性：B. McEwen, "Estrogen Actions throughout the Brain," *Recent Progress in Hormone Research* 57 (2002): 357; N. Lisofsky et al., "Hippocampal Volume and Functional Connectivity Changes during the Female Menstrual Cycle," *Neuroimage* 118 (2015): 154; K. Albert et al., "Estrogen Enhances Hippocampal Gray-Matter Volume in Young and Older Postmenopausal Women: A Prospective Dose-Response Study," *Neurobiology of Aging* 56 (2017): 1.

26　N. Brebe et al., "Pair-Bonding, Fatherhood, and the Role of Testosterone: A Meta-analytic Review," *Neuroscience & Biobehavioral Reviews* 98 (2019): 221; Y. Ulrich-Lai et al., "Chronic Stress Induces Adrenal Hyperplasia and Hypertrophy in a Subregion-Specific Manner," *American Journal of Physiology: Endocrinology and Metabolism* 291 (2006): E965.

27　J. Foster, "Modulating Brain Function with Microbiota," *Science* 376 (2022): 936; J. Cryan and S. Mazmanian, "Microbiota-Brain Axis: Context and Causality," *Science* 376 (2022): 938. Also: C. Chu et al., "The Microbiota Regulate Neuronal Function and Fear Extinction Learning," *Nature* 574 (2019): 54。過去幾週到幾個月內的事件導致人在無意識間改變行為的一個絕佳範例，可見：S. Mousa, "Building Social Cohesion between Christians and Muslims through Soccer in Post-ISIS Iraq," *Science* 369 (2020): 866。出於實驗目的，研究者讓某聯盟的足球隊要不就僅由基督徒球員組成，不然就由兩種宗教的球員混合組成（球員不曉得實驗裡有這個刻意的設計）。在與穆斯林隊友踢了一季的球之後，基督徒球員在球場上和穆斯林隊友更緊密了——但沒有改變他們在公開表示時對穆斯林的態度。

28　若想認識這個大主題的更多細節，可見薩波斯基《行為》的第五章。

29　A. Caballero, R. Granbeerg, and K. Tseng, "Mechanisms Contributing to Prefrontal Cortex Maturation during Adolescence," *Neuroscience & Biobehavioral Reviews* 70 (2016): 4; K. Delevich et al., "Coming of Age in the Frontal Cortex: The Role of Puberty in Cortical Maturation," *Seminars in Cell & Developmental Biology* 118 (2021): 64。長期干擾青春期老鼠的睡眠，會改變青春期多巴胺獎勵系統的運作，而且不是往好的方向改變；換句話說，我們的母親敦促青少年的我們去抗拒混亂睡眠時間的誘惑其實是正確的：W. Bian et al., "Adolescent Sleep Shapes Social Novelty Preference in Mice," *Nature Neuroscience* 25 (2022): 912.

30　E. Sowell et al., "Mapping Continued Brain Growth and Gray Matter Density Reduction in Dorsal Frontal Cortex: Inverse Relationships during Postadolescent Brain Maturation," *Journal of Neuroscience* 21 (2021): 8819; J. Giedd, "The Teen Brain: Insights from Neuroimaging," *Journal of Adolescent Health* 42 (2008): 335.

31　注腳：C. González-Acosta et al., "von Economo Neurons in the Human Medial Frontopolar Cortex," *Frontiers in Neuroanatomy* 12 (2018), doi.org/10.3389/fnana.2018.00064; R. Hodge, J. Miller, and E. Lein, "Transcriptomic Evidence That von Economo Neurons Are Regionally Specialized Extratelencephalic-Projecting Excitatory Neurons," *Nature Communications* 11 (2020): 1172.

32　若想認識這個大主題的更多細節，以及延遲額葉成熟的演化詳情，可見薩波斯基《行為》的第六章。

33　若要讀柯爾伯格真正巨作的優秀介紹，可見：D. Garz, *Lawrence Kohlberg: An Introduction* (Barbra Budrich, 2009).

34　D. Baumrind, "Child Care Practices Anteceding Three Patterns of Preschool Behavior," *Genetic Psychology Monographs* 75 (1967): 43; E. Maccoby and J. Martin, "Socialization in the Context of the Family: Parent-Child Interaction," in *Handbook of Child Psychology*, ed. P. Mussen (Wiley, 1983).

35　J. R. Harris, *The Nurture Assumption: Why Children Turn Out the Way They Do* (Free Press, 1998).

36　W. Wei, J. Lu, and L. Wang, "Regional Ambient Temperature Is Associated with Human Personality," *Nature Human Behaviour* 1 (2017): 890; R. McCrae et al., "Climatic Warmth and National Wealth: Some Culture-Level Determinants of National Character Stereotypes," *European Journal of Personality* 21 (2007): 953; G. Hofsteded and R. McCrae, "Personality and Culture Revisited: Linking Traits and Dimensions of Culture," *Cross-Cultural Research* 38 (2004): 52.

37　I. Weaver et al., "Epigenetic Programming by Maternal Behavior," *Nature Neuroscience* 7 (2004): 847。早年壓力導致成年腦部運作變化、一路到個別神經元的基因調節都出現表徵遺傳改變的一個例子，可見：H. Kronman et al., "Long-Term Behavioral and Cell-Type-Specific Molecular Effects of Early Life Stress Are Mediated by H3K79me2 Dynamics in Medium Spiny Neurons," *Nature Neuroscience* 24 (2021): 667。有人可能會覺得，腦部延遲發育將會導致（好比說）幼年期低社經地位的這種不利效應出現。但問題反而在於，早

年壓力會加速腦的成熟，代表說，為了讓經驗去形塑腦部組織過程而開啟的窗口會更早關閉。U. Tooley, D. Bassett, and P. Mackay, "Environmental Influences on the Pace of Brain Development," *Nature Reviews Neuroscience* 22 (2021): 372.

38　D. Francis et al., "Nongenomic Transmission Across Generations of Maternal Behavior and Stress Responses in the Rat," *Science* 286 (1999): 1155; N. Provencal et al., "The Signature of Maternal Rearing in the Methylome in Rhesus Macaque Prefrontal Cortex and T Cells," *Journal of Neuroscience* 32 (2012): 15626. 野生狒狒的優勢順位要是偏低的話，不只會縮短雌狒狒的預期壽命，也會縮短下一代的預期壽命：M. Zipple et al., "Intergenerational Effects of Early Adversity on Survival in Wild Baboons," *eLife* 8 (2019): e47433.

39　童年逆境的概念是由加州大學聖地牙哥分校凱薩醫療機構的Vincent Felitti以及美國疾病管制與預防中心的obert Anda率先提出。舉例來說，可見：V. Felitti et al., "Relationship of Childhood Abuse and Household Dysfunction to Many of the Leading Causes of Death in Adults: The Adverse Childhood Experiences (ACE) Study," *American Journal of Preventative Medicine* 14 (1998): 245。他們原本關注的是童年逆境和成年健康的關係。舉例來說，可見：V. Felitti, "The Relation between Adverse Childhood Experiences and Adult Health: Turning Gold into Lead," *Permanente Journal* 6 (2002): 44。後來有大量廣泛的研究重現了他們的研究結果，並加以延伸擴張。舉例來說，可見：K. Hughes et al., "The Effect of Multiple Adverse Childhood Experiences on Health: A Systematic Review and Meta-analysis," *Lancet Public Health* 2 (2017): e356; K. Petruccelli, J. Davis, and T. Berman, "Adverse Childhood Experiences and Associated Health Outcomes: A Systematic Review and Meta-analysis," *Child Abuse & Neglect* 97 (2019): 104127。接著有範圍廣大的研究，開始關注童年逆境和成年暴力行為以及反社會行為的關係。可見以下這些出版物（從中產生了「增加35%」這個估計數字）：T. Moffitt et al., "A Gradient of Childhood Self-Control Predicts Health, Wealth, and Public Safety," *Proceedings of the National Academy of Sciences of the United States of America* 108 (2011): 2693; J. Reavis et al., "Adverse Childhood Experiences and Adult Criminality: How Long Must We Live Before We Possess Our Own Lives?," *Permanente Journal* 17 (2013): 44; J. Craig et al., "A Little Early Risk Goes a Long Bad Way: Adverse Childhood Experiences and Life-Course Offending in the Cambridge Study," *Journal of Criminal Justice* 53 (2017): 34; J. Stinson et al., "Adverse Childhood Experiences and the Onset of Aggression and Criminality in a Forensic Inpatient Sample," *International Journal of Forensic Mental Health* 20 (2021): 374; L. Dutin et al., "Criminal History and Adverse Childhood Experiences in Relation to Recidivism and Social Functioning in Multi-problem Young Adults," *Criminal Justice and Behavior* 48, no. 5 (2021): 637; B. Fox et al., "Trauma Changes Everything: Examining the Relationship between Adverse Childhood Experiences and Serious, Violent and Chronic Juvenile Offenders," *Child Abuse & Neglect* 46 (2015): 163; M. Baglivio et al., "The Relationship between Adverse Childhood Experiences (ACE) and Juvenile Offending Trajectories in a Juvenile Offender Sample," *Journal of Criminal Justice* 43 (2015): 229。好的評論可見：M. Baglivio, "On Cumulative

Childhood Traumatic Exposure and Violence/Aggression: The Implications of Adverse Childhood Experiences (ACE)," in *Cambridge Handbook of Violent Behavior and Aggression*, 2nd ed., ed. A. Vazsonyi, D. Flannery, and M. DeLisi (Cambridge University Press, 2018), p. 467; G. Graf et al., "Adverse Childhood Experiences and Justice System Contact: A Systematic Review," *Pediatrics* 147 (2021): e2020021030.

40　「相對年齡效應」在以下兩篇文章中有著充分的思考：M. Gladwell, *Outliers: The Story of Success* (Little Brown, 2008), and S. Levitt and S. Dubner, *Superfreakonomics: Global Cooling, Patriotic Prostitutes, and Why Suicide Bombers Should Buy Life Insurance* (William Morrow, 2009)。對此現象的更多探討，可見：E. Dhuey and S. Lipscomb, "What Makes a Leader? Relative Age and High School Leadership," *Economic Educational Review* 27 (2008): 173; D. Lawlor et al., "Season of Birth and Childhood Intelligence: Findings from the Aberdeen Children of the 1950s Cohort Study," *British Journal of Educational Psychology* 76 (2006): 481; A. Thompson, R. Barnsley, and J. Battle, "The Relative Age Effect and the Development of Self-Esteem," *Educational Research* 46 (2004): 313.

41　若想認識這個大主題的更多細節，可見薩波斯基《行為》的第七章。

42　T. Roseboom et al., "Hungry in the Womb: What Are the Consequences? Lessons from the Dutch Famine," *Maturitas* 70 (2011): 141; B. Horsthemke, "A Critical View on Transgenerational Epigenetic Inheritance in Humans," *Nature Communications* 9 (2018): 2973; B. Van den Bergh et al., "Prenatal Developmental Origins of Behavior and Mental Health: The Influence of Maternal Stress in Pregnancy," *Neuroscience and Biobehavioral Reviews* 117 (2020): 26; F. Gomes, X. Zhu, and A. Grace, "Stress during Critical Periods of Development and Risk for Schizophrenia," *Schizophrenia Research* 213 (2019): 107; A. Brown and E. Susser, "Prenatal Nutritional Deficiency and Risk of Adult Schizophrenia," *Schizophrenia Bulletin* 3 (2008): 1054; D. St. Clair et al., "Rates of Adult Schizophrenia Following Prenatal Exposure to the Chinese Famine of 1959–1961," *Journal of the American Medical Association* 294 (2005): 557. 這整個主題都歸在「成人疾病起源」的概念下，由英國南安普頓大學的David Barker率先提出。舉例來說，可見：D. Barker et al., "Fetal Origins of Adult Disease: Strength of Effects and Biological Basis," *International Journal of Epidemiology* 31 (2002): 1235。對這整個文獻抱持懷疑態度、並做出「整體來說效應規模過分渲染」這個結論的的解讀，可見：S. Richardson, *The Maternal Imprint: The Contested Science of Maternal-Fetal Effects* (University of Chicago Press, 2021).

43　若想認識這個大主題的更多細節，可見薩波斯基《行為》的第七章。

44　J. Bacque-Cazenave et al., "Serotonin in Animal Cognition and Behavior," *Journal of Molecular Science* 21 (2020): 1649; E. Coccaro et al., "Serotonin and Impulsive Aggression," *CNS Spectrum* 20 (2015): 295; J. Siegel and M. Crockett, "How Serotonin Shapes Moral Judgment and Behavior," *Annals of the New York Academy of Sciences* 1299 (2013): 42; J. Palacios, "Serotonin Receptors in Brain Revisited," *Brain Research* 1645 (2016): 46.

45　J. Liu et al., "Tyrosine Hydroxylase Gene Polymorphisms Contribute to Opioid Dependence and

Addiction by Affecting Promoter Region Function," *Neuromolecular Medicine* 22 (2020): 391.

46　M. Bakermans-Kranenburg and M. van Ijzendoorn, "Differential Susceptibility to Rearing Environment Depending on Dopamine-Related Genes: New Evidence and a Meta-analysis," *Development and Psychopathology* 23 (2011): 39; M. Sweitzer et al., "Polymorphic Variation in the Dopamine D4 Receptor Predicts Delay Discounting as a Function of Childhood Socioeconomic Status: Evidence for Differential Susceptibility," *Social Cognitive and Affective Neuroscience* 8 (2013): 499; N. Perroud et al., "COMT but Not Serotonin-Related Genes Modulates the Influence of Childhood Abuse on Anger Traits," *Genes Brain and Behavior* 9 (2010): 193; S. Lee et al., "Association of Maternal Dopamine Transporter Genotype with Negative Parenting: Evidence for Gene x Environment Interaction with Child Disruptive Behavior," *Molecular Psychiatry* 15 (2010): 548. 同一種基因／養育模式有些也出現在其他靈長類身上，其中一個絕佳範例可見：M. Champoux et al., "Serotonin Transporter Gene Polymorphism, Differential Early Rearing, and Behavior in Rhesus Monkey Neonates," *Molecular Psychiatry* 7 (2002): 1058。值得一提的是，多年來人們對於人類身上的其中一些基因／養育交互作用一直都有些爭論；其中一方主張觀察到的這些交互作用不可靠且持續不斷地被複製，而另一方則主張，如果只看有實際良好執行的研究，這種關係的確是穩健存在的。舉例來說，可見：M. Wankerl et al., "Current Developments and Controversies: Does the Serotonin Transporter Gene-Linked Polymorphic Region (5-HTTLPR) Modulate the Association Between Stress and Depression?," *Current Opinion in Psychiatry* 23 (2010): 582.

47　E. Lein et al., "Genome-wide Atlas of Gene Expression in the Adult Mouse Brain," *Nature* 445 (2007): 168; Y. Jin et al., "Architecture of Polymorphisms in the Human Genome Reveals Functionally Important and Positively Selected Variants in Immune Response and Drug Transporter Genes," *Human Genomics* 12 (2018): 43.

48　若想認識這個大主題的更多細節，可見薩波斯基《行為》的第八章。

49　跨文化差異：H. Markus and S. Kitayama, "Culture and Self: Implications for Cognition, Emotion, and Motivation," *Psychological Review* 98 (1991): 224; A. Cuddy et al., "Stereotype Content Model across Cultures: Towards Universal Similarities and Some Differences," *British Journal of Social Psychology* 48 (2009): 1; R. Nisbett, *The Geography of Thought: How Asians and Westerners Think Differently . . . and Why* (Free Press, 2003).
　　其中一些差異的神經面基礎：S. Kitayama and A. Uskul, "Culture, Mind, and the Brain: Current Evidence and Future Directions," *Annual Review of Psychology* 62 (2011): 419; B. Park et al., "Neural Evidence for Cultural Differences in the Valuation of Positive Facial Expressions," *Social Cognitive and Affective Neuroscience* 11 (2015): 243; B. Cheon et al., "Cultural Influences on Neural Basis of Intergroup Empathy," *Neuroimage* 57 (2011): 642.
　　在羞恥對上罪惡感方面的跨文化差異：H. Katchadourian, *Guilt: The Bite of Conscience* (Stanford General Books, 2011); J. Jacquet, *Is Shame Necessary? New Uses for an Old Tool* (Pantheon, 2015).

50 T. Hedden et al., "Cultural Influences on Neural Substrates of Attentional Control," *Psychological Science* 19 (2008): 12; S. Han and G. Northoff, "Culture-Sensitive Neural Substrates of Human Cognition: A Transcultural Neuroimaging Approach," *Nature Reviews Neuroscience* 9 (20008): 646; T. Masuda and R. E. Nisbett, "Attending Holistically vs. Analytically: Comparing the Context Sensitivity of Japanese and Americans," *Journal of Personality and Social Psychology* 81 (2001): 922; J. Chiao, "Cultural Neuroscience: A Once and Future Discipline," *Progress in Brain Research* 178 (2009): 287.

51 K. Zhang and H. Changsha, *World Heritage in China* (Press of South China University of Technology, 2006).

52 T. Talhelm et al., "Large-Scale Psychological Differences within China Explained by Rice versus Wheat Agriculture," *Science* 344 (2014): 603; T. Talhelm, X. Zhang, and S. Oishi, "Moving Chairs in Starbucks: Observational Studies Find Rice-Wheat Cultural Differences in Daily Life in China," *Science Advances* 4 (2018), DOI:10.1126/sciadv.aap8469.

53 注腳：跨文化差異的遺傳學：H. Harpending and G. Cochran, "In Our Genes," *Proceedings of the National Academy of Sciences of the United States of America* 99 (2002): 10.
這個領域的專門論文：Y. Ding et al., "Evidence of Positive Selection Acting at the Human Dopamine Receptor D4 Gene Locus," *Proceedings of the National Academy of Sciences of the United States of America* 99 (2002): 309; F. Chang et al., "The World-wide Distribution of Allele Frequencies at the Human Dopamine D4 Receptor Locus," *Human Genetics* 98 (1996): 891; K. Kidd et al., "An Historical Perspective on 'The World-wide Distribution of Allele Frequencies at the Human Dopamine D4 Receptor Locus,'" *Human Genetics* 133 (2014): 431; C. Chen et al., "Population Migration and the Variation of Dopamine D4 Receptor (DRD4) Allele Frequencies around the Globe," *Evolution and Human Behavior* 20 (1999): 309.
本主題的普及入門，可見R. Sapolsky, "Are the Desert People Winning?," *Discover*, August 2005, 38.

54 注腳：M. Fleisher, *Kuria Cattle Raiders: Violence and Vigilantism on the Tanzania/Kenya Frontier* (University of Michigan Press, 2000); M. Fleisher, "'War Is Good for Thieving!': The Symbiosis of Crime and Warfare among the Kuria of Tanzania," *Africa* 72 (200): 1。在這些緊張局勢中，我當然是支持我的馬賽人；馬賽人／庫利亞人的緊張局勢由來已久，但多虧了某些專橫霸道的歐洲殖民地居民在上個世紀做的那些事，這兩個群體爭鬥時，可被算作是國際衝突；R. McMahon, *Homicide in Pre-famine and Famine Ireland* (Liverpool University Press, 2013); R. Nisbett and D. Cohen, *Culture of Honor: The Psychology of Violence in the South* (Westview Press, 1996); B. Wyatt-Brown, *Southern Honor: Ethics and Behavior in the Old South* (Oxford University Press, 1982)。美國南方榮譽文化最初起源於不列顛群島牧人的理論：D. Fischer, *Albion's Seed* (Oxford University Press, 1989).

55 注腳：E. Van de Vliert, "The Global Ecology of Differentiation between Us and Them," *Nature Human Behaviour* 4 (2020): 270.

第二則注腳：F. Lederbogen et al., "City Living and Urban Upbringing Affect Neural Social Stress Processing in Humans," *Nature* 474 (2011): 498; D. Kennedy and R. Adolphs, "Stress and the City," Nature 474 (2011): 452; A. Abbott, "City Living Marks the Brain," *Nature* 474 (2011): 429; M. Gelfand et al., "Differences between Tight and Loose Cultures: A 33-Nation Study," *Science* 332 (2011): 1100.

56　注腳：K. Hill and R. Boyd, "Behavioral Convergence in Humans and Animals," *Science* 371 (2021): 235; T. Barsbai, D. Lukas, and A. Pondorfer, "Local Convergence of Behavior across Species," *Science* 371 (2021): 292。若想認識這個大主題的更多細節，可見薩波斯基《行為》的第九章。

57　關於本主題的概述，可見薩波斯基《行為》的第十章。

58　P. Alces, *Trialectic: The Confluence of Law, Neuroscience, and Morality* (University of Chicago Press, 2023). P. Tse, "Two Types of Libertarian Free Will Are Realized in the Human Brain," in *Neuroexistentialism: Meaning, Morals, and Purpose in the Age of Neuroscience*, ed. G. Caruso and O. Flanagan (Oxford University Press, 2018).

59　N. Levy, *Hard Luck: How Luck Undermines Free Will and Moral Responsibility* (Oxford University Press, 2015), quote from p. 87.

注腳44：這個現實的痛苦之處，在Charles Johnson的短篇小說"China," *The Penguin Book of the American Short Story*, ed. J. Freeman (Penguin Press, 2021)的一段引文中有著精采的概述，於第92頁："'I can only be what I've been?' This he asked softly, but his voice trembled." 我要感謝Mia Council提點我這件事。

4 有志的意志力：毅力的迷思

1　N. Levy, "Luck and History-Sensitive Compatibilism," *Philosophical Quarterly* 59 (2009): 237, quote from p. 242.

2　G. Caruso and D. Dennett, "Just Deserts," *Aeon*, https://aeon.co/essays/on-free-will-daniel-dennett-and-gregg-caruso-go-head-to-head.

3　R. Kane, "Free Will, Mechanism and Determinism," in *Moral Psychology*, vol. 4, *Free Will and Moral Responsibility*, ed. W. Sinnott-Armstrong (MIT Press, 2014)，引文出自p. 130; M. Shadlen and A. Roskies, "The Neurobiology of Decision-Making and Responsibility: Reconciling Mechanism and Mindedness," *Frontiers of Neuroscience* 6 (2012), doi.org/10.3389/fnins.2012.00056.

4　S. Spence, *The Actor's Brain: Exploring the Cognitive Neuroscience of Free Will* (Oxford University Press, 2009).

5　P. Tse, "Two Types of Libertarian Free Will Are Realized in the Human Brain," in *Neuroexistentialism: Meaning, Morals and Purpose in the Age of Neuroscience*, ed. G. Caruso and O. Flanagan (Oxford University Press, 2013).

6　A. Roskies, "Can Neuroscience Resolve Issues about Free Will?," *Moral Psychology*, vol. 4, *Free Will and Moral Responsibility*, ed. W. Sinnott-Armstrong (MIT Press, 2014)，引文出自p. 116; M. Gazzaniga, "Mental Life and Responsibility in Real Time with a Determined Brain," in *Moral Psychology*, vol. 4: *Free Will and Moral Responsibility*, ed. W. SinnottArmstrong (MIT Press, 2014), 59.

7　喪失家產的家族：C. Hill, "Here's Why 90% of Rich People Squander Their Fortunes," *MarketWatch*, April 23, 2017, marketwatch.com/story/heres-why-90-of-rich-people-squander-their-fortunes-2017-0423.
　　注腳：J. White and G. Batty, "Intelligence across Childhood in Relation to Illegal Drug Use in Adulthood: 1970 British Cohort Study," *Journal of Epidemiology and Community Health* 66 (2012): 767.

8　J. Cantor, "Do Pedophiles Deserve Sympathy?" CNN, June 21, 2012.

9　注腳：Z. Goldberger, "Music of the Left Hemisphere: Exploring the Neurobiology of Absolute Pitch," *Yale Journal of Biology and Medicine* 74 (2001): 323.

10　K. Semendeferi et al., "Humans and Great Apes Share a Large Frontal Cortex," *Nature Neuroscience* 5 (2002): 272; P. Schoenemann, "Evolution of the Size and Functional Areas of the Human Brain," *Annual Review of Anthropology* 35 (2006): 379。此外，根據測量的方式，人類的前額葉皮質從比例上來說，比任何其他靈長類都要來得大且神經線路更密集複雜（或者說，至少會比較大，或者比較密集複雜）：J. Rilling and T. Insel, "The Primate Neocortex in Comparative Perspective Using MRI," *Journal of Human Evolution* 37 (1999): 191; R. Barton and C. Venditti, "Human Frontal Lobes Are Not Relatively Large," *Proceedings of the National Academy of Sciences of the United States of America* 110 (2013): 9001. 根深蒂固於這些研究結果中的挑戰，就是弄清楚（好比說）實驗鼠身上等同於人類額葉皮質的東西到底是什麼，見：M. Carlen, "What Constitutes the Prefrontal Cortex?," *Science* 358 (2017): 478.

11　E. Miller and J. Cohen, "An Integrative Theory of Prefrontal Cortex Function," *Annual Review of Neuroscience* 24 (2001): 167; L. Gao et al., "Single-Neuron Projectome of Mouse Prefrontal Cortex," *Nature Neuroscience* 25 (2022): 515; V. Mante et al., "Context-Dependent Computation by Recurrent Dynamics in Prefrontal Cortex," *Nature* 503 (2013): 78。再來一些額葉皮質涉及工作切換的範例：S. Bunge, "How We Use Rules to Select Actions: A Review of Evidence from Cognitive Neuroscience," *Cognitive, Affective & Behavioral Neuroscience* 4 (2004): 564; E. Crone et al., "Evidence for Separable Neural Processes Underlying Flexible Rule Use," *Cerebral Cortex* 16 (2005): 475.

12　R. Dunbar, "The Social Brain Meets Neuroimaging," *Trends in Cognitive Sciences* 16 (2011): 101; P. Lewis et al., "Ventromedial Prefrontal Volume Predicts Understanding of Others and Social Network Size," *Neuroimage* 57 (2011): 1624; K. Bickart et al., "Intrinsic Amygdala–Cortical Functional Connectivity Predicts Social Network Size in Humans," *Journal of Neuroscience* 32

(2012): 14729; R. Kanai et al., "Online Social Network Size Is Reflected in Human Brain Structure," *Proceedings of the Royal Society B: Biological Sciences* 279 (2012): 1327; J. Sallet et al., "Social Network Size Affects Neural Circuits in Macaques," *Science* 334 (2011): 697.

13　J. Kubota, M. Banaji, and E. Phelps, "The Neuroscience of Race," *Nature Neuroscience* 15 (2012): 940.

　　注腳：在J. Eberhardt, *Biased: Uncovering the Hidden Prejudice That Shapes What We See, Think, and Do* (Viking, 2019) 有所評論。

14　N. Eisenberger, M. Lieberman, and K. Williams, "Does Rejection Hurt? An FMRI Study of Social Exclusion," *Science* 302 (2003): 290; N. Eisenberger, "The Pain of Social Disconnection: Examining the Shared Neural Underpinnings of Physical and Social Pain," *Nature Reviews Neuroscience* 3 (2012): 421; C. Masten, N. Eisenberger, and L. Borofsky, "Neural Correlates of Social Exclusion during Adolescence: Understanding the Distress of Peer Rejection," *Social Cognitive and Affective Neuroscience* 4 (2009): 143。一個有關基因在前額葉皮質內調控壓力期之恢復力的有趣研究，可見：Z. Lorsch et al., "Stress Resilience Is Promoted by a Zfp189-Driven Transcriptional Network in Prefrontal Cortex," *Nature Neuroscience* 22 (2019): 1413.

15　恐懼的神經生物學：C. Herry et al., "Switching On and Off Fear by Distinct Neuronal Circuits," *Nature* 454 (2008): 600; S. Maren and G. Quirk, "Neuronal Signaling of Fear Memory," *Nature Reviews Neuroscience* 5 (2004): 844; S. Rodrigues, R. Sapolsky, and J. LeDoux, "The Influence of Stress Hormones on Fear Circuitry," *Annual Review of Neuroscience* 32 (2009): 289; O. Klavir et al., "Manipulating Fear Associations via Optogenetic Modulation of Amygdala Inputs to Prefrontal Cortex," *Nature Neuroscience* 20 (2017): 836; S. Ciocchi et al., "Encoding of Conditioned Fear in Central Amygdala Inhibitory Circuits," *Nature* 468 (2010): 277; W. Haubensak et al., "Genetic Dissection of an Amygdala Microcircuit That Gates Conditioned Fear," *Nature* 468 (2010): 270.

　　消除恐懼的神經生物學：M. Milad and G. Quirk, "Neurons in Medial Prefrontal Cortex Signal Memory for Fear Extinction," *Nature* 420 (2002): 70; E. Phelps et al., "Extinction Learning in Humans: Role of the Amygdala and vmPFC," *Neuron* 43 (2004): 897.

　　再度表達已制約之恐懼的神經生物學：R. Marek et al., "Hippocampus-Driven Feed-Forward Inhibition of the Prefrontal Cortex Mediates Relapse of Extinguished Fear," *Nature Neuroscience* 21 (2018): 384.

16　J. Greene and J. Paxton, "Patterns of Neural Activity Associated with Honest and Dishonest Moral Decisions," *Proceedings of the National Academy of Sciences of the United States of America* 106 (2009): 12506. 也可以看看他傑出的書：J. Greene, *Moral Tribes: Emotion, Reason, and the Gap between Us and Them* (Penguin Press, 2013).

17　H. Terra et al., "Prefrontal Cortical Projection Neurons Targeting Dorsomedial Striatum Control Behavioral Inhibition," *Current Biology* 30 (2020): 4188; S. de Kloet et al., "Bidirectional Regulation of Cognitive Control by Distinct Prefrontal Cortical Output Neurons to Thalamus and Striatum,"

Nature Communications 12 (2021): 1994.

18　額葉去抑制：R. Bonelli and J. Cummings, "Frontal-Subcortical Circuitry and Behavior," *Dialogues in Clinical Neuroscience* 9 (2007); E. Huey, "A Critical Review of Behavioral and Emotional Disinhibition," *Journal of Nervous and Mental Disease* 208 (2020): 344 （我可以很自豪地說，這位哥倫比亞大學醫學院的作者曾是我實驗室的傑出成員）。
額葉損傷與犯罪行為：B. Miller and J. Llibre Guerra, "Frontotemporal Dementia," *Handbook of Clinical Neurology* 165 (2019): 33; M. Brower and B. Price, "Neuropsychiatry of Frontal Lobe Dysfunction in Violent and Criminal Behaviour: A Critical Review," *Neurology, Neurosurgery and Psychiatry* 71 (2001): 720; E. Shiroma, P. Ferguson, and E. Pickelsimer, "Prevalence of Traumatic Brain Injury in an Offender Population: A Meta-analysis," *Journal of Corrective Health Care* 16 (2010): 147.
注腳：J. Allman et al., "The von Economo Neurons in the Frontoinsular and Anterior Cingulate Cortex," *Annals of the New York Academy of Sciences* 1225 (2011): 59; C. Butti et al., "von Economo Neurons: Clinical and Evolutionary Perspectives," *Cortex* 49 (2013): 312; H. Evrard et al., "von Economo Neurons in the Anterior Insula of the Macaque Monkey," *Neuron* 74 (2012): 482。針對同理心、鏡像神經元以及艾克諾默神經元之間的關聯性提出的適當懷疑批評，可見：*The Real Neuroscience of Communication and Cognition* (Norton, 2014).

19　Y. Wang et al., "Neural Circuitry Underlying REM Sleep: A Review of the Literature and Current Concepts," *Progress in Neurobiology* 204 (2021): 102106; J. Greene et al., "An fMRI Investigation of Emotional Engagement in Moral Judgment," *Science* 293 (2001): 2105; J. Greene et al., "The Neural Bases of Cognitive Conflict and Control in Moral Judgment," *Neuron* 44 (2004): 389.

20　A. Barbey, M. Koenigs, and J. Grafman, "Dorsolateral Prefrontal Contributions to Human Intelligence," *Neuropsychologia* 51 (2013): 1361. 同時概述背外側前額葉皮質與腹內側前額葉皮質的文章，可見：Greene, Moral Tribes.

21　D. Knock et al., "Diminishing Reciprocal Fairness by Disrupting the Right Prefrontal Cortex," *Science* 314 (2006): 829; A. Bechara, "The Role of Emotion in Decision-Making: Evidence from Neurological Patients with Orbitofrontal Damage," *Brain and Cognition* 55 (2004): 30; A. Damasio, *The Feeling of What Happens: Body and Emotion in the Making of Consciousness* (Harcourt, 1999). 也探討了這些問題的有：L. Koban, P. Gianaros, and T. Wager, "The Self in Context: Brain Systems Linking Mental and Physical Health," *Nature Reviews Neuroscience* 22 (2021): 309.
注腳：E. Mas-Herrero, A. Dagher, and R. Zatorre, "Modulating Musical Reward Sensitivity Up and Down with Transcranial Magnetic Stimulation," *Nature Human Behaviour* 2 (2018); 27. See also J. Grahn, "Tuning the Brain to Musical Delight," *Nature Human Behaviour* 2 (2018): 17.

22　M. Koenigs et al., "Damage to the Prefrontal Cortex Increases Utilitarian Moral Judgments," *Nature* 446 (2007): 865; B. Thomas, K. Croft, and D. Tranel, "Harming Kin to Save Strangers: Further Evidence for Abnormally Utilitarian Moral Judgments after Ventromedial Prefrontal Damage,"

Journal of Cognitive Neuroscience 23 (2011): 2186; L. Young et al., "Damage to Ventromedial Prefrontal Cortex Impairs Judgment of Harmful Intent," *Neuron* 25 (2010): 845.

23 J. Saver and A. Damasio, "Preserved Access and Processing of Social Knowledge in a Patient with Acquired Sociopathy Due to Ventromedial Frontal Damage," *Neuropsychologia* 29 (1991): 1241; M. Donoso, A. Collins, and E. Koechlin, "Foundations of Human Reasoning in the Prefrontal Cortex," *Science* 344 (2014): 1481; T. Hare, "Exploiting and Exploring the Options," *Science* 344 (2014): 1446; T. Baumgartner et al., "Dorsolateral and Ventromedial Prefrontal Cortex Orchestrate Normative Choice," *Nature Neuroscience* 14 (2011): 1468; A. Bechara, "The Role of Emotion in Decision-Making: Evidence from Neurological Patients with Orbitofrontal Damage," *Brain and Cognition* 55 (2004): 30。腹內側前額葉皮質損害的後果：G. Moretto, M. Sellitto, and G. Pellegrino, "Investment and Repayment in a Trust Game after Centromedial Prefrontal Damage," *Frontiers of Human Neuroscience* 7 (2013): 593.

24 前額葉皮質追隨長存的分類規則：S. Reinert et al., "Mouse Prefrontal Cortex Represents Learned Rules for Categorization," *Nature* 593 (2021): 411。前額葉皮質得要持續努力追隨一個不斷發展中的規則變化的行為，在老鼠身上可以延續幾個星期（這對牠們來說是很長的時間）：M. Chen et al., "Persistent Transcriptional Programmes Are Associated with Remote Memory," *Nature* 587 (2020): 437.

「認知負荷」近年來變得十分有爭議。認知存量以及自我損耗的概念，是由社會心理學家鮑梅斯特和同事們率先提出的：R. Baumeister and L. Newman, "Self-Regulation of Cognitive Inference and Decision Processes," *Personality and Social Psychology Bulletin* 20 (1994): 3; R. Baumeister, M. Muraven, and D. Tice, "Ego Depletion: A Resource Model of Volition, Self-Regulation, and Controlled Processing," *Social Cognition* 18 (2000): 130; R. Baumeister et al., "Ego Depletion: Is the Active Self a Limited Resource?," *Journal of Personality and Social Psychology* 74 (1988): 1252。然而有些研究開始指出，這種效應在重現時出現了問題 (e.g., L. Koppel et al., "No Effect of Ego Depletion on Risk Taking," *Science Reports* 9 [2019]: 9724)。而在那之中，也有其他研究表示結果可以複製；舉例來說，可見：M. Hagger et al., "A Multilab Preregistered Replication of the Ego-Depletion Effect," *Perspectives on Psychological Science* 11 (2016): 546。關於這種混淆可能源自何處的討論，可見：M. Friese et al., "Is Ego Depletion Real? An Analysis of Arguments," *Personality and Social Psychology Review* 23 (2019): 107。鮑梅斯特和同事以R. Baumeister and K. Vohs, "Misguided Effort with Elusive Implications," *Perspectives on Psychological Science* 11 (2016): 574回應了他人提供的未能重現結果的報告。這些研究的統合分析變得數量龐大——並在效應是否為真一事上產生了互相衝突的結論——大到現在甚至有針對其統合分析的統合分析：S. Harrison et al., "Exploring Strategies to Operationalize Cognitive Reserve: A Systematic Review of Reviews," *Journal of Clinical and Experimental Neuropsychology* 37 (2015): 253。我沒辦法評估這些環繞著這些研究的社會心理學面相所進行的爭辯，更別說是那些關於資料分析的爭辯；我只有在評估這些研究的生物學要素時稍微比較確信。因此，我

從相對外人的角度所做的解讀是，效應往往是真的，但規模通常比早先研究所主張的要小很多。科學裡頭想必不是第一次得要有這種修正主義了。

25　W. Hofmann, W. Rauch, and B. Gawronski, "And Deplete Us Not into Temptation: Automatic Attitudes, Dietary Restraint, and Self-Regulatory Resources as Determinants of Eating Behavior," *Journal of Experimental Social Psychology* 43 (2007): 497.

26　H. Kato, A. Jena, and Y. Tsugawa, "Patient Mortality after Surgery on the Surgeon's Birthday: Observational Study," *British Medical Journal* 371 (2020): m4381.

27　M. Kouchaki and I. Smith, "The Morning Morality Effect: The Influence of Time of Day on Unethical Behavior," *Psychological Sciences* 25 (2014): 95; F. Gino et al., "Unable to Resist Temptation: How Self-Control Depletion Promotes Unethical Behavior," *Organizational Behavior and Human Decision Processes* 115 (2011): 191–92; N. Mead et al., "Too Tired to Tell the Truth: Self-Control Resource Depletion and Dishonesty," *Journal of Experimental Social Psychology* 45 (2009): 594.

這些問題出現於醫療工作環境中：T. Johnson et al., "The Impact of Cognitive Stressors in the Emergency Department on Physician Implicit Racial Bias," *Academy of Emergency Medicine* 23 (2016): 29; P. Trinh, D. Hoover, and F. Sonnenberg, "Time-of-Day Changes in Physician Clinical Decision Making: A Retrospective Study," *PLoS One* 16 (2021): e0257500; H. Nephrash and M. Barnett, "Association of Primary Care Clinic Appointment Time with Opioid Prescribing," *JAMA Open Network* 2 (2019): e1910373.

28　S. Danziger, J. Levav, and L. Avnaim-Pesso, "Extraneous Factors in Judicial Decisions," *Proceedings of the National Academy of Sciences of the United States of America* 108 (2011): 6889.

注腳：飢餓法官效應：K. Weinshall-Margel and J. Shapard, "Overlooked Factors in the Analysis of Parole Decisions," *Proceedings of the National Academy of Sciences of the United States of America* 108 (2011): E833。另見：A. Glöckner, "The Irrational Hungry Judge Effect Revisited: Simulations Reveal That the Magnitude of the Effect Is Overestimated," *Judgment and Decision Making* 11 (2016): 601。追加研究：D. Hangartner, D. Kopp, and M. Siegenthaler, "Monitoring Hiring Discrimination through Online Recruitment Platforms," *Nature* 589 (2021): 572. See also P. Hunter, "Your Decisions Are What You Eat: Metabolic State Can Have a Serious Impact on Risk-Taking and Decision-Making in Humans and Animals," *EMBO Reports* 14 (2013): 505.

同時，後續的研究主張了版本非常不同的「隱含因素影響審判決定」——平均來說，如果那天是被告的生日，法官會判比較輕的刑責。舉例來說，在紐奧良的法庭上，刑期會減少約15%；更有意思的是，如果法官和被告屬於同一族裔的話，效應還會增倍。你生日前一天或後一天的話呢？沒用，沒影響。甚至更有意思但也不意外的是，沒有法官會在司法意見書中提到生日之類的抽象因素。論文的標題恰當地概述了價值就是這麼地互相衝突——「罪犯必須懲罰」大戰「我們應該在人們生日那天對他好一點」。D. Chen and P. Arnaud, "Clash of Norms: Judicial Leniency on Defendant Birthdays" *SSRN* (2020), ssrn.com/abstract=3203624 or http://dx.doi.org/10.2139/ssrn.3203624.

29　D. Kahneman, *Thinking, Fast and Slow* (Farrar, Straus and Giroux, 2013)。也可以看看對於康納曼推理的見解：H. Nohlen, F. van Harreveld, and W. Cunningham, "Social Evaluations under Conflict: Negative Judgments of Conflicting Information Are Easier Than Positive Judgments," *Social Cognitive and Affective Neuroscience* 14 (2019): 709.

30　注腳：T. Baer and S. Schnall, "Quantifying the Cost of Decision Fatigue: Suboptimal Risk Decisions in Finance," *Royal Society Open Science* 5 (2021): 201059.

31　I. Beaulieu-Boire and A. Lang, "Behavioral Effects of Levodopa," *Movement Disorders* 30 (2015): 90.

32　L. R. Mujica-Parodi et al., "Chemosensory Cues to Conspecific Emotional Stress Activate Amygdala in Humans," *Public Library of Science One* 4, no. 7 (2009): e6415。亂過馬路：B. Pawlowski, R. Atwal, and R. Dunbar, "Sex Differences in Everyday Risk-Taking Behavior in Humans," *Evolutionary Psychology* 6 (2008): 29.

　　注腳：L. Chang et al., "The Face That Launched a Thousand Ships: The MatingWarring Association in Men," *Personality and Social Psychology Bulletin* 37 (2011): 976; S. Ainsworth and J. Maner, "Sex Begets Violence: Mating Motives, Social Dominance, and Physical Aggression in Men," *Journal of Personality and Social Psychology* 103 (2012): 819; W. Iredale, M. van Vugt, and R. Dunbar, "Showing Off in Humans: Male Generosity as a Mating Signal," *Evolutionary Psychology* 6 (2008): 386; M. Van Vugt and W. Iredale, "Men Behaving Nicely: Public Goods as Peacock Tails," *British Journal of Psychology* 104 (2013): 3。哦對了，還有那些滑滑板的：R. Ronay and W. von Hippel, "The Presence of an Attractive Woman Elevates Testosterone and Physical Risk Taking in Young Men," *Social Psychological and Personality Science* 1 (2010): 1.

33　J. Ferguson et al., "Oxytocin in the Medial Amygdala Is Essential for Social Recognition in the Mouse," *Journal of Neuroscience* 21 (2001): 8278; R. Griksiene and O. Ruksenas, "Effects of Hormonal Contraceptives on Mental Rotation and Verbal Fluency," *Psychoneuroendocrinology* 36 (2011): 1239–1248; R. Norbury et al., "Estrogen Therapy and Brain Muscarinic Receptor Density in Healthy Females: A SPET Study," *Hormones and Behavior* 5 (2007): 249.

34　壓力對額葉運作效能造成的效果：S. Qin et al., "Acute Psychological Stress Reduces Working Memory–Related Activity in the Dorsolateral Prefrontal Cortex," *Biological Psychiatry* 66 (2009): 25; L. Schwabe et al., "Simultaneous Glucocorticoid and Noradrenergic Activity Disrupts the Neural Basis of Goal-Directed Action in the Human Brain," *Journal of Neuroscience* 32 (2012): 10146; A. Arnsten, M. Wang, and C. Paspalas, "Neuromodulation of Thought: Flexibilities and Vulnerabilities in Prefrontal Cortical Network Synapses," *Neuron* 76 (2012): 223; A. Arnsten, "Stress Weakens Prefrontal Networks: Molecular Insults to Higher Cognition," *Nature Neuroscience* 18 (2015): 1376; E. Woo et al., "Chronic Stress Weakens Connectivity in the Prefrontal Cortex: Architectural and Molecular Changes," *Chronic Stress* 5 (2021), doi:24705470211029254.

35　睪固酮對額葉皮質的影響：P. Mehta and J. Beer, "Neural Mechanisms of the Testosterone-Aggression Relation: The Role of Orbitofrontal Cortex," *Journal of Cognitive Neuroscience* 22 (2010): 2357; E. Hermans et al., "Exogenous Testosterone Enhances Responsiveness to Social Threat in the Neural Circuitry of Social Aggression in Humans," *Biological Psychiatry* 63 (2008): 263; G. van Wingen et al., "Testosterone Reduces AmygdalaOrbitofrontal Cortex Coupling," *Psychoneuroendocrinology* 35 (2010): 105; I. Volman et al., "Endogenous Testosterone Modulates Prefrontal-Amygdala Connectivity during Social Emotional Behavior," *Cerebral Cortex* 21 (2011): 2282; P. Bos et al., "The Neural Mechanisms by Which Testosterone Acts on Interpersonal Trust," *Neuroimage* 61 (2012): 730; P. Bos et al., "Testosterone Reduces Functional Connectivity during the 'Reading the Mind in the Eyes' Test," *Psychoneuroendocrinology* 68 (2016): 194; R. Handa, G. Hejnaa, and G. Murphy, "Androgen Inhibits Neurotransmitter Turnover in the Medial Prefrontal Cortex of the Rat Following Exposure to a Novel Environment," *Brain Research* 751 (1997): 131; T. Hajszan et al., "Effects of Androgens and Estradiol on Spine Synapse Formation in the Prefrontal Cortex of Normal and Testicular Feminization Mutant Male Rats," *Endocrinology* 148 (2007): 1963.

催產素對額葉皮質的影響：N. Ebner et al., "Oxytocin's Effect on Resting-State Functional Connectivity Varies by Age and Sex," *Psychoneuroendocrinology* 69 (2016): 50; S. Dodhia et al., "Modulation of Resting-State Amygdala-Frontal Functional Connectivity by Oxytocin in Generalized Social Anxiety Disorder," *Neuropsychopharmacology* 39 (2014): 2061.

雌激素對額葉皮質的影響：R. Hill et al., "Estrogen Deficiency Results in Apoptosis in the Frontal Cortex of Adult Female Aromatase Knockout Mice," *Molecular and Cellular Neuroscience* 41 (2009): 1; R. Brinton et al., "Equilin, a Principal Component of the Estrogen Replacement Therapy Premarin, Increases the Growth of Cortical Neurons via an NMDA Receptor–Dependent Mechanism," *Experimental Neurology* 147 (1997): 211.

36　各式各樣的逆境對額葉皮質的影響。憂鬱：E. Belleau, M. Treadway, and D. Pizzagalli, "The Impact of Stress and Major Depressive Disorder on Hippocampal and Medial Prefrontal Cortex Morphology," *Biological Psychiatry* 85 (2019): 443; F. Calabrese et al., "Neuronal Plasticity: A Link between Stress and Mood Disorders," *Psychoneuroendocrinology* 34, supp. 1 (2009): S208; S. Chiba et al., "Chronic Restraint Stress Causes Anxietyand Depression-Like Behaviors, Downregulates Glucocorticoid Receptor Expression, and Attenuates Glutamate Release Induced by Brain-Derived Neurotrophic Factor in the Prefrontal Cortex," *Progress in Neuro-psychopharmacology and Biological Psychiatry* 39 (2012): 112; J. Radley et al., "Chronic Stress-Induced Alterations of Dendritic Spine Subtypes Predict Functional Decrements in an Hypothalamo-Pituitary-Adrenal-Inhibitory Prefrontal Circuit," *Journal of Neuroscience* 33 (2013): 14379.

焦慮與創傷後壓力症候群：L. Mah, C. Szabuniewicz, and A. Fletcco, "Can Anxiety

Damage the Brain?," *Current Opinions in Psychiatry* 29 (2016): 56; K. Moench and C. Wellman, "StressInduced Alterations in Prefrontal Dendritic Spines: Implications for Post-traumatic Stress Disorder," *Neuroscience Letters* 5 (2015): 601.

社會動盪：M. Breach, K. Moench, and C. Wellman, "Social Instability in Adolescence Differentially Alters Dendritic Morphology in the Medial Prefrontal Cortex and Its Response to Stress in Adult Male and Female Rats," *Developmental Neurobiology* 79 (2019): 839.

37　酒精和大麻對額葉皮質的影響：C. Shields and C. Gremel, "Review of Orbitofrontal Cortex in Alcohol Dependence: A Disrupted Cognitive Map?," *Alcohol: Clinical and Experimental Research* 44 (2020): 1952; D. Eldreth, J. Matochik, and L. Cadet, "Abnormal Brain Activity in Prefrontal Brain Regions in Abstinent Marijuana Users," *Neuroimage* 23 (2004): 914; J. Quickfall and D. Crockford, "Brain Neuroimaging in Cannabis Use: A Review," *Journal of Neuropsychiatry and Clinical Neuroscience* 18 (2006): 318; V. Lorenzetti et al., "Does Regular Cannabis Use Affect Neuroanatomy? An Updated Systematic Review and Meta-analysis of Structural Neuroimaging Studies," *European Archives of Psychiatry and Clinical Neuroscience* 269 (2019): 59。這類研究都很好地證明了我十五歲時決定絕不喝酒、不使用藥物（並堅持到底）是對的。

運動和額葉皮質：D. Moore et al., "Interrelationships between Exercise, Functional Connectivity, and Cognition among Healthy Adults: A Systematic Review," *Psychophysiology* (2022): e14014; J. Graban, N. Hlavacova, and D. Jezova, "Increased Gene Expression of Selected Vesicular and Glial Glutamate Transporters in the Frontal Cortex in Rats Exposed to Voluntary Wheel Running," *Journal of Physiology and Pharmacology* 68 (2017): 709; M. Ceftis et al., "The Effect of Exercise on Memory and BDNF Signaling Is Dependent on Intensity," *Brain Structure and Function* 224 (2019): 1975.

飲食失調和額葉皮質：B. Donnelly et al., "Neuroimaging in Bulimia Nervosa and Binge Eating Disorder: A Systematic Review," *Journal of Eating Disorders* 6 (2018): 3; V. Alfano et al., "Multimodal Neuroimaging in Anorexia Nervosa," *Journal of Neuroscience Research* 98 (2020): 2178.

想看真正有趣的研究，可見：F. Lederbogen et al., "City Living and Urban Upbringing Affect Neural Social Stress Processing in Humans," *Nature* 474 (2011): 498.

38　E. Durand et al., "History of Traumatic Brain Injury in Prison Populations: A Systematic Review," *Annals of Physical Rehabilitation Medicine* 60 (2017): 95; E. Shiroma, P. Ferguson, and E. Pickelsimer, "Prevalence of Traumatic Brain Injury in an Offender Population: A Metaanalysis," *Journal of Corrective Health Care* 16 (2010): 147; M. Linden, M. Lohan, and J. BatesGaston, "Traumatic Brain Injury and Co-occurring Problems in Prison Populations: A Systematic Review," *Brain Injury* 30 (2016): 839; E. De Geus et al., "Acquired Brain Injury and Interventions in the Offender Population: A Systematic Review," *Frontiers of Psychiatry* 12 (2021): 658328.

注腳：J. Pemment, "Psychopathy versus Sociopathy: Why the Distinction Has Become Crucial," *Aggression and Violent Behavior* 18 (2013): 458.

39 E. Pascoe and L. Smart Richman, "Perceived Discrimination and Health: A Meta-analytic Review," *Psychological Bulletin* 135 (2009): 531; U. Clark, E. Miller, and R. R. Hegde, "Experiences of Discrimination Are Associated with Greater Resting Amygdala Activity and Functional Connectivity," *Biological Psychiatry and Cognitive Neuroscience Neuroimaging* 3 (2018): 367; C. Masten, E. Telzer, and N. Eisenberger, "An FMRI Investigation of Attributing Negative Social Treatment to Racial Discrimination," *Journal of Cognitive Neuroscience* 23 (2011): 1042; N. Fani et al., "Association of Racial Discrimination with Neural Response to Threat in Black Women in the US Exposed to Trauma," *JAMA Psychiatry* 78 (2021): 1005.

40 青春期不利情況：K. Yamamuro et al., "A Prefrontal-Paraventricular Thalamus Circuit Requires Juvenile Social Experience to Regulate Adult Sociability in Mice," *Nature Neuroscience* 23 (2020): 10; C. Drzewiecki et al., "Adolescent Stress during, but Not after, Pubertal Onset Impairs Indices of Prepulse Inhibition in Adult Rats," *Developmental Psychobiology* 63 (2021): 837; M. Breach, K. Moench, and C. Wellman, "Social Instability in Adolescence Differentially Alters Dendritic Morphology in the Medial Prefrontal Cortex and Its Response to Stress in Adult Male and Female Rats," *Developmental Neurobiology* 79 (2019): 839; M. Leussis et al., "The Enduring Effects of an Adolescent Social Stressor on Synaptic Density, Part II: Poststress Reversal of Synaptic Loss in the Cortex by Adinazolam and MK-801," *Synapse* 62 (2008): 185; K. Zimmermann, R. Richardson, and K. Baker, "Maturational Changes in Prefrontal and Amygdala Circuits in Adolescence: Implications for Understanding Fear Inhibition during a Vulnerable Period of Development," *Brain Science* 9 (2019): 65; L. Wise et al., "Long-Term Effects of Adolescent Exposure to Bisphenol A on Neuron and Glia Number in the Rat Prefrontal Cortex: Differences between the Sexes and Cell Type," *Neurotoxicology* 53 (2016): 186.

41 T. Koseki et al., "Exposure to Enriched Environments during Adolescence Prevents Abnormal Behaviours Associated with Histone Deacetylation in Phencyclidine-Treated Mice," *International Journal of Psychoneuropharmacology* 15 (2012): 1489; F. Sadegzadeh et al., "Effects of Exposure to Enriched Environment during Adolescence on Passive Avoidance Memory, Nociception, and Prefrontal BDNF Level in Adult Male and Female Rats," *Neuroscience Letters* 732 (2020): 135133; J. McCreary, Z. Erikson, and Y. Hao, "Environmental Intervention as a Therapy for Adverse Programming by Ancestral Stress," *Science Reports* 6 (2016): 37814.

42 幼年期壓力與創傷對額葉皮質的影響：C. Weems et al., "Post-traumatic Stress and Age Variation in Amygdala Volumes among Youth Exposed to Trauma," *Social Cognitive and Affective Neuroscience* 10 (2015): 1661; A. Garrett et al., "Longitudinal Changes in Brain Function Associated with Symptom Improvement in Youth with PTSD," *Journal of Psychiatric Research* 114 (2019): 161; V. Carrion et al., "Reduced Hippocampal Activity in Youth with Posttraumatic Stress Symptoms: An fMRI Study," *Journal of Pediatric Psychology* 35 (2010): 559; V. Carrion et al., "Converging Evidence for Abnormalities of the Prefrontal Cortex and Evaluation of Midsagittal Structures in Pediatric Posttraumatic Stress Disorder: An MRI Study," *Psychiatry Research:*

Neuroimaging 172 (2009): 226; K. Richert et al., "Regional Differences of the Prefrontal Cortex in Pediatric PTSD: An MRI Study," *Depression and Anxiety* 23 (2006): 17; A. Tomoda et al., "Reduced Prefrontal Cortical Gray Matter Volume in Young Adults Exposed to Harsh Corporal Punishment," *Neuroimage* 47 (2009): T66; A. Chocyk et al., "Impact of Early-Life Stress on the Medial Prefrontal Cortex Functions—a Search for the Pathomechanisms of Anxiety and Mood Disorders," *Pharmacology Reports* 65 (2013): 1462; A. Chocyk et al., "Early-Life Stress Affects the Structural and Functional Plasticity of the Medial Prefrontal Cortex in Adolescent Rats," *European Journal of Neuroscience* 38 (2013): 2089; A. Chocyk et al., "Early Life Stress Affects the Structural and Functional Plasticity in the Medial Prefrontal Cortex in Adolescent Rats," *European Journal of Neuroscience* 38 (2013): 2089（注意——年輕的湯姆・漢克就是在這部片裡擔任背外側前額葉皮質而首度登場）（譯注：湯姆・漢克的銀幕出道作是1980年的《血紅濺白紗》〔He Knows You're Alone〕，他飾演的小角色在劇中試圖否定女主角被人跟蹤的恐懼）；M. Lopez et al., "The Social Ecology of Childhood and Early Life Adversity," *Pediatric Research* 89 (2021): 353; V. Carrion and S. Wong, "Can Traumatic Stress Alter the Brain? Understanding the Implications of Early Trauma on Brain Development and Learning," *Journal of Adolescent Health* 51 (2013): S23.

兒童發育期間其所在社區的影響：X. Zhang et al., "Childhood Urbanicity Interacts with Polygenic Risk for Depression to Affect Stress-Related Medial Prefrontal Function," *Translation Psychiatry* 11 (2021): 522; B. Ramphal et al., "Associations between Amygdala-Prefrontal Functional Connectivity and Age Depend on Neighborhood Socioeconomic Status," *Cerebral Cortex Communications* 1 (2020): tgaa033.

養育對額葉皮質成熟的影響：D. Liu et al., "Maternal Care, Hippocampal Glucocorticoid Receptors, and Hypothalamic-Pituitary-Adrenal Responses to Stress," *Science* 277 (1997); S. Uchida et al., "Maternal and Genetic Factors in Stress-Resilient and -Vulnerable Rats: A Cross-Fostering Study," *Brain Research* 1316 (2010): 43.

在這龐大而嚴肅枯燥的文獻堆中有個問題是，這是病理學的領域、還是適應作用的領域。早年重大逆境所產生的成年腦，會對威脅和壓力反應過度，沒辦法停止警戒，長期策劃和延遲滿足的能力都很差，還有其他諸多問題。這是否會構成一個成年時期在病理學上功能異常的腦的案例？或者，這就是你要的那種腦（如果你幼年期就是這種情況，那最好要擁有這樣的腦，好為了成年時對更多同樣的情況做好準備）？M. Teicher, J. Samson, and K. Ohashi, "The Effects of Childhood Maltreatment on Brain Structure, Function and Connectivity," *Nature Reviews Neuroscience* 17 (2016): 652思考了這個問題。

43 D. Kirsch et al., "Childhood Maltreatment, Prefrontal-Paralimbic Gray Matter Volume, and Substance Use in Young Adults and Interactions with Risk for Bipolar Disorder," *Science Reports* 11 (2021): 123; M. Monninger et al., "The Long-Term Impact of Early Life Stress on Orbitofrontal Cortical Thickness," *Cerebral Cortex* 30 (2020): 1307; A. Van Harmelen et al., "Hypoactive Medial

Prefrontal Cortex Functioning in Adults Reporting Childhood Emotional Maltreatment," *Scan* 9 (2014): 2026; A. Van Harmelen et al., "Childhood Emotional Maltreatment Severity Is Associated with Dorsal Medial Prefrontal Cortex Responsivity to Social Exclusion in Young Adults," *PLoS One* 9 (2014): E85107; M. Underwood, M. Bakalian, and V. Johnson, "Less NMDA Receptor Binding in Dorsolateral Prefrontal Cortex and Anterior Cingulate Cortex Associated with Reported Early-Life Adversity but Not Suicide," *International Journal of Neuropsychopharmacology* 23 (2020): 311; R. Salokangas et al., "Effect of Childhood Physical Abuse on Social Anxiety Is Mediated via Reduced Frontal Lobe and Amygdala-Hippocampus Complex Volume in Adult Clinical High-Risk Subjects," *Schizophrenia Research* 22 (2021): 101; M. Kim et al., "A Link between Childhood Adversity and Trait Anger Reflects Relative Activity of the Amygdala and Dorsolateral Prefrontal Cortex," *Biological Psychiatry Cognitive Neuroscience and Neuroimaging* 3 (2018): 644; T. Kraynak et al., "Retrospectively Reported Childhood Physical Abuse, Systemic Inflammation, and Resting Corticolimbic Connectivity in Midlife Adults," *Brain, Behavior and Immunity* 82 (2019): 203.

44   C. Hendrix, D. Dilks, and B. McKenna, "Maternal Childhood Adversity Associates with Frontoamygdala Connectivity in Neonates," *Biological Psychiatry, Cognitive Neuroscience and Neuroimaging* 6 (2021): 470.

45   M. Monninger, E. Kraaijenvanger, and T. Pollok, "The Long-Term Impact of Early Life Stress on Orbitofrontal Cortical Thickness," *Cerebral Cortex* 30 (2020): 1307; N. Bush et al., "Kindergarten Stressors and Cumulative Adrenocortical Activation: The 'First Straws' of Allostatic Load?," *Developmental Psychopathology* 23 (2011): 1089; A. Conejero et al., "Frontal Theta Activation Associated with Error Detection in Toddlers: Influence of Familial Socioeconomic Status," *Developmental Science* 21 (2018), doi:10.1111/desc.12494; S. Lu, R. Xu, and J. Cao, "The Left Dorsolateral Prefrontal Cortex Volume Is Reduced in Adults Reporting Childhood Trauma Independent of Depression Diagnosis," *Journal of Psychiatric Research* 12 (2019): 12; L. Betancourt, N. Brodsky, and H. Hurt, "Socioeconomic (SES) Differences in Language Are Evident in Female Infants at 7 Months of Age," *Early Human Development* 91 (2015): 719.

46   Y. Moriguchi and I. Shinohara, "Socioeconomic Disparity in Prefrontal Development during Early Childhood," *Science Reports* 9 (2019): 2585; M. Varnum and S. Kitayama, "The Neuroscience of Social Class," *Current Opinion in Psychology* 18 (2017): 147; K. Muscatell et al., "Social Status Modulates Neural Activity in the Mentalizing Network," *Neuroimage* 60 (2012): 1771; K. Sarsour et al., "Family Socioeconomic Status and Child Executive Functions: The Roles of Language, Home Environment, and Single Parenthood," *Journal of International Neuropsychology* 17 (2011): 120; M. Monninger, E. Kraaijenvanger, and T. Pollok, "The LongTerm Impact of Early Life Stress on Orbitofrontal Cortical Thickness," *Cerebral Cortex* 30 (2020): 1307; N. Hair et al., "Association of Child Poverty, Brain Development, and Academic Achievement," *JAMA Pediatrics* 169 (2015): 822.

47　L. Machlin, K. McLaughlin, and M. Sheridan, "Brain Structure Mediates the Association between Socioeconomic Status and Attention-Deficit/Hyperactivity Disorder," *Developmental Science* 23 (2020): e12844; K. Sarsour et al., "Family Socioeconomic Status and Child Executive Functions: The Roles of Language, Home Environment, and Single Parenthood," *Journal of the International Neuropsychological Society* 17 (2011): 120; M. Kim et al., "A Link between Childhood Adversity and Trait Anger Reflects Relative Activity of the Amygdala and Dorsolateral Prefrontal Cortex," *Biological Psychiatry Cognitive Neuroscience Neuroimaging* 3 (2019): 644; B. Hart and T. Risley, *Meaningful Differences in the Everyday Experience of Young American Children* (Brooke, 1995); E. Hoff, "How Social Contexts Support and Shape Language Development," *Developmental Review* 26 (2006): 55.

註腳：J. Reed, E. D'Ambrosio, and S. Marenco, "Interaction of Childhood Urbanicity and Variation in Dopamine Genes Alters Adult Prefrontal Function as Measured by Functional Magnetic Resonance Imaging (fMRI)," *PLoS One* 13, no. 4 (2018): e0195189; B. Besteher et al., "Associations between Urban Upbringing and Cortical Thickness and Gyrification," *Journal of Psychiatry Research* 95 (2017): 114; J. Xu et al., "Global Urbanicity Is Associated with Brain and Behavior in Young People," *Nature Human Behaviour* 6 (2022): 279; V. Steinheuser et al., "Impact of Urban Upbringing on the (Re)activity of the HypothalamusPituitary-Adrenal Axis," *Psychosomatic Medicine* 76 (2014): 678; F. Lederbogen, P. Kirsch, and L. Haddad, "City Living and Urban Upbringing Affect Neural Social Stress Processing in Humans," *Nature* 474 (2011): 498.

48　C. Franz et al., "Adult Cognitive Ability and Socioeconomic Status as Mediators of the Effects of Childhood Disadvantage on Salivary Cortisol in Aging Adults," *Psychoneuroendocrinology* 38 (2013): 2127; D. Barch et al., "Early Childhood Socioeconomic Status and Cognitive and Adaptive Outcomes at the Transition to Adulthood: The Mediating Role of Gray Matter Development across 5 Scan Waves," *Biological Psychiatry: Cognitive Neuroscience and Neuroimaging* 7 (2021): 34; M. Farah, "Socioeconomic Status and the Brain: Prospects for Neuroscience-Informed Policy," *Nature Reviews Neuroscience* 19 (2018): 428.

49　J. Herzog and C. Schmahl, "Adverse Childhood Experiences and the Consequences on Neurobiological, Psychosocial, and Somatic Conditions across the Lifespan," *Frontiers of Psychiatry* 9 (2018): 420.

50　產前壓力所導致的各式各樣神經生物學不利後果：Y. Lu, K. Kapse, and N. Andersen, "Association between Socioeconomic Status and In Utero Fetal Brain Development," *JAMA Network Open* 4 (2021): e213526.

對精神異常風險的影響：A. Converse et al., "Prenatal Stress Induces Increased Striatal Dopamine Transporter Binding in Adult Nonhuman Primates," *Biological Psychiatry* 74 (2013): 502; C. Davies et al., "Prenatal and Perinatal Risk and Protective Factors for Psychosis: A Systematic Review and Meta-analysis," *Lancet Psychiatry* 7 (2010): 399; J. Markham and J. Koenig, "Prenatal Stress: Role in Psychotic and Depressive Diseases," *Psychopharmacology* 214 (2011): 89; B. Van den Bergh et al., "Prenatal Developmental Origins of Behavior and Mental Health: The Influence of Maternal Stress in Pregnancy," *Neuroscience and Biobehavioral Reviews* 117 (2020): 26. 母親懷孕期間的壓力如何對胎兒腦部以及日後長大成人的腦部造成不利影響？從母親進入胎兒循環之糖皮質素的值提升，有損害性的發炎傳訊者的值提升，進入胎兒的血流減少。可見：A. Kinnunen, J. Koenig, and G. Bilbe, "Repeated Variable Prenatal Stress Alters Preand Postsynaptic Gene Expression in the Rat Frontal Pole," *Journal of Neurochemistry* 86 (2003): 736; B. Van den Bergh, R. Dahnke, and M. Mennes, "Prenatal Stress and the Developing Brain: Risks for Neurodevelopmental Disorders," *Development and Psychopathology* 30 (2018): 743.

51   G. Winterer and D. Goldman, "Genetics of Human Prefrontal Function," *Brain Research Reviews* 43 (2003): 134.

52   A. Heinz et al., "Amygdala-Prefrontal Coupling Depends on a Genetic Variation of the Serotonin Transporter," *Nature Neuroscience* 8 (2005): 20; L. Passamonti et al., "Monoamine Oxidase-a Genetic Variations Influence Brain Activity Associated with Inhibitory Control: New Insight into the Neural Correlates of Impulsivity," *Biological Psychiatry* 59 (2006): 334; M. Nomura and Y. Nomura, "Psychological, Neuroimaging, and Biochemical Studies on Functional Association between Impulsive Behavior and the 5-HT2A Receptor Gene Polymorphism in Humans," *Annals of the New York Academy of Sciences* 1086 (2006): 134。「冒風險」團塊的基因有著越多變體，背外側前額葉皮質就越小：G. Avdogan et al., "Genetic Underpinnings of Risky Behavior Relate to Altered Neuroanatomy," *Nature Human* Behaviour 5 (2021): 787.

53   K. Bruce et al., "Association of the Promoter Polymorphism -1438G/A of the 5-HT2A Receptor Gene with Behavioral Impulsiveness and Serotonin Function in Women with Bulimia Nervosa," *American Journal of Medical Genetics, Part B, Neuropsychiatric Genetics* 137B (2005): 40.

54   K. Honnegger and B. de Bivot, "Stoachasticity, Individuality and Behavior," *Current Biology* 28 (2018): R8; J. Ayroles et al., "Behavioral Idiosyncrasy Reveals Genetic Control of Phenotypic Variability," *Proceedings of the National Academy of Sciences of the United States of America* 112 (20150): 6706. Also see G. Linneweber et al., "A Neurodevelopmental Origin of Behavioral Individual in the Drosophila Visual System," *Science* 367 (2020): 1112.

55   J. Chiao et al., "Neural Basis of Individualistic and Collectivistic Views of Self," *Human Brain Mapping* 30 (2009): 2813.

56   S. Han and Y. Ma, "Cultural Differences in Human Brain Activity: A Quantitative Metaanalysis," *Neuroimage* 99 (2014): 293; Y. Ma et al., "Sociocultural Patterning of Neural Activity during Self-Reflection," *Social Cognitive and Affective Neuroscience* 9 (2014): 73; Lu, Kapse, and Andersen, "Association between Socioeconomic Status."

57   P. Chen et al., "Medial Prefrontal Cortex Differentiates Self from Mother in Chinese: Evidence from Self-Motivated Immigrants," *Culture and Brain* 1 (2013): 3.

58   一般綜述：J. Sasaki and H. Kim, "Nature, Nurture, and Their Interplay: A Review of Cultural

Neuroscience," *Journal of Cross-Cultural Psychology* 48 (2016): 4.

文化與基因的交互作用：M. Palmatier, A. Kang, and K. Kidd, "Global Variation in the Frequencies of Functionally Different Catechol-O-Methyltransferase Alleles," *Biological Psychiatry* 46 (1999): 557; Y. Chiao and K. Blizinsky, "Culture-Gene Coevolution of Individualism-Collectivism and the Serotonin Transporter Gene," *Proceedings of the Royal Society B: Biological Sciences* 277 (2010): 22; K. Ishii et al., "Culture Modulates Sensitivity to the Disappearance of Facial Expression Associated with Serotonin Transporter Polymorphism (5-HTTLPR)," *Culture and Brain* 2 (2014): 72; J. LeClair et al., "Gene-Culture Interaction: Influence of Culture and Oxytocin Receptor Gene (OXTR) Polymorphism on Loneliness," *Culture and Brain* 4 (2016): 21; S. Luo et al., "Interaction between Oxytocin Receptor Polymorphism and Interdependent Culture Values on Human Empathy," *Social Cognitive and Affective Neuroscience* 10 (2015): 1273.

59 K. Norton and M. Lilieholm, "The Rostrolateral Prefrontal Cortex Mediates a Preference for High-Agency Environments," *Journal of Neuroscience* 40 (2020): 4401。類似的主題另見：J. Parvizi et al., "The Will to Persevere Induced by Electrical Stimulation of the Human Cingulate Gyrus," *Neuron* 80 (2013): 1359.

5 | 混沌入門

1 A. Maar, "Kinds of Determinism in Science," *Principia* 23 (2019): 503討論了這些概念。

2 E. Lorenz, "Deterministic Non-periodic Flow," *Journal of Atmospheric Sciences* 20 (1963): 130.

3 可笑的民間傳說：R. Bishop, "What Could Be Worse Than the Butterfly Effect?," *Canadian Journal of Philosophy* 38 (2008): 519。奇異吸引子又相斥又相吸：J. Hobbs, "Chaos and Indeterminism," *Canadian Journal of Philosophy* 21 (1991): 141.

4 〈雷聲〉收錄於：R. Bradbury, *The Golden Apples of the Sun* (Doubleday, 1953).

5 注腳：M. Mitchell, *Complexity: A Guided Tour* (Oxford University Press, 2009).

6 對於這些想法格外明白的討論可見：M. Bedau, "Weak Emergence," *Philosophical Perspectives* 11 (1997): 375.

7 C. Gu et al., "Three-Dimensional Cellular Automaton Simulation of Coupled Hydrogen Porosity and Microstructure during Solidification of Ternary Aluminum Alloys," *Scientific Reports* 9 (2019): 13099。YouTube有些影片展現了3D細胞自動機，實在嘆為觀止。舉例來說：Softology, "3D Cellular Automata," December 5, 2017, YouTube video, 2:30, youtube.com/watch?v=dQJ5aEsP6Fs; Softology, "3D Accretor Cellular Automata," January 26, 2018, YouTube video, 4:45, youtube.com/watch?v=_W-n510Pca0.

注腳13：S. Wolfram, *A New Kind of Science* (Wolfram Media, 2002).

OK，我必須要坦承一些可怕的事情。第156頁有一張圖，描繪的是可以用第22條規則產生的、極其混沌狂亂而徹底不可預測的複雜細胞自動機。以下坦白：那其實不是用第22條規則製作的；它其實是用與其密切相關的第90條規則製作的。將瘋狂複雜美好版的第22條規則展現出來的視覺材料品質奇差無比，我實在找不到好一點的，我想跟沃夫朗帝國取得較高解析度的視覺材料卻又沒有進展……於是在考驗人性的漆黑夜裡，隨著時間越來越少，我決定改放一張由第90條規則所產生的酷炫視覺材料。它說明的論點一樣——知道起始狀態與複製規則（這邊的話就是第90條規則），並不會讓你能預測它會變成什麼樣複雜的版本。事實上，這甚至更能大力強調細胞自動機的混沌性質——誰都沒辦法看這張圖就分辨出這個複雜圖樣到底是運用第22條規則、還是第90條規則製作出來的（也但願真沒這種人！拜託）。總算一吐為快。

6 你的自由意志是否混沌？

1　討論這些想法的地方有：D. Porush, "Making Chaos: Two Views of a New Science," *New England Review and Bread Loaf Quarterly* 12 (1990): 439.

2　一種取樣：M. Cutright, *Chaos Theory and Higher Education: Leadership, Planning, and Policy* (Peter Lang, 2001); S. Sule and S. Nilhan, *Chaos, Complexity and Leadership 2018: Explorations of Chaotic and Complexity Theory* (Springer, 2020); E. Peters, *Fractal Market Analysis: Applying Chaos Theory to Investment and Economics* (Wiley, 1994); R. Pryor, *The Chaos Theory of Careers* (Routledge, 2011); K. Yas et al., "From Natural to Artificial Selection: A Chaotic Reading of Shelagh Stephenson's An Experiment with an Air Pump (1998)," *International Journal of Applied Linguistics and English Literature* 7 (2018): 23; A. McLachlan, "Same but Different: Chaos and TV Drama Narratives" (doctoral thesis, Victoria University, Wellington, New Zealand, 2019), hdl.handle.net/10063/8046。神學深思：D. Gray, *Toward a Theology of Chaos: The New Scientific Paradigm and Some Implications for Ministry* (Citeseer, 1997); D. Steenburg, "Chaos at the Marriage of Heaven and Hell," *Harvard Theological Review* 84 (1991): 447; J. Eigenauer, "The Humanities and Chaos Theory: A Response to Steenburg's 'Chaos at the Marriage of Heaven and Hell,'" *Harvard Theological Review* 86 (1993): 455; D. Steenburg, "A Response to John D. Eigenauer," *Harvard Theological Review* 86 (1993): 471.

注腳：J. Bassingthwaight, L. Liebovitch, and B. West, *Fractal Physiology* (American Physiological Society, 1994); N. Schweighofer et al., "Chaos May Enhance Information Transmission in the Inferior Olive," *Proceedings of the National Academy of Sciences of the United States of America* 101 (2004): 4655.

3　Simpsons Wiki, s.v. "Chaos Theory in Baseball Analysis," simpsons.fandom.com/wiki/Chaos_Theory_in_Baseball_Analysis; M. Farmer, *Chaos Theory, Nerds of Paradise book 2* (Amazon .com Services, 2017).

4　G. Eilenberger, "Freedom, Science, and Aesthetics," in *The Beauty of Fractals*, ed. H. Peitgen and P.

Richter (Springer, 1986), p. 179.

5　K. Clancy, "Your Brain Is on the Brink of Chaos," *Nautilus*, Fall 2014, 144.

6　法默的引文出自James Gleick, *Chaos: Making a New Science* (Viking, 1987), p. 251.

7　Steenburg, "Chaos at the Marriage."

8　Eilenberger, "Freedom, Science, and Aesthetics," p. 176.

9　A. Maar, "Kinds of Determinism in Science," Principia 23 (2019): 503。涵蓋式決定論與個別決定論的比較，可見：J. Doomen, "Cornering 'Free Will,'" *Journal of Mind and Behavior* 32 (2011): 165; H. Atmanspacher, "Determinism Is Ontic, Determinability Is Epistemic," in *Between Chance and Choice: Interdisciplinary Perspectives on Determinism*, ed. R. Bishop and H. Atmanspacher (Imprint Academic, 2002)。若要進一步深入「部分決定論」以及「適足決定論」這一類論點的細節，可見：J. Earman, *A Primer on Determinism* (Reidel, 1986); S. Kellert, *In the Wake of Chaos: Unpredictable Order in Dynamic Systems* (University of Chicago Press, 1993).

10　S. Caprara and A. Vulpiani, "Chaos and Stochastic Models in Physics: Ontic and Epistemic Aspects," in *Models and Inferences in Science. Studies in Applied Philosophy, Epistemology and Rational Ethics*, vol. 25, ed. E. Ippoliti, F. Sterpetti, and T. Nickles (Springer, 2016), p. 133; G. Hunt, "Determinism, Predictability and Chaos," *Analysis* 47 (1987): 129; M. Stone, "Chaos, Prediction and Laplacean Determinism," *American Philosophical Quarterly* 26 (1989): 123; V. Batitsky and Z. Domotor, "When Good Theories Make Bad Predictions," *Synthese* 157 (2007): 79.

11　W. Seeley, "Behavioral Variant Frontotemporal Dementia," *Continuum* 25 (2019): 76; R. Dawkins, *The Blind Watchmaker* (Norton, 1986), p. 9.

12　W. Farnsworth and M. Grady, *Torts: Cases and Questions*, 3rd ed. (Wolters Kluwer, 2019).

13　R. Sapolsky, "Measures of Life," *The Sciences*, March/April 1994, p. 10.

14　M. Shandlen, "Comment on Adina Roskies," in *Moral Psychology*, vol. 4, *Free Will and Moral Responsibility*, ed. W. Sinnott-Armstrong (MIT Press, 2014), p. 139.

7 ｜ 突現複雜性入門

1　註腳：若想更了解這個概念，可見：R. Carneiro, "The Transition from Quantity to Quality: A Neglected Causal Mechanism in Accounting for Social Evolution," *Proceedings of the National Academy of Sciences of the United States of America* 97 (2000): 12926.

2　一些令人印象深刻的例子，可見：W. Tschinkel, "The Architecture of Subterranean Ant Nests: Beauty and Mystery Underfoot," *Journal of Bioeconomics* 17 (2015): 271; M. Bollazzi and F. Roces, "The Thermoregulatory Function of Thatched Nests in the South American Grass-Cutting Ant, Acromyrmex heyeri," *Journal of Insect Science* 10 (2010): 137; I. Guimarães et al., "The Complex Nest Architecture of the Ponerinae Ant Odontomachus chelifer," *PLoS One* 13 (2018):

e0189896; N. Mlot, C. Tovey, and D. Hu, "Diffusive Dynamics of Large Ant Rafts," *Communicative and Integrative Biology* 5 (2012): 590。有關螞蟻突現的一個理論方法,可見:D. Gordon, "Control without Hierarchy," *Nature* 446 (2007): 143。還有文章證明了當一隻螞蟻並非只有樂趣和各種遊戲,可見:N. Stroeymeyt et al., "Social Network Plasticity Decreases Disease Transmission in a Eusocial Insect," *Science* 363 (2018): 941(作者們證明了,螞蟻網路會進行轉換,好讓〔在實驗中感染了真菌而〕生病的螞蟻遭到放逐,而讓感染程度受限)。

3　P. Anderson, "More Is Different," *Science* 177 (1972): 393。回到單一水分子無法具有「濕性」這種性質一事上──它也無法具有表面張力這種性質(這種水的突現性質,讓俗稱耶穌蜥蜴的雙脊冠蜥〔Basiliscus basiliscus〕可以在池塘的表面上奔走)。

4　人如何在群眾中用一種類似瀑布流體動力學的方式移動,相關分析可見:N. Bain and D. Bartolo, "Dynamic Response and Hydrodynamics of Polarized Crowds," *Science* 363 (2019): 46. 在螞蟻中類似的東西,請見:A. Dussutour et al., "Optimal Travel Organization in Ants under Crowded Conditions," *Nature* 428 (2003): 70.

5　注腳:詳細討論可見:P. Hiesenger, *The Self-Assembling Brain: How Neural Networks Grow Smarter* (Princeton University Press, 2021).

6　M. Bedau, "Is Weak Emergence Just in the Mind?," *Minds and Machines* 18 (2008): 443; J. Kim, "Making Sense of Emergence," *Philosophical Studies* 95 (1999): 3; O. Sartenaer, "Sixteen Years Later: Making Sense of Emergence (Again)," *Journal of General Philosophical Sciences* 47 (2016): 79.

7　E. Bonabeau and G. Theraulaz, "Swarm Smarts," *Scientific American* 282, no. 3 (2000): 72; M. Dorigo and T. Stutzle, *Ant Colony Optimization* (MIT Press, 2004); S. Garnier, J. Gautrais, and G. Theraulaz, "The Biological Principles of Swarm Intelligence," *Swarm Intelligence* 1 (2007): 3(要留意這個主題是此期刊史上發表的第一篇論文,從其標題來看是有些道理的)。

8　L. Chen, D. Hall, and D. Chklovskii, "Wiring Optimization Can Relate Neuronal Structure and Function," *Proceedings of the National Academy of Sciences of the United States of America* 103 (2006): 4723; M. Rivera-Alba et al., "Wiring Economy and Volume Exclusion Determine Neuronal Placement in the Drosophila Brain," *Current Biology* 21 (2011): 2000; J. White et al., "The Structure of the Nervous System of the Nematode Caenorhabditis elegans," *Philosophical Transactions of the Royal Society B, Biological Sciences* 314 (1986): 1; V. Klyachko and C. Stevens, "Connectivity Optimization and the Positioning of Cortical Areas," *Proceedings of the National Academy of Sciences of the United States of America* 100 (2003): 7937; G. Mitchison, "Neuronal Branching Patterns and the Economy of Cortical Wiring," *Proceedings of the Royal Society B: Biological Sciences* 245 (1991): 151.

9　Y. Takeo et al., "GluD2and Cbln1-Mediated Competitive Interactions Shape the Dendritic Arbor of Cerebellar Purkinje Cells," *Neuron* 109 (2020): 629.

10　S. Camazine and J. Sneyud, "A Model of Collective Nectar Source Selection by Honey Bees: Self-

Organization through Simple Rules," *Journal of Theoretical Biology* 149 (1991): 547.

注腳14：K. von Frisch, *The Dancing Bees: An Account of the Life and Senses of the Honey Bee* (Harvest Books, 1953).

11　P. Visscher, "How Self-Organization Evolves," *Nature* 421 (2003): 799; M. Myerscough, "Dancing for a Decision: A Matrix Model for Net-Site Choice by Honey Bees," *Proceedings of the Royal Society of London B* 270 (2003): 577; D. Gordon, "The Rewards of Restraint in the Collective Regulation of Foraging by Harvester Ant Colonies," *Nature* 498 (2013): 91; D. Gordon, "The Ecology of Collective Behavior," *PLOS Biology* 12, no. 3 (2014): e1001805。該領域的追加研究可見：J. Deneubourg and S. Goss, "Collective Patterns and Decision Making," *Ethology Ecology and Evolution* 1 (1989): 295; S. Edwards and S. Pratt, "Rationality in Collective Decision-Making by Ant Colonies," *Proceedings of the Royal Society B* 276 (2009): 3655; E. Bonabeau et al., "Self-Organization in Social Insects," *Trends in Ecology and Evolution* 12 (1997): 188.

注腳：G. Sherman and P. Visscher, "Honeybee Colonies Achieve Fitness through Dancing," *Nature* 419 (2002): 920.

第二注腳：R. Goldstone, M. Roberts, and T. Gureckis, "Emergent Processes in Group Behavior," *Current Directions in the Psychological Sciences* 17 (2008): 10; C. Doctorow, "A Catalog of Ingenious Cheats Developed by Machine-Learning Systems," *BoingBoing*, November 12, 2018, boingboing.net/2018/11/12/local-optima-r-us.html.

12　C. Reid and M. Beekman, "Solving the Towers of Hanoi—How an Amoeboid Organism Efficiently Constructs Transport Networks," *Journal of Experimental Biology* 216 (2013): 1546; C. Reid and T. Latty, "Collective Behaviour and Swarm Intelligence in Slime Moulds," *FEMS Microbiology Reviews* 40 (2016): 798.

13　S. Tero et al., "Rules for Biologically Inspired Adaptive Network Design," *Science* 327 (2010): 439.

14　黏菌的另一個例子可見：L. Tweedy et al., "Seeing around Corners: Cells Solve Mazes and Respond at a Distance Using Attractant Breakdown," *Science* 369 (2020): 1075.

15　注腳：Hiesenger, *Self-Assembling Brain*。排斥力的例子可見：D. Pederick et al., "Reciprocal Repulsions Instruct the Precise Assembly of Parallel Hippocampal Networks," *Science* 372 (2021): 1058。另見：L. Luo, "Actin Cytoskeleton Regulation in Neuronal Morphogenesis and Structural Plasticity," *Annual Review of Cellular Developmental Biology* 18 (2002): 601; J. Raper and C. Mason, "Cellular Strategies of Axonal Pathfinding," *Cold Spring Harbor Perspectives in Biology* 2 (2010): a001933.

神經元連接時，要怎麼同時弄清楚一個神經元要和目標神經元的哪個部位連結？（是要連近端的棘還是遠端的棘、連細胞體，還是像某些神經傳導物質的例子那樣去連結軸突呢？）神經元有能力控制自己軸突突起物的哪個分支要接收建造突觸所需的蛋白質：S. Falkner and P. Scheiffele, "Architects of Neuronal Wiring," *Science* 364 (2019): 437; O. Urwyler et al., "Branch-Restricted Localization of Phosphatase Prl-1 Specifies Axonal Synaptogenesis Domains," *Science* 364 (2019): 454; E. Favuzzi et al., "Distinct Molecular

Programs Regulate Synapse Specificity in Cortical Inhibitory Circuits," *Science* 363 (2019): 413.

16 T. More, A. Buffo, and M. Gotz, "The Novel Roles of Glial Cells Revisited: The Contribution of Radial Glia and Astrocytes to Neurogenesis," *Current Topics in Developmental Biology* 69 (2005): 67; P. Malatesta, I. Appolloni, and F. Calzolari, "Radial Glia and Neural Stem Cells," *Cell and Tissue Research* 331 (2008): 165; P. Oberst et al., "Temporal Plasticity of Apical Progenitors in the Developing Mouse Neocortex," *Nature* 573 (2019): 370.

17 讓神經元與放射狀膠質細胞交互作用有著完美時機的那種分子生物學的範例，可見：K. Yoon et al., "Temporal Control of Mammalian Cortical Neurogenesis by m6A Methylation," *Cell* 171 (2017): 877.
    注腳：N. Ozel et al., "Serial Synapse Formation through Filopodial Competition for Synaptic Seeding Factors," *Developmental Cell* 50 (2019): 447; M. Courgeon and C. Desplan, "Coordination between Stochastic and Deterministic Specification in the Drosophila Visual System," *Science* 366 (2019): 325.

18 T. Huxley, "On the Hypothesis That Animals Are Automata, and Its History," *Nature* 10 (1874): 362. 在這一切對於近期最前線科學的談論中，會提到19世紀科學出版物，是有點迷人的。

19. 若想認識這個大主題的更多細節，可見這本精彩著作：J. Gleick, *Chaos: Making a New Science* (Viking, 1987).

20 四萬八千英里：J. Castro, "11 Surprising Facts about the Circulatory System," LiveScience, August 8, 2022, livescience.com/39925-circulatory-system-facts-surprising.html.

21 這個模型的基礎：D. Iber and D. Menshykau, "The Control of Branching Morphogenesis," *Open Biology* 3 (2013): 130088130088; D. Menshykau, C. Kraemer, and D. Iber, "Branch Mode Selection during Early Lung Development," *PLOS Computational Biology* 8 (2012): e1002377。在實驗工作台上對這些問題的探討，可見：R. Metzger et al., "The Branching Programme of Mouse Lung Development," *Nature* 453 (2008): 745.

22 A. Lindenmayer, "Developmental Algorithms for Multicellular Organisms: A Survey of L-Systems," *Journal of Theoretical Biology* 54 (1975): 3.

23 A. Ochoa-Espinosa and M. Affolter, "Branching Morphogenesis: From Cells to Organs and Back," Cold Spring Harbor Perspectives in Biology 4 (2004): a008243; P. Lu and Z. Werb, "Patterning Mechanisms of Branched Organs," *Science* 322 (2008): 1506–9.
    注腳：A. Turing, "The Chemical Basis of Morphogenesis," *Philosophical Transactions of the Royal Society of London B* 237 (1952): 37.
    第二注腳：E. Azpeitia et al., "Cauliflower Fractal Forms Arise from Perturbations of Floral Gene Networks," *Science* 373 (2021): 192.

24 G. Vogel, "The Unexpected Brains behind Blood Vessel Growth," *Science* 307 (2005): 665; Metzger et al., "Branching Programme of Mouse Lung Development"; P. Carmeliet and M. Tessier-Lavigne, "Common Mechanisms of Nerve and Blood Vessel Wiring," *Nature* 436 (2005): 193。第二作

者，傑出的神經生物學家兼我的系上同事Marc Tessier-Lavigne，幾年前拓展了他的經歷，成為了史丹福大學的校長。

25　J. Bassingthwaighte, L. Liebovitch, and B. West, *Fractal Physiology, Methods in Physiology* (American Physiological Society, 1994).

26　"The World Religions Tree," 000024.org/religions_tree/religions_tree_8.html.

27　E. Favuzi et al., "Distinct Molecular Programs Regulate Synapse Specificity in Cortical Inhibitory Circuits," *Science* 363 (2019): 413; V. Hopker et al., "Growth-Cone Attraction to Netrin-1 Is Converted to Repulsion by Laminin-1," *Nature* 401 (1999): 69; J. Dorskind and A. Kolodkin, "Revisiting and Refining Roles of Neural Guidance Cues in Circuit Assembly," *Current Opinion in Neurobiology* 66 (2020): 10; S. McFarlane, "Attraction vs. Repulsion: The Growth Cones Decides," *Biochemistry and Cell Biology* 78 (2000): 563.

28　A. Bassem, A. Hassan, and P. R. Hiesinger, "Beyond Molecular Codes: Simple Rules to Wire Complex Brains," *Cell* 163 (2015): 285。以機械限制為核心所打造、解釋了人腦發育的一種面向的雙規則系統，可見：E. Karzbrun et al., "Human Neural Tube Morphogenesis in Vitro by Geometric Constraints," *Nature* 599 (2021): 268.

29　D. Miller et al., "Full Genome Viral Sequences Inform Patterns of SARS-CoV-2 Spread into and within Israel," *Nature Communications* 11 (2020): 5518; D. Adam et al., "Clustering and Superspreading Potential of Severe Acute Respiratory Syndrome Coronavirus 2 (SARSCoV-2) Infections in Hong Kong," *Nature Medicine* 26 (2020): 1714.

30　一般綜述：A. Barabasi, "Scale-Free Networks: A Decade and Beyond," *Science* 325 (2009): 412; A. Barabasi and R. Albert, "Emergence of Scaling in Random Networks," *Science* 286 (1999): 509; C. Song, S. Havlin, and H. Makse, "Self-Similarity of Complex Networks," *Nature* 433 (2005): 392; P. Drew and L. Abbott, "Models and Properties of Power-Law Adaptation in Neural Systems," *Journal of Neurophysiology* 96 (2006): 826.

　　幂定律和腦中的相關分配：G. Buzsaki and A. Draguhn, "Neuronal Oscillations in Cortical Networks," *Science* 304 (2004): 1926; Power laws and the number of neurotransmitter vesicles released in response to an action potential: J. Lamanna et al., "A Pre-docking Source for the Power-Law Behavior of Spontaneous Quantal Release: Application to the Analysis of LTP," *Frontiers of Cellular Neuroscience* 9 (2015): 44.

　　幂定律分配以及新冠肺炎的散布：D. Miller et al., "Full Genome Viral Sequences Inform Patterns of SARS-CoV-2 Spread into and within Israel," *Nature Communications* 11 (2020): 5518; D. Adam et al., "Clustering and Superspreading Potential of Severe Acute Respiratory Syndrome Coronavirus 2 (SARS-CoV-2) Infections in Hong Kong," *Nature Medicine* 26 (2020): 1714.

　　地震：F. Meng, L. Wong, and H. Zhou, "Power Law Relations in Earthquakes from Microscopic to Macroscopic Scales," *Scientific Reports* 9 (2019): 10705.

　　戰事與仇恨團體：N. Gilbert, "Modelers Claim Wars Are Predictable," *Nature* 462 (2009): 836; N. Johnson et al., "Hidden Resilience and Adaptive Dynamics of the Global Online Hate Ecology,"

Nature 573 (2019): 261; M. Schich et al., "Quantitative Social Science: A Network Framework of Cultural History," *Science* 345 (2014): 558.

這裡有一個我不怎麼瞭解的主題，但我想要炫耀我能夠逼自己克服該主題的一些論文。一個模式的結構可以工整細緻，並由重複的基礎材料來打造；它在一個頻譜中的訊號稱作「白雜訊」。這就類似於緊密而齊一的互連神經元團塊，但團塊彼此又相互隔離。另一頭的極端是一個會隨機製造「布朗雜訊」的模式（名稱取自布朗運動，在第九章解釋）；這些是由有著隨機距離、方向和強度的神經元的相互連結組成。至於那些不太熱也不太冷的含糊部分，則有著穩坐於兩個極端之間的模式，稱作「粉紅雜訊」（或1/f雜訊）。這些是在「小而井然有序的局部網路所具有的穩健和效能」以及「遠距網路所帶來的創造力和可變性」之間達到平衡的腦部網路，不受規模大小所限。「臨界的腦」假說所假設的是，腦經過演化而處在這種稱為「臨界狀態」的理想時刻，讓腦部運作的所有特色都最佳化。此外，在這個模型裡，完美的平衡點因情況而轉變時，腦也能夠自我修正；這會成為很潮的那種「自我組織臨界性」範例。這可用一些數學上很激烈的分析技巧來證明，另外這個研究領域中還出現了一個小領域，會去檢驗腦在正常狀態以及患病狀態下的臨界性。舉例來說，癲癇傾向於白雜訊，反映了一團團癲癇的神經元過度同步的激發（事實上，癲癇發作的頻率和劇烈程度之分布方式，與地震有著不可思議的相似之處）。與其類似的是，自閉譜系疾患似乎有另一種傾向白雜訊的情形，反映的是皮質中那些運作起來比較孤立、有如半島般的部分。而在光譜的另一端，阿茲海默症則是因為各處的神經元死去而開始切斷網路的模式結構（以及效能），所以會傾向棕色雜訊。可見：J. Beggs and D. Plenz, "Neuronal Avalanches in Neocortical Circuits," Journal of Neuroscience 23 (2003): 11167; P. Bak, C. Tang, and K. Wiesenfeld, "Self-Organized Criticality: An Explanation of the 1/f Noise," *Physics Review Letters* 59 (1987): 381; L. Cocchi et al., "Criticality in the Brain: A Synthesis of Neurobiology, Models and Cognition," *Progress in Neurobiology* 158 (2017): 132; M. Gardner, "White and Brown Music, Fractal Curves and One-Over-f Fluctuation," *Scientific American*, April 1978; M. Belmonte et al., "Autism and Abnormal Development of Brain Connectivity," *Journal of Neuroscience* 24 (2004): 9228.

註腳：這個網站讚揚了貝肯數的數學：coursehero.com /file/p12lp1kl/chosenactorscan-be-linked-by-a-paththroughKevinBacon-in-an-average of-6/。Paul Erdös平易近人的傑出傳記，可見：P. Hoffman, *The Man Who Loved Only Numbers: The Story of Paul Erdös and the Search for Mathematical Truth* (Hyperion, 1998).

31　舉例來說，可見：J. Couzin et al., "Effective Leadership and Decision-Making in Animal Groups on the Move," *Nature* 433 (2005): 7025。

註腳：舉例來說，可見：C. Candia et al., "The Universal Decay of Collective Memory and Attention," *Nature Human Behaviour* 3 (2018): 82. Also see V. Verbavatz and M. Barthelemy, "The Growth Equation of Cities," *Nature* 587 (2020): 397.

32　C. Song, S. Havlin, and H. Makse, "Self-Similarity of Complex Networks," *Nature* 433 (2005): 392.

生態學脈絡中的突現：M. Buchanan, "Ecological Modeling: The Mathematical Mirror to Animal Nature," *Nature* 453 (2008): 714; N. Humphries et al., "Environmental Context Explains Levy and Brownian Movement Patterns of Marine Predators," *Nature* 465 (2010): 1066; J. Banavar et al., "Scaling in Ecosystems and the Linkage of Macroecological Laws," *Physical Review Letters* 98 (2007): 068104; B. Houchmandzadeh and M. Vallade, "Clustering in Neutral Ecology," *Physical Reviews E* 68 (2003): 061912.

突現和行為（包括了比喻意義上的白血球行為）："The Emergent Properties of a Dolphin Social Network," *Proceedings of the Royal Society of London B* 270, no supp. 2 (2003): S186; T. Harris et al., "Generalized Levy Walks and the Role of Chemokines in Migration of Effector CD8(+) T Cells," *Nature* 486 (2012): 545.

神經元和神經元迴路的突現：D. Lusseau, S. Romano, and M. Eguia, "Characterization of Degree Frequency Distribution in Protein Interaction Networks," *Physical Reviews E* 71 (2005): 031901; D. Bray, "Molecular Networks: The Top-Down View," *Science* 301 (2003): 1864; B. Fulcher and A. Fornito, "A Transcriptional Signature of Hub Connectivity in the Mouse Connectome," *Proceedings of the National Academy of Sciences of the United States of America* 113 (2016): 1435.

33　冪定律以及將腦中鋪線效率最佳化的演化壓力：S. Neubauer et al., "Evolution of Brain Lateralization: A Shared Hominid Pattern of Endocranial Asymmetry Is Much More Variable in Humans Than in Great Apes," *Science Advances* 6 (2020): eaax9935; I. Wang and T. Clandinin, "The Influence of Wiring Economy on Nervous System Evolution," *Current Biology* 26 (2016): R1101; T. Namba et al., "Metabolic Regulation of Neocortical Expansion in Development and Evolution," *Neuron* 109 (2021): 408; K. Zhang and T. Sejnowski, "A Universal Scaling Law between Gray Matter and White Matter of Cerebral Cortex," *Proceedings of the National Academy of Sciences of the United States of America* 97 (2000): 5621.

該領域中關於「交互作用熱烈的各個神經元團塊對腦部運作的貢獻有多大程度」之爭辯的一個例子，可見：J. Cohen and F. Tong, "The Face of Controversy," *Science* 293 (2001): 2405; P. Downing et al., "A Cortical Area Selective for Visual Processing of the Human Body," *Science* 293 (2001): 2470; J. Haxby et al., "Distributed and Overlapping Representations of Faces and Objects in Ventral Temporal Cortex," *Science* 293 (2001): 2425.

我們腦中包含了幾乎有約96,560公里的神經元投射，可以從中看出，我們有多大的演化壓力，得要讓腦部發育在空間面向上達到最佳化：C. Filley, "White Matter and Human Behavior," *Science* 372 (2021): 1265.

注腳：舉例來說，可見：A. Wissa, "Birds Trade Flight Stability for Manoeuvrability," *Nature* 603 (2022): 579.

第二注腳：小世界網路：D. Bassett and E. Bullmore, "Small-World Brain Networks," *Neuroscientist* 12 (2006): 512; D. Bassett and E. Bullmore, "Small-World Brain Networks Revisited," *Neuroscientist* 23 (2017): 499; D. Watts and S. Strogatz, "Collective Dynamics of 'Small-

World' Networks," *Nature* 393 (1998): 440。探討罕見的長距離投射有多重要的兩篇論文：J. Giles, "Making the Links," *Nature* 488 (2012): 448; M. Granovetter, "The Strength of Weak Ties," *American Journal of Sociology* 78 (1973): 1360.

34　注腳：V. Zimmern, "Why Brain Criticality Is Clinically Relevant: A Scoping Review," *Frontiers in Neural Circuits* 26 (2020), doi.org/10.3389/fncir.2020.00054.

35　注腳：Stigmergy: J. Korb, "Termite Mound Architecture, from Function to Construction," in *Biology of Termites: A Modern Synthesis*, ed. D. Bignell, Y. Roisin, and N. Lo (Springer, 2010), p. 349; J. Turner, "Termites as Models of Swarm Cognition," *Swarm Intelligence* 5 (2011): 19; E. Bonabeau et al., "Self-Organization in Social Insects," *Trends in Ecology and Evolution* 12 (1997): 188.

運用於機器學習：J. Korb, "Robots Acting Locally and Building Globally," *Science* 343 (2014): 742.

運用於群體智慧現象：A. Woolley et al., "Evidence for a Collective Intelligence Factor in the Performance of Human Groups," *Science* 330 (2010): 686; D. Wilson, J. Timmel, and R. Miller, "Cognitive Cooperation," *Human Nature* 15 (2004): 225。此處證明了徹底平等的群體智慧現象不一定是最佳解：P. Tetlock, B. Mellers, and J. Scoblic, "Bringing Probability Judgments into Policy Debates via Forecasting Tournaments," *Science* 355 (2017): 481.

從下而上的篩選系統：J. Giles, "Internet Encyclopedias Go Head to Head," *Nature* 438 (2005): 900; J. Beck, "Doctors' #1 Source for Healthcare Information: Wikipedia," *Atlantic*, March 5, 2014.

36　這領域一連串燦爛奪目的研究結果，可見：M. Lancaster et al., "Cerebral Organoids Model Human Brain Development and Microcephaly," *Nature* 501 (2013): 373; J. Camp et al., "Human Cerebral Organoids Recapitulate Gene Expression Programs of Fetal Neocortex Development," *Proceedings of the National Academy of Science of the United States of America* 112 (2015): 15672; F. Birey, J. Andersen, and C. Makinson, "Assembly of Functionally Integrated Human Forebrain Spheroids," *Nature* 545 (2017): 54; S. Pasca, "The Rise of Three-Dimensional Human Brain Cultures," *Nature* 533 (2018): 437; S. Pasca, "Assembling Human Brain Organoids," *Science* 363 (2019): 126; C. Trujillo et al., "Complex Oscillatory Waves Emerging from Cortical Organoids Model Early Human Brain Network Development," *Cell* Stem Cell 25 (2019): 558; Frankfurt Radio Symphony, Manfred Honeck, conductor; L. Pelegrini et al., "Human CNS Barrier-Forming Organoids with Cerebrospinal Fluid Production," *Science* 369 (2020): 6500; I. Chiaradia and M. Lancaster, "Brain Organoids for the Study of Human Neurobiology at the Interface of in Vitro and in Vivo," *Nature Neuroscience* 23 (2020): 1496.

注腳：不同猿類所產生的各種類器官腦，在以下這裡有著酷到不行的展示：Z. Kronenberg et al., "High-Resolution Comparative Analysis of Great Ape Genomes," *Science* 360 (2018): 6393; C. Trujillo, E. Rice, and N. Schaefer, "Reintroduction of the Archaic Variant of NOVA1 in Cortical Organoids Alters Neurodevelopment," *Science* 371 (2021): 6530; A.

Gordon et al., "Long-Term Maturation of Human Cortical Organoids Matches Key Early Postnatal Transitions," *Nature Neuroscience* 24 (2021): 331.

第二注腳：S. Giandomenico et al., "Cerebral Organoids at the Air-Liquid Interface Generate Diverse Nerve Tracts with Functional Output," *Nature Neuroscience* 22 (2019): 669; V. Marx, "Reality Check for Organoids in Neuroscience," *Nature Methods* 17 (2020): 961; R. Menzel and M. Giurfa, "Cognitive Architecture of a Mini-Brain: The Honeybee," *Trends in Cognitive Sciences* 5 (2001): 62; S. Reardon, "Can Lab-Grown Brains Become Conscious?," *Nature* 586 (2020): 658; J. Koplin and J. Savulescu, "Moral Limits of Brain Organoid Research," *Journal of Law and Medical Ethics* 47 (2019): 760.

37　J. Werfel, K. Petersen, and R. Nagpal, "Designing Collective Behavior in a Termite-Inspired Robot Construction Team," *Science* 343 (2014): 754; W. Marwan, "Amoeba-Inspired Network Design," *Science* 327 (2019): 419; L. Shimin et al., "Slime Mould Algorithm: A New Method for Stochastic Optimization," *Future Generation Computer Systems* 111 (2020): 300; T. Umedachi et al., "Fully Decentralized Control of a Soft-Bodied Robot Inspired by True Slime Mold," *Biological Cybernetics* 102 (2010): 261。學生指導導師的一個絕妙例子，可見：J. Halloy et al., "Social Integration of Robots into Groups of Cockroaches to Control Self-Organized Choices," *Science* 318 (2007): 5853.

最後注腳：S. Bazazi et al., "Collective Motion and Cannibalism in Locust Migratory Bands," *Current Biology* 18 (2008): 735。為了避免你覺得蝗蟲相食已經是過時的科學——在本書付印時，因為2023年5月5日的一篇論文導致印刷中止；該論文詳細說明了蝗蟲演化出費洛蒙訊號機制，來減少被自己後面的蝗蟲吃掉的可能性：H. Chang et al., "A Chemical Defense Defers Cannibalism in Migratory Locusts," *Science* 380 (2023) 537.

8　你的自由意志會不會就那麼突現出來？

1　C. List, "The Naturalistic Case for Free Will: The Challenge," *Brains Blog*, August 12, 2019, https://philosophyofbrains.com/2019/08/12/1-thenaturalisticcaseforfreewillthe -challenge.aspx; R. Kane, "Rethinking Free Will: New Perspectives on an Ancient Problem," in *The Oxford Handbook of Free Will*, ed. R. Kane (Oxford University Press, 2002), 134.

2　List, "The Naturalistic Case for Free Will: The Challenge."

3　C. List and M. Pivato, "Emergent Chance," *Philosophical Review* 124 (2015): 119, 引文出自第122頁。

4　List and Pivato, "Emergent Chance," quote from p. 133. 李斯特在 *Why Free Will Is Real* (Harvard University Press, 2019) 之外，也在以下出處展現了這些想法：C. List, "Free Will, Determinism, and the Possibility of Doing Otherwise," *Noûs* 48 (2014): 156; C. List and P. Menzies, "My Brain Made Me Do It: The Exclusion Argument against Free Will, and What's Wrong with It," in *Making a Difference: Essays on the Philosophy of Causation,* ed. H. Beebee, C. Hitchcock, and H. Price (Oxford University Press, 2017).

5   W. Glannon, "Behavior Control, Meaning, and Neuroscience," in *Neuroexistentialism*, ed. G. Caruso and W. Flannagan (Oxford University Press, 2018)。夏德倫與羅斯基斯的引文都出自：M. Shadlen and A. Roskies, "The Neurobiology of Decision-Making and Responsibility: Reconciling Mechanism and Mindedness," *Frontiers of Neuroscience* 6 (2012), doi.org/10.3389/fnins.2012.00056.

6   M. Bedau, "Weak Emergence," in *Philosophical Perspectives: Mind, Causation, and World*, ed. J. Tomberlin (Blackwell, 1997), p. 375, the two quotes are from pp. 376 and 397; D. Chalmers, "Strong and Weak Emergence," in *The Re-emergence of Emergence*, ed. P. Clayton and P. Davies (Oxford University Press, 2006); S. Carroll, *The Big Picture: On the Origins of Life, Meaning, and the Universe Itself* (Dutton, 2016); S. Carroll, *personal communication,* 5/22/2019.
     注腳：G. Gomes, "Free Will, the Self, and the Brain," *Behavioral Sciences and the Law* 25 (2007): 221; quote is from p. 233.

7   G. Berns et al., "Neurobiological Correlates of Social Conformity and Independence during Mental Rotation," *Biology Psychiatry* 58 (2005): 245.
     注腳：P. Rozin, "Social Psychology and Science: Some Lessons from Solomon Asch," *Personality and Social Psychology Review* 5 (2001): 2.

8   注腳：H. Chua, J. Boland, and R. Nisbett, "Cultural Variation in Eye Movements during Scene Perception," *Proceedings of the National Academy of Sciences of the United States of America* 102 (2005): 12629.

9   M. Mascolo and E. Kallio, "Beyond Free Will: The Embodied Emergence of Conscious Agency," *Philosophical Psychology* 32 (2019): 437.

10   Mascolo and Kallio, "Beyond Free Will"; J. Bonilla, "Why Emergent Levels Will Not Save Free Will (1)," *Mapping Ignorance*, September 30, 2019, mappingignorance.org/2019/09/30/why-emergent-levels-will-not-save-free-will-1/

11   注腳：舉例來說，可見：C. Voyatzis, "'Even a Brick Wants to Be Something'—Louis Kahn," *Yatzer*, June 9, 2013, yatzer.com/even-brick-wants-be-something-louis-kahn.

9 | 量子不確定性入門

1   S. Janusonis et al., "Serotonergic Axons as Fractional Brownian Motion Paths: Insights into the Self-Organization of Regional Densities," *Frontiers in Computational Neuroscience* 14 (2020), doi.org/10.3389/fncom.2020.00056; H. Zhang and H. Peng, "Mechanism of Acetylcholine Receptor Cluster Formation Induced by DC Electric Field," *PLoS One* 6 (2011): 466 Notes e26805; M. Vestergaard et al., "Detection of Alzheimer's Amyloid Beta Aggregation by Capturing Molecular

Trails of Individual Assemblies," *Biochemistry and Biophysics Research Communications* 377 (2008): 725.

2　C. Finch and T. Kirkwood, *Chance, Development, and Aging* (Oxford University Press, 2000).

3　B. Brembs, "Towards a Scientific Concept of Free Will as a Biological Trait: Spontaneous Actions and Decision-Making in Invertebrates," *Proceedings of the Royal Society B: Biological Sciences* 278 (2011): 930; A. Nimmerjahn, F. Kirchhoff, and F. Helmchen, "Resting Microglial Cells Are Highly Dynamic Surveillants of Brain Parenchyma in Vivo," Science 308 (2005): 1314.

4　注腳：M. Heisenberg, "The Origin of Freedom in Animal Behavior," in *Is Science Compatible with Free Will? Exploring Free Will and Consciousness in the Light of Quantum Physics and Neuroscience*, ed. A. Suarez and P. Adams (Springer, 2013).

5　T. Hellmuth Tet al., "Delayed-Choice Experiments in Quantum Interference," *Physics Reviews A* 35 (1987): 2532.

6　A. Ananthaswamy, Through Two Doors at Once: The Elegant Experiment That Captures the Enigma of Our Quantum Reality (Dutton, 2018)；「多世界」這種想法的入門介紹，可見：Y. Nomura, "The Quantum Multiverse," *Scientific American*, May 2017.

7　J. Yin et al., "Satellite-Based Entanglement Distribution over 1200 Kilometers," Science 356 (2017): 1140; J. Ren et al., "Ground-to-Satellite Quantum Teleportation," *Nature* 549 (2017): 70; G. Popkin, "China's Quantum Satellite Achieves 'Spooky Action' at Record Distance," *Science*, June 15, 2017.

8　注腳：D. Simonton, *Creativity in Science: Chance, Logic, Genius, and Zeitgeist* (Cambridge University Press, 2004); R. Sapolsky, "Open Season," New Yorker, March 30, 1998.

9　C. Marletto et al., "Entanglement between Living Bacteria and Quantized Light Witnessed by Rabi Splitting," *Journal of Physics: Communications* 2 (2018): 101001; P. Jedlicka, "Revisiting the Quantum Brain Hypothesis: Toward Quantum (Neuro)biology?," *Frontiers in Molecular Neuroscience* 10 (2017): 366.
注腳：J. O'Callaghan, "'Schrödinger's Bacterium' Could Be a Quantum Biology Milestone," *Scientific American*, October 29, 2018.

10 你的自由意志是隨機的嗎？

1　選出一批量子不確定性的珍禽異獸給大家觀賞：R. Boni, *Quantum Christian Realism: How Quantum Mechanics Underwrites and Realizes Classical Christian Theism* (Wipf and Stock, 2019); D. O'Murchu, *Quantum Theology: Spiritual Implications of the New Physics* (Crossroads, 2004); I. Barbour, *Issues in Science and Religion* (Prentice Hall, 1966)；所謂「新時代物理學家」的引文出自：Amit Goswami，出自影片"What the #$*! Do We Know?!" 及其網頁https://www.amitgoswami.org/2019/06/21/quantum-spirituality/; P. Fisher, "Quantum Cognition: The Possibility of Processing with Nuclear Spins in the Brain,"

Annals of Physics 362 (2015): 593; H. Hu and M. Wu, "Action Potential Modulation of Neural Spin Networks Suggests Possible Role of Spin," *NeuroQuantology 2* (2004): 309; S. Tarlaci and M. Pregnolato, "Quantum Neurophysics: From Non-living Matter to Quantum Neurobiology and Psychopathology," *International Journal of Psychophysiology* 103 (2016): 161; E. Basar and B. Guntekin, "A Breakthrough in Neuroscience Needs a 'Nebulous Cartesian System' Oscillations, Quantum Dynamics and Chaos in the Brain and Vegetative System," *International Journal of Psychophysiology* 64 (2006): 108; M. Cocchi et al., "Major Depression and Bipolar Disorder: The Concept of Symmetry Breaking," *NeuroQuantology* 10 (2012): 676; P. Zizzi and M. Pregnolato, "Quantum Logic of the Unconscious and Schizophrenia," *NeuroQuantology* 10 (2012): 566. 理所當然，這裡還有量子飲食法: L. Fritz, *The Quantum Weight Loss Blueprint* (New Hope Health, 2020) 此外，不要錯過：A. Amarasingam, "New Age Spirituality, Quantum Mysticism and Self-Psychology: Changing Ourselves from the Inside Out," *Mental Health, Religion & Culture* 12 (2009): 277.

注腳：G. Pennycook et al., "On the Reception and Detection of Pseudo-profound Bullshit," *Judgment and Decision Making* 10 (2015): 549.

2   Goswami, amitgoswami.org.

3   《期刊引證報告》（Journal Citation Reports）在「對其他科學家研究之影響力」方面，將《神經量子學》評為二百六十一本神經科學期刊中的第二百五十三名，那就讓人很好奇二百五十四至二百六十一名到底長什麼樣。

注腳：J. T. Ismael, *Why Physics Makes Us Free* (Oxford University Press, 2016).

4   引文出自：P. Kitcher, "The Mind Mystery," *New York Times*, February 4, 1990；換成一名神經科學家所發表的同樣悲痛評論，可見：J. Hobson, "Neuroscience and the Soul: The Dualism of John Carew Eccles," *Cerebrum: The Dana Forum on Brain Science* 6 (2004): 61.

注腳：J. Eccles, "Hypotheses Relating to the Brain-Mind Problem," *Nature* 168 (1951): 53.

5   G. Engel, T. Calhoun, and E. Read, "Evidence for Wavelike Energy Transfer through Quantum Coherence in Photosynthetic Systems," *Nature* 446 (2007): 782.

6   P. Tse, "Two Types of Libertarian Free Will Are Realized in the Human Brain," in *Neuroexistentialism*, ed. G. Caruso and O. Flanagan (Oxford University Press, 2018), p. 170.

7   J. Schwartz, H. Stapp, and M. Beauregard, "Quantum Physics in Neuroscience and Psychology: A Neurophysical Model of Mind-Brain Interaction," *Philosophical Transactions of the Royal Society London B, Biological Sciences* 360 (2005): 1309; Z. Ganim, A. Tokmako, and A. Vaziri, "Vibrational Excitons in Ionophores; Experimental Probes for Quantum Coherence– Assisted Ion Transport and Selectivity in Ion Channels," *New Journal of Physics* 13 (2011): 113030; A. Vaziri and M. Plenio, "Quantum Coherence in Ion Channels: Resonances, Transport and Verification," *New Journal of Physics* 12 (2010): 085001.

8   S. Hameroff, "How Quantum Biology Can Rescue Conscious Free Will," *Frontiers of Integrative Neuroscience* 6 (2012): 93; S. Hameroff and R. Penrose, "Orchestral Reduction of Quantum

Coherence in Brain Microtubules: A Model for Consciousness," *Mathematical and Computational Simulation* 40 (1996): 453; E. Dent and P. Baas, "Microtubules in Neurons as Information Carriers," *Journal of Neurochemistry* 129 (2014): 235; R. Tas and L. Kapitein, "Exploring Cytoskeletal Diversity in Neurons," *Science* 361 (2018): 231.

9　M. Tegmark, "Why the Brain Is Probably Not a Quantum Computer," *Information Science* 128 (2000): 155; M. Tegmark, "Importance of Quantum Coherence in Brain Processes," *Physical Review E* 61 (2000): 4194; M. Kikkawa et al., "Direct Visualization of the Microtubule Lattice Seam Both in Vitro and in Vivo," *Journal of Cell Biology* 127 (1994): 1965; C. De Zeeuw, E. Hertzberg, and E. Mugnaini, "The Dendritic Lamellar Body: New Neuronal Organelle Putatively Associated with Dendrodendritic Gap Junctions," *Journal of Neuroscience* 15 (1995): 1587.

10　J. Tanaka et al., "Number and Density of AMPA Receptors in Single Synapses in Immature Cerebellum," *Journal of Neuroscience* 25 (2005): 799; M. West and H. Gundersen, "Unbiased Stereological Estimation of the Number of Neurons in the Human Hippocampus," *Comparative Neurology* 296 (1990): 1.

11　J. Hobbs, "Chaos and Indeterminism," *Canadian Journal of Philosophy* 21 (1991): 141; D. Lindley, *Where Does the Weirdness Go? Why Quantum Mechanics Is Strange, but Not as Strange as You Think* (Basic Books, 1996).

12　L. Amico et al., "Many-Body Entanglement," *Review of Modern Physics* 80 (2008): 517; Tarlaci and Pregnolato, "Quantum Neurophysics."

13　B. Katz, "On the Quantal Mechanism of Neural Transmitter Release" (Nobel Lecture, Stockholm, December 12, 1970), nobelprize.org/prizes/medicine/1970/katz/lecture/; Y. Wang et al., "Counting the Number of Glutamate Molecules in Single Synaptic Vesicles," *Journal of the American Chemical Society* 141 (2019): 17507.
　　注腳：J. Schwartz et al., "Quantum Physics in Neuroscience and Psychology: A Neurophysical Model of Mind-Brain Interactions," *Philosophical Transactions of the Royal Society B* 1360 (2005): 1309, the quote can be found on p. 1319.

14　C. Wasser and E. Kavalali, "Leaky Synapses: Regulation of Spontaneous Neurotransmission in Central Synapses," *Journal of Neuroscience* 158 (2008): 177; E. Kavalali, "The Mechanisms and Functions of Spontaneous Neurotransmitter Release," *Nature Reviews Neuroscience* 16 (2015): 5; C. Williams and S. Smith, "Calcium Dependence of Spontaneous Neurotransmitter Release," *Journal of Neuroscience Research* 96 (2018): 335.

15　Williams and Smith, "Calcium Dependence of Spontaneous Neurotransmitter Release"; K. Koga et al., "SCRAPPER Selectively Contributes to Spontaneous Release and Presynaptic Long-Term Potentiation in the Anterior Cingulate Cortex," *Journal of Neuroscience* 37 (2017): 3887; R. Schneggenburger and C. Rosenmund, "Molecular Mechanisms Governing Ca(2+) Regulation of Evoked and Spontaneous Release," *Nature Neuroscience* 18 (2015): 935; K. Hausknecht et al., "Prenatal Ethanol Exposure Persistently Alters Endocannabinoid Signaling and Endocannabinoid-

Mediated Excitatory Synaptic Plasticity in Ventral Tegmental Area Dopamine Neurons," *Journal of Neuroscience* 37 (2017): 5798.

16 受以下這些因素控制的「確定的不確定性」：

激素和壓力：L. Liu et al., "Corticotropin-Releasing Factor and Urocortin I Modulate Excitatory Glutamatergic Synaptic Transmission," *Journal of Neuroscience* 24 (2004): 4020; H. Tan, P. Zhong, and Z. Yan, "Corticotropin-Releasing Factor and Acute Stress Prolongs Serotonergic Regulation of GABA Transmission in Prefrontal Cortical Pyramidal Neurons," *Journal of Neuroscience* 24 (2004): 5000.ohol.

酒精：R. Renteria et al., "Selective Alterations of NMDAR Function and Plasticity in D1 and D2 Medium Spiny Neurons in the Nucleus Accumbens Shell Following Chronic Intermittent Ethanol Exposure," *Neuropharmacology* 112 (2017): 164; 1983: 彩色電影，一百一十六分鐘，由Robert De Niro, Diane Keaton和年輕的Ryan Gosling在他的電影處女作中飾演左起第六個額葉皮質神經元；R. Shen, "Ethanol Withdrawal Reduces the Number of Spontaneously Active Ventral Tegmental Area Dopamine Neurons in Conscious Animals," *Journal of Pharmacology and Experimental Therapeutics* 307 (2003): 566.

其他因素：J. Ribeiro, "Purinergic Inhibition of Neurotransmitter Release in the Central Nervous System," *Pharmacology and Toxicology* 77 (1995): 299; J. Li et al., "Regulation of Increased Glutamatergic Input to Spinal Dorsal Horn Neurons by mGluR5 in Diabetic Neuropathic Pain," *Journal of Neurochemistry* 112 (2010): 162; A. Goel et al., "Cross-Modal Regulation of Synaptic AMPA Receptors in Primary Sensory Cortices by Visual Experience," *Nature Neuroscience* 9 (2006): 1001.

這邊提示一下：腦中有另外一整個「確定的不確定性」的世界；某幾段DNA偶爾會被複製，複製品接著會隨機跳進基因組的不同地方（雖然一度被懷疑論者輕蔑地稱作「跳躍基因」［jumping genes］，但這種「轉位子」［transposons］的實際情況，最終讓長期遭到忽視的發現者麥克林托克［Barbara McClintock］於1983年得到了諾貝爾獎）。結果發現腦可以控制這種隨機性何時在神經元中出現（舉例來說，藉由糖皮質素而在受到壓力時出現）。見：R. Hunter et al., "Stress and the Dynamic Genome: Steroids, Epigenetics, and the Transposome," *Proceedings of the National Academy of Sciences of the United States of America* 112 (2014): 6828.

17 見注釋14的Kavalali文獻；F. Varodayan et al., "CRF Modulates Glutamate Transmission in the Central Amygdala of Naïve and Ethanol-Dependent Rats," *Neuropharmacology* 125 (2017): 418; J. Earman, A Primer on Determinism (Reidel, 1986).

18 自發性神經傳導物質釋放：D. Crawford et al., "Selective Molecular Impairment of Spontaneous Neurotransmission Modulates Synaptic Efficacy," *Nature Communications* 10 (2017): 14436; M. Garcia-Bereguiain et al., "Spontaneous Release Regulates Synaptic Scaling in the Embryonic Spinal Network in Vivo," *Journal of Neuroscience* 36 (2016): 7268; A. Blankenship and M. Feller, "Mechanisms Underlying Spontaneous Patterned Activity in Developing Neural

Circuits," *Nature Reviews Neuroscience* 11 (2010): 18; C. O'Donnell and M. van Rossum, "Spontaneous Action Potentials and Neural Coding in Unmyelinated Axons," *Neural Computation* 27 (2015): 801; L. Andreae and J. Burrone, "The Role of Spontaneous Neurotransmission in Synapse and Circuit Development," *Journal of Neuroscience Research* 96 (2018): 354.

19　M. Raichle et al., "A Default Mode of Brain Function," *Proceedings of the National Academy of Sciences of the United States of America* 98 (2001): 676; M. Raichle and A. Snyder, "A Default Mode of Brain Function: A Brief History of an Evolving Idea," *NeuroImage* 37 (2007): 1083. 對於腦活躍地運作讓你做白日夢的這種情況，有一個有趣的看法，可見：V. Axelrod et al., "Increasing Propensity to Mind-Wander with Transcranial Direct Current Stimulation," *Proceedings of the National Academy of Sciences of the United States of America* 112 (2015): 3314. For additional relevant papers, see: R. Pena, M. Zaks, and A. Roque, "Dynamics of Spontaneous Activity in Random Networks with Multiple Neuron Subtypes and Synaptic Noise: Spontaneous Activity in Networks with Synaptic Noise," *Journal of Computational Neuroscience* 45 (2018): 1; A. Tozzi, M. Zare, and A. Benasich, "New Perspectives on Spontaneous Brain Activity: Dynamic Networks and Energy Matter," *Frontiers of Human Neuroscience* 10 (2016): 247.

20　J. Searle, "Free Will as a Problem in Neurobiology," *Philosophy* 76 (2001): 491; M. Shadlen and A. Roskies, "The Neurobiology of Decision-Making and Responsibility: Reconciling Mechanism and Mindedness," *Frontiers in Neuroscience* 6 (2021), doi.org/10.3389/fnins.2012.00056; S. Blackburn, *Think: A Compelling Introduction to Philosophy* (Oxford University Press, 1999), 引文出自第60頁。有一個很好的例子指出個體性如何以腦中的一致性（而不是隨機性）為基礎而建立，可見：T. Kurikawa et al., "Neuronal Stability in Medial Frontal Cortex Sets Individual Variability in Decision-Making," *Nature Neuroscience* 21 (2018): 1764.
註腳：M. Bakan, "Awareness and Possibility," *Review of Metaphysics* 14 (1960): 231.

21　D. Dennett, *Freedom Evolves* (Viking, 2003), p. 123; Tse: Reference #6, p. 123.

22　Z. Blount, R. Lenski, and J. Losos, "Contingency and Determinism in Evolution: Replaying Life's Tape," *Science* 362 (2018): 655; D. Noble, "The Role of Stochasticity in Biological Communication Processes," *Progress in Biophysics and Molecular Biology* 162 (2020): 122; R. Noble and D. Noble, "Harnessing Stochasticity: How Do Organisms Make Choices?," *Chaos* 28 (2018): 106309. 最後這篇論文的兩位作者，是牛津大學的Denis Noble和倫敦大學學院的Raymond Noble；這邊做了點私下調查後，我覺得他們是父子（Denis是父親，Raymond是兒子），那實在是滿動人的；稍微錦上添花一下，他們兩人似乎都是才華高超的英國吟遊歌手——一起唱著歌還一起發表談隨機性的論文。既然都講到這個，反正我也滿有信心沒人讀到這邊（你讀這幹嘛？去外面好玩的地方走走吧），那就談一下還有：C. McEwen and B. McEwen, "Social Structure, Adversity, Toxic Stress, and Intergenerational Poverty: An Early Childhood Model," *Annual Review of Sociology* 43 (2017): 445，兩名作者兄弟分別是鮑登學院的社會學家Craig以及洛克斐勒大學的神經生物學家Bruce。這是跨領域科學家和家族關係都發揮良好的例子。成就非凡的科學

家Bruce是我的博士論文導師、我的指導者,而且幾乎有四十年的時間我都視他如父。他於2020年過世;我仍為了他的離去而感傷。

23　Dennett, Brainstorms, p. 295.

24　Shadlen and Roskies, "Neurobiology of Decision-Making and Responsibility."

25　注腳:紀錄保持猴:出處為:D. Wershler-Henry, *Iron Whim: A Fragmented History of Typewriting* (McClelland and Stewart, 2005); R. Dawkins, *The Blind Watchmaker: Why the Evidence of Evolution Reveals a Universe without Design* (Norton, 1986);波赫士的故事出現在:J. Borges, *Collected Fictions* (Viking, 1998)。我猜想連續用極快的速度讀完這三篇文章恐怕會達到一種很有趣的心理狀態。

26　K. Mitchel, "Does Neuroscience Leave Room for Free Will?," *Trends in Neurosciences* 41 (2018): 573.

27　R. Kane, *The Significance of Free Will* (Oxford University Press, 1996), p. 130.

28　Tse:見注釋6。

29　R. Kane, "Libertarianism" in *Four Views on Free Will*, ed. J. Fischer et al. (Wiley-Blackwell, 2007), p. 26.

30　描述/解方的區別,在:P. Cryle and E. Stephens, Normality: A Critical Genealogy (University of Chicago Press, 2017) 有所探討。與本章方向相反的一篇份有趣的讀物,可見:J. Horgan, "Does Quantum Mechanics Rule Out Free Will?," *Scientific American*, March 2022。順帶一提,Horgan恭敬地引用了物理學家Sabine Hossenfelder;我也贊成他的主張。可以去看她的YouTube講課"You Don't Have Free Will, but Don't Worry" (youtube. com/watch?v=zpU_e3jh_FY)。它實在嘆為觀止。老實說,別讀這本書了,不如看它就好⋯⋯

10.5 間奏

1　H. Sarkissian et al., "Is Belief in Free Will a Cultural Universal?," *Mind & Language* 25 (2010): 346. 注腳:W. Phillips et al., "'Unwilling' versus 'Unable': Capuchin Monkeys' (Cebus apella) Understanding of Human Intentional Action," *Developmental Science* 12 (2009): 938; J. Call et al., "'Unwilling' versus 'Unable': Chimpanzees' Understanding of Human Intentional Action," *Developmental Science* 7 (2004): 488; E. Furlong and L. Santos, "Evolutionary Insights into the Nature of Choice: Evidence from Nonhuman Primates," in *Moral Psychology*, vol. 4, *Free Will and Moral Responsibility*, ed. W. Sinnott-Armstrong (MIT Press, 2014), p.347.

2　注腳:勒布在獄中被一名聲稱勒布曾逼他上床的獄友刺死。有幾位高手(原出處中沒說清楚是誰)留意到,像勒布這樣教育程度夠好、文法應當有點程度的人,居然「用逼別人跟他上床來結束自己的刑期」(譯注:英文原句為ended his sentence with a proposition,但如果把proposition換成preposition,就變成一種文法錯誤，即「用介係詞結束句子」），實在令人意外（後來有用這句話的一個例子，有Mark Hellinger, Syracuse Journal, February 19, 1936）。殺他的人則獲判無罪。

3　神經科學學會，"Timeline," n.d., sfn.org/about/history-of-sfn/1969-2019/timeline. 哲學家 Thomas Nadelhoffer明確地寫到了這種「能動性緊縮的危機」：T. Nadelhoffer, "The Threat of Shrinking Agency and Free Will Disillusionism," in *Conscious Will and Responsibility: A Tribute to Benjamin Libet*, ed. L. Nadel and W. Sinnott-Armstrong (Oxford University Press, 2011).

11 我們會不會暴走？

1　D. Walker, *Rights in Conflict: The Walker Report* (Bantam Books, 1968); N. Steinberg, "The Whole World Watched: 50 Years after the 1968 Chicago Convention," *Chicago Sun Times*, August 17, 2018; J. Schultz, *No One Was Killed: The Democratic National Convention*, August 1968 (University of Chicago Press, 1969); H. Johnson, "1968 Democratic Convention: The Bosses Strike Back," *Smithsonian*, August 2008. 傳統文化中匿名和強化暴力行為的評論，見薩波斯基《行為》的第十一章。

2　M. L. Saint Martin, "Running Amok: A Modern Perspective on a Culture-Bound Syndrome," *Primary Care Companion for the Journal of Clinical Psychiatry* 1 (1999): 66.

3　Francis Crick, *The Astonishing Hypothesis: The Scientific Search for the Soul* (Scribner, 1994), p. 1.

4　注腳：變體可見：E. Seto and J. Hicks, "Disassociating the Agent from the Self: Undermining Belief in Free Will Diminishes True Self-Knowledge," *Social Psychological and Personality* 7 (2016): 726.

5　D. Rigoni et al., "Inducing Disbelief in Free Will Alters Brain Correlates of Preconscious Motor Preparation Whether We Believe in Free Will or Not," *Psychological Science* 22 (2011): 613.

6　D. Rigoni, G. Pourtois, and M. Brass, "'Why Should I Care?' Challenging Free Will Attenuates Neural Reaction to Errors," *Social Cognitive and Affective Neuroscience* 10 (2015): 262; D. Rigoni et al., "When Errors Do Not Matter: Weakening Belief in Intentional Control Impairs Cognitive Reaction to Errors," *Cognition* 127 (2013): 264.

7　K. Vohs and J. Schooler, "The Value of Believing in Free Will," *Psychological Science* 19 (2002) 49; A. Shariff and K. Vohs, "The World without Free Will," *Scientific American*, June 2014; M. MacKenzie, K. Vohs, and R. Baumeister, "You Didn't Have to Do That: Belief in Free Will Promotes Gratitude," *Personality and Social Psychology Bulletin* 40 (2014): 14223; B. Moynihan, E. Igou, and A. Wijnand, "Free, Connected, and Meaningful: Free Will Beliefs Promote Meaningfulness through Belongingness," *Personality and Individual Differences* 107 (2017): 54。另見：Seto and Hicks, "Disassociating the Agent from the Self"; R. Baumeister, E. Masicampo, and C. DeWall, "Prosocial Benefits of Feeling Free: Disbelief in Free Will Increases Aggression and Reduces Helpfulness," *Personality and Social Psychology Bulletin* 35 (2009): 260.

8   M. Lynn et al., "Priming Determinist Beliefs Diminishes Implicit (but Not Explicit) Components of Self-Agency," *Frontiers in Psychology* 5 (2014), doi.org/10.3389/fpsyg.2014.01483.
    注腳：S. Obhi and P. Hall, "Sense of Agency in Joint Action: Influence of Human and Computer Co-actors," *Experimental Brain Research* 211 (2011): 663–70.

9   A. Vonash et al., "Ordinary People Associate Addiction with Loss of Free Will," *Addictive Behavior Reports* 5 (2017): 56; K. Vohs and R. Baumeiser, "Addiction and Free Will," *Addiction Research and Theory* 17 (2009): 231; G. Heyman, "Do Addicts Have Free Will? An Empirical Approach to a Vexing Question," *Addictive Behavior Reports* 5 (2018): 85; E. Racine, S. Sattler, and A. Escande, "Free Will and the Brain Disease Model of Addiction: The Not So Seductive Allure of Neuroscience and Its Modest Impact on the Attribution of Free Will to People with an Addiction," *Frontiers in Psychology* 8 (2017): 1850.

10   T. Nadelhoffer et al., "Does Encouraging a Belief in Determinism Increase Cheating? Reconsidering the Value of Believing in Free Will," *Cognition* 203 (2020): 104342; A. Monroe, G. Brady, and B. Malle, "This Isn't the Free Will Worth Looking For: General Free Will Beliefs Do Not Influence Moral Judgments, Agent-Specific Choice Ascriptions Do," *Social Psychological and Personality Science* 8 (2017): 191; D. Wisniewski et al., "Relating Free Will Beliefs and Attitudes," *Royal Society Open Science* 9 (2022): 202018.

11   可見：Nadelhoffer et al., "Does Encouraging a Belief in Determinism"; Monroe, Brady, and Malle, "This Isn't the Free Will"; J. Harms et al., "Free to Help? An Experiment on Free Will Belief and Altruism," *PLoS One* 12 (2017): e0173193; L. Crone and N. Levy, "Are Free Will Believers Nicer People? (Four Studies Suggest Not)," *Social Psychological and Personality Science* 10 (2019): 612; E. Caspar et al., "The Influence of (Dis)belief in Free Will on Immoral Behaviour," *Frontiers in Psychology* 8 (2017): 20. 後設分析：O. Genschow, E. Cracco, and J. Schneider, "Manipulating Belief in Free Will and Its Downstream Consequences: A Meta-analysis," *Personality and Social Psychology Review* 27 (2022): 52; B. Nosek, "Estimating the Reproducibility of Psychological Inference," *Science* 349 (2015), DOI:10.1126/science.aac4716.
    注腳：O. Genschow et al., "Professional Judges' Disbelief in Free Will Does Not Decrease Punishment," *Social Psychological and Personality Science* 12 (2020): 357.

12   A. Norenzayan, *Big Gods: How Religion Transformed Cooperation and Conflict* (Princeton University Press, 2013). 研究複雜性的科學家Peter Turchin對這本書的有趣評論，見：P. Turchin, "From Big Gods to the Big Brother," *Cliodynamica* (blog), September 4, 2015, peterturchin.com/cliodynamica/from-big-gods-to-the-big-brother/

13   P. Edgell et al., "Atheists and Other Cultural Outsiders: Moral Boundaries and the Nonreligious in the United States," *Social Forces* 95 (2016): 607; E. Volokh, "Parent-Child Speech and Child Custody Speed Restrictions," *New York University Law Review* 81 (2006): 631; A. Furnham, N. Meader, and A. McCelland, "Factors Affecting Nonmedical Participants' Allocation of Scarce Medical Resources," *Journal of Social Behavior and Personality* 12 (1996): 735; J. Hunter, "The

Williamsburg Charter Survey: Methodology and Findings," *Journal of Law and Religion* 8 (1990): 257; M. Miller and B. Bornstein, "The Use of Religion in Death Penalty Sentencing Trials," *Law and Human Behavior* 30 (2006): 675。先見之明的展現，見：J. Joyner, "Black President More Likely Than Mormon or Atheist," *Outside the Beltway*, February 20, 2007,outsidethebeltway.com/ archives/black_president_more_likely_than_mormon_or_atheist_/

注腳：S. Weber et al., "Psychological Distress among Religious Nonbelievers: A Systematic Review," *Journal of Religion and Health* 51 (2012): 72.

14　W. Gervais and M. Najle, "Nonreligious People in Religious Societies," in *The Oxford Handbook of Secularism*, ed. P. Zuckerman and J. Shook (Oxford University Press, 2017); "USPS Discrimination against Atheism?," https://atheist.shoes/pages/usps-study. 此外還有一些令人心寒的新聞：R. Evans, "Atheists Face Death in 13 Countries, Global Discrimination: Study," *Reuters*, December 9, 2013, reuters.com/article/us-religion-atheists-idUSBRE9B900G20131210; International Humanist and Ethical Union, "You Can Be Put to Death for Atheism in 13 Countries around the World," October 12, 2013, iheu.org/you-can-be-put-death-atheism-13-countries-around-world/; Human Rights Watch, "Saudi Arabia: New Terrorism Regulations Assault Rights," March 20, 2014, hrw.org/news/2014/03/20/saudi-arabia-new -terrorism-regulations-assault-rights.

15　C. Tamir et al., "The Global God Divide," *Pew Research Center*, July 20, 2020; S. Weber et al., "Psychological Distress among Religious Nonbelievers," *Journal of Religion and Health* 51 (2012): 72; M. Gervais, "Everything Is Permitted? People Intuitively Judge Immorality as Representative of Atheists," *PLoS One* 9, no. 4 (2014): e92302; R. Ritter and J. Preston, "Representations of Religious Words: Insights for Religious Priming Research," *Journal for the Scientific Study of Religion* 52 (2013): 494; W. Gervais et al., "Global Evidence of Extreme Intuitive Moral Prejudice against Atheists," *Nature Human Behaviour* 1 (2017): 0151.

注腳：B. Rutjens and S. Heine, "The Immoral Landscape? Scientists Are Associated with Violations of Morality," *PLoS One* 11 (2016): e0152798.

16　見：Weber et al., "Psychological Distress among Religious Nonbelievers."

17　注腳：A. Norenzayan and W. Gervais, "The Origins of Religious Disbelief," *Trends in Cognitive Sciences* 17 (2013): 20; G. Pennycook et al., "On the Reception and Detection of Pseudo-profound Bullshit," *Judgment and Decision Making* 10 (2015): 549; A. Shenhav, D. Rand, and J. Greene, "Divine Intuition: Cognitive Style Influences Belief in God," *Journal of Experimental Psychology: General* 141 (2011): 423; W. Gervais and A. Norenzayan, "Analytic Thinking Promotes Religious Disbelief," *Science* 336 (2012): 493; A. Jack et al., "Why Do You Believe in God? Relationships between Religious Belief, Analytic Thinking, Mentalizing and Moral Concern," *PLoS One* 11 (2016): e0149989; Pew Forum on Religion and Public Life, "2008 U.S. Religious Landscape Survey: Religious Affiliation: Diverse and Dynamic," religions.pewforum.org/pdf/report-religious-landscape-study-full.pdf.

18　自我陳述：B. Pelham and S. Crabtree, "Worldwide, Highly Religious More Likely to Help

Others," *Gallup*, October 8, 2008, news.gallup.com/poll/111013/worldwide-highly -religious-more-likely-help-others.aspx; M. Donahue and M. Nielsen, "Religion, Attitudes, and Social Behavior," in *Handbook of the Psychology of Religion and Spirituality*, ed. R. Paloutzian and C. Park (Guilford, 2005); I. Pichon and V. Saroglou, "Religion and Helping: Impact of Target, Thinking Styles and Just-World Beliefs," *Archive for the Psychology of Religion* 31 (2009): 215. Caring about giving a good impression: L. Galen, "Does Religious Belief Promote Prosociality? A Critical Examination," *Psychological Bulletin* 138 (2012): 876; R. Putnam and R. Campbell, *American Grace: How Religion Divides and Unites Us* (Simon & Schuster, 2010).

19　虔誠度和利社會性：V. Saroglou, "Religion's Role in Prosocial Behavior: Myth or Reality?," *Psychology of Religion Newsletter* 31 (2006): 1; V. Saroglou et al., "Prosocial Behavior and Religion: New Evidence Based on Projective Measures and Peer Ratings," *Journal for the Scientific Study of Religion* 44 (2005): 323; L. Anderson and J. Mellor, "Religion and Cooperation in a Public Goods Experiment," *Economics Letters* 105 (2009): 58; C. Ellison, "Are Religious People Nice People? Evidence from the National Survey of Black Americans," *Social Forces* 71 (1992): 411.

虔誠度和自我提升：K. Eriksson and A. Funcke, "Humble Self Enhancement: Religiosity and the Better-Than-Average Affect," *Social Psychological and Personality Science* 5 (2014): 76; C. Sedikides and J. Gebauer, "Religiosity as Self-Enhancement: A Meta-analysis of the Relation between Socially Desirable Responding and Religiosity," *Personality and Social Psychology Review* 14 (2010): 17; P. Brenner, "Identity Importance and the Over-Reporting of Religious Service Attendance: Multiple Imputation of Religious Attendance Using the American Time Use Study and the General Social Survey," *Journal for the Scientific Study of Religion* 50 (2011): 103; P. Brenner, "Exceptional Behavior or Exceptional Identity? Over-Reporting of Church Attendance in the U.S.," *Public Opinion Quarterly* 75 (2011): 19.

虔誠度和生活滿意：E. Diener, L. Tay, and D. Myers, "The Religion Paradox: If Religion Makes People Happy, Why Are So Many Dropping Out?," *Journal of Personality and Social Psychology* 101 (2011): 1278; C. Sabatier et al., "Religiosity, Family Orientation, and Life Satisfaction of Adolescents in Four Countries," *Journal of Cross-Cultural Psychology* 42 (2011): 1375.

20　慈善程度：R. Gillum and K. Master, "Religiousness and Blood Donation: Findings from a National Survey," *Journal of Health Psychology* 15 (2010): 163; P. Grossman and M. Parrett, "Religion and Prosocial Behaviour: A Field Test," *Applied Economics Letters* 18 (2011): 523; McCullough and Worthington, "Religion and the Forgiving Personality"; G. Pruckner and R. Sausgruber, "Honesty on the Streets: A Field Experiment on Newspaper Purchasing," *Journal of the European Economic Association* 11 (2008): 661; A. Tsang, A. Schulwitz, and R. Carlisle, "An Experimental Test of the Relationship between Religion and Gratitude," *Psychology of Religion and Spirituality* 4 (2011): 40.

虔誠度和攻擊性：J. Blogowska, C. Lambert, and V. Saroglou, "Religious Prosociality and Aggression: It's Real," *Journal for the Scientific Study of Religion* 52 (2013): 524. Being retributive:

T. Greer et al., "We Are a Religious People; We Are a Vengeful People," *Journal for the Scientific Study of Religion* 44 (2005): 45; M. Leach, M. Berman, and L. Eubanks, "Religious Activities, Religious Orientation, and Aggressive Behavior," *Journal for the Scientific Study of Religion* 47 (2008): 311.

21　L. Galen and J. Kloet, "Personality and Social Integration Factors Distinguishing Nonreligious from Religious Groups: The Importance of Controlling for Attendance and Demographics," *Archive for the Psychology of Religion* 33 (2011): 205; L. Galen, M. Sharp, and A. McNulty, "The Role of Nonreligious Group Factors versus Religious Belief in the Prediction of Prosociality," *Social Indicators Research* 122 (2015): 411; R. Stark, "Physiology and Faith: Addressing the 'Universal' Gender Difference in Religious Commitment," *Journal for the Scientific Study of Religion* 41 (2002): 495; M. Argyle, *Psychology and Religion: An Introduction* (Routledge, 2000); G. Lenski, "Social Correlates of Religious Interest," *American Sociological Review* 18 (1953): 533; A. Miller and J. Hoffmann, "Risk and Religion: An Explanation of Gender Differences in Religiosity," *Journal for the Scientific Study of Religion* 34 (1995): 63.

22　Putnam and Campbell, *American Grace*; T. Smith, M. McCullough, and J. Poll, "Religiousness and Depression: Evidence for a Main Effect and the Moderating Influence of Stressful Life Events," *Psychological Bulletin* 129 (2003): 614; L. Galen and J. Kloet, "Mental WellBeing in the Religious and the Non-religious: Evidence for a Curvilinear Relationship," *Mental Health, Religion & Culture* 14 (2011): 673; M. McCullough and T. Smith, "Religion and Depression: Evidence for a Main Effect and the Moderating Influence of Stress Life Events," *Psychological Bulletin* 129 (2003): 614; L. Manning, "Gender and Religious Differences Associated with Volunteering in Later Life," *Journal of Women and Aging* 22 (2010): 125.

23　Pichon and Saroglou, "Religion and Helping"; N. Mazar, O. Ami, and D. Ariely, "The Dishonesty of Honest People: A Theory of Self-Concept Maintenance," *Journal of Marketing Research* 45 (2008): 633; M. Lang et al., "Moralizing Gods, Impartiality and Religious Parochialism across 15 Societies," *Proceedings of the Royal Society B: Biological Sciences* 286 (2019): 20190202; A. Shariff et al., "Religious Priming: A Meta-analysis with a Focus on Prosociality," *Personality and Social Psychology Review* 20 (2016): 27.

24　Pichon and Saroglou, "Religion and Helping"; A. Shariff and A. Norenzayan, "God Is Watching You: Priming God Concepts Increases Prosocial Behavior in an Anonymous Economic Game," *Psychological Science* 18 (2007): 803; K. Laurin, A. Kay, and G. Fitzsimons, "Divergent Effects of Activating Thoughts of God on Self-Regulation," *Journal of Personality and Social Psychology* 102 (2012): 4; K. Rounding et al., "Religion Replenishes Self-Control," *Psychological Science* 23 (2012): 635; J. Saleam and A. Moustafa, "The Influence of Divine Rewards and Punishments on Religious Prosociality," *Frontiers in Psychology* 7 (2016): 1149.

25　Shariff and Norenzayan, "God Is Watching You"; B. Randolph-Seng and M. Nielsen, "Honesty: One Effect of Primed Religious Representations," *International Journal of Psychology and Religion*

17 (2007): 303.

注腳：M. Quirin, J. Klackl, and E. Jonas, "Existential Neuroscience: A Review and Brain Model of Coping with Death Awareness," in *Handbook of Terror Management Theory*, ed. C. Routledge and M. Vess (Elsevier, 2019).

26 J. Haidt, *The Righteous Mind: Why Good People Are Divided by Politics and Religion* (Pantheon, 2012); J. Weedon and R. Kurzban, "What Predicts Religiosity? A Multinational Analysis of Reproductive and Cooperative Morals," *Evolution and Human Behavior* 34 (2012): 440; P. Zuckerman, *Society without God* (New York University Press, 2008).

27 M. Regnerus, C. Smith, and D. Sikkink, "Who Gives to the Poor? The Influence of Religious Tradition and Political Location on Personal Generosity of Americans toward the Poor," *Journal for the Scientific Study of Religion* 37 (1998): 481; J. Jost and M. Krochik, "Ideological Differences in Epistemic Motivation: Implications for Attitude Structure, Depth of Information Processing, Susceptibility to Persuasion, and Stereotyping," *Advances in Motivation Science* 1 (2014): 181; F. Grupp and W. Newman, "Political Ideology and Religious Preference: The John Birch Society and Americans for Democratic Action," *Journal for the Scientific Study of Religion* 12 (1974): 401.

28 Center for Global Development, "Commitment to Development Index 2021," cgdev.org/section/initiatives/_active/cdi/; Center for Global Development, "Ranking the Rich," *Foreign Policy* 142 (2004): 46; Center for Global Development, "Ranking the Rich," *Foreign Policy* 150 (2005): 76; Zuckerman, *Society without God*; P. Norris and R. Inglehart, *Sacred and Secular: Religion and Politics Worldwide* (Cambridge University Press, 2004); S. Bruce, *Politics and Religion* (Polity, 2003).

注腳：Center for Global Development, "Ranking the Rich," *Foreign Policy* 150 (2005): 76.

29 P. Zuckerman, "Atheism, Secularity, and Well-Being: How the Findings of Social Science Counter Negative Stereotypes and Assumptions," *Sociology Compass* 3 (2009): 949; B. BeitHallahmi, "Atheists: A Psychological Profile," in *The Cambridge Companion to Atheism, ed. M. Martin, Cambridge Companions to Philosophy* (Cambridge University Press, 2007); S. Crabtree and B. Pelham, "More Religious Countries, More Perceived Ethnic Intolerance," *Gallup*, April 7, 2009, gallup.com/poll/117337/Religious-Countries Perceived-Ethnic-Intolerance.aspx; J. Lyne, "Who's No. 1? Finland, Japan and Korea, Says OECD Education Study," *Site Selection*, December 10, 2001, siteselection.com/ssinsider/snapshot/sf011210.htm; United Nations Office on Drugs and Crime, "UNODC Statistics Online."

30 Inglehart and Norris, *Sacred and Secular.*

31 H. Tan and C. Vogel, "Religion and Trust: An Experimental Study," *Journal of Economic Psychology* 29 (2008): 332; J. Preston and R. Ritter, "Different Effects of Religion and God on Prosociality with the Ingroup and Outgroup," *Personality and Social Psychology Bulletin* 39 (2013): 1471; A. Ahmed, "Are Religious People More Prosocial? A Quasi-experimental Study with Madrasah Pupils in a Rural Community in India," *Journal for the Scientific Study of Religion* 48 (2009): 368; A. Ben-Ner et al.,

"Identity and In-group/Out-group Differentiation in Work and Giving Behaviors: Experimental Evidence," *Journal of Economic Behavior & Organization* 72 (2009): 153; C. Fershtman, U. Gneezy, and F. Verboven, "Discrimination and Nepotism: The Efficiency of the Anonymity Rule," *Journal of Legal Studies* 34 (2005): 371; R. Reich, *Just Giving: Why Philanthropy Is Failing Democracy and How It Can Do Better* (Princeton University Press, 2018).

32　Lang et al., "Moralizing Gods, Impartiality and Religious Parochialism."

33　J. Blogowska and V. Saroglou, "Religious Fundamentalism and Limited Prosociality as a Function of the Target," *Journal for the Scientific Study of Religion* 50 (2011): 44; M. Johnson et al., "A Mediational Analysis of the Role of Right-Wing Authoritarianism and Religious Fundamentalism in the Religiosity-Prejudice Link," *Personality and Individual Differences* 50 (2011): 851.

34　D. Gay and C. Ellison, "Religious Subcultures and Political Tolerance: Do Denominations Still Matter?," *Review of Religious Research* 34 (1993): 311; T. Vilaythong, N. Lindner, and B. Nosek, "'Do unto Others': Effects of Priming the Golden Rule on Buddhists' and Christians' Attitudes toward Gay People," *Journal for the Scientific Study of Religion* 49 (2010): 494; J. LaBouff et al., "Differences in Attitudes towards Outgroups in a Religious or Non-religious Context in a Multi-national Sample: A Situational Context Priming Study," *International Journal for the Psychology of Religion* 22 (2012): 1; M. Johnson, W. Rowatt, and J. LaBouff, "Priming Christian Religious Concepts Increases Racial Prejudice," *Social Psychological and Personality Science* 1 (2010): 119; Pichon and Saroglou, "Religion and Helping"; R. McKay et al., "Wrath of God: Religious Primes and Punishment," *Proceedings of the Royal Society B: Biological Sciences* 278 (2011): 1858; G. Tamarin, "The Influence of Ethnic and Religious Prejudice on Moral Judgment," *New Outlook 9* (1996): 49; J. Ginges, I. Hansen, and A. Norenzayan, "Religion and Support for Suicide Attacks," *Psychological Science* 20 (2009): 224. 見：Leach, Berman, and Eubanks, "Religious Activities, Religious Orientation"; H. Ledford, "Scriptural Violence Can Foster Aggression," *Nature* 446 (2007): 114; B. Bushman et al., "When God Sanctions Killing: Effect of Scriptural Violence on Aggression," *Psychological Science* 18 (2007): 204.

35　Crone and Levy, "Are Free Will Believers Nicer People?"

36　C. Ma-Kellams and J. Blascovich, "Does 'Science' Make You Moral? The Effects of Priming Science on Moral Judgments and Behavior," *PLoS One* 8 (2013): e57989.

37　見注釋19中Brenner的兩篇論文；A. Keysar, "Who Are America's Atheists and Agnostics?," in *Secularism and Secularity: Contemporary International Perspectives*, ed. B. Kosmin and A. Keysar (Institute for the Study of Secularism in Society and Culture, 2007).

38　Galen, Sharp, and McNulty, "The Role of Nonreligious Group Factors"; A. Jorm and H. Christensen, "Religiosity and Personality: Evidence for Non-linear Associations," *Personality and Individual Differences* 36 (2004): 1433; D. Bock and N. Warren, "Religious Belief as a Factor in Obedience to Destructive Demands," *Review of Religious Research* 13 (1972): 185; F. Curlin et al., "Do Religious Physicians Disproportionately Care for the Underserved?," *Annals of Family*

Medicine 5 (2007): 353; S. Oliner and P. Oliner, *The Altruistic Personality: Rescuers of Jews in Nazi Europe* (Free Press, 1988).

12 我們體內的古老齒輪：改變是怎麼發生的？

1   肯德爾對他終生著作的那番絕對權威（此為唯一適當的用詞）的評論，可以看他
    2000年諾貝爾得獎演說的文字版：E. Kandel, "The Molecular Biology of Memory Storage:
    A Dialogue between Genes and Synapses," *Science* 294 (2001): 1030.

2   E. Alnajjar and K. Murase, "A Simple Aplysia-Like Spiking Neural Network to Generate Adaptive
    Behavior in Autonomous Robots," *Adaptive Behavior* 16 (2008): 306.

3   注腳：H. Boele et al., "Axonal Sprouting and Formation of Terminals in the Adult Cerebellum
    during Associative Motor Learning," *Journal of Neuroscience* 33 (2013): 17897.

4   注腳：M. Srivastava et al., "The Amphimedon queenslandica Genome and the Evolution of
    Animal Complexity," *Nature* 466 (2010): 720.

5   J. Medina et al., "Parallels between Cerebellumand Amygdala-Dependent Conditioning," *Nature
    Reviews Neuroscience* 3 (2002): 122.

6   M. Kalinichev et al., "Long-Lasting Changes in Stress-Induced Corticosterone Response and
    Anxiety-Like Behaviors as a Consequence of Neonatal Maternal Separation in Long-Evans
    Rats," *Pharmacology Biochemistry and Behavior* 73 (2002): 13; B. Aisa et al., "Cognitive
    Impairment Associated to HPA Axis Hyperactivity after Maternal Separation in Rats,"
    Psychoneuroendocrinology 32 (2007): 256; B. Aisa et al., "Effects of Maternal Separation on
    Hypothalamic-Pituitary-Adrenal Responses, Cognition and Vulnerability to Stress in Adult Female
    Rats," *Neuroscience* 154 (2008): 1218; M. Moffett et al., "Maternal Separation Alters Drug Intake
    Patterns in Adulthood in Rats," *Biochemical Pharmacology* 73 (2007): 321。有趣的是，短暫
    與母親分離對於後代腦部與行為發育的影響，有很大一部分是因為母親回來時
    的行為改變：R. Alves et al., "Maternal Separation Effects on Mother Rodents' Behaviour: A
    Systematic Review," *Neuroscience and Biobehavioral Reviews* 117 (2019): 98.

7   A. Wilber, G. Lin, and C. Wellman, "Glucocorticoid Receptor Blockade in the Posterior Interpositus
    Nucleus Reverses Maternal Separation–Induced Deficits in Adult Eyeblink Conditioning,"
    Neurobiology of Learning and Memory 94 (2010): 263; A. Wilber et al., "Neonatal Maternal
    Separation Alters Adult Eyeblink Conditioning and Glucocorticoid Receptor Expression in the
    Interpositus Nucleus of the Cerebellum," *Developmental Neurobiology* 67 (2011): 751.

8   J. LeDoux, "Evolution of Human Emotion," *Progress in Brain Research* 195 (2012): 431；另見勒
    杜克斯針對這個大主題的眾多傑出著作的任何一本，好比說：J. LeDoux, *The Deep
    History of Ourselves: The Four-Billion-Year Story of How We Got Conscious Brains* (Viking, 2019);
    L. Johnson et al., "A Recurrent Network in the Lateral Amygdala: A Mechanism for Coincidence

Detection," *Frontiers in Neural Circuits* 2 (2008): 3; W. Haubensak et al., "Genetic Dissection of an Amygdala Microcircuit That Gates Conditioned Fear," *Nature* 468 (2010): 270.

9   P. Zhu and D. Lovinger, "Retrograde Endocannabinoid Signaling in a Postsynaptic Neuron/ Synaptic Bouton Preparation from Basolateral Amygdala," *Journal of Neuroscience* 25 (2005): 6199; M. Monsey et al., "Chronic Corticosterone Exposure Persistently Elevates the Expression of Memory-Related Genes in the Lateral Amygdala and Enhances the Consolidation of a Pavlovian Fear Memory," *PLoS One* 9 (2014): e91530; R. Sobota et al., "Oxytocin Reduces Amygdala Activity, Increases Social Interactions, and Reduces Anxiety-Like Behavior Irrespective of NMDAR Antagonism," *Behavioral Neuroscience* 129 (2015): 389; O. Kozanian et al., "Long-Lasting Effects of Prenatal Ethanol Exposure on Fear Learning and Development of the Amygdala," *Frontiers in Behavioral Neuroscience* 12 (2018): 200; E. Pérez-Villegas et al., "Mutation of the HERC 1 Ubiquitin Ligase Impairs Associative Learning in the Lateral Amygdala," *Molecular Neurobiology* 55 (2018): 1157.

10 註腳：T. Moffitt et al., "Deep-Seated Psychological Histories of COVID-19 Vaccine Hesitance and Resistance," *PNAS Nexus* 1 (2022): pgac034.

11 A. Baddeley, "Working Memory: Looking Back and Looking Forward," *Nature Reviews Neuroscience* 4 (2003): 829; J. Jonides et al., "The Mind and Brain of Short-Term Memory," *Annual Review of Psychology* 59 (2008): 193.

12 腦中實際存在的迴路怎麼有這些性質，範例可見：D. Zeithamova, A. Dominick, and A. Preston, "Hippocampal and Ventral Medial Prefrontal Activation during Retrieval-Mediated Learning Supports Novel Inference," *Neuron* 75 (2012): 168; D. Cai et al., "A Shared Neural Ensemble Links Distinct Contextual Memories Encoded Close in Time," *Nature* 534 (2016): 115. 註腳15：J. Alvarez, *In the Time of the Butterflies* (Algonquin Books, 2010). 註腳16：J. Harris, "Anorexia Nervosa and Anorexia Miracles: Miss K. R— and St. Catherine of Siena," *JAMA Psychiatry* 71 (2014): 12; F. Forcen, "Anorexia Mirabilis: The Practice of Fasting by Saint Catherine of Siena in the Late Middle Ages," *American Journal of Psychiatry* 170 (2013): 370; F. Galassi, N. Bender, and M. Habicht, "St. Catherine of Siena (1347–1380 AD): One of the Earliest Historic Cases of Altered Gustatory Perception in Anorexia Mirabilis," *Neurological Sciences* 39 (2018): 939.

13 右邊照片裡的人是二兵布朗（Private Donald Brown），1944年在法國時，因納粹火力摧毀他乘坐的雪曼（Sherman）戰車而陣亡，得年二十四歲。1947年發現了同車乘員未能辨識的遺骸，而要到2018年才藉由DNA分析辨認出布朗。辨識出布朗的新聞稿並沒有指出那之前的七十四年間，前去他們墳前但始終不知他當年究竟下場如何的親屬有多少。我要感謝美國國防部戰俘及失踪軍人統計署（Defense MIA/POW Accounting Agency）准許我為了說明目的而使用他的照片。至今仍有七萬兩千名美國士兵在二戰的行動中下落不明。（你可以在以下連結讀到新聞稿：dpaa.mil/News- Stories/News- Releases/PressReleaseArticleView/Article/1647847/funeral-

announcement-for-soldier-killed-during-world-war-ii-brown-d/.) 關於「我們想要知道死者究竟怎麼了的欲望」的人類學分析，以及為了這樣的資訊而等待了二十七年的個人敘事，可見薩波斯基所寫的 "Why We Want Their Bodies Back," *Discover*, January 31, 2002, reprinted in R. Sapolsky, Monkeyluv and Other Essays on Our Lives as Animals (Simon & Schuster/Scribner, 2005).

13 | 這我們以前真的做過

1　E. Magiorkinis et al., "Highlights in the History of Epilepsy: The Last 200 Years," *Epilepsy Research and Treatment 2014* (2014): 582039.

2　J. Rho and H. White, "Brief History of Anti-seizure Drug Development," *Epilepsia Open* 3 (2018): 114.

　　注腳2：J. Russell, *Witchcraft in the Middle Ages* (Cornell University Press, 1972), p. 234.

3　舉例來說，可見：薩波斯基和 G. Steinberg, "Gene Therapy for Acute Neurological Insults," *Neurology* 10 (1999): 1922.

4　A. Walker, "Murder or Epilepsy?," *Journal of Nervous and Mental Disease* 133 (1961): 430; J. Livingston, "Epilepsy and Murder," *Journal of the American Medical Association* 188 (1964): 172; M. Ito et al., "Subacute Postictal Aggression in Patients with Epilepsy," *Epilepsy & Behavior* 10 (2007): 611; J. Gunn, "Epileptic Homicide: A Case Report," *British Journal of Psychiatry* 132 (1978): 510; C. Hindler, "Epilepsy and Violence," *British Journal of Psychiatry* 155 (1989): 246; N. Pandya et al., "Epilepsy and Homicide," *Neurology* 57 (2001): 1780.

5　S. Fazel et al., "Risk of Violent Crime in Individuals with Epilepsy and Traumatic Brain Injury: A 35-Year Swedish Population Study," *PLoS Medicine* 8 (2011): e1001150; C. Älstrom, *Study of Epilepsy and Its Clinical, Social and Genetic Aspects* (Monksgaard, 1950); J. Kim et al., "Characteristics of Epilepsy Patients Who Committed Violent Crimes: Report from the National Forensic Hospital," *Journal of Epilepsy Research* 1 (2011): 13; D. Treiman, "Epilepsy and Violence: Medical and Legal Issues," *Epilepsia* 27 (1986): S77; D. Hill and D. Pond, "Reflections on One Hundred Capital Cases Submitted to Electroencephalography," *Journal of Mental Science* 98 (1952): 23; E. Rodin, "Psychomotor Epilepsy and Aggressive Behavior," *Archives of General Psychiatry* 28 (1973): 210.

6　J. Falret, "De l'etat mental des epileptiques," *Archives generales de médecine* 16 (1860): 661.

　　注腳：P. Pichot, "Circular Insanity, 150 Years On," Bulletin de l'académie nationale de médecine 188 (2004): 275.

7　S. Fernandes et al., "Epilepsy Stigma Perception in an Urban Area of a Limited-Resource Country," *Epilepsy & Behavior* 11 (2007): 25; A. Jacoby, "Epilepsy and Stigma: An Update and Critical Review," *Current Neurology and Neuroscience Reports* 8 (2008): 339; G. Baker et al., "Perceived

Impact of Epilepsy in Teenagers and Young Adults: An International Survey," *Epilepsy and Behavior* 12 (2008): 395; R. Kale, "Bringing Epilepsy Out of the Shadows," *British Medical Journal* 315 (1997): 2.

8   G. Krauss, L. Ampaw, and A. Krumholz, "Individual State Driving Restrictions for People with Epilepsy in the US," *Neurology* 57 (2001): 1780.

9   C. Bonanos, "What New York Should Learn from the Park Slope Crash That Killed Two Children," Intelligencer, New York, March 30, 2018.

10 T. Moore and K. Sheehy, "Driver in Crash That Killed Two Kids Suffers from MS, Seizures," *New York Post*, March 6, 2018.

11 C. Moynihan, "Driver Charged with Manslaughter in Deaths of 2 Children," *New York Times*, May 3, 2018; A. Winston, "Driver Who Killed Two Children in Brooklyn Is Found Dead," *New York Times*, November 7, 2018.

12 L. Italiano, "Judge Gives Trash-Haul Killer Life," *New York Post*, November 19, 2009; B. Aaron, "Driver Who Killed 3 People on Bronx Sidewalk Charged with Manslaughter," *StreetsBlog NYC*, September 20, 2016; B. Aaron, "Cab Driver Pleads to Homicide for Killing 2 on Bronx Sidewalk While Off Epilepsy Meds," *StreetsBlog NYC*, November 13, 2017.
    注腳：S. Billakota, O. Devinsky, and K. Kim, "Why We Urgently Need Improved Epilepsy Therapies for Adult Patients," *Neuropharmacology* 170 (2019): 107855; K. Meador et al., "Neuropsychological and Neurophysiologic Effects of Carbamazepine and Levetiracetam," *Neurology* 69 (2007): 2076; D. Buck et al., "Factors Influencing Compliance with Antiepileptic Drug Regimes," *Seizure* 6 (1997): 87.

13 Italiano, "Judge Gives Trash-Haul Killer Life."

14 第二注腳：A. Weil, *The Natural Mind: An Investigation of Drugs and the Higher Consciousness* (Houghton Mifflin, 1998), p. 211.
    第三注腳：D. Rosenhan, "On Being Sane in Insane Places," *Science* 179 (1973): 250; S. Cahalan, The Great Pretender (Canongate Trade, 2019); also see: A. Abbott, "On the Troubling Trail of Psychiatry's Pseudopatients Stunt," *Nature* 574 (2019): 622.

15 P. Maki et al., "Predictors of Schizophrenia—a Review," *British Medical Bulletin* 73 (2005): 1; S. Stilo, M. Di Forti, and R. Murray, "Environmental Risk Factors for Schizophrenia: Implications for Prevention," *Neuropsychiatry* 1 (2011): 457; E. Walker and R. Lewine, "Prediction of Adult-Onset Schizophrenia from Childhood Home Movies of the Patients," *American Journal of Psychiatry* 147 (1990): 1052.

16 S. Bo et al., "Risk Factors for Violence among Patients with Schizophrenia," *Clinical Psychology Reviews* 31 (2014): 711; B. Rund, "A Review of Factors Associated with Severe Violence in Schizophrenia," *Nordic Journal of Psychiatry* 72 (2018): 561.

17 J. Lieberman and O. Ogas, *Shrinks: The Untold Story of Psychiatry* (Little Brown, 2015); E. Torrey, *Freudian Fraud: The Malignant Effect of Freud's Theory on American Thought and Culture*

(HarperCollins, 1992).

18 A. Harrington, *Mind Fixers: Psychiatry's Troubled Search for the Biology of Mental Illness* (Norton, 2019); see Torrey, *Freudian Fraud.*

19 有關「從只責怪思覺失調症患者家中女性，變成責怪整個家庭的這種在概念上的進展」的引文，來自：P. Bart, "Sexiam and Social Science: From the Gilded Cage to the Iron Cage, or, the Perils of Pauline," *Journal of Marriage and the Family* (November 1971), 741.

20 Stilo, Di Forti, and Murray, "Environmental Risk Factors for Schizophrenia"; Maki et al., "Predictors of Schizophrenia."

21 R. Gentry, D. Schuweiler, and M. Roesch, "Dopamine Signals Related to Appetitive and Aversive Events in Paradigms That Manipulate Reward and Avoidability," *Brain Research* 1713 (2019): 80; P. Glimcher, "Understanding Dopamine and Reinforcement Learning: The Dopamine Reward Prediction Error Hypothesis," *Proceedings of the National Academy of Sciences of the United States of America* 108, supp. 3 (2011): 15647; M. Happel, "Dopaminergic Impact on Local and Global Cortical Circuit Processing during Learning," *Behavioral Brain Research* 299 (2016): 32.

22 A. Boyd et al., "Dopamine, Cognitive Biases and Assessment of Certainty: A Neurocognitive Model of Delusions," *Clinical Psychology Review* 54 (2017): 96; C. Chun, P. Brugger, and T. Kwapil, "Aberrant Salience across Levels of Processing in Positive and Negative Schizotypy," *Frontiers of Psychology* 10 (2019): 2073; T. Winton-Brown et al., "Dopaminergic Basis of Salience Dysregulation in Psychosis," *Trends in Neurosciences* 37 (2014): 85.

23 P. Mallikarjun et al., "Aberrant Salience Network Functional Connectivity in Auditory Verbal Hallucinations: A First Episode Psychosis Sample," *Translational Psychiatry* 8 (2018): 69; K. Schonauer et al., "Hallucinatory Modalities in Prelingually Deaf Schizophrenic Patients: A Retrospective Analysis of 67 Cases," *Acta Psychiatrica Scandinavica* 98 (1998): 377; J. Atkinson, "The Perceptual Characteristics of Voice-Hallucinations in Deaf People: Insights into the Nature of Subvocal Thought and Sensory Feedback Loops," *Schizophrenia Bulletin* 32 (2006): 701; E. Anglemyer and C. Crespi, "Misinterpretation of Psychiatric Illness in Deaf Patients: Two Case Reports," *Case Reports in Psychiatry* 2018 (2018): 3285153; B. Engmann, "Peculiarities of Schizophrenic Diseases in Prelingually Deaf Persons," *MMW Fortschritte der Medizin* 153 supp. 1 (2011): 10。一般人（包括我）會假設，每個人頭裡面都有一個聲音；但到頭來這是錯的：D. Coffey, "Does Everyone Have an Inner Monologue?," Livescience, June 12, 2021。我要感謝Hilary Roberts讓我得知這個來源。

24 S. Lawrie et al., "Brain Structure and Function Changes during the Development of Schizophrenia: The Evidence from Studies of Subjects at Increased Genetic Risk," *Schizophrenia Bulletin* 34 (2008): 330; C. Pantelis et al., "Neuroanatomical Abnormalities Before and After Onset of Psychosis: A Cross-Sectional and Longitudinal MRI Comparison," *Lancet* 361 (2003): 281.

25 J. Harris et al., "Abnormal Cortical Folding in High-Risk Individuals: A Predictor of the Development of Schizophrenia?," *Biological Psychiatry* 56 (2004): 182; R. Birnbaum and D.

Weinberger, "Functional Neuroimaging and Schizophrenia: A View towards Effective Connectivity Modeling and Polygenic Risk," *Dialogues in Clinical Neuroscience* 15 (2022): 279.

26 D. Eisenberg and K. Berman, "Executive Function, Neural Circuitry, and Genetic Mechanisms in Schizophrenia," *Neuropsychopharmacology* 35, no. 1 (2010): 258.

27 B. Birur et al., "Brain Structure, Function, and Neurochemistry in Schizophrenia and Bipolar Disorder—a Systematic Review of the Magnetic Resonance Neuroimaging Literature," *NPJ Schizophrenia* 3 (2017): 15; J. Fitzsimmons, M. Kubicki, and M. Shenton, "Review of Functional and Anatomical Brain Connectivity Findings in Schizophrenia," *Current Opinions in Psychiatry* 26 (2013): 172; K. Karlsgodt, D. Sun, and T. Cannon, "Structural and Functional Brain Abnormalities in Schizophrenia," *Current Directions in Psychological Sciences* 19 (2010): 226.

28 注腳：針對「想同時理解思覺失調症以及帕金森氏症時會碰上的一些複雜之處」的探討，可見：J. Waddington, "Psychosis in Parkinson's Disease and Parkinsonism in Antipsychotic-Naive Schizophrenia Spectrum Psychosis: Clinical, Nosological and Pathobiological Challenges," *Acta Pharmacologica Sinica* 41 (2020): 464.

29 注腳：K. Terkelsen, "Schizophrenia and the Family: II. Adverse Effects of Family Therapy," *Family Processes* 22 (1983): 191.

30 A. McLean, "Contradictions in the Social Production of Clinical Knowledge: The Case of Schizophrenia," *Social Science and Medicine* 30 (1990): 969。想知道一個家庭像美國任一同樣際遇的家庭那樣受思覺失調症所折磨，因而經歷的那一段既動人又駭人的歷程，可見：R. Kolker, *Hidden Valley Road: Inside the Mind of an American Family* (Doubleday, 2020).

31 T. McGlashan, "The Chestnut Lodge Follow-up Study. II. Long-Term Outcome of Schizophrenia and the Affective Disorders," *Archives of General Psychiatry* 41 (1984): 586. 托利的嘲諷：E. Fuller Torrey, "A Fantasy Trial about a Real Issue," *Psychology Today* (March 1977), 22.
歐文、福林、洪堡的訪談分別於2019年7月23、24、25日進行。
注腳：M. Sheridan et al., "The Impact of Social Disparity on Prefrontal Function in Childhood," *PLoS One* 7 (2012): e35744; J. L. Hanson et al., "Structural Variations in Prefrontal Cortex Mediate the Relationship between Early Childhood Stress and Spatial Working Memory," *Journal of Neuroscience* 32 (2012): 7917; 薩波斯基, "Glucocorticoids and Hippocampal Atrophy in Neuropsychiatric Disorders," *Archives of General Psychiatry* 57 (2000): 925.

32 Bruno Bettelheim, *Surviving—and Other Essays* (Knopf, 1979), p. 110.

33 M. Finn, "In the Case of Bruno Bettelheim," *First Things*, June 1997; R. Pollak, *The Creation of Dr. B: A Biography of Bruno Bettelheim* (Simon & Schuster, 1997).

34 D. Kaufer et al., "Acute Stress Facilitates Long-Lasting Changes in Cholinergic Gene Expression," *Nature* 393 (1998): 373; A. Friedman et al., "Pyridostigmine Brain Penetration under Stress Enhances Neuronal Excitability and Induces Early Immediate Transcriptional Response," *Nature Medicine* 2 (1996): 1382; 薩波斯基 "The Stress of Gulf War Syndrome," *Nature* 393 (1998): 308;

C. Amourette et al., "Gulf War Illness: Effects of Repeated Stress and Pyridostigmine Treatment on Blood-Brain Barrier Permeability and Cholinesterase Activity in Rat Brain," *Behavioral Brain Research* 203 (2009): 207; P. Landrigan, "Illness in Gulf War Veterans: Causes and Consequences," *Journal of the American Medical Association* 277 (1997): 259.

35   E. Klingler et al., "Mapping the Molecular and Cellular Complexity of Cortical Malformations," *Science* 371 (2021): 361; S. Mueller et al., "The Neuroanatomy of Transgender Identity: Mega-analytic Findings from the ENIGMA Transgender Persons Working Group," *Journal of Sexual Medicine* 18 (2021): 1122.

14 懲罰的愉悅

1   B. Tuchman, A Distant Mirror (Random House, 1994); P. Shipman, "The Bright Side of the Black Death," *American Science* 102 (2014): 410.

2   "In the Middle Ages There Was No Such Thing as Childhood," *Economist, January* 3, 2019; J. Robb et al., "The Greatest Health Problem of the Middle Ages? Estimating the Burden of Disease in Medieval England," *International Journal of Paleopathology* 34 (2021): 101; M. Shirk, "Violence and the Plague in Aragón, 1348–1351," *Quidditas* 5 (1984): article 5.

3   癩瘋病人的陰謀：S. Tibble, "Medieval Strategy? The Great 'Leper Conspiracy' of 1321," *Yale University Books*, September 11, 2020, yalebooks.yale.edu/2020/09/11/medieval-strategy-the-great-leper-conspiracy-of-1321/; D. Nirenberg, *Communities of Violence: Persecution of Minorities in the Middle Ages* (Princeton University Press, 1996); I. Ritzmann, "The Black Death as a Cause of the Massacres of Jews: A Myth of Medical History?," *Medizin, Gesellschaft und Geschichte* 17 (1998): 101 [in German]; M. Barber, "Lepers, Jews and Moslems: The Plot to Overthrow Christendom in 1321," *History* 66 (1989): 1; T. Barzilay, "Early Accusations of Well Poisoning against Jews: Medieval Reality or Historiographical Fiction?," *Medieval Encounters* 22 (2016): 517.

4   Weyer: V. Hoorens, "The Link between Witches and Psychiatry: Johan Weyer," KU *Lueven News*, September 9, 2011, nieuws.kuleuven.be/en/content/2011/jan_wier.html; Encyclopedia.com, s.v. "Weyer, Johan," encyclopedia.com/science/encyclopedias-almanacs-transcripts-and-maps/weyer-johan-also-known-john-wier-or-wierus-1515-1588.

5   達米安的處決、凡爾賽宮："Assassination Attempt on King Louis XV by Damiens, 1757," n.d., en.chateauversailles.fr/discover/history/key-dates/assassination -attempt-king-louis-xv-damiens-1757; "Letter from a Gentleman in Paris to His Friend in London"，作者不詳，*A Particular and Authentic Narration of the Life, Examination, Torture, and Execution of Robert Francis Damien [sic]*, trans. Thomas Jones (London, 1757)，另可見：revolution.chnm.org/d/238。包廂租給有錢人："The Truly Horrific Execution of Robert-François Damiens," *Unfortunate Ends*, June 25, 2021, YouTube video, 14:40, youtube.com/watch?v=K7q8VSEBOMI;

executedtoday.com/2008/03/28/1757-robert-francois-damiens-discipline-and-punish/

6　A. Lollini, *Constitutionalism and Transitional Justice in South Africa* (Human Rights in Context, vol. 5) (Berghahn Books, 2011) 真相與和解的心理分量的探討，見：P. Gobodo-Madikizela, *A Human Being Died That Night* (HoughtonMifflin, 2003).

7　修復式正義的正面評論：V. Camp and J. Wemmers, "Victim Satisfaction with Restorative Justice: More Than Simply Procedural Justice," *International Review of Victimology* 19 (2013): 117; L. Walgrave, "Investigating the Potentials of Restorative Justice Practice," *Washington University Journal of Law and Policy* 36 (2011): 91.

8　F. Marineli et al., "Mary Mallon (1869–1938) and the History of Typhoid Fever," *Annals of Gastroenterology* 26 (2013): 132; J. Leavitt, Typhoid Mary: Captive to the Public's Health (Putnam, 1996).

9　近期對於以隔離方法處理犯罪行為的強力鼓吹，可見：D. Pereboom, *Wrongdoing and the Moral Emotions* (Oxford University Press, 2021); G. Caruso and D. Pereboom, *Moral Responsibility Reconsidered* (Cambridge University Press, 2022); G. Caruso, *Rejecting Retributivism* (Cambridge University Press, 2021); G. Caruso, "Free Will Skepticism and Criminal Justice: The Public Health–Quarantine Model," in *Oxford Handbook of Moral Responsibility*, ed. D. Nelkin and D. Pereboom (Oxford University Press, 2022).

10　M. Powers and R. Faden, *Social Justice: The Moral Foundations of Public Health and Health Policy* (Oxford University Press, 2006).

11　S. Smilansky, "Hard Determinism and Punishment: A Practical Reductio,' *Law and Philosophy* 30 (2011): 353。隔離模式會導致無限拘留的擔憂：M. Corrado, "Fichte and the Psychopath: Criminal Justice Turned Upside Down," in *Free Will Skepticism in Law and Society*, ed. E. Shaw, D. Pereboom, and G. Caruso (Cambridge University Press, 2019).

12　注腳：D. Zweig, "They Were the Last Couple in Paradise. Now They're Stranded," *New York Times*, April 5, 2020, nytimes.com/2020/04/05/style/coronavirus-honeymoon-stranded .html。在Google Earth上追蹤他們的度假島會顯示，他們附邁泰雞尾酒的惡魔島面積大約為305×183平方公尺。

13　R. Dundon, "Photos: Less Than a Century Ago, 20,000 People Traveled to Kentucky to See a White Woman Hang a Black Man," *Timeline*, Medium, February 22, 2018, timeline .com/rainy-bethea-last-public-executionin-america-lischia-edwards-6f035f61c229; "Denies Owning Ring Found in Widow's Room," *Messenger-Inquirer* (Owensboro, KY), June 11, 1936; "Negro's Second Confession Bares Hiding Place," *Owensboro (KY) Messenger*, June 13, 1936; "10,000 See Hanging of Kentucky Negro; Woman Sheriff Avoids Public Appearance as Expoliceman Springs Trap. CROWD JEERS AT CULPRIT Some Grab Pieces of Hood for Souvenirs as Doctors Pronounce Condemned Man Dead," *New York Times*, August 15, 1936; "Souvenir Hunters at Hanging Tear Hood Face," *Evening Star* (Washington, DC), August 14, 1936; C. Pitzulo, "The Skirted Sheriff: Florence Thompson and the Nation's Last Public Execution," *Register of the Kentucky Historical*

Society 115 (2017): 377.

14 P. Kropotkin, *Mutual Aid: A Factor of Evolution* (1902; Graphic Editions, 2020)。他的傑出傳記可見G. Woodcock, *Peter Kropotkin: From Prince to Rebel* (Black Rose Books, 1990).

15 K. Foster et al., "Pleiotropy as a Mechanism to Stability Cooperation," *Nature* 431 (2004): 693. 注腳：真核生物細胞和粒線體的結合是地球生命史上最重要的事件之一，而最先提出的是有遠見的演化生物學家馬古利斯（Lynn Margulis）；想當然地，該領域的大部分人多年來都嚴厲反駁嘲笑這種主張，直到現代的分子技術徹底證明了她的說法正確。她開疆闢地的論文為（發表人名稱為琳・薩根〔Lynn Sagan〕，反映了她當時與天文學家卡爾薩根〔Carl Sagan〕結婚一事）：L. Sagan, "On the Origin of Mitosing Cells," *Journal of Theoretical Biology* 14 (1967): 255.
W. Eberhard, "Evolutionary Consequences of Intracellular Organelle Competition," *Quarterly Review of Biology* 55 (1980): 231; J. Agren and S. Wright, "Co-evolution between Transposable Elements and Their Hosts: A Major Factor in Genome Size," *Chromosome Research* 19 (2011): 777. Selfish mitochondria: J. Havird, "Selfish Mitonuclear Conflict," *Current Biology* 29 (2019): PR496.

16 黑猩猩：F. de Waal, *Chimpanzee Politics* (Allen & Unwin, 1982). Wrens: R. Mulder and N. Langmore, "Dominant Males Punish Helpers for Temporary Defection in Superb FairyWrens," *Animal Behavior* 45 (1993): 830。裸鼴鼠：H. Reeve, "Queen Activation of Lazy Workers in Colonies of the Eusocial Naked Mole-Rat," *Nature* 358 (1992): 147。岩礁魚／隆頭魚：R. Bshary and A. Grutter, "Punishment and Partner Switching Cause Cooperative Behaviour in a Cleaning Mutualism," *Biology Letters* 1 (2005): 396。社會性細菌：Foster et al., "Pleiotropy as a Mechanism to Stability Cooperation."轉位子爭霸：E. Kelleher, D. Barbash, and J. Blumenstiel, "Taming the Turmoil Within: New Insights on the Containment of Transposable Elements," *Trends in Genetics* 36 (2020): 474; J. Agren, N. Davies, and K. Foster, "Enforcement Is Central to the Evolution of Cooperation," *Nature Ecology and Evolution* 3 (2019): 1018。轉位子剝削：E. Kelleher, "Reexamining the P-Element Invasion of Drosophila melanogaster through the Lens of piRNA Silencing," *Genetics* 203 (2016): 1513.

17 R. Boyd, H. Gintis, and S. Bowles, "Coordinated Punishment of Defectors Sustains Cooperation and Can Proliferate When Rare," *Science* 328 (2010): 617.

18 R. Axelrod and W. D. Hamilton, "The Evolution of Cooperation," *Science* 211 (1981): 1390。另見：J. Henrich and M. Muthukrishna, "The Origins and Psychology of Human Cooperation," *Annual Review of Psychology* 72 (2021): 207。這份賽局理論文獻大都以假定中的競賽者社會平等為基礎。一旦競賽者不平等，合作就會徹底失敗的相關分析，可見：O. Hauser et al., "Social Dilemmas among Unequals," *Nature* 572 (2019): 524.

19 G. Aydogan et al., "Oxytocin Promotes Altruistic Punishment," *Social Cognitive and Affective Neuroscience* 12 (2017): 1740; T. Yamagishi et al., "Behavioural Differences and Neural Substrates of Altruistic and Spiteful Punishment," *Science Reports* 7 (2017): 14654; T. Baumgartner et al., "Who

Initiates Punishment, Who Joins Punishment? Disentangling Types of Third-Party Punishers by Neural Traits," *Human Brain Mapping* 42 (2021): 5703; O. Klimeck, P. Vuilleumier, and D. Sander, "The Impact of Emotions and Empathy-Related Traits on Punishment Behavior: Introduction and Validation of the Inequality Game," *PLoS One* 11 (2016): e0151028.

孩童發展期間代價高昂的懲罰：Y. Kanakogi et al., "Third-Party Punishment by Preverbal Infants," *Nature Human Behaviour* 6 (2022): 1234; G. D. Salali, M. Juda, and J. Henrich, "Transmission and Development of Costly Punishment in Children," *Evolution and Human Behavior* 36, no. 2 (2015): 86–94;

人類獨有：K. Riedl et al., "No Third-Party Punishment in Chimpanzees," *PNAS* 109, no. 37 (2012): 14824–29.

20　B. Herrmann, C. Thöni, and S. Gächter, "Antisocial Punishment across Societies," *Science* 319 (2008): 1362; J. Henrich and N. Henrich, "Fairness without Punishment: Behavioral Experiments in the Yasawa Island, Fiji," in *Experimenting with Social Norms: Fairness and Punishment in Cross-Cultural Perspective*, ed. J. Ensminger and J. Henrich (Russell Sage Foundation, 2014); J. Engelmann, E. Herrmann, and M. Tomasello, "Five-Year Olds, but Not Chimpanzees, Attempt to Manage Their Reputations," *PLoS One* 7 (2012): e48433; R. O'Gorman, J. Henrich, and M. Van Vugt, "Constraining Free Riding in Public Goods Games: Designated Solitary Punishers Can Sustain Human Cooperation," *Proceedings of the Royal Society B: Biological Sciences* 276 (2009): 323.

21　A. Norenzayan, *Big Gods: How Religion Transformed Cooperation and Conflict* (Princeton University Press, 2013); M. Lang et al., "Moralizing Gods, Impartiality and Religious Parochialism across 15 Societies," *Proceedings of the Royal Society B: Biological Sciences* 286 (2019): 1898。另見：J. Henrich et al., "Market, Religion, Community Size and the Evolution of Fairness and Punishment," *Science* 327 (2010): 1480. 注腳：Herrmann, Thöni, and Gächter, "Antisocial Punishment across Societies"; M. Cinyabuguma, T. Page, and L. Putterman, "Can Second-Order Punishment Deter Perverse Punishment?," *Experimental Economics* 9 (2006): 265.

22　J. Jordan et al., "Third-Party Punishment as a Costly Signal of Trustworthiness," *Nature* 530 (2016): 473.

注腳：Henrich and Henrich, "Fairness without Punishment."

23　身為第三方懲罰者的代價與益處：Jordan et al., "Third-Party Punishment as a Costly Signal"; N. Nikiforakis and D. Engelmann, "Altruistic Punishment and the Threat of Feuds," *Journal of Economic Behavior and Organization* 78 (2011): 319; D. Gordon, J. Madden, and S. Lea, "Both Loved and Feared: Third Party Punishers Are Viewed as Formidable and Likeable, but Those Reputational Benefits May Only Be Open to Dominant Individuals," *PLoS One* 27 (2014): e110045; M. Milinski, "Reputation, a Universal Currency for Human Social Interactions," *Philosophical Transactions of the Royal Society London B: Biological Sciences* 371 (2016): 20150100.

第三方懲罰的突現：K. Panchanathan and R. Boyd, "Indirect Reciprocity Can Stabilize

Cooperation without the Second-Order Free Rider Problem," *Nature* 432 (2004): 499.
狩獵採集者中第三方懲罰的特色：C. Boehm, *Hierarchy in the Forest: The Evolution of Egalitarian Behavior* (Harvard University Press, 1999).

24   T. Kuntz, "Tightening the Nuts and Bolts of Death by Electric Chair," *New York Times*, August 3, 1997.

25   邦迪生平、審判、處決的冷靜報導，可見：J. Nordheimer, "All-American Boy on Trial," *New York Times*, December 10, 1978; J. Nordheimer, "Bundy Is Put to Death in Florida after Admitting Trail of Killings," *New York Times*, January 25, 1989. 另見：B. Bearak, "Bundy Electrocuted after Night of Weeping, Praying: 500 Cheer Death of Murderer," *Los Angeles Times*, January 24, 1989; G. Bruney, "Here's What Happened to Ted Bundy after the Story Portrayed in Extremely Wicked Ended," *Esquire*, May 4, 2019, esquire.com/entertainment/a27363554/ted-bundy-extremely-wicked-execution/。與他處決相關的慶祝活動的其他照片，可見：gettyimages.com/detail/news-photo/sign-at-musicinstrumentstoreannouncingsale-on-electricn ewsphoto/72431549?adppopup=true and gettyimages.ie/detail/news-photo/sign-of-naked-lady-saloon-celebrating-the-execution of-news-photo/72431550?adppopup=true and see M. Hodge, "THE DAY A MONSTER FRIED: How Ted Bundy's Electric Chair Execution Was Celebrated by Hundreds Shouting 'Burn, Bundy, Burn' Outside Serial Killer's Death Chamber," *Sun (UK)*, January 16, 2019, thesun.co.uk/news/8202022/tedbundyexecutionelectricchairnetflixconversation with a-killer/。
整段行凶期間在身旁與其共事的某人所寫下的回憶錄，可見：A. Rule, *The Stranger Beside Me* (Norton, 1980). 一份由精神病理學的心理學研究先驅所做的分析，請見：R. Hare, *Without Conscience: The Disturbing World of the Psychopath among Us* (Guildford Press, 1999). 對於大眾癡迷連續殺人犯的行為的一份真正有洞察力的分析，請見：S. Marshall, "Violent Delights," *Believer*, December 22, 2022.

26   N. Mendes et al., "Preschool Children and Chimpanzees Incur Costs to Watch Punishment of Antisocial Others," *Nature Human Behaviour* 2 (2018): 45. 亦可見：M. Cant et al., "Policing of Reproduction by Hidden Threats in a Cooperative Mammal," *Proceedings of the National Academy of Sciences of the United States of America* 111 (2014): 326; T. Clutton-Brock and G. Parker, "Punishment in Animal Societies," *Nature* 373 (1995): 209.

27   注腳：R. Deaner, A. Khera, and M. Platt, "Monkeys Pay per View: Adaptive Valuation of Social Images by Rhesus Macaques," *Current Biology* 15 (2005): 543; K. Watson et al., "Visual Preferences for Sex and Status in Female Rhesus Macaques," *Animal Cognition* 15 (2012): 401; A. Lacreuse et al., "Effects of the Menstrual Cycle on Looking Preferences for Faces in Female Rhesus Monkeys," *Animal Cognition* 10 (2007): 105.

28   Y. Wu et al., "Neural Correlates of Decision Making after Unfair Treatment," *Frontiers of Human Neuroscience* 9 (2015): 123; E. Du and S. Chang, "Neural Components of Altruistic Punishment," *Frontiers of Neuroscience* 9 (2015): 26; A. Sanfey et al., "Neuroeconomics: CrossCurrents in

Research on Decision-Making," *Trends in Cognitive Sciences* 10 (2006): 108; M. Haruno and C. Frith, "Activity in the Amygdala Elicited by Unfair Divisions Predicts Social Value Orientation," *Nature Neuroscience* 13 (2010): 160; T. Burnham, "High-Testosterone Men Reject Low Ultimatum Game Offers," *Proceedings of the Royal Society B: Biological Sciences 274* (2007): 2327.

29　G. Bellucci et al., "The Emerging Neuroscience of Social Punishment: Meta-analytic Evidence," *Neuroscience and Biobehavioral Reviews* 113 (2020): 426; H. Ouyang et al., "EmpathyBased Tolerance towards Poor Norm Violators in Third-Party Punishment," *Experimental Brain Research* 239 (2021): 2171.

30　D. de Quervain et al., "The Neural Basis of Altruistic Punishment," *Science* 305 (2004): 1254; B. Knutson, "Behavior. Sweet Revenge?," *Science* 305 (2004): 1246; D. Chester and C. DeWall, "The Pleasure of Revenge: Retaliatory Aggression Arises from a Neural Imbalance towards Reward," *Social Cognitive and Affective Neuroscience* 11 (2016): 1173; Y. Hu, S. Strang, and B. Weber, "Helping or Punishing Strangers: Neural Correlates of Altruistic Decisions as Third-Party and of Its Relation to Empathic Concern," *Frontiers of Behavioral Neuroscience* 9 (2015): 24; Baumgartner et al., "Who Initiates Punishment, Who Joins Punishment?"; G. Holstege et al., "Brain Activation during Human Male Ejaculation," *Journal of Neuroscience* 23 (2003): 9185.

對自由意志的信念，甚至可以由「想要引用自由意志來當作以懲罰伸張正義之正當證明」的那股欲望所趨動：C. Clark et al., "Free to Punish: A Motivated Account of Free Will Belief," *Journal of Personality and Social Psychology* 106 (2014): 541。相反的看法可見A. Monroe and D. Ysidron, "Not So Motivated after All? Three Replication Attempts and a Theoretical Challenge to a Morally Motivated Belief in Free Will," *Journal of Experimental Psychology: General* 150 (2021): e1.

31　T. Hu et al., "Helping Others, Warming Yourself: Altruistic Behaviors Increase Warmth Feelings of the Ambient Environment," *Frontiers of Psychology* 7 (2016): 1359; Y. Wang et al., "Altruistic Behaviors Relieve Physical Pain," *Proceedings of the National Academy of Sciences of the United States of America* 117 (2020): 950.

32　麥克維由何而來的概述，可見：N. McCarthy, "The Evolution of Anti-government Extremist Groups in the U.S.," *Forbes*, January 18, 2021.

關於炸彈攻擊的一些統計數字：Office for Victims of Crime, *Responding to Terrorism Victims: Oklahoma City and Beyond* (U.S. Department of Justice, 2000), "Chapter I: Bombing of the Alfred P. Murrah Federal Building," ovc.ojp.gov/sites/g/files/xyckuh226 /files/publications/infores/respterrorism/chap1.html.

當年關於麥克維恐怖行動以及最終處決的一些報導，可見："Eyewitness Accounts of McVeigh's Execution," *ABC News*, June 11, 2001, abc-news.go.com/US/story?id=90542&page=1; "Eyewitness Describes Execution," Wired, June 11, 2001, wired.com/2001/06/eyewitness-describes-execution/; P. Carlson, "Witnesses for the Execution," *Washington Post*, April 11, 2001, washingtonpost.com/archive/lifestyle/2001 /04/11/witnesses-for-the-execution/5b3083a2-364c-

47bf-9696-1547269a6490/; J. Borger, "A Glance, a Nod, Silence and Death," *Guardian*, June 11, 2001, theguardian.com/world/2001 /jun/12/mcveigh.usa …

關於處決見證者的一些有趣的看法，可見：A. Freinkel, C. Koopman, and D. Spiegel, "Dissociative Symptoms in Media Eyewitnesses of an Execution," *American Journal of Psychiatry* 151 (1994): 1335.

可以在poetryfoundation.org/poems/51642/invictus讀到《不屈》。

33　A. Linders, *The Execution Spectacle and State Legitimacy: The Changing Nature of the American Execution Audience*, 1833–1937 (Law and Society Association, 2002); R. Bennett, *Capital Punishment and the Criminal Corpse in Scotland, 1740–1834* (Palgrave Macmillan, 2017).

註腳：M. Foucault, *Discipline and Punish: The Birth of the Prison (Vintage, 1995); C. Alford*, "What Would It Matter if Everything Foucault Said about Prison Were Wrong? Discipline and Punish after Twenty Years," *Theory and Society* 29 (2000): 125.

34　S. Bandes, "Closure in the Criminal Courtroom: The Birth and Strange Career of an Emotion," in *Research Handbook on Law and Emotion*, ed. S. Bandes et al. (Edward Elgar, 2021); M. Armour and M. Umbreit, "Assessing the Impact of the Ultimate Penal Sanction on Homicide Survivors: A Two State Comparison," *Marquette Law Review* 96 (2012), scholarship.law.marquette.edu/ mulr/vol96/iss1/3/。另見J. Madeira, "Capital Punishment, Closure, and Media," 2016, in *Oxford Research Encyclopedia of Criminology and Criminal Justice*, doi.org /10.1093/ acrefore/9780190264079.013.20.

35　"The Death Penalty and the Myth of Closure," *Death Penalty Information Center*, January 19, 2021, deathpenaltyinfo.org/news/the-death-penalty-and-the-myth-of-closure.

36　布雷維克生平、恐怖行動以及後續餘波的最可靠歷史著作，可見：A. Seierstad, *One of Us: The Story of Anders Breivik and the Massacre in Norway* (Farrar, Straus and Giroux, 2015)；該書也包含了眾多受害者中部分人士的小史，因而更加凸顯他行徑駭人之處。只是想對他們表達一點來自父母輩的回應，他們都是很棒的孩子——有仁慈心、有進取心，有志終生行善，而且很有可能就達到這個目標。

閱讀Seierstad著作的同時，我也正讀著Masha Gessen的*The Brothers: The Road to an American Tragedy* (Riverhead Books, 2015)；那是沙尼耶夫（Tsarnaev）兄弟發動波士頓馬拉松炸彈攻擊事件的記事。哥哥塔米爾南（Tamerlan Tsarnaev）顯然是兩人中的支配者與促發者；Gessen對他的側寫，描繪了某個與布雷維克相似到驚人的人物；縱使意識型態南轅北轍，卻是同樣平庸的人，因為一種自認理當得到榮耀和宰制權的感覺而忿忿不平，卻在得不到時把錯往外推——無意義的空殼，等著被某種終會讓他們成為不得小覷之輩的毒藥裝滿。Tom Nichols 在"The Narcissism of the Angry Young Men," *Atlantic*, January 29, 2023也探討了同一點：「他們是老早遠離青春期卻維持了青少年銳利自溺感的大小孩；他們展現出幼稚不安和要命魯莽傲慢的結合；他們在性和社交方面都不安。或許最危險的地方，在於他們爆發前幾乎都不被人注意到。」德國作者Hans Magnus Enzensberger適切地稱這些年輕人為「激進魯蛇」。

對這場審判的有趣分析：B. de Graaf et al., "The Anders Breivik Trial: Performing Justice, Defending Democracy," *Terrorism and Counter-Terrorism Studies* 4, no. 6 (2013), doi:10.19165/2013.1.06。史托騰伯格的發言：D. Rickman, "Norway's Prime Minister Jens Stoltenberg: We Are Crying with You after Terror Attacks," *Huffington Post*, July 24, 2011, huffingtonpost.co.uk/2011/07/24/norways-prime-minister-je_n_907937.html.

嘲笑布雷維克的制服：G. Toldnes, L. K. Lundervold, and A. Meland, "Slik skaffet han seg sin enmannshær" (in Norwegian), *Dagbladet Nyheter*, July 30, 2011。挪威人對這場悲劇的更多回應，可見：N. Jakobsson and S. Blom, "Did the 2011 Terror Attacks in Norway Change Citizens' Attitudes towards Immigrants?," *International Journal of Public Opinion Research* 26 (2014): 475。大學校長的發言："Anders Breivik accepted at Norway's University of Oslo," BBC, July 17, 2015, bbc.com/news/world -europe-33571929。布雷維克與退休警官們的交流："Breivik saksøkte staten" (in Norwegian), NRK, October 23, 2015.

布雷維克的父親延斯，似乎是以自行出版的方式，出版了一本叫*My Fault?* 的書，闡明了本書的每一頁內容。

37　以馬內利非裔衛理公會教堂屠殺事件：M. Schiavenza, "Hatred and Forgiveness in Charleston," *Atlantic*, June 20, 2015; "Dylann Roof Told by Charleston Shooting Survivor 'the Devil Has Come Back to Claim' Him," CBS News, January 11, 2017, cbsnews.com/news/dylannroofcharlestonshootingsurvivordevilcomebackclaimhim/; "Families of Charleston Shooting Victims to Dylann Roof: We Forgive You," Yahoo! News, June 19, 2015, yahoo.com/news/familes-of-charleston-church-shooting-victims-to-dylann -roofwe-forgive-you-185833509.html?

生命樹猶太會堂屠殺事件：K. Davis, "Not Guilty Plea Entered for Alleged Synagogue Shooter on 109 Federal Charges" *San Diego Tribune*, May 14, 2019, sandiegounion tribune.com/news/courts/story/2019-05-14/allegedsynagogueshooterpleadsnot -guilty-to-109-federal-charges。將槍手送達的醫院的猶太職員做出的努力：D. Andone, "Jewish Hospital Staff Treated Synagogue Shooting Suspect as He Spewed Hate, Administrator Says," CNN, November 1, 2018, cnn.com/2018/11/01/health/robert-bowers-jewish-hospital-staff/index.html。柯恩醫生的發言引述自：E. Rosenberg, "'I'm Dr. Cohen': The Powerful Humanity of the Jewish Hospital Staff That Treated Robert Bowers," *Washington Post*, October 30, 2018, washingtonpost.com/health/2018/10/30/im-dr cohen-powerful-humanity-jewish-hospital-staff-that-treated-robert-bowers/

奧斯陸副市長：H. Mauno, "Fikk brev fra Breivik: 'Da jeg leste navnet ditt, fikk jeg frysninger nedover ryggen'" (in Norwegian), *Dagsavisen*, April 8, 2021.

38　美國和英國有一些人對於挪威人的懲罰如此寬鬆感到憤慨：S. Cottee, "Norway Doesn't Understand Evil," *UnHerd*, February 8, 2022, unherd.com/2022/02/norway-doesnt-understand-evil/; K. Weill, "All the Fun Things Anders Breivik Can Do in His 'Inhumane' Prison," *Daily Beast*, April 13, 2017, thedailybeast.com /all-the-fun-things-anders-breivik-can-do-in-hisinhumane-prison; J. Kirchick, "Mocking Justice in Norway: The Breivik Trial Targets Contrarian Intellectuals," *World Affairs* 175 (2012): 75; H. Gass, "Anders Breivik: Can Norway Be Too Humane to a Terrorist?," *Christian Science Monitor*, April 20, 2016。另一個顯然相關的分析，以及「一名評論者」的引文出處，可見：S. Lucas, "Free Will and the Anders Breivik Trial," *Humanist*, August 13, 2012.

美國的九一一慘劇跟布雷維克的肆虐，就恐怖分子殺害的人數佔全國比例來說有其類似之處；在兩個案件中，國家元首都在後來幾天內對全國發表了哀悼的演說，都講了約五分鐘。而天差地別的就在此處。小布希提及上帝三次、邪惡四次；史托騰伯格只提到一次邪惡，沒提到上帝。小布希用了卑鄙、憤怒和敵人這些詞。相較之下，史托騰伯格用了同情、尊嚴和愛等詞。布希表示這種恐怖行為「不會打擊美國的鋼鐵決心」。史托騰伯格則向愛著受害者的人們致意，說「我們與你們一起流淚」。

雖然斬首或公開絞刑之類在西方世界已是過去的東西，但它們也沒那麼遠古——在英國，你可以搭倫敦地鐵去參加1868年進行的最後一場公開絞刑；而在法國最後一次以斷頭台處刑的同個時間，你晚上可以看《星際大戰》電影，在迪斯可舞廳隨著比吉斯（Bee Gees）的音樂起舞，或者餵你的寵物石頭吃東西（不餵也行）——畢竟那是1977年。

將這整章的關注焦點做出極佳概述的是：M. Hoffman, *The Punisher's Brain: The Evolution of Judge and Jury* (Cambridge University Press, 2014), as well as P. Alces, *Trialectic: The Confluence of Law, Neuroscience, and Morality* (University of Chicago Press, 2023).

15 如果死的時候窮

1　若要大致瞭解那種五十歲（其實說的就是）衰老而死的世界，可見：A. Case and A. Deaton, *Deaths of Despair and the Future of Capitalism* (Princeton University Press, 2020).

2　M. Shermer, *Heavens on Earth: The Scientific Search for the Afterlife, Immortality, and Utopia* (Henry Holt, 2018); M. Quirin, J. Klackl, and E. Jonas, "Existential Neuroscience: A Review and Brain Model of Coping with Death Awareness," in *Handbook of Terror Management Theory*, ed. C. Routledge and M. Vess (Elsevier, 2019).

3　L. Alloy and L. Abramson, "Judgment of Contingency in Depressed and Nondepressed Students: Sadder but Wiser?," *Journal of Experimental Psychology* 108 (1979): 441。整體概述可見薩波斯基所寫的 *Why Zebras Don't Get Ulcers: A Guide to Stress, Stress-Related Disease and Coping* (Holt, 2004) 的第十三章 "Why Is Psychological Stress Stressful?"

4　R. Trivers, *Deceit and Self-Deception: Fooling Yourself to Better Fool Others* (Allen Lane, 2011).

5　戈梅茲引文：G. Gomes, "The Timing of Conscious Experience: A Critical Review and Reinterpretation of Libet's Research," *Consciousness and Cognition* 7 (1998): 559。葛詹尼加

的引文：M. Gazzaniga, "On Determinism and Human Responsibility," in *Neuroexistentialism: Meanings, Morals and Purpose in the Age of Neuroscience*, ed. G. Caruso (Oxford University Press, 2017), p. 232。丹尼特引文：G. Caruso and D. Dennett, "Just Deserts," *Aeon*, https:// aeon.co/ essays/on-free-will-daniel-dennett-and-gregg-caruso-go-head-to-head.

6　丹尼特指控神經科學家對自由意志的懷疑是邪惡而不負責任的，可見：D. Dennett, "Daniel Dennett: Stop Telling People They Don't Have Free Will," n.d., Big Think video, 5:33, bigthink.com/videos/daniel-dennett-on-the-nefarious-neurosurgeon/.

註腳：Jin Park, "Harvard Orator Jin Park | Harvard Class Day 2018," Harvard University, May 23, 2018, YouTube video, 10:23, youtube.com/watch?v=TlWgdLzTPbc.

7　T. Chiang, "What's Expected of Us," *Nature* 436 (2005): 150.

8　R. Lake, "The Limits of a Pragmatic Justification of Praise and Blame," *Journal of Cognition and Neuroethics* 3 (2015): 229; P. Tse, "Two Types of Libertarian Free Will Are Realized in the Human Brain," in Caruso, *Neuroexistentialism*; R. Bishop, "Contemporary Views on Compatibilism and Incompatibilism: Dennett and Kane," *Mind and Matter* 7 (2009): 91.

9　註腳：A. Sokal, "Transgressing the Boundaries: Toward a Transformative Hermeneutics of Quantum Gravity," *Social Text* 46/47 (1996): 217.

10　「自由意志」與肥胖的生物學、心理學和社會學都不相干：

遺傳學面向：S. Alsters et al., "Truncating Homozygous Mutation of Carboxypeptidase E in a Morbidly Obese Female with Type 2 Diabetes Mellitus, Intellectual Disability and Hypogonadotrophic Hypogonadism," *PLoS One* 10 (2015): e0131417; G. Paz-Filho et al., "Whole Exam Sequencing of Extreme Morbid Obesity Patients: Translational Implications for Obesity and Related Disorders," *Genes* 5 (2014): 709; R. Singh, P. Kumar, and K. Mahalingam, "Molecular Genetics of Human Obesity: A Comprehensive Review," *Comptes rendus biologies* 340 (2017): 87; H. Reddon, J. Gueant, and D. Meyre, "The Importance of GeneEnvironment Interactions in Human Obesity," *Clinical Sciences* (London) 130 (2016): 1571; D. Albuquerque et al., "The Contribution of Genetics and Environment to Obesity," *British Medical Bulletin* 123 (2017): 159.

演化面向：Z. Hochberg, "An Evolutionary Perspective on the Obesity Epidemic," *Trends in Endocrinology and Metabolism* 29 (2018): 819.

低社會地位促進肥胖：R. Wilkinson and K. Pickett, *The Spirit Level: Why More Equal Societies Almost Always Do Better* (Allen Lane, 2009); E. Goodman et al., "Impact of Objective and Subjective Social Status on Obesity in a Biracial Cohort of Adolescents," *Obesity Research* 11, no. 8 (2003): 1018–26;

註腳：荷蘭飢餓之冬：B. Heijmans et al., "Persistent Epigenetic Differences Associated with Prenatal Exposure to Famine in Humans," *Proceedings of the National Academy of Sciences of the United States of America* 105 (2008): 17046。近期一份引人注目的論文證明了同樣的現象。論文中，研究者檢驗那些在身為胎兒時，雙親所屬團體於大蕭條時期處在最糟經濟狀態的人們；這樣的個體在好幾十年後，會有跟加速老化相關的表徵遺傳

樣貌。L. Schmitz and V. Duque, "In Utero Exposure to the Great Depression Is Reflected in Late-Life Epigenetic Aging Signatures—Accelerated Epigenetic Markers of Aging," *Proceedings of the National Academy of Sciences of the United States of America* 119 (2022): e2208530119.

11   T. Charlesworth and M. Banaji, "Patterns of Implicit and Explicit Attitudes: I. Long-Term Changes and Stability from 2007 to 2016," *Psychological Sciences* 30 (2019): 174; S. Phelan et al., "Implicit and Explicit Weight Bias in a National Sample of 4,732 Medical Students: The Medical Student CHANGES Study," *Obesity* 22 (2014): 1201; R. Carels et al., "Internalized Weight Stigma and Its Ideological Correlates among Weight Loss Treatment Seeking Adults," *Eating and Weight Disorders* 14 (2019): e92; M. Vadiveloo and J. Mattei, "Perceived Weight Discrimination and 10-Year Risk of Allostatic Load among US Adults," *Annals of Behavioral Medicine* 51 (2017): 94; R. Puhl and C. Heuer, "Obesity Stigma: Important Considerations for Public Health," *American Journal of Public Health* 100 (2010): 1019; L. Vogel, "Fat Shaming Is Making People Sicker and Heavier," *CMAJ* 191 (2019): E649.

12   山姆的引文：S. Finch, "9 Affirmations You Deserve to Receive if You Have a Mental Illness," *Let's Queer Things Up!*, August 29, 2015, letsqueerthingsup.com/2015/08/29 /9-affirmations-you-deserve-to-receive-if-you-have-a-mental-illness/。艾莉兒的引文：D. Lavelle, "'I Assumed It Was All My Fault': The Adults Dealing with Undiagnosed ADHD," *Guardian*, September 5, 2017, theguardian.com/society/2017/sep/05/i-assumed-it was-all-my-fault-the-adults-dealing-with-undiagnosed-adhd?scrlybrkr=74e99dd8。瑪莉安的引文：M. Eloise, "I'm Autistic. I Didn't Know Until I Was 27," *New York Times*, December 5, 2020, nytimes.com/2020/12/05/opinion/autism-adult-diagnosis-women.html?action=click& module=Opinion&pgtype=Homepage

13   不知名人士的引文：QuartetQuarter, "Is it my fault I'm short?," Reddit, February 4, 2020, reddit.com/r/short/comments/ez3tcy/is_it_my_fault_im_short/。馬那斯的引文：https://www.quora.com/How-do-I-get-past-the-fact-that-my-dad-blamed-me-for-being-shortandnotpretty-I-shouldveexercised-alotmoreandeaten-alot-of-proteinwhile -growing-up-but-my-parents-are-short-too-Whose-fault-is-it.

14   凱特和艾琳的引文：sane.org/information-stories/the-sane-blog/wellbeing/how-has -diagnosis-affected-your-sense-of-self。蜜雪兒的引文：Lavelle, "'I Assumed It Was All My Fault.'" 瑪莉安的引文：Eloise, "I'm Autistic. I Didn't Know." 山姆的引文：S. Finch, "4 Ways People with Mental Illness Are 'Gaslit' into Self-Blame," Healthline, July 30, 2019, healthline.com/health/mental-health/gaslighting-mental-illness-self-blame ?scrlybrkr=74e99dd8.

15   列維堪稱里程碑的研究：S. LeVay, "A Difference in Hypothalamic Structure between Heterosexual and Homosexual Men," *Science* 253 (1991): 1034。談兒子夏令營的父親引文：sane.org/information-stories/the-sane-blog/wellbeing/how-has-diagnosis-affected-your-sense-of-self。關於惡名昭彰的威斯特布路浸信會（Westboro Baptist Church）的極惡講道者Fred Phelps的討論："Active U.S. Hate Groups (Kansas)," Southern Poverty Law Center。美國精神醫學學會譴責性傾向扭轉療法為偽科學的聲明，可見：American

Psychiatric Association, "APA Maintains Reparative Therapy Not Effective," January 15, 1999, psychiatricnews.org/pnews/99-01-15/therapy.html.

16　壓力對生殖心理學的影響一點也不簡單，其評論可見：J. Wingfield and 薩波斯基 "Reproduction and Resistance to Stress: When and How," *Journal of Neuroendocrinology* 15 (2003): 711.

不孕的心理衝擊：R. Clay, "Battling the Self-Blame of Infertility," *APA Monitor* 37 (2006): 44; A. Stanton et al., "Psychosocial Aspects of Selected Issues in Women's Reproductive Health: Current Status and Future Directions," *Journal of Consulting and Clinical Psychology* 70 (2002): 751; A. Domar, P. Zuttermeister, and R. Friedman, "The Psychological Impact of Infertility: A Comparison with Patients with Other Medical Conditions," *Journal of Psychosomatic Obstetrics and Gynecology* 14 (1993): 45.

17　S. James, "John Henryism and the Health of African-Americans," *Culture, Medicine and Psychiatry* 18 (1994): 163.

18　M. Sandel, *The Tyranny of Merit: What's Become of the Common Good?* (Farrar, Straus and Giroux, 2020); E. Anderson, "It's Not Your Fault if You Are Born Poor, but It's Your Fault if You Die Poor," *Medium*, January 21, 2022, medium.com/illumination-curated/its-not-your-fault-if-you-are-born-poor-but-it-s-your-fault-if-you-die-poor-36cf3d56da3f.

19　意第緒語歌詞和英語翻譯，可見：genius.com/Daniel-kahn-and-the-painted-bird-maynrue-plats-where-i-rest-lyrics.表演影像可見youtube.com/watch?v=lNRaU7zUGRo.

科學是群體的統計性質，不足以預測個體：更深入的討論可見：D. Faigman et al., "Group to Individual (G2i) Inferences in Scientific Expert Testimony," *University of Chicago Law Review* 81 (2014): 417.

注腳：D. Von Drehle, "No, History Was Not Unfair to the Triangle Shirtwaist Factory Owners," December 20, 2018, washingtonpost.com/opinions/no-history-was-not-unfair-to-thetriangleshirt waistfactoryowners/2018/12/20/10fb050e046a11e9912282e98f91ee6f_story.html。熱那大樓的倒塌：Wikipedia, s.v. "2013 Rana Plaza Factory Collapse," wikipedia.org/wiki/2013_Rana_Plaza_factory_collapse?scrlybrkr=74e99dd8.

圖片來源

頁 24   BookyBuggy/Shutterstock.com

頁 43   EEG illustration used with permission of Mayo Foundation for Medical
              Education and Research, all rights reserved; Harrison image North Wind Picture
              Archives/Alamy

頁 87   Robert Wood Johnson Foundation/Centers for Disease Control and Prevention

頁 88   Steve Lawrence, Oxford University RAE profile 2004/13/Wikimedia Commons

頁 149   Courtesy James Gleick, *Chaos: Making a New Science* (1987)

頁 152   Courtesy American Association for the Advancement of Science (AAAS), 139th
              Annual Meeting address, December 29, 1972

頁 156 上   Beojan Stanislaus/Wikimedia Commons

頁 156 下   Eouw0o83hf/Wikimedia Commons

頁 157   Courtesy Ebrahim Patel/The London Interdisciplinary School

頁 165   Courtesy E. Dameron-Hill, M. Farmer/*Chaos Theory: Nerds of Paradise,* Book 2
              (2017)

頁 183 上   Yamaoyaji/Shutterstock.com

頁 183 下   Courtesy Nakagaki, T., et al., "Maze-solving by an amoeboid organism," *Nature*
              407 (2000): 470

頁 184   Courtesy Tero, A., et al., "Rules for Biologically Inspired Adaptive Network
              Design," *Science* 327 (2010): 439

頁 186   Santiago Ramon y Cajal/Wikimedia Commons

頁 187   Central Historic Books/Alamy Stock Photo

頁 188   Alejandro Miranda/Alamy Stock Vector

頁 189 上   c Alejandro Miranda/Dreamstime.com

頁 189 下   Robert Brook/Science Photo Library/Alamy Stock Photo

頁 190   Storman/istock.com

頁 191   Santiago Ramon y Cajal/Wikimedia

頁 196-7   Courtesy Hares Youssef/GAIIA Foundation, https://gaiia.foundation

頁 199   Courtesy Mohsen Afshar/Penney Gilbert Lab, University of Toronto

頁 208 左   Courtesy Momoko Watanabe, Lab University of California, Irvine/Ben Novitch
              Lab, University of California, Los Angeles

頁 208 右　Courtesy Arnold Krigstein, University of California, San Francisco

頁 213　Courtesy Christian List

頁 287, 290,294　Part of the Nobel Prize lecture of Erik Kandel, copyright c The Nobel Foundation 2000

頁 296 左　c Seadan/Dreamstime.com

頁 296 右　IrinaK/Shutterstock.com

頁 310 下左　Wikimedia Commons

頁 310 下中　DeMarsico, Dick, photographer. Dr. Martin Luther King, Jr., half-length portrait, facing front/*World Telegram & Sun* photo by Dick DeMarsico, 1964. Photograph. https://www.loc.gov/item/00651714/

頁 310 下右　Prachaya Roekdeethaweesab/Portrait from Dominican Republic 200 Pesos 2007 Banknotes/Shutterstock.com OR Diegobib/Dreamstime.com

頁 312 中左　Guy Corbishley/Alamy Stock Photo

頁 312 中右　Courtesy of DPAA Public Affairs

頁 313 中左　Wikimedia Commons

頁 313 中中　Ilbusca/Jesus on the Cross by Michelangelo/istock.com

頁 313 中右　Moviestore Collection Ltd /Alamy Stock Photo

頁 314 下左　Michael Flippo /Alamy Stock Photo

頁 314 下右　FlamingoImages/iStock.com

頁 349　Courtesy Fuller Torrey, The Stanley Medical Research Institute

頁 359　Follower of the Virgil Master/Chapter 7, "Philip V"/British Library

頁 362　Chronicle/Alamy Stock Photo

頁 373　Bettmann/Getty Images

頁 374　Everett Collection Historical/Alamy Stock Photo

頁 382　Ken Hawkings/ Alamy Stock Photo

頁 383　Mark Foley/Associated Press

頁 387　GL Archive/Alamy Stock Photo

頁 395　AP Photo/via Scanpix

頁 421　Santiago Ramon y Cajal/Wikimedia

鷹之眼 23

命定：沒有自由意志的科學
Determined: A Science of Life Without Free Will

| 作　　　者 | 羅伯・薩波斯基 Robert M. Sapolsky |
| 譯　　　者 | 唐澄暐 |

總　編　輯	成怡夏
責 任 編 輯	成怡夏
協 力 校 對	陳宜蓁
行 銷 總 監	蔡慧華
封 面 設 計	莊謹銘
內 頁 排 版	宸遠彩藝

出　　　版	遠足文化事業股份有限公司 鷹出版
發　　　行	遠足文化事業股份有限公司（讀書共和國出版集團）
	231 新北市新店區民權路 108 之 2 號 9 樓
客 服 信 箱	gusa0601@gmail.com
電　　　話	02-22181417
傳　　　真	02-86611891
客 服 專 線	0800-221029

| 法 律 顧 問 | 華洋法律事務所 蘇文生律師 |
| 印　　　刷 | 成陽印刷股份有限公司 |

初　　　版	2024 年 12 月
初 版 三 刷	2025 年 02 月
定　　　價	720 元
I S B N	978-626-7255-58-2（紙本）
	978-626-7255-56-8（EPUB）
	978-626-7255-57-5（PDF）

國家圖書館出版品預行編目 (CIP) 資料

命定 : 沒有自由意志的科學 / 羅伯.薩波斯基 (Robert M. Sapolsky) 作 ; 唐澄暐譯.
-- 初版 . -- 新北市 : 鷹出版 : 遠足文化事業股份有限公司發行 , 2024.12
　面 ; 16×22.5 公分 . -- (鷹之眼 ; 23)
譯自 : Determined : a science of life without free will
ISBN 978-626-7255-58-2(平裝)

1. 意志　2. 意志自由論　3. 神經生理學